Gebhard Rusch (Hrsg.)

Einführung in die Medienwissenschaft

W0040064

Gebhard Rusch (Hrsg.)

Einführung in die Medienwissenschaft

Konzeptionen, Theorien, Methoden, Anwendungen

Westdeutscher Verlag

Die Deutsche Bibliothek – CIP-Einheitsaufnahme
Ein Titeldatensatz für diese Publikation ist bei
Der Deutschen Bibliothek erhältlich

1. Auflage Februar 2002

Der Westdeutsche Verlag ist ein Unternehmen der Fachverlagsgruppe BertelsmannSpringer.
www.westdeutschervlg.de

Umschlaggestaltung: Horst Dieter Bürkle, Darmstadt
Druck und buchbinderische Verarbeitung: Wilhelm & Adam, Heusenstamm
Gedruckt auf säurefreiem und chlorfrei gebleichtem Papier
Printed in Germany

ISBN 3-531-13323-3

Inhalt

Vorwort

Es mag überraschen, jedoch: So etwas wie *die* Medienwissenschaft als Einzeldisziplin mit fest umrissenen Inhalten, Methoden und Aufgaben gibt es – derzeit – noch gar nicht. Aber: Eine Anzahl einschlägiger Disziplinen ist auf dem Weg dahin. Was es gibt, sind etablierte Disziplinen wie die Literatur-, Theater-, Musik-, Film- und Fernsehwissenschaft, die Kommunikationswissenschaft, Medienpsychologie, Mediensoziologie, Medienrecht oder Medieninformatik, teils einzelwissenschaftliche, teils integrierte medienwissenschaftliche Studiengänge und Konzeptionen von Medienwissenschaft, aus denen sich in den nächsten Jahrzehnten das Paradigma einer Medienwissenschaft erst noch entwickeln wird. Diese Entwicklung möchte die vorliegende Einführung durch eine Stärkung integrativer, interdisziplinärer und transdisziplinärer Konzepte fördern. Deshalb wird auch der wissenschaftsgeschichtlichen und konzeptionellen Reflexion breiter Raum gewährt. Auch die Darstellungen medienwissenschaftlichen Grundbegriffen und Forschungsfeldern sind entsprechend nicht als solitäre Einzelbeiträge, sondern in ihren wechselseitigen Bezügen zu würdigen. Und die Darstellungen medienwissenschaftlicher Methoden schließen demgemäß sowohl produktanalytische, als auch produktions- und rezeptionsanalytische, sowohl qualitative, als auch quantitative Verfahren ein und stellen systemanalytische Tools für die Prozess- und Organisationsanalyse vor. Dass Medienwissenschaft der aktiven Bewältigung, Nutzung und Gestaltung von Medienwirklichkeit dienen kann, zeigen die Beiträge zu medienwissenschaftlichen Anwendungsfeldern, die sich von der Medienerziehung über Medienkritik bis hin zur Auftragsforschung erstrecken.

Die vorliegende Einführung wendet sich nicht nur an Studierende in medienwissenschaftlichen Studiengängen, sondern an alle Interessierten auch in den Nachbardisziplinen und den einschlägigen Forschungs- und Praxisfeldern.

Allen Beiträgern ist für Ihre Sorgfalt bei der Erstellung der Manuskripte und für Ihre Geduld bei der allmählichen Verfertigung dieses Buchprojektes zu danken. Besonders danke ich auch Frau Barbara Emig-Roller vom Westdeutschen Verlag für ihre Umsicht im Korrekturverfahren, das ohne die Unterstützung von Henning Groscurth vielleicht doch noch eine unendliche Geschichte geworden wäre.

Gebhard Rusch   Rheda-Wiedenbrück, im Herbst 2001

Kapitel 1

Konzeptionen von Medienwissenschaft

Was ist Medienwissenschaft, oder: was soll sie sein? Was ist (überhaupt) neu an ihr? Was soll sie leisten? Woher kommt sie und wie entwickelt sie sich? Wie verhält sich Medienwissenschaft zu Nachbardisziplinen und anderen Wissenschaften? Welches sind ihre Themen und Fragestellungen, ihre Forschungsaufgaben und ihr erwarteter gesellschaftlichen Nutzen?

Die Medien-Disziplinen, Philologien, Literatur-, Theater-, Film-, Fernseh- und Kommunikationswissenschaft, befinden sich gegenwärtig in einer Phase dispziplinärer Umbrüche und Umgestaltungen, die weit in andere Disziplinen hineinwirken und zugleich umgekehrt auch aus zahlreichen anderen medienrelevanten Disziplinen angestoßen und verstärkt werden, z.B. aus der Wirtschafts- und der Rechts-wissenschaft, aus der Psychologie und Soziologie. Entsprechend wird die Frage nach der ‚Natur' der Veränderungen, die wir hier beobachten, zunächst aus der Sicht der involvierten Einzelwissenschaften betrachtet, im Lichte einzelwissenschaftlicher Traditionen, Erfahrungen und Interessen identifiziert und bewertet. Subsumptive oder additive Konzepte werden bemüht, neue Gegenstände, Inhalte oder Aufgaben in die jeweiligen einzelwissenschaftlichen Handlungsrahmen als Erweiterungen oder Spezialisierungen so zu integrieren, dass Status und Grundlagen der eigenen Disziplin möglichst nicht berührt werden. Diese Praxis führt dazu, dass jede beteiligte Disziplin ihre eigene Version von Medienwissenschaft (z.B. Germanistische, Romanistische, Anglistische, etc. Medienwissenschaft) entwickelt und ihren eigenen Anteil am Gegenstandsbereich reklamiert.

Die folgenden konzeptionellen Reflexionen problematisieren in unterscheidlicher Weise, jedoch mit einer gemeinsamen inter- bzw. transdisplinären Orientierung dieses Vorgehen. Damit Medienforschung jenseits disziplinärer Einzelinteressen wissenschaftlich, sozial, politisch und kulturell fruchtbar werden kann, muss über Konzeptionen von Medienwissenschaft nachgedacht werden, die diesen Zielen angemessenen sind.

Reinhold Viehoff

Von der Literaturwissenschaft zur Medienwissenschaft Oder: vom Text- über das Literatursystem zum Mediensystem

1.

1994 erschien ein Band mit dem Titel „Germanistik in der Mediengesellschaft"[1], in dessen ersten Satz der Einleitung die Germanistischen Herausgeber Ludwig Jäger und Bernd Switalla die Verbindung zu einem Buch schlagen, das 25 Jahre zuvor erschienen war und das den Titel trug „Ansichten einer zukünftigen Germanistik"[2]. In einem Buch zur Medienwissenschaft, das Rainer Bohn, Eggo Müller und Rainer Ruppert 1988 herausgegeben haben, wird ebenfalls im ersten Satz der Einleitung wieder auf die „Ansichten einer zukünftigen Germanistik" verwiesen[3]. Bohn, Müller und Ruppert schreiben dort: „Kolbes Sammlungen haben seinerzeit zur Bündelung neuer literaturwissenschaftlicher Ansätze und zur Evokation innovativer Ideen für die Weiterentwicklung der Germanistik wesentliches beigetragen - und übrigens den Gedanken an medienwissenschaftliche Forschungen innerhalb der Germanistik befördert"[4].

Knapp dreißig Jahre nach Kolbes gelbem Hanser-Titel ist 1998 ein Buch erschienen, das zwei bedeutende Literaturwissenschaftler - Georg Jäger und Jörg Schönert - herausgegeben haben und das den faktischen Übergang von der Literatur- zur Medienwissenschaft unter der Perspektive von „Wissenschaft und Berufspraxis" thematisiert[5]. Der Untertitel des Bandes lautet: „Angewandtes Wissen und praxisorientierte Studiengänge in den Sprach-, Literatur-, Kultur- und Medienwissenschaften". Beide Herausgeber hatten schon vorher von prominenter institutioneller Stelle aus in zahlreichen Veröffentlichungen die „disziplinäre Entwicklung der Germanistik in den neunziger Jahren"[6] wissenschaftlich analysiert, begleitet und befördert. In der Einleitung heißt es lapidar zu den „fachinternen Entwicklungen": „Die Literatur- und Sprachwissenschaften nehmen kultur- und medienwissenschaftliche Fachinhalte in sich auf, erweitern ihre Binnendifferenzierungen oder wandeln sich zu einer Kul-

---

[1] Jäger & Switalla 1994.
[2] Kolbe 1969.
[3] Bohn, Müller & Ruppert 1988.
[4] Ebd., 7.
[5] Jäger & Schönert 1997.
[6] Vgl. u.a. Schönert 1993, 15 - 24.

tur-, Medien- bzw. Medienkulturwissenschaft"[7]. Zuletzt hat Jörg Schönert seine Einschätzung noch einmal unter dem Label zusammengefasst: „Germanistik als Medienwissenschaft"[8]

Wenn man sich heute, dreißig Jahre nach Kolbes „Ansichten einer künftigen Germanistik", die universitäre Landschaft der institutionalisierten Germanistik / Literaturwissenschaft im Hinblick auf Binnendifferenzierung und Wandel ansieht, so stellt man nicht nur fest, dass zunehmend Fachbereiche, die früher „Sprach- und Literaturwissenschaft" hießen, sich nun umbenennen in „Sprach-, Literatur- und Medienwissenschaft"[9], *literaturwissenschaftliche* Fachbereiche haben darüber hinaus in der Vergangenheit weit ausstrahlende medienwissenschaftliche Sonderforschungsbereiche etabliert[10] , und es gibt inzwischen fast keine deutsche Universität mehr, die nicht in irgendeiner Form einen „medienwissenschaftlichen" Studiengang anbietet. An knapp 70 universitären Einrichtungen finden sich gegenwärtig medienwissenschaftliche Studiengänge oder Institutionen, und nicht wenige davon sind aus den muttersprachlichen Philologien, aus der (germanistischen) Sprach- und Literaturwissenschaft hervorgegangen[11].

---

[7] Jäger & Schönert 1997, 9.

[8] Schönert 1999. Schön früher hat Helmut Kreuzer den Begriff der philologischen Medienwissenschaft geprägt, was in der Sache den Gedanken Schönerts nahe kommt, vgl. Kreuzer 1990.

[9] So zum Beispiel 1998 an der Universität Siegen. Auch von anderen Universitäten werden ähnlich Pläne oder Vorhaben berichtet (Hamburg, Halle, etc.)

[10] Exemplarisch: der Sonderforschungsbereich 240, der 1986 auf Initiative von Helmut Kreuzer in Siegen gegründet wurde - unter dem komplizierten Label "Ästhetik, Pragmatik und Geschichte der Bildschirmmedien in der Bundesrepublik Deutschland nach 1945" - und der bis heute zu einer der europaweit größten medienwissenschaftlichen Forschungseinrichtung geworden ist. Siehe zu den Publikationen etc.: http://www.sfb240.uni-siegen.de, die Universitäten Köln, Aachen und Bonn mit eher konservativ ausgerichteten germanistischen und literaturwissenschaftlichen Instituten haben 1998 einen sehr umfangreichen Sonderforschungsbereich bzw. ein Kulturwissenschaftliches Forschungskolleg 427 unter dem Namen "Medien und kulturelle Kommunikation" gegründet. Siehe dazu: http://www.rrz.uni-koeln.de:80/inter-fak/fk-427/.

[11] Weitere disziplinäre Entstehungszusammenhänge dieser hier aufgelisteten Studien- und Fachrichtungen sind die klassische Publizistik und Massenkommunikationsforschung, die sich auf eine ganz andere "Gründergeneration" beruft als die eher literatur- und kulturwissenschaftlich fundierten Medienwissenschaften. So nennen Elisabeth Noelle-Neumann, Winfried Schulz und Jürgen Wilke aus als Herausgeber eines Standardlexikons dieser Fachrichtung Karl Bücher, Otto Groth, Emil Dovifat, Harold D. Lasswell, Paul F. Lazarsfeld, Kurt Lewin, Carl I. Hovland und Wilbur Schramm, d.h. eine Ahnengalerie, die deutlich eine sozialwissenschaftliche, eine aus der "Zeitungskunde" entwickelte, an den Kommunikationsformen und -bedingungen der gesellschaftlichen Publika orientierte Forschungsrichtung markiert (Noelle-Neumann, Schulz & Wilke 1995, 10). Daneben "beschäftigen sich die Soziologie, die Sozialpsychologie, die Politologie, die Ökonomie sowie die Geschichte [...] mit Teilaspekten der Massenkommunikation" und der Medien (Hunziker 1992, VII.) Diese Entstehungszusammenhänge werden hier nicht alle behandelt, es kann lediglich auf den "Reichtum der Theoriebildung" in diesem Feld hingewiesen werden (vgl. Halbach & Faßler 1998, 48).

All diese Beispiele sind natürlich *nicht* allein als Beweis dafür zu interpretieren, dass mit dem Buch von Jürgen Kolbe und seinem eingängigen Titel 1969 der Beginn einer historischen Wende von der Literaturwissenschaft zur Medienwissenschaft begonnen hat. Allerdings sind sie als Hinweis auf eine historische Schwellensituation Ende der sechziger Jahre zu interpretieren, für die dieses gelbe Buch aus der innovativen Reihe bei Hanser und für die einige der Artikel aus diesem Buch (und seinem Nachfolgeband „Neue Ansichten einer künftigen Germanistik"[12]) wie eine Art Erinnerungskatalysator bei den heutigen Grenzgängern zwischen den Disziplinen wirken.

Die Ansichten von Germanisten zur dieser Schwellensituation waren damals durchaus nicht bei allen und überall so einheitlich, dass sie notwendig zu einer „Medienwissenschaft" hinführen mussten.

In dem angesprochenen ersten Band von Kolbe aus dem Jahr 1969 ist es nämlich bei genauem Nachlesen recht eigentlich nur Eberhard Lämmert, der - neben dem damals gängigen Muster der Argumentation für eine gesellschaftskritisch erweiterte Sprach- und Literaturwissenschaft - konkret in seinem vorgestellten „kulturwissenschaftlichen"[13] Studienplan davon spricht, dass „im fünften Semester" denn doch auch „Übungen zur Verwertung literarischer Sujets (in verschiedenen Gattungen, in Funk, Film etc.)"[14] auf der Agenda stehen müssten. Erst im zweiten Band, den „Neuen Ansichten ...", die vier Jahre auf die ersten folgen, findet sich ein ganzes Unterkapitel zum Thema „Literaturwissenschaft und Kommunikationswissenschaft" (S. 247 - 352), in dem etwa Friedrich Knilli betont pragmatisch aus dem Nischenleben der „medienwissenschaftlichen Abteilung am Institut für deutsche Philologie, Allgemeine und Vergleichende Literaturwissenschaft der Technischen Universität in Westberlin"[15] berichtet. Immerhin gab es da schon die erste medienwissenschaftliche Abteilung. Knut Hickethier hat damals dort in einer Arbeitsgruppe mitgearbeitet, dreißig Jahre später ist er einer der maßgeblichen *Medienwissenschaftler* in der Bundesrepublik.

Von Kolbes Buch sind also gewiss deutliche, in der Erinnerungsgeschichte sogar überdeutliche Anstöße für neue Entwicklungen innerhalb der Literaturwissenschaft gegeben worden, aber eine Erklärung dafür, dass sich die Medienwissenschaft aus der Literaturwissenschaft entwickelt hat und inzwischen an ihrem eigenen Paradigma arbeitet, ist mit der Referenz auf Kolbes Bücher und ihre Wirkung noch nicht

---

[12] Kolbe 1973.

[13] Wer die Diskussion um eine kulturwissenschaftliche Erweiterung und Fundierung der „Geisteswissenschaften" (cf. im Überblick: Vosskamp 1999, 183 – 199) für eine Möglichkeit hält, „die Medien" ausklammern zu können, verkennt, dass seit mindestens dreißig Jahren die kultur- und medienwissenschaftlichen Diskurse eng verzahnt sind.

[14] Lämmert 1969, 102.

[15] Knilli 1973, 290.

gefunden. Aus Anlass von Kolbes Buch aber diesen weiten Bogen über eine Generation, über fünfundzwanzig oder gar dreißig Jahre zu schlagen bis hin zur institutionellen Etablierung der Medienwissenschaft an den deutschsprachigen Universitäten,
inzwischen meist unabhängig von der Sprach- und Literaturwissenschaft, ist deshalb
nützlich, weil so die Zeiträume etwas angedeutet sind, in denen sich disziplinäre
Veränderungen durchzusetzen beginnen. Es ist auch hilfreich, um zu zeigen, wie
beweglich das ansonsten immer für unbeweglich gehaltene akademische Milieu auf
diese neuen disziplinären Entwicklungen reagiert und der Medienwissenschaft Raum
an den Universitäten gegeben hat[16]. Im folgenden soll es jedoch mehr um die wissenschaftlichen Konstellationen gehen, die zu dieser Entwicklung überhaupt geführt
haben, weniger zu den institutionellen Bedingungen, die schließlich zur Etablierung
der Medienwissenschaft als universitärem Studienfach neben literaturwissenschaftlichen Studiengängen geführt haben[17].

Eine fortlaufende Rahmenbedingung der folgenden Überlegungen und Darstellungen sollte allerdings immer bewusst bleiben: es gibt auch gegenwärtig noch eine
sehr traditionelle, auf Interpretation und Literaturgeschichte gerichtete (germanistische) Literaturwissenschaft[18], auch gegenwärtig sind die wissenschaftlichen Vereini-
gungen zur Erforschung der Literatur des 18. Jahrhunderts immer noch die mit den
meisten Mitgliedern, die literaturwissenschaftlich-germanistische Lehre an den Universitäten kreist immer noch um Namen/Werke wie Goethe, Schiller, Kleist, Hölder-
lin, Fontane, Kafka, Thomas Mann usw., also um den „Text-Kanon" der literarischen Kultur und seine Vermittlung. Es wäre falsch, wenn im folgenden der Eindruck entstehen würde, *die* Medienwissenschaft (die es als einheitliche Disziplin
auch noch nicht gibt) sei an die Stelle *der* (germanistischen) Literaturwissenschaft
getreten, habe sie gar verdrängt und abgelöst. Das hat sie gewiss bisher nicht. Aber
seit Kolbes Buch ist schon etwas passiert, über das sich zu berichten lohnt, und das
erklärt werden kann.

2.

Allgemein gilt, dass es nicht möglich (oder: beliebig möglich) ist, für historisch
beobachtete disziplinäre Erweiterungen, Veränderungen und Wandlungen *ex post*
bestimmte Ursachen, Quellen, Gründe und Tendenzen anzugeben, die gerade *diesen*
Wandel, *diese* Veränderungen und *diese* Erweiterungen so beeinflusst haben, dass

---

[16] Wobei sich die Medienwissenschaft immer stärker von der Germanistik löst und ihr eigenes diszipli-
näres Paradigma entwickelt, vgl. Ludes 1999.

[17] Siehe dazu auch: Viehoff 1997.

[18] Vgl. etwa die Beiträge in: Danneberg & Vollhardt 1996.

sie *anders nicht hätten stattfinden* können[19]. Die Kontingenz auch von Disziplingeschichten ist nicht erst seit Thomas S. Kuhns wissenschaftshistorischen Rekonstruk-
tionen bekannt.

Wenn im folgenden dennoch der natürlich immer auch normative Versuch gemacht wird, im Überblick einige der Zusammenhänge in der Disziplinentwicklung
der Germanistik, der deutschen Philologie, der allgemeinen oder der neueren deutschen Literaturwissenschaft so zusammenzustellen, dass sich daraus die Entwicklung
hin zu einer Medien- und Kommunikationswissenschaft sinnvoll herauslesen lässt,
dann kann dies natürlich nur ein Angebot an diejenigen sein, denen dieser Gedan-
kengang selbst nicht völlig fremd und unplausibel ist. Diejenigen Leser, die von
solchen rekonstruktiven Disziplingeschichten nicht viel halten, werden eher die Gefahren der Beliebigkeit wiedererkennen, die schon Eberhard Lämmert solchen nachträglichen Bestätigungsversuchen zugeschrieben hat. Solchen Gefahren kann man
nicht ausweichen.

Anderseits ist der in den letzten Jahrzehnten beobachtbare Wandel der Literaturwissenschaft nicht zufällig so geworden, wie er geworden ist. Durch konkrete
Planungen, Publikationen, Forschungsentscheidungen, Berufungen etc. hat sich in
den siebziger und achtziger Jahren eine Tendenz durchgesetzt, die - zumindest von
einer kritischen Menge meist junger Wissenschaftler und Wissenschaftlerinnen - so
gewollt war und bewusst angestrebt wurde. Auch innerhalb von dominanten (hermeneutischen und national orientierten) Traditionen einer „germanistischen" Wissenschaft wird durch die persönlichen Lebensgeschichten und wissenschaftlichen Sozia-
lisationen einzelner Forscher wie auch die Entwicklung von Gruppen, Schulen und
von Lehrmeinungen Kontingenz reduziert. Die Etablierung von Lehrstühlen mit
medienwissenschaftlichen Orientierungen an den Universitäten, inzwischen mit entsprechenden eigenen medienwissenschaftlichen Denominationen der Lehrstuhlinhaber, die Aufteilung des Publikationsmarktes durch große Verlage mit bestimmter
Verlagspolitik, in der nun Medienforschung eine prominente Rolle zu spielen hatte,
die gemeinsamen Forschungsfelder mit konkurrierenden Disziplinen, all dies wirkt
wie Wegmarken und Schranken, die das Handeln von einzelnen Forschern wie ganzen Forschergruppen orientierten und orientieren.

Bekanntlich eignen sich Krisen alter Paradigmen besonders gut dazu, dass sich
neue Gedanken und Konzepte durchsetzen. Die Krisendiagnostik zur Situation der
Germanistik und der Literaturwissenschaft insgesamt war Ende der sechziger und
Anfang der siebziger Jahre – vor allem im Zusammenhang mit dem sogenannten
Methodenstreit – allgegenwärtig. Kolbes Editionen sind nur die Spitze eines Eisber-

---

[19] Dazu sind etwa die Beiträge und Diskussionen im Zusammenhang der „kulturwissenschaftlichen"
Erweiterung der Literaturwissenschaft ein gutes Beispiel: vgl. Bachmann-Medick 1996; Böhme &
Scherpe 1996.

ges, der – wie Eisberge zu tun pflegen – den großen Dampfer Germanistik[20] leck schlug und beinahe zum Sinken brachte. Günther Blamberger hat mit einigem Abstand (und inzwischen von anderen auf die Krise der Geisteswissenschaften insgesamt ausgeweiteter Perspektive[21]) noch einmal die drei wichtigsten Gründe aus dem gesellschaftlichen Kontext der universitären Disziplinen sehr nüchtern zusammengefasst, Gründe, die in der damaligen Krisendiagnostik gebetsmühlenartig wiederholt wurden: erstens ein „tiefgreifender kultureller Wandel"[22], zweitens „die gewaltige Expansion des deutschen Hochschulwesens in den letzten zwei Jahrzehnten"[23] und schließlich drittens die „drastische Verschlechterung der Anstellungschance für Lehrer Ende der siebziger Jahre"[24].

Neben diesen von außen die Bedingungen wissenschaftlichen Lehrens und Forschens bestimmenden Veränderungen, gab es natürlich auch wissenschaftsinterne Verwerfungen und Krisen, die – teilweise – zu Debatten und Diskussionen führten, in denen so getan wurde oder bei denen die Beteiligten den Eindruck vermittelten, als ob es diese gesellschaftlichen Rahmenbedingungen nicht gäbe. Solche Distanzierung *direkter* gesellschaftlicher Anforderungen ist durchaus ein bewahrenswertes Vorrecht universitären Arbeitens, Disziplinen wie die Mathematik leben von Grundlagenforschung dieser Art, und dies soll hier nicht abgewertet werden. Dominante gesellschaftliche Diskussionen verstärken aber gerade für geisteswissenschaftliche Fächer zu Krisenzeiten den Druck, alte Begründungen als unzureichend anzusehen und Innovationen zu fordern. Die Frage nach der gesellschaftlichen Relevanz von Forschungen und Forschungspositionen war jedenfalls ohne Zweifel in dieser Zeit als eine grundsätzliche Frage gemeint, und sie hat so auf die Geisteswissenschaften gewirkt.

Eine wichtige Diskussion in der Bundesrepublik Deutschland, die in diesem Sinne Ende der sechziger Jahre von langanhaltender Bedeutung war, ist unter dem Stichwort „Positivismusstreit"[25] inzwischen archiviert worden. Es ging um die entscheidenden theoretischen Hintergrundannahmen (und deren Konsequenzen) beim wissenschaftlichen Arbeiten. Zweifellos hatte dieser Streit – Popper, Albert und

---

[20] Natürlich gibt es „die" Germanistik nicht, aber es gab Ende der sechziger Jahre in der Bundesrepublik Deutschland, stärker als heute, „paradigmatische" Vertreter einer geisteswissenschaftlich-hermeneutischen Identität der Disziplin wie Benno von Wiese, Richard Alewyn oder Wolfgang Kayser. Ähnlich wie sich Peter Hamm, ebenfalls bei Hanser, gegen die „Großkritiker" in der feuilletonistischen Literaturkritik wehrte (Hamm 1968), so waren solche Groß-Ordinarien besonders gefährdet durch – um im Bild zu bleiben – kritische Eisberge.

[21] Frühwald 1991.

[22] Blamberger 1993, 12.

[23] Ebda.

[24] Ebda.

[25] Adorno, Dahrendorf, Pilot, Albert, Habermas & Popper 1969.

andere standen Adorno, Habermas und anderen gegenüber – nicht nur wissen-
schaftspolitische Dimensionen, sondern stand auch im direkten Zusammenhang damit, dass politische Orientierungen für die nachrückende studentische Generation
gegeben werden sollten. Diese Generation verlangte radikal nach solchen neuen
Orientierungen. Schließlich war nach dem öffentlich angemahnten „Verlust der Mitte" und dem zunehmend deutlicher werdenden *developmental lag* des bundesdeut-
schen Bildungssystems der Bedarf nach neuen Orientierungen groß. Das betraf die
Problematik „gesellschaftlich relevanter" Forschungen generell, das betraf aber auch
ganz trivial die vielen jungen Wissenschaftler, die an den zahlreichen neu gegründe-
ten Universitäten ihre Arbeit aufnahmen. Auch deshalb war Anfang der siebziger
Jahre eine historische Situation, die lange nicht mehr so günstig gewesen war, um
verkrustete Strukturen aufzubrechen und Alternativen – auch personell – auf Dauer
zu etablieren.

In dieser Lage wurde die traditionelle Literaturwissenschaft damit konfrontiert,
dass sie mindestens von zwei Seiten[26] *grundsätzlich* in Frage gestellt wurde, und
zwar in dem, was sie tat, und in dem, wie sie es tat, und auch in dem, wie sie dies
alles begründete. Beide Seiten bezogen dabei – zumindest zu Beginn der Debatte –
wesentliche Argumente aus eben jenem eher deutschen Positivismusstreit, der mit
Argumenten einerseits aus der Hermeneutik und der dialektisch-kritischen Linie von
Hegel über Marx her geführt wurde, andererseits mit solchen aus der angelsächsi-
schen Tradition der analytischen Wissenschaftstheorie und des kritischen Rationalismus. Die eine Gruppe warf der etablierten Literaturwissenschaft vor, unpolitisch
bzw. ohne kritisches Bewusstsein und gesellschaftliche Analyse sich ihres Gegenstandes zu bemächtigen und damit doch nur die in Traditionen manifestierte und ge-
ronnene „Macht des Erfolges" – im ökonomischen, im kulturellen und auch im speziell literarischen Produktions- und Konsumtionszusammenhang – zu feiern. Die
andere Gruppe kritisierte szientistisch, dass die eingeübten Methoden und theoretischen Hintergrundannahmen – etwa die vom „hermeneutischen Zirkel" – wegen
ihrer Ambivalenz, ihrer Ungenauigkeit und ihrer je beliebigen Berücksichtigung
wissenschaftlich nicht länger tragfähig seien. In beiden Gruppen begannen, über die
bloße Kritik hinaus, eine Reihe von Wissenschaftlern damit, diese Defizite produktiv zu bearbeiten. Sie konzentrierten sich dabei darauf, vor allem die fehlende Bedeutsamkeit der literaturwissenschaftlichen Forschung für allgemeine gesellschaftliche bzw. im engeren Sinne auch wissenschaftliche Probleme, Bezugsgruppen und
„Methodenschulen" zu beheben und – zumindest - durch neue Problembeschreibun-
gen zu ersetzen.

---

[26] Die folgenden Darstellungen fokussieren – wie an dieser Stelle noch einmal ausdrücklich angemerkt
werden soll – *eine* Darstellungsgeschichte. Für die beiden hier angesprochenen Kritikrichtungen siehe
exemplarisch: Finke 1982 einerseits, andererseits die Forschungstradition bei Bürger 1978.

Neben der marxistischen oder ideologiekritischen Linie war eine der konstruktiven Antworten auf die vielzitierte Krise der „Relevanz" von literaturwissenschaftlichen Studien die Entwicklung von sozialwissenschaftlichen und empirischen Forschungsansätzen in der Literaturwissenschaft.[27] Von der Empirisierung versprach man sich generell nicht nur eine „härtere" Forschung, die z.B. überprüfbar wäre, sondern auch einen Anschluss an die wissenschaftlichen Diskurse der empirisierten Kulturwissenschaften wie Soziologie und Psychologie, die neben der Linguistik zu den Leitdisziplinen der literaturwissenschaftlichen Erneuerung avancierten.

Theoretische und praktische Impulse zu dieser sozialwissenschaftlichen Empirisierung der Literaturwissenschaft kamen zum geringeren – und eher indirekten – Teil aus der traditionellen Beschäftigung mit literarischen Texten innerhalb der Literaturwissenschaft selbst[28]. Indirekt wurde die Entwicklung sicher durch einen Generationenkonflikt beschleunigt. Spätestens gegen Ende der sechziger Jahre wurde das bloße Lernen durch Nachahmen – der intellektuelle Prinzenweg literaturwissenschaftlicher Karrieren vom Studierenden zum Oberassistenten – obsolet und beinahe „unmoralisch". Denjenigen unter den Professoren, die man politisch und intellektuell etwa auf den Germanistentagen kritisierte, konnte man ohne Selbstaufgabe nicht mehr einfach als Schüler oder gar „Jünger" „nachfolgen"[29].

In direktem Sinne begünstigten aber auch interne literarische und literaturwissenschaftliche (jedoch nicht isolierte) Entwicklungen grundsätzliche Veränderungen. Diese Themen, Positionen und Probleme jedenfalls bestimmten das Diskursklima der damaligen Zeit, sie gemeinsam ergaben jene kritische Grundstimmung, die für den notwendigen Veränderungsdruck sorgt.

– Die „*Erweiterung des Literaturbegriffs*"[30] öffnet den Blick für die mediale Bedingtheit literarischer Kommunikation und führt dazu, auch Literaturverfilmungen und Fernsehprogramme zum Gegenstandsbereich der Literaturwissenschaft zu erklären.

– Die kritische *Literaturdidaktik* betont immer stärker den Aspekt der Anwendung literaturwissenschaftlichen Wissens und fragt nach dem funktionalen Wert der literarischen Texte[31], wodurch die Kanondiskussion völlig neue Perspektiven erhält.

---

[27] Vgl. etwa Kreuzer & Gunzenhäuser 1965; Hohendahl 1974; Kindt & Schmidt 1976; Groeben 1972; Kreuzer & Viehoff 1981; Viehoff 1991.
[28] Vgl. etwa die stilanalytischen Arbeiten von Frey 1970; Frey 1980.
[29] Als Ausdruck dieser Distanzierung von den Lehrstuhlinhabern ist etwa auch das Erstarken einer politischen Bewegung der wissenschaftlichen Assistenten zu sehen.
[30] Kreuzer 1975.
[31] Kreft 1974.

–   Die *Trivialliteraturforschung* nimmt neben der Höhenkamm-Literatur auch
    die trivialen Niederungen des literarischen Alltags in den Blick und stellt
    sich dem Problem der massenhaften Literaturproduktion und –rezeption[32],
    wodurch bloß interpretative Verfahren offensichtlich unzulänglich werden.

–   Die (im Prinzip) interaktionistische *Rezeptionsästhetik* bedeutet einen dia-
    lektischen Umschlag der Forschungsperspektive zur vorher herrschenden
    einseitigen essentialistischen Produktionsästhetik[33], wodurch grundsätzlich
    das Handeln von Subjekten, der Umgang mit für literarisch gehaltenen Tex-
    ten immer stärker systematisiert wird.

–   Die Wissenschaft des „Geistes" („Geisteswissenschaft"), die durch die geis-
    tige Nähe zahlreicher Germanisten zur menschenverachtenden *nationalso-
    zialistischen Ideologie* während der Weimarer Republik und danach desa-
    vouiert worden war, begünstigte in der ersten Nachkriegsphase eine „entpo-
    litisierte" Germanistik. Die Kritik daran führte wiederum in den sechziger
    Jahren zu einem dialektischen Umschlag ins Gegenteil. Jetzt war eine eher
    „materialistische" und kritische Wissenschaft gefordert, die voraussetzte,
    dass „letzten Endes" - wie Friedrich Engels meinte, die materiellen Bedin-
    gungen ausschlaggebend sind   für gesellschaftliche Entwicklungen, also
    auch für die literarische Kommunikation.

–   Die *Kritik an der „Kulturindustrie"* durch Horkheimer und Adorno[34] und
    deren Rede vom „Zirkel von Manipulation und rückwirkendem Bedürfnis"
    schließlich wird rezipiert als Beschreibung eines kritischen Zustandes, der
    gerade die Literatur in Mitleidenschaft zieht. Eine der Folgen ist das ‚Ende
    der Unbescheidenheit' (Heinrich Böll) der literarischen Autoren, die stärker
    an den medialen Verwertungen und Vermittlungen ihrer Produkte beteiligt
    sein wollen und sich deshalb gewerkschaftlich zu organisieren beginnen.

Diese innerdisziplinären Erweiterungen und Veränderungen waren allesamt aus dem
Perspektivwechsel entstanden, den die politisierte und auf Veränderungen drängende
literarische Öffentlichkeit in und außerhalb der Universitäten erzwungen hatte. Es
schien nicht mehr möglich und nur schwer zu rechtfertigen, die sechstausendste
Interpretation des Shakespearschen „Hamlet" oder die zweihundertste der Kafka-
schen „Verwandlung"[35] zu schreiben und wissenschafts-öffentlich zu diskutieren,
aber die in der allgemeinen Öffentlichkeit diskutierten Rezeptionsereignisse wie

---

[32] Kreuzer 1967.
[33] Jauß 1970.
[34] Horkheimer & Adorno 1948.
[35] Siehe dazu Viehoff 1991; Andringa 1994.

etwa „Das Halstuch" oder den Beginn der „Tatort-Serie"[36] wissenschaftlich zu ignorieren. Man wollte etwas Genaues über die kommunikativ-ästhetische Funktion solcher Fernsehsendungen wissen und nicht mehr in metaphorischer Sprache[37] beschrieben lesen, wie z.b. auf einen hochspezialisierten Goetheforscher die erneute Lektüre des „Faust" wirkt. Gerade angesichts eines expandierenden Marktes des Massenmedien, besonders der audiovisuellen Medien wie Fernsehen und Video, und gerade angesichts des kaum angezweifelten allgemeinen Manipulationsverdachtes gegen die Betreiber dieses internationalen Medienmarktes schien es auch vielen Literaturwissenschaftlern nicht mehr möglich, sich ausschließlich mit historisierender Betrachtung und artifizieller Interpretation literarischer Werke des „gegebenen" Kanons zu beschäftigen. Prognosen etwa über das „Ende des Buchzeitalters" machten – auch für den engen Bereich der Literatur - Probleme bewusst und setzten solche Fragen auf die *agenda*, die mit dem traditionellen theoretischen und methodischen Instrumentarium nicht mehr bewältigt und beantwortet werden konnten.

3.

Methodische Anleihen bei den etablierten – und gesellschaftlich anerkannten – Sozialwissenschaften waren eine der Konsequenzen: zuerst nur geduldet als eine Art „Hilfsdienst" oder „Hilfswissenschaft", um weiterhin den „Kern" der Literaturwissenschaft – Literaturgeschichtsschreibung und Literaturinterpretation – zu bearbeiten, wurden Literatursoziologie, Literaturpsychologie, Medienwissenschaft und Kulturwissenschaft, empirische Rezeptionsforschung, Buch- und Marktforschung immer stärker als wichtige „Kontext"-Wissenschaften aufgewertet. Nicht nur wegen der Hausse der Rezeptionsästhetik des Konstanzer Schule um Jauß und Iser in den frühen siebziger Jahren[38] lag in dieser Zeit der Schwerpunkt der Forschung auf der Rezeption[39], sondern auch, weil im Bereich der Rezeption durch die Zuschauerforschung in den Theaterwissenschaften, durch empirische Entwicklungsstudien in der Kinder- und Jugenbuchforschung, durch Publikums- und Buchmarktforschung bei der Rezeptionsforschung und der Literatursoziologie schon methodische Vorbilder vorhanden waren. Zudem legten antibehavioristische Strömungen in angrenzenden einflussreichen Disziplinen wie Linguistik und Psychologie eine Erforschung der

---

[36] Siehe dazu jetzt: Brück 1999.
[37] Vgl. dazu die Analyse von Fricke 1977.
[38] Jauß 1970; Iser 1971; Iser 1976. Es gehörte Anfang der siebziger Jahre praktisch zum guten Ton, vom Paradigmenwechsel im Sinne von Jauß zu sprechen, vor allem in den Einleitungskapiteln literaturwissenschaftlicher Dissertationen.
[39] In einem interessanten und gut begründeten Beitrag haben Michael Charlton und Michael Barth den Blick auf die (kognitive) Rezeptionsforschung - sozusagen – umgedreht, sie sehen sie als eine Folge der medienwissenschaftlichen Perspektivierung von Fragestellungen, vgl. Charlton & Barth 1998..

Rezeptionsprozesse eher nahe als eine des Produktionsprozesses; denn mit der „kognitiven Wende" dieser Disziplinen wurde die Vorleistung der Produktion erst einmal zu einem eher singulären, bloß „gegenständlichen" Anlass für die komplexen Vorgänge bei der Rezeption.

Rezeptionsanalysen, die mehr sein wollten als lediglich Einzelfallstudien, in denen in einem anderen Sprachspiel die eigene hermeneutische Textinterpretationen noch einmal meta-reflektiert wurde, mussten das Problem der „Subjekt-Objekt-Konfundierung" (Norbert Groeben) nun allerdings wissenschaftsöffentlich lösen und nicht nur kritisieren. Die methodische Anleihe bei den empirischen Sozialwissenschaften war dabei ein starkes Mittel, um die empirische Rezeptionsforschung, die Textverstehens- und Leserforschung, die Trivialliteratur und Fernsehforschung näher an die (in nomologischen Wissenschaften gewünschte) Intersubjektivität der Verfahren heran zu führen, hypothesenprüfende Forschungsprozesse brachten zunehmend durch entsprechende Prüfverfahren die geforderte Distanz von Gegenstand und Beobachter[40]. Ein solches langsames Anwachsen und Erstarken der „Kontextwissenschaften" und die immer häufiger angestrebte nomologische Struktur von Argumentationen in literaturwissenschaftlichen Arbeiten zeigten bald weitere grundsätzliche Wirkungen. In der traditionellen Literaturwissenschaft lösten sich in der Lehre und auch in der publizierten Forschung die vorher scharfen Grenzen des Gegenstandsbereiches „Literatur = (schriftsprachlicher) Text" auf. Werkimmanente Interpretationen, auch solche, die vordem im Rahmen einer essentialistischen Textauffassung als paradigmatisch ‚beste' Lösungen, d.h. als schöne, originelle, kunstvolle und zeitgenössisch adäquate Verstehens- und Deutungsleistungen gegolten hatten, erhielten im Umkreis der empirischen Forschungsansätze ‚nur' noch den Status heuristischer Entwürfe zum Ableiten von Hypothesen[41]. Sie konnten dazu dienen, bestimmte Literaturauffassungen, die jeweils funktionalen Werte des Literaturbegriffs für eine bestimmte Verstehensleistung besser zu erklären und deren handlungsleitende Kraft bei Lesern zu prüfen.

Ein solches Modell musste und konnte natürlich nicht auf naive Leser beschränkt bleiben, sondern durchaus auch professionelle Leser – Literaturkritiker und –wissenschaftler – zum „Objekt" der Untersuchung machen. Zu prüfen war dann generell, wie bestimmte Leser mit Texten interpretativ deutend umgingen, die sie für literarisch hielten. Zu prüfen war, aufgrund welcher Voraussetzungen sie dies taten, mit welchen Absichten, Interessen, Gefühlen, welche Wirkungen zu beobachten waren und anderes mehr. Diese ‚Selbstbeobachtung' von Literaturwissenschaftlern bedeutete nichts weniger als dass die von ihnen betriebene Literaturwissenschaft sich zu einer Handlungswissenschaft veränderte. Eine Literaturwissenschaft als

---

[40] Vgl. dazu besonders einflussreich: Groeben 1977.
[41] Vgl. zum Beispiel Groeben 1981; Schram 1991; Andringa & Viehoff 1990.

Handlungswissenschaft schien in der Lage, all jene unterschiedlichen Perspektiven der Forschung zu bündeln und dabei diese Perspektiven nicht länger an „Hilfswissenschaften" auszugliedern, sondern einem zusammenhängenden wissenschaftlichen Paradigma der Literaturwissenschaft zu integrieren.

Diese Entwicklung hin zu einer handlungstheoretisch fundierten und empirisch-sozialwissenschaftlich forschenden Wissenschaft vom Umgang der Menschen mit „Literatur" fand nun in den siebziger Jahren nicht außerhalb der andauernden wissenschaftpolitischen Umorientierungen statt. Eingebunden in die zeitgenössische Diskussion um den Paradigmenbegriff sensu Kuhn[42] bewegte sich die literaturwissenschaftlich avancierte Forschung eher in die Richtung eines psychologischen Handlungsbegriffs als eines soziologischen. Während nämlich die empirisch orientierte Literatursoziologie im Sinne Norbert Fügens[43] oder Alphons Silbermanns wegen ihrer prinzipiellen Abwehr ästhetischer Interessen und wegen des „Positivismusverdachts" kaum beispielhaft für eine gerade auf die literar-ästhetischen Handlungen bezogene Konzeption werden konnte, boten sich in Psychologie, Psycholinguistik und Sprachwissenschaft vielfältige Schnittstellen zum Transfer von Teilkonzepten an, die dem leitenden Interesse einer handlungstheoretischen Literaturwissenschaft integrierbar waren. Zugleich bot die neuere Paradigmendiskussion[44] die systematische Möglichkeit, den emanzipativen Anspruch an eine nicht mehr traditionelle Literaturwissenschaft, der von der dialektisch-kritischen Seite der Kritik zurecht erhoben wurde, als Relevanz-Postulat mit einzubeziehen. Über die Linie Sprachwissenschaft – Linguistik – Psycholinguistik – Sprachpsychologie – Psychologie fanden also innovative Gedanken ihren Weg in die handlungstheoretische Literaturwissenschaft, über die Wissenschaftssoziologie und -theorie wurde kritisch-soziologisches Denken systematisch eingebunden.

Die Linguistik als Theorie der Sprache war darauf gerichtet, Sprache abstrakt zu beschreiben, um typische, allgemeine und wiederholbare Strukturen herauszufinden, sie sah sich aber von Beginn an vor dem Problem, dass Sprache als ein empirisches Ereignis nur in natürlichen Kontexten stattfindet und dass die – auf einer abstrakten Ebene analysierbar und systematisch beschreibbaren Sprachelemente - auf dieser sozialen Handlungsebene sehr umfassende Funktionen für menschliche Kommunikation, für menschliches Verhalten und Handeln haben. Seit Karl Bühlers sprachpsychologischen Arbeiten[45] ist dieses Struktur- vs. Funktionsproblem für jede wissenschaftliche Beschäftigung mit Sprache und sprachlichen „Ereignissen" fun-

---

[42] Siehe: Kuhn 1976.
[43] Fügen 1964; Silbermann 1975.
[44] Finke 1982; Nierlich 1984.
[45] Bühler 1965; Knobloch 1984.

damental. Nach der linguistischen Revolution[46] durch Noam Chomsky[47], durch die
die Fähigkeiten und das Wissen der mit Sprache umgehenden Subjekte zum eigentlichen Hauptgegenstand der Linguistik[48] wurden, ist das Problem in den siebziger
Jahren zunehmend dahin verschoben worden, dass erstens die Linguistik sich von
der Sprach- zur Text- und dann zur Diskurswissenschaft entwickelte und dass zweitens spezielle Probleme des Kontextes, nämlich die psychischen, sozialpsychologi-
schen und situativen Bedingungen des mit Sprache handelnden Subjektes als empirischer Forschungsgegenstand der Psycholinguistik, als theoretisches Problem der
Sprachphilosophie und Sprachpsychologie[49] ausgegliedert wurden. Diesen Entwicklungen lag die Basisannahme zugrunde, dass die jeweiligen kontextuellen Bedingungen bedeutungsrelevant für sprachliches Handeln sind und deshalb sowohl empirisch als auch theoretisch vollständig geprüft werden müssen. Als Mehrheitsmeinung
gilt seitdem, dass „Bedeutung" von Texten nicht allein erforscht werden kann durch
linguistische oder sonstige Strukturanalysen von sprachlichen Texten, sondern vor
allem (auch) durch die Analyse der Handlungssituation, in der ein sprachlicher Text
für (den Schreibenden wie) den Lesenden Bedeutung gewinnt. Wenn man also verstehen will, wie Subjekte sprachliche Texte verstehen, dann ist es zwingend, die
Aufmerksamkeit auf Prozesse, Subjekte und Situationen – und auf deren Interaktionen - zu richten.

Forschungsprogramme, die dieser Idee folgten, konvergierten in einem wichtigen Moment mit einer Entwicklung, die sich mit antibehavioristischen Arbeiten vor
allem in der amerikanischen Psychologie durchzusetzen begann. Von ähnlicher Bedeutung wie die Arbeiten von Chomsky für die Linguistik wurden dabei die verhal-
tenstheoretischen Studien von George A. Miller, Karl H. Pribram und Eugen A.
Galanter[50]. Diese Forscher gingen nämlich von dem Gedanken aus, dass menschliches Verhalten nicht (in erster Linie oder gar ausschließlich) durch äußere Stimuli,
sondern vielmehr durch innere Pläne und Handlungsschemata organisiert wird. Die
cognitive map, die mentale Landkarte der Subjekte, ihre auf kognitiven Schemata
beruhende Einschätzung der Handlungssituation beeinflusst das Verstehen von

---

[46] John Searle hat in einem Aufsatz unter dem Titel „Chomsky's revolution in linguistics" geschrieben:
   "His revolution followed fairly closely the general pattern described in Thomas S. Kuhn's *The Structure of Scientific Revolutions*: the accepted model or ‚paradigm' of linguistics was confronted, largely
   by Chomsky's work, with increasing numbers of nagging counterexamples and recalcitrant data
   which the paradigm could not deal with." (Searle, 1994. 69).
[47] Chomsky 1965; Chomsky 1968.
[48] Vgl. dazu „Der Gegenstand der Linguistik" in Chomsky 1993, 49 – 97.
[49] Siehe dazu: Schneider 1999.
[50] Miller, Galanter & Pribram 1960.

Sprache und von Texten[51]. Sprache konnte danach nicht mehr als der „determinierende", also als der bestimmende Faktor des Sprachverstehens gelten, sondern Sprache übernahm die auslösende, die – wegen ihrer Struktur allerdings auch immer „instruierende" – Funktion[52] beim Verstehen. Das Kriterium des „erfolgreichen" Verstehens von Sprache wird entsprechend von ‚äußeren' Handlungen weg verlegt ‚nach innen': maßgebend ist jetzt die aktive, kognitiv-konstruktive Leistung des verstehenden Subjektes. Erst durch diese kognitiv-konstruktive Leistung des Subjektes wird eine sprachliche Äußerung, ein Text, in einen sinnvollen Bedeutungszusammenhang gestellt und macht Sinn[53].

Es liegt auf der Hand, dass durch solche Entwicklungen die InterpretationsBastionen traditioneller Literaturwissenschaft bis in die theoretischen Grundfesten erschüttert wurden. Die Textinterpretation, die neben der Literaturgeschichtsschreibung traditionell als Kernbereich der Literaturwissenschaft gilt, ging nämlich von einem essentialistischen Literaturbegriff aus. Dieser Literaturbegriff wurde nun kritisiert, de-ontologisiert und schließlich – im Rahmen der handlungstheoretischen Überlegungen – zu einem funktionalen Literaturbegriff entfaltet. Der Text und seine Bedeutung werden danach zu einer Funktion spezieller, auf den Text bezogener Handlungen. Damit verändert sich fundamental der Gegenstandsbereich dieser Wissenschaft: denn jetzt ist nicht mehr der literarische Text einziges oder wichtigstes Moment, sondern jetzt ist es der beschreibbare, analysierbare und erklärbare Umgang von Menschen mit Texten, der das Gegenstandsfeld der Wissenschaft bildet. Die Ursachen dafür, dass das Prädikat „ist literarisch" in einem kognitiven und sozialen Prozess zugeordnet wird, müssen nicht mehr im Text gesucht werden. Plausibler ist es, sie in den sozial verbindlichen und im Wissen der Subjekte eingelagerten Regulationen – Konventionen, Werte, Normen, Gebräuche, Stile – zu suchen[54].

Mit dieser Entwicklung war die Literaturwissenschaft – zumindest in einigen avancierten Schulen und Forschungsrichtungen – an der Schwelle eines neuen Paradigmas angelangt[55]. Die Literaturwissenschaft war deshalb nicht nur durch die ersten medienkundlichen oder medienwissenschaftlichen Arbeiten[56], sondern auch theore-

---

[51] Siehe dazu: Schmidt & Groeben 1989; auch: Hauptmeier, Meutsch & Viehoff 1989; Beaugrande 1992.

[52] Vgl. Schmidt 1983.

[53] Hans Hörmann spricht in diesem Zusammenhang von der grundsätzlichen Erwartung nach „Sinnkonstanz" die den handelnden Subjekten, siehe: Hörmann 1978.

[54] Siehe dazu: Helmut & Schmidt 1986.

[55] Vgl. dazu die Beiträge in: Barsch, Rusch & Viehoff 1994.

[56] Siehe zum Beispiel die frühen Arbeiten von Helmut Schanze, der schon 1972 in einem Artikel die damals noch neue Frage stellte: „Fernsehserien: ein literaturwissenschaftlicher Gegenstand? Überlegungen zu einer Theorie der medialen Möglichkeiten", in: LiLi. Zeitschrift für Literaturwissenschaft und Linguistik, H. 6, 2. Jg.

tisch vorbereitet auf den *extraordinary cultural turn* der achtziger und neunziger Jahre, den Jeffrey C. Alexander[57] beschrieben hat und der – zumindest in Teilen - zu einer neuen „disziplinären Identität" (Jörg Schönert) führen musste.

4.

Um diesen *cultural turn* der Geistes- und Sozialwissenschaften, in den die Entwicklung der Literaturwissenschaft zur Medienwissenschaft eingeschlossen ist, besser verstehen zu können, ist eine Erinnerung an Thomas S. Kuhns wissenschaftshistorische Überlegungen sinnvoll.

Thomas S. Kuhn hatte schon 1960 angeregt[58], die Entwicklung von wissenschaftlichen Konzeptionen nicht mehr als linearen Fortschritt, sondern als Aufeinanderfolge von unterschiedlichen wissenschaftlichen Paradigmata zu verstehen. Dieser Vorschlag schloss die Vermutung ein, dass innerhalb eines neuen Paradigmas die Welt anders interpretiert wird als innerhalb des alten. Nicht allein und in erster Linie ein „Mehr" an Wissen ist demnach mit einem Paradigmenwechsel verbunden, sondern kennzeichnender ist die Neuformulierung alter Fragen, die Begründung neuer, bisher nicht gestellter Fragen und – für beides – die erhöhte Plausibilität der Antworten. Diese Antworten und die Fragen werden im neuen Paradigma systematisch zu einer Theorie mit bestimmten Kernannahmen verknüpft, die sich dann allerdings von den Kernannahmen des alten Paradigmas unterscheiden. Kuhn spricht in Bezug auf die Verknüpfung solcher Kernannahmen von der neuen disziplinären Matrix eines Paradigmas. Diese wissenschaftshistorischen Auffassungen Kuhns wurden zu Beginn der siebziger Jahre durch wissenschaftstheoretische Überlegungen gestützt und erweitert, die dazu führten, wissenschaftliche Aussagen als nonstatement-view Theorien zu reformulieren[59]. Der Physiker J. D. Sneed hatte 1971 zuerst die Idee[60] vorgetragen, dass (physikalische) Theorien auf eine Weise logisch re-konstruiert werden könnten, die nicht mehr den Widersprüchen traditioneller analytischer Wissenschaftstheorie ausgesetzt zu sein schien, die z.B. durch den Unterschied von Theoriesprache (Sprache, in der die Theorie formuliert ist) und Beobachtungssprache (Sprache, in der Beobachtungen gemacht werden zu empirischen Phänomenen, die in der Theorie theoretisch beschrieben sind) auftreten. Sneed's Rekonstruktionsvorschlag löst das Theoriesprachen- / Beobachtungssprachen-Problem dadurch, dass ein Modell hierarchischer Theorienetze eingeführt wurde. Damit wird modelliert, dass theoretische Terme immer nur theoretisch *in Bezug auf*

---

[57] Alexander 1988.
[58] Siehe dazu Kuhn 1976.
[59] Vgl. dazu erläuternd Stegmüller 1973.
[60] Sneed 1971; vgl. auch: Groeben 1982. besonders 20 ff.

eine Theorie sind. Das wiederum bedeutet, dass durch die Theoriebeladenheit auch der „Beobachtungssprache" sogenannte Beobachtungsbegriffe nicht theoriefrei die Wirklichkeit empirischer Phänomene abbilden, sondern lediglich Begriffe auf einer theorie-hierarchisch niedrigeren Ebene sind als die „reine" Theoriesprache. In der Konsequenz dieses Ansatzes liegt dann die Auffassung begründet, dass wissenschaftliche Theorien als Begriffssysteme und nicht als „Aussagensysteme" (also als *non-statement-view-Theorien*) zu verstehen sind. Die Begriffe einer Theorie interpretieren sich gewissermaßen gegenseitig, sie können nicht – unabhängig von der Theorie – als Aussagen über die (empirische, physikalische, psychische, soziale, ...) Wirklichkeit angesehen werden, auch wenn sie in Form von Beobachtungssätzen auftreten. Theorien im Sinne des „non-statement-view" sind mengentheoretisch definiert durch einen Strukturkern und durch intendierte Anwendungen. Unterschiedliche Theorien sind durch qualitativ unterschiedliche Kernannahmen ausgezeichnet, die letzten Endes einem Falsifikationskriterium nicht mehr unterliegen, sondern *nur* einer Kritik der Anwendungen.

Die wissenschaftssoziologische und –theoretische Diskussion um neue „Paradigmen" und neue „Theorien" führte auch in der Literaturwissenschaft, die in den siebziger Jahren noch ausgesprochen theoriefreudig war, zu entschiedenen Reformulierungen alter – hermeneutischer – Voraussetzungen und Fragestellungen. Dabei bildeten zwei „Kernannahmen" den gemeinsamen „Strukturkern" der unterschiedlichsten innovativen Ansätze: einmal der *funktionale Textbegriff*, zum anderen die *Theorie literarischen Handelns*.

–   Über den funktionalen Textbegriff wird das Forschungsinteresse gebündelt, die individuellen (und sozialen) Prozesse, Verstehensleistungen und Konsensmechanismen von Lesern beim literarischen Umgang mit Texten systematisch zu beobachten und zu beschreiben: nämlich als Funktionsrahmen, der erklärbar macht, wie und warum einem Text je individuell (und sozial) bestimmte literarische Bedeutungen zugeordnet werden. Nur im Rahmen dieses funktionalen Zusammenhangs kann gesagt werden: in bezug auf die *Situationsdeutung* unter den *psychischen Bedingungen* ist für die *Rezipienten* der *Text* des *Autors* literarisch[61].

–   Über die Theorie literarischen Handelns wird das Forschungsinteresse gebündelt, alle überindividuellen Einbindungen des je subjektiven Verstehens, Handelns, Tuns und Verhaltens im Zusammenhang mit – literarisch

---

[61] Vgl. dazu Groeben, der schon früh diesen funktionalen, oder wie er ihn nennt: relationalen Literaturbegriff für die typischen „hermeneutischen" literaturwissenschaftlichen Fragestellungen in ähnliche Hypothesenformulierungen umgeformt und kritisch diskutiert hat. In: Groeben 1982, besonders 49 – 61.

eingeschätzten – Texten systematisch zu erfassen und zu erklären, und zwar
in allen sozial konventionalisierten Formen, Handlungsspielen und Rollen.
Im Rahmen einer solchen Handlungstheorie kann gesagt werden: im Hinblick auf die bestimmte *soziale Konvention,* auf deren Grundlage ein *Text*
sozial als „literarischer Text" behandelt wird, ist die soziale Handlung unter
den Bedingungen der *Akzeptanz durch andere Handelnde* eine *literarische*
Handlung.

Der funktionale Textbegriff steht für die theoretische Annahme, dass Texte keine
Bedeutung ‚haben', sondern dass sie ihre Bedeutung durch den rezeptiv-
konstruktiven Akt des Lesens und Verstehens erst erhalten. Ohne die sinnkonstruie-
rende Tätigkeit des Lesers ist der Text ‚bloßes' Material, jedenfalls in Bezug auf die
zahlreichen seiner literarisch relevanten semantischen Möglichkeiten. Der „bedeutungsvolle" Text ist also notwendig auf die Handlung – von Autoren und Lesern –
angewiesen. Es gilt: ohne entsprechende sinnkonstituierende Handlungen keine literarische Bedeutung. Das mag trivial erscheinen, ist aber konsequent gedacht die
Begründung dafür, als Literaturwissenschaftler nicht allein das kreative Vergnügen
des Sinnkonstituierens zu betreiben, sondern in erster Linie (auch durch methodisch distanzierte „Selbstbeobachtung"[62]) zu analysieren, unter welchen Bedingungen von wem welchen Texten welche Bedeutung zugeordnet wird, und warum.

Der Handlungsbegriff erlaubt, die literarische Rezeption eines Textes systema-
tisch in den Zusammenhang all der Handlungen einzuordnen, die ebenfalls auf den
Text bezogen sind, also in das gesamte System literarischen Handelns, oder in des
Handlungssystem LITERATUR[63]. Angefangen vom eigentlichen Produktionsvorgang
des literarischen Schreibens über alle, meist nach ökonomischen Prinzipien des
Marktes organisierten literarischen Vermittlungen, über die vielen einzelnen literarischen Rezeptionsakte bis hin zu den situations- und medienspezifischen literarischen
Verarbeitungen eines Textes in Form einer Literaturkritik oder einer Filmadaption
sind alle „literarischen Handlungen" in ein Beziehungssystem zu bringen, innerhalb
dessen „Literatur" als wertbezogenes kulturelles Programm konstituiert wird[64].

Beide Kernannahmen sind mit einer dritten logisch verbunden: der Kernannahme nämlich, dass es bei der Literaturwissenschaft darum geht, Fragen zu stellen,
die durch empirische Forschung, durch intersubjektiv nachvollziehbaren Regeln,
durch sichere und ergiebige Methoden prüfbar und womöglich auch beantwortbar
sind[65]. Aus dieser Kernannahme leitet sich die – gegenüber den traditionellen literaturwissenschaftlichen Ansätzen besonders „provokante" wissenschaftliche Haltung

---

[62] Vgl. dazu Halasz 1993, 17 - 86.
[63] Vgl. Schmidt 1980; Schmidt 1982.
[64] Vgl. dazu auch Rusch 1991.
[65] Vgl. dazu Kreuzer & Viehoff 1981.

ab, den Forschungsgegenstand methodisch zu *distanzieren*, also als Literaturwissen-schaftler selbst nicht innerhalb des literarischen Handlungssystems (nach den dort geltenden Regeln des kreativ-hedonistischen Umgangs mit Texten), sondern inner-halb des Wissenschaftssystems zu handeln. Die in der hermeneutischen Tradition übliche (und als einer ihrer „Zirkel" häufig beschriebene[66]) Einheit von Literaturwis-senschaftler und Literaturliebhaber/-interpret wird dadurch aufgebrochen. Dies er-fordert für das „neue" Paradigma innerhalb der Literaturwissenschaft, einen Schwerpunkt auf die Methodenentwicklung für die empirische Erforschung (zum Beispiel des Rezeptionsprozesses) zu legen; denn da das „alte" Paradigma gerade in dieser personalen Einheit und der daraus abgeleiteten Verstehensleistung seine größ-ten Erfolge und beispielhaften „Lösungen" gewonnen hatte, musste gezeigt werden, dass auf diesem Feld ebenfalls beispielhafte, oder gar: bessere Lösungen möglich waren.

Schließlich war ein weiteres Charakteristikum, das ebenfalls als Kernannahme der neuen handlungstheoretischen Literaturwissenschaft anzusehen ist, dass sie sich wissenschaftlich auf ein politisch-emanzipatives Konzept festlegte. Dieses soge-nannte „Relevanzpostulat" war mit dem Gedanken verbunden, dass die Forschungs-prozesse sich auf „gesellschaftlich relevante" Fragen zu beziehen haben, dass der Forschungsprozess explizit gemacht und somit in seiner Argumentation öffentlich kritisierbar wurde, und dass schließlich auch Forschungen betrieben wurden, die Prognosen über zukünftige Entwicklungen literarischen Handelns in der Gesellschaft erlaubten[67]. Als 1982 eine neue wissenschaftliche Zeitschrift - SPIEL. Siegener Periodicum zur Internationalen Empirischen Literaturwissenschaft - im Kontext dieser handlungstheoretischen Literaturwissenschaft erschien, schrieben die Heraus-geber im Editorial:

„ SPIEL wird besonders solche Beiträge zu fördern versuchen, die ü-ber die wissenschaftliche Erforschung der literarischen Handlungsbe-reiche in unserer Gesellschaft hinaus zur Diskussion möglicher Hand-lungsorientierungen gelangen. Solche Veränderungsinteressen sollen in SPIEL begründet und expliziert werden mit jenem Ziel, das Marx in der Kritik der Hegelschen Rechtsphilosophie genannt hat und das wir als *point of no return* für jede normative Begründung von gesell-schaftlichen Veränderungsinteressen ansehen: „ ... alle Verhältnisse umzuwerfen, in denen der Mensch ein erniedrigtes, ein geknechtetes, ein verlassenes, ein verächtliches Wesen ist ...".

---

[66] Vgl. dazu Göttner-[Abendroth] & Jacobs 1978; Göttner-[Abendroth] 1973.
[67] Siehe dazu: Angewandte Literaturwissenschaft 1986; jetzt auch wiederbelebt in der Diskussion um anwendungsbezogene Studiengänge, vgl. Jäger & Schönert 1997.

Im disziplinären Rahmen dieser ‚neuen' *Modelle* (bevorzugte Analogien und Metaphern), der ‚neuen' *Werte* (metatheoretische Orientierungen wie Explizität, Überprüfbarkeit ‚...) und ‚neuen' (angestrebten[68]) *Musterlösungen* (exemplarische Problemlösungen) entwickelte sich auch eine ‚neue' *Fachsprache* in Form von Verallgemeinerungen und wichtigen Begriffen (Konventionen, Voraussetzungssystem usw.). Die erfolgreichsten *Modelle*, die am besten zu begründenden *Werte* und die am ehesten akzeptierten *Musterlösungen* in dieser Entwicklung haben zur Medienwissenschaft geführt.

Der erste Schritt in Richtung Medienwissenschaft war mit diesem konzeptionellen Rahmen getan; denn es zeigte sich, dass jetzt konsequent und konsistent literarische (ans *Medium* des Buches gebundene) Kommunikation und überhaupt jede Form *medialer* Kommunikation nur noch hinreichend analysiert und diskutiert werden konnte, wenn man die inzwischen schon mehrstelligen Aussagen um eben mindestens eine weitere Relation ergänzte: die Medien.

Diese Ergänzung und Erweiterung vorzunehmen war zwingend. Eine Wissenschaft nämlich, die nach langen Mühen erklärt, ihr Gegenstand und ihre Aufgabe sei es, das literarische Handeln von Subjekten in sozialen Gruppen, Subkulturen und Gesellschaften zu untersuchen, steht bei der weiteren Entfaltung der eigenen Grundannahmen, der Anwendung der Theorie und der Differenzierung der Modelle vor zwei zentralen Aufgaben. Sie muss einmal zu klären versuchen, wie alle einzelnen Handlungen in einem Handlungssystem zusammenhängen, wobei allererst der Begriff der Handlung und des Handlungssystems selbst erläutert werden muss. Und sie muss sich zum zweiten dem Problem stellen, dass literarisches Handeln nicht exklusiv an *ein* Handlungsmedium gebunden ist, sondern die Medien literarischen Handelns vielfältig sind. Was bei einer textzentrierten Wissenschaft als Problem des „Transfers" vom Text in andere Medien der sprachlichen und visuellen Kommunikation – Theater, Fernsehen, Film – behandelt wird, tritt nun als Grundproblem der Medialität von ästhetischer, literarischer Kommunikation überhaupt in den Blick. Im Grunde war damit eben jener „cultural turn" vollzogen, der insgesamt die Wissenschaftsdynamik der achtziger und neunziger Jahre bestimmte. Hatte Siegfried J. Schmidt noch 1984 einen programmatischen Aufsatz geschrieben mit dem Titel „Vom Text zum Literatursystem"[69], so stellte sich jetzt die Frage, wie vom Literatursystem zum Mediensystem zu gelangen sei; denn das Literatursystem konnte am ehesten als ein Teil- oder Subsystem eines umfassenderen Handlungsbereichs verstanden werden, der durch Medien und Medienhandeln bestimmt war, und dieser

---

[68] Vgl. zur späteren Bewertung die Beiträge in: Barsch, Rusch & Viehoff 1994.
[69] Schmidt 1984.

Handlungsbereich war als System wieder am ehesten und sinnvollsten in einen über-geordneten Zusammenhang von Kultur zu stellen[70].

5.

Wie den letzten Sätzen zu entnehmen ist, war der Diskussionsstand inzwischen bei der Systemtheorie angelangt. Das war aus der Entwicklungsperspektive dieses Arguments auch gut begründet, weil ja auch dann, wenn vom individuellen Handeln des selbstreflexiven Subjekts her gedacht und theoretisch ein Modell von Handlungsverknüpfungen und –rollen entworfen wird, die Frage drängend wird, wie denn solche Prozesse zu erklären sind, für die sinnvoll kein individuell Handelnder mehr verantwortlich gemacht werden kann. In der Tradition der Ausdifferenzierung von Wissenschaftsdisziplinen ist die individuen- und handlungszentrierte Fragestellung bei der Psychologie beheimatet, die sozial- und systemzentrierte Frage bei der Soziologie. Man kann das damit angesprochene Problem einer unterschiedlichen Perspektivierung auch als Mikro-Makro-Problematik bezeichnen. In unserem Zusammenhang ging diese Problemdiskussion aus von der Frage, wie und mit welchen Folgen der Handlungsbegriff, der die Beschreibung und Erklärung der sozialen Interaktion von Einzelsubjekten sensu Max Weber erlaubt (individuenzentrierter Ansatz), mit dem Begriff der Intention gekoppelt ist. Intentionale Handlungen haben in komplexen Gesellschaften nämlich in der Regel nicht nur intentionale Folgen, sondern auch nicht-intentionale Folgen, die in der Lebenswelt der Subjekte zu Strukturbildungen führen, die den handelnden Subjekten selbst wiederum in institutionalisierter Form als Gesetz, Norm, Zwang oder Gewalt entgegentreten. Sie konstituieren einen überindividuellen Rahmen für individuelle Handlungen (systemzentrierter Ansatz), der sich jedoch handlungstheoretisch nicht einfach aus den Einzelhandlungen rekonstruieren lässt, sondern nach „eigenen" systemischen Regeln funktioniert und seine Struktur weiterentwickelt[71]. Unter den „Kräften", die einen solchen Strukturwandel in der Gesellschaft maßgeblich (und zwar durch anwachsende Selbstreflexion und zunehmende Komplexität) vorantreiben, haben Sprache und Kommunikation immer schon eine besondere Rolle gespielt. Seit der Industrialisierung, der damit verbundenen Hochtechnisierung und der verfassungsstaatlich eingebundenen Modernisierung in den (westlichen) Staaten haben die Medien der Kommunikation unübersehbar diese besondere Rolle noch gesteigert.

Diese Problemsicht auf die Medien hat in den achtziger (und neunziger) Jahren dazu geführt, dass der Einfluss der psychologischen, sprachpsychologischen, schematheoretischen und kognitionswissenschaftlichen, insgesamt: der eher individuelles

---

[70] Siehe dazu die Beiträge in: Viehoff & Segers 1999.
[71] Siehe dazu vor allem: Habermas 1981; auch: Münch 1995.

Handeln in den Vordergrund stellenden wissenschaftlichen Ansätze etwas zurückge-
drängt wurde und eher systemtheoretische Konzepte aus den Sozialwissenschaften,
besonders aus der Soziologie – Jürgen Habermas, Talcott Parsons, Niklas Luhmann
- von Literaturwissenschaftlern lebhaft rezipiert worden sind[72]. Das galt auch für
diejenigen, die nicht den Weg über die Handlungstheorie genommen hatten, sondern
von Konzepten wie Textsystem, Diskurs o.ä. ihr Interesse für systemtheoretische
Modelle und Modellsprachen entdeckten. Eines der mitlaufenden Ergebnisse dieser
Rezeption war, dass die Fokussierung auf die ästhetisch-literarische Kommunikation
wissenschaftlich in den Hintergrund trat und damit übrigens quasi die faktische
Marginalisierung von Kunst, Literatur und Ästhetik in der Gesellschaft noch einmal
‚abbildete'. Vehement – etwa in der Adaption des Ansatzes von Niklas Luhmann -
bildete sich Kunst, Literatur und Ästhetik dann zumindest noch in den unterschiedlichsten Versuchen ab, eine ästhetisch relevante „Leitdifferenz" für das Literatursystem zu bestimmen[73]. Das eigentliche Bemühen richtete sich eher auf theoriebautech-
nische Probleme, um den Zusammenhang von Mikro- und Makrokonstellationen so
zu lösen, dass individuelle *soziale Handlungen und Kommunikation, Kommunikation und Gesellschaft* als ein gegenseitig sich bedingender und beeinflussender Wirkungszusammenhang verstanden und theoretisch begründet werden konnte[74]. Erst in
diesem Handlungs- und Systemzusammenhang war „Literatur" wieder funktional
neu zu definieren. Kurz: die literaturwissenschaftliche Diskussion hatte sich konsequent fortbewegt von einer Ontologisierung des Gegenstandes „Text", indem sie
sich mit allen Kon-Texten beschäftigte, die einen Handlungszusammenhang konstituieren, in dem Texte für literarisch gehalten werden und entsprechend mit ihnen
umgegangen wird – kognitiv und praktisch. Durch die immer komplexeren Kontext-
aufschlüsselungen wurden etwa im kognitiven Bereich durch die Variablen-
aufgliederung in Subjekt-, Äußerungs- und Situationsfaktoren die kognitiven Schemata[75] selbst wieder dynamisiert, veränderbar und in ihrer sozialen Reichweite auf
gruppenkohärente Merkmale zurückgeführt[76]. Durch Entfaltung und systematische
Kritik der pragmatischen Handlungskontexte im sozialen Bereich des literarischen
Handelns trat eine ähnliche „Vervielfältigung" der Beziehungsgrößen und Rahmenbedingungen auf, die geeignet und notwendig schienen, literarisches Handeln als

---

[72] Siehe dazu etwa den kritischen Artikel von Rusch 1993. Siehe dazu auch die dort befindliche Aus-
wahlbibliographie und die Bände: Meyer & Ort 1990; Faulstich 1991; Berg & Prangel 1993. Berg &
Prangel 1997; Schmidt 1993.
[73] Vgl. die kritische Zusammenfassung bei: Sill 1999.
[74] Meyer & Ort 1990, 1 – 14.
[75] Vgl. Groeben 1987, V f.
[76] Siehe dazu: Burgert & Viehoff 1991; Burgert, Kavsek, Kreuzer & Viehoff 1990.

soziales zu erklären[77]. Damit der Gegenstand der Diskussion sich nicht in den un-
endlichen Filiationen solcher individuellen und gesellschaftlichen Rahmenbedingungen verlor (... schließlich hängt alles mit allem zusammen, was aber nicht zu beweisen ist ...), musste durch theoretische Generalisierung und durch entsprechende
Modellierung eines zentralen Begriffs wieder theoretische Strukturierung geleistet
werden. Der „Medienbegriff" stellte sich dabei als der eigentliche Favorit heraus.
Über den Begriff des Mediums konnte der umfassendere Zusammenhang – die Kultur – ebenso in die Argumentationen eingebaut werden wie der eingeschlossene
Bereich – die Literatur.

Vor diesem Hintergrund entwickelte sich seit Beginn der achtziger Jahre die
Medienwissenschaft immer stärker als eigenständiger Argumentationszusammen-
hang jenseits der klassischen Fragestellungen, Problemlösungen, Fachsprachenrege-
lungen und vor allem auch der Publikationsorte der Literaturwissenschaft.

Ein aussagefähiges Beispiel für diesen Umbruch findet man mit dem hand-
buchähnlichen Band „Einführung in die Kommunikationswissenschaft", den Klaus
Merten, Siegfried J. Schmidt und Siegfried Weischenberg beim Westdeutschen Verlag 1994 in Opladen herausgegeben haben, und der noch einmal in überarbeiteter
und ausgewählter Form Unterrichtseinheiten des vorhergehenden Funkkollegs des
Hessischen Rundfunks „Medien und Kommunikation" enthält. Schon die Zusammenstellung des Herausgebertriumvirates war insofern ein Signal für die Medienwissenschaften, als mit Siegfried J. Schmidt ein germanistischer Literaturwissen-
schaftler in das Gremium berufen[78] wurde, der neben den beiden Kommunikations-
wissenschaftlern aus dem Institut für Publizistik in Münster – Klaus Merten und
Siegfried Weischenberg – maßgeblich an diesem Standardwerk für die Kommunikationswissenschaften beteiligt war. Der Titel des Buches lautet denn allerdings nicht
einfach „Einführung in die Kommunikationswissenschaft", sondern über diesem
Untertitel ist der Haupttitel platziert: „Die Wirklichkeit der Medien". Warum die
Herausgeber gerade diesen Obertitel gewählt haben, in dem *Medien* betont werden,
begründen sie in einem kurzen Vorwort.

> „Wie steht es mit der ‚Wirklichkeit der Medien'? Bewusst ist dieses
> Problem doppeldeutig formuliert. Die Medien sind in allen modernen
> Gesellschaften zu einem mental wie wirtschaftlich und politisch ent-

---

[77] Vgl. dazu Barsch 1992; Barsch 1993; Barsch 1994; Finke 1985; Kramaschki 1993; Rusch 1991;
Viehoff 1991.

[78] Von den 28 Autorinnen und Autoren des Bandes sind – neben S.J. Schmidt – weitere sechs Literaturwissenschaftler (M. Elsner, H.U.Gumbrecht, Th. Müller, G. Rusch, P.-M. Spangenberg, B. Spieß).
Das ist im Vergleich zu insgesamt acht kommunikations- und journalistikwissenschaftlichen Autorinnen und Autoren – neben den beiden anderen Herausgebern – ein sehr großer Anteil, der deutlich sig-
nalisiert, dass der Übergang von literatur- zu medienwissenschaftlichen Diskursen, die zudem von der
„Kommunikationswissenschaft" anerkannt werden, vollzogen ist.

scheidenden Faktum, zu einem Wirklichkeitsgenerator *sui generis* geworden. Medien entfalten öffentliche oder private Kommunikation, und umgekehrt führt diese Entfaltung der Kommunikation zur Entwicklung neuer Medien. Vom *agenda setting* bis hin zu Produktion von Prominenz beeinflussen Medien heute die öffentliche Meinung, unser Welt-Bild – ob aus Frauen- oder aus Männerperspektive.

Damit kommen wir zur zweiten Bedeutung des Titels unserer Einführung: Stellen Medien die *Wirklichkeit dar* oder stellen sie *Wirklichkeiten her*? Informieren uns die Medien objektiv, wie noch heute viele Journalisten und Journalistinnen behaupten, oder inszenieren sie durch Auswahl und Präsentationsformen gerade das, was die meisten von uns für wirklich halten, obwohl wir es weder erfahren haben noch überprüfen können?[79]

Medien (und nicht Kommunikation an sich) sind der eigentliche Gegenstand des Bandes, es geht um die Präsentationsformen der Medienangebote, es geht um die Vorstellung, um das Bild der Welt, das dadurch für den Einzelnen wie für die Gesellschaft erzeugt wird.

Die Differenz zu den anderen medien- und kommunikationswissenschaftlichen Traditionslinien und eigenständigen Fächern wie Kommunikationswissenschaft oder wie Publizistik scheint gegenwärtig vor allem darin zu liegen, dass das wissenschaftliche Profil der *Medienwissenschaft* besonders dadurch bestimmt ist, dass hier weiterhin danach gefragt wird, wie ästhetisch die Präsentationsformen von Medienangeboten sind, in welchen gattungs- und stilgeschichtlichen Traditionslinien diese Präsentationsformen stehen, und welche Konventionen der Produktion und der Rezeption im Medienangebot verschränkt werden müssen, um es für bestimmte Ziele und Bedürfnisse des individuellen wie des gesellschaftlichen Handelns funktional zu machen. Medienwissenschaft ist zudem immer an den historischen Linien interessiert, die gezogen worden sind, um Medien zu den gesellschaftlichen Instrumenten der Kommunikation und Selbstreflexion zu machen, die sie heute sind und als die sie heute täglich die Welt, die wir kennen, zeigen, beschreiben und benennen. Medienwissenschaft wird deshalb immer die Frage in den Vordergrund stellen müssen, welchen Stellenwert die Medienkultur einer Gesellschaft für deren kulturelle Entwicklung hat[80].

Inzwischen sind zahlreiche „Standardwerke" der *Medienwissenschaft* erschienen, deren Autoren oder Autorengruppen „von Hause aus", also durch ihre wissenschaftliche Sozialisation und Ausbildung, Literatur-, Theater- oder Sprachwissen-

---

[79] Merten, Schmidt & Weischenberg 1994, 1 f.
[80] Vgl. dazu Schmidt 1996, besonders 41 ff.

schaftler sind. Man denke etwa an die „Fernsehgeschichte" von Knut Hickethier, an die „Mediengeschichte" von Werner Faulstich oder an die zahlreichen medienwissenschaftlichen Arbeiten von Karl Prümm, Irmela Schneider und anderen[81], um abzuschätzen, dass die gegenwärtige, aus der Literaturwissenschaft herausgewachsene Medienwissenschaft neben der Kommunikationswissenschaft und der Publizistik im universitären Spektrum der Studiengänge, in den Publikationsreihen und inzwischen auch den Habilitationen ihren festen Stellenplatz hat, und dies nicht in der letzten Reihe.

6.

Exemplarisch soll für dieser, an den Lebensläufen und wissenschaftlichen „Karrieren" zahlreicher Medienwissenschaftler ablesbare Weg der Literaturwissenschaft zur Medienwissenschaft noch einmal rekapituliert werden anhand einer knappen Skizze des wissenschaftlichen Werdegangs eines Forschers und Theoretikers, der meist an den Innovationen und Grenzüberschreitungen, die hier beschrieben worden sind, weit vorne mitgearbeitet hat. In diesem „Lebenslauf" über eine Generation drückt sich die „Logik" der Dynamik aus, die die Medienwissenschaft, oder (wie gerade von diesem Forscher seit einiger Zeit vorgeschlagen wird) die Medienkulturwissenschaft schließlich über die traditionellen Fragen und Antworten der textorientierten Literaturwissenschaft hinausgetrieben hat. Und zugleich wird dadurch etwas verständlicher, dass sich ein Thema wie das der „Wirklichkeit der Medien" zwar genetisch, also in seinem Ursprung an die Problematik der literarischen Fiktion, an die Fiktionalisierungsdebatte und an die Frage nach dem logischen Status von literarischen Aussagen über die Welt anbinden lässt, dass es aber zugleich und grundsätzlich auch als ein neues Problem zu verstehen ist. Denn wenn die Medien es sind, in denen die Subjekte sich selbst und ihre Vergesellschaftung reflektieren und kommunizieren, dann wird dadurch ein epistemologisches Verhältnis etabliert: anders als vordem die Hochliteratur der überlieferten Texte sind Medien dann nämlich die Bedingung der Möglichkeit von Weltwissen und Welterkenntnis, von sozialer Konstruktion des Wirklichkeitszusammenhangs.

In einem Gespräch hat Siegfried J. Schmidt seine Entwicklung selbst einmal dadurch charakterisiert, dass er allen Anfang bei Wittgenstein setzte – „also innerhalb der Philosophie war ganz sicher Wittgenstein eine der prägenden Erfahrungen"[82]. Nach der Habilitation über Wittgenstein in Karlsruhe wurde Schmidt 1971 auf den neugegründeten linguistischen Lehrstuhl für Texttheorie an der Universität

---

[81] Diese Namensliste ist exemplarisch und nicht als Rangliste gemeint, durch die etwa alle hier nicht genannten Wissenschaftlerinnen und Wissenschaftler abgewertet werden sollen.

[82] Zitiert nach: Rusch & Viehoff 1990, hier 442.

Bielefeld berufen, wo er – in Zeiten einer Linguistik, die sich um Mathematisierung und Formalisierung im Schweif der „generativen Grammatik" bemühte – mit einem pragmatischen Ansatz darauf bestand, dass Texte und ihre Bedeutung sich nicht aus den Texten heraus beschreiben lassen, sondern aus den Handlungsspielen derjenigen, die mit ihnen umgehen. Nach Erweiterung des Lehrstuhls für allgemeine Linguistik und Theorie der Literatur blieb er dennoch nicht in Bielefeld, sondern wechselte 1979 an die Universität Siegen auf einen Lehrstuhl für Allgemeine Literaturwissenschaft und Germanistik, weitete also – durchaus in der Logik seines pragmatischen, texttheoretischen Ansatzes - sein Forschungsfeld deutlich aus, indem er nun die literaturwissenschaftlichen und literarischen Handlungsspiele zu seinem Gegenstand machte. Dazu hatte er, gemeinsam mit einer Forschungsgruppe aus Logikern, Wissenschaftstheoretikern und Literaturwissenschaftlern, einen theoretischen „Grundriss" entwickelt[83], der ein konstruktiv beschreibendes Modell der relevanten literarischen Handlungsspiele enthielt. Die mit Anspruch auf Angemessenheit (oder gar Richtigkeit) auftretende Interpretation von literarischen Texten im Rahmen eines hermeneutischen Paradigmas spielte dabei die Rolle des Negativmodells. In den nächsten zehn Jahren führte die Arbeit an diesem ‚Grundriss' in drei Richtungen zu Erweiterungen.

–   In dem Versuch, die konstruktiven Beschreibungen und das Theoriegerüst dieses literaturtheoretischen Grundrisses komplexer und zugleich kohärenter zu machen und so zu verbessern, adaptierte Schmidt den individuenzentrierten Ansatz des sogenannten biologischen (oder inzwischen: radikalen) Konstruktivismus[84] einerseits, den systemtheoretischen Ansatz von Niklas Luhmann andererseits. Die Ergebnisse aus dieser Entwicklung fasst das Buch mit dem Titel „Kognitive Autonomie und soziale Kontrolle"[85] im wesentlichen zusammen, das in weiten Teilen nicht mehr auf (Hoch-) Literatur bezogen ist, sondern allgemein die theoretische Verbindung zwischen Subjekten und ihren Kognitionen, Gesellschaften und ihren Kommunikationen, und schließlich Medien als den Instrumenten der „strukturellen Kopplung"[86] beider Dimensionen des Modells schafft.

–   In dem Versuch, den literaturtheoretischen ‚Grundriß' auch auf historische Fragestellungen anzuwenden, beschäftigte er sich parallel dazu mit der Ent-

---

[83] Schmidt 1980; Schmidt 1982.

[84] Biologischer Konstruktivismus deshalb, weil zahlreiche der Basisüberzeugungen auf Arbeiten des Chilenischen Biologen Humberto Maturana zurückgehen, für dessen erste deutsche Übersetzung in der von ihm herausgegebenen wissenschaftstheoretischen Reihe Schmidt ein engagiertes Vorwort schrieb. Vgl. Schmidt 1985, 1 – 27; siehe auch Schmidt 1987.

[85] Schmidt 1994.

[86] Siehe dazu etwa: Feilke & Schmidt 1995; auch: Schmidt 1998.

stehung des im ‚Grundriß' skizzierten Systems literarischen Handelns während der „Sattelzeit" im Ausgang des 18. Jahrhunderts. Sein Buch von 1989 unter dem Titel „Die Selbstorganisation des Literatursystems im 18. Jahrhundert"[87] ist der Aufgabenstellung entsprechend zwar auf literarisches Handeln bezogen, durch den systemtheoretischen Ansatz und die Rekonstruktion etwa auch der Zusammenhänge von Technikentwicklung und Dynamik des literarischen Marktes kann man die Studie aber ebenso lesen als einen medienhistorischen Rekonstruktions-Versuch. Die literarischen Medienangebote stellen sich als Handlungsergebnisse eines komplexen Entwicklungssprungs dar, bei dem die Medien der Zeit: vor allem das Buch, die entscheidende Rolle spielen.

–   In dem Versuch, den literaturtheoretischen ‚Grundriß' gattungstheoretisch zu erweitern und die literaturwissenschaftliche Gattungsgeschichte zu nutzen, um die Veränderungen von „Gattungen" und ihr Auswandern aus der „Literatur" zu untersuchen, gibt Schmidt zuerst eine theoretische Modellierung[88], um diese dann am Beispiel von „Werbung", also am Beispiel von persuasiver, inszenatorischer und unter ökonomischer Prämisse organisierter Medien-Kommunikation anzuwenden und zu erproben. Die Ergebnisse dieser Forschungen liegen ausführlich publiziert vor[89]. Zwar hat seine gattungstheoretische Erweiterung ihren Anfang bei der literaturwissenschaftlichen Tradition genommen, angekommen ist er mit seinen Forschungen aber bei rein medienwissenschaftlich relevanten Ergebnissen.

Es ist deshalb auch nur konsequent, dass Schmidt 1997 den literaturwissenschaftlichen Lehrstuhl an der Universität Siegen verlassen hat und einem Ruf auf den Lehrstuhl für Kommunikationstheorie und Medienkultur am publizistischen Institut der Universität Münster gefolgt ist.

Die dynamische „Erweiterung" des literaturwissenschaftlichen Gegenstandsbereichs und zugleich seine präzisere theoretische Modellierung scheint heute allgemein in eine Phase der Etablierung des medienwissenschaftlichen Paradigmas überzugehen. Insofern ist dieses letzte Beispiel nicht nur eine persönliche „Karriere", sondern an ihm zeigt sich, was Gegenstand dieser „wissenschaftshistorischen" Bemerkungen war: an ihm zeigt sich *ein* Weg von der Literaturwissenschaft zur Medienwissenschaft.

---

[87] Schmidt 1989.
[88] Siehe zum Beispiel: Schmidt 1987.
[89] Z.B. in: Schmidt & Spieß 1997.

Klaus Kreimeier

Im digitalen Schrebergarten
Aporien und Chancen der Medienwissenschaft

> *„Nachgeschichte meint, daß das geschichtliche Bewußtsein durch ein kalkulatorisch-formales überholt wird, daß statt politischer Entscheidungen Dezimalkalkulationen getroffen werden."*
>
> *(Vilém Flusser[1])*

1.

Verstehen könnte man Vilém Flusser folgendermaßen: Die neuen Rechenmaschinen sind darauf angelegt, Politik mathematisch zu konzipieren - im Gegensatz zu einer Politik, die nach dem Prinzip von *trial and error* „gemacht" wird, und im Einspruch gegen eine Geschichte, die „passiert". Gegenwärtig indizieren die Computertechnik und das Internet eine Übergangsphase, in der weder die Wissenschaftler noch die politischen Akteure in der Lage sind, diese Differenz auf den Begriff zu bringen. Vorerst scheint der Mensch nicht imstande, die von ihm erfundenen Maschinen im Sinne einer prozessierten Geschichte zu bedienen. Auch den Computer, die digitalen Techniken und das Internet handhabt er unter dem Druck einer Geschichte, die ihn überfällt und auf die er nur reagieren kann - d.h. er verhält sich so, als wären diese Techniken nur Modernisierungen des Buchdrucks, des Telefons oder der Schreibmaschine. Daraus erwächst ein gravierendes Problem: Offensichtlich ist die postindustrielle Menschheit in der Lage, Maschinen zu erfinden, deren Sinn sie nicht versteht und die sie nicht adäquat bedienen kann.

Ist den optimistischen Prognosen gewisser Marktführer Vertrauen zu schenken, so befindet sie sich auf dem besten Wege, die neuen Apparate zu begreifen und sie richtig einzusetzen. Die in Genf ansässige Firma Think Tools AG, beispielsweise, bietet großen Unternehmungen, zunehmend aber auch Regierungen und global agierenden Organisationen wie dem World Economic Forum (WEF) Software-Werkzeuge an, mit denen hochkomplexe Entscheidungsprozesse „transparenter" werden sollen. „Die Menschen benutzen für alles Werkzeuge, nur beim Denken nicht", so lautet der Wahlspruch des Think tool-Chefs Albrecht von Müller, ehedem Direktor des Max-Planck-Instituts. Die Grundannahme, von der sein Unternehmen ausgeht, lässt sich so umschreiben: Da die intellektuellen Potentiale eines Firmen-

---

[1] Flusser 1993, 261.

vorstands, eines Aufsichtsrats oder eines Regierungskabinetts bestenfalls konstant bleiben, während die Entscheidungen, die zu fällen sind, komplexer werden, öffnet sich eine bedrohliche Schere mit dem Ergebnis, dass die Fehlentscheidungen zunehmen und ihre Folgen gravierender werden. Dieser fatalen Entwicklung sollen die neuen „think tools" vorbeugen. Allerdings besteht die Leistung des Computers lediglich darin, die inkommensurablen Strukturen von Entscheidungswegen „in wenige, strukturell ähnliche Mechanismen" zu „gliedern" - mithin komplexe Prozesse zu vereinfachen oder vielmehr: vereinfacht darzustellen. Die Denk-Werkzeuge beschränken sich bisher auf eine Visualisierungs-Software, die z.B. errechnen und veranschaulichen kann, „wie durch die Veränderung einer Einzelmaßnahme das Ergebnis beeinflusst" wird[2]. Damit ersetzen sie möglicherweise die heute noch benötigten Heerscharen hochbezahlter Experten und minimieren die Fehlerquote, die bei einer Vielzahl von Experten einkalkuliert werden muss. Keineswegs jedoch kann die Rede davon sein, dass die neuen „think tools" die ökonomischen oder politischen Entscheidungsträger von der Last der analytischen Arbeit befreien - und von der Notwendigkeit, Entscheidungen zu fällen, in prekären Situationen womöglich gegen die Vorschläge des Computers.

Noch ist der Software kein Verantwortungsbewusstsein implantiert, noch sind Flussers Dezimalkalkulationen regierungsunfähig. Erst wenn dieses Defizit behoben sein sollte, wird die Menschheit ja über die Freiheit, d.h. die kulturelle Autonomie verfügen, darüber zu entscheiden, ob sie das geschichtliche Bewusstsein durch ein kalkulatorisch-formales suspendieren und den Computern das Regieren überantworten will oder nicht.

Die Frage stellt sich, ob Medienwissenschaft hier weiterhelfen - das heißt: mehr leisten kann, als Defizite festzuhalten und die Spannweite zwischen Verstehen und Nicht-Verstehen, Verständnis und Unverstand zu markieren. Eher sieht es so aus, als sei sie selbst ein blinder Fleck: Schnittpunkt, „Schnittstelle" von langfristigen (wissenschaftlichen) und kurzfristigen (ökonomischen und politischen) Interessen - jedenfalls nicht „Denkfabrik" im Sinne der Optimierung unserer kognitiven Fähigkeiten und der Neuordnung der *condition humaine*. Gerade dies jedoch müsste sie sein, also eine sowohl diagnostisch als auch prognostisch befähigte Kulturwissenschaft, wollte sie dem technologisch und ökonomisch diktierten Wandel an der Schwelle zum 21. Jahrhundert gerecht werden, ohne sich ihm nur auszuliefern.

Die Maschinen, um die es heute geht, sind zwar auch „Medien", aber sie zielen - in weiter stärkerem Maße als die traditionellen Massenmedien - auf die gesellschaftliche Totalität, sie erfassen soziale Makro- und Mikrostrukturen in gleichem

---

[2] Vgl. die Internet-Adresse http://www.neue-ag.de/tag/neue/news, ferner „Der Spiegel", Nr. 22/2000, 62

Maße und erfordern womöglich ein neues Menschenbild. „Interdisziplinarität" heißt
derzeit die richtige, aber keineswegs ausreichende Antwort der Wissenschaft.

2.

Die Theorien vom „Ende der Geschichte", die seit Beginn der neunziger Jahre im
Schwange sind, bergen ein Risiko. Schon der wissenschaftlichen Redlichkeit zuliebe
sollten wir die Geschichte, so verbraucht die alte Story sein mag, erst ad acta legen,
wenn wir wissen, wie es denn nun weitergehen soll. Noch ist ja die „Nachgeschichte", ist die „von Apparaten kodifizierte Welt", wie Flusser sagt, nicht nur ungewöhn-
lich, sondern auch „unbewohnbar", „weil sie eine Völkerwanderung hervorruft,
welche zusätzlich die Umwelt zur Unkenntlichkeit verändert."[3] Wir erleben die Welt
als „vierdimensionale Raumzeit", in der sich die Zeitrelationen ganz unterschiedlicher Kulturen mit den Zeitverhältnissen unserer westlichen Gegenwart verschränken
- mit dem Ergebnis, daß wir uns mit den überkommen, aus dem 19. Jahrhundert
überlieferten Kategorien und Modellen in der Welt nicht mehr zurechtfinden. Ein
Resultat dieser Entwicklung sind wiederum - Theorien; Szenarien eines bedrohli-
chen *cultural clash*, in dem inkompatible Zeit-Ökonomien aufeinanderstoßen.
Kriegsszenarien, in deren Hintergrund noch immer die nach dem Ende des Kalten
Kriegs keineswegs abgeräumte Bombe tickt. „Multi-Kulti" erweist sich hier nur als
trügerischer Schleier, in den die Ideologen der ökonomischen Globalisierung ein
traditionelles und bis heute ungebrochenes Gewaltverhältnis hüllen.

Medienwissenschaft, wie sie gegenwärtig praktiziert wird, läuft Gefahr, im
Kräftefeld der von identifizierbaren ökonomischen Interessen gesteuerten „Globalisierung" entweder den Anschluss zu verlieren oder, im Schlepptau der Wirtschaftswissenschaften, zur Legitimationslieferantin zu degenerieren. Flussers „Völkerwanderung", im übertragenen Sinn, bedeutet ja auch: Wir leben auf dieser Welt mit
einigen hundert Millionen Menschen zusammen, die daran gehindert werden, lesen
zu lernen. Diese Menschen gehören nicht mehr einer prä-alphabetischen Kultur an
(Flusser spricht in einem seiner Essays über die „Segnungen" des Nicht-Alphabetis-
mus) - die prä-alphabetischen Kulturen sind längst zerstört. Wir haben es vielmehr
mit einer Gleichzeitigkeit von akkulturiertem Analphabetismus (als Produkt eines
ökonomisch-politischen Gewaltverhältnisses) und post-alphabetischer High-tech-
Kultur zu tun.

Meines Wissens gibt es kein Unesco-Programm, das auch nur im entferntesten
diesem Problem Rechnung trüge. Die politischen Instanzen, auf die Problemlagen in
den postindustriellen Kulturen der Kernländer konzentriert, arbeiten, soweit sie
Schritt zu halten suchen, am jeweiligen *Updating* hektischer Umerziehungsstrategien

---

[3] Flusser, Unsere Wohnung, a.a.O., 57

- „Schulen ans Netz" -, einem *brain washing,* das verhindern soll, dass aus den post-alphabetischen Analphabeten von heute Behinderten-Regimenter der Computer-Zukunft werden. Die Medienwissenschaften stellen, allenfalls, den Wissenstransfer bereit. „Medienkompetenz" heißt die Therapie, aber noch gibt es keine genaue Vor-stellung davon, welchen Beitrag die medienkompetenten Eliten der Zukunft zur Lösung der bedrängenden globalen Probleme leisten könnten. Medienkompetenz, so wie sie gegenwärtig von den Konzernen diktiert wird, heißt ja nicht, eine Kultur-technik zu beherrschen (in diesem Sinne bedeutete Literalität einige Jahrhunderte lang Medienkompetenz); es geht vielmehr darum, intellektuell auf Augenhöhe mit dem Regenerationstempo einer Technologie zu bleiben, deren Entwicklung eigen-dynamisch, d.h. unabhängig von sozialen, politischen oder kulturellen Gestaltungs-konzepten verläuft und von der nicht anzunehmen ist, dass sie die Welt allein auf Grund ihres bloß technisch determinierten Innovationspotentials bewohnbarer ma-chen wird.

Unbewohnbar ist der Planet fatalerweise heute schon dort, wo das Populati-onswachstum am größten ist - ein Tatbestand, der auf die relative Bewohnbarkeit der Restgebiete zurückschlagen muss. Selbst wenn man die immensen wirtschaftlichen und ökologischen Probleme des „Nord-Süd-Gefälles" hintanstellt, bleibt das kultu-relle Drama, das der Computer nicht nur nicht lösen kann, sondern sukzessiv ver-schärft. Die von den Skeptikern beschworene neue Zwei-Klassen-Gesellschaft wird sich nicht mehr im nationalen, sondern in einem interkontinentalen Rahmen bewe-gen: Hier werden die euphorischen Projektionen der Globalisierungs-Verfechter vermutlich von einer ziemlich grausamen Wirklichkeit eingeholt.

„Nirgendwo anders drückt sich der Anachronismus unserer Gegenwart krasser aus als in der Gleichzeitigkeit von Globalisierung und Marginalisierung."[4] So be-ginnt eine neue Studie über die Chancen Afrikas im Zeitalter des Internets. Danach sind die Defizite der Entwicklungsländer „beim Zugang zur Information und Rech-nerleistung größer (...), als sie es bei Rohstoffen und Finanzen je waren." Mit ande-ren Worten: die rasante Entwicklung der Informationstechnologien wirft zumindest große Gebiete Afrikas schneller zurück, als es koloniale Ausplünderung und neoko-loniales Missmanagement geschafft haben. Trotz beträchtlicher Offensiven interna-tionaler Internet-Anbieter und spektakulärer Projekte mit dem Ziel, den gesamten afrikanischen Kontinent von der See aus über die Küstenländer bis ins Innere (bis ins *heart of darkness* unserer noch immer exotische Blüten treibenden westlichen Phantasie) zu verkabeln, gilt grundsätzlich: „Die Telekommunikation erreicht große Teile Afrikas deshalb nicht, weil das kommerzielle Interesse an ihr fehlt." Der Markt ist nicht lukrativ: „Wo das jährliche Pro-Kopf-Einkommen nicht viel mehr als 100

---

[4] Aden 2000, 9.

US-Dollar beträgt, ist an eine flächendeckende Verbreitung der neuen Medien nicht zu denken." Mit dem Geld, das für einen Internetanschluss zu investieren wäre, könnte eine afrikanische Familie ein Jahr lang ihre Reproduktion finanzieren. Der ohnehin schon entwicklungshemmende Abstand zwischen den kleinen, westlich akkulturierten Eliten und den Massen vergrößert sich dramatisch durch den Einfluss neuer Kommunikationstechnologien - eine Differenz, die spiegelbildlich den globalen Relationen entspricht: „Zum wachsenden Nord-Süd-Gefälle tritt ein innergesellschaftliches Kommunikationsgefälle hinzu." Und: „Je moderner die Medien- oder Informationstechnologie ist, desto mehr steigt die Abhängigkeit von den Metropolen." Globalisierung, bewertet man sie aus der Sicht der unterentwickelten Regionen dieser Welt, impliziert ökonomisch, aber auch mentalitätsgeschichtlich nichts anderes als einen Rückfall in koloniale Strukturen - letztlich in eine vor-koloniale Weltsicht, zieht man in Betracht, dass einige Marktführer längst erwägen, das, was sie euphemistisch ihre „Kooperation mit den Entwicklungsländern" nennen, als unrentables Geschäft aufzugeben.

3.

Nähme Medienwissenschaft den Kampfbegriff „Globalisierung" beim Wort und bezöge ihn auf das kulturelle Dilemma, das ihm unausgesprochen eingeschrieben ist, müsste sie sich neu definieren - und würde als Legitimationsinstanz nicht mehr zur Verfügung stehen. Indessen - in der Organisation ihrer Erkenntnisinteressen wiederholen die aktuellen medienwissenschaftlichen Schulen gegenüber den tatsächlichen globalen Problemlagen nur jene Strategie der Marginalisierung, die sich geopolitisch in der absoluten Dominanz der Metropolen ausdrückt und Wissenstransfer als eine Politik betreibt, die die Kirche buchstäblich im Dorf lässt: in jenem *global village*, von dem sich Marshall McLuhan einst eine allumfassende Welt-Demokratie versprach und das sich immer deutlicher als ein digital hochgerüsteter Schrebergarten der *happy few* herauskristallisiert. Im Zangengriff zwischen den alten Kulturwissenschaften, deren avancierte Vertreter nun die Technik entdecken, und den ökonomischen Disziplinen, deren Grundbegriffe sie gegenwärtig auswendig lernt, sucht Medienwissenschaft nach Anerkennung, die sie nach Lage der Dinge am schnellsten in jenem *main stream* findet, mit dessen Untiefen und Ausblendungen sie sich auseinanderzusetzen hätte. Bevor sich die Frage stellt, wie aus dieser Aporie herauszukommen sei, wäre es freilich notwendig, sie selbstkritisch zu konstatieren und auf den Begriff zu bringen.

Die Atomenergie, der Computer und die Rakete haben die bisherige Geschichte als Fundus, aus dem wir schöpfen könnten, bedeutungslos gemacht. Diese drei Instrumente, sagt Flusser, „sind historische Phänomene in dem Sinn, dass sie Folge von Bemühungen sind, bestimmte Probleme zu lösen. Sie sind aber ahistorische

Phänomene, weil sie diese Probleme definitiv gelöst haben."[5] Sie haben ganze Arbeit geleistet. Gelöst wurden das Problem der physischen Arbeit, das der Entfernung und (potentiell) das der Administration. Allerdings sind mit der Abschaffung der alten Probleme neue entstanden. Die Atomenergie hat ein Zerstörungspotential und als Folge ein Entsorgungsproblem in die Welt gesetzt, das es in der bisherigen Geschichte nicht gegeben hat. Die tendenzielle Abschaffung der physischen Arbeit hat zu einer Freiheit geführt, die sozial als demütigende Privation und anthropologisch als Verlust einer die Identität des modernen Menschen konstituierenden Kategorie erfahren wird. Die Administration, obschon sie längst obsolet ist, treibt gegenwärtig an der Schnittstelle zwischen analogen und digitalen Techniken Metastasen ihrer selbst hervor, die nicht erkennen lassen, dass auf absehbare Zeit ein Abschied von der „verwalteten Welt" zu erhoffen sei.

Die Medienwissenschaft stellt sich diesen Problemen nicht, weil sie gar nicht in ihr Blickfeld geraten. Sie steht unter dem gesellschaftlichen, de facto ökonomisch erzeugten Druck, sich dem Zeit-Takt der technologischen Innovationen und der von den Zirkulationsprozessen des Kapitals in Gang gesetzten allgemeinen Beschleunigung zu assimilieren. In dem Maße, in dem das Kapital als Spekulationskapital seine bürgerlich-ökonomische Seriosität verliert, in dem seine Zirkulation unberechenbar wird, in dem die Beschleunigung nicht nur der wirtschaftlichen, sondern auch der gesellschaftlichen Transformationen zunimmt und der Nutzen der technischen Innovationen schwerer zu erkennen ist, verliert Wissenschaft den Boden unter den Füßen, mit denen sie Schritt zu halten sucht. Wie für die Sozial- und Geisteswissenschaften - von den Wirtschaftswissenschaften gar nicht zu reden - gilt auch für die Medienwissenschaft, dass ihre Chancen, einen Beitrag zur Entwicklung der menschlichen Kulturfähigkeit und zur Bewohnbarkeit unserer von Apparaten kodifizierten Welt zu leisten, gegenwärtig begrenzt sind.

4.

Die Ausblendung zentraler Fragen (die freilich weit über die Grenzen einer klassischen Einzeldisziplin hinausgehen) kompensiert die Medienwissenschaft dadurch, dass sie sich, als eine Art erweiterter Medienethik, schützend vor den Verbraucher stellt: als komme dieser nicht längst ohne ihre Interpretationen, ohne ihre sozialpädagogischen Beschwörungsrituale aus. Horkheimer/Adornos Kritik haben die Medienwissenschaftler feierlich beerdigt, ohne sich von ihr zu emanzipieren; auch die diversen neostrukturalistischen, konstruktivistischen oder systemtheoretischeFassadenbauten haben substantiell nichts daran geändert. Dem Endverbraucher haben sie nichts mitzuteilen.

---

[5] Flusser, Die Nichtigkeit der Geschichte, a.a.O., 133

Er ist der Larve jenes Konsumenten entstiegen, den Horkheimer und Adorno noch als Opfer der „Kulturindustrie" beschrieben haben. Haben sie nicht rechtbehalten? Die modernen Medienkonzerne als Modell der „ökonomischen Riesenmaschine", die Tourismus- und Freizeitbranche als Spiegelbild des kapitalistischen Produktionssystems: Ist dies nicht die Welt von Time Warner und AOL, von Leo Kirch und Rupert Murdoch - unsere Bildschirmwelt, in der jede einzelne Talkshow die Botschaft aller anderen multipliziert? Beschreiben Horkheimer/Adorno, 1944, nicht schon jenen Mechanismus des fatalen *déjà vu*, der heute in jeder Soap-Serie zum strahlenden Kern des Produktionssystems und unserer Konsumgewohnheiten geworden ist? Freiheit in der Warengesellschaft, so lauten die brillanten Schlußzeilen ihres Pamphlets, ist die „Freiheit zum Immergleichen" - von den Stadtlandschaften bis in jene inneren Zonen, in denen der Mensch „bis in die Triebregungen hinein dem von der Kulturindustrie präsentierten Modell entspricht."[6] Das, so Horkheimer und Adorno, sei der Triumph der Reklame in der Kulturindustrie.

Was die postmoderne Dienstleistungsgesellschaft im Innersten zusammenhält, haben die Autoren der „Dialektik der Aufklärung" schon vor mehr als fünfzig Jahren auf den Begriff gebracht. Und doch bedarf ihr Text einer neuen, ernsthaften und kritischen Revision. „Traditionelle Soziologien und Politikwissenschaften, die mit Anthropologien und Ethiken oder mit alteuropäischen Metaphern wie Aneignung, Selbstbewußtsein, Entfremdung, Autonomie usw. operieren, helfen (da) nicht weiter - sowohl was das Ineinandergreifen von Kommunikation, Medien und Macht, den Bausteinen der Weltgesellschaft angeht, als auch das Be- und Ausleuchten der Beziehung von Medien und Gesellschaft."[7]

Technik - industrielle Produktionweise - das fabrikmäßige Stereotyp - Reklame: aus diesen a priori negativ besetzten Parametern konstruiert die „Dialektik der Aufklärung" einen hermetisch geschlossenen Regelkreis. Technik-Verdammung war schon immer - nicht anders als ihre Kehrseite: reflexionslose Technik-Euphorie - zutiefst ideologisch; hier fällt sie eklatant in vor-moderne Bewußtseinshaltungen, ja: in eine biedermeierliche Gefühlswelt zurück. Das „Denken als Negation" enthüllt sich als fundamentalistische Theologie, die im Namen des gesellschaftlichen Ganzen gerade die Komplexität des Gesellschaftlichen an den eisigen Höhen der Negativität zerschellen läßt. Das Vergnügen, das Spiel, die Ironie, die List, die Auflehnungen des Alltags, die Strategien individueller Wunscherfüllung, die Freude an der Illusion und daran, sie gleichzeitig als Trug zu durchschauen - all dies gilt als Verrat am Absoluten und wird pauschal der Kategorie des abgründig Falschen: dem Amusement subsumiert. „Amusement" ist das Schreckbild, die wirkliche und wahre Fratze der Kulturindustrie - dabei gälte es, um ihre Angebote zu dechiffrieren, sie nicht als

---

[6] Horkheimer & Adorno 1948, 198
[7] Maresch 2000

Popanz, sondern als ein hochentwickeltes, ausdifferenziertes System zu verstehen, aus dem sich die klassische Sender-Empfänger-Kommunikation längst verabschiedet hat.

Die Technik, so definiert Rudolf Maresch die neue Situation, trenne definitiv Sender und Empfänger. „Zwischen beide schiebt sich ein Spiegel, der auf beiden wie für beide Seiten wie doppelt verspiegeltes Glas wirkt und sowohl für 'Informationsgeber' als 'Informationsnehmer' intransparent bleibt." Diese Undurchdringlichkeit des Spiegels sei der Grund, „warum jeder Versuch, das Publikum durch die einseitige Selektion von Nachrichten zu manipulieren oder es mittels Massenpolitiken (Meinungsumfrage, Marktforschung, Zielgruppenanalysen ...) zu steuern, es zu dirigieren oder gar zu kontrollieren in die strukturdeterminierte Falle der Kontingenz laufen muß. Das Bewusstsein des Publikums, und damit seine Freiheitstätigkeit, bleibt für jeden Sender eine black box. Der Benutzer oder User entscheidet, ob eine Nachricht ihren Bestimmungsort erreicht, nicht der Sender."[8]

Mediennutzung heißt heute: im Chaos der Bilder und Datenströme nach Orientierungsmustern suchen; Erkenntnisinteresse und Unterhaltungsbedürfnis pendeln sich dabei demokratisch aus. An der Gelassenheit des Endverbrauchers (und an seiner Fernbedienung) scheitert ohnehin alle Kritische Theorie, so sehr sie es darauf anlegt, ihm das Spiel zu verderben. Er benutzt die Kommunikate, wie er die Gegenstände des täglichen Bedarfs benutzt; wenn sie nichts taugen, tauscht er sie aus. Walter Benjamins Kinotheorie ist mit dem Fernsehen in Erfüllung gegangen: der Endverbraucher nimmt eine testende Haltung ein; gegenüber der Bilderflut des audiovisuellen Universums ist er zum kritisch-zerstreuten Examinator geworden.

Was ihn vom prototypischen Konsumenten Horkheimers und Adornos grundlegend unterscheidet, ist dies: er hat zu selektieren gelernt - und er schaltet ab, wenn ihm das Programm entweder das Vergnügen oder den Durchblick oder gar beides verweigert. „Wut und Widerspenstigkeit", die ihm von der Kritischen Theorie attestierten Dauereigenschaften, wehrt er ab, weil er das Behagen sucht, weil er dem Unerfreulichen aus dem Weg gehen will und die Fernbedienung, durchaus „medienkompetent", benutzt, um seiner Neugier, seinem Voyeurismus, seinen Tagträumen und seinem unstillbaren Hunger nach dem Rausch ohne Reue Genüge zu tun. Gleichzeitig durchschaut er die Strategien medialer Wunscherfüllung, er testet die Techniken, kennt sich in den Dramaturgien aus. Er geizt mit seiner Aufmerksamkeit, weil er weiß, daß die Quotenjäger, die Demoskopen, die Chart-Listen, die Strategen der Werbung dringend auf sie angewiesen sind. Sein entscheidender Vorteil ist: er überfordert die technischen Medien nicht. Kulturindustrie konsumiert er - als Industrie. Er kann nicht enttäuscht werden. Eben dies macht seine Robustheit aus.

---

[8] ebd.

5.

Der Endverbraucher ist das derzeitige Ergebnis einer Entwicklungsgeschichte, die im 19. Jahrhundert ihren Anfang nahm. Seit ungefähr zweihundert Jahren prägen technische Innovationen die Kultur und die Künste, Lebenswelt und Kommunikationspraxis in weitaus stärkerem Maße als in den vorangegangenen Epochen. Seit dem Aufflammen der ersten Bogenlampen in den europäischen und nordamerikanischen Städten in der zweiten Hälfte des 19. Jahrhunderts können wir von einer elektrischen Kultur sprechen - mit allen Konsequenzen für den Alltag, für die Welt der Dinge, für unsere Kommunikationsformen, für unsere Gewohnheiten als Konsumenten und für unser sensitives und kognitives Verhalten in der Welt. Schon um die Jahrhundertwende, als Ferdinand Braun die Kathodenstrahl-Röhre erfand - im gleichen Jahr, als Marie Curie das Radium entdeckte - und spätestens in den 20er Jahren, als die Braunsche Röhre die Versuche mit dem mechanischen Fernsehen ablöste, zeigte sich, daß die elektrische Kultur in eine elektronische Spätphase münden werde. In dieser elektronischen Spätphase leben wir seit den 40er Jahren; sie ist gekennzeichnet durch das Massenmedium Fernsehen und durch die Vollausstattung unserer Haushalte mit elektronischen Geräten.

Die Menschen in den Industriegesellschaften wurden mehrheitlich zu Endabnehmern in einer hochtechnisierten Kultur. Aus Bildungsbürgern, Proletariern, Angestellten, Intellektuellen sind „User" geworden - dieser semantisch prekäre Begriff markiert sehr genau unser Verhältnis zur Umwelt, zu den Dingen, zu den Genußmitteln, auch zu den Botschaften der Medien, die uns beeinflussen wollen, während wir sie längst als beliebig montierbares Material benutzen.

Unser derzeitiges Schicksal, so Flusser, ist die Erfahrung der „Unwirklichkeit". „Es ist etwas Unwirkliches an der Geschwindigkeit einer Rakete, an der Denkfähigkeit des Computers und an der Kraft der H-Bombe, obwohl wir sehr gut wissen, daß wir uns dieser Unwirklichkeit anpassen müssen, unter der Gefahr, als historische Wesen, die wir noch sind, überholt zu werden. Das ist unser Problem, und es ist ganz neu. Der Geschichtsunterricht belehrt uns in dieser Beziehung nicht."[9] Gleichzeitig mit dem Eindruck der Unwirklichkeit machen wir die Erfahrung, von Bildern umzingelt zu sein, die unablässig „Realität" in unsere Haushalte schwemmen. „Bilder vermitteln zwischen uns und der Welt der herzustellenden Dinge."[10] Medienwissenschaft, soweit sie sich gesellschaftliche Verantwortung verordnen zu müssen meint, warnt vor der „Abhängigkeit" von den Bildern. Sie aber gab es immer schon - sie ist ein Bestandteil der bisherigen Geschichte und ein sehr altes Problem: das Problem der Idolatrie. Neu ist die Kollision zwischen der Invasion abgebildeter

---

[9] Flusser, Die Nichtigkeit der Geschichte,. a.a.O., 134
[10] Flusser, Menschheitsgeschichte als Fernsehdrama, a.a.O., 255

„Realität" und der Erfahrung einer sich dem verfügbaren Begriffskanon entziehen-
den „Irrealität".

Das Problem wird dadurch nicht erleichtert, dass die Bilder, mit deren Hilfe
wir uns der „Realität" versichern, zunehmend digitale Bilder sind - Bilder einer
Technologie also, die der Realität als Referenz nicht mehr bedarf. Lev Manovich
sagt über das Medium Film: es „entstand aus demselben Motiv, das auch den Na-
turalismus, die Stenografie und die Wachsmuseen hervorbrachte. Der Film ist die
indexikalische Kunst, ein Versuch, aus einem Abdruck Kunst zu machen."[11] Mit
dieser Instanz des „Abdrucks", der auf die Wirklichkeit als Referenz verweist, macht
der Computer kurzen Prozeß. Die Pixel sind referenzlos; sie befreien das Subjekt,
im Wortsinn, aus den Fesseln der Analogie. Eine gegenrevolutionäre Entwicklung,
die von der Schrift zu den Bildern zurückführt, überkreuzt sich mit einer revolutio-
nären Entwicklung, die, wie Flusser sagt, „eine neue und vorher nie dagewesene Art
von Bildern" hervorgebracht hat. Für den Rezipienten digitaler Botschaften könne
daraus ein Dilemma entstehen, es könne sich „die Angelegenheit umstülpen". „Es
kann dazu kommen, daß sich die Leute statt an der Welt an den Bildern orientieren,
dass sie die Bilder für wirklich und die Welt für Imagination nehmen."[12]

Gegenwärtig allerdings gibt es, von pathologischen Grenzfällen abgesehen,
noch keine Indizien dafür, dass „die Rezipienten" (also die Endabnehmer) den digitalen Täuschungsmanövern in die Falle laufen. Da zumindest in den privilegierten
Zonen der Welt immer mehr Menschen lernen, die digitalen Maschinen zu bedienen,
d.h. sich zumindest ihre elementaren Werkzeug-Funktionen anzueignen, wird sich
auch hier der (inter)aktive Endverbraucher durchsetzen und in einer digitalen Alltagskultur mit einer Vielzahl variabler Orientierungsmuster operieren können. Sehr
wohl aber gibt es Indizien für die Selbsttäuschung, denen zum Beispiel militärische
Planungs- und Kommandostäbe erliegen, wenn sie den „Echtzeit-Bildern" auf ihren
Computern oder den Videobildern „aus dem Kopf" ihrer Bomben unbegrenztes
Vertrauen schenken. „Je mehr Transferzeit für Informationen und Übermittlungsver-
luste entstehen, umso reduzierter sind Anpassungs- und Überlebensmöglichkeiten",
schreibt Goedart Palm. „Danach entwertet die Digitalisierung der Planung zunehmend klassische Kommandostrukturen." Schon heute beklagen hohe Militärs „ihre
Bedeutungslosigkeit gegenüber digital berechneten Entscheidungsgrundlagen, die
nur noch den deklaratorischen Vollzug der 'Entscheidung' eröffnen. Hier steckt die
Aporie einer Informationsherrschaft, die menschliche Entscheidungsautonomie der
Herrschaft der digitalen Zauberlehrlinge unterwirft, um (...) schon bald postbiologi-
sche Protagonisten in die Schlacht zu werfen."[13]

---

[11] Manovich 2000.
[12] Flusser, Menschheitsgeschichte als Fernsehdrama, a.a.O., 255 f.
[13] Palm 2000.

Medienwissenschaft - und Wissenschaft überhaupt - müsste diese neuen Prob-
lemfelder als technische *und* politische ins Visier nehmen, um nicht Gefahr zu laufen, auch „Nachgeschichte" nur als ein neues naturhaftes Verhängnis zu begreifen.
Technischer Fortschritt allein sichert uns nicht gegen magische Weltbilder ab - andererseits gilt: nicht der Technik selbst, sondern dem exklusiv technisch fixierten *Umgang* mit ihr ist das Magische inhärent. Medienwissenschaft, soweit sie die Fixie-
rung auf Technik ritualisiert (ein spezielles Steckenpferd abtrünniger, nunmehr hard
ware-begeisterter Kulturwissenschaftler), reproduziert derzeit eine von „materia-
listischer" Rationalität nur hauchdünn verdeckte magische Praxis. „Die gegenwärtig
dominierenden Medientheorien", so Hartmut Winkler, „beziehen einen Großteil
ihrer Suggestion aus der Tatsache, daß sie an materialistische Traditionen anknüpfen, oder zumindest an das, was an diesen Traditionen so einzigartig evident erscheint. Unter der Oberfläche beerben sie damit die Ideologiekritik, der ansonsten
die frontale Ablehnung gilt. Und zweifelsohne hat der Inhalt der ‚materialistischen'
Intuitionen sich verschoben. Nicht mehr die Gesellschaft und ihre materialen Voll-
züge stehen im Mittelpunkt des Interesses, sondern nun die Technik."[14]

Nicht Geisterglaube, sondern Programme bestimmen das neue magische Be-
wußtsein. Den Begriff „Programm" übersetzt Flusser ganz wörtlich mit „Vorschrift".
Die neue Magie produziert „eine vorgeschriebene Verhaltensform". Dieser vor-
geschriebenen Verhaltensform sei nur zu entgehen, „wenn es gelingt, die technischen Bilder, die uns programmieren, zu entziffern."[15] Die Endverbraucher, zumal
die Kinder sind in diesem Punkt schon erheblich weiter als die Medienwissenschaft.
Sie ist gegenwärtig damit beschäftigt, die Programme, die uns programmieren (sollen), nachzubuchstabieren und sich im allgemeinen Getöse marktkonform zu verhalten, das heißt: Anwendungen zu verkaufen.

6.

Zu fragen wäre, was unter den Bedingungen einer elektronischen Idolatrie geschieht.
Ein Beispiel für elektronische Idolatrie ist etwa die Annahme, dass die multimedial
ausgestattete „Informationsgesellschaft" *per se* den weltweiten Wohlstand befördern
werde; ein anderes die Überschätzung des Internets im Sinne einer schrankenlosen
Anarchie oder aber einer nicht minder schrankenlosen Demokratie aus dem Geist
der digitalen Techniken. Der ungarische Medienwissenschaftler Zoltan Galantai und
andere haben die These aufgestellt, das World Wide Web sei unzerstörbar, weil es
keinen zerstörbaren Kern habe. Doch Aufmerksamkeit verdienen die Bestrebungen
der Industrie. Die neuen Konzerne sitzen nicht mehr „wie die Spinne im Netz" (so

---

[14] Winkler 2000.
[15] Flusser, Unsere Bilder, a.a.O., 79

wurde der Medienzar der Weimarer Republik, Alfred Hugenberg, noch karikiert). Sie besetzen, weit wirkungsvoller, die „Portale", um die Mautgebühren in Form von Werbeeinnahmen zu kassieren - eine elektronische Feudalherrschaft, die sich von der historischen darin unterscheidet, dass sie keine Territorien, sondern globale Strukturen, nämlich die der informationellen Versorgung kontrolliert. Den aktuellen „Mega-Fusionen", etwa zwischen Time Warner und American Online, sollte die Medienwissenschaft alle analytischen Anstrengungen widmen, anstatt sie, wie bisher, zu ignorieren oder aber, ohne Not, mit ihren Akklamationen zu begleiten.

Am Beispiel von AOL veranschaulicht Dan Schiller, Professor an der University of California, in einem Beitrag für „Le Monde Diplomatique"[16] prägnant, wie ein „Portal" funktioniert. Für die Nutzer, die sich über American Online ins Internet einwählen, seien „die AOL-Inhalte identisch mit *dem* Netz." Das zeige sich schon daran, „dass die 20 Millionen AOL-Mitglieder 84 Prozent ihrer zunehmenden Online-Zeit mit AOL-eigenen Inhalten und Diensten verbringen und nur während der restlichen 16 Prozent im Internet surfen." Die Portale wären somit eher Sperrzonen zu nennen, die der User, vergleichbar einem mittelalterlichen Scholar bei seiner Initiation, zu überwinden hat, um in die Gefilde des Wissens zu gelangen. Man stelle sich den Nutzer eines enzyklopädischen Lexikons vor, der sich durch ein Gebirge von Werbeprospekten durcharbeiten und zahllose Formulare ausfüllen muss, bevor er endlich seine Stichwortsuche aufnehmen kann: in eben dieser Lage befindet sich der Kunde von AOL. In einem bisher unbekannten Ausmaß werde sich dem neuen Mega-Konzern Time Warner-AOL der Zugriff auf personenbezogene Informationen über Mediennutzung, Kreditwürdigkeit und Kaufverhalten erschließen, so die Prognose von Dan Schiller. Er zitiert den Medienkritiker Jon Katz: „Nie zuvor in der Weltgeschichte besaß ein Unternehmen so viele Informationen über so viele Menschen."

Unter der schieren Fülle ihrer emsig gesammelten Daten sind allerdings schon leviathanartige Sicherheitsapparate zusammengebrochen: ein weiterer Beweis für das historische Ende aller Konzepte, die auf Zentralismus setzen. Auch in der Annahme, dass die Preisgabe wirtschaftsrelevanter Daten den Internet-Nutzer in einen „gläsernen Konsumenten", mithin in ein willenloses Opfer konsumistischer Manipulation verwandle, überlebt noch zentralistisches Denken: der Irrtum nämlich, dass der Mensch nichts als die Summe messbarer Daten sei. Das Ende des Zentralismus impliziert jedoch keineswegs auch das Ende der Kontrollsysteme, allenfalls einen Paradigmenwechsel im Operationalen und in der Struktur. Es wäre naiv zu glauben, schrieb Jean Baudrillard schon 1972 in seiner Kritik an Enzensbergers Medien-Baukasten, die Zensur sei „schon durch die Ausweitung der Medien liquidiert.

---

[16] Schiller 2000, 8 f.

Selbst auf lange Sicht bedeutet die Unmöglichkeit polizeilicher Megasysteme lediglich, dass die gegenwärtigen Systeme durch Feed-back und Selbststeuerung in sich selbst diese nun nutzlosen Kontrollmetasysteme integrieren. Sie sind in der Lage, das, was sie negiert, *als zusätzliche Variable* einzuführen. Sie sind in ihrer Operation selbst die Zensur: es bedarf keines Metasystems. Demnach hören sie nicht auf, totalitär zu sein: sie verwirklichen in gewisser Hinsicht das Ideal dessen, was man einen dezentralisierten Totalitarismus nennen könnte."[17]

Die weitere Kommerzialisierung des World Wide Web könnte dahin führen, dass die als „Dienst am Kunden" maskierte Werbung die Informationswege immer dichter überlagern und ihre Struktur unkenntlich machen wird - mit dem Ergebnis, dass der Nutzer seine Suche aufgibt, weil ihm aus dem Sinn geriet, was er zu finden trachtete. Ebenso ist nicht auszuschließen, dass die Suchmaschinen, die sich bisher als radikale Gleichmacher aller verfügbaren Inhalte, also demokratisch bewähren, von den Konzernen stranguliert und nach der jeweiligen Lage der ökonomischen Interessen in flexible, „dezentral" funktionierende Zensuragenten umgewandelt werden. Dan Schillers Schlussfolgerung lautet: „Die Geschichte der Medien ist gepflastert mit rosigen Prophezeiungen und enttäuschenden Ergebnissen. Der dezentrale Aufbau des World Wide Web und das ihm zugrundeliegende Prinzip, dass es keinem gehört, sind die Hauptstärken des Internets, und kein Unternehmen wird je imstande sein, dieses Netz vollständig in Beschlag zu nehmen. In Anbetracht des AOL-Deals ist dies vielleicht aber gar nicht das Wesentliche. Der Zusammenschluss mit Time Warner beschleunigt den Trend zur medienübergreifenden Herausbildung gigantischer Kommunikationskonzerne in einer Weise, die dem offenen und unabhängigen Internet den Todesstoß versetzen könnte - zumal wenn sich die weitere Entwicklung des Cyberspace am hauseigenen AOL-Modell orientiert."

„Der Fortschritt ist reaktionär geworden", sagt Flusser kategorisch.[18] Nicht Freiheit sei die Perspektive, sondern eine der Form nach „permissive Gesellschaft", eingezwängt in einen „kybernetischen Totalitarismus"[19]. Regression und Reaktion sind allerdings seit je dem technischen Fortschritt inhärent - die technischen Potentiale stellen das Erprobungsfeld differierender Praxisstrategien. Ökonomie und Technologie engen derzeit die sozialen und politischen Gestaltungsspielräume ein - aber sie allein werden kaum dafür verantwortlich zu machen sein, wenn wir das intelligible Handeln und die Sorge um die Welt tatsächlich an die Konzerne und die neuen Werkzeuge delegieren sollten.

Hier könnte eine erneuerte Medienwissenschaft einsetzen: eine Wissenschaft, die mit der Sucht, mit der Idolatrie auf vertrautem Fuß lebt, ohne ihr verfallen zu

---

[17] Jean Baudrillard, Requiem für die Medien. Hier zitiert nach: Pias et al. (Hg.) 1999, 294 f.
[18] Flusser, Unsere Wohnung, a.a.O., 58
[19] Flusser, Unsere Kleidung, a.a.O., 64

sein. Eine Wissenschaft, die auch unter dem Druck des technologischen Tempos und der wirtschaftlichen Dynamik ihre wissenschaftliche Ironie und Souveränität bewahrt - und die entschlossen ist, ihre Definitionsmacht zurückzuerobern und zu behaupten. Ihre Chance könnte darin bestehen, „die Geste des Herstellens, des Bildmachens, des linearen und alphabetischen Schreibens"[20] transparent oder, noch besser, „ansichtig" zu machen. Elektronisch erzeugte, computergenerierte Bilder sind eben nicht prä-alphabetische, sondern „post-alphabetische" Bilder. Wir sind in ganz anderer Weise als die Zeitgenossen der Höhlenzeichnungen, das Publikum der christlichen Ikonographie oder die Besucher der Kunstsalons im 19. Jahrhundert von flächenhaften Signaturen umzingelt. Wir nehmen diese Flächen als Bildflächen wahr, als Fotografien, als Kinobilder, als ikonische Systeme auf unseren Fernsehschirmen und Monitoren. Das Design der Fernsehprogramme, der Kinofilme und sogar das der Zeitungen gleicht sich immer mehr dem der Benutzerfläche des Computers an. Aber das Design folgt dabei nur der grundlegend veränderten technologischen Grundlage der Bildproduktion.

Die Bilder sind im Vormarsch, aber es sind gar keine Bilder mehr, jedenfalls keine im Sinne der tradierten Ikonographie. „Computerbilder sind in einem Maß, das die Fernsehmacher und Ethikjournalisten schon heute zittern macht, die Fälschbarkeit schlechthin. Sie täuschen das Auge, das einzelne Pixel ja nicht mehr voneinander unterscheiden soll können, mit dem Schein oder Bild eines Bildes, während die Pixelmenge aufgrund ihrer durchgängigen Adressierbarkeit in Wahrheit die Struktur eines Textes aus lauter Einzelbuchstaben aufweist. Deshalb und nur deshalb ist es kein Problem, Computermonitore vom Textmodus zum Graphikmodus oder umgekehrt umzuschalten." (Friedrich Kittler[21])

7.

Programme mögen sich gesellschaftlich als Vorschriften auswirken, aber technologisch sind sie zunächst einmal Spiele, die durchgespielt werden - und wenn sie mit Geduld durchgespielt werden, haben auch die unwahrscheinlichsten Varianten und Kombinationsmöglichkeiten eine gute Chance, verwirklicht zu werden. In dieser Betrachtungsweise sind nicht nur die Grenzen zwischen dem Möglichen und dem Wirklichen fließend - der Wirklichkeitsbegriff überhaupt verliert seinen Zwangscharakter, und die Erfahrung der „Unwirklichkeit" verliert ihren Schrecken. Es entsteht Raum für Ironie - Ironie nicht im Sinne eines zynischen Gleichmuts, sondern verstanden als Verhältnis zur Welt, das sich offensiv und experimentierend auf ihre Kontingenz, auf die Vielfalt ihrer Möglichkeiten einläßt. Die gegenwärtige Medien-

---

[20] Flusser, Menschheitsgeschichte als Fernsehdrama, a.a.O., 262
[21] Kittler 1998

wissenschaft scheint zur Zeit Lichtjahre von dieser Leichtigkeit entfernt. Im Hinblick auf das Gegebene - das heißt: auf das von den Konzernen Geforderte - verhält sie sich als Befehlsempfänger, also zynisch-pragmatisch; von Ironie keine Spur.

Dabei ermöglichen gerade die Verkehrsformen der digitalen Kultur eine ironische Distanz. Der Umgang mit den sogenannten „neuen Medien" und große Segmente unserer Alltagskultur sind schon heute ironie-geprägt und lancieren ein produktives Mißtrauen gegenüber dem gesamten Universum der technischen Bilder. Mag dieses Mißtrauen im Einzelfall berechtigt sein oder nicht - es unterminiert allmählich den Autoritätsanspruch der zeichensendenden Zentralinstitutionen, die in Deutschland, soweit sie audiovisuelle Zeichen „ausstrahlen", noch immer „Anstalten" genannt werden. Entscheidend ist, daß wir dem persuasiven Druck der Bilder ausweichen können, daß wir mit den Bildern und ihren Botschaften spielerisch umgehen und selbst bestimmen, ob wir ihnen glauben wollen oder nicht. Als hochgradig ironisches, für ironische Operationen offenes Super-Medium bewährt sich zur Zeit (noch) das Internet.

Flusser betrachtet das moderne Kommunikationsgeflecht mit seinen zentrifugalen Diskursen skeptisch und zugleich mit Ironie. Die Diskurse der Wissenschaft („Baumdiskurse") z.B. hätten immer weniger Empfänger und führten sich so selbst ad absurdum. Aus dem Versuch, diese immer schwerer verständlichen Diskurse in einen allgemein verständlichen Code zu übersetzen, sei der „amphitheatralische Diskurs" der Massenmedien entstanden; sie seien „Transcoder von Geschichte in Nachgeschichte". „Die Baumdiskurse sind gegenwärtig auf die amphitheatralischen ausgerichtet; wiewohl sie immer gewaltiger fortschreiten, erreichen sie die Gesellschaft immer weniger direkt und immer mehr nur mittels der Massenmedien. Die Massenmedien werden zunehmend zu vorherrschenden Quelle all unserer Informationen, das heißt, wir orientieren uns in einer kodifizierten Welt, um handeln zu können."[22] Was die Massenmedien leisten, beschreibt Flusser in einem schönen Bild: „Die Apparate der Massenmedien sind schwarze Kisten. Sie saugen die Botschaften der Baumdiskurse ein, verwandeln sie in eine breiartige Universalsprache (kodieren sie in ‚Kitsch' um) und senden diesen Brei (‚Massenkultur') gegen den Horizont aus."

Geschichte ist der Input - Nachgeschichte der Output, in seiner gegenwärtigen Gestalt (oder Nicht-Gestalt) als Brei. Bezogen auf die Wahrnehmungserlebnisse des Medienalltags könnte man formulieren: Shakespeare oder die „Göttliche Komödie" sind der Input, die Botschaften der Geschichte; als Output, buchstäblich als Nach-Geschichte kommt die Daily Soap heraus. Kulturpessimisten könnten daraus einen

---

[22] Flusser, Unser Gespräch, a.a.O., 47

Kulturverfall ablesen. Interesse verdient jedoch zunächst nichts anderes als der Prozeß der „Transcodierung".

Ich lese Flussers Bild als zur Denkform gewordene Ironie - auch als Provokation und als Performance ironischen Denkens, eine Performance, in der die Möglichkeiten vibrieren. Wir experimentieren noch unentschlossen mit der Nachgeschichte herum, aber wir leben nicht in ihr, gestalten sie noch nicht. Um sie gestalten zu können, wären erhebliche Umbauten erforderlich. Zum Beispiel der Umbau der Wissenschaft von einem auf sich selbst bezogenen Diskurs zum Dialog. Zu wünschen wäre eine Medienwissenschaft, die dialogfähig ist: fähig zum Dialog mit den Medien (schon daran hapert es), und fähig zum Dialog mit der Gesellschaft über ihre humanen Entwicklungsperspektiven. Medienwissenschaft als politischer Prozess: „Zum Umbau der Wissenschaft wäre eine neue Republik nötig." Um eine neue Republik zu bauen, müßte man „zuerst die Apparate der Massenmedien in den Griff bekommen, um mit anderen sprechen zu können".[23] Hier beißt sich Flussers Denken in den berühmten Schwanz - was aber wahrscheinlich immer noch angemessener ist als eine „stringente", von Ursache zur Wirkung fortschreitende Denkmethode nach dem Schema des ökonomisch-technologisch imprägnierten Weltbilds, in dem ein Schritt linear auf den anderen folgt und womöglich in den Abgrund führt.

8.

Angesichts der globalen gesellschaftlichen Verhältnisse wäre es waghalsig, den Verfall der traditionellen persuasiven Medienstrategien, die neuen, auf digitaler Grundlage gewonnenen Freiheiten und die fröhliche Ironie gegenüber der Allmacht der Bilder als Aufbruch ins Reich der endlich errungenen Mündigkeit zu preisen. Gesellschaftliche Emanzipation ist nicht mit der neuen Gelassenheit des individuellen „Users", noch weniger mit der Selektionsvielfalt im Netz in eins zu setzen. Im Bereich des Ästhetischen gilt zudem: die „neuen Bilder" sind die „alten Bilder" - eine womöglich enttäuschende Erfahrung, die zumindest den aktuellen Stand der Medienproduktion beschreibt. Derzeit bringt der kapitalistische Markt jedenfalls keine kulturellen, sich ästhetisch manifestierenden Alternativen hervor. Das mag verblüffen, denn in der Vergangenheit, im Prozeß der Herausbildung der bürgerlichen Gesellschaft und der großen Industrie, förderte kapitalistische Dynamik auch den Formenreichtum und die Vielfalt der Sinnproduktion. Technisch-industrielle Innovationen und, in ihrer Folge, tiefgreifende Marktverschiebungen lösten Erscheinungen des Medienwechsels und intermediale Überschneidungen aus, die wiederum revolutionäre Entwicklungen in der Kunst stimuliert haben. Im Zeichen der Globalisierung entfesselt der „Mega-Kapitalismus" zwar neue Energien, die jedoch, so will

---

[23] Flusser, Unser Gespräch, a.a.O., 48

es scheinen, ausschließlich ökonomisch absorbiert werden und gegenwärtig, nach der Philosophie der *share holder values*, die Finanzmärkte in Turbulenzen versetzen. Globalisierung als Medienrealität feiert sich selbst als Gesamtkunstwerk. Solche kulturelle Genügsamkeit entspricht der sehr weitgehenden Widerspruchslosigkeit, mit der die Marginalisierung des Sozialen und die Entmachtung des Politischen hingenommen werden. Wissenschaft, die sich in diesen letztlich entscheidenden Fragen am *main stream* orientieren würde, gäbe mitsamt ihrem Geist auch ihre gesellschaftliche Bedeutung auf.

Siegfried J. Schmidt

Medienwissenschaft und Nachbardisziplinen

1. Fahrplan

Medien und Kommunikation stehen heute im Mittelpunkt des öffentlichen Interesses, und ganz verschiedene wissenschaftliche Forschungszweige und akademische Disziplinen versuchen sich an ihrer kompetenten Analyse.

In dieser Situation sind Probleme unvermeidlich: Wer ist (bzw. erklärt sich als) zuständig für welche Aspekte der Erforschung von Medien und Kommunikation? Welchen Status haben historisch gewachsene Disziplinen (wie Journalistik, Publizistik, Kommunikationswissenschaft) im sich neu formierenden Feld einer universalen Erforschung aller Phänomene, die mit Medien und Kommunikation im Zusammenhang stehen? Sind die Grundlagen für eine künftige interdisziplinäre Zusammenarbeit bereits gelegt?

Angesichts dieser offenen Fragen wird im Folgenden nicht nach Verhältnissen zwischen fest gefügten Disziplinen oder Forschungsbereichen gefragt. Vielmehr wird die Frage erörtert, welche Problemstellungen sich für medien- bzw. kommunikationsbezogene Forschungen ergeben, wenn das Zusammenwirken von Kommunikation und Medien in Prozessen der Wirklichkeitskonstruktion in den Mittelpunkt der Beobachtung gestellt wird, und wie sich auf Grund dieser Problemstellungen eine plausible Schwerpunktbildung der Forschungsvorhaben in den genannten Bereichen vornehmen lässt.

2. Medientheorie – Medienwissenschaft – Medien-Forschung

Wie so oft beginnt und endet die Diskussion über bestimmte wissenschaftliche Konzeptionen mit terminologischen Problemen. Das ist im breiten Spektrum der medienbezogenen Forschungen nicht anders. 1976 stellte der Theaterwissenschaftler Teichmann fest: „Eine Medienwissenschaft als eigene Disziplin ... gibt es nicht."[1] Zehn Jahre später betonen die Herausgeber des Sammelbandes *Ansichten einer künftigen Medienwissenschaft* in ihrer Einleitung: „Die Rede von der ‚künftigen Medienwissenschaft' hat überdies den Reiz, ein bisschen schillernd offen zu lassen, ob die Entwicklung einer bestehenden oder die Entstehung einer noch unentwickelten Wissenschaft gemeint sei." (Bohn et al. 1988, 7) 1997 reagiert F. Kittler auf die Frage einer Interviewerin nach „der Mode der Medientheorie" genervt, die hänge ihm „schon langsam wieder zum Hals raus". (1998, 135) Und so weiter.

---

[1] Zitiert nach Müller 1994, 119.

Die Situation ist bis heute irritierend: Gibt es „die Medienwissenschaft" überhaupt (schon)? Was genau erforscht und lehrt diese Wissenschaft, so es sie gibt?[2]

Ich lasse diese Fragen offen und konzentriere mich allgemein auf solche wissenschaftlichen Vorhaben, die unter den verschiedensten Gesichtspunkten „die Medien" erforschen. Dabei kann die gegenwärtig betriebene Medienforschung je nach Beobachtungsgesichtspunkt ganz unterschiedlich gerastert werden. Einige dieser Möglichkeiten werden im Folgenden kurz angedeutet.

(a) In der gegenwärtigen Diskussion dominiert eine Unterscheidung medienbezogener Forschung in *Medienwissenschaft* versus *Medientheorie*.[3] Dabei gilt inzwischen als Konsens, dass die Medienwissenschaft Mitte der 70er Jahre im Forschungskontext der Philologien (vor allem der Germanistik), der Film- und Theaterwissenschaft sowie der Kunstwissenschaft entstanden ist. Schon lange vorher haben sich aber Disziplinen wie Publizistik, Politik- und Propagandaforschung, Kommunikationssoziologie oder Meinungsforschung mit Fragen beschäftigt, die direkt oder indirekt Medien betreffen.[4] Entsprechend dieser philologischen Herkunft ist die Medienwissenschaft bis heute von drei Merkmalen geprägt: Sie ist primär orientiert auf spezielle Medienangebote; ihre Methodik ist im weitesten Sinne hermeneutisch, und sie ist unspezifisch eklektisch.[5]

Die Medientheorie dagegen hat sich im Anschluss an die Arbeiten von M. McLuhan herausgebildet und konzentriert sich auf die Entstehung und Bedeutung der Medientechnologie. Forschungsleitend ist dabei die Überzeugung vom Apriori des „technisch-medialen Dispositivs", also die Ansicht, dass technische Vermittlungsverhältnisse epistemologischen, gesellschaftlichen und kulturellen Strukturen vorausgesetzt sind und sie entscheidend prägen.[6]

(b) Neben dieser Dichotomie lassen sich zahlreiche Einteilungsmöglichkeiten medienbezogener Forschungen je nach ihrem Problembereich voneinander unterscheiden. Medienforschungen können sich mit einzelnen Medien (Presse, Rundfunk, Film usw.) bzw. Medienangeboten oder mit dem Mediensystem einer Gesellschaft insgesamt beschäftigen. Medienforschungen können disziplinspezifische Fragen auf

---

[2] Ludes (1998) suggeriert zwar mit dem Titel seiner *Einführung in die Medienwissenschaft* die Existenz nicht nur einer, sondern *der* Medienwissenschaft; aber der Inhalt des Buches entpuppt sich dann doch wieder als Sammlung von Aspekten und Problemen.

[3] Diese Unterscheidung ist unlogisch und wenig hilfreich. Sie wird im Bereich der traditionellen Publizistik- und Kommunikationswissenschaft auch nicht akzeptiert.

[4] So Faulstich 1994, 9.

[5] So heißt es bei Kübler: „In ihrer gegenwärtigen Forschungs- und Lehrpraxis operiert sie nämlich, soweit erkennbar, eher als unspezifische, eklektizistische Sammelbezeichnung für all jene Unterfangen medienbezogener Art, die sich nicht den angestammten Wissenschaften, insbesondere der Literaturwissenschaft einerseits, der Publizistikwissenschaft andererseits zu- oder unterordnen wollen." (1988, 32)

[6] So Spreen 1998, 7.

den Medienbereich anwenden (Medienrecht, Medienökonomie usw.). Medienforschungen lassen sich differenzieren nach Handlungsbereichen und Handlungsrollen in Mediensystemen.[7] Entsprechend gibt es produzentenorientierte Forschungen wie die Kommunikator- oder Redaktionsforschung in der Journalismusforschung, rezipientenorientierte Forschungen wie die Mediennutzungs- und Medienwirkungsforschung oder verarbeiterorientierte Forschungen wie die Medienkritik.

(c) Medienforschungen lassen sich einteilen nach den Basis- bzw. Hintergrundtheorien, in deren Rahmen sie operieren. Nach diesem Einteilungsgesichtspunkt können wir gegenwärtig eine Konkurrenz von philologisch, publizistikwissenschaftlich, sozialwissenschaftlich, konstruktivistisch, technikphilosophisch und systemtheoretisch orientierter Medienforschung samt allen erdenklichen Mischformen beobachten.

(d) Medienforschungen unterscheiden sich schließlich auch danach, ob sie rein deskriptiv-analytisch angelegt sind oder darüber hinaus gesellschafts- und kulturkritische Intentionen verfolgen.

3. ‚Medien': Ein Kompaktbegriff als Systematisierungsinstrument

Der in solchen Einteilungsversuchen zu Tage tretende Pluralismus der verschiedenen Ansätze und Interessen der Medienforschung kann – wie üblich – in verschiedener Weise interpretiert werden. Die oberflächlichste und bequemste Deutung wäre die, in diesem Pluralismus die Lebendigkeit und Vielfalt medienbezogener Forschung zu sehen, die der Lebendigkeit und Vielfalt des Untersuchungsgegenstandes korrespondiert. Als Optimist könnte man mit dem Schlachtruf „Viele Medien – eine Wissenschaft" für die Etablierung einer „integrierten Medien- und Kommunikationswissenschaft" plädieren (wie P. Ludes & G. Schütte 1998, 33). In skeptischer Perspektive könnte man konstatieren, dass am Ende des 20. Jahrhunderts eben keine Supertheorien mehr erwartbar sind und wohl auch ganz unglaubwürdig wären. Meine eigene Interpretation geht dahin, dass medienbezogene Forschungen mit zwei Schwierigkeiten konfrontiert sind, und zwar mit einer normalen und mit einer außergewöhnlichen. Die normale besteht darin, dass sich Medienforschung wie jede andere wissenschaftliche Forschung auch nur dann Erkenntnisgewinne erhoffen kann, wenn sie ihre zentralen Konzepte sowie ihre Theorien und Methoden hinreichend deutlich expliziert. Die ungewöhnliche Schwierigkeit liegt darin, dass Medienforschung autologisch operieren muss, weil sie in und mittels Medien über Medien

---

[7] Zur Begrifflichkeit cf. Schmidt 1994a.

spricht und dabei ständig riskiert, dass Medien der blinde Fleck im Mediengebrauch bleiben, wie S. Krämer (1998) betont hat.[8]

Der Pluralismus in der Medienforschung rührt meines Erachtens vor allem daher, dass sich die (implizit oder explizit) zugrunde gelegten Medienbegriffe stark voneinander unterscheiden, wodurch sich differente bis konfligierende Problemstellungen und Problemlösungsverfahren (Methoden) ergeben, und dass die verschiedenen Ansätze sehr unterschiedlich mit dem Autologieproblem umgehen.

Um nun das Thema dieses Kapitels nicht in uferloser Deskriptivität anzugehen, ist meines Erachtens eine Bezugs- und Beobachtungsplattform erforderlich, die eine Systematisierung der disziplinären wie interdisziplinären Aspekte des Themas erlaubt. Eine solche Plattform liefert vor allem das verwendete Medienkonzept. Daher versuche ich im Folgenden, ein Medienkonzept zu entwickeln, das die wichtigsten Komponenten der einschlägigen Diskurse integriert und nicht nur addiert. Mein Vorschlag geht dahin, am Kompaktbegriff ,Medium' folgende Aspekte zu unterscheiden, die als konstitutive Komponenten angesehen werden können: semiotische Kommunikationsinstrumente, die jeweilige Medientechnologie, die sozialsystemische Institutionalisierung sowie die jeweiligen Medienangebote (Bücher, Zeitschriften, Werbespots usw.).

Unter *Kommunikationsinstrument* fasse ich alle materialen Gegebenheiten, die semiosefähig sind und zur gesellschaftlich geregelten, dauerhaften, wiederholbaren und gesellschaftlich relevanten strukturellen Kopplung von Systemen im Sinne je systemspezifischer Sinnproduktion genutzt werden können. Als Prototyp von Kommunikationsinstrumenten betrachte ich gesprochene natürliche Sprache, und zwar nicht nur aus Gründen historischer Priorität, sondern weil seit der Entstehung von Sprachen das grundlegende Prinzip der Sinn-Kopplung von Systemen durch signifikante *Materialitäten* (und nicht etwa durch Bedeutungen) für alle nachfolgenden Kommunikationsinstrumente (Schriften, Bilder usw.) exemplarisch geworden ist.

Mit der Entwicklung der Schrift beginnt die für die Folgezeit immer enger werdende Bindung der Kommunikationsinstrumente an *Medientechnologien* (Druck-, Film- oder Fernsehtechnologien), die jede Produktion und Rezeption von Medienangeboten nachhaltig beeinflussen. Denn nur was dem jeweiligen technischen Entwicklungsstand einer Technologie gemäß ist, kann von den verschiedenen Nutzertypen zum Treatment von Medienangeboten auch tatsächlich eingesetzt werden. Der Umgang mit solchen Medientechnologien muss sozialisatorisch erlernt werden und wird zum festen Bestandteil der Kompetenzen von Aktanten, der in aller Regel durch Routinisierung zu einer Selbstverständlichkeit wird, die weder bewusstseinsfähig, noch bewusstseinspflichtig (gemacht) wird.

---

[8] Das Autologieproblem gilt analog auch für die Kommunikationswissenschaft, die in der Kommunikation über Kommunikation kommuniziert.

Die gesellschaftliche Durchsetzung eines Kommunikationsinstrumentes und der dafür erforderliche Aufbau einer Medientechnologie sind gebunden an die Herausbildung der sie tragenden sozialen Einrichtungen (Organisationen wie Verlage und Fernsehanstalten aber auch z.B. Institutionen wie Schulen), deren Stellung in der Gesellschaft wiederum die Lösung ökonomischer, rechtlicher, politischer und sozialer Probleme erforderlich macht. Diese *sozialsystemische Komponente* ist den beiden anderen keineswegs äußerlich. Vielmehr muss das Beziehungsgefüge zwischen den Komponenten als selbstorganisierend modelliert werden.

Das gilt auch für die vierte Komponente, die *Medienangebote*, deren Produktion, Distribution, Rezeption und Verarbeitung eindeutig von den drei anderen Komponente geprägt ist. Das belegen etwa die Analysen der Differenz zwischen oraler und literaler Dichtung ebenso wie die jüngsten Analysen der Unterschiede zwischen Buchtexten und Hypertexten.

Fazit: Als Medium konzipiere ich das sich selbst organisierende Zusammenwirken dieser vier Komponenten unter jeweils konkreten sozio-historischen Bedingungen. Nach dem hier vorgeschlagenen Medienkonzept wird natürliche Sprache daher als Kommunikationsinstrument und nicht als Medium konzipiert.

Der bisher vorgenommene erste Differenzierungsschritt hinsichtlich der Komponenten des Medienkonzepts erlaubt nun eine zweite Differenzierung hinsichtlich der Möglichkeiten von Beziehungsverhältnissen zu Medien. Allen Behauptungen der sog. Medientheoretiker vom „Tod des Menschen" in den elektronischen Datenräumen zum Trotz dürfte wohl außer Frage stehen, dass sich bis heute Medien nicht selbst erfunden, durchgesetzt und genutzt haben, sondern dass Menschen Medien geschaffen haben, und zwar zum Gebrauch durch und für Menschen. Medien wirken (individuell wie gesellschaftlich) durch konkrete Nutzer(-gruppen) in sozio-historischen Kontexten.

Nun erfindet zwar „der Mensch" Medien und setzt sie durch, aber die einzelnen Nutzeraktanten verfügen nicht etwa über die Medien (im oben definierten Sinne). Vielmehr finden sie Medien immer schon als irreduzible und unvermeidbare Bestandteile ihrer Umwelten vor, üben sich sozialisatorisch in ihre Nutzung ein und entwickeln dabei spezifische Nutzungskompetenzen, die nur bedingt bewusstseinsfähig und –pflichtig sind. Alle Nutzungsoptionen, die von einzelnen Aktanten gewählt oder entwickelt werden, sind epistemisch-kategorial, ästhetisch-formal und inhaltlich-thematisch durch die jeweilige Medientechnologie und die sozialsystemischen Komponenten bestimmt, wie jede schlichte TV-Nachrichtensendung hinlänglich demonstriert.[9] Die berühmte Frage von E. Katz, was die Menschen mit den Medien machen, muss wohl wie folgt beantwortet werden: Menschen können mit

---

[9] Cf. dazu etwa Hickethier & Bleicher 1998.

den Medien genau das machen, was die (von ihnen gemachten) Medien im Rahmen des Zusammenspiels ihrer vier Komponentendimensionen zu machen erlauben. Insofern sind Medien Bedingungen von Möglichkeiten und in diesem Sinne Aprioris, die jeder einzelnen Nutzung voraus liegen und sie bestimmen. Das oralsprachliche Grundverhältnis setzt sich also fort: Aus dem semiotischen Apriori der gesprochenen Sprache wird bereits mit der Schrift ein technisch-mediales Apriori, das jede Nutzung determiniert.

In einer sozialen Umwelt, die Medien als höchst relevante Bestandteile enthält, ist Sozialisation notwendig Mediensozialisation, wobei der Blick der Aktanten in erster Linie auf der Materialität der Medienangebote haftet und die medientechnologischen und sozialsystemischen Komponenten in ihrer Wirksamkeit meist invisibilisiert werden.

Wenn die Hypothese zutrifft, dass eine Sinnkopplung kognitiver wie kommunikativer Systeme nur durch Kommunikationsinstrumente wie natürliche Sprachen sowie durch Medienangebote möglich ist, die aus dem Zusammenwirken der vier o. g. Komponenten resultieren, dann folgt daraus, dass der Diskurs über *Medienwirkungen* erheblich ausdifferenziert werden muss.[10] Zu berücksichtigen sind dann nicht nur – wie heute meist üblich – die Wirkungen der manifesten Inhalte von Medienangeboten, sondern ebenso die strukturellen Wirkungen, die sich aus den technologischen und sozialsystemischen Medienkomponenten zwangsläufig ergeben. Denn die wohl wichtigste, zugleich aber auch beobachtungsresistenteste Wirkung entfalten Medien dadurch, dass sie die Kommunikations-, Vergesellschaftungs- und Beobachtungsverhältnisse in Gesellschaften verändern und dadurch – meist vor der Bewusstseinsschwelle und außerhalb des Einflussbereichs der einzelnen Aktanten – das individuelle wie gesellschaftliche Handeln auf ganz bestimmte Optionen und Inszenierungsstile[11] festlegen. Raum- und Zeiterfahrung, soziale Kontaktformen, Körpererfahrungen, Kommunikationsmöglichkeiten und –qualitäten, Varianten von Kommunalisierung, Modi von Beobachtungsmöglichkeiten und deren Hierarchisierung oder Varianten von Kontingenzerfahrung haben sich im Laufe der Mediengeschichte (zum Teil dramatisch) verändert und lassen es heute sinnvoll erscheinen, nicht nur die Geschichte von Kognition und Kommunikation, sondern auch die Geschichte der Gesellschaft als *Mediengeschichte* zu schreiben. Denn Medien sind unsere alltäglichen Instrumente der Wirklichkeitskonstruktionen geworden, die wir in der Regel automatisch handhaben und die wie die blinden Flecken in unserer Wahrnehmung wirken. Die Entschleierung ihres konstitutiven Charakters wird noch zusätzlich dadurch erschwert, dass auch unsere Beobachtungen zweiter Ordnung

---

[10] Cf. dazu Schmidt & Zurstiege 1999.
[11] Cf. dazu etwa die Beiträge in Willems & Jurga (Hg.) 1998.

wieder medienabhängig und medienbestimmt ablaufen, und Medienforschung, wie gesagt, autologisch operieren muss.

4. Disziplinaritätsprobleme

Blickt man nach diesem Zwischenschritt in den Überlegungen zum Verhältnis von „Medienwissenschaft" zu Nachbardisziplinen noch einmal auf die in Abschnitt 1 genannten Ausgangsprobleme zurück, so lässt sich eine Antwort so anlegen: Da die Begriffe ‚Medienwissenschaft' und ‚Medientheorie' in der Diskussion bereits besetzt sind, schlage ich vor, den Gesamtbereich medienorientierter wissenschaftlicher Operationen als *Medien-Forschung* zu bezeichnen. Unter diesen Titel fallen alle wissenschaftlichen Vorhaben, die sich auf Aspekte des Gesamtzusammenhangs zwischen Kommunikationsinstrumenten, Medientechnologien, sozialsystemischen Institutionalisierungen sowie Medienangeboten konzentrieren. Diese Vorhaben lassen sich differenzieren in primär theoretisch oder empirisch, in historisch oder diachron sowie in (empirisch) sozialwissenschaftlich oder hermeneutisch orientierte Ansätze. Als wissenschaftlich weisen sich solche Ansätze dadurch aus, dass sie explizite Problemstellungen in Bezug auf Medien mit Hilfe expliziter Problemlösungsverfahren intersubjektiv nachvollziehbar lösen und die Problemlösungen in überprüfbarer Form kommunizieren.[12]

Seit Jahren wird eine heftige Debatte darüber geführt, ob „Medienwissenschaft" (in einem eher umgangssprachlichen Sinne) sich als eigenständige Disziplin konstituieren kann und soll.[13] Abgesehen von der Frage, ob die für die Konstituierung einer einheitlichen Disziplin erforderlichen terminologischen, theoretischen und methodologischen Konsensfindungsprozesse erreichbar und die wissenschafts- und hochschulpolitischen Entscheidungsprozesse herbeizuführen sind, stellt sich die Frage, ob eine Disziplin, die *alle* medienbezogenen Probleme bearbeiten will, nicht zu unübersichtlich werden würde. Entscheidender als die disziplinäre Organisation scheint mir ohnehin die gemeinsame Konstruktion eines Grundlagendesigns auf der Basis eines gemeinsamen expliziten Medienkonzepts. Auf dieser Grundlage wäre dann – wenn schon nicht Interdisziplinarität, so doch – *Ko-Disziplinarität* parallel arbeitender Medien Forschungsvorhaben möglich – ein Ziel, das vor allem mit Blick auf die Geschichte der Geisteswissenschaften illusorisch erscheinen mag, dessen Erreichen aber unumgänglich ist.

---

[12] Zum Wissenschaftskonzept cf. Schmidt 1998.
[13] Cf. etwa die Beiträge zum Themenheft „Medienwissenschaft und Medienerziehung" der Mitteilungen des Deutschen Germanistenverbandes (44, 1997, H. 1).

5. Medien-Forschung und Kommunikationswissenschaft[14]

In einer informativen Studie Kommunikationswissenschaft im Überblick hat G. Maletzke 1998 nach dem Status und den Forschungsfeldern der Kommunikationswissenschaft und den Beziehungen zu ihren „Verwandten", nämlich der Medienwissenschaft und der Publizistikwissenschaft gefragt.

Nach Maletzke – und seine Ansicht spiegelt einen breiten Konsens – hat sich die ältere Publizistik- und Zeitungswissenschaft nach dem 2. Weltkrieg von einer historisch-hermeneutischen Forschungsrichtung zu einer empirischen Sozialwissenschaft gewandelt, die sich zugleich umbenannte in Publizistik- und Kommunikationswissenschaft bzw. einfach in Kommunikationswissenschaft.[15] Hauptgegenstand dieser Wissenschaft war und ist die Massenkommunikation sowie die Medienwirkung.[16] Erst allmählich[17] begann sich diese Kommunikationswissenschaft, so Maletzke, zu „entgrenzen", da nicht mehr zu übersehen war, dass die Probleme der Massenkommunikation und Medienwirkung nur dann angemessen bearbeitet werden können, wenn man Aspekte der interpersonalen Kommunikation, der beteiligten Aktanten, der Medien, der sozialstrukturellen Ordnungen und so fort mit berücksichtigt. Damit aber gerät die Kommunikationswissenschaft durch Problemproliferation in arge Identitätsprobleme. Nun drängen sich nämlich alle Fragen auf die Tagesordnung, die bezüglich diverser Aspekte von Kommunikation in Disziplinen wie Linguistik und Psychologie, Soziologie und Kulturanthropologie, Kybernetik, Politikwissenschaft usw. behandelt worden sind und behandelt werden. Und auch hier beginnen die meisten Probleme damit, dass die Kommunikationswissenschaft weit davon entfernt ist, über eine „klare, einhellig akzeptierte Definition" (1998, 17) ihres Zentralbegriffs ‚Kommunikation' zu verfügen bzw. die Verwendungsweisen dieses Begriffs in anderen Bereichen von Kommunikationsforschung hinreichend aufgearbeitet zu haben.

Während die Medien-Forschung noch auf der Suche nach einer geeigneten disziplinären Organisation ist und zwar über ein breites Problem- und Themenspektrum aber über keine einheitliche Fachgeschichte verfügt, ist die Kommunikationswissen-

---

[14] Eine auf eine Inhaltsanalyse einschlägiger Fachzeitschriften gestützte Studie über Profil, Grenzen und Standards der Kommunikationswissenschaft haben Hohlfeld & Neuberger 1998 vorgelegt. Dort wird die innerdisziplinäre Debatte zum Status Quo des Faches mit ausführlichen Literaturangaben so breit dokumentiert, daß ich mir hier ein neuerliches Referat sparen kann. Eine Einführung in die Kommunikationswissenschaft haben Merten et al 1994 vorgelegt.

[15] Wie Maletzke betont, besagt eine noch bestehende terminologische Unterscheidung bei der Benennung einschlägiger Institute an den deutschen Hochschulen wenig. Die meisten Institute mit dem Namen „Publizistikwissenschaft" betreiben heute de facto Kommunikationswissenschaft. (1998, 24)

[16] Cf. etwa Renckstorf 1998.

[17] Man lese nur die Beiträge zum Thema Medien- und Kommunikationswissenschaft in der Zeitschrift Aviso, die seit 1997 ein Gesprächsforum dazu eingerichtet hat.

schaft zwar disziplinär verortet, verweist auf eine 50-jährige Fachgeschichte und eine Mainstreamforschung im Bereich Massenkommunikation und Medienwirkung, sieht sich aber zunehmend interdisziplinären Herausforderungen konfrontiert, denen sie in vielen Fällen nicht gewachsen ist. So erklärt etwa Maletzke das Entstehen einer Medienwissenschaft damit, dass die Kommunikationswissenschaft, deren Forschungsgegenstand die Medien eigentlich unbestritten (gewesen) sein müssten, die Medien nur als technische Verbreitungsinstrumente betrachtet haben, so daß sich eine neue Wissenschaft entwickeln musste, um die gesellschaftlichen, wirtschaftlichen, kulturellen oder ästhetischen Aspekte der Medien zu bearbeiten (1998, 25).[18]

Fragt man daher nach dem „Verhältnis von Medien- und Kommunikationswissenschaft", dann erweist sich diese Frage als unbeantwortbar, wenn dabei der Bezug zwischen klar definierten und disziplinär verorteten Disziplinen gemeint ist. Was unter solchen Bezeichnungen in der heutigen Wissenschafts- und Universitätslandschaft firmiert, ist nicht miteinander vergleichbar. Meint man mit dieser Frage, welche der beiden Disziplinen der anderen über- oder untergeordnet ist bzw. welche der beiden die jeweils andere inkludieren könnte oder sollte[19], dann übersieht man schlicht die systematischen Probleme der Erforschung von Medien und Kommunikation. Zwar wird man am Status Quo der gegenwärtigen Universitätslandschaft sowie an Disziplinbenennungen in absehbarer Zukunft wenig ändern können. Um so mehr wird es deshalb darauf ankommen, die *konzeptionellen Probleme* zu lösen, um über disziplinäre und organisatorische Grenzen hinweg zu einem produktiven ko-disziplinären Dialog zu kommen – nicht auf der Jagd nach der Megatheorie, sondern auf dem Wege zu anwendbaren Problemlösungen.[20] Ob auf diesem Wege in der durch das Internet geprägten Zukunft die disziplinäre Vergatterung von Wissen überhaupt noch eine angemessene Form des Wissensmanagements darstellt, erscheint mir mehr als fraglich. Daher spreche ich im folgenden statt von Kommunikationswissenschaft ebenfalls von *Kommunikations-Forschung,* um von der disziplinären Ebene auf eine problemorientierte Ebene zu gelangen. Auf dieser Ebene spricht eine ganze Reihe von Gründen für eine ko-disziplinäre Zuordnung von Kommunikations- und Medien-Forschung.

Wie bekannt haben sich Medien und Kommunikation historisch co-evolutiv entwickelt. Medien haben neue Kommunikationsmöglichkeiten eröffnet und sie durch ihre strukturellen Bedingungen in jeweils spezifischer Weise geprägt und

---

[18] Auch Bohn et al. sehen „die Medienwissenschaft" als „....die wissenschaftliche Beschäftigung mit Forschungsfeldern..., die von der Kommunikationswissenschaft nicht bestellt worden sind." (1988, 21)

[19] So sehen z. B. viele Kommunikationswissenschaftler „die Medienwissenschaft" als genuinen Teilbereich ihrer Wissenschaft an.

[20] Zum Anwendungsproblem cf. Schmidt 1997.

diszipliniert. Und man kann wohl annehmen, dass die Proliferation von Kommunikationsmöglichkeiten wiederum Anlässe dazu geschaffen hat, Innovationen im Medienbereich zu entwickeln, um noch bestehende Kommunikationshemmnisse (etwa bei der Überwindung von Raum und Zeit oder bei einer effektiveren Kopplung von Kommunikationsinstrumenten) zu überwinden.

Wie immer man ‚Kommunikation' auch theoretisch modelliert, ob als aktantenfreies autopoietisches Sinngeschehen wie in N. Luhmanns Systemtheorie oder als aktantengebundenes kommunikatives Handeln in handlungstheoretischen Kommunikationstheorien, in jedem Fall muss man ein bestimmtes Konzept von Medien voraussetzen bzw. zu Grunde legen; denn dass Kommunikation – ob interpersonale oder Massenkommunikation – Medien voraussetzt und in Anspruch nehmen muss, dürfte unbestritten sein. Umgekehrt gilt dasselbe; eine Medienforschung braucht Konzepte dafür, wie Medienangebote aus Kommunikation resultieren und in Kommunikationen verarbeitet werden.

Nun kann man diese gegenseitigen Beziehungen als Aufforderung ansehen, sozusagen über den Zaun zu schauen, wenn man Medien- oder Kommunikations-Forschung betreibt. Man kann aber auch einen Schritt weiter gehen, und nach dem systematischen Verhältnis von Medien und Kommunikation fragen. Dieser Frage will ich im folgenden nachgehen.

6. Medien und Kommunikation als Komponenten im Prozess der Wirklichkeitskonstruktion

In einer Reihe von Publikationen habe ich in den letzten Jahren ein Konzept von ‚Wirklichkeitskonstruktion' zu entwickeln versucht, das Wirklichkeitskonstruktion als Prozess modelliert, in dem vier nur analytisch unterscheidbare Komponenten im Modus der Selbstorganisation zusammenwirken: Kognition, Kommunikation, Medien und Kultur.[21] Mein Konzept von ‚Medium' habe ich oben entwickelt; an dieser Stelle will ich kurz die drei anderen Konzepte skizzieren, um die Rede von der Wirklichkeitskonstruktion plausibel machen zu können.

‚Kommunikation' wird hier modelliert als symbolisches Handeln, das in der Sozial-, Sach- und Zeitdimension reflexiv ausdifferenziert ist. Kommunikationen fungieren als Co-Orientierungen der interagierenden Aktanten auf kommunikatorseitig intendierte kognitive bzw. kommunikative Anschlussoperationen. Diese Co-Orientierung wird dadurch möglich, dass die Aktanten im Laufe der Sozialisation im Kontext sozialen Handelns den Gebrauch von Kommunikationsinstrumenten erlernen, die auf diese Weise gesellschaftliche Erfahrungen in ihren Komponenten (etwa in Wörtern) Material verkörpern und damit für sozial akzeptable Nutzungen durch

---

[21] Cf. Einzelheiten in Schmidt 1994, 1996 oder 1998.

individuelle Nutzer zur Verfügung stellen bzw. halten. Deshalb können sich die Aktanten in der Kommunikation ausschließlich auf die Materialität der gesellschaftlichen Kommunikationsinstrumente konzentrieren und verlassen – eine andere Möglichkeit haben sie ohnehin nicht; denn Sinn oder Bedeutung sind nicht wahrnehmbar. Die unüberhörbare und unübersehbare Materialität der Kommunikationsinstrumente macht die an sich unwahrscheinliche Hypothese plausibel, dass in der Kommunikation zwischen vergleichbar sozialisierten Aktanten, die eine Kommunikationssituation ähnlich einschätzen, durch den spezifischen Gebrauch spezifischer Kommunikationsinstrumente hinreichend parallelisierte kognitive Prozesse auch in operational geschlossenen autonomen Systemen ausgelöst werden können, ohne dass man eine kausale Beeinflussung oder die Übernahme von sprecherintendierten Bedeutungen unterstellen muss. Gerade weil Aktanten gelernt haben, die Differenz von Materialität und Bedeutung an/in den Medienangeboten abzublenden, entsteht bei ihnen im Laufe der routinisierten Verwendung eines Kommunikationsinstruments die intuitive Gewissheit, dass Medienangebote für alle etwas genau Bestimmtes bedeuten.

Kommunikationsprozesse können nur funktionieren durch den ständigen Rück- und Vorgriff auf Sinnkonstellationen (i. S. von kollektivem Wissen) in thematisch geordneten Diskursräumen. Erst dadurch können Kommunikationsteilnehmer prinzipiell erwartbare und anschlussfähige Beiträge zu Themen in Diskursen leisten, die durch vielfache Schematisierungen sozial typisiert sind: so durch generalisierte Kommunikationsmedien (sensu Luhmann), durch Gattungsschemata und Stilregister, durch sozial festgelegte Konstellationen der Kommunikationspartner sowie durch Schematisierungen, die aus medientechnologischen Voraussetzungen resultieren. Kurzum: Kommunikation ist nur möglich durch die sozial normierte Beschränkung von Möglichkeiten.

Unter *Kognition* fasse ich alle im Gehirn und im Bewusstsein des Menschen ablaufenden Prozesse. Dabei bilden die neuronalen Prozesse die zeitlich vorangehende materiale Grundlage für all jene Prozesse, die uns als Bewusstsein-von-etwas „zu Bewusstsein" kommen.

Bei allen kognitiven Prozessen spielen neben dem Gedächtnis Emotionen eine entscheidende Rolle. Kognitive Prozesse operieren auf der Grundlage von angeborenen und erworbenen Schemata, die nicht nur für eine Beschleunigung und Effizienzsteigerung dieser Prozesse sorgen, sondern auch für eine biologisch und sozial fundierte Vergleichbarkeit kognitiver Systeme, die deren Interaktion ermöglicht. Dies ist deshalb besonders wichtig, weil nach der hier vorausgesetzten Kognitionstheorie das Gehirn nur mit seinen eigenen Zuständen interagieren kann (= Hypothese der operationalen Geschlossenheit), woraus folgt, dass ordnungsbildende kognitive Prozesse nach Produktionsschemata wie Selbstreferenz und Selbstorganisation ablaufen. Alle Umweltkontakte, auf die das Gehirn selbstverständlich angewiesen ist, kann es nur nach seinen eigenen Systembedingungen verarbeiten (= Hypothese der Konstruktion systemspezifischer Wirklichkeit). Aus diesem Grunde können wir als Menschen nicht hinter unsere Wahrnehmungen zurück, sind also nicht in der Lage, etwas Wahrgenommenes mit etwas noch nicht Wahrgenommenem zu vergleichen, um herauszufinden, ob unsere Wahrnehmung richtig oder objektiv ist. Wir leben jeder in seiner Erfahrungs- und Erlebniswelt, die nur zum Teil mit der Erfahrungs- und Erlebniswelt anderer übereinstimmt. Diese Übereinstimmung, die allerdings nur unterstellt aber nicht überprüft werden kann, verdankt sich zum einen biologischen Ähnlichkeiten, zum anderen dem Umstand, dass kognitive Wirklichkeiten nur unter spezifisch sozialen Bedingungen ständiger Interaktion mit anderen konstruiert werden können. In diesem Sinne konstruiert unser Gehirn trotz seiner Autonomie und Geschlossenheit eine *soziale* Wirklichkeit.

Zum Eindruck vergleichbarer sozialer Konstruktion von Wirklichkeit im Individuum trägt wesentlich der Umstand bei, dass wir sprachbegabte kommunizierende Individuen sind, die das Kunststück fertig bringen, die strikt voneinander getrennten Bereiche Kognition und Kommunikation durch Kommunikationsinstrumente (wie natürliche Sprachen) und durch Medien miteinander zu koppeln, und zwar im gemeinsamen Zugriff auf kollektives (= bei allen anderen erwartetes bzw. unterstelltes) Wissen, vor allem auf gesellschaftlich relevante symbolische Ordnungen der Kultur.

Kognition wie Kommunikation arbeiten also mit einer zwar selbst erzeugten, aber erfolgreich der Umwelt (fremdreferentiell) zugeschriebenen Ressource der Kommunalisierung: mit kollektivem Wissen. Das Management dieses Wissens ist in allen Gesellschaften durch ein Programm gesteuert, das wir Kultur nennen. Dazu einige Erläuterungen.

Gemeinschafts- und Gesellschaftsbildungen lassen sich dadurch erklären, dass Aktanten durch Interaktion und Kommunikation bestimmte Vorstellungen und Unterscheidungen in ihren Erfahrungswelten zu teilen beginnen, also so etwas wie ein gemeinsames Wirklichkeitsmodell konstruieren und im Bezug auf dieses Modell handeln. Solche Wirklichkeitsmodelle enthalten alle für eine Gruppe relevanten Unterscheidungen hinsichtlich einschlägiger lebensweltlicher Bereiche wie Umwelt, Partnerbeziehungen, Normen und Emotionen. Wirklichkeitsmodelle fungieren für die interagierenden Mitglieder der Gruppe als Wissensordnungen für Problemlösungen, die aus Problemlösungen entstanden sind und wiederum für neue Problemlösungen zur Verfügung stehen.

Es handelt sich also um soziale Konstruktionen, bei denen man aber zwei Aspekte deutlich voneinander unterscheiden muss: In ihrer Entstehungsweise wie in ihrer Akzeptanz sind solche Modelle sozial; aber sie müssen empirisch in den Individuen angesiedelt werden, die genau diese Wissensordnungen immer wieder aufbauen, anwenden und bewerten. Solche sozialen Konstruktionen oder Wirklichkeitsmodelle sind also Überleben ermöglichende Modelle für die Organisation von Erfahrungen in dem Sinne, dass solche Erfahrungen, wie fiktiv auch immer, als verbindlich für alle Mitglieder einer Gruppe unterstellt werden und damit das Handeln der Mitglieder einer Gruppe ko-orientieren bzw. steuern. Obwohl also diese Modelle im kognitiven Bereich der Individuen immer wieder erzeugt und modifiziert werden müssen, werden sie zum Zeitpunkt der kommunikativen und interaktiven Anwendung wie unwandelbare und verpflichtende normative gesellschaftliche Bestände behandelt.

Solche schematisierten Wissensordnungen für Problemlösungen in den genannten Dimensionen (Umwelt, Interaktion, Norm, Emotion) sind kognitiv und kommunikativ über *Dichotomien* aufgebaut: Wir und die anderen, ich und die Umwelt, gut und böse, Hass und Liebe, roh und gekocht, mächtig und machtlos, usw. Das heißt, sie sind strukturell gesehen Wissenssysteme, die das Handeln der Aktanten bestimmen. Da aber alle kognitiven Prozesse zugleich emotional und normativ besetzt sind, müssen auch diese Dichotomien emotional und normativ besetzt sein. Anders als reine Klassifikationssysteme müssen sie in einer Gesellschaft ständig *semantisch* thematisiert und kombiniert werden. Das heißt, was ,gut' und was ,böse' bedeutet, entscheidet sich in der Relation zu anderen Unterscheidungen, etwa zu alt und jung, zu arm und reich, zu mächtig und machtlos, zu krank und gesund, usw. Dieses Feld von semantisch bewerteten Unterscheidungen regelt wie ein Programm die in einer Gruppe akzeptierte Kommunikation und Interaktion. Und eben dieses *Programm der für alles Handeln und Kommunizieren gesellschaftlich verbindlichen semantischen Thematisierung von Wirklichkeitsmodellen* nenne ich *Kultur*.[22]

Kultur als Programm der ständigen Thematisierung des Wirklichkeitsmodells einer Gesellschaft zum Zwecke der Ko-Orientierung des Handelns und Kommunizierens der Gesellschaftsmitglieder setzt notwendigerweise Kommunikationsinstrumente oder Medien voraus. In dieser Hinsicht sind alle Schrift-Kulturen *Medienkulturen*. Je mehr Medien für diese Thematisierung zur Verfügung stehen, desto mehr erhöht sich auch die Beobachtbarkeit von Kulturprogrammen, die ihrerseits wieder beobachtet werden kann, und so fort. Funktional ausdifferenzierte Gesellschaften setzen deshalb eine Dauerthematisierung von Kulturprogrammen in Gang, die deren Kontingenz jedermann erkennbar werden lässt, womit offenbar unvermeidbar Probleme der Kontingenzbewältigung zum Dauerthema komplexer Mediengesellschaften werden.

Aus den bisherigen Überlegungen folgt: Aktanten können nicht nur nicht hinter ihre Wahrnehmung zurück, sondern sie können ebenso wenig zurück hinter Sprache, Kommunikation, Sozialstruktur und Kultur. Dieser Funktionszusammenhang von

---

[22] Zu Einzelheiten cf. Schmidt 1994, 1996.

Kognition, Kommunikation, Kultur und Medien bildet eine sich selbst konstituierende und sich selbst tragende und legitimierende Prozesseinheit, die eben jene temporär stabilisierten Prozesszustände bzw. Prozessresultate herausbildet, die den wahrnehmenden Aktanten als Elemente von (für sie sinnvollen, da von ihnen erzeugten) Wirklichkeiten erscheinen und ebenso interpretiert werden. Mit anderen Worten, Aktanten produzieren durch ihre soziokulturell geregelten Handlungen i. w. S. Wahrnehmungseinheiten, Kommunikations- und Handlungsresultate, die sie zugleich im Sinne ihrer kulturell geprägten Ordnungs- und Deutungsmuster sowie davon geprägter Anschlusshandlungen als sinnvolle Komponenten der (= ihrer) Wirklichkeit interpretieren. In dieser Argumentation erscheint Wirklichkeit als Prozessresultat und nicht als das Umgebende von Realität, in dem als einem immer schon bestehenden Raum Aktanten agieren. Da sich die Prozesse in ständiger Entwicklung befinden, ist es einerseits unwahrscheinlich, dass sie zu identischen Resultaten führen, wird andererseits plausibel, dass jeder Prozessbeteiligte den Prozessablauf wie seine Ergebnisse anders akzentuiert, empfindet und bewertet. In genau diesem Sinne lebt jeder in seiner eigenen Wirklichkeit, die er im Verlaufe seiner Teilnahme am gesellschaftlichen Prozess der Wirklichkeitskonstruktion handelnd und kommunizierend konstruiert.

Dieser gesellschaftliche Gesamtprozess erfordert kognitive Systeme als empirische *Prozessorte*, in die er im Verlauf von Sozialisationsprozessen die soziokulturellen Regularien, Schemata und symbolischen Ordnungen einer Kultur gewissermaßen implantiert. Diese Argumentation erlaubt das Fazit, dass die gesellschaftliche Konstruktion von Wirklichkeiten an Individuen gebunden ist, die wohl als Träger, aber nur bedingt als Gestalter dieser Konstruktion anzusehen sind. Mit anderen Worten, Wirklichkeitskonstruktionen von Aktanten sind subjektgebunden aber nicht subjektiv im Sinne von willkürlich, intentional oder relativistisch. Und zwar deshalb, weil die Individuen bei ihren Wirklichkeitskonstruktionen immer schon zu spät kommen: Alles was bewusst wird, setzt vom Bewusstsein unerreichbare neuronale Aktivitäten voraus; alles was gesagt wird, setzt bereits das unbewusst erworbene Beherrschen einer Sprache voraus; worüber in welcher Weise und mit welchen Effekten gesprochen wird, das setzt gesellschaftlich geregelte und kulturell programmierte Diskurse in sozialen Systemen voraus. Insofern organisieren diese Prozesse der Wirklichkeitskonstruktion sich selbst und erzeugen dadurch ihre Ordnungen der Wirklichkeit(en).

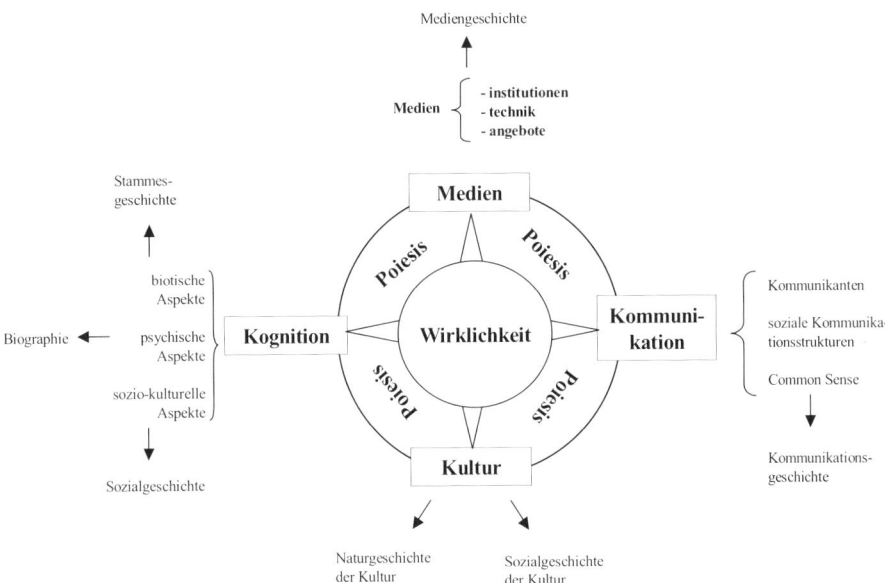

Aus der hier vorgelegten Explikation des Konzept ‚Wirklichkeitskonstruktion' folgt, dass Kommunikation und Medien, Kultur und Kognition lediglich analytisch zu trennende Dimensionen dieses Prozesses bilden, die in selbstorganisierten heterarchischen Zyklen den unablässigen Prozess der Wirklichkeitskonstruktion in Gang halten. Auf diesen Gesamtprozess als Konstitutionszusammenhang müssen Medien- und Kommunikationsforschungen ihre bereichsspezifischen Fragestellungen ausrichten, um der heute erkennbaren Komplexität ihrer Problembereiche gerecht zu werden.

7. Journalistik

Im Lichte der bisherigen Überlegungen macht es wenig Sinn, sich abschließend lange mit der Frage aufzuhalten, ob Journalistik als eigenständige Disziplin oder als Bereich der Kommunikationswissenschaft zu konzipieren sei. Faktisch definiert jede Fachvertreterin und jeder Fachvertreter (und das immer wieder neu), was das jeweilige Fach „sei".

Gerade an der Journalistik[23] aber kann man deutlich beobachten, welche Veränderungen der eigenen Problemsichten durch Ko-Disziplinarität erreicht werden (können).[24] So haben die Veränderungen der traditionellen Konzepte von ‚Wirklichkeit', ‚Repräsentation', ‚Kommunikation' oder ‚Medium' in konstruktivistischen und systemtheoretischen Ansätzen zu einer erheblichen Modifikation traditioneller Überzeugungen der Journalistik geführt: „Dazu gehören der Glaube an allmächtige Medien, der pauschale Vorwurf der Manipulation durch Medien, das Beharren auf der Existenz von Falsifikationsmaßstäben für *Medienrealität*, der Rekurs auf ontologische Gewißheiten und damit auf absolute Bezugspunkte für die Beurteilung von Massenkommunikation." (1995, 47)[25] – Man sieht, es gibt Perspektiven.

---

[23] Ich beziehe mich hierbei auf neuere Konzeptionen wie die von Scholl & Weischenberg 1998.

[24] Cf. dazu Merten 1995 oder Weischenberg 1995.

[25] Zu einer grundlegenden Darstellung solcher ko-disziplinär ausgelösten Veränderungen cf. Weber 1996.

Gebhard Rusch

Medienwissenschaft als transdisziplinäres Forschungs-, Lehr- und Lern-Programm

Plädoyer für eine integrierte Medien- und Kommunikationswissenschaft

1. Ausgangsposition

Die Einrichtung von Medienwissenschaft und medienwissenschaftlichen Studiengängen, der Aus- oder Umbau philologischer, literatur-, theater-, film- und fernsehwissenschaftlicher Fachbereiche und Institute zu Lehreinheiten oder Fächern der Kommunikations- und Medienwissenschaft ist in vollem Gange. Begonnen hat dieser Prozess in den 1970er Jahren (cf. Kreuzer 1975; 1977) als Öffnung der Philologien und der Literaturwissenschaft für Massen- bzw. Populärliteratur (Comics, Heftromane) und literarische Formate in Radio- und Fernsehen (z.B. Hörspiel, Literaturverfilmung, Drehbuchverarbeitung). Damit war ein erster und sehr wesentlicher Schritt in Richtung einer Medienkulturwissenschaft getan, wie sie in jüngerer Zeit und aus kulturwissenschaftlicher und germanistischer Perspektive projektiert wird (cf. Schmidt 1996; Schönert 1998).

Während Helmut Kreuzer 1975 aber noch keinen Bedarf für so etwas wie eine Integrationsdisziplin z.B. der gesamten TV-Forschung sah, die er in den Händen der beteiligten Einzeldisziplinen gut aufgehoben wähnte (cf. Kreuzer 1975, 30f.), werden seit Ende der 1980er Jahre (cf. Bohn et al, 1988; Hickethier 1988; ders. 2000) Integrations- und Verselbstständigungsprogramme für die Medienwissenschaft diskutiert und z.T. favorisiert[1]. Was mag diesen Wandel motiviert haben?

Seit Mitte der 1980-er Jahre haben sich bedeutende Veränderungen im Medienbereich vollzogen:

- die Dualisierung des Rundfunksystems brachte 1984 die Zulassung privater Programmanbieter
- die Digitalisierung des Fernsehens beschert uns eine exponentielle Vermehrung von TV- und Hörfunkangeboten
- die Verbreitung immer leistungsfähigerer PCs und die sich verstärkende Nutzung von Internet und World Wide Web medialisiert und mediatisiert den Alltag in einem vorher nicht gekannten Maße.

Öffentlichkeit und Politik reagierten auf diese Umbrüche irritiert und mit einem

---

[1] Siehe dazu auch die Beiträge von S. J. Schmidt, R. Viehoff und K. Kreimeier in diesem Band.

deutlich artikulierten Orientierungsbedarf, der in verschiedenste Initiativen kanalisiert wurde, z.B. in medienpädagogische Programme des Bundes und der Länder, Studien zu sozialen, ökonomischen und politischen Folgen, etc.

Ohne Zweifel ist die beschleunigte, fächerübergreifende und auf Verselbstständigung drängende Entwicklung der Medienwissenschaft im Zusammenhang zu sehen mit solchen übergreifenden Prozessen der medienpolitischen und medientechnischen Entwicklung und der gesellschaftlichen Reaktionen darauf. Andererseits markiert sie aber auch einen Schritt oder Abschnitt in der Transformation der Geisteswissenschaften, speziell ihrer medienbezogenen Disziplinen, die sich durch Importe von Theorien, Methoden und Resultaten aus der Kommunikationswissenschaft, Psychologie, Soziologie, Pädagogik oder Marktforschung immer deutlicher den Sozialwissenschaften annähern[2].

Diese Entwicklungen begründen nun aber nicht nur einen allgemeinen und immens gestiegenen Bedarf für wissenschaftliche Forschungen und Befunde zu den einzelnen Medien und aus den Perspektiven aller einschlägigen Einzeldisziplinen, sondern einen Bedarf für solche Forschungen und Befunde, die Wissen *problemorientiert*, und d.h. zugleich praxis- und anwendungsbezogen, verfügbar machen. Diese Bedarfslage kann weder eine Literatur-, noch eine Fernseh- oder Musikwissenschaft, weder eine (Medien-) Psychologie, noch eine (Medien-) Soziologie oder irgendeine andere Bindestrichdisziplin jeweils allein befriedigen, weil in Zeiten omnipräsenter, immer weiter konvergierender Medien und zunehmend medial gestützter Wirklichkeitskonstruktionen schon die Problemlagen multi-medial und multi-dimensional sind. Die hier erforderliche Komplexität sowohl der theoretischen Ansätze als auch der diesen entsprechenden Mehrmethodendesigns von Untersuchungen geht über den bekannten Rahmen interdisziplinärer Bemühungen allein schon deshalb hinaus, weil nicht mehr die Addition und komplementäre Verknüpfung einzelwissenschaftlicher Perspektiven genügt, sondern bereits in der Theoriebildung integrativ oder ganzheitlich angesetzt werden muss. Keine einzige wissenschaftliche Disziplin kann ernsthaft heute noch einen originären Gegenstand für sich reklamieren; viel zu deutlich sind in den vergangenen Jahrzehnten der wissenschaftstheoretischen Selbstreflexion ihre gegenseitigen Fundierungs-, Begründungs- oder Voraussetzungsbeziehungen herausgearbeitet worden.

Für eine wissenschaftliche Beschäftigung mit den Medien gilt dies nun im besonderen, denn sie liegt im Schnittfeld zahlreicher Einzelwissenschaften, von der

---

[2] Bei dieser Annäherung geht es keinesfalls um eine wie auch immer langfristig gedachte Mutation der Geistes- zu Sozialwissenschaften, sondern um eine neue Synthese, eine Verknüpfung bewährter (und z.T. alternativloser) hermeneutischer und historiographischer Ansätze und Verfahren mit sozialwissenschaftlichen Theorien und Methoden der Kommunikator- und Rezeptionsforschung, der System- und Institutionenanalyse, oder der Markt- und Medienwirkungsforschung.

Kognitionswissenschaft, Psychologie und Soziologie angefangen, über die Linguistik, Musik-, Kunst-, Literatur-, Theater-, Film- und Fernsehwissenschaft, das Design, bis hin zu Geschichts-, Wirtschafts- und Politikwissenschaften, zu Informatik und den diversen medienrelevanten Ingenieurwissenschaften. Gerade ein derart facettenreicher und aus sachlich-systematischen Gründen sinnvoll nur fächerübergreifend zu bearbeitender Gegenstand bedarf einer *transdisziplinären* Konzeption, die problembezogen – und ohne den Einfluss einzelwissenschaftlicher Hoheitsansprüche - alle jeweils relevanten Theorieelemente und methodischen Zugänge integriert und so zu angemessen komplexen eigenständigen Theoriebildungen, Forschungsmethoden und Lösungsvorschlägen gelangt.

2. Varianten und Versionen von Medienwissenschaft

Ein Blick auf die universitären Institutionalisierungsvarianten von Medienwissenschaft[3] lässt unterschiedliche Lösungen oder Schwerpunktsetzungen in unterschiedlicher Nähe oder Ferne zu den ‚großen' Disziplinen erkennen. Die konkreten Realisierungen sind immer standortspezifisch, geprägt durch die Geschichte von Fakultäten und Instituten, durch Spezialgebiete und Präferenzen der Lehrstuhlinhaber, durch universitäre und außeruniversitäre Kontexte. Insofern sind Vergleiche problematisch, Typisierungen riskant. Dennoch lassen sich – wenngleich ihr Vorkommen nicht immer lupenrein ist - drei Varianten unterscheiden und anhand von Beispielen illustrieren, nämlich eine *intradisziplinäre*, eine *interdisziplinäre* und eine *integrative* Form der Institutionalisierung von Medienwissenschaft:

Die Medienwissenschaft in Hamburg kann als Beispiel für die *intradisziplinäre* Variante in Anspruch genommen werden:

„Das ‚Hamburger Modell' der Medienwissenschaft ist auf der organisatorischen Ebene durch drei Merkmale gekennzeichnet:
- die Integration der Medienwissenschaft innerhalb der Germanistik, insbesondere innerhalb des Bereichs Neuere deutsche Literatur, bei partieller Selbständigkeit des Faches. Medienwissenschaft ist Teil des Studiengangs ‚Deutsche Sprache und Literatur', des Faches ‚Deutsch' für das Lehramt und des Nebenfaches ‚Neuere Deutsche Literatur' [...]
- die Verbindung mit den medienwissenschaftlichen Abteilungen anderer Philologien [...]
- das gemeinsame Betreiben des Nebenfaches ‚Medienkultur' durch die Germanistik, Anglistik/Amerikanistik und Romanistik, das zum Hauptfach ausgebaut werden soll.
Hinzu kommen Kooperationen mit [...] der Erziehungswissenschaft [...], dem Institut für Journalistik, dem Hans-Bredow-Institut sowie in

---

[3] Cf. dazu auch die Ausführungen bei R. Viehoff (in diesem Band).

Ansätzen mit dem Aufbaustudiengang Filmregie und der Informatik."
(Hickethier 2000, 52 f.)

Das Hamburger Beispiel zeigt die *Einbettung* von Medienwissenschaft in eine Philologie bzw. einen Rahmen von Philologien. Dies ist ein typisches Muster, das der
Entstehung medienwissenschaftlicher Ansätze aus der Germanistik und Literaturwissenschaft heraus entstammt. Wenn auch gute Gründe, wie z.B. die Zugänglichkeit
wissenschaftlicher Ressourcen, für eine solche Organisationsform sprechen mögen,
so weist sie doch auch einen entschiedenen Nachteil in der Dominanz philologischer
Orientierungen (Werkzentrierung, Schwerpunkt auf Interpretation, etc.) auf, wie sie
sich in der Theoriebildung, in der Lehre und in der Forschungspraxis niederschla-
gen.

In ähnlicher Weise – jedoch mit umgekehrtem Vorzeichen – entwickeln sich
medienwissenschaftliche Erweiterungen auch im disziplinären Rahmen der Kommunikationswissenschaft. Die Berufung des Siegener Literatur- und Kulturwissen-
schaftlers Siegfried J. Schmidt auf einen Lehrstuhl am Institut für Publizistik und
Kommunikationswissenschaft der Universität Münster mag dies exemplarisch belegen.

Anders ist dagegen die Situation in Siegen. Dort ist ein Medienstudiengang
„Medienplanung, -entwicklung und -beratung" als Lehreinheit zwar ganz ähnlich
auch an einem Fachbereich für Sprach-, Literatur- und Medienwissenschaften angesiedelt, bezieht aber wesentliche zusätzliche Anteile der Lehre aus anderen Fächern
wie der Psychologie, Soziologie und Wirtschaftswissenschaft (mit z.T. entsprechend
besetzten Professuren). Die Medienwissenschaft ist dort, wenngleich auch unter
Federführung von Philologien und Literaturwissenschaft *interdisziplinär* bzw. *inter-
fakultativ* organisiert. Dies hat u.a. die negative Folge erheblich eingeschränkter
Prüfungsrechte der Lehrenden in den jeweils ‚fremden' Fächern. Dennoch gelingt es
auf dieser Basis tatsächlich, in die Ausbildung und Forschung fächerübergreifende
Ansätze und Inhalte in erheblichem Umfang einzubringen. Aber nicht nur die Lehre
wird durch interdisziplinäre Veranstaltungen und Projekte geprägt, auch die Forschung beginnt sich fächerübergreifend zu etablieren, wie z.B. der ehemalige DFG-
Sonderforschungsbereich 240, Planungen für ein Forschungskolleg oder die wirt-
schafts- und medienwissenschaftliche Forschungsgruppe ‚et com' belegen.

An der Martin Luther Universität in Halle, wiederum unter dem Dach eines
philologischen Instituts ist ein Fach „Medien und Kommunikationswissenschaften"
angesiedelt, das mit dieser Orientierung ganz eindeutig über den Tellerrand der
geisteswissenschaftlichen Großdisziplin – hier der Germanistik – hinausweist. Zwar
sind die Studienschwerpunkte, Medien-Theorie, -Analyse und –Praxis, nicht interdisziplinär in der Universität verankert, die Ausrichtung des gesamten Angebots

weist aber in Richtung einer weitreichenden *Integration* kommunikationswissenschaftlicher und d.h. auch sozialwissenschaftlicher Anteile in diesen medienwissenschaftlichen Studiengang. Die genannten Beispiele können als repräsentativ gelten insofern, als die Medienwissenschaft sich im wesentlichen aus den Philologien heraus entwickelt. Dies ist aber, wie mit Blick auf die Kommunikationswissenschaft bereits festgestellt, nur eine – wenngleich auch die wohl bedeutendste – Entwicklungslinie. Parallel dazu werden medienwissenschaftliche Studienangebote aber auch aus der Informatik (hier der Medien-Informatik) und aus dem Design (z.B. Interface- und Kommunikationsdesign) heraus entwickelt, vor allem an den Fachhochschulen bzw. Universitäten für Angewandte Wissenschaften.

In der Abbildung 1 sind die beteiligten Disziplinen bzw. Wissenschaften zusammengestellt. An ihren Schnittstellen etabliert sich die Medienwissenschaft mit der Chance, das Beste aus jeder dieser Welten für sich zu gewinnen.

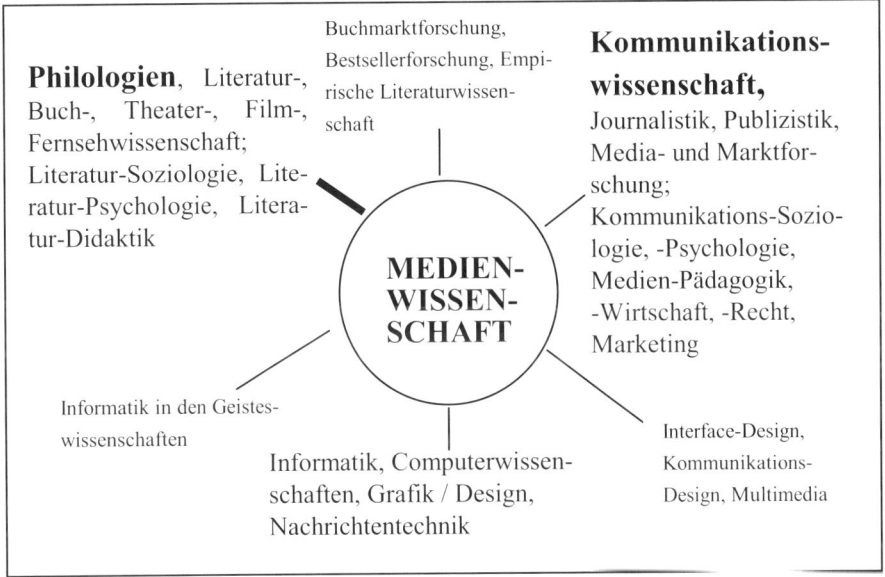

Abb. 1: Medienwissenschaft im Schnittfeld von Disziplinen und Forschungsgebieten,

4. Medienwissenschaft als transdisziplinäres Programm

Im folgenden geht es darum, die Umrisse einer wissenschaftlichen Konzeption zu zeichnen, die sich der Erforschung von Medien, der Vermittlung der Resultate und Verfahren dieser Forschung sowie der Verfügbarmachung von Wissen für die Gestaltung medialer Wirklichkeit widmet.

4.1 Wissen schaffen

Begreift man Wissen als die Fähigkeit, zutreffende Aussagen zu machen und ziel-
führend zu handeln, dann gehört in der Wissenschaft neben Grundlagenforschung
und Lehre auch die Anwendungsforschung zu den zentralen Aufgaben. Darin drückt
sich ein Verständnis von Wissenschaft als institutionalisierter Einrichtung zur Lösung von Problemen (der Beschreibung und Erklärung, des Verstehens und der
Gestaltung) aus. In diesem Verständnis muss jede Theorie einer Praxis (in Experiment, Simulation oder Abschätzung) systematisch ausgesetzt werden, um ihr tatsäch-
liches Problemlösungspotential und ihre Nebeneffekte zu erkunden, bevor diese
ihrerseits zu Problemen werden. Insoweit ist Wissenschaft kein Selbstzweck, sondern eine Dienstleistung – selbst im Bereich der sog. Reinen Forschung, wo von der
Philosophie und Soziologie bis zur Biologie und Physik Voraussetzungen und
Grundlagen für die Lösung lebensweltlicher Probleme entwickelt werden. Wissenschaft als Dienstleistung wird erbracht für die Mitglieder der Gesellschaft, die sich
Forschung leistet. Daraus erwächst eine Verantwortung der Wissenschaft gegenüber
dieser Gesellschaft, und zwar nicht nur hinsichtlich der Auswahl von Problemen, an
deren Lösung gearbeitet werden soll, sondern auch für die Vermeidung von Nachtei-
len für die Wohlfahrt der Gesellschaft, also z.B. mit Blick auf die Erhaltung einer
intakten Umwelt, die Sicherung von Frieden und Menschenrechten, ökonomische
‚Stabilität, etc. Aus diesem Zusammenhang ergibt sich auch als eine der originären
Aufgaben von Wissenschaft, was im ‚klassischen‘ Verständnis nur ein – wenngleich
auch sehr erwünschtes – Nebenprodukt war, nämlich die Entwicklung volkswirt-
schaftlich oder kulturpolitisch finalisierbarer Lösungen. Wissenschaft ist – das wird
allenthalben deutlich - ein ökonomischer und kultureller Faktor. In diesem Sinne
liefern alle Disziplinen ohne Ausnahmen Anwendungen ihrer Theorien und Modelle
(in Form von Darstellungen und bis hin zur Gestaltung von Umwelten), sowohl in
der Form ingenieurwissenschaftlicher Entwürfe und Projekte als auch in der Form
sozialtheoretischer oder wirtschaftswissenschaftlicher Beratung oder auch in der
Form gesellschafts- oder kulturkritischer Ansätze und Analysen. Jede Disziplin hat
solche Formen der Intervention entwickelt, sie teils als solche reflektiert und kultiviert, teils als Gestaltung der Lebenswelt, als kulturellen Ausdruck oder politische
Aktion expliziert.

In diesem Verständnis findet Wissenschaft nicht nur in Universitäten, sondern
auch in Unternehmen, in Forschungsabteilungen, -agenturen, -instituten und allen
Einrichtungen statt, die systematisch Grundlagen- oder Anwendungswissen entwickeln und vermitteln. Was aber zeichnet all diese Aktivitäten als wissenschaftlich
aus?

Destilliert man aus den gängigen Bestimmungen des Wissenschaftsbegriffs,
wie sie von widerstreitenden Positionen natur- und geisteswissenschaftlicher Prove-

nienz bis heute vorgetragen werden, die zentralen Aspekte als Mindestanforderungen heraus, so kann jede Aktivität, die auf die Bereitstellung von Sach- und Handlungswissen zielt als wissenschaftlich gelten, wenn sie sich einer expliziten Methodik und Begrifflichkeit bedient, die ihre Ergebnisse intersubjektiv nachvollziehbar und nachprüfbar macht.

4.2 Medienwissenschaft als Disziplin oder Programm?

Medienwissenschaft etabliert sich in den geschilderten Varianten als Reaktion auf einen gesellschaftlichen Bedarf, eine Verlagerung von Interessen, Bedürfnissen und Aktivitäten. Die äußerst dynamische Entwicklung des Mediensektors, der Wechsel des Leitmediums (vom Buch zum Fernsehen), die Vervielfachung des TV-Angebots, Internet und Konvergenzen klassischer Medien haben ein Sachlage entstehen lassen, die für Verbraucher wie für Politiker, ja selbst für Fachleute oft unübersichtlich und ihren weiteren Folgen und Konsequenzen für den Einzelnen, für die sozialen Systeme, für Kultur, Wirtschaft und Gesellschaft unkalkulierbar erscheinen. Jede Entscheidung, jedes Handeln auf unsicherem Grund ist aber gefährlich, erhöht die Unsicherheit und vergrößert das Fehlerrisiko.

In Situationen wie dieser gibt es aber, wie z.B. einander widersprechende Expertenurteile und Gutachten beweisen, keine einfachen Antworten. Das Fernsehen ist nicht einfach schlecht und das Lesen nicht einfach gut für Kinder. Gewaltdarstellungen in den Medien führen nicht einfach zu Gewalttätigkeiten im Alltag. Die kontinuierlich steigende Nutzungsdauer von Medien führt die Zuschauer oder User nicht einfach in die soziale Isolation. Der Entertainment-Hype in den Medien macht die Nutzer nicht einfach dumm. Der kulturelle und volkswirtschaftliche Schaden oder Nutzen der Medien lässt sich nicht einfach abschätzen, und noch weniger beziffern.

Was die Entwicklung und rasante Veränderung in den New Media – genauso wie die einbrechende New Economy – uns bewusst machen, ist dies: wir wissen zu wenig und haben zu wenig Erfahrung, um souverän handeln zu können. Wir sind in einem Dilemma: einerseits verfügen wir mit Blick auf die natürlichen Sprachen und die Schrift über eine Jahrtausende alte Forschungstradition, über ein differenziertes Wissen und bewährte Kulturtechniken ihrer Handhabung, andererseits ist all dies für die ‚Bewältigung' der Anforderungen in Zeiten des World Wide Web und Cyberspace nicht ausreichend. Einerseits verfügen wir über sophistizierte Theorieentwicklungen und Technologien in den Einzelwissenschaften (von der Kognitionsforschung, über die Mediensoziologie bis hin zur Informatik und Nachrichtentechnik), andererseits gelingt es (bislang) nur in Ansätzen, diese einzelwissenschaftlichen Zugänge in medienwissenschaftlichen Forschungsprojekten und in der Lehre fächerübergreifend zu integrieren. Einerseits bestehen bereits verschiedene (Einzel-) Medienwissenschaften (von der Sprach-, über die Literatur-, Theater-, Film-, Fernseh- und Musikwissenschaft, über Journalistik und Publizistik bis hin zu Graphik/Design und Kunstwissenschaft), andererseits behindern institutionelle Bedingungen, Revierdenken und knappe Ressourcen die sachlich und systematisch begründete Integration.

Gerade weil der Phänomenbereich, mit dem wir es hier zu tun haben, derart komplex ist, kann die Medienwissenschaft aber auch nicht als eine neue Superdisziplin vorgestellt werden, die schlechterdings Alles kann und macht. Viel produktiver erscheint der Gedanke, Medienwissenschaft als *Integrationsdisziplin* aus Literatur- und Kommunikationswissenschaften zwischen bestehenden Fachbereichen zu etablieren, und die medienbezogenen Forschungs- und Lehrgebiete der übrigen unmittelbar beteiligten Fächer wie Psychologie, Soziologie, Wirtschaftswissenschaften, Rechtswissenschaft, Informatik, etc. direkt zuzuordnen. Medienwissenschaft wäre in diesem Verständnis viel eher ein *transdisziplinäres Forschungsprogramm* als eine eigenständige Disziplin[4], wenngleich sie im Kern und faktisch aus der komplementären Verbindung von Literatur- (einschließlich Theater-, Film- und Fernsehwissenschaft) und Kommunikationswissenschaft hervorgeht.

Macht man sich einmal klar (siehe Tabelle 1), wie gut diese Disziplinen sich zu einer integrierten Medienwissenschaft ergänzen, nachdem sie in der Vergangenheit sorgsam auf die Überschneidungsfreiheit ihrer Reviere bedacht waren, scheint der weitere Entwicklungsweg praktisch vorgezeichnet. Die wesentlichen (in der Tabelle kursiv hervorgehobenen) konzeptionellen Unterschiede, die von Verfechtern der disziplinären Abgrenzung gern als Beweis unüberwindlicher Gegensätze herangezogen werden, markieren aber - im Gegenteil - gerade jene Bereiche, in denen die komplettierende Ergänzung besonders vorteilhaft und nötig erscheint. Wie z.B. die Empirische Literaturwissenschaft Norbert Groebens gezeigt hat, müssen Textinterpretation und empirische Verfahren keine Gegensätze sein. Und umgekehrt müssen auch journalistische Produkte ‚verstanden' werden, und sind daher potentiell auf hermeneutische, Bedeutungen generierende und evaluierende Verfahren angewiesen.

Es sind aber nicht nur hermeneutische und empirische Verfahren, die einander ergänzen können, sondern auch Grundorientierungen in den Gegenstandsbereichen und im Problemverständnis. So sind die literaturwissenschaftlichen Disziplinen fast ausschließlich auf ästhetische und fiktionale Medienangebote (Belletristik) orientiert, während in den Kommunikationswissenschaften eine fast ebenso ausschließliche Konzentration auf nicht-fiktionale, nämlich journalistische, nachrichtliche, informative Formen und Formate anzutreffen ist.

---

[4] Institutionelle Rahmenbedingungen und die Verwaltung von Ressourcen verlangen freilich eine entsprechende Struktur. Der Begriff des Forschungsprogramms wird hier in Anlehnung an Lakatos 1974 verwendet.

	Philologien / Literaturwissenschaft	Brücken-Konzepte u. – Ansätze	Kommunikationswissenschaften
Gegenstand	daneben: Kunst-, Theater-, Buch-, Film- und Fernsehwissenschaft, Literatur-Psychologie, -Soziologie. -Didaktik (Kunst-) Werk, ästhetischer Text, Literatur	z.B. „Medium", „Autor", „Rezipient", „Kommunikation"	Journalistik/Publizistik, Media-, Buchmarktforschung. Daneben: Kommunikations-Psychologie, -Soziologie, Medienpädagogik, -Wirtschaft, -Recht (journalistisches) Produkt, Werbung, Massenkomm.
Modelle	Dichter / Schriftsteller, Leser Geschichte Literarische Produktion / Rezeption z.B. Text als Kunstwerk, als Sprache, als System, Gattung, Epoche	z.B. Uses & Grats-Ansatz, Transaktionaler Ansatz, Empirische Literaturwissenschaft,	Produktionsprozess, Rezeptionsprozess Autor / Kommunikator, Rezipient (Leser, Hörer, Zuschauer, User) z.B. „Botschaft", „Gate Keeper", „Multi-Step-Flow", Kommunikation als Übertragung, Journalismus als System
Methodologie	*hermeneutisch, ideographisch* historisch-kritisch, *werk- bzw. textorientiert*		*empirisch (quantitativ / qualitativ), nomothetisch,* historisch-kritisch, produkt- und *anwendungsorientiert*
Methoden	z.B. Interpretation, Textanalyse, Textkritik	Medienökologie, Konstruktivismus, Dekonstruktionismus,	z.B. Inhaltsanalyse, Befragung, Rezeptionsforschung
Wissenschaftstyp	*Geisteswissenschaft / Kulturwissenschaft* (kulturelle) *Partizipationsperspektive* Kunst	Semiotik, Systemtheorie, Cultural Studies, Mediengeschichte, Medientheorien	*Sozialwissenschaft / Kulturwissenschaft* (wissenschaftl.) *Beobachterperspektive*
Probleme	B-deutung ästhetischer Texte, Irtertextualität, Geschichte der Sprache und Literatur, Medialisierungen der Literatur, *Fiktionalität, Ästhetizität, Literarizität, Poetizität*		Bedeutung von Botschaften, Funktionen der Mediennutzung, Funktionen des Journalismus in der Gesellschaft, Medienwirkung, *Faktualität, Wirklichkeit, Authentizität, Information, Unterhaltung, Interaktivität*
Werte	Literatur / Kunst als Wert an sich, Autonomie der Kunst, des Werkes, Originalität (Aura), Historizität, Verstehen Ästhetische Kompetenz ästhetisches / poetisches Verständnis		Werte journalistischer Ethik Funktionalität, Effektivität Theoretizität, Empirizität, Applikabilität Kommunikative Kompetenz in Medien, Wirtschaft und Gesellschaft
Beispiele	literaturwissenschaftliche Interpretationen, Literaturgeschichten, Literaturkritik, Autorenbiographien, Rezeptionsgeschichten		Kommunikationstheorien (z.B. Maletzke) Wirkungsmodelle (z.B. Merten) Journalismus als System (z.B. Blöbaum)

Tabelle 1. Die Konzeptionen von Literatur- und Kommunikationswissenschaften im Vergleich (exemplarisch)

Aus der Integration von Literaturwissenschaft (und deren medienbezogenen Nachbardisziplinen) und der Kommunikationswissenschaft (und deren Nachbardisziplinen) könnte der *Kern eines Forschungs-, Lehr- und Lernprogramms* hervorgehen, das auf den gesellschaftlichen Bedarf für Problemlösungen im Umgang mit den Medien in der Weise reagiert, dass es

- sich mit der Beschaffenheit und den Formen, den Funktionen und Folgen von Kommunikation und Medien mit Blick auf den Einzelnen, auf die Gesellschaft, auf Kultur, Wirtschaft und Politik in ihrem gesamten Zusammenhang befasst (*Gegenstand*)

- aufgrund dieser erweiterten Perspektive verstärkt mit ganzheitlichen, ökologischen und systemischem Modellen z.b. der agierenden Subjekte und soziotechnischen Gebilde (Verlage, Sender, Medien, etc.), mit Modellen der Selbstorganisation, der operationalen Autonomie, der Evolution und Dynamik, mit erweiterten Medienbegriffen[5], erweiterten Wirkungsbegriffen[6] und Konzepten wechselseitigen und vernetzten Zusammenwirkens operiert (*Modelle*)

- aus dem Arsenal qualitativer und quantitativer Methoden der Geistes- und Sozialwissenschaften abhängig von Forschungsproblemen und Sachlagen (und nicht abhängig von diziplinärer Zugehörigkeit des Forschers) Verfahren auswählt, kombiniert oder entwickelt (*Methoden*)

- Forschungsprobleme und –aufgaben nicht nur aus der Theorieentwicklung und wissenschaftlichen Diskussion gewinnt, sondern auch aus den praktischen Erfahrungen der Kommunikatoren und Rezipienten, aus den Praxisfeldern der Kommunikation und Mediennutzung im persönlichen und beruflichen, im privaten und öffentlichen, im fiktionalen und faktionalen Bereich (*Probleme*)

- konsequent als Wissenschaft (und nicht als Kunst) betrieben wird, die ihr Wertesystem (von der Politik über die Ethik bis hin zum Status von Theorie, Empirie und Anwendungen) expliziert und sich an diesen Ansprüchen messen lässt (*Werte*)

---

[5] Hier ist etwa zu denken an die Weiterentwicklung ökologischer und systemtheoretischer Ansätze im Anschluß an z.B. Lüscher & Werspaun 1985 oder Schmidt 1994 , siehe auch den letzten Abschnitt dieses Artikels.

[6] Bislang wird der Wirkungsbegriff in einem sehr engen Sinne zeitnah beobachtbarer und auf das Handeln von Medienutzern beschränkter Effekte, Folgen oder Konsequenzen thematisiert. Maßgeblich dafür ist insbesondere das Interesse an Werbe- oder Propagandawirkungen, die in möglichst überschaubaren Zeiträumen eintreten sollen. Ein erweiterter Wirkungsbegriff müsste aber mittel- und langfirstige Effekte ebenso einbeziehen wie Effekte in anderen Dimensionen, z.B. kognitiv-affektive, soziale, kulturelle, wirtschaftliche oder politische Wirkungen.

- an beispielhafte konzeptuelle und methodische Lösungen anknüpft, die Gewinne an Einsicht, Transparenz und Handlungsoptionen durch die Integration von Perspektiven, Theorien oder Methoden erzielen (*Beispiele*).

4.3 Medien

Das zentrale Konzept jeder medienwissenschaftlichen Konzeption ist ‚natürlich' ein Begriff der Medien[7]. Aus der hermeneutischen Tradition der Text- und Bildinterpretation einerseits, auf der Basis zeichentheoretischer (semiotischer) Ansätze[8] sowie im Anschluss an behavioristische Kommunikationstheorien[9] andererseits hat sich bis heute eine starke Orientierung auf Medien als bedeutungsvolle bzw. sinnhafte Objekte oder Verhaltensweisen erhalten (von der Overhead-Folie, der Landkarte und dem Lehrbuch als Medien im Unterricht bis hin zur Tageszeitung, den Programmangeboten im Hörfunk, der einzelnen TV-Sendung, der Musik-CD oder dem Spielfilm im Kino, auf Video oder DVD). Dementsprechend begegnen wir dem verbreiteten Begriff von *Medien als Produkten*, verbalen, geschriebenen, gedruckten oder audiovisuellen Angeboten und *als kommunikativen Mitteln* zur Übertragung von Botschaften zwischen Sendern und Empfängern, Sprechern und Hörern, Programm-Machern und Zuschauern.[10] Im Sinne dieses Medienbegriffs sind Medien Träger, Vermittler oder Repräsentationsmittel von Inhalten oder Bedeutungen. Mit Blick auf die technisch-apparativen und materialen Voraussetzungen, Eigenschaften und Möglichkeiten insbesondere der sog. Neuen Medien hat dieses Grundverständnis zu Auffassungen geführt, die – wie z.B. Marshall McLuhan - Medien als Kanäle (die die Welt in ein globales Dorf verwandeln) oder als körperliche Extensionen oder Substitute (z.B. der Wahrnehmung durch den Fernseher) begreifen, sie – wie Paul Virilio - als Beschleuniger des Alltags, als Kolonisatoren unserer Lebenswelten und als Imperatoren über unser Wissen, unsere Interessen und Zeitbudgets auffassen, sie schließlich – wie Vilém Flusser mit Blick auf die audiovisuellen und digitalen Medien – diese als telematische Zentren, als Mittel mit der Fähigkeit zur Vermittlung charakterisiert, die letztlich das Potential zur Etablierung einer telematischen Gesellschaft mitbringen. Auch der ganz auf die (militär-) technische Seite abstellende Medienbegriff Friedrich A. Kittlers, der Medien als Techniken des Speicherns, Übertragens, Verarbeitens und des Fernsteuerns von Verstehen begreift, gehört noch in diese Reihe medienphilosophischer Konzepte, obwohl er mit seinen Aufschreibesystemen und Informationsnetzwerken, die er als systemische Einheiten (die durch

---

[7] Siehe dazu vor allem den Beitrag von Peter Spangenberg in diesem Band.
[8] Cf. z.B. Eco 1972
[9] Siehe dazu den Beitrag über Kommunikation in diesem Band.
[10] Aus diesem Grundverständnis ergibt sich auch die verbreitete, jedoch zirkuläre (und daher gar nicht hilfreiche) Definition von Medien als Kommunikationsmitteln und Kommunikation als Handeln mit oder Prozessieren von Medien.

Diskursregeln und Technik gesteuert Bedeutungen generieren) vorstellt, einen entscheidenden Schritt weitergeht. Alle diese medienphilosophischen Konzepte liefern zwar interessante und wichtige Anstöße für eine Medienkritik, gehen aber von unhaltbaren kommunikationstheoretischen, kognitions- und sozialtheoretischen Voraussetzungen aus: von der Speicherung von Inhalten / Wissen in Medien (Semiologie), von der Übertragung von Botschaften mittels Medien (informationstheoretischer Kommunikationsbegriff), von der Möglichkeit (grenzenloser Sozialsysteme) im Sinne eines „kosmischen Hirns" (V. Flusser), einer „kollektiven Intelligenz" (C. Levi) oder eines „global village" (M. McLuhan).

In einer transdisziplinären Medienwissenschaft wird der produkt- und technikorientierte Medienbegriff aber erweitert werden müssen in Richtung auf ein Verständnis von *Medien als multiplexen Systemen*. Ein solches Verständnis äußert sich z.B. bereits umgangssprachlich in Wendungen, die „die Medien" insgesamt oder einzelne ihrer Branchen (z.B. die Presse oder das Fernsehen) auf allen Ebenen, in denen sie in Erscheinung treten, und über ihre Macher, Formate, Produkte, Distributionsweisen, apparative Voraussetzungen, etc. hinweg als Einheiten präsentieren. Medien als konventionalisierte Kommunikationsmittel zu definieren, reicht selbst dann nicht mehr aus, wenn man die zur ihrer Produktion und Rezeption erforderlichen Materialien, technische und organisatorische Einrichtungen mit einschließt, wie S. J. Schmidt es vorschlägt. Ganze Rundfunkanstalten oder Branchen der Medienwirtschaft beispielsweise können kaum mehr sinnvoll als Kommunikationsmittel betrachtet werden. Es sind Systeme, die erst Kommunikationsmittel generieren. Dabei tun sie dies auch nur im journalistischen und Bildungsbereich, während der weitaus bedeutendere Sektor, die Unterhaltungsindustrie, gar keine Kommunikationsangebote mehr erzeugt, sondern Produkte für eine Rezeption, an die keine Verstehensanforderungen mehr gestellt und mit der keine Orientierungsintentionen mehr verknüpft sind.

Multiplexe Systeme sind komplex; aber sie sind dies nicht nur in dem Sinne, dass sie aus vielen Komponenten desselben Typs (z.B. Kommunikationen oder Individuen) bestehen. Vielmehr sind sie aus Komponenten (Strukturen und Prozessen) auch ganz unterschiedlicher Typen gebildet, die in ihrem Zusammenwirken erst jene Vielfalt generieren, die wir im Medienbereich beobachten. Was wir Medien nennen ist das äußerst voraussetzungsreiche Zusammenspiel von *Subjekten* in jeweils historisch geprägten sozio-kulturellen Settings, deren kommunikativen und rezeptiven *Handlungen*, den dafür zu Hilfe genommen *Objekten* und *Geräten*, den *Handlungsresultaten*, und nicht zuletzt den *Wissensstrukturen* und *Konventionen* für angemessene Wahrnehmungs- und Verarbeitungsstrategien. So entstehen Bedeutungen für z.B. Inskriptionen, Motive, Filmschnitte, Bildschirm-Menues, etc. erst auf der Basis

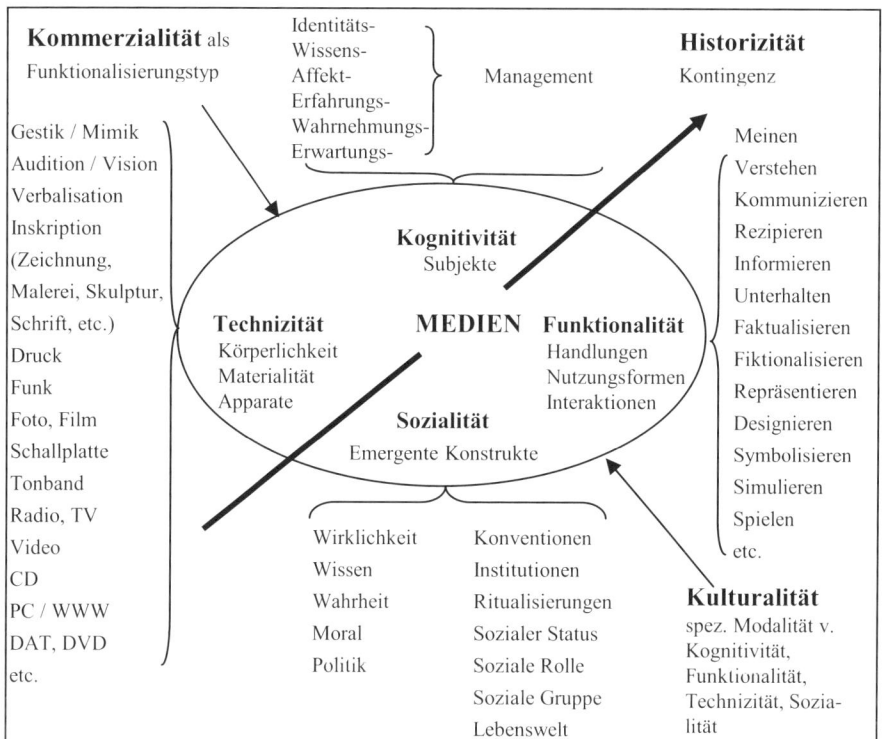

Abb. 2: Medien als multiplexe Systeme

der Konventionalisierung ihres Gebrauchs für Zwecke des Orientierens, Meinens und Verstehens in sozialer Gemeinschaft.

Erst durch einen multiplexen Prozess der Semiose entstehen überhaupt Zeichen. Sie sind deshalb (als konventionalisierte Mittel in der Kommunikation und Rezeption) auch selbst nicht die elementaren Komponenten in der Kommunikation und Rezeption, sondern die komplexen Resultate des Zusammenwirkens von Kognition, kommunikativem oder rezeptivem Handeln in sozialer Interaktion unter Verwendung besonderer Techniken, Materialien oder Gerätschaften. Für das Zustandekommen von Medien ist notwendig das Zusammenwirken von Prozessen in den in der Abb. 2 genannten Dimensionen Kognitivität, Funktionalität, Sozialität, Technizität. Dass dieses Zusammenwirken eingebettet ist in kulturelle Rahmenbedingungen, verschiedene Kommerzialisierungsmöglichkeiten bietet und angewiesen ist auf die jeweils kontingenten Möglichkeiten (von der Wahrnehmung bis zur Technik, und von der sozialen Strukturierung bis zu den verfügbaren Handlungsoptionen) ist nicht trivial, weil einerseits die Modalitäten sozialer Organisation und Interaktion sich bis in die Kognition hinein (in Gestalt von Wahrnehmungsstilen, Begrifflichkeiten, Denkweisen, Erwartungen oder Gratifikationsroutinen) geltend machen, weil weiterhin die erfolgreichen Kommerzialisierungen sowohl unter quantitativen wie qualitativen Gesichtspunkten nachhaltiger wirksam sind, und andererseits all diese Prägungen die jeweiligen Möglichkeitsräume für Veränderungen und Innovationen anhaltend bestimmen. So zeigt die Mediengeschichte die kumulative und beschleunigte Erschließung immer neuer Techniken, die jedoch für ein nur sehr langsam sich erweiterndes Repertoire von Zwecken und in strenger Anlehnung an die je überkommenen Genres, Formate und Nutzungsformen in Anspruch genommen werden.

Wenn wir es also bei Medien mit einem - wie hier nur angedeutet - multiplexen Gegenstand zu tun haben, kann nur ein Ansatz wirklich produktiv sein, der die Konstitutionsbedingungen für Medien, deren Wechselwirkungen und Dynamik im Zusammenhang thematisieren kann. Keine der bekannten Einzelwissenschaften ist dazu allein in der Lage. Eine transdisziplinäre Medienwissenschaft könnte sich dieser Aufgabe stellen.

Kapitel 2

Theoretische Konzepte und Arbeitsfelder

Wie Karl Popper einmal festgestellt hat, ist nichts so praktisch wie eine gute Theorie. Und deshalb ist nichts so nötig wie die Klärung der Bedeutung theoretischer Begriffe und Symbole. Dabei geht es nicht nur ganz grundsätzlich um die Verständigung über diejenigen Themen, Gegenstände oder Sachverhalte, die bearbeitet werden sollen, sondern insbesondere darum, wie diese Gegenstände oder Sachverhalte beschrieben und charakterisiert werden, als Was, in welcher Identität sie überhaupt begriffen und zu Objekten der Beobachtung, Analyse und Gestaltung gemacht werden.

Weil die Begrifflichkeit und ihre Bestimmung in diesem Sinne konstitutiv ist für die Gegenstände der Forschung und Lehre, entzünden sich an den Beschreibungen und an den Erklärungen, die mit Hilfe theoretischer Ausdrücke generiert werden, die heftigsten konzeptionellen und objekttheoretischen Auseinandersetzungen, in denen über die Adäquatheit, Sachhaltigkeit und Wahrheit von Begriffen und Beschreibungen gestritten wird. Wissenschaftliche Ansätze bzw. Konzeptionen konkurrieren mit ihren Begriffsrepertoires, Beschreibungen und Erklärungen um wissenschaftliche Geltung, disziplinäre Autorität, Gestaltungsmacht und Ressourcen.

Nur wenige Wissenschaften sind konzeptionell so einheitlich, dass ihre Grundbegriffe nahezu unumstritten sind. Die Medienwissenschaft gehört nicht zu dieser Gruppe. Weder ist ein allgemein akzeptierter Medienbegriff verfügbar, noch sind Grundbegriffe wie die der Kommunikation, der Medienproduktion oder -Rezeption befriedigend expliziert. Weder ist der Begriff einer Mediengeschichte, noch ist das medienhistoriographische Verfahren hinreichend geklärt, das u.a. Aspekte der Technikgeschichte, der Sozialgeschichte, der Kommunikations- und Unterhaltungskultur zu integrieren hätte. Sowohl in der Medienethik und im Medienrecht, in der Medienästhetik ebenso wie in der Medienpädagogik ist der Klärungsbedarf auf absehbare Zeit erheblich umfangreicher als das Sediment der allen medienwissenschaftlichen Konzeptionen gemeinsamen Grundlagen. Dieses Kapitel führt in die Diskussion medienwissenschaftlicher Grundbegriffe und Forschungsfelder ein.

Peter M. Spangenberg

Medienerfahrungen – Medienbegriffe – Medienwirklichkeiten

1. Gegenstandsbereiche und Erkenntnisinteressen der Medienwissenschaft

Mit der zufälligen Programmauswahl des Radioweckers beginnt für viele von uns der tägliche Gebrauch der Medien. Er setzt sich fort mit der Lektüre der Tageszeitung am Frühstückstisch, den Rhythmen einer Musikkassette oder einer Audio-CD auf dem Weg zur Arbeit, unterbrochen von den Verkehrsmeldungen des Autoradios. Am Arbeitsplatz benutzen wir Telefone, diverse Computerprogramme, beantworten E-mails, rufen Informationen aus dem Internet ab, aktualisieren die eigenen Angebote im WWW und nehmen vielleicht an einer Videokonferenz teil. Am Abend verfolgen wir Nachrichtensendungen, zappen durch die Unterhaltungsangebote des Fernsehprogramms, schauen uns eine Videokassette an oder tauchen in die Szenarien eines interaktiven Computerspiels ein, dessen Code auf einer CD-ROM gespeichert ist. Bei großen Medienereignissen wie der Direktübertragung eines Staatsbesuchs, einer Fußballweltmeisterschaft oder von Olympischen Spielen, denen wir unsere Aufmerksamkeit schenken, dominieren die Medien den gesamten Tagesablauf, der darauf ausgerichtet ist, allein oder mit Gleichgesinnten die mediale Inszenierung des »Dabei-Seins« zu genießen. – Eventuell tun wir auch gar nichts von alledem, sondern schreiben per Schreibmaschine oder Textverarbeitungssoftware persönliche Texte, eine Bestellung, eine Bewerbung, oder füllen handschriftlich vorgedruckte Formulare, eine Überweisung, die Steuerklärung, aus oder lesen eine Zeitschrift oder ein Buch.

Alle diese Aktivitäten, die Technologien, die Institutionen und Angebote, die damit verknüpft sind, werden heute unter dem Pluraletantum[1]: *die Medien* zusammengefasst. Sie lassen sich einerseits als ein Zusammenhang von kommerziell oder öffentlich-rechtlich verfassten Institutionen, Kommunikationsangeboten und Technologien betrachten und sind andererseits, wie die Medienwissenschaft selbst, zugleich auch eine Abstraktions- und Generalisierungsleistung der Gesellschaft. Das Interesse, Kommunikationsprozesse und -angebote in ihrer Gesamtheit zu betrachten, hat sich nämlich, so selbstverständlich es uns heute erscheinen mag, erst in der zweiten Hälfte des 20. Jhs. verbreitet. Die Bedeutung, die *den Medien* nun zugemessen wird, resultiert auf einer grundlegenden Veränderung der kollektiven und indivi-

---

[1] Ein Begriff, der nur oder vornehmlich in der Mehrzahl gebraucht wird.

duellen Selbsterfahrung, und das daraus abgeleitete medial vermittelte Selbstbild der Gesellschaft (cf. Luhmann 1997, 1096-1109) führt letztlich auch dazu, dass ein Verbund von Gegenstandsbereichen mit Komponenten aus den Bereichen der Kommunikationswissenschaft, der Publizistik und der Untersuchung von Einzelmedien wie Rundfunk- und Filmwissenschaft (cf. Saxer 1997, 17-21) unter dem konzeptuellen Rahmen der Medienwissenschaften entsteht.

Die wissenschaftliche Reichweite des Medienbegriffs ist breiter angelegt als das alltagsweltliche Vorverständnis, das sich zumeist auf aktuelle Angebote der Massenmedien und attraktiv-innovative Formen der Kommunikationsorganisation wie derzeit das Internet konzentriert. Demgegenüber umfasst der wissenschaftliche Medienbegriff alle gegenwärtigen und vergangenen Formen der Kommunikation, also z.B. auch alle Erscheinungsformen der Schrift oder bildlicher Darstellungen. Die Erkenntnisinteressen und Arbeitsschwerpunkte einer Wissenschaft werden jedoch nicht allein durch ihre Gegenstandsbereiche festgelegt. Die Zentrierung auf eine Auswahl von Fragestellungen, von Themenbereichen und die dabei verwendeten Methoden (cf. Prokop 1985; Merten u.a. 1994) sind deshalb zumindest ebenso folgenreich für die Ausrichtungen der Medienwissenschaft, und erst ihre Verknüpfung mit Gegenstandsbereichen *der Medien* erzeugt ihr aktuelles wissenschaftliches Profil in Deutschland[2]. Die im folgenden skizzierten Medienbegriffe der Medienwissenschaft[3] beruhen auf dieser wechselseitigen Abhängigkeit von Themen, Methoden und Gegenstandsbereichen. Versucht man die Verlagerung der Erkenntnisinteressen, die im Gegensatz zur Analyse von Einzelmedien für eine generalisierte Medienwissenschaft wesentlich ist, zu charakterisieren, so ist die Aufwertung der Bedeutung der technischen und der sozialen Organisation der Kommunikation und ihrer Prozesse hervorzuheben. Erst in zweiter Linie folgt dann die inhaltliche Analyse und Kritik einzelner Medienangebote, wobei versucht wird, sie im Gesamtverbund der medialen Organisation der Gesellschaft zu verorten (cf. Schmidt 1992, 425-448).

2. Medienkonzepte zwischen Kulturkritik und Technikfaszination

Die heute so selbstverständlich erscheinende Annahme, dass die gesellschaftliche (Selbst)Organisation der Kommunikation auf der Basis von (Massen)Medien erfolgt, etablierte sich im kollektiven Wissen erst ab der zweiten Hälfte des 20. Jhs. Der wissenschaftliche Medienbegriff als generalisierende Abstraktionskategorie verdankt

---

[2] Zum Ansatz der *Cultural Studies*, der für parallele Gegenstandsbereiche in Großbritannien und den USA vorherrschend ist, cf. Bromley u.a 1999; Hepp 1999.

[3] Es ist notwendig darauf hinzuweisen, dass auch andere Wissenschaften mit Medienbegriffen arbeiten. Für die z.B. in der Soziologie verwendeten Medienbegriffe, cf. Künzler 1989.

seine Entstehung zum einen einer Vielzahl von Theorien zu Einzelmedien wie Fotografie (cf. Benjamin 1931/1991), Film (cf. Arnheim 1979a; Balázs 1982/84, Benjamin 1936/1991, Kracauer 1960/1985) und Radio (cf. Arnheim 1979b, Brecht 1967)
sowie zum anderen dem technik- und zivilisationskritischen Modell der Frankfurter
Schule (kritische Theorie), die die Kommunikationsorganisation der Populärkultur
und der Massenkommunikation als Kulturindustrie und als Herrschaftsinstrument
der Industriegesellschaft beschreibt (cf. Horkheimer/Adorno 1988, 128-176). In den
Auseinandersetzungen um die gesellschaftliche Bedeutung von Technologien und
um die Bewertung der Populärkultur (cf. Kausch 1988, 79-134) wird die Bedeutung
des Perspektivenwechsels ersichtlich, den technikorientierte Medienbegriffe mit sich
brachten. Ein zentrales Motiv, neue Kommunikations- und Wahrnehmungsmöglich-
keiten zu einem generalisierenden Begriff der Medien zusammenzufassen, war und
ist die Faszination technischer Apparate und ihrer Anwendungsmöglichkeiten. Beispielhaft für den Perspektivenwechsel, der von einem Interesse an einzelnen Kommunikationsmitteln hin zu einer technologisch dominierten Medientheorie führt, sind
einerseits die Überlegungen zur Filmtheorie von Walter Benjamin, entstanden im
Pariser Exil in den 30er Jahren, und andererseits die provokanten Thesen des Me-
dientheoretikers Marshall McLuhan aus den 60er und 70er Jahren.

Angesichts der akuten – ebenso persönlich wie sozio-kulturell erfahrenen –
Bedrohung durch den Faschismus versuchte Benjamin, der massenwirksamen Ästhetisierung der Politik durch den Nationalsozialismus eine linke emanzipative Politi-
sierung der Kunst durch den Film entgegenzusetzen (cf. Benjamin 1936/1991, 508).
Demgegenüber bauen die Thesen McLuhans bereits auf einer selbstverständlich
gewordenen gesellschaftlichen Wirkungsmächtigkeit von Medien auf. Ihre Bedeutung wird von McLuhan durch provokativ formulierte Thesen noch weiter in den
Mittelpunkt der gesellschaftlichen wie individuellen Entwicklung gerückt, und sie
umgreifen bei ihm neben der öffentlichen Massenkommunikation auch die Bereiche
Verkehrsmittel, Kleidung, Werbung und Sport, die normalerweise und vor allem von
seinen Zeitgenossen nicht als Medien betrachtet werden (cf. McLuhan 1964/1968,
130-266). Beiden Autoren geht es um die Analyse einer grundlegenden Veränderung gesellschaftlicher Erfahrungsbedingungen. Benjamin blendet dabei seine breit
gefächerten praktischen Erfahrungen als Sprecher und Autor im Hörfunk sowie als
Publizist aus und stellt die Kunst als generalisierendes Konzept in den Mittelpunkt
seiner Überlegungen. Nach der Gegenüberstellung von individualistischen Rezeptionsformen der bürgerlichen Kunst und den kollektiven Erfahrungen mit der Mas-
senkunst des Films kommt Benjamin zu der These, dass nur noch der Film die
politische Chance zur Durchsetzung einer emanzipatorischen Ästhetik bietet (cf.
Benjamin 1936/1991, 498-505).

In seiner ersten Monographie, die sich mit der US-amerikanischen Gesellschaft der 40-50er Jahre beschäftigt, vertritt McLuhan noch Positionen, die durchaus an das Erklärungsmodell der Industrie- und Konsumkultur anschließbar sind, auch wenn sie nicht auf der Grundlage eines marxistischen Gesellschaftsmodells aufbauen. Die Verbindungslinien zwischen industrieller Warenkultur, den Traumwelten des Films und der Werbung sieht er eher auf der Ebene einer emotionalisierten und intensivierten Kommunikationsorganisation, die Sexualität und Gewalt zur Steuerung der Aufmerksamkeit der Konsumenten benutzt (cf. McLuhan 1996, 131-142).

Die noch immer kontrovers diskutierten Schriften McLuhans aus den 60er Jahren markieren eine deutliche Abkehr von dieser inhaltlichen Auseinandersetzung und rücken statt dessen die Organisation der Gesellschaft durch Medien in den Vordergrund. Eine folgenreiche Lesart der paradox-provokanten These: "Das Medium ist die Botschaft" (McLuhan 1968, 13ff.) besteht deshalb in der Feststellung, dass sie nicht als neutrale Mittel der Kommunikation, als Vermittlungs- und Übertragungsinstanzen anzusehen sind, sondern als die bedeutsamsten Faktoren der Kommunikationsorganisation der Gesellschaft. McLuhan sieht seine historische Situation als eine Übergangsphase an, die durch das Ende des mechanischen Maschinenzeitalters und den Aufschwung elektrischer Medien charakterisiert ist. Sie sind der Grund für einen fundamentalen Wandel, der die Körpergrenzen jedes Einzelnen betrifft und die Gesellschaft in einen völlig neuen Aggregatzustand versetzt:

> Indem wir unseren natürlichen Körper mittels elektrischer Medien in unser erweitertes Nervensystem hineinverlegen, stellen wir eine Dynamik her, mit der alle vorhergehenden Techniken, die ja bloße Ausweitungen der Hände und Füße, der Zähne und der Körperwärmeregelung darstellen – alle derartigen Ausweitungen, einschließlich der Städte -, in Informationssysteme übertragen werden. (McLuhan 1968, 68)

Elektrische Medien bewirken nach McLuhan, dass der Mensch sein Gehirn außerhalb des Schädels und seine Nerven außerhalb der Haut trägt. Medien sind somit unmittelbare Instrumente des Erkennens und des Fühlens, der Vernetzung individueller Erfahrungen und der gesellschaftlicher Organisation. Nicht die Inhalte dieser Erfahrungen und Emotionen sind hierbei in erster Linie von Bedeutung, sondern ihre Intensität und Unmittelbarkeit in der Medienkopplung. Die nachhaltigste Wirkung auf Bewusstsein und Körper wird sogenannten "heißen Medien" (McLuhan 1968, 29-35) zugeschrieben, die neben der Ausweitung der menschlichen Kommunikations- und Raumhorizonte jene spezifische technische Intensitätssteigerung bewirken, die ein Charakteristikum der modernen Populärkultur darstellt. Die Entwicklung der technischen Medien sieht McLuhan nun durchaus positiv, da die technologische Basis der Wahrnehmungsmedien eine Chance zur Rückgewinnung einer kommunikativen Unmittelbarkeit im *Globalen Dorf* (cf. McLuhan/Powers 1995, 103-168) bietet, die er aufgrund der distanzbildenden Schriftkommunikation in der *Gutenberg-Galaxis* (cf. McLuhan 1995, 200-215) verloren gegangen glaubt.

Die provokanten Thesen McLuhans stießen in der politischen Situation der BRD der 60er Jahre auf wenig Aufmerksamkeit oder gar Zustimmung. Ausgehend von dem kulturkritischen Medienbegriff der Frankfurter Schule richtete sich das Interesse vielmehr darauf, die Strukturen der Bewusstseinsindustrie (cf. Kluge 1985, 51-65) durch eine alternative Medienpraxis zu verändern. Dieser Ansatz, der besonders von Hans Magnus Enzensberger (cf. 1970, 159-186) vertreten wurde, berief sich auf die Radiotheorie Brechts und forderte dazu auf, die besonders bei linken Intellektuellen verbreitete, generelle Ablehnung von Massenmedien aufzugeben. Der gesellschaftliche Widerspruch zwischen wirtschaftlicher Organisation der Bewusstseinsindustrie und der prinzipiellen allgemeinen Verfügbarkeit von Produktionstechnologien der audiovisuellen Kommunikation wurde von Enzensberger einerseits hervorgehoben, doch sah er andererseits im Gebrauch von »neuen« technischen Medien – besonders auf der Basis der Videotechnologie – eine Möglichkeit, die Exklusivität der bildungsbürgerlichen Buchkultur und die ökonomischen Zwänge eines Zeitungswesens, das sich überwiegend durch Werbung finanziert, zu unterlaufen. Parallel zur Kritik der Bewusstseinsindustrie forderte Enzensberger deshalb einen emanzipatorischen, kollektiven und selbstorganisierten Gebrauch von Medientechnologien.

Gelegenheit, neue Angebots- und Organisationsformen zu erproben, boten in den 80er Jahren u.a. einige Kabelpilotprojekte zur Erprobung neuer privatwirtschaftlicher Distributionsformen des Fernsehens, in denen Medienwerkstätten und Bürgerkanäle Sendezeiten erhielten (cf. Frank u.a. 1987; Hickethier 1998, 414-419). Letztlich scheitern diese Versuche aus mehreren Gründen. Der Aufwand für eine professionelle und kontinuierliche Produktion wurde ebenso unterschätzt wie die Bereitschaft zur aktiven Mitarbeit einer ausreichenden Zahl von Rezipienten überschätzt wurde. Die Vorliebe des Massenpublikums für unterhaltende Medienangebote konnte ebenfalls nicht durchbrochen werden. Demgegenüber beeinflussen und verändern Videotechnologien sowie analoge und digitale Klangmaschinen (Synthesizer) nachhaltig die Produktionen der Medienkunst (cf. Dinkla 1997, 97-166) und eröffnen hier ein wesentliches Experimentierfeld für innovative ästhetisch-technologische Gestaltungen.

3. Vom Bewusstseinsstrom zum Datenstrom. Operationen der Informationsverarbeitung

Während die Anhänger einer emanzipatorischen Medienpraxis, die die Unterscheidung von Produzenten und Rezipienten aufbrechen sollte, die technische Organisation der Massenkommunikation dominant im Zusammenhang von sozio-ökonomisch determinierten Macht- und Herrschaftsverhältnissen analysierten, rücken die Medientheorien der 80er Jahre die technische Verarbeitung von Datenflüssen in den Vordergrund. Alle Kommunikationsprozesse basieren aus dieser Sicht auf einigen grundlegenden Operationen – Verbreitung, Speicherung und Programmierung – der technischen Datenmanipulation (cf. Kittler 1986, 7-33). Unterschiedliche Medien wie Schrift und analoge technische Wahrnehmungsmedien lassen sich so vereinheitlichen und zugleich als Evolutionsstufen auf dem Weg zur universellen Maschine, dem Digitalcomputer, betrachten, der als Metamedium die Gestaltpotentiale sämtlicher Vorgängermedien in sich enthält. Entscheidende Anstöße zu diesem Medienbegriff kommen aus wissenschaftlichen Disziplinen, die nicht primär mit Prozessen der Massenkommunikation zu tun haben und ein Interesse an der Ausweitung ihrer ursprünglichen Gegenstandsbereiche durch einer generalisierte Perspektive auf gesellschaftliche Prozesse der Kommunikation entwickeln.

Die Schriften des Germanisten und Medienwissenschaftlers Friedrich Kittler sind paradigmatisch für eine Sichtweise, die tradierte Gegenstandsbereiche wie die Literatur aus medientechnologischer Perspektive neu bewerten will. Ausgehend von einem Informationsbegriff, der auf dem Modell der technischen Signalübertragung beruht (cf. Kittler 1993b, 161ff.), beschreibt er die Verarbeitung des zeichencodierten Sprach- und Schriftmediums als eine historische Manifestation eines allgemeineren Medienbegriffs. Die Schrift ist als Speichermedium für eine genau bestimmbare Menge von Sprachlauten zu sehen; und die Imaginationsprozesse, die bei der Lektüre von Texten ablaufen, können als Ergebnisse einer erfolgreichen Mediensozialisation beschrieben werden, die die Sinnebenen von Sprache und Schrift zu einer emphatischen Empfindung des »Verstehens« eines dichterischen Sinns zusammenführt (cf. Kittler 1985, 131-180).

Im Gegensatz zu dieser Medienorganisation, die die »technische Bandbreite« sprachlich codierten Sinns nicht überschreiten kann, eröffnen nach Kittler die analogen technischen Medien nicht nur die Möglichkeit, Sequenzen des diskontinuierlichen Frequenzspektrums des »Realen« (cf. Kittler 1993c, 63-72) zu übertragen und zu speichern, sondern enthalten auch das kreative Potential, neue bisher ungehörte und ungesehene Dimensionen zu erschließen (cf. Kittler 1993a, 130-144)

"Kulturen definiert vermutlich jeweils der Spielraum, den ihre Medien der Manipulation auftun. Wahres und Gemachtes fallen [...] zusammen. Literatur und Musik waren einfach das Maximum an Komplexität oder logischer Tiefe, das eine alphabetische Vor- und Rücksicht auf der Zeitachse ermöglichte. [...] Aber die Schrift codierte nur zum zweitenmal einen Code, den der Sprache, nicht das Reale in seiner unvorhersehbaren Kontingenz, wie es Fouriers Zeitgenosse Robert Brown als Molekularrauschen entdeckte. Was dagegen heute, von der Sprachsynthese bis zum Krieg der Sterne, als Simulation läuft, ist genau darin jeder Fiktion überlegen. Die Berechenbarkeit (um den Grundbegriff des Computererfinders Turing zu übernehmen) hat den Kulturraum des Codes überschritten und als Signalprozessing reale Datenflüsse erfasst. Videoclips und Computergrafiken überbieten jede Ästhetik". (Kittler 1988, 295f.)

Die digitale Datenverarbeitung überbietet die analogen technischen Medien, indem sie die Gestaltorientierung – die audiovisuellen Wahrnehmungsformen – des Rezipientenbewußtseins erkennbar werden läßt. Kein Bewusstseinsstrom kann die sich automatisch einstellenden Gestaltkonfigurationen von Computergrafiken in dem Sinne durchschauen, dass es deren Erzeugungsalgorithmen, ihre digitalen Programme und Datenströme »hinter den Bildern und Tönen« erblicken kann (cf. Kittler 1990, 200-203). Dies liegt u.a. daran, dass die digitale Datenverarbeitung eine Zeitorganisation aufweist, deren Geschwindigkeit die Unterscheidungsfähigkeit des Bewusstseins unterläuft. Somit kann das Medium Computer in der Echtzeit des Bewusstseins und anderer langsamer Maschinen operieren, das Bewusstsein jedoch nicht in der Echtzeit – den Taktraten – der integrierten Schaltkreise (cf. Gendolla 1989, 128-139).

Die Medienorganisation auf der Basis von vernetzten Digitalcomputern hat der Informatikhistoriker Wolfgang Coy (cf. Coy 1997, 21-31) mit dem Namen des Erfinders der universellen Maschine als Turing-Galaxis bezeichnet. Dieser Bereich wird in der öffentlichen Diskussion zumeist mit dem Internet und seinen Kommunikationsformen gleichgesetzt. Unter dem Gesichtspunkt der Kommunikationsorganisation erhalten in der medienwissenschaftlichen Analyse das Hypertextmedium *World-Wide-Web*, die E-Mail-Kommunikation und das *Internet Relay Chat* sowie *Online*-Spiele im Echtzeitmodus (cf. Turkle 1998, 119-284) besondere Aufmerksamkeit. Die Veränderungen des Medienbegriffs, die sich hieraus ergeben, machen deutlich, wie eng die Selbstbeschreibung der Gesellschaft und die Selbstbeschreibung von Kommunikationsprozessen zusammengedacht werden (cf. Weber 1999, 4-8).

Die Schlussfolgerungen, die mit der plakativen Metapher des Cyberspace verknüpft werden, breiten eine weites Spektrum von Gegenwartsanalyse und Zukunftsszenarien aus. Das in der Medienwissenschaft weiterhin vorherrschende Paradigma eines linearen technischen Fortschritts führt etwa zu der Aufforderung, endlich die antiquierten Verarbeitungsmodi von Medienangeboten aus der Ära der Schriftkultur aufzugeben. Anstelle der dauernden Sinnsuche hinter den Bildschirmoberflächen digitaler Medien solle man besser die Brillanz der hyperrealen (cf. Baudrillard, 1982, 112-119) virtuellen Welten genießen und sie als Trainingscamps für anstehende Herausforderungen der Zukunft nutzen (cf. Bolz 1993b, 900). Andere Analytiker hegen Hoffnungen auf eine Erneuerung der Gesellschaft durch aktive Kommunikationsgemeinschaften im Netz (cf. Rheingold 1994, 141-181; Quéau, 1999, 203-222). Derartige Erwartungen knüpfen an eine medienhistorisch naive Fortschrittseuphorie an, die schon in der zweiten Hälfte des 19. Jh. vorhersagte, dass die elektrische Telegraphie gewissermaßen automatisch zur Überwindung sozialer Barrieren und zu einer friedlichen Weltordnung führen müsste (cf. Standage 1999, 160-180). Diesen Visionen stehen Befürchtungen gegenüber, die ebenso die Auflösung von Strukturen des Staates (cf. Cebrián 1999, 71-142) wie des Individuums (cf. Bloom 1999, 122-189) betreffen.

Das Konzept der Virtualisierung der Gesellschaft (cf. Bühl 1997, 32-87) durch neue Kommunikationsformen sieht Technologien – hier vor allem die Computernetzwerke – als letztlich entscheidende Ursache eines globalen Wandels der *Gesellschaft* an. Medienvisionen stimulieren aber auch radikale Visionen, die die Evolution des *Menschen* zum Thema haben. Sein Bewusstseinsstrom könnte durch Medientechnologien vom antiquierten, vergänglichen Körper abgelöst werden und in einen neuen kollektiven, unsterblichen Datenstrom einmünden (cf. Metzger 1997). Auf dieser Ebene ist die Unterscheidung von biologischem und künstlichem Leben durch die Medien- und Computertechnologie aufgehoben, die alle Informationen und auch das in genetischen Strukturen wie der RNS/DNS gespeicherte »Wissen« akkumuliert und vereinheitlicht. Derartigen technologie-euphorischen Verabschiedungen und Entwertungen des Körpers wird auf das heftigste durch Publikationen widersprochen, die aus dem Theoriekontexten der *Gender Studies* stammen und die Bedeutung von semantisierten Körpern in der Medienkommunikation hervorheben (cf. Angerer 1999, 132-182).

4. Medienwirklichkeiten und Mediengenese

Die Untersuchung der medientechnischen Organisation der Gesellschaft wird auch auf die Genese der Kommunikationstechnologien angewendet. Einen besonderen

Schwerpunkt bildet dabei eine genealogische Sichtweise, die die Entwicklung der Kommunikationsmedien aus Kriegstechnologien zu dokumentieren sucht. Diese lange vernachlässigte Entwicklungslinie der Medien soll u.a. den historischen Beleg dafür erbringen, dass Medieninhalte vor dem Hintergrund der grundlegenderen medialen Umstellung der Wahrnehmungsorganisation zu vernachlässigen sind. Aufbauend auf den Untersuchungen von Paul Virilio zur den Wahrnehmungs- und Inszenierungsmodi des Krieges und des Kinos (cf. Virilio 1989, 19-54) wurde ein breites und in vielen Fällen überzeugendes Material zur Stützung dieser Basisthese vorgelegt (cf. Bolz u.a. 1994). Auch wenn in neueren Publikationen Virilios (cf. 1994, 31-43) wieder eher kultur- und medienkritische Äußerungen zu lesen sind, bleibt er und viele Medienanalytiker mit ihm der These verbunden, dass die technische Organisation der Medien, dem das Einzelindividuum ebenso wie die Gesellschaft selbst eher ausgeliefert ist, als dass es sie beeinflussen könnte, die uns auferlegte Wirklichkeitserfahrung ebenso durch die raumzeitliche Gestaltung wie durch ihre Inhalte entscheidend prägen.

Die Perspektive der Simulation und der Manipulation, die alle Ansätze von gesellschaftskritischen Medienbegriffen geleitet, taucht somit auch in technisch orientierten Theoriebildungen auf. Für Virilio ist dieses Problem mit der Geschwindigkeit der Medienkommunikation verbunden, die alle überkommenen Reaktionszeiten und -mechanismen, Raumvorstellungen und Zeithorizonte unterläuft (cf. Virilio 1993, 57-64).

"Im Anschluß an die drei Phasen der Fortbewegung – Abfahrt, Reise und Ankunft – und nach dem Niedergang der »Reise«, sind wir plötzlich mit dem Verlust der »Abfahrt« konfrontiert. Fortan *kommt alles an*, ohne daß es nötig wäre, aufzubrechen, aber das, was »kommt«, ist bereits nicht mehr die Zwischenstation oder das Ziel einer Reise, sondern lediglich die Information, die *Informationswelt*, ja das *Informationsuniversum*. Da nunmehr die Herrschaft der verallgemeinerten Ankunft mit der Verallgemeinerung der Information in Echtzeit verschmilzt, stürzt alles auf den Menschen, einen von allen Seiten bestürmten, zur Zielscheibe gewordenen Menschen ein, dessen Heil nur noch in der Illusion besteht, in der Flucht vor der Wirklichkeit des Augenblicks. Dieser Mensch hat seinen freien Willen eingebüßt". (Virilio 1994, 143f.)

Die Verknüpfung von Verkehrsmitteln und Medientechnologien mit den kollektiven wie individuellen Erfahrungsvoraussetzungen von Raum und Zeit, die hiermit angesprochen ist, verdeutlicht, dass grundlegende Kategorien der Wirklichkeitsorganisation von Gesellschaft und Individuum zur Disposition gestellt werden. Trotzdem erscheinen vor dem Hintergrund einer veränderten Mediensozialisation die wiederholten Klagen über den Verlust von Authentizität und verlässlichen Orientierungsgewissheiten, also über den Verlust der »einen wahren und wirklichen Wirklichkeit«, überzogen und verdecken eher die weiterreichenden Konsequenzen der Veränderungen der Erfahrungsbedingungen durch Medien (cf. Schmidt 1996, 55-64). Selbst wenn wir uns stets darauf verlassen könnten, dass Mediengestalten – die Bilder, Klänge und Zeichen, die unser Bewusstsein generiert – keine Simulation im Sinne einer bewussten Täuschungsabsicht und Irreführung der Nutzer darstellen, bewegten wir uns weiterhin in einer Simulationsumgebung – oder genauer gesagt in Medienwirklichkeiten, deren Operationsbedingungen stets mit bedacht sein wollen.

So gehört etwa zu den Kenntnissen, die wir durch unsere intensive Mediensozialisation erwerben, auch die Fertigkeit, jene Gestaltbildungen, die sich in der Medienkopplung einstellen und die Inszenierungen, auf denen sie aufbauen, auseinanderzuhalten, und diese Diskrepanz je nach individueller Disposition zu genießen oder abzulehnen. So wissen wir etwa um die Abwesenheit der intensiven und unmittelbar sensoriell-anwesenden Audiovisionen, ebenso wie wir wissen sollten, dass die körpersprachliche »Botschaft« jener Moderatoren und Nachrichtensprecher, die uns direkt in die Augen blicken, einen Inszenierungseffekt darstellt, der nicht persönlich, sondern an uns als Publikum adressiert ist, da sie nur den Teleprompter vor dem Kameraobjektiv ablesen.

5. Schriften über das Ende der Schriftkultur und die Zukunft der Bildgesellschaft

Ein wiederkehrender Topos im Aufschreibesystem der Medientheorie ist die Ankündigung eines unmittelbar bevorstehenden und schon stattgefundenen Endes der Schriftkultur (cf. Bolz 1993a, 183-233). Er gehört zum rhetorischen Überbietungsgestus eines Denkens, das seinen Gegenständen eine ultimative Wirkungsmächtigkeit zuschreibt und sich weigert, Medienevolution als einen Prozess anzusehen, in dem " ...jede nachfolgende Errungenschaft *die Gesamtgesellschaft unter Einschluß ihrer schon älteren Möglichkeiten rekonstruiert.*" (Luhmann 1985, 20)

Die Texte des Medienanalytikers und -philosophen Vilém Flusser verdeutlichen eine Perspektive, die Medien- mit Technikentwicklung in radikaler Weise mit gesellschaftlich kultureller Evolution gleichsetzt. Für Flusser bildet das Universum der technischen Bilder den End- und Fluchtpunkt einer Geschichts- und Technikteleologie, also einer zielgerichteten aufsteigenden Entwicklungslinie. Mit diesem Geschichtsmodell, das Geschichte selbst als ein an Schrift gebundenes Zwischenspiel der Menschheit verabschiedet (cf. Flusser 1997b, 194-204, 263-290), kann die

Phase der Schriftkultur als ein kurzes und überholtes Durchgangsstadium der Gesellschaft betrachtet werden. Indem Flusser die Technologien der audiovisuellen Wahrnehmung – Fernsehen, elektronische Bildverarbeitung und Computertechnologie – auf den Aspekt ihrer Bildhaftigkeit reduziert, die den einzelnen Bildschirmpixel als Grundelement ihre Gestaltbildung »übersieht« (cf. Flusser 1996, 17-27), ist es ihm möglich, vielfältige parallele Entwicklungslinien auf ein einziges Organisationschema zurückzuführen.

> "Jenes Universum [s.c. der technischen Bilder], das seine einigen Jahrzehnten daran ist, in Form von Fotos, Filmen, Videos, Fernsehschirmen und Computerterminals eine Funktion zu übernehmen, welche bislang von linearen Texten eingenommen wurde, die Funktion nämlich, die für die Gesellschaft und den einzelnen lebenswichtigen Informationen zu tragen. Es geht um eine Kulturrevolution, deren Reichweite und Konsequenzen wir erst zu ahnen beginnen. […] Wenn Texte von Bildern verdrängt werden, dann erleben, erkennen und werten wir die Welt und uns selbst anders als vorher: nicht mehr eindimensional, linear, prozessual, historisch, sondern zweidimensional, als Fläche, als Kontext, als Szene. […]"

> "Lineare Texte haben ihre dominante Stellung als Träger der lebenswichtigen Informationen nur etwa viertausend Jahre lang eingenommen. Nur etwa für jene Dauer also, die, im genauen Sinne des Wortes, »Geschichte« genannt wird. Vorher, für die Dauer der etwa 40 000 Jahre der »Vorgeschichte«, wurden diese Informationen von anders strukturierten Medien, insbesondere von Bildern, getragen". (Flusser 1996, 9)

In diesem Entwicklungsmodell ist die technische Evolution irreversibell doch ihre Auswirkungen werden durchaus ambivalent gesehen. Die technischen Bildwelten der Apparate (analoge Medien der Fotografie) und der transapparativen Bilder (die computergenerierten Abbildsimulationen) gehören nicht denselben kulturellen Schemata an, da letztere über den Abbildcharakter der ersteren hinausreichen und für die gesellschaftliche Entwicklung entscheidend sind. Die Bewertung des Universums dieser transapparativen Bilder, um deren Operationsbedingungen es Flusser vornehmlich geht, ist abhängig von den Verschaltungen, die zwischen ihren Maschinen möglich oder unmöglich sind. Wieder einmal sind es die Kommunikationsverhältnisse des *Broadcasting*, also die ungerichtete Ausstrahlung von Inhalten durch ein Sendemonopol an anonyme, isolierte Adressaten ohne jegliche Möglichkeit einer

Rückkopplung, die ganz im Sinne der Brechtschen Radiotheorie für alle negativen Einflüsse – Gleichschaltung, Verdummung, Verlust des mitmenschlichen Kontakts – verantwortlich gemacht werden. Ebenso genügt eine Veränderung der Verschaltung, um durch Vernetzung der Kabel die Trennung von Bildherstellern und –verbrauchern aufzuheben und die positive Zukunft einer selbstbestimmten "telematischen Informationsgesellschaft" (cf. Flusser 1997a, 73) zu gewährleisten.

6. Von der Realität der Massenmedien zur Medienkultur

Im Gegensatz zu diesen ausschließlich auf der Basis technologischer Veränderungen fundierten Überlegungen Vilém Flussers hat der soziologische Systemtheoretiker Niklas Luhmann einen Medienbegriff entwickelt, der darauf verzichtet, an alltäglichen Erfahrungen mit (Massen)Kommunikationsmitteln oder vernetzen Computern anzuknüpfen. Grundlage für die Medientheorie des Soziologen Niklas Luhmann ist vielmehr das prozeß- und damit zeitorientierte Modell einer sich selbst auf der operationalen Basis von Kommunikationen reproduzierenden Gesellschaft (cf. Luhmann 1997, 60-120). Luhmanns Begrifflichkeit baut dabei auf Unterscheidungen auf, deren Ziel es ist, die Selbsterzeugung, die *Autopoiesis* der Gesellschaft zu beschreiben. Hierzu gehören neben der Unterscheidung von der Gesellschaft und ihrer Umwelt auch die Unterscheidung von *Medium* und *Form* (cf. ebd. 190-202).

Definiert wird sie durch die *lose Kopplung* von Elementen des Mediums (z.B. den Luftmolekülen) einerseits und die *feste Kopplung* von Elementen einer Form (z.B. dem Klang eines bestimmten Sprachlauts) auf der anderen Seite. Medien sind in dieser Definition die Voraussetzung für Formbildung, ohne sie jedoch in einem strengen Sinne zu determinieren. Die Struktur der Unterscheidung von Medium und Form ist autologisch aufgebaut, d.h. dass die Unterscheidung rekursiv auf sich selbst angewandt werden kann. Führt man das genannte Beispiel weiter aus, so können die Sprachlaute ihrerseits als Medium gegenüber den Formen der Wörter einer Sprache angesehen werden und diese wiederum als Medien gegenüber den Formen möglicher Äußerungen einer Sprache.

Diese allgemeine Definition der Medium/Form-Unterscheidung wird für den Bereich der Massenkommunikation weiter spezifiziert. Zum Verständnis dieses Modells ist zuvor die Einfuhrung seines Kommunikationsbegriffs notwendig. Luhmann definiert Kommunikation als dreistellige Unterscheidung zwischen *Information* (der Sachverhalt, den eine Kommunikation enthält), *Mitteilung* (die Absicht, die mit der Kommunikation verfolgt wird) und *Verstehen* (die Annahme oder Ablehnung der Kommunikation) (cf. ebd. 71-74). Massenkommunikation wird demgegenüber als ein soziales System definiert, das seine Operationen mit Hilfe eines binären Codes, der Unterscheidung von Information vs. Nicht-Information, vornimmt (cf. Luhmann

1996, 32-48). Diese Informationen kommen im System der Massenkommunikation in der Form von Nachrichten und Berichten – dem Bereich der öffentlichen Meinung – in der Form von Unterhaltungsangeboten und in der Form der Werbung vor.

Eine der zentralen Funktionen von Kommunikationen und Wahrnehmungen von Massenkommunikationen besteht darin, daß sie die wichtigste Quelle der gesellschaftlichen Selbst- und Fremderfahrung bilden. Luhmann spitzt diese fundamentale Voraussetzung moderner Erfahrungsbildung zu der Aussage zu: "Was wir über unsere Gesellschaft, ja über die Welt, in der wir leben, wissen, wissen wir durch Massenmedien." (ebd. 9). Die Organisationsform dieses vermittelten Wissens zeichnet sich durch eine selbstbezügliche und paradoxe Form aus. Medienkommunikation thematisiert – unter anderem – Welt und Gesellschaft als Gegenstände der Kommunikation und bleibt dabei stets Teil des gesellschaftlichen Kommunikationszusammenhangs. Sie ist somit zugleich außerhalb und innerhalb der Gesellschaft angesiedelt und wirkt allein durch ihr Operieren unmittelbar auf die sozialen Phänomene zurück, die sie beschreibt (cf. Schmidt 1994b, 12-19). Diese Sichtweise führt zu einer zirkulären Argumentationsstruktur, denn sie erlaubt einerseits mit dem Medienbegriff die Gesamtheit der kommunikativen Organisation der Gesellschaft zu erfassen; oder anders gewendet, die Formen der gesellschaftlichen Organisation durch die Formen des in ihnen vorherrschenden Mediengebrauchs zu definieren. Dieses Modell der *Coevolution von Medien und Gesellschaft* (cf. Schmidt 1994a, 260-287), das an die Stelle von monokausalen Wirkungsmodellen tritt, hat nicht den Vorteil der Einfachheit, doch dürfte es der Komplexität einer modernen Gesellschaft eher angepasst sein als posthuman-technikeuphorische Zukunftsvisionen (cf. Moravec 1988) oder apokalyptisch-kulturkritische Horrorszenarien (cf. Sanders 1995).

Medienkommunikationen bilden somit eine wesentliche Komplexitätsform, in der Gesellschaft sich vollzieht und sich in ihrem Vollzug selbst beobachtet. Dieser Entwicklungsstand ist nicht erst durch die Erfindung und Verbreitung analoger, technischer Wahrnehmungsmedien im 19. und 20. Jh. erreicht. Er ist das Ergebnis eines Wandels der gesellschaftlichen Selbsterfahrung im 18. Jh. (cf. Schmidt 1989, 65-76), der durch den Epochennamen der Aufklärung zusammengefasst wird. Das idealtypische Gesellschaftsmodells der Aufklärung ist eine direkte Ableitung aus dem Kommunikationsmodell der öffentlichen Meinungsbildung, wodurch die Legitimität politischer Herrschaft durch Kommunikation als normatives Modell der Selbstorganisation der modernen Gesellschaft formuliert ist

Die damit verbundene Aufwertung von Kommunikationsprozessen äußert sich darin, dass die Beschäftigung mit öffentlichen Angelegenheiten und der Austausch von Argumenten zu einem *Bürgerrecht* und zu einer politischen *Bürgerpflicht* mit Aufmerksamkeitsverpflichtung für öffentliche Angelegenheiten avancierte. Medien der öffentlichen Meinung (cf. Luhmann 1999, 19-34) waren zwar noch immer Reden auf öffentlichen Versammlungen, vor allem aber Publikationen in Presseorganen. Ihre gesellschaftliche Verbreitung ließ die printmediale (ver)öffentlich(t)e Meinung zur Normalform des politischen Diskurses werden. In den Printmedien wurde und wird selbstreflexiv über Normen und Verfahrensregeln dieses Diskurses nachgedacht (cf. Weischenberg, 1992, 124-226), und die öffentliche Mediendiskussion ist teilweise eine Fortsetzung dieser Debatte.

Die Coevolution des Verhältnisses von Medien und Gesellschaft hat nunmehr zu einer Kommunikationssituation geführt, die fast unausweichlich als Medienkultur beschrieben werden muß. Dies gilt zumindest dann, wenn die "[…] Annahme zutrifft, dass Kultur konzeptualisiert werden kann als kommunikative Thematisierung des Wirklichkeitsmodells einer Gesellschaft." (Schmidt 1992, 441). Inhalte und Gestaltungen der Wirklichkeiten der Medienkultur stehen dabei in einem engen Zusammenhang mit einem allgemeinen Interesse, das die Medienwissenschaft mit dem öffentlichen Nachdenken über Medien verbindet: der Frage nach den *Wirkungen* von Medien. Neben sehr detaillierten Antworten, die die empirische Sozialforschung zu ebenso genau definierten Fragestellungen geben kann (cf. Berg u.a. 1996, 265-287), besteht ein zentrales Anliegen einer auf anderen Methoden und Erkenntnisinteressen gründenden konstruktivistischen Medienwissenschaft darin, deutlich zu machen, dass die Frage der Medienwirkungen in unserer Gesellschaft nicht mehr durch die Benennung einer einzelnen, monokausalen Ursache *die* "*Medien*" für eine globale Wirkung *(gesellschaftlicher Wandel)* zu beantworten ist.

> "Die selbständigen Bereiche Bewußtsein und Kommunikation werden unter Aufrechterhaltung ihrer Selbständigkeit durch einen dritten selbständigen Bereich, den Medienbereich, miteinander strukturell gekoppelt, weil sich die Aktanten in einer Gesellschaft in hinreichend vergleichbarer Weise auf kollektives Wissen (auf "Kultur" […]) beziehen (können) und diese voneinander erwarten. Medienangebote können nur produziert und rezipiert werden, weil und wenn Aktanten die verwendeten Kommunikationsmittel in einer Weise verwenden, die im Verlauf der Mediensozialisation als gesellschaftlich anschlussfähig erlernt und erprobt worden ist. Bewußtseinsoperationen, die ım Verlauf ihrer Genese zu einem wesentlichen Teil im Umgang mit Medienangeboten geprägt und geschult worden sind, können daher Medienangebote in jeweils systemspezifischen Operationen ("Gedanken", "Gefühle", "Erinnerungen" usw.) transformieren. Kommunikationen werden mit Hilfe von Medienangeboten gestartet und in Gang gehalten. Medienangebote beziehen sich auf Medienangebote *im sozialen*

Sinnkontext von Kommunikation (als Fragen und Antworten, Kommentare und Kritiken, Interpretationen und Bewertungen), wobei die Kommunikation den Bezugsrahmen in Form symbolischer Ordnungen wie z.b. Diskuren, Themen, Gattungen usw. vorgibt". (Schmidt 1996, 24f.)

Die Organisation der Medienkommunikation und der Gesellschaft einerseits, die kollektive Selbsterfahrung der Gesellschaft und die individuelle wie kollektive Wirklichkeitserfahrung andererseits bedingen und durchdringen sich in der aktuellen Medienkultur wechselseitig. Sie führen zur Emergenz[4] einer Kommunikationsumgebung, in der wir als Zuschauer oder Handelnde, als Anbieter, Vermittler oder Konsumenten von Kommunikationen unsere Aufmerksamkeit teils auf jene Sachverhalte richten, die berichtet oder präsentiert werden, teils auf die Medien, die sie anbieten oder auch auf die Politik und die Wirtschaft etc. – »die Gesellschaft« – die all dies in dieser Form ermöglicht oder erzwingt. Medien erzeugen und kompensieren somit in der modernen Gesellschaft die Erfahrung einer *hyperkomplexen* Gesellschaft (cf. Fuchs 1992, 35-42), die sich dadurch auszeichnet, nicht einfach nur komplexer als ältere Gesellschaftsformen zu sein, sondern vielmehr *mehrere Komplexitätsformen* gleichzeitig zu erzeugen.

Diese Beobachtung lässt sich anhand von Medienangeboten veranschaulichen, die als konkurrierende Verfahren erfolgreicher Aufmerksamkeitsbindung beschrieben werden können. Neben der Kommunikationsform der gesellschaftlich bedeutsamen Semantik, der, sei es auf der Ebene der (ver)öffentlich(t)en Meinung, sei es auf der Ebene ästhetischer Erfahrungsgegenstände, stets das Interesse der Medienanalyse sicher war, haben attraktiv-unterhaltende Formen der Populärkultur sowie der Werbung, der *Public-Relations* (cf. Dorer 1997, 57-69) und der Eigenwerbung der Medien um Aufmerksamkeit, die die *Corporate Identity* der Anbieter fördern und festigen sollen, an Bedeutung gewonnen. Diese Komplexitätsformen, die um die Aufmerksamkeit des Publikums konkurrieren (cf. Rötzer 1998, 59-100), sind mit der politischen, der wirtschaftlichen und der Selbstorganisation der Massenmedien verknüpft. Sie beruhen auf der Beobachtung anderer Medienkommunikationen, die einen zumindest ebenso wesentlichen Kontext wie die Beobachtung der durch sie (mit)konstituierten Gegenstandbereiche bilden, und erzeugen dabei interessenspezifische Wahrnehmungsweisen der Gesellschaft und ihrer Umwelten.

---

[4] Emergenz bezeichnet die Entstehung gesellschaftlicher Strukturen auf der Basis zirkulärer, sich selbst regulierender Prozesse der Selbstorganisation, z.B. der Medienkultur, wenn man hervorheben will, dass durch die Wechselwirkung der Komponenten der Selbstorganisation eine neue Qualität entsteht, die nicht aus den Eigenschaften von Einzelkomponenten herleitbar ist.

Es ist ein Kennzeichen der gegenwärtigen Medienkultur, die differenzierte Wahlmöglichkeiten zwischen Massenmedien und interaktiven Angeboten bereit hält, dass sie von einer intensiven Diskussion über die gesellschaftlichen Aufgaben und Leistungen *der Medien* begleitet wird. Auch im selbstreflexiven Diskurs der Medienkultur (cf. Baecker 2000, 133-160) sind wiederum zwei vorherrschende Komplexitätsformen zur Bewertung von Kommunikation anzutreffen. Eine Argumentationslinie verteidigt Medienangebote, deren thematische Relevanz – aus der Sicht von Politik, Wirtschaft, Kunst etc. – im Vordergrund steht und muß dabei feststellen, dass diese Themenauswahl allein keine ausreichende Gewähr für kollektive Aufmerksamkeit bietet.

Demgegenüber legitimieren sich attraktive Formen der Kommunikation ex post auf der Basis eine quantifizierten Aufmerksamkeit, die sich in Einschaltquoten, Auflagenhöhen oder der Anzahl von Besuchern von Web-Sites messen lässt (cf. http://www.gfk.de). Diese Art der Aufmerksamkeitsbindung steht vor dem Problem, dass die Zuschauer- und User-Forschung zwar charakteristische Konfigurationen von Kommunikationsinteressen beschreiben kann (cf. Berg u.a. 1996, 80-114), dass es aber trotzdem nicht möglich ist, exakte Prognosen über das Rezeptionsverhalten von einzelnen Medien-Nutzern abzugeben.

Statt kulturkritischer Klagen über den Niveauverlust der gegenwärtigen Medienkultur scheint deshalb eher die Hoffnung angebracht zu sein, dass auch weiterhin die Wirkungen und Erfolge von Kommunikationsprozessen weder in Hinsicht auf ihre sozio-politische Dimension noch in Hinsicht auf ihren kommerziellen Erfolg vollständig antizipiert und geplant werden können. Wenn dies gewährleistet bleibt, wird die Medienkultur weiterhin ihre Funktion als produktiver und instruktiver Irritationsfaktor in der Kopplung von Gesellschaft und Individuum erfüllen können.

Die Medienwissenschaft kann diese Funktion u.a. dadurch unterstützen, dass sie die Konstitutionsbedingungen der Medienwirklichkeiten anderer und früherer Gesellschaften im kollektiven Gedächtnis präsent hält. Oralität, die ausschließliche Verwendung gesprochener Sprache in alltagspragmatischen und rituellen Kontexten, und Literalität, die Verwendung und allmähliche Normalisierung von Schrift und Druckschrift, lassen sich dann als Evolutionsstadien gesellschaftlicher Komplexität beschreiben (cf. Ong 1987, 81-117), deren Sinnpotentiale nicht einfach durch Technikevolution veralten. Komplexitätsformen älterer Medienkulturen sind in abgewandelter Weise auch in der gegenwärtigen Medienkultur präsent, die von der technischen, der visuellen und der interaktiven Gestaltung von Medienangeboten fasziniert ist.

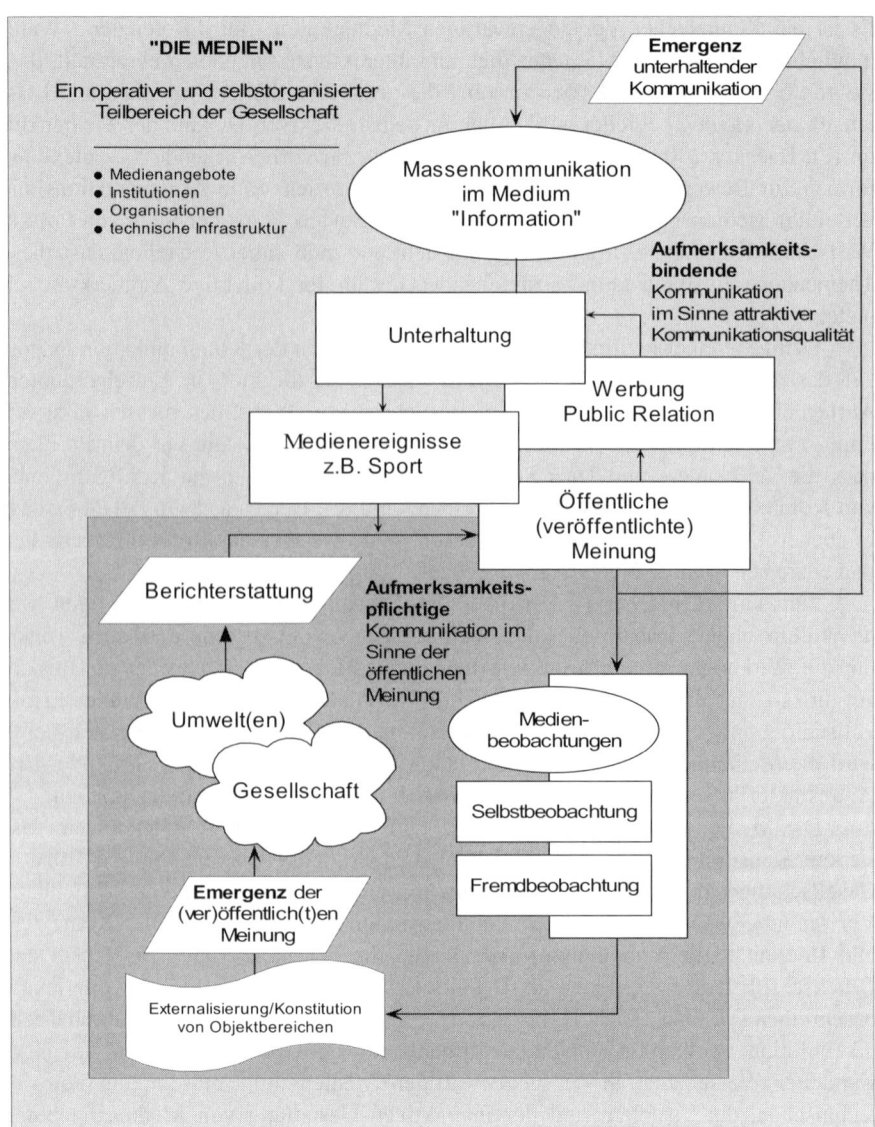

Abb. 1: Emergenz von Komplexitätsformen der Massenmedien.

In einer Situation, in der diese Präsentationsformen, ihre technische Realisierung und Vernetzung sowohl im Zentrum des Beschreibungsinteresses der Medienwissenschaft als auch im Zentrum der Selbstorientierung der Gesellschaft stehen, ist derzeit nur wenig Raum für andere Erkenntnisinteressen. Dennoch wird die Medien- wissenschaft sich mit der Frage beschäftigen müssen, ob die steile Karriere von Medientheorien, die in den letzten Jahrzehnten mit dem Anspruch aufgetreten sind, Metatheorien des gesellschaftlichen Wandels zu liefern, eher etwas über diese Wandlungsprozesse oder über die Probleme einer schwieriger gewordenen gesellschaftlichen Selbsterfahrung aussagen (cf. Pfeiffer 1999, 51-57).

	Globales Dorf	Cyberspace	Telepolis Digitale Stadt	Datenautobahn	Virtuelle Gemeinschaft
Medien	Massenmedien (Hörfunk)	Neuronaltechnologische Vernetzung	Digitale Medien	Internet	Chatting, News-Groups, E-mail
Problembezug	Entdifferenzierung medialer Kommunikationsgrenzen (Schriftlichkeit)	Entdiff. von Wirklichkeit und Simulation (Virtualität) Entgrenzung von Körper und Bewusstsein	Entdiff. der gesellschaftlichen Einheit Rizomatisch-postmoderne Vergesellschaftung	Entdiff. von Entfernungen und Reichweiten des Marktes Vergesellschaftung auf der Basis von Technologien	Entdiff. der komplexen Organisation der Gesellschaft Individualkommunikation
Problemlösung	Soziale Unmittelbarkeit und Authentizität	Parallele Wirklichkeitsmodi ohne Wertungspräferenz	Komplexität, Intransparenz und Unerwartbarkeit sozialer Organisation	Technisierung und Kommerzialisierung.	Überschaubare Interessengemeinschaften als Kernbereiche der Gesellschaft
Autoren	Marshall McLuhan (1964)	William Gibson (1984)	Florian Rötzer (1991)	Al Gore (1993)	Howard Rheingold (1994)

Abb. 2: Beschreibungsmodelle der Kommunikationsorganisation auf der Basis von Massen medien und vernetzter digitaler Kommunikation (cf. Bühl 1997, 15-31).

Gebhard Rusch

Kommunikation

Was kommt zuerst? Medien oder Kommunikation, Zeichen oder Verständigung? Ist Kommunikation – wie es zahlreiche Definitionen des Kommunikationsbegriffs bestimmen - nur möglich, wenn es Medien, Zeichen, Sprachen gibt? Oder entstehen diese überhaupt erst durch Kommunikation, durch Mitteilungs- und Verständigungsversuche und deren Erfolg? Ist das Verstehen für Kommunikation notwendig? Kann man Kommunikation auch unterlassen oder vermeiden? Oder ist man – wie Paul Watzlawick u.a. behauptet haben – zum Kommunizieren verurteilt, weil man nicht nicht-kommunizieren könne? Findet in der Kommunikation eine Übertragung von Informationen oder Bedeutungen von einem Sender zu einem Empfänger statt? Oder müssen Gesprächspartner, Hörer, Leser und Zuschauer Bedeutungen des Gehörten und Gesehenen erst selbst in ihrer Wahrnehmung und ihrem Bewusstsein generieren? Sind auch das Lesen und Fernsehen-Schauen Kommunikation? Ist Kommunikation ein kognitiver oder ein sozialer Prozess? Oder ist diese Frage schon falsch gestellt? Ist Kommunikation der ‚Klebstoff‘ sozialer Systeme?

Fragen über Fragen, eine unabschließbare Liste von Fragen. Allerdings handelt es sich um Fragen, von deren Beantwortung nicht nur unser soziales Selbstverständnis abhängt, sondern auch unsere Einschätzung der Chancen und Möglichkeiten zwischenmenschlichen Verstehens, unsere kommunikative Kreativität und die Bereitschaft, Anstrengungen des Ausdrucks auf sich zu nehmen und Wohlwollen in der Interpretation der Äußerungen anderer walten zu lassen. M.a.W., von der Beantwortung solcher Fragen und von den Konsequenzen, die wir daraus ziehen, hängt letztendlich unsere ganze Kommunikationskultur ab.

1. Zur Wort- und Begriffsgeschichte von „Kommunikation"

Schon in der Antike war das Wort in einem weiten Bedeutungsspektrum gebräuchlich. Der lat. Ausdruck *communicatio* steht für „Mitteilung", „Unterredung" und das Verbum *communicare* für „etwas gemeinsam tun", „etwas teilen", „sich besprechen". Als Fachbegriff findet das Wort Eingang in die Lehren und Schriften der Grammatiker und Rhetoriker. Erste Belege kommunikationstheoretischer Reflexionen finden sich entsprechend in der Rhetorik des Aristoteles (384–322 v.Chr.). Schon dort ist die Dreiteilung in Kommunikator (Redner), Kommunikation (Rede) und Rezipienten (Publikum) zu finden, die seitdem Grundelemente jeder Definition des Begriffs waren und sind. Aristoteles´ Rhetorik weist aber auch schon jene deterministische Vorstellung auf, der zufolge rhetorisch richtig gestaltete Angebote notwendig bestimmte Wirkungen zeitigen müssten. Von Quintilian (35-86 n.Chr.)

und Victorinus (ca. 400 n.Chr.) wurden noch situative und motivationale bzw. intentionale Komponenten der basalen Bestimmung des Kommunikationsbegriffs hinzugefügt (vgl. Merten 1977, 14f). Bei Thomas von Aquin (1225-1274) und bei Nikolaus von Kues (1401-1464) ist der Begriff Bestandteil der theologischen Fachsprache. Seit dem 14. Jh. ist er im englischen und französischen Sprachraum, seit dem 15. Jh. im Kirchenlatein nachweisbar. Das Wort ist spätestens seit dem 16. Jh. auch im Deutschen in der Bedeutung von ‚Mitteilungen machen', ‚Wissen oder Ideen vermitteln', ‚Gespräch oder Besprechung' bekannt. In dieser Bedeutung hat der Begriff in der Umgangssprache bis heute keine wesentlichen Veränderungen mehr erfahren. Es ist jedoch im 20. Jh., speziell unter dem Einfluss von Kybernetik, Informationstheorie und Systemtheorie eine weitere Verallgemeinerung der Bedeutung zu konstatieren, seit das Wort für jede natürliche (z.b. auch genetische) und technische (z.B. elektronische) Form von Informationsübertragung verwendet werden kann.

Auch haben die Wissenschaften, speziell Linguistik, Soziologie, Psychologie und Kommunikationswissenschaft, die umgangssprachlichen Intuitionen bis in die jüngste Vergangenheit im wesentlichen gestärkt. Danach bezeichnete der Begriff i.a. eine Übertragung bzw. Vermittlung von Botschaften, Inhalten oder Bedeutungen von einem Ab-*Sender* (Kommunikator) zu einem *Empfänger* (Rezipienten) durch den Gebrauch von Kommunikationsmitteln (Zeichen- oder Symbolsystemen einschließlich technischer Einrichtungen bzw. Hilfsmittel). Erklärt wurde die Möglichkeit von Verständigung in diesem Modell durch die Annahme, dass Absender und Adressat über gleiches Wissen und über dasselbe Zeichen- oder Symbolsystem verfügten. Diese klassische Vorstellung ist in den letzten Jahren, besonders unter dem Einfluss der Kognitions- und Neurowissenschaften (Neisser 1974, Maturana 1982) dahingehend irritiert worden, dass die Übertragung von Informationen, Botschaften oder Bedeutungen zwischen kognitiven Systemen anders als bei nachrichtentechnischen Systemen vorzustellen sei. Der Begriff erfährt gegenwärtig eine Bedeutungswandlung, die zu einer stärkeren Betonung des aktiven Parts in der Kommunikation führen kann und zu einer Relativierung der Vorstellung von Kommunikation als einem Geschehen, das Sender und Empfänger zusammenschließt, also zu einem – gegenüber dem klassischen Konzept - eingeschränkten Verständnis von Kommunikation als Handlung von Kommunikatoren.

Meilensteine der Kommunikationstheorie

Die von Aristoteles, Qunitilian und Victorinus bekannten deskriptiven Zusammenstellungen der bestimmenden Merkmale des Kommunikationsbegriffs, Klaus Merten spricht hier von *Wortmodellen*, stellten über 2000 Jahre im wesentlichen unverändert den begrifflich-prätheoretischen Rahmen der Vorstellungen über Kommunikation dar. Erst 1946 knüpfte Harold D. Lasswell - wiederum mit einem Wortmodell - an die kommunikationstheoretische Tradition an, die er um die *Wirkungsdimension* erweiterte. Lasswells berühmte Formel 'Wer sagt was wie mit welcher Wirkung zu wem?' ist bis heute Gegenstand der kommunikationswissenschaftlichen Lehre.

Element der Analyse	Aristoteles (384–322 v.Chr.)	Quintilian (35-86 n.Chr.)	Victorinus (um 400 n.Chr.)	Lasswell (1946)
Kommunikator	Redner	Persona	Quis	Who
Situation	Beratung Gericht, Fest	Locus, Tempus	Ubi, Quando	
Motivation	Zweck d. Rede	Occasio	Cur	
Aussage	Gegenstand	Factum	Quid, quem ad modum	says what
Medium				in which channel
Rezipient	Publikum			to whom
Wirkung	Überzeugung			with what effect

Tabelle 1: Wortmodelle der Kommunikation (Erweiterung von Merten 1977, 18)

Seitdem hat sich die Theoriebildung und mit ihr der Begriff von Kommunikationstheorie diversifiziert und differenziert in die Bereiche der Individual- bzw. Face-to-Face-Kommunikation einerseits, der Massenkommunikations-, Rezeptions- und Medienwirkungsforschung andererseits.

Kommunikationstheorien werden in den 1950er Jahren aus unterschiedlichen Disziplinen heraus und unter dem Einfluss von Nachrichtentechnik, Kybernetik und Informationstheorie weiterentwickelt. Im Nachrichtentechnische Modell von Claude E. Shannon und Warren Weaver (1949; s. Tab. 2) werden erstmals solche Ansätze in einem Sender-Empfänger-Modell *integriert*. In seinen Grundannahmen ist dieses Modell mit behavioristischen Stimulus-response-Ansätzen *kompatibel*, die den theoretischen Rahmen der frühen Massenkommunikationsforschung und der Annahme starker (unmittelbar handlungsrelevanter) Medienwirkungen z.B. bei Carl I.Hovland (1959) bestimmten. Die hohe Akzeptanz und große Verbreitung dieses Kommunikationsmodells dürfte durch seine Einfachheit, Integrativität und Anschließbarkeit an die bis heute wirksamen kommunikationsbezogenen Intuitionen begründet sein. Als *Kontaktmodell* ist es bis in die Gegenwart vor allem in der Werbe- und Kommunikationswirtschaft präsent (cf. Koschnik 1988).

Modelle \ Elemente	Nachrichtentechnik	Multistep-Flow	Uses & Grats	Feldmodell	Dynamisch-transaktionaler Ansatz	Konstruktivismus
Kommunikator	Sender	Reihe von Kommunikatoren		Kommunikator im Kontext	Kommunikator /- Wissen INTRA-transakt.	Kommunikator K als kognitiv autonomes System
Botschaft / Aussage	Encodierung / Dekodierung derselben Aussage	Akzeptanz derselben, sozial adjustierten Aussage	Auswahl von Botschaften, ‚Inhalt' nicht vom Rezipienten abhängig	Aussage	INTER-transaktionen durch Aussagen	Kommunikat von K Kommunikationsofferten / Medienangebote
Medium			Auswahl von Medien	Medium		Kommunikat von R
Rezipient	Empfänger	Empfänger	Nutzen / Bedeutung bei Rezipienten	Rezipient im Kontext	INTRA-transaktionen Rezipient / -Wissen	Rezipient R als kognitiv autonomes System

Tabelle 2: Zentrale Komponenten und Orientierungen (Pfeile) der wichtigsten kommunikationstheoretischen Ansätze (Erläuterungen im Text)

Das am technischen Modell orientierte Konzept des Übertragungs- bzw. Verbindungs*kanals* ist schließlich bei Marshall McLuhan (1968) zum Inbegriff von Kommunikation geworden, die die Welt in ein ‚globales Dorf' verwandele (McLuhan & Powers 1995). Selbst der modernere (Kommunikations-) Netzbegriff knüpft noch an die Kanalmetapher an und impliziert eine (z.B. physische) Verbindung zwischen Knoten, auf der Signale und Inhalte transportiert werden.

Das Scheitern derart einfacher Vorstellungen, monokausaler und behavioraler Modelle in der Wirkungsforschung hat Kommunikationstheorien seither immer komplexer werden lassen. Die Wirkung von Kommunikation und Rezeption erwies sich als komplex, diffus und indirekt. Einerseits abhängig von Einstellungen, Interessenlagen und Wissensvoraussetzungen, andererseits beeinflusst von Situationen, sozialen Milieus, Konstellationen und Beziehungen, wirkt Kommunikation auf eben diese Bereiche zurück, kommen Botschaften bei unterschiedlichen (Gruppen von) Rezipienten unterschiedlich an und bedeuten Verschiedenes, wird das letztendliche Verhalten nicht nur von spezifischen kommunikativen Erfahrungen, sondern auch und wesentlich von ganzen sozialen und kognitiven Settings mit einer Vielzahl von Variablen abhängig gemacht. So wurde z.b. zunächst die Rolle der Opinion-Leader für die Übernahme von Meinungen erkannt, was zur Entwicklung von Modellen des Two- bzw. Multi-Step-flow of Communication (z.b. Lazersfeld 1944; s. Tab.2) führte. In der Folge des Symbolischen Interaktionismus (Mead 1934) geriet auch die Rezipientenseite, deren konstitutiver Beitrag zur Verständigung und zur Genese von Individuum und Gesellschaft immer stärker in den Blick, so dass reflexive und soziale Faktoren und Strukturen Eingang in die Modellbildung fanden (cf. Newcomb 1953, Hulett 1966). Mit dem Konzept eines aktiven, Informationen, Unterhaltung etc. suchenden und dafür Medien benutzenden Publikums etablierte der „Uses & Gratification"-Ansatz (z.b. Katz & Foulkes 1962, Palmgreen 1984; in Deutschland zum Nutzenansatz weiterentwickelt von Teichert 1972, 1973) einen komplementären Zugang neben dem dominanten Kontaktparadigma mit seiner Medien- und Kommunikatororientierung.[1]

Das Feldmodell der Massenkommunikation
Das Feldmodell von Gerhard Maletzke (1963; siehe Abb. 1) spiegelt verschiedene dieser Entwicklungen wider. Es bietet wie alle Modelle, mit Maletzkes Worten (1988, 56), „eine vereinfachte, abstrahierende Repräsentation eines Realitätsbereiches mit dem Ziel, die unter einer bestimmten Problemstellung relevanten Aspekte herauszuheben und überschaubar zu machen." Der Bereich, um den es hier geht, ist das „Feld der Massenkommunikation".

> „Das Schema versucht, folgende Sachverhalte darzustellen: Der Kommunikator (K) produziert die Aussage (A) durch Stoffwahl und Gestaltung. Seine Arbeit wird mitbestimmt durch seine Persönlichkeit, seine allgemeinen sozialen Beziehungen, durch Einflüsse aus der Öffentlichkeit und durch die Tatsache, dass der Kommunikator meist in einem Produktionsteam arbeitet, das wiederum einer Institution eingefügt ist. Außerdem muss der Kommunikator die Erfordernisse seines Mediums kennen und berücksichtigen, und schließlich formt er sich von seinem Publikum ein Bild, das seine Arbeit und damit die Aussage und damit endlich auch die Wirkungen wesentlich mitbestimmt. Die Aussage (A) wird durch das Medium (M) zum Rezipienten geleitet. Sie muss dabei den technischen und dramaturgischen Besonderheiten des jeweiligen Mediums angepasst werden. Der Rezipient (R) wählt aus dem Angebot bestimmte Aussagen aus und rezipiert sie. Der Akt des Auswählens, das Erleben der Aussage und die daraus resultierenden Wirkungen hängen ab von der Persönlichkeit des Rezipienten,

---

[1] Zur Kommunikationsgeschichte cf. auch Merten 1994a; Rusch 1998

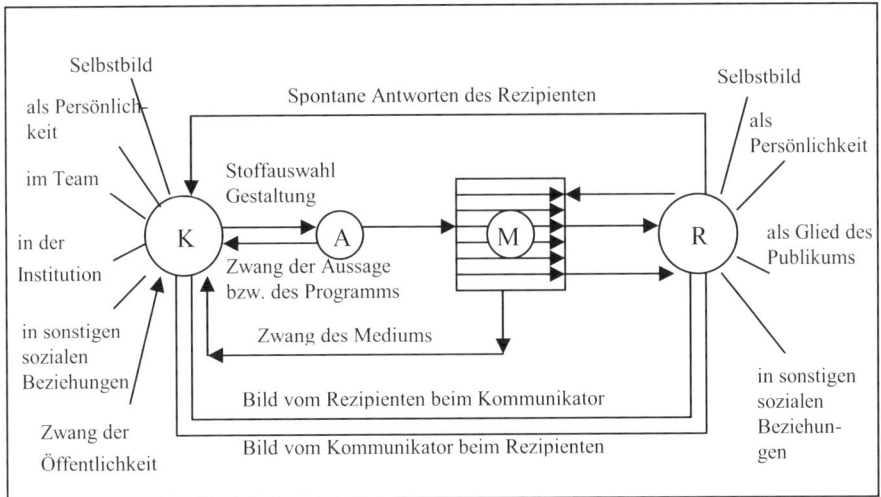

Abb. 1 Feldmodell der Massenkommunikation (nach Maletzke 1963; 1988, 63)

von seinen sozialen Beziehungen, von den wahrnehmungs- und ver-
haltenspsychologischen Eigenarten des Mediums auf der Empfänger-
seite, von dem Bild, das sich der Rezipient von der Kommunikatorseite formt und von dem mehr oder weniger klaren Bewusstsein, Glied
eines dispersen Publikums zu sein. Schließlich deutet der obere Pfeil
im Schema an, dass trotz der Einseitigkeit der Massenkommunikation
ein Feedback zustandekommt." (Maletzke 1988, 62f.)

Es ist leicht zu erkennen, wo dieses Modell - etwa mit Verweis auf Selbst- und
Fremdbilder, soziale Kontexte oder institutionelle Einbindungen - an soziologische
oder auch interaktionistische Ideen anschließt. Und in wesentlichen Bereichen ist es
unterhalb der Ebene von Massenkommunikation auch auf die persönliche Kommunikation beziehbar. Dies selbst dort, wo Maletzke von den Zwängen der Öffentlichkeit, der Aussage und des Mediums spricht, lassen sich analoge Faktoren für die
Face-to-Face-Kommunikation benennen: Sozialer Druck, Gruppendruck, Erwar-
tungsmuster und Konventionen, konversationelle Zugzwänge und Besonderheiten
des Ausdrucksrepertoires z.B. in der mündlichen im Vergleich mit der schriftlichen
Rede. Lediglich der Aspekt, Mitglied eines *dispersen* (weit verteilten) Publikums zu
sein, bleibt als spezifisch für das Feld der Massenkommunikation. Zwar zeigt das
Schema auch Feedbacks bzw. Rückkopplungen, diese sind aber sehr unterschiedlich
zu bewerten. Eigentlich stellt nur der Pfeil „Spontane Antworten des Rezipienten"
ein echtes Feedback dar, das allerdings gerade im Fall von Massenkommunikation
schwer vorstellbar ist. Die anderen Rückbezüge (die Zwänge von Aussage und Me-

dium) müssen dagegen eher als Antizipationen oder Wirksamkeit von Konventionen interpretiert werden. So ist das Feldschema Maletzkes trotz der Erweiterungen und Differenzierungen, die es gegenüber dem nachrichtentechnischen Sender-Empfänger-Modell aufweist, diesem im wesentlichen verpflichtet.

1.1. Der dynamisch-transaktionale Ansatz

Eine bedeutende Weiterentwicklung erfährt die Kommunikationstheorie in den frühen 1990er Jahren durch die Auseinandersetzung mit der Prozess- und Funktionsorientierung des *dynamisch-transaktionalen Ansatzes* von Werner Früh und Klaus Schönbach (1982). Die Autoren nehmen aus dem Uses & Gartification Approach den Gedanken des aktiven, Bedeutungen vor der Folie des jeweiligen eigenen Wissens generierenden, Medien und Botschaften nach eigenen Interessen, Stimmungslagen und Erwartungen auswählenden Publikums auf und halten zugleich am Postulat kausaler Wirkungsbeziehungen für Aussagen und Medien fest. Sie stellten damit ein Modell zur *Integration von Wirkungs- und Nutzenansatz*, von behavioristischen und publikumsorientierten Konzepten vor, das eigentlich keine unabhängigen Variablen im Kommunikationsprozess mehr kennen dürfte. Effekte können sowohl vom Kommunikator, der Botschaft und dem Medium ausgehen als auch von den für solche Effekte notwendigen Faktoren auf Seiten des Rezipienten: Wissen, Aktivation, Stimmungen, Interessen, etc. Früh und Schönbach setzen in ihrem Modell den Befund zahlreicher kognitionswissenschaftlicher empirischer Studien um, dass eine Medienbotschaft, die einen Rezeptionsprozess anstoßen kann, kein objektiver und vom Rezipienten unabhängiger Stimulus ist, sondern Identität erst im Prozess des Verstehens erhält und verändert: „dieselbe Information ist für verschiedene Interpreten und zu verschiedenen Zeiten nicht dieselbe. Ihr werden – „objektiv" verschiedene Bedeutungen zugewiesen" (Früh 1991, 28). Damit stellt sich die aktive Bedeutungskonstruktion durch den Rezipienten als das eigentliche – weil einzige - Wirkungspotential der Medien dar.

Werner Früh benennt weitere Integrationsleistungen des Modells, wenn er auf die aktiven und passiven Parts im Kommunikationsprozess verweist.

> „Der *Kommunikator* ist *aktiv*, indem er Informationen auswählt, Akzente setzt und (vermutete) Eigenschaften, Bedürfnisse und Gewohnheiten des Publikums gezielt ausnutzt, um seiner Botschaft optimale Wirkungschancen zu geben. *Passiv* ist er insofern, als er mit den Bedingungen leben muss, die ihm sein Medium, das Publikationsorgan und die Rezipienten setzen." (ebd., 31)

„Der Rezipient ist *passiv* insofern, als er nur aus denjenigen Informationen auswählen kann, die ihm auch angeboten werden. Passiv ist er auch beim täglichen, unwillkürlichen Kontakt mit Aussagen der Massenkommunikation (habitualisiertes Medienverhalten). Die *aktive* Komponente des Rezipienten [...] umfasst insbesondere Selektionsstrategien, die es dem Rezipienten ermöglichen, ganz bestimmte Informationen aus dem Angebot auszuwählen und unerwünschten auszuweichen. Hinzu kommt jedoch die Elaboration von Kommunikationsinhalten, die dazu führt, dass der Rezipient zunächst unverbundene Informationen selbstständig zu einen subjektiv sinnvollen Ganzen zusammenzufügen versucht und dabei durchaus auch nicht vorhandene Informationen ergänzt." (ebd.)

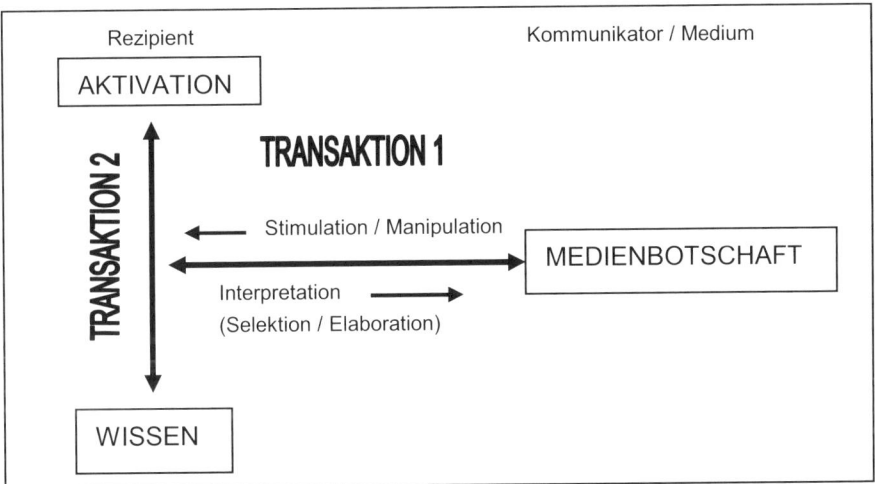

Abb. 2: Grundmuster des dynamisch transaktionalen Modells (nach Früh 1991, 29)

Beide Teilnehmer am Kommunikationsgeschehen spielen also im transaktionalen Modell aktive und passive Rollen, und zwar parallel und gleichzeitig. Früh hebt nun für die Massenkommunikation im Gegensatz zur Individualkommunikation als spezifisches Merkmal hervor, dass diese Rollen im Kommunikationsverlauf nicht fort während getauscht werden, sondern stabil bleiben, weil es keine direkten Feedback-Kanäle gibt. Daher bleibt nur das Para-Feedback von Leserzuschriften oder Einschaltquoten, das den Kommunikatoren allenfalls gestattet, ihre Kommunikationspartner indirekt zu beobachten und deren Reaktionen zu imaginieren. Diese nicht wirklich interaktive Beziehung wird als *Transaktion* bezeichnet.
Wenn der dynamisch-transaktionale Ansatz in der bisherigen Darstellung vielleicht

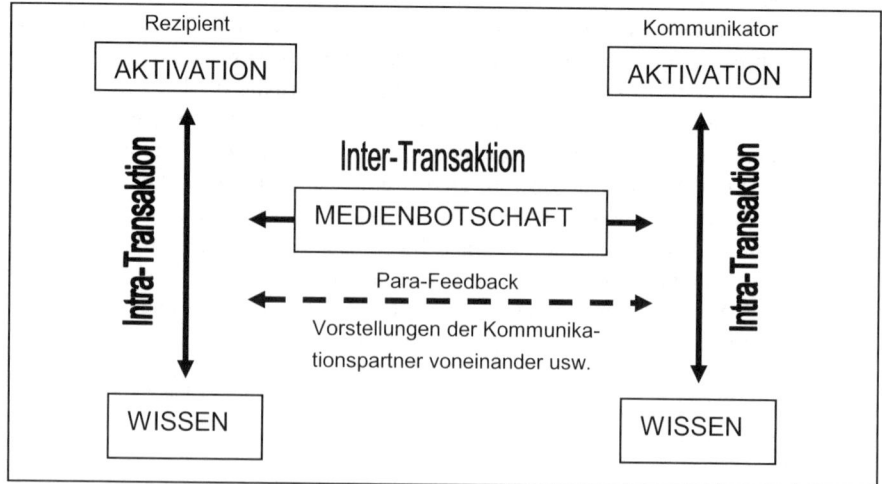

Abb. 3: Transaktionsvorgänge in der Kommunikation (nach Früh 1991, 53)

noch gar nicht sonderlich innovativ erscheinen mag, so geht er doch in zwei weiteren Hinsichten wesentlich über die anderen genannten Ansätze hinaus. Erstens integriert er explizit den *Prozesscharakter* bzw. die *Zeitdimension* der Kommunikation, zweitens wird der Kommunikationsprozess auf der *Mikro-* und auf der *Makro-Ebene* modelliert.

Die Zeitdimension hat gleich mehrere Aspekte. So ist zu berücksichtigen wie Rezeptionsprozesse in der Massenkommunikation angestoßen oder ausgelöst werden, welche Vorgänge sich im Rezeptionsprozess im einzelnen abspielen, wie der Umgang mit Medien und die Aneignung von Neuem weitere Rezeptionsprozesse beeinflusst, etwa Interessen vertieft, umlenkt oder neu weckt, wie die Zuwendung zu Medien verändert, die Suche nach bestimmten Angeboten initiiert wird, etc. Solche *dynamischen* Faktoren, die die Mediennutzung faktisch bestimmen, sind in reinen Strukturmodellen (nach dem Sender-Empfänger-Schema) gar nicht abbildbar.

Die Integration von Mikro- und Makro-Ebene wird schließlich dadurch geleistet, dass Kommunikator und Rezipient einerseits (mit Blick auf die Ebene der Intra-Transaktionen) auf ihre Aktivationspotentiale und ihr Wissen hin analysiert werden (ebd. 65), andererseits (mit Blick auf vertikale Transaktionen und Inter-Transaktionen) als Mitglieder des Journalismus-Systems bzw. eines dispersen Medienpublikums sowie in ihren Relationen zu den gesellschaftlichen Sub-Systemen Privatsphäre/Freizeit, Beruf, Politik und Wirtschaft (ebd., 69, 73).

1.2. Konstruktivistische Ansätze I: Wirkung von Wirkungen
Aus einer grundlegenden Kritik der Medienwirkungsforschung hat Klaus Merten 1994 und 1995 einen konstruktivistischen Ansatz, ein *multimodales Wirkungsmodell* entwickelt[2]. Seine Kritik an der Wirkungsforschung richtet Merten auf die folgenden drei Punkte: 1. auf das stillschweigenden Festhalten am klassischen Stimulus-Response-Modell, 2. auf den Gedanken und die Praxis der Messung von Wirkungen und 3. auf die fehlende theoretische Einbindung bzw. die fehlende Anschließbarkeit an den Stand der Kognitions- und Rezeptionsforschung. (cf. Merten 1995, 296)

Das Festhalten am S-R-Modell führt nach Mertens Analyse zur Konservierung empirisch längst widerlegter Annahmen, wie etwa derjenigen von Übertragung oder Transfer von Informationen, Bedeutungen oder Inhalten, oder der Proportionalität von kommunikativen Aufwand (Intensität und Dauer) und Wirkung. Vernachlässigt würde entsprechend die Berücksichtigung der Systematizität, Selektivität und Reflexivität des Kommunikationsprozesses, d.h. des Zusammenhangs, der wechselseitigen Abhängigkeiten und der Wechselwirkungen zwischen den unterschiedlichen medialen, sozialen und kognitiven Variablen.

Merten modelliert Medienwirkungen nun als abhängig von *fünf Variablenbündeln*: 1. dem internen Kontext aus *Wissen und Einstellungen* des Rezipienten, 2. dem externen Kontext aus *Werten, Normen und Situationen*, 3. der *Aussage*, die von einem Medium angeboten wird, 4. *Erwartungen*, die der Rezipient aufgrund seines Wissens und seiner Einstellungen an Medien richtet (vorauseilende Modalität) und 5. das *Feedback* vom Rezipienten zu den Medien in Form von Einschaltquoten oder verkauften Auflagen, das dafür sorgt, den Rezipienten möglichst nur noch mit solchen Angeboten zu bedienen, die potentiell von ihm akzeptiert werden. In dieser Modellierung ist nun die von Merten diagnostizierte Isomorphie (oder schwächer: Affinität) von Kommunikations- und Wirkungsprozess umgesetzt mit dem Resultat, dass „Wirkungen – in the long run – durch Wirkungen selbst verändert werden" (Merten 1995, 80). In seiner Publikumsorientierung, der Betonung der Abhängigkeit von Aussagen und Inhalten vom Wissen, den Einstellungen, Werthaltungen der Rezipienten und der Rezeptionssituationen deckt sich der Ansatz Mertens mit den Grundannahmen von Früh und Schönbach im dynamisch-transaktionalen Modell. Er geht darüber hinaus insofern, als er die rezeptions- und kognitionswissenschaftlichen Grundlagen als Basis eines konstruktivistischen Zugangs erkennt und für die Bestimmung von Kommunikation und Wirkung im Prozess individueller und sozialer Wirklichkeitskonstruktion fruchtbar macht. Leider hat Merten bislang auf eine analoge Modellierung der Kommunikatorseite verzichtet.

---

[2] Er knüpft damit an eine Konzeption an, für die Autoren wie Glasersfeld 1981, Maturana 1982 oder Foerster 1985 stehen.

1.3. Konstruktivistische Ansätze II: Kommunikation und Rezeption
Für eine Kommunikationstheorie ergibt sich auf konstruktivistischer Grundlage (cf. Rusch 1987, 1999a) die Konsequenz, nicht nur den Gedanken der Übermittlung von Botschaften zugunsten der je subjektspezifischen internen Informationskonstruktion aufzugeben, sondern das unter einen einzelnen Begriff (eben den der Kommunikation) gebrachte und dadurch als Einheit und Zusammenschluss (i.e. Verbindung durch und zur Übertragung von Information) vorgestellte Geschehen analytisch und begrifflich zu dekomponieren in die kognitiv autonom operierenden Akteure und deren jeweiliges Handeln. Dabei geht es einerseits um die *Produktion*, Präsentation und Adressierung von Kommunikationsmitteln und andererseits um die Beobachtung der Umwelt und die *Rezeption* der als Medienangebote identifizierten Objekte.

Der Gesamtprozess der Kommunikation zerfällt gewissermaßen in zwei eigenständige Prozess-Einheiten: das Handeln von Kommunikatoren (i.e. Kommunikation) auf der einen Seite und das Handeln von Beobachtern, Hörern/Lesern/Zuschauern/Usern, Perzipienten oder Rezipienten auf der anderen Seite. In diesem Modell führt kein direkter Weg oder Kanal vom Kommunikator zum Rezipienten. Sie können sozusagen nicht mehr als Beteiligte an *demselben* Vorgang oder als Komponenten eines übergeordneten Kommunikationsprozesses begriffen werden, sondern nur noch als Akteure, die - jeder für sich - bezogen auf den anderen handeln, Erwartungen an den jeweils anderen richten, Ansprüche stellen, eigene Ziele verfolgen und auf der Basis der je eigenen Beobachtungen ihre Erfahrungen machen und handeln.

So machen Kommunikatoren spezifische Angebote. Sie produzieren *Kommunikatbasen* (lautliche, bildliche oder graphische Strukturen; cf. Schmidt 1980, ders. 1994), die sie mit spezifischen *Kommunikat*eigenschaften (thematischer, stilistischer, referentieller, etc. Art) ausstatten. Ob und in welcher Weise diese Angebote von Anderen wahrgenommen und verarbeitet werden, bleibt in jedem Fall abzuwarten. Die Äußerung z.B. von Aufforderungen oder Bitten löst bei den Angesprochenen nicht einfach das erwünschte Verhalten aus. Und die Mitteilung eines komplizierten Sachverhaltes führt – wie jeder Schüler und jeder Lehrer weiß - nicht unmittelbar zur Etablierung einer entsprechenden Wissensstruktur beim Hörer. *Kommunikation* ist keine Technik der instruktiven Steuerung oder der Signal- oder Bedeutungsübertragung, sondern eine Praxis zur Orientierung von Interaktionspartnern vermittels der *Produktion, Präsentation und Adressierung von Kommunikatbasen*. Dabei geht es darum, die (auditive, visuelle, taktile) Umwelt des Rezipienten so zu verändern, dass dieser aufgrund seines eigenen Wahrnehmungsvermögens und Wissens, und aufgrund seiner eigenen Verhaltensmöglichkeiten und der damit gesammelten Erfahrungen zur Synthese eines Verhaltens oder zu einem Handeln angestoßen oder angeregt wird, das als Antwort auf die kommunikativen Angebote des

Kommunikators interpretiert werden kann. So kann der Kommunikator die Beobachtung der Folgen seiner kommunikativen Intervention zunächst einmal mit den Erwartungen abgleichen, der er mit seinem Angebot verbunden hatte. Er kann durch Beobachtung prüfen und feststellen, ob er seine Intentionen realisieren konnte, ob er verstanden worden ist. Und Gleiches gilt für den Rezipienten, sofern er mit seinem Handeln die Erwartung bestimmter Folgen verbindet. Immer stehen die bewussten oder unbewussten Erwartungen, die mit der Ausführung von Tätigkeiten verbunden sind, als Kriterien für die Bewertung (hier: die Erzeugung von Wissen darüber, was man tun kann) im Hintergrund.

Was in der Kommunikation (aus Sicht der Kommunikatoren) von den Adressaten initial gefordert wird, ist *Aufmerksamkeit*. Verlangt wird also eine aktive Kopplung durch Formen des Beobachtens: Hinwendung, Hinschauen, Hinhören. Ob aufmerksame Beobachter zu Rezipienten werden, die den Gegenstand ihrer aufmerksamen Beobachtungen (weiter-) verarbeiten (also z.B. semiotisch interpretieren), hängt nicht nur von der Attraktivität des wahrgenommenen Angebots und der Kraft involvierender Faktoren ab, sondern eben auch von entsprechenden sozialen und semiotischen Erfahrungen und Wissensstrukturen. Erst in dem Maße wie kommunikative und rezeptive Aktivitäten durch rekurrente (Inter-)Aktionen aufeinander abgestimmt werden, erst in dem Maße wie sich *Kopplungsroutinen* aus kommunikativen und rezeptiven Aktivitäten herausbilden und als Konventionen kognitiv-sozial stabilisiert werden, wird die Erwartung kommunikativen Erfolges begründet und das Eintreten solchen Erfolges wahrscheinlicher sein.

Kommunikator (K) und Rezipient (R) (siehe Abb. 4) operieren autonom und erzeugen in der Wahrnehmung Information abhängig von selektiv wahrgenommenen Situationen, Objekten, Partnern, dem eigenen Selbst und dem eigenem (Äußerungs-) Verhalten aus dem Zusammenspiel von Sinnesaktivitäten, Wissen (W), Einstellungen (A), Erwartungen (E), Emotionen (G), Wünsche oder Ziele (Z) und Bedürfnissen (B). Diese intern erzeugte Information wird dann in Wechselwirkung mit motorischen Systemen für die Produktion von Verhalten, und darunter auch von Äußerungen, z.B. im Rahmen von Orientierungstätigkeit funktionalisiert. Das Resultat ist eine Kommunikatbasis KB(K), der K sein Kommunikat K(K) zuordnet. Der Prozeß der Produktion von KB(K) kann im Lichte des Kommunikats K(K)rekursiv solange fortgesetzt werden, bis K für seine Kommunikatbasis KB(K) ein befriedigendes Kommunikat K(K) oder aber für sein Kommunikat eine befriedigende Kommunikatbasis generiert hat. Beobachter oder Rezipienten sind nun diejenigen, die Kommunikatbasen kognitiv autonom wahrnehmen oder verarbeiten, d.h. ihre Aufmerksamkeit auf Kommunikatoren bzw. deren Orientierungstätigkeit richten. Kommunikationsteilnehmer als Produzenten oder Rezipienten funktionalisieren die Herstellung, Präsentation, Be- und Verarbeitung von Kommunikatbasen im Rah-

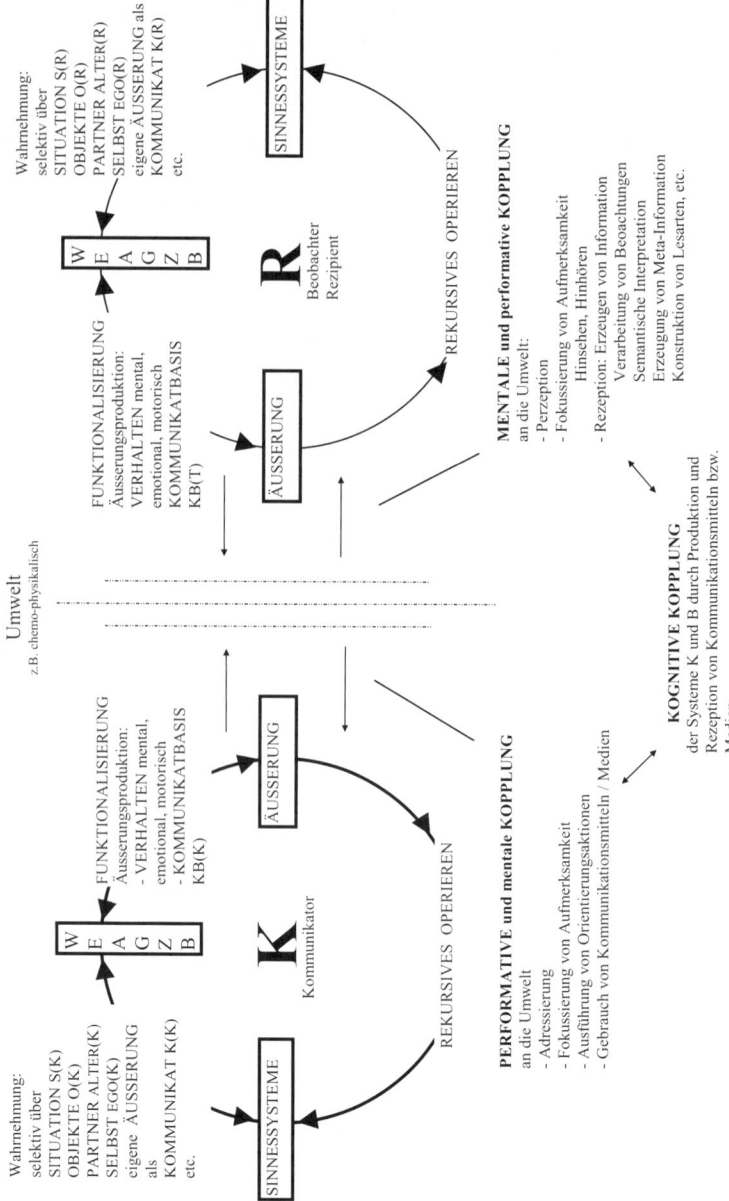

Abb. 4 Kommunikationsmodell für Kommunikation und Rezeption unter Bedingungen kognitiver Autonomie

men ihres eigenen autonomen Managements von Stimmungen, Bedürfnissen, Wissensbeständen, Einstellungen, Erwartungen und Zielen. Die Kommunikate, die sie erzeugen, sind dann rekursiver In-/Output ihrer systemspezifischen Kognition.

Fasst man Kommunikation und Rezeption wie hier als Verhalten und Handeln, so sind es eindeutig kognitive Prozesse, deren Rationalität jeweils teilnehmerspezifisch ist. Soweit sie sich beobachtbar äußern, und in ihrer Orientierung auf soziale Partner sind es zugleich auch soziale Prozesse. Und weil der Erfolg von Kommunikation im Interaktionsverlauf immer auch ein Rezeptionserfolg ist, entsteht aus der kommunikativen Verständigung kognitive Parallelität und soziale Bindung. Der Gebrauch konventionalisierter Kommunikationsmittel erhöht deshalb die Chancen für kognitive Kopplungen, d.h. die Chancen für Verständigung, was wiederum die Bindung verstärkt usf. Medien verbessern aber darüber hinaus auch die Qualität sozialer Kopplungen, indem sie sowohl die soziale Koordination beschleunigen als auch die koordinierbaren Bereiche (von der äußeren Wirklichkeit bis hin zu abstrakten oder auch ganz persönlichen Vorstellungen) erweitern. Nur wenn Kognition und Kommunikation - anders als bei N.Luhmann (z.B. 1996) und S.J.Schmidt (z.B. 1994) – nicht als distinkte Bereiche, sondern als kognitiv-soziale Prozesse modelliert werden, können Medien überhaupt – allen voran die natürlichen Sprachen – in ihren soziogenetischen und sozio-kognitiven Funktionen erfaßt werden[3].

An dieser Stelle wird auch klar, dass es – anders als in der Argumentation von W.Früh – so etwas wie Passivität weder in der Kommunikation, noch in der Rezeption gibt. Nur Aktivitäten (wie das Sehen, Hören, Artikulieren von Lauten, das Zeichnen oder das Schreiben) können Informationen generieren oder Umweltveränderungen bewirken. Einem Medien(über)angebot ausgesetzt zu sein, bedeutet in keiner Weise, passiv zu sein; und ebenso wenig ist der unwillkürliche Kontakt mit Medien im Alltag etwas Passives, weil schon jedes Bemerken eines Plakates oder einer Schlagzeile eine Aktivität bedeutet. Hinsichtlich der Dynamik und Interaktion von Kommunikation und Rezeption ist auf der charakterisierten strukturellen Basis weiter zu klären, welche Kopplungsaktivitäten im Prozess der Verständigung ineinandergreifen, wie sich Kommunikation und Rezeption als autonome Einzelhandlungen zu einem dynamischen Interakti-onsgefüge verschränken[4]. Wie in Abbildung 5 für die Face-to-Face-Kommunikation angedeutet, kann dieser Prozess (analytisch) in vier Phasen gegliedert werden.

Zusammen bilden diese Teilprozesse Kommunikations- bzw. Rezeptions*episoden*. Die Zusammenfassung zu Episoden bzw. die Gliederung in vier Teilprozesse

---

[3] Für eine ausführlichere Kritik von Luhmanns Begriffen von Kommunikation und Verstehen cf. Rusch 1999b
[4] Solche Verschränkungen sind in der Interaktionspychologie z.B. als dyadische Sequenzen (bei Sears) oder als soziale Episoden (bei Skinner) analysiert worden, cf. Piontkowski 1976, 41, 70ff.

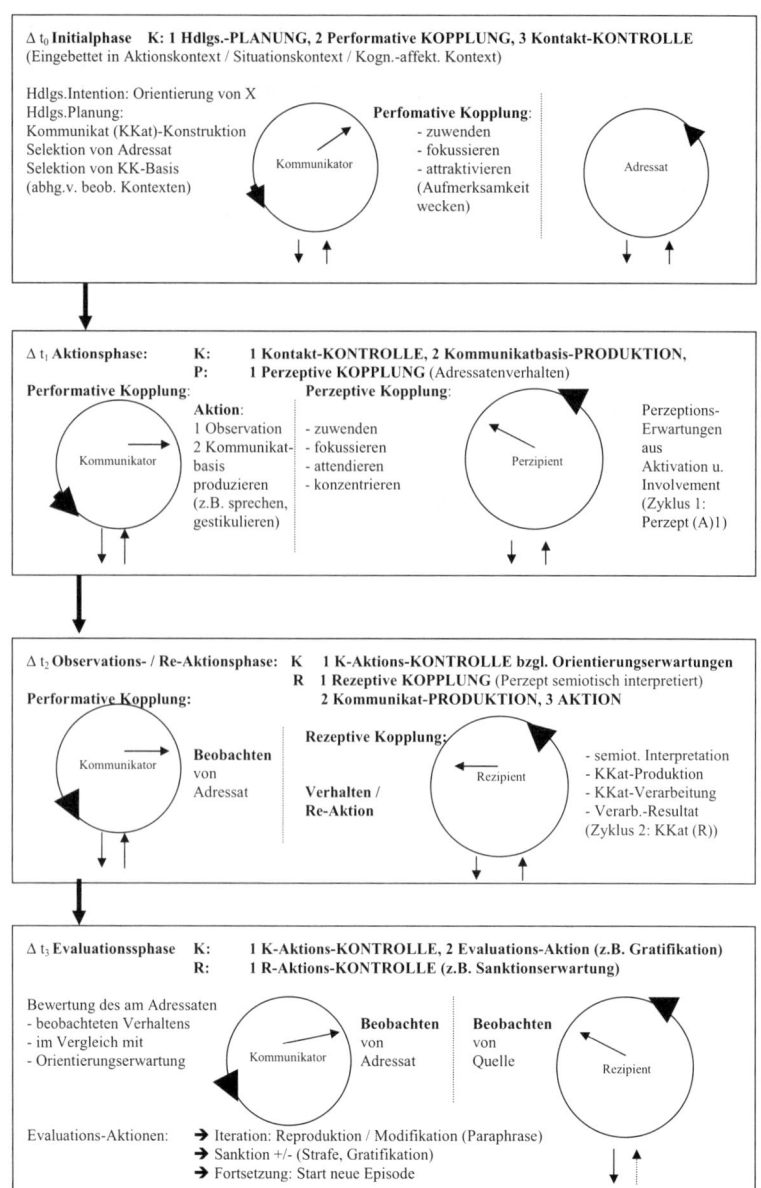

Δ t₀ Initialphase   K: 1 Hdlgs.-PLANUNG, 2 Performative KOPPLUNG, 3 Kontakt-KONTROLLE
(Eingebettet in Aktionskontext / Situationskontext / Kogn.-affekt. Kontext)

Hdlgs.Intention: Orientierung von X
Hdlgs.Planung: Perfomative Kopplung:
Kommunikat (KKat)-Konstruktion   - zuwenden
Selektion von Adressat   - fokussieren
Selektion von KK-Basis   Kommunikator   - attraktivieren   Adressat
(abhg.v. beob. Kontexten)   (Aufmerksamkeit
                                                        wecken)

Δ t₁ Aktionsphase: K: 1 Kontakt-KONTROLLE, 2 Kommunikatbasis-PRODUKTION,
                           P: 1 Perzeptive KOPPLUNG (Adressatenverhalten)
Performative Kopplung: Perzeptive Kopplung:
                           Aktion: Perzeptions-
                           1 Observation   - zuwenden   Erwartungen
                           2 Kommunikat-   - fokussieren   aus
          Kommunikator   basis   - attendieren   Perzipient   Aktivation u.
                           produzieren   - konzentrieren   Involvement
                           (z.B. sprechen,   (Zyklus 1:
                           gestikulieren)   Perzept (A)1)

Δ t₂ Observations- / Re-Aktionsphase: K   1 K-Aktions-KONTROLLE bzgl. Orientierungserwartungen
                                        R   1 Rezeptive KOPPLUNG (Perzept semiotisch interpretiert)
Performative Kopplung: **2 Kommunikat-PRODUKTION, 3 AKTION**
                                        Rezeptive Kopplung:
          Kommunikator   Beobachten   - semiot. Interpretation
                           von   - KKat-Produktion
                           Adressat   **Verhalten /**   Rezipient   - KKat-Verarbeitung
                                         Re-Aktion   - Verarb.-Resultat
                                                                                         (Zyklus 2: KKat (R))

Δ t₃ Evaluationssphase   K: 1 K-Aktions-KONTROLLE, 2 Evaluations-Aktion (z.B. Gratifikation)
                          R: 1 R-Aktions-KONTROLLE (z.B. Sanktionserwartung)
Bewertung des am Adressaten
- beobachteten Verhaltens   **Beobachten**   **Beobachten**
- im Vergleich mit   **von**   **von**
- Orientierungserwartung   Kommunikator   **Adressat**   **Quelle**   Rezipient

Evaluations-Aktionen: → Iteration: Reproduktion / Modifikation (Paraphrase)
                           → Sanktion +/- (Strafe, Gratifikation)
                           → Fortsetzung: Start neue Episode

Abb. 5: Kommunikations- / Rezeptionsepisode mit Teilsequenzen (Face-to-face)

folgt im wesentlichen dem *basalen kognitiven Operationsschema* von Handlungs-
planung und Kontaktherstellung (1), Handlung (2), Beobachtung der Handlungsfolgen (3) und Bewertung der Handlungsfolgen (4) mit Blick auf erwünschte Veränderungen / Zustände. Daraus ergibt sich auch eine grundsätzliche *Interpunktions-
differenz* für das Gesamtgeschehen zwischen Kommunikator und Rezipient.[5]

In der *Massenkommunikation* werden diese Verhältnisse in spezifischer Weise
verändert. Für die Rezipienten wird die Suche nach bzw. die Auswahl von Rezepti-
onsangeboten zum bestimmenden Moment. Als Nachfrage oder Bedarf für semiotische Güter kann diese Suche von Buchhandel, Radio- und Fernsehprogrammen,
Informationsbrokern usw. kommerziell bedient und als elementare Medienkompetenz von den Bildungsinstitutionen kultiviert werden. Die Sogwirkung und Selektivität der Suche nach kognitiv-affektiv geschmeidigen Rezeptionsofferten geht unter
kommerzialisierten Bedingungen so weit, dass die Produktion des Angebots, mode-
riert durch Verlage, Sender und Agenten, in spezieller Weise darauf abstellt: es wird
tendenziell nur noch das produziert oder ausgestrahlt, was auch ‚ankommt'. Einschaltquoten, verkaufte Auflagen, etc. liefern die Kriterien.

Entsprechend wandelt sich die Rolle der Kommunikatoren in den Massenmedien. Sie sind – obgleich Anbieter - nicht mehr die Initiatoren des Geschehens. Und
sie orientieren auch nicht mehr die Rezipienten aktiv durch ihre Kommunikations-
handlungen, weil sie nicht mehr direkt (in Person) auf ihre Rezipienten einwirken
und deren Reaktionen kontrollieren und evaluieren können. Ihr Handeln beschränkt
sich im wesentlichen auf die Produktion von Rezeptionsstoffen (Lesestoff, TV-
Programm, etc.). Sie werden von Initiatoren und Gestaltern sozialer Beziehungen
und kognitiver Strukturen zu Designern von Medienprodukten. Ihre Tätigkeit können sie allenfalls transaktional an Para-Feedbacks ausrichten. Unter diesen Bedingungen sind kommunikative Intentionen, Orientierungsabsichten und –ziele nicht
nur überflüssig, sondern geradezu dissonant. Sie können nämlich in einem solchen
Setting kaum mehr erfüllt werden. Andere Absichten und Ziele werden daher für die
Produktion von Medienangeboten maßgebend, z.B. so etwas wie die Sicherung einer
Grundersorgung mit Medienangeboten, oder die Erfüllung eines Programmauftrags
oder die Bedienung bestimmter Interessen oder Zielgruppen.

Der Verzicht auf Orientierungsintentionen ist aber gleichbedeutend mit dem
Verzicht auf Verständigung, für die es dann nämlich keine Kriterien mehr gibt. So
tritt in der Massenkommunikation an die Stelle von Verständigung z.B. die Unterhaltung (cf. Zillman & Jennings 1994).

---

[5] Zum Begriff der Interpunktion von Handlungsabläufen cf. Watzlawick et al 1969, 59

Peter Vorderer & Holger Schramm

Medienrezeption

Am Samstag, den 20. Februar 1999, nahm Bundeskanzler Gerhard Schröder als Gast in der ZDF-Unterhaltungsshow „Wetten, dass...?" teil. Mehr als 18 Millionen Bundesbürger verfolgten diese Sendung; belustigt, bestürzt oder erfreut, vielleicht auch nur verwundert, irritiert oder gelangweilt. In den darauf folgenden Tagen war dieser Fernsehauftritt Gegenstand der Diskussion in zahlreichen Zeitungen, Radiobeiträgen, etwas später dann in politischen Magazinen und Publikumszeitschriften. Dass ein deutscher Bundeskanzler als Gast in einer Unterhaltungssendung auftritt, war ein Thema der öffentlichen Auseinandersetzung in den Massenmedien, aber selbstverständlich auch in anderen kommunikativen Kontexten: beim Gespräch am Arbeitsplatz, in der Kneipe, beim Chat im Internet oder in einer speziellen Newsgroup. Und natürlich dauerte es auch nicht allzu lange, bis die ersten Kulturkritiker darauf hinwiesen, dass man an diesem Beispiel einmal mehr erkennen könne, ‚wohin wir schon gekommen seien‘. Politik verkomme zum Unterhaltungsbetrieb, so der oft implizit formulierte Vorwurf; statt sachlicher Auseinandersetzung erlebten wir immer mehr seichtes Amüsement. Die Ursache dieser Entwicklung ist ebenso schnell ausgemacht: Es sind die Medien selbst, deren Allgegenwart und Macht den Politiker Schröder dazu veranlasst habe, sie zu ‚bedienen‘; und es ist das Medienpublikum, das so etwas insgeheim wolle und goutiere. Zu einem besonderen Ereignis wurde der Auftritt ja nicht dadurch, dass er am Samstagabend oder in eben dieser Sendung stattfand, sondern, weil er von einem so großen Publikum rezipiert wurde. Die *Medienrezeption* ist also der Grund für die öffentliche Diskussion über den Auftritt des Bundeskanzlers in „Wetten, dass...?". Was genau versteht man aber unter Medienrezeption?

Für viele bedeutet Medienrezeption schlicht *Mediennutzung*; die Tatsache also, dass 18,06 Millionen Menschen, davon 16,74 Millionen Erwachsene ab 14 Jahren und 1,32 Millionen Kinder im Alter von drei bis 13 Jahren, am 20.02. auf dem Fernsehschirm die Sendung „Wetten, dass...?" verfolgten. Und auch, dass davon ein bestimmter Prozentsatz während der Sendung wieder ab- oder auch umgeschaltet hat, dass andere erst im Verlaufe der Ausstrahlung ihren Apparat ein- oder sich in das betreffende Programm zugeschaltet haben. All dies gehört zur Medienrezeption, wenn man – wie dies die Publizistik- und Kommunikationswissenschaft in der Regel tut – unter Rezeption vor allem die *Nutzung* (hier:) des Fernsehens versteht. Freilich beinhaltet eine solcherart verstandene Rezeption auch noch andere Phänomene: Dazu gehören z. B. die Lesedauer und die Reichweiten von Zeitungen und Zeitschriften oder die Verweildauer vor dem Radio und mit dem Internet. Prototypen von kommunikationswissenschaftlichen Untersuchungen zur Medienrezeption sind die kommerziellen Markt-Media-Studien wie die Media-Analyse (MA) oder die Allensbacher-Werbeträger-Analyse (AWA). Ein Beispiel im Bereich der Grundlagenforschung ist die Langzeitstudie „Massenkommunikation", die – 1964 von der ARD ins Leben gerufen – alle fünf Jahre aktuelle Zahlen zur Nutzung im intermediären Wettbewerb von Hörfunk, Fernsehen, Kino und den Printmedien ermittelt. Bei diesen Studien werden die Rezipienten allerdings nicht nur nach ihrer Mediennutzung befragt. Neben sozio-demographischen Merkmalen werden meist noch Einstellungen, Bewertungen und Präferenzen festgehalten, so dass eine systematische und detaillierte Beschreibung des Mediennutzungsverhaltens durch verschiedene Publika, Milieus und Zielgruppen möglich ist. Diese Analysen liefern wertvolle Hinweise und sind die Grundlage für jeden Mediaplaner.

Gleichzeitig wird von vielen unterstellt, der Auftritt des Bundeskanzlers in „Wetten dass ... ?" hätte eine gewisse Symbolik vermittelt. Ein Kanzler, der sich nicht nur durch ein ‚Bad in der Menge' dem Volke stellt, sondern der – einer Mediengesellschaft angemessen – auf der gleichen Fernsehcouch Platz nimmt, auf der sonst die Größen aus Show- und Unterhaltungsbusiness sitzen, ist eben ein ‚Medienkanzler'. Symbolik statt Substanz, so lautet der sich häufig anschließende Vorwurf, aus dem die Forderung abgeleitet wird, solche Symbolik müsse erst durchschaut und auf deren Bedeutung entsprechend hingewiesen werden. Auch eine derartige *Interpretation* der Fernsehsendung wird als Rezeption bezeichnet. Insbesondere die eher aus einem philologisch-geisteswissenschaftlich orientierten Wissenschaftskontext kommende Medienwissenschaft würde unter Medienrezeption nicht in erster Linie die Nutzung der Unterhaltungsshow, sondern vor allem ihre Interpretation verstehen wollen.

Was aber haben die Fernsehzuschauer am Abend des 20.02. gedacht, was haben sie empfunden, und wie haben sie an der präsentierten Sendung ‚teilgenommen'? Wie lassen sich die Kognitionen und Emotionen, allgemeiner: das *Erleben* der Rezipienten beschreiben? So könnte die Medienpsychologie die aus ihrer Sicht erkennbare Medienrezeption der Fernsehzuschauer hinterfragen, um nicht nur die Nutzung der Sendung und ihr Verstehen durch die Zuschauer, sondern vor allem auch, um die kognitive Verarbeitung und emotionale Bedeutung dieses konkreten Angebots zu beschreiben und zu erklären.

Medienrezeption – das sollte mit diesem Beispiel deutlich gemacht werden – kann sehr vieles, auch Unterschiedliches bedeuten, je nach dem, aus welcher Perspektive man sich diesem Phänomen nähert. Wir wollen uns im Folgenden auf die medienpsychologische Perspektive konzentrieren und dabei insbesondere drei Problemdimensionen von Medienrezeption konkretisieren: ihre *Wirkungen*, den *Prozess* der Medienrezeption selbst sowie dessen *Voraussetzungen* auf Seiten der Rezipienten.

1. Wirkungen der Medienrezeption

Sowohl in der Kommunikationswissenschaft wie auch in der Medienpsychologie versteht man unter Medienwirkungen übereinstimmend *Veränderungen* in den Kognitionen (vor allem Einstellungen), Emotionen und im Verhalten der Mediennutzer (vgl. Schenk 1987; Groeben & Vorderer 1988, Kap. 4). Diese wenig spezifische Definition kann sehr Unterschiedliches beinhalten: Das durch die Rezeption einer Wahlsendung ausgelöste Wahlverhalten eines Bundesbürgers, die Tatsache oder auch nur der Eindruck, durch eine Nachrichtensendung besser informiert zu sein, das Gefühl eines ‚schlechten Gewissens' in Anbetracht eines rezipierten Spendenaufrufs, aggressive Verhaltensweisen im Anschluss an gewalttätige Filme, Stimmungsveränderungen im Zusammenhang mit der Rezeption einer Musik- oder Unterhaltungssendung, Wut oder Enttäuschung über ein übertragenes Fußballspiel und vieles andere mehr. Solch unterschiedliche Medienwirkungen lassen sich anhand verschiedener Kriterien einteilen: Zum einen bewirken die Medien Veränderungen bei einzelnen *Individuen* (zum Beispiel Betroffenheit, Wut, Freude, Informiertheit), zum anderen können große Gruppen und sogar eine Gesellschaft als solche betroffen sein (zum Beispiel durch ein gesteigertes Umweltbewusstsein, in Form der Ergebnisse einer Bundestagswahl). Zwar implizieren diese Wirkungen immer auch Veränderungen bei jedem einzelnen, dennoch kann man im Hinblick auf ihren Wirkungsradius von *individuellen* im Gegensatz zu *sozialen bzw. gesellschaftlichen Wirkungen* sprechen.

Eine weitere – schon angesprochene – Einteilung ist die in *kognitive, emotionale* und *konative Wirkungen*. Wie die Beispiele zeigen, können Medien (kognitiv) auf unsere Einstellungen und Meinungen, ja sogar auf unser allgemeines Weltbild – etwa über die Vermittlung von Wissen – Einfluss nehmen. Sie können aber auch unsere Gefühle bzw. Stimmungen (also emotional) und unser Verhalten und Handeln (d. h. konativ) beeinflussen. In der sozialen Realität finden wir meist Mischformen bzw. Kombinationen vor: So müssen zum Beispiel Kinder, die Gewaltszenen aus dem Fernsehen imitieren, diese immer erst kognitiv und emotional in irgendeiner Weise verarbeiten, um sie dann aufgrund ihrer Erinnerungen nachspielen zu können. Schließlich unterscheidet man noch *kurzfristige* von *langfristigen, starke* von *schwachen, positive* von *negativen, intendierte* von *nicht-intendierten* und (dem Rezipienten) *bewusste* von *unbewussten* Wirkungen.

Wie die Beispiele deutlich machen, werden mit Medienwirkungen meist Veränderungen unserer Kognitionen, Emotionen und Verhaltensweisen *nach* der Medienrezeption verbunden. Dass Medien auch schon *während* der Rezeption wirken können, ist uns meist nicht bewusst. Dies mag damit zusammenhängen, dass die mit der Rezeption zeitgleich auftretenden Wirkungen oft sehr viel subtiler erscheinen. So hat ein Film bereits Wirkung gezeigt, wenn der Rezipient in der Filmgeschichte ‚gefangen ist' und mit dem Filmhelden ‚mitfiebert'. Allein das Gefühl, den Fernseher oder auch das Radio nicht mehr abschalten zu können, ist eine Medienwirkung. Gleiches gilt für das Zappen zwischen den Fernsehkanälen: Hier ist es eher der gegenteilige Effekt. Das Fernsehangebot fesselt den Zuschauer dann nämlich so wenig (was auch eine Medienwirkung ist), dass er angestrengt oder auch gelangweilt nach einem anderen Angebot sucht, welches ihn interessiert. Ähnliche Phänomene kennen wir auch von den anderen Medien: Wer hat nicht schon mal ein Buch von vorne bis hinten in einem Lesevorgang ‚verschlungen'? So wie man beim Fernsehen oft nicht abschalten kann, weil das betreffende Ereignis derart involvierend ist, so entfaltet ein Buch seine größte Wirkung, wenn der Leser nicht aufhören kann zu lesen. Alle diese Phänomene sind empirisch schwerer nachweisbar als etwa Meinungsänderungen, die sich in einer bestimmten Antworttendenz beim Ausfüllen eines Fragebogens manifestieren. Von daher wird verständlich, warum die nach der Rezeption entstehenden Wirkungen sehr viel intensiver erforscht sind als diejenigen, die mit der Rezeption einhergehen.

Ein Problem im Hinblick auf eine Definition von Medienwirkungen bleibt allerdings durch die Tatsache gegeben, dass Wirkungen stets mit *Veränderungen* verbunden werden. Haben die Medien auf uns eingewirkt, glauben wir leichtfertig, dass wir als *Folge* anders denken, fühlen oder handeln. Was aber, wenn wir uns auch ohne den betreffenden Medienkonsum verändert hätten? Wer kann schon mit Sicherheit sagen, ob er nicht vielleicht doch in seiner Wahlentscheidung aus tiefster innerer Überzeugung umgeschwenkt ist, oder weil er sich kurz zuvor noch mit einem Freund über die Wahl unterhalten hat? Wer weiß schon, ob seine gute Laune auf die Musik zurückzuführen ist, die er gerade hört, oder ob er nicht auch ohne den Musikkonsum gut gelaunt gewesen wäre? Das grundlegende Problem beim Nachweis von Medienwirkungen liegt demnach in der Kausalität: Sind die kognitiven, emotionalen oder konativen Veränderung eindeutig auf die Medien(-inhalte) zurückzuführen? Nehmen wir ein klassisches Beispiel: Zahlreiche Studien, aber noch mehr die Alltagserfahrung vieler Lehrer und Erzieherinnen ‚belegen', dass aggressive Kinder überproportional viel fernsehen. Fernsehkritiker sehen nun in der Fernsehnutzung häufig die Ursache dafür, dass die Kinder so aggressiv sind, denn im Fernsehen wird ihnen die Gewalt in hohem Maße und über den ganzen Tag verteilt gezeigt (vgl. Cantor, 1998). Nun ist aber ebenso gut denkbar, dass Kinder, die aus ganz anderen Gründen aggressiv oder aggressionsbereit sind, mehr fernsehen. Unter Umständen können sie ihr Aggressionspotential sogar über das Fernsehen besser abbauen, als wenn sie nicht fernsähen. In empirischen Studien über den vermeintlichen Einfluss des Fernsehkonsums auf die Gewaltbereitschaft werden nämlich häufig nur Zusammenhänge – statistisch so genannte Korrelationen – aufgezeigt. Diese kausal zu verstehen, d. h. im Fernsehkonsum die (alleinige) Ursache für die Gewaltbereitschaft zu sehen, stellt eine methodologisch nicht zu rechtfertigende Überinterpretation solcher Daten dar (vgl. Groeben & Vorderer 1988).

Hinzu kommt die grundsätzliche Möglichkeit, durch eine Medienrezeption in den eigenen Ansichten oder Verhaltensweisen bestärkt zu werden. Die Medienwirkung wäre in diesem Fall gar keine Veränderung, sondern eine *Konstante*. Diesem Aspekt, dass Medienwirkungen sowohl Veränderungen als auch Konstanten sein können, ist Kepplinger (1982) in seiner Definition gerecht geworden:

> „Es liegt (...) nahe, die Berichterstattung immer dann als eine Ursache der Konstanten oder Veränderungen zu betrachten, wenn sie eine notwendige Voraussetzung darstellt. Konstanten oder Veränderungen, für die die Berichterstattung eine solche Voraussetzung bildet, sind demnach Wirkungen der Berichterstattung. Der Begriff der ‚Wirkung' wird mit Hilfe des Begriffes der ‚Funktion' definiert: Ein Sachverhalt stellt eine Wirkung der Berichterstattung dar, wenn sie eine funktionale Voraussetzung für seine Existenz ist" (Kepplinger 1982, 109).

Diese sehr abstrakte und zugleich sehr pragmatische Definition von Medienwirkungen besagt, dass alle Konstanten und Veränderungen, die es *ohne* die Medien *nicht* gäbe, als Medienwirkungen zu verstehen sind.

Nun ist der Bereich der Wirkungen von Medienrezeption – wie bereits angesprochen – bislang in der Tat der am besten erforschte. Seit den Anfängen der Massenkommunikationsforschung in den 30er Jahren dieses Jahrhunderts hatte der Nachweis starker Medienwirkungen hohe Priorität auf der Forschungsagenda. Dies hat sicherlich vor allem mit der besonderen gesellschaftlichen Relevanz zu tun, die man diesen Wirkungen von Anfang an zuschrieb. Es erscheint nachgerade symptomatisch, dass viele bedeutsam gewordene Wirkungsstudien ihren Ursprung im Umfeld nationaler Wahlen (insbesondere in den USA) gefunden haben. Hinzu kommt, dass es vermutlich etwas einfacher ist, Wirkungen, also deutlich erkennbare Veränderungen, zu beobachten und zu messen als es etwa die Beschreibung und Erklärung des Funktionszusammenhangs von Medienrezeption, Rezeptionsmotivation und Rezeptionsbedürfnissen ist (vgl. oben). Bei letzteren handelt es sich um latente Konstrukte, die sich der direkten Beobachtung in der Regel entziehen und nur anhand von Manifestationen, wie etwa dem Handeln oder den Aussagen von Individuen, festgemacht werden können. Die Wirkungsforschung kann deshalb heute auf ein reichhaltigeres Repertoire an wissenschaftlichen Theorien und empirischen Ergebnissen zurückgreifen als andere Bereiche der Medienforschung (vgl. im Überblick: Schenk 1987). Leider muss man aber konstatieren, dass sich viele dieser Ergebnisse widersprechen, so dass von einer einheitlichen Basis dieser Forschungsrichtung auch heute noch nicht die Rede sein kann. Dies hat nicht zuletzt auch mit den Entwicklungen und Veränderungen der paradigmatischen Grundannahmen dieses Forschungsbereichs zu tun.

Charakteristisch für die Massenkommunikationsforschung der 30er und 40er Jahre war ein eher passivistisches Menschenbild, welches das Individuum als aktiven Mediennutzer schlicht nicht vorsah. Grundüberzeugung der damaligen Medienforschung war vielmehr, dass der Mensch Einflüssen von außen, und das heißt auch Medienwirkungen, relativ hilflos ausgeliefert sei. Als Basis für diese Betrachtungsweise diente die in der Psychologie längst außerordentlich erfolgreiche Reduktion des Forschungsgegenstandes auf beobachtbare Reize (Stimuli) einerseits und auf durch diese Reize ausgelöste Reaktionen (responses) andererseits. Unter dem Begriff des Behaviorismus versammelten sich die damals tonangebenden Verhaltensforscher, um alle psychologisch relevanten Gegenstände wissenschaftlich objektiv (weil beobachtbar) auf die Verbindung von Stimuli und Reaktionen (später auch auf die den Reaktionen nachfolgenden Konsequenzen) zu reduzieren. Für die Betrachtung der Medienwirkungen ergab sich daraus folgerichtig das Bild einer ‚hypodermic needle‘. Demnach wirken Medien wie eine subkutan gesetzte Spritze, gegen die der Empfänger (Rezipient) weitgehend machtlos ist.

Erst Anfang der 40er Jahre tauchten erste Zweifel an der Allmacht der Medien und der Ohnmacht der Menschen auf. Ausschlaggebend hierfür war die Veröffentlichung der Studien von Cantril (1940 zur Ausstrahlung des Hörspiels „Invasion from Mars“) und von Lazarsfeld, Berelson und Gaudet (1944 als Begleitstudie zu den Präsidentschaftswahlen 1940 in den USA: „The people's choice“). Insbesondere die Lazarsfeld-Gruppe konnte in ihrer Wahlstudie lediglich „minimal effects“ der Medien nachweisen. Nicht überraschend also, dass sich die Forschung in der Folge stärker auf die Rezipienten und weniger auf das Medienangebot konzentrierte. Zunehmend mehr wurde dem Publikum selbst ein erheblicher Einfluss auf die Medienwirkung zugesprochen, da sich zeigte, dass verschiedene Menschen auf die gleichen Medienbotschaften unterschiedlich reagierten und es schon von daher nahe lag, zukünftig stärker auch *interindividuelle Differenzen* zu berücksichtigen. Diese Veränderung des Fokus ging einher mit einer gleichzeitigen Ausdifferenzierung des klassischen S(timulus)-R(esponse)-Modells des Behaviorismus, aus dem durch die Einbeziehung intervenierender Variablen ein auch solche interindividuelle Unterschiede berücksichtigendes S-O(rganismus)-R-Modell wurde.

Noch entscheidender für die Entwicklung der Wirkungstheorien dürfte allerdings die ebenfalls vor allem in der (Sozial-)Psychologie formulierte Entwicklung von Einzeltheorien gewesen sein, die allesamt die Aktivität, Eigenständigkeit und damit auch kognitive Konstruktivität von Individuen, mithin auch von Mediennutzern, betonten. Paradigmatisch dafür wäre die Theorie der kognitiven Dissonanz zu nennen, die angewandt auf den Umgang mit den Medien postulierte, dass sich der Mensch den Medieninhalten nicht nur *selektiv zuwendet*, sondern diese auch *selektiv wahrnimmt* und entsprechend *selektiv verarbeitet*. Damit war der Weg der Informationsaufnahme und -verarbeitung durch das Publikum und die Wirkung der Medien in völlig neuartiger Weise beschreibbar, wobei dem einzelnen von nun an eine deutlich gewichtigere Rolle zugeschrieben wurde (vgl. als Anwendung der Dissonanztheorie für das Problem der Medienwirkung: Donsbach 1991).

Ab Anfang der 60er Jahre gab es dann in der Medienforschung sogar eine Fokussierung auf die Nutzer- oder Rezipientenperspektive; die Medien selbst, ihre Aussagen und Wirkungspotentiale traten noch stärker in den Hintergrund. Die Frage war nicht mehr: „Was machen die Medien mit den Menschen?" sondern: „Was machen die Menschen mit den Medien?". Damit einher ging ganz eindeutig eine Veränderung im Menschenbild, welche die Entwicklung von einer eher behavioristisch geprägten und somit ausschließlich am beobachtbaren Verhalten von Menschen interessierten Psychologie hin zu einer an der Aktivität, Intentionalität und kognitiven Konstruktivität des Individuums orientierten Perspektive aufgriff. Wichtigster Gegenstand der so verstandenen Kommunikations- und Medienwissenschaft waren somit der Nutzen, den die Rezipienten mit dem Mediengebrauch verbinden konnten, sowie die Gratifikationen, die sich für sie daraus ergaben. Die in diesem Zusammenhang entstandenen Theoriemodelle versuchten, den gesuchten und von den Rezipienten erwarteten Nutzen mit dem durch die Medienrezeption tatsächlich auch erlangten Nutzen in Verbindung zu bringen. Der sog. *Uses-and-Gratifications-Ansatz* (Katz & Lazarsfeld 1962; Rosengren, Wenner & Palmgreen 1985) bzw. seine deutsche Variante in Form des Nutzen- und Belohnungsansatzes (Teichert, 1972; 1973; Renckstorf 1973; 1977) ging von einem aktiven, konstruktiven und von seinen eigenen Wünschen, Bedürfnissen und Interessen gesteuerten Subjekt aus, das über die Gründe für seine Handlungen – mithin auch über seine Mediennutzung – adäquat Auskunft geben könne (vgl. Vorderer 1992). Die zahlreichen in diesem modelltheoretischen Zusammenhang angestellten Untersuchungen beschäftigen sich vor allem mit der Frage, welche Medien(-angebote) von wem, wann und vor allem *warum* genutzt werden (vgl. zum Beispiel: Palmgreen & Rayburn II 1979; Rubin 1979).

Heute werden beide Ansätze – der aus dem Behaviorismus hervorgegangene Wirkungsansatz und der Nutzenansatz – integriert. Mitunter ist auch vom *Uses-and-Effects-Approach* die Rede (vgl. Rubin 1994; Winterhoff-Spurk 1989). Der Rezipient erscheint dabei als Bindeglied bzw. als intervenierendes Moment zwischen den Medienbotschaften auf der einen und den Medienwirkungen auf der anderen Seite (vgl. in diesem Zusammenhang auch das sog. dynamisch-transaktionale Modell von Früh & Schönbach 1982; Schönbach & Früh 1984). Das heißt, dass dieser immer auch aufgrund seiner (vor allem die Mediensoziologie beschäftigenden) sozialen Lage und seiner (insbesondere von der Medienpsychologie untersuchten) persönlichen Dispositionen Medienangebote *individuell* verarbeitet. Die möglicherweise daraus hervorgehenden Medien*wirkungen* sind Folge dieses Verarbeitungsprozesses und somit von ihm abhängig. Verarbeitet der Rezipient ein und dieselbe Botschaft unterschiedlich, so dürfte die Medienwirkung ebenso unterschiedlich ausfallen, wie wenn dieselbe Botschaft von verschiedenen Mediennutzern in ähnlicher Weise verarbeitet wird.

Greifen wir als Beispiel die Rezeption einer täglich ausgestrahlten Talkshow im Fernsehen (einer sog. Daily Talk-Sendung) heraus. Deren aktueller Erfolg dürfte nicht unwesentlich darauf zurückzuführen sein, dass den Zuschauern im Rahmen dieses Formats Einstellungen, Meinungen und Attitüden in einer für sie leicht zu verarbeitenden Art und Weise präsentiert werden. Die Einstellungen und Meinungen des Publikums können dadurch bestärkt oder neu positioniert werden (vgl. Bente & Fromm 1997). Dieses Bedürfnis nach klaren Wertmaßstäben entspricht dem minimalen Informationsbedürfnis aller Menschen. Was für die einen aber informierend wirkt, kann für andere eher oder auch ausschließlich unterhaltend sein. Viele Menschen können sich beim Anblick der Talk-Gäste und beim Verfolgen der oft banalen Dialoge amüsieren und echauffieren, profitieren aber von den dargestellten Dialogen längst nicht mehr inhaltlich. Für sie hat eine Daily Talkshow, die ja als Informationsangebot rubriziert wird, eventuell ein höheres Unterhaltungspotential als eine Samstagsabendshow. Dieses Beispiel sollte verdeutlichen, wie schwierig es ist, Medienwirkungen festzustellen und zu interpretieren, ohne die vorab bzw. gleichzeitig stattfindenden Prozesse der Medienrezeption selbst genauer zu analysieren.

2. Medienrezeption als Prozess

Die jüngste veröffentlichte Auswertung der bereits erwähnten Massenkommunikations-Studie (Berg & Kiefer 1996) und die jährlichen Analysen der telemetrischen Zuschauerzahlen durch die GfK (zuletzt: Darschin 1999) verdeutlichen, dass die Bundesbürger in den Neuen Bundesländern regelmäßig mehr fernsehen als die in den Alten Bundesländern, dass sie insbesondere mehr die privaten Sender bevorzugen und statt zum Beispiel die *„Tagesschau"* oder die Nachrichtensendung *„heute"* lieber Infotainmentmagazine wie *„Explosiv"* rezipieren, aber auch, dass sie sich deutlich mehr als die Westdeutschen an einem volkstümlichen Liederabend im Fernsehen erfreuen können; wir erfahren aber nicht, warum dies so ist. Warum – so die in diesem Zusammenhang immer wieder gestellte Frage – nutzen die Ostdeutschen die Medien überhaupt anders als die Westdeutschen? Was bewegt die Menschen in den neuen Bundesländern, und was empfinden und erleben sie im Gegensatz zu den ‚Wessis', wenn sie sich den Medien aussetzen? Stellt man die Fragen in dieser Weise, dann wird sehr schnell deutlich, wie komplex und vielschichtig die Medienrezeption zu beschreiben ist.

Ähnlich wie im Zusammenhang mit der Wirkung der Mediennutzung soll auch an dieser Stelle kein Überblick über die unterschiedlichen Dimensionen der Medienrezeption folgen, sondern wiederum nur exemplarisch auf ein paar zentrale Konzepte hingewiesen werden. Dazu gehört die sich seit einigen Jahre insbesondere in der Medienpsychologie durchsetzende Auffassung, dass die Medienrezeption als ein *Prozess* zu begreifen ist. Ein Prozess, der etwa bei der Rezeption eines Werbespots nur von kurzer Dauer, bei der Lektüre eines Buches hingegen lang anhaltend sein kann. Wichtig ist die Berücksichtigung des prozeduralen Charakters von Medienrezeption, weil sie erlaubt, auch *unterschiedliche* Erlebnisse *während* der Rezeption eines bestimmten Medieninhalts abzubilden. Der Zuschauer eines spannenden Fernsehkrimis befindet sich vor und nach der Aufklärung des Mordes in der Regel in einer gänzlich unterschiedlichen psychischen Verfassung. Das Gleiche gilt für den Radionutzer, der einen Krimi als Hörspiel verfolgt. Aber auch der Fußball-Fan, der im Fernsehen das Spiel seines Teams rezipiert, fühlt sich vor und nach dem Abpfiff unterschiedlich. Ist das Spiel besonders wichtig, so kann es gut sein, dass er nacheinander Phasen der Anspannung und der Erleichterung, der Freude und der Enttäuschung erlebt. Es ist wohl eher diese Vielfalt an unterschiedlichen Rezeptionserfahrungen, die etwas aussagt über den Charakter einer Medienrezeption. Um diese Vielfalt zu systematisieren, hat es verschiedenartige Versuche gegeben, den Prozess der Medienrezeption zu beschreiben.

Einer dieser Versuche differenziert idealtypisch zwischen einem *analysierender* und *involvierter Rezeption* (vgl. ausführlich: Vorderer 1992). Dabei betont die Rede von der analysierenden Rezeption die Kompetenz des Mediennutzers, sich zum medial Präsentierten in eine Distanz zu begeben, um über den Inhalt, aber auch über die Machart und den Entstehungszusammenhang der Präsentation zu reflektieren. In Phasen analysierender Rezeption ist sich der Mediennutzer – so die Annahme – darüber bewusst, dass er rezipiert; er verwechselt den medial dargestellten Realitätsausschnitt nicht mit der sozialen Realität, in der er lebt und die unabhängig von den Medien existiert. Eben dies ist bei der involvierten Rezeption anders. Sind zum Beispiel Fernsehzuschauer involviert, vergessen sie vorübergehend die Tatsache, dass sie nur an einer medial aufbereiteten Vermittlung von Realität partizipieren. Sie denken nicht *über* das Dargestellte nach, sondern *im* Dargestellten mit, d. h. sie erleben etwa die Protagonisten eines Filmes so, als wären diese tatsächlich agierende Menschen. Daraus ergeben sich spezifische kognitive und emotionale Erfahrungen. Wer involviert ist und also ‚verkennt', dass der Filmprotagonist nur ein

Charakter, eine Rolle und nicht eine wirkliche Person ist, der entwickelt gegenüber dieser Figur spezifische Gefühle, die ihn dann wiederum zu einem ganz bestimmten Erleben des gesamten Filmes veranlassen (vgl. ausführlicher: unten).

Diese beiden Rezeptionsmodi werden als Idealtypen verstanden, die sich während einer konkreten Mediennutzung nicht nur abwechseln, sondern unter Umständen auch ergänzen können. Es gehört ja zu den bislang noch ungeklärten Fragen der Rezeptionsforschung, ob mit einer stärkeren emotionalen Beteiligung aufgrund eines erhöhten Involviertseins in einen Medieninhalt notwendigerweise auch ein reduziertes Reflektionsvermögen einhergeht. Hier weisen neuere Ergebnisse aus der Psychologie (vgl. zum Beispiel: Bless 1997) darauf hin, dass zum Beispiel positive Stimmungen eher dazu beitragen, die kognitive Leistung des einzelnen zu erhöhen und nicht etwa – wie immer wieder vermutet wurde – zu reduzieren. Im vorliegenden Zusammenhang wichtig ist aber vor allem der Hinweis auf den prozeduralen Charakter der Medienrezeption, d. h. auf die Tatsache, dass sich bei der Nutzung bestimmter Medieninhalte (verstärkt) involvierte und (akzentuiert) analysierende Phasen abwechseln können. Und dass sich in diesen Phasen auch das Verhalten des Publikums, also zum Beispiel dessen Abschalt- oder Umschaltverhalten spezifisch äußert. So konnte Vorderer (1993) zum Beispiel zeigen, dass Fernsehfilmzuschauer vor allem dann umschalten, wenn der Film über eine Zeitspanne von mehreren Minuten hinweg weniger involviert rezipiert wurde, während der Verlauf der analysierenden Rezeption darauf keinen nennenswerten Einfluss hatte.

Ein weiteres Konzept zur Beschreibung des Rezeptionsprozesses und der Beteiligung von Mediennutzern an der medialen Präsentation ist das der sog. *parasozialen Interaktion* bzw. *parasozialen Beziehung*. Ursprünglich von Horton und Wohl (1956) vor allem in Bezug auf solche Fernsehangebote expliziert, bei der das Publikum durch Personen in den Medien scheinbar direkt angesprochen wird und entsprechend reagieren kann (parasoziale Interaktion), hat sich in den vergangenen Jahrzehnten das Interesse auch auf die Folgen derartiger Interaktionen ausgedehnt (parasoziale Beziehung). Ein bekanntes Beispiel für eine parasoziale *Interaktion* ist die ‚Kommunikation' eines Rezipienten mit einem Nachrichtensprecher oder Showmaster: Aufgrund der Tatsache, dass der Sprecher direkt in die Kamera schaut und somit vom Bildschirm aus den Zuschauer zu begrüßen oder sogar aufzufordern scheint, entsteht bei diesem das Gefühl einer interaktiven Kommunikation. Freilich handelt es sich hierbei lediglich um die Illusion einer Interaktion; einer Tatsache, der mit dem Terminus „parasozial" Rechnung getragen werden soll. Wenn der Zuschauer über die mehr oder weniger regelmäßig stattfindenden parasozialen Interaktionen hinaus Gefühle etwa für einen Nachrichtensprecher oder besser noch für einen Seriendarsteller entwickelt, wenn er ihn erwartet oder sogar vermisst an Tagen, an denen dieser einmal ausfällt, wenn er ihm also wie ein guter alter Bekannter, fast schon wie ein Freund erscheint, dann spricht man von einer parasozialen *Beziehung* (im Überblick: Gleich 1997; Vorderer 1996a). Empirisch zeigt sich, dass solche parasozialen Beziehungen zwar kaum als Ersatz für orthosoziale Beziehungen taugen (Vorderer & Knobloch 1996), dass sie aber gleichwohl einen der wesentlichen Gründe dafür darstellen, ein bestimmtes Medienangebot auszuwählen.

Am weitestgehend elaboriert wurde der Gedanke von Medienrezeption als Prozess allerdings von Zillmann (1996, 219), der den gesamten Ablauf der Auseinandersetzung von Zuschauern mit Medienakteuren psychologisch rekonstruiert. Dabei geht er davon aus, dass jede Form der involvierten Rezeption ihren Ausgangspunkt in der Beobachtung der Protagonisten durch den Rezipienten nimmt (vgl. Abb. 1: 1). Im Rahmen dieser Beobachtung werden die Filmhandlungen der Protagonisten von den Zuschauern bewertet und in der Folge entweder gebilligt oder missbilligt (2). Eine Billigung führt zu positiven Gefühlen gegenüber dem Protagonisten, d. h. die Rezipienten finden ihn sympathisch und sorgen sich um sein Wohl. Eine Missbilligung führt hingegen zu negativen Gefühlen gegenüber dem Protagonisten, einhergehend mit der Ablehnung und Verurteilung seiner Handlungen und seiner Person (3). Psychologisch am interessantesten ist Zillmanns Annahme, die Zuschauer würden aufgrund dieser Bewertungen entweder empathisch mit den Protagonisten empfinden oder – im Falle der Ablehnung – so etwas wie Schadenfreude („Counterempathy") gegenüber diesen erleben (6). Zillmann wehrt sich vehement gegen die Annahme, Zuschauer könnten sich mit Protagonisten identifizieren. Eine solche Identifikation schließt er schon deshalb aus, weil die Zuschauer zu keinem Zeitpunkt ihre eigene Perspektive aufgeben, sondern immer vom eigenen Standpunkt aus emotional mitfühlen, so wie wir das im Alltag gegenüber anderen Menschen auch tun. Der Rezipient ist also – laut Zillmann – so wie der Alltagsbeobachter Zeuge eines Geschehens. Führt nun die Beobachtung dieses Geschehens zu empathischen Gefühlen gegenüber den (sympathischen) Protagonisten, deren Handlungen gebilligt werden, oder zu Schadenfreude gegenüber den Antagonisten, deren Handlungen missbilligt werden, so hofft bzw. fürchtet der Zuschauer einen ganz spezifischen Fort- bzw. Ausgang des Films. Erhofft wird nämlich nun derjenige Fort- bzw. Ausgang, welcher den Protagonisten obsiegen und den Antagonisten scheitern lässt. Gefürchtet wird hingegen derjenige Verlauf, der dem Filmhelden den Schaden und dem Antagonisten den Triumph beschert (4). Rezeptionserlebnisse wie das der Spannung (im Sinne von Suspense; vgl. im Überblick: Vorderer, Wulff & Friedrichsen 1996) werden mit Hilfe dieses Modells ebenso erklärbar wie die Enttäuschung oder Erleichterung am Ende eines Films, wenn die Hoffnungen und Ängste erfüllt bzw. enttäuscht wurden (7).

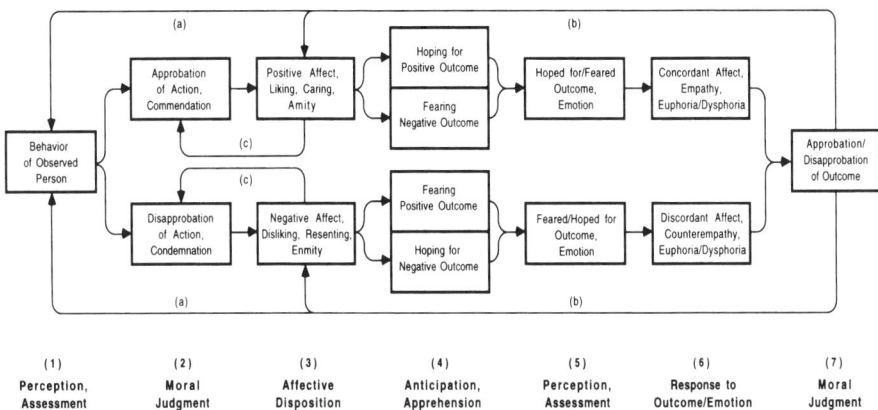

Abb. 1: Prozessmodell der Unterhaltungsrezeption; nach Zillmann 1996, 219.

Lassen sich nun mit solchen Modellen und Theorien auch die oben explizierten Fragen zum unterschiedlichen Mediengebrauch von Ost- und Westdeutschen beantworten? Denkbar wäre immerhin, dass die längere und intensivere Nutzung von Unterhaltungsangeboten in den neuen Bundesländern damit zusammenhängt, dass die Zuschauer dort aufgrund anderer Lebenserfahrungen auch andere Einstellungen und Bewertungen gegenüber den TV-Protagonisten entwickeln und deshalb auch die entsprechenden Angebote insgesamt anders bewerten. Unter Umständen ergeben sich für Ost- und Westdeutsche auch andere Anreize für parasoziale Beziehungen zu den Protagonisten in den Medien, womit der Anreiz zur Auswahl bestimmter Sendungen beeinflusst werden könnte. Ob dies sich aber tatsächlich so verhält, d. h. die entsprechenden Theorien und Modelle auch in diesem Fall eine brauchbare Erklärung für das Medienverhalten liefern, ist eine empirische und derzeit noch offene Frage. Durch die Entwicklung eines entsprechenden theoretischen Hintergrunds wird sie aber konkret formulier- und erforschbar.

3. Rezeptionsmotivation

Freilich beantworten auch die bislang angestellten Überlegungen zu den unterschiedlichen Medienwirkungen und zur Medienrezeption als Prozess noch nicht die – in gewisser Weise – noch davor liegende Frage nach dem *Warum* der Medienrezeption: Warum verbringen wir täglich so viel Zeit vor dem Fernseher, allgemeiner: Warum ‚opfern‘ die Menschen in den Industrienationen einen Großteil ihrer Freizeit der Zuwendung und der Beschäftigung mit Medien, im speziellen mit medialen Unterhaltungsangeboten, obwohl dies für sie – nach eigener Auskunft – in der Regel angeblich weder sinnvoll noch befriedigend ist? Warum setzen sie sich freiwillig spannenden, aufregenden, ja nervenaufreibenden Thrillern aus? Warum lassen wir uns so gerne in fiktive Traumwelten entführen?

Die mit Medien und ihrer Nutzung befassten Wissenschaftsdisziplinen haben sich diesem Fragenkomplex bislang nur verhältnismäßig zurückhaltend gewidmet. Allenfalls die Publizistik- und Kommunikationswissenschaft hat im Rahmen ihres Nutzenansatzes (vgl. oben) immer wieder betont, dass eine gegebene Medienrezeption auf die Interessen, Bedürfnisse und Erwartungen von rational handelnden Menschen zurückzuführen ist und dass man diese entsprechend nur befragen müsse, wenn man solche Probleme lösen wolle. In der Folge sind in dieser wissenschaftlichen Perspektive immer wieder Befragungen zu den Gründen für den Umgang mit bestimmten Medien(angeboten) durchgeführt worden, die in der Regel anschließend statistisch (etwa über Faktoren- oder Clusteranalysen) zu Motiven zusammengefasst wurden. Ein solches relativ theorieloses Vorgehen übersieht, dass ein Großteil der Mediennutzung dem Rezipienten zumindest in der aktuellen Situation nicht immer bewusst ist und er somit nur eingeschränkt Auskunft über seine Beweggründe geben kann. Hinzu kommt, dass die Nutzung von Medien immer auch einem sozialen Werturteil unterliegt, so dass viele Personen – selbst wenn sie es könnten – gar keine aufrichtigen Antworten geben *wollen*, weil sie in der Folge eine gewisse Geringschätzung durch den Fragesteller befürchten (vgl. zum Problem der Sozialen Erwünschtheit allgemein: Mummendey 1995, Kap. 8/9; in Bezug auf das Medienverhalten: Zillmann 1996). Ein anschauliches Beispiel dafür liefert die Tatsache, dass die Sehdauer in Selbstauskünften der Bundesbürger zu ihrem Fernsehnutzungsverhalten niedriger ausfällt als in telemetrischen Messungen. Aber auch die Tatsache, dass heute kaum jemand konzediert, eine tägliche Talkshow im Fernsehen zu verfolgen, während die meisten dieser Sendungen täglich ein bis eineinhalb Millionen Zuschauer anziehen (vgl. Eimeren & Gerhard 1998), mag die Skepsis gegenüber solchen Selbstauskünften ausreichend begründen.

Unterscheidet man die vorliegenden Antworten auf die oben explizierten Fragen nach ihrer theoretischen Provenienz, so lassen sich im wesentlichen die folgenden Ansatzpunkte benennen (vgl. ausführlicher und im Überblick: Vorderer 1996b): Die vermutlich auch wissenschaftlich populärste Antwort auf die Frage nach dem „Warum" der Medienrezeption rekurriert auf die sog. *Eskapismusthese*, die den einzigen genuin kommunikationswissenschaftlichen Versuch darstellt, die Auswahl und Nutzung bestimmter Medienangebote zu erklären. Nach dieser These haben die meisten Mediennutzer genügend Anlass, um aus der sozialen Realität, in der sie leben, vorübergehend zu ‚flüchten'. Sei es, weil sie unter entfremdeten Lebens- und Arbeitsbedingungen leiden, wie man in den 60er Jahren unterstellt hatte (vgl. zum Beispiel Katz & Foulkes 1962), oder auch nur, weil sie in den alltäglichen Routinen Langeweile und Monotonie empfinden. Die Medien und ihre Angebote – so die

These – bieten diesen Menschen eine in der Regel interessantere, abwechslungsreichere und aufregendere Alternative an, an der sie qua Rezeption teilhaben können. Das Abenteuer, auf das sich die Leser, Hörer und Zuschauer dabei einlassen, ist – und das ist ein entscheidender Vorteil – immer auch begrenzt: Ein Knopfdruck genügt, um aus dieser Welt wieder ‚auszusteigen'. Gerade dieses Maß an Kontrolle über die erfahrbare Medienwelt (in psychologischen Termini: über die Stimuli) macht den besonderen Reiz der Medienrezeption aus und führt dazu, dass bestimmte Nutzer – insbesondere die, die unter ihren aktuellen Lebensverhältnissen am deutlichsten leiden – darauf immer wieder und in hohem Maße zurückgreifen.

Die Forschung der letzten Jahre hat indes gezeigt, dass quasi alle gesellschaftlichen Schichten von dieser Tendenz zur Realitätsflucht mehr oder weniger betroffen sind, so dass sich die Annahme mittlerweile durchgesetzt haben dürfte, dass es sich dabei weniger um ein schichtspezifisches Phänomen, sondern eher um ein menschliches Grundbedürfnis handelt (vgl. die Diskussion bei Groeben & Vorderer 1988, 136ff.). Was sich in der jüngeren Vergangenheit ebenso verändert hat, ist eine Verschiebung des Untersuchungsfokus. Lag er bis in die 80er Jahre hinein noch auf den unbefriedigenden Umständen, welche die Mediennutzer zur *Flucht* aus der Realität veranlassen (vgl. zum Beispiel die Analyse von Herzog 1944 über die Gründe amerikanischer Hausfrauen, Seifenopern im Radio zu verfolgen), so ist er seither erkennbar auf die *Hinwendung* zu den Reizen der Medienwelt verschoben worden, denen sich der einzelne dabei aussetzt und die er genießt (vgl. zum Beispiel: Mikos 1994; Vorderer 1992).

Im Kontext medienpsychologischer Theoriebildung ist die oben explizierte Warum-Frage indes stärker mit dem Hinweis auf physische wie psychische Erregungszustände erklärt worden, die mit der Mediennutzung einhergehen. Am überzeugendsten ist es vermutlich Zillmann gelungen, vor allem die Rezeption von medialen Unterhaltungsangeboten auf das Bestreben der generell hedonistisch orientierten Rezipienten zurückzuführen, ihre eigene Befindlichkeit mit Hilfe einer gezielten Selektion von Medienangeboten zu steuern. Zillmann (1988a; 1988b) geht in seiner sog. *Moodmanagement-Theorie* davon aus, dass Fernsehzuschauer genau diejenigen Angebote auswählen, von denen sie sich eine Beibehaltung ihrer bereits vorhandenen positiven Stimmung oder eben eine Veränderung ihrer bisher schlechten Stimmung versprechen. Diese empirisch vielfach geprüfte und dabei bewährte Theorie stellt eine der wenigen ausdifferenzierten psychologischen Erklärungen für die Medienrezeption dar.

Freilich sind neben den in der Moodmanagement-Theorie implizierten intraindividuellen Unterschieden im bevorzugten Erregungsniveau auch interindividuelle Unterschiede zu berücksichtigen. Mit anderen Worten: Nicht nur will jeder einzelne Rezipient in Abhängigkeit von seiner aktuellen Stimmung mal eher dieses, mal eher ein anderes Programm auswählen; vielmehr gibt es auch generelle Unterschiede zwischen den einzelnen Nutzern, die dafür sorgen, dass der eine situationsübergreifend eher wenig erregende Angebote favorisiert, während der andere extreme Formen des Nervenkitzels vorzieht. So hat zum Beispiel Zuckerman (1979) zwischen Personen mit unterschiedlich ausgeprägter Tendenz zur Erregung differenziert und dabei idealtypisch so genannte „high sensation seeker" von „low sensation seeker" unterschieden. Angewandt auf die Frage nach der Auswahl von Medienangeboten lassen sich vor diesem Hintergrund Hypothesen darüber ableiten, welche Angebote von welchem Rezipienten stärker präferiert werden. In ganz ähnlicher Weise argumentiert Vitouch (1993; 1995), der die in der Persönlichkeitspsychologie übliche Differenzierung nach unterschiedlichen Angstbewältigungsstilen („represser" versus „sensitizer") herausgreift und den entsprechenden Personen unterstellt, die dazu passenden Medienangebote zu präferieren.

Weitgehend unabhängig von diesen erregungsphysiologischen und psychologischen Modellen hat sich eine weitere sozialpsychologische Theorie auch in der Medienpsychologie, speziell im Zusammenhang mit der Erklärung von Auswahlprozessen durch Rezipienten, bewährt. Die Rede ist von der bereits in den 50er Jahren von Festinger (1954) explizierten *Theorie sozialer Vergleichsprozesse*. Diese Theorie geht im Kern davon aus, dass Menschen ein Bedürfnis haben, sich mit anderen Menschen zu vergleichen, um so Informationen über sich selbst zu erhalten. Am informativsten ist ein solcher Vergleich, wenn er in Bezug auf eine Person stattfindet, die sich von der eigenen nicht allzu deutlich unterscheidet. Das heißt, dass sich die meisten Menschen mit denjenigen vergleichen, die lediglich ein wenig schlechter oder besser gestellt sind als sie selbst. Vergleicht man sich mit einer etwas besser gestellten Person („upward comparison"), so kann man daraus zwar einiges lernen; das Problem besteht dann allerdings darin, dass man sich selbst aufgrund des direkten Vergleichs aktuell schlechter fühlt. Ganz anders, wenn man sich mit einer etwas schlechter gestellten Person vergleicht („downward comparison"): Zwar lernt man aus diesem Vergleich unter Umständen weniger, dafür fällt der Vergleich aber für einen selbst positiver, d.h. angenehmer aus. Diese Theorie ist nun auch in der Medienforschung angewandt worden, um zu erklären, warum Rezipienten auch an der Darstellung von unglücklichen, belastenden, ja geradezu verzweifelten Schicksalen (wie etwa beim Melodrama) interessiert sind. So können zum Beispiel Bente und Fromm (1997) zeigen, dass der Wunsch nach sozialem Vergleich einen der wesentlichen Gründe für die Rezeption des sog. ‚Affektfernsehens' darstellt.

Gleichzeitig hat die Theorie sozialer Vergleichsprozesse auch zu einer Ausdifferenzierung der Moodmanagement-Theorie von Zillmann beigetragen. Denn diese unterstellt ja, dass die meisten Rezipienten eine Verbesserung ihrer Stimmung durch die Auswahl ‚positiver‘ Inhalte (zum Beispiel Komödien) herstellen. Mares und Cantor (1992) haben deshalb die beiden Theorien zunächst in Konkurrenz zueinander formuliert und anhand der Auswahl unterschiedlicher Filme durch ältere Personen versucht zu zeigen, welche Theorie den größeren Erklärungsbeitrag leistet. Sie fanden heraus, dass diejenigen der von ihnen untersuchten älteren Menschen, die mit ihrem aktuellen Leben weitgehend zufrieden waren, positive Filmdarstellungen (vom Leben eines älteren Menschen) präferierten, wobei sich ihre Stimmung während der Filmrezeption noch verbesserte. Dies entsprach der aus der Moodmanagement-Theorie abgeleiteten Erwartung. Personen allerdings, denen es eher schlecht ging, verhielten sich dagegen im Sinne der Theorie der sozialen Vergleichsprozesse: Sie wollten vor allem diejenigen Filme sehen, in denen es den dargestellten Protagonisten noch schlechter ging als ihnen selbst. Und wie es die Theorie prognostizieren würde, verbesserte sich – vermutlich aufgrund der „downward comparison“ – auch in diesem Fall die Stimmung der Rezipienten beim Betrachten der Filmhandlung. Mood-Management traf also in beiden Fällen zu, im Falle der weniger zufriedenen Rezipienten allerdings über einen ‚Umweg‘: Nicht durch die Auswahl und Wahrnehmung ‚positiver‘ Inhalte, sondern über die negativen Darstellungen, die aber zu ‚positiven‘ Effekten bei den Zuschauern führten.

Die Theorie sozialer Vergleichsprozesse steht dabei für eine ganze Reihe unterschiedlicher Hypothesen und Theorien, die allesamt auf die Identität bzw. das Selbst (-Konzept) der Rezipienten und die dafür dienlichen psychischen Mechanismen verweisen. Immer häufiger wird die Auswahl bestimmter Medieninhalte mit dem Hinweis auf die dadurch geleistete ‚Identitätsarbeit‘ erklärt, ohne dabei in jedem Einzelfall deutlich zu machen, worin diese ‚Identitätsarbeit‘ denn genau besteht. Dennoch muss man konzedieren, dass alleine durch den Hinweis auf ein eskapistisches Motiv, auf bestimmte Einstellungen bei den Rezipienten oder auf die durch die Medienrezeption herstellbaren Erregungszustände alleine die konkrete Selektion in vielen Fällen noch nicht erklärt werden kann. Das Interesse des Publikums an belastenden (vgl. die oben angeführten Beispiele von Mares & Cantor, 1992 sowie von Bente & Fromm, 1997) und insbesondere auch traurigen Angeboten (vgl. dazu: Oliver, 1993) verdeutlicht immer wieder den Bezug zur Selbstwertrelevanz der Rezipienten. Von daher ist es zu einer kohärenten Theorie, welche die Nutzung einzelner Medienangebote durch bestimmte Nutzergruppen erklären könnte, sicherlich noch ein weiter Weg. Die vorliegenden Ansatzpunkte verdeutlichen aber, dass es in der Medienforschung nicht nur Erkenntnisse über die Wirkungen der Medienrezeption, sondern auch über ihre Voraussetzungen gibt.

Auf einen Aspekt wurde bei diesem Überblick zum Thema Medienrezeption freilich nicht eingegangen, nämlich auf die in der jüngeren Zeit intensiv diskutierten Möglichkeiten der *interaktiven Rezeption*. Dies hätte den gegebenen Rahmen allerdings auch gesprengt, weil sich abzeichnet, dass nicht nur die Betrachtung der Wirkungen, sondern auch die Darstellung der interaktiven Rezeption als Prozess und der Voraussetzungen interaktiver Rezeption spezifisch ausfallen müssen. Denn was wir heute über die Medienrezeption wissen (vgl. oben), ist eben *nicht* - soviel lässt sich schon jetzt sagen - ohne weiteres auf eine Rezeptionsform zu übertragen, bei der die Nutzer in die Darstellung, ja sogar in den Inhalt des Dargestellten eingreifen können (vgl. Vorderer, in Druck). Genau genommen ist der interaktive Umgang mit einem Medium gar nicht mehr als Rezeption zu bezeichnen. Der interaktive Nutzer ist mithin kein Rezipient mehr, sondern ein Teilnehmer, vielleicht auch ein Spieler, und das Spiel selbst hängt von anderen Faktoren ab als die Rezeption eines Fernsehfilms, verläuft als Prozess anders als die Lektüre eines Buches und entfaltet aller Voraussicht nach auch andere Wirkungen als die Rezeption der Unterhaltungssendung "Wetten, dass...?" am 20. Februar 1999.

Susanne Janssen

Produktion und Profession[*]

1. Der soziale Charakter der literarischen und künstlerischen Produktion

Über Leben und Karrieren von Schriftstellern und anderen Künstlern und ihr Verhältnis zur Gesellschaft gibt es zahlreiche Mythen (Anheier & Gerhards 1991). Einer der populärsten Mythen sieht den Künstler als Propheten und Genius, dem Begabung und gesellschaftliche Sonderstellung gestatten, sich über die sozialen und institutionellen Bedingungen zu stellen, über einen besonderen Sinn für die Wahrheit zu verfügen und bedeutende künstlerische Werke individuell hervorbringen zu können. Andere Mythen spielen an auf das Image des entfremdeten Einzelgängers, der gegen Armut und alle möglichen anderen Formen sozialer Widerstände ankämpft, oder auf den Mythos des freigeistig von allen Gepflogenheiten abweichenden Bohemiens.

Das Fortleben solcher Mythen wird z.T. von den Künstlern selbst gefördert, wenn sie in ihren (Auto-) Biographien ihre Entfremdung von der bürgerlichen Gesellschaft beschreiben, ihre künstlerische Kreativität als persönliche Begabung stilisieren und die Ursachen oder Gründe für ihr Künstler-Sein allein in besonderen persönlichen, inneren Vermögen suchen. Solche Vorstellungen, ebenso wie psychologischen Ansätzen zur Erklärung künstlerischer Kreativität, lassen aber völlig jene mehr weltlichen, pragmatischen Aspekte des Lebens und der Karrieren von Künstlern außer Acht, eben jene Vorgänge, durch die Künstler überhaupt erst die notwendigen Mittel für ihre Tätigkeit erwerben (Gilmore 1990).

Schriftsteller ebenso wie andere Künstler müssen nämlich finanzielle Quellen erschließen, um ihren und den Lebensunterhalt ihrer Familien zu sichern. Sie müssen kreative Quellen mobilisieren, um ihren künstlerischen Ausdruck zu entwickeln. Sie müssen über materielle Ressourcen zur Herstellung ihrer Werke verfügen, über Beziehungsressourcen zur Herstellung und Pflege von Kontakten in der Kunstwelt und zur Verbreitung ihrer Werke, und schließlich müssen sie über Kritik-Kompetenzen verfügen, um ihre Arbeit zu legitimieren und neuen Förderquellen und Unterstützungen zu erschließen.

Becker (1982) illustriert dies an Beispielen der ganzen Bandbreite verschiedener Medien, darunter der Literatur, der bildenden und der darstellenden Kunst. Dabei bezeichnet er Künstler als „Arbeiter", deren Kreationen auch Produkte des kollektiven Handelns (oft) namenloser Mitarbeiter sind, weit entfernt davon Ergebnis

---

[*] Die autorisierte Übersetzung des englischen Originals besorgte Gebhard Rusch

allein einer persönlichen Anstrengung zu sein. Die soziale Natur der künstlerischen Produktion betrifft aber nicht nur die Art und Weise der Beteiligung zahlreicher anderer Personen an der Herstellung der Werke selbst. Vielmehr hat die soziologische Forschung auch jene Prozesse und Bedingungen erhellt, die hinter dieser zentralen Tätigkeit stehen bzw. über sie hinausgehen, indem sie deren weiteren Verlauf bestimmen. So hat die Forschung zeigen können, wie soziale Entwicklungen und Institutionen sich u.a. darauf auswirken können, wer überhaupt zum Künstler wird, wie ein Person zum Künstler wird, wie Künstler schließlich in die Lage versetzt werden, ihre Kunst zu machen und wie es ihnen gelingt, ihre Werke zu drucken, aufzuführen oder einem Publikum zugänglich zu machen. Außerdem konnte gezeigt werden, dass Beurteilungen und Bewertungen von Kunstwerken und künstlerischen Schulen, die deren späteren Rang in der Literatur- oder Kunstgeschichte bestimmten, nicht einfach nur persönliche und „rein ästhetische" Entscheidungen sind, sondern sozial erst ermöglichte und sozial konstruierte Ereignisse.

2. Die Veränderung von Strukturen in der Medienproduktion

Wer nicht nur zu seinem eigenen Vergnügen Kunst macht, hängt direkt oder indirekt von sozialen Strukturen ab, die diese künstlerische Tätigkeit stützen. Wie sehr Künstler sich auch immer unabhängig wähnen mögen, sie sind einfach verpflichtet, diese Strukturen zu berücksichtigen, wenn sie eine Gegenleistung für ihre Arbeit beanspruchen.[1]

Dabei ist das Publikum nur eine unter verschiedenen anderen Förderstrukturen der Kunst, und sie ist nicht einmal die bedeutendste. Förderstrukturen schließen eine Vielzahl unterschiedlicher Mechanismen, Prozesse, Institutionen oder Agenturen ein, die künstlerische Arbeit unterstützen oder bekannt machen. Sie ermöglichen immerhin einer gewissen Anzahl von Künstlern, ihren Lebensunterhalt zu verdienen und die nötige Aufmerksamkeit zu finden, während sie anderen diese materiellen und symbolischen Belohnungen versagen. Die Verteilung von Förderungen für künstlerische Tätigkeiten kann von einer einzelnen Struktur monopolisiert sein oder durch eine Anzahl unterschiedlicher Strukturen erreicht werden. Die Palette reicht hier von der einfachen, direkten Beziehung zwischen Künstler und Mäzen bis hin zu komplexen Systemen (z.B. nationaler Kunstförderung), die Gremien, Vermittler, Netzwerke und Publikum einschließen. Förderstrukturen ebnen Wege bei der Jobsuche oder der Vermittlung von Aufträgen, sie helfen bei der Entdeckung von Talenten und Innovationen, und sie verbreiten solche Neuigkeiten in einem größeren Kreis, zu

---

[1] In Anlehnung an Zolberg (1990) wird der Begriff „Förderstrukturen" (support structures) verwendet. Andere Autoren sprechen hier von Verteilungs- und Belohnungs-Systemen (Albrecht et al 1970) oder einfach von Belohnungs-Systemen (Crane 1976; Rosengren 1983).

dem auch die diversen Publikum und kunstinteressierten Öffentlichkeiten gehören, die unsere modernen Gesellschaften durchdringen. In den europäischen Gesellschaften traten solche Förderstrukturen historisch als Gilden, als (kirchliche, höfische, städtische oder private) Mäzene, Akademien, Staatsbürokratien und als Markt in Erscheinung.

Zahlreiche Forschungsarbeiten haben gezeigt, wie sich solche Strukturen – auf unterschiedliche Weise – auf die Karrieren von Schriftstellern und anderen Künstlern ausgewirkt haben, aber auch auf die Kunststile und Kunstformen, die für den öffentlichen Konsum produziert und verbreitet wurden.

Im folgenden wird zunächst ein konziser historischer Überblick über Strukturen der materiellen und symbolischen Förderung der Bildenden Kunst und Literatur gegeben. Dabei wird im wesentlichen auf die Verhältnisse französischer Maler und englischer Schriftsteller Bezug genommen, die jedoch weitgehend repräsentativ auch für andere europäische Länder sind.

2.1 Förderstrukturen für Maler

Im 15. Jh. und in der Zeit davor waren Maler in Gilden organisiert und erzielten einen Großteil ihres Einkommens durch Aufträge der Kirche oder des Klerus und zu einem geringen Anteil – speziell im Mittelalter – durch Aufträge des Adels, wohlhabender Kaufleute und Städte. Sowohl die Gilden als auch die kirchlichen Auftraggeber übten einen – nach heutigen Begriffen – außerordentlichen Einfluss auf Form und Inhalt der Kunstwerke aus. Die Gilden schränkten sehr erfolgreich die Freiheiten ihrer Mitglieder ein z.B. bei der Auswahl von Materialien, beim freien Wettbewerb mit anderen Künstlern oder bei der Überschreitung von Mediengrenzen durch die Verwendung unerlaubten Materials. Kirchliche Aufträge bedeuteten außerdem weitreichende Einflussnahme auf die künstlerische Arbeit durch Vorgaben bezüglich der Farbgebung und der Darstellung der Figuren auf der Leinwand (Baxandall 1972; Steinberg 1983).

In späteren Perioden blieben die Auftraggeber zwar bedeutend, ihre direkte Beteiligung an der Produktion wurde jedoch in dem Maße unüblich, wie der Künstler eine professioneller Rolle zu spielen begann (Trevor-Roper 1976; Gear 1977; Haskell 1963). Der Wettbewerb zwischen den Auftraggebern war ein wichtiger Grund für die Lockerung ihres kontrollierenden Einflusses. Das Angebot mehrerer Förderquellen gestattete den Künstlern ein gewisse Autonomie. Sie konnten sich ihre Auftraggeber aussuchen und waren nicht länger abhängig von einer einzelnen Förderquelle bzw. angewiesen auf deren Gnade (Zolberg 1990; Kempers 1987).

Der Wettbewerb unter den Auftraggebern öffnete – beeinflusst durch humanistische Ideen – auch Spielräume für einen neuen Begriff des Künstlers. Sozial und intellektuell waren die höfischen Maler der Renaissance Welten entfernt von den mittelalterlichen (Kunst-) Handwerkern. Sie erfreuten sich der Protektion mächtiger

Fürsten und der Freundschaft humanistischer Gelehrter, wodurch sie intellektuell und mit Blick auf ihre soziale Stellung selbstbewusster wurden. Sie gefielen sich darin, sich mit Dichtern und Humanisten gleichrangig zu sehen, als gebildete Professionals über spezielles Wissen über antike Kultur, Kunstgeschichte, die christliche Tradition und die zeitgenössische höfische Zivilisation zu verfügen. Sie wollten nicht länger als einfache Handwerker angesehen werden, sondern als zugehörig zu denen, die geistig-intellektuelle Aufgaben mit großer Eleganz und Imagination bewältigen. Die Gilden taugten weder für abstrakte Diskussionen über Mathematik, antike Texte oder den Wert der Malerei im Vergleich mit der Bildhauerei, noch eigneten sie sich für die Ausbildung von Künstlern auf einer solchen Basis (Kempers 1987). Der Künstler war kein schlichter Arbeiter mehr; er war ein Schöpfer, ein *alter deus*, geworden, frei von allgemeinen Normen.

In Florenz entstanden, breitete sich dieses neue Künstlerbild nach Frankreich aus und wurde allmählich bestimmend in allen größeren kulturellen Zentren Europas. Im Gegenzug wurden die Gilden, die zu Beginn des 17. Jh. noch immer die französischen Städten beherrschten, zunehmend protektionistisch und feindselig (White & White 1993); ohnehin rigide Regeln wurden noch verschärft bis sie schließlich für die Künstler vollends unakzeptabel waren. Dies trieb die Künstler zur Opposition gegen die Gilden. So gelang es einigen, in Italien ausgebildeten „freien" Künstlern und ein paar Rebellen aus den Gilden schließlich, die Unabhängigkeit zu erringen. 1648 stattete das Königreich sie mit dem Recht aus, im Einflussbereich der Gilden zu arbeiten und eine Schule für Malerei zu betreiben. Die so entstandene Königliche Akademie war völlig unabhängig von den Gilden; schon bald dominierte sie die Gilden und trat schließlich ganz an deren Stelle.

Unter dem Schutz und durch die Unterstützung des Monarchen verkörperte und kreierte die Akademie ein neu definierten nationales Sujet. Ihre wichtigste Leistung bestand jedoch darin, Kunst in einen humanistisch geprägten Beruf zu verwandeln, indem sie theoretische, philosophische und literarische Grundlagen mit den handwerklichen Fähigkeiten verband, wie sie in den Gilden vermittelt wurden. Sie erhob bestimmte Kunstformen als anderen dem Range nach überlegen und etablierte auf diese Weise eine „Hohe Kultur", die wiederum den Kunstbegriff selbst redefinierte. Es versteht sich von selbst, dass dabei ausgeschlossene Kunstformen zu einer Art inoffizieller Kunst wurden und somit zur Marginalität verurteilt waren (Zolberg 1990).

Als administrative Struktur über den Ausbildungseinrichtungen, den Wettbewerben und Belohnungen bestimmte die Akademie im wesentlichen den Verlauf der Künstler-Karrieren. Maler hatten einfach keine Chance sich zu etablieren, wenn sie sich nicht der Autorität der Akademie unterstellten. Die Akademie hatte das Monopol in der Lehre der Malerei ‚nach dem Leben' und zwang all ehemals ‚freien' Maler Mitglieder der Organisation zu werden. Im 19. Jh. wurde schließlich die Malerei von einem zentralen Ort in Paris aus kontrolliert und eine rigide ästhetische Ideologie hatte sich durchgesetzt, die Gegenstände, Bildsprache, Komposition und andere charakteristische Stilelemente vorschrieb.

Die akademischen Strukturen in Frankreich wurden in anderen Ländern eifrig kopiert, bis gegen Mitte des 19. Jh., wenn nicht schon früher, ihr Monopol über die Kunst und künstlerischen Karrieren zu bröckeln begann. Nach 1830 war es dann die Romantik mit ihren charakteristischen Begriffen von Kunst und Künstler, die die Autorität der Akademie untergrub. Um 1860 kam es aufgrund demographischer Veränderungen in der französischen Kunstszene zur Überlastung des Akademie-Systems[2]. Als das System von jungen aufstrebenden Künstlern überschwemmt wurde, war die Akademie nicht mehr in der Lage, deren Ausbildung zu überwachen oder eine Nachfrage für die jüngere Künstlergeneration zu schaffen, zu sehr stand die rigide ästhetische Ideologie einer Aufnahme neuer Kunst-Stile entgegen. Gleichzeitig entstand ein wachsender neuer Markt potentieller Käufer von Kunstwerken, der sich vornehmlich aus der neuen wohlhabenden Mittelschicht rekrutierte und vom Akademie-System nicht ausreichend versorgt wurde. An finanziellen Spekulationen mit der Kunst ebenso interessiert wie am Besitz von Kunstwerken, waren diese Käufer wesentlich risikofreudiger als die traditionellen aristokratischen Käuferschichten (White & White 1993).

Im Ergebnis führte dies zum Zusammenbruch des zentralistisch organisierten Akademie-Systems. Zwar mag die Akademie noch das Monopol über die Auswahl und Ausbildung der Künstler gehabt haben, außerhalb dieses Bereiches aber entstand ein neues, dezentrales System, das von Galeristen und Kritikern dominiert wurde: das sog. ‚Händler-Kritiker System' (White & White 1993). Ohne Aussicht, sich im akademischen System etablieren zu können, wandten sich viele aufstrebende Künstler zur Verbreitung und Begründung ihrer Kunst jenem Netzwerk außerhalb der Institution zu. Unabhängige Händler betätigten sich in höchst spekulativen Geschäften, indem sie junge Künstler vertraglich zu binden suchten, als diese noch relativ unbekannt waren, und sie drängten, sich auf besondere Genres zu spezialisieren. Dieses Marketingsystem brachte neue Künstler und neue Stile, wie z.B. den Impressionismus, hervor. Kritiker spielten ein ganz neue Rolle in der Promotion für neue Theorien der Malerei, in der Identifikation neuer ‚Schulen' und in der Begründung der neuen Werke für das Mittelklasse-Publikum. So wurde der Kunstmarkt zu wichtigsten Säule künstlerischer Kreation und Distribution. Und Personen und In-

---

[2] Von 500 neuen Gemälden im Jahr 1803 nahm die Zahl auf 5000 im Jahr 1863 zu. Außerdem gab es 1863 über 3000 in der Akademie registrierte Maler und noch einmal 1000 in den Provinzen, eine dramatische Zunahme gegenüber jenen 100 Malern im Jahre 1800. (White & White 1993).

stitutionen, die eigentlich Vermittler waren, begannen eine elementare Rolle für die Karrieren der Künstler zu spielen (Moulin 1987).

2.2 Förderstrukturen für Schriftsteller

Literarisches Mäzenatentum hat – obwohl weniger bekannt – in der Literaturgeschichte eine zentrale Rolle gespielt. Traten im England des 14. und 15. Jh. zunächst der König und die Kirche als Mäzene auf, so folgten im 16. Jh. größere Kreise der Aristokratie und politische Führer in der Zeit nach der Restauration von 1688 (Laurenson 1972; Griffin 1996).[3] Bis zum Ende des 16. Jhs. wurde literarische Texte ganz eindeutig durch die enge Beziehung zwischen Autor und Mäzen beeinflusst. Oft hatten die Schriftsteller Stellen bei Hofe oder lebten ständig in den Adelshäusern, wodurch sie in Loyalität an ihre Förderer gebunden waren. Diese enge Beziehung und Abhängigkeit löste sich erst nach 1600 (Laurenson 1972), als die Förderung sich zur Bezahlung für eine Widmung wandelte.

Der Bestand des persönlichen Mäzenatentums blieb notwendig, solange Wohlstand, Macht und Kunstinteresse auf Einzelpersonen oder die Adelsklasse konzentriert waren. Als Wohlstand und Bildung zu allgemeineren Gütern wurden und die Entwicklung einer literalen Mittelklasse sich mit der Entwicklung von Handel und Industrie beschleunigte, entstanden auch alternative Institutionen der Förderung und Distribution von Literatur. Das Theater war so eine frühe Alternative zum Mäzenatentum, obwohl gelegentlich auf den Schutz und die Unterstützung reicher Persönlichkeiten angewiesen. Der aufkommende Journalismus bot den Schriftstellern weitere Gelegenheiten[4], in direkten Verhandlungen mit einem Verleger die Marktchancen zu verbessern. Das England des 18. Jhs. war gekennzeichnet durch eine wachsende Bevölkerung, das Anschwellen der Mittelklasse und ein Zunahme bei Druckerzeugnissen und Publikationen. Diese Veränderungen hatten den Wechsel jener sozialen Gruppen zufolge, die die Autoren als maßgebend für soziale und Normen des guten Geschmacks betrachteten, womit auch ein Wechsel der Quellen der Entlohnung verbunden war. Leihbibliotheken entstanden, um die Nachfrage eines wachsenden Lesepublikums zu befriedigen, während Verbesserungen im Transportwesen und in der Kommunikation ganze Netzwerke solcher Art entstehen ließen, die fast das gesamte Land abdeckten.

In der Folge dieser Entwicklungen gewannen die Autoren ein zunehmend besseres Selbstwertgefühl, da sie sich nicht länger den Eigenwilligkeiten einzelner Förderer ausliefern mussten – allerdings hatten sie nun auf den Geschmack der mächti-

---

[3] Viala (1985) und Parkhurst Clark (1987) liefern eine detaillierte Analyse der Rolle des literarischen (staatlichen) Mäzenatentum in Frankreich während des 17. und 18. Jhs.

[4] Cf. Laurenson (1972) und Gross (1991). Cf. Parkhurst Clark (1987) über die wachsende Bedeutung des Journalismus für französische Schriftsteller im 19. Jh.

gen Verleger oder Bibliotheksbesitzer Rücksicht zu nehmen, und natürlich auf den
Geschmack eines größeren Publikums, dessen Nachfrage und Gewohnheiten den
Verkauf ihrer Werke bestimmte. Die Zahl der Verlage, bei denen die Autoren ansu-
chen konnten, nahm jedoch schnell zu, und es gab eine Diversifizierung der Leserschaft in verschiedene Publika im dem Maße wie sich literarische Genres ausdifferenzierten (Watt 1957; Altick 1963; Williams 1961). Außerdem erweiterte sich das
Angebot der für Autoren interessanten Arbeitsstellen und Zusatzeinkommen erheblich. So wurden die Autoren gewissermaßen in die Unabhängigkeit getrieben, zugleich aber auch in die Isolation: die Schriftsteller wurden autonomer, aber auch ein-
samer. Ihre Unsicherheit wurde größer, als die Leihbibliotheken am Ende des 19.
Jhs. ihre Basis verloren, weil billige einbändige Romane den Markt überschwemm-
ten und die durchschnittlichen Honorare für literarische Arbeiten sich verschlechter-
ten. Die Schriftsteller waren somit – vergleichsweise schutzlos - den Willfährigkei-
ten eines Wettbewerbs-Marktes ausgesetzt, in dem sich das Lesepublikum zwar immens vergrößert, aber eben auch sehr stark fragmentarisiert hat.

2.3 Vom Mäzenatentum zum Markt
Die oben beschriebenen Entwicklungen vollzogen sich nicht nur in Frankreich und
England. Auch waren sie nicht beschränkt auf die Malerei und Dichtung. Obwohl
die Chronologie und der Ablauf der Ereignisse von Land zu Land variierte, war das
Szenario für ganz Europa im Prinzip dasselbe: an die Stelle der Mäzene trat der
Markt.[5]
    Maler und Schriftsteller sahen sich allmählich einer neuen Situation gegenüber,
die ihnen zwar größere Freiheit bot, sie zugleich aber in eine prekäre Abhängigkeit
von unpersönlichen Märkten und Unwägbarkeiten brachte (Pelles 1963; Sutherland
1976; Laurenson 1972; Pevsner 1970). Im 20. Jh. entwickelten sich zunehmend
komplexe Märkte kommerzieller Produktion, Distribution und Vermarktung; die
Akteure im Medienmarkt sind von vielerlei Gestalt, Unternehmer, Gesellschaften,
Konzerne. Gleichzeitig haben technologische Entwicklungen wie das Radio, der
Offset-Druck, das Fernsehen, und Fortschritte in der elektronischen und Computer-
industrie die ohnehin bereits außerordentlich komplexen Zusammenhänge in der

---

[5] Im Vergleich mit Europa entwickelten sich die Beziehungen zwischen Staat, Markt, Gesellschaft und
Kunst in den USA ganz anders (Parkhurst Clark 1987; Zolberg 1990). Dort gab es keine Tradition der
Kunstförderung und keine etablierten Förderstrukturen wie in Europa. Dort gab es keine vergleichbar
etablierte Aristokratie, und bis ins 20 Jh. hinein war selbst der Staat relativ schwach. Auch existierte
dort keine einzige kirchliche Institution, die so mächtig gewesen wäre wie Katholische Kirche auf dem
europäischen Kontinent. Was also an Mitteln für kulturelle Einrichtungen wie Museen, etc. aufgewen-
det wurde, kam von den Städten und Mitgliedsstaaten unter der Kontrolle lokaler Eliten. Siehe dazu
u.a. DiMaggio (1982).

Produktion und Verbreitung von Kunst noch komplexer werden lassen und sind dabei, auch die Nutzung und den Konsum von Medien nachhaltig zu verändern.

3. Die Rolle der Vermittler

Im Verlauf der letzte zwei Jahrhunderte sind Personen und Institutionen, die eigentlich als Vermittler anzusehen sind, für die Karrieren von Schriftstellern und anderen Künstlern immer wichtiger geworden. Sie wurden für Autoren und Künstler lebenswichtig nicht nur mit Blick auf das ökonomische Überleben, sondern auch für die Bewertung ihrer Arbeit und hinsichtlich ihrer Reputation. Der gestaltende Einfluss dieser Vermittler, insbesondere ihre legitimatorische Macht, hat einige Soziologen veranlasst, sie als ‚Ko-Produzenten‘ der Werke anzusehen (Bourdieu 1980). In der Bildenden Kunst sind dies z.B. Galerien, Auktionshäuser, Kuratoren, Kunstzeitschriften, Kritiker und andere Künstler. In der Literatur gehören dazu z.B. Agenten, Verleger, Herausgeber, Kritiker, Rezensenten, Buchhändler, Bibliotheken und Schriftstellerkollegen. Das Zusammenwirken dieser Gruppen prägt die Struktur, in der sich die persönliche und kollektive Lage von Künstlern und Autoren realisiert.

Für andere Einrichtungen ist die Vermittlungsfunktion weniger offensichtlich. In den 1970-er Jahren wurden Bücher zusammen mit Film- und Fernsehproduktionen herausgebracht. Nun macht die Hollywood-Instrustrie seit ihren Anfängen von Büchern Gebrauch (Tebbel 1978), aber erst Ende der 70-er Jahre wird die Entwicklung eines Produktes als Buch, Film und Fernsehproduktion allgemeinere Praxis. Der Verkauf von Büchern wurde auf diese Weise direkt an den Erfolg von Non-Print-Produkten gekoppelt. Heutzutage sind Filmgesellschaften und TV-Networks in der Lage, die Leserschaft von Roman-Autoren gewaltig zu vergrößern (Whiteside 1981) und das Interesse des Publikums auch weit über deren Tod hinaus wach zu halten (Rusch 1999).

Auch die Bildungsinstitutionen nehmen eine Vermittlerrolle zwischen Autoren und Lesern wahr. Schulbücher lehren, welche Autoren lesenswert sind und was man über deren Texte sagen kann.[6] Lehrpläne stellen einige Werke so stark heraus, dass sie als kanonische Texte institutionalisiert werden. Nicht zufällig sind es die Bücherbestellungen der Schulen, die entscheiden helfen, welche Titel im Druck bleiben bzw. sich weiterer Neuauflagen erfreuen sollen.

In den letzten Jahrzehnten hat sich eine wahre Flut von Forschungen der Frage gewidmet, wie Vermittler die individuellen Werke und ganze Karrieren mitgestalten

---

[6] Für eine Analyse der Rolle des Erziehungssystems bei der Produktion von Konsumenten, die ausgestattet sind mit der Befähigung und der Neigung vor allem Werke des literarischen Kanons zu rezipieren, und bei der Reproduktion der Ungleichverteilung dieser Fähigkeiten und Neigungen und der entsprechenden Wertschätzung der kanonischen Texte, siehe Bourdieu & Darbel (1969) sowie Bourdieu (1984).

können. Dabei wurde zwei zusammenhängenden Aspekten der Tätigkeit der Vermittler und deren Auswirkungen auf Karrieren und Produkte besondere Aufmerksamkeit geschenkt: dem *Gatekeeping* und dem *Decision-Making*.[7] Zwar entstammen diese Begriff der Nachrichten-Forschung (White 1950; Breed 1955; Tuchman 1978), sie können aber auch auf andere Gebiete der kulturellen Produktion übertragen werden (Hirsch 1977; Peterson 1994). Im Falle der Nachrichten lässt sich eine Kette bilden vom ‚Bemerken' eines Ereignisses in der Welt, über das Anfertigen einer Meldung oder eines Films und schließlich die Herstellung eines Nachrichtentextes für die Ausstrahlung. Im Falle eines Buches, eines Kinofilms, einer Fernsehshow oder eines Schlagers haben wir es mit einer ähnlichen Folge von Schritten zu tun, an deren Anfang jemand eine Idee hat, worauf ein Auswahlprozess und zahlreiche weitere Transformationsphasen folgen bis hin zum Endprodukt.

Sowohl die feministische Forschung als auch die dekonstruktionistische Beschäftigung mit der Künstlichkeit des Kanons haben die Aufmerksamkeit auf die Selektionstätigkeit von Verlegern und anderen Gatekeepern gelenkt und eine Reihe von Studien über das Schicksal von Künstlerinnen unter Berücksichtigung des Gatekeeping und Decision-Making vorgelegt. So hat z.B. Tuchman (1989) eine faszinierende Studie über Invasion und Inklusion vorgelegt. Sie zeigte, wie viktorianische Autorinnen aus der dominierenden Autorenposition herausgedrängt wurden, nachdem Männer erkannt hatten, wie profitabel das Schreiben fiktionaler Texte sein kann. Männliche Herausgeber und Kritiker arbeiteten zusammen, als es darum ging, den ästhetischen Wert des Romans zu erhöhen, indem die frühen Romane weiblicher Autoren herabgewürdigt wurden.

3.1 Gatekeeping

Unter den Begriff des Gatekeeping fallen Urteile über den Zugang oder die Zulassung von Personen oder Werken zu bzw. für bestimmte kulturelle Felder. Es geht also um das Akzeptieren oder Zurückweisen von Werken oder ihren Urhebern und um die Konsequenzen, die solche Entscheidungen für spätere Arbeiten und die Zukunft der betreffenden Personen haben. Im Kunstbereich können Gatekeeper ihre Funktion auf verschiedenen Ebenen wahrnehmen. In der Literatur können Verleger Manuskripte vom Markt fernhalten, ebenso wie die Zensur, wenn sie die Zulassung von Manuskripten vor der Veröffentlichung verlangt. Aber auch nach der Publikation können Gatekeeper ihre Selektionsfunktion noch ausüben; das Schicksal der Bücher hängt nämlich dann noch von den Entscheidungen der Kritiker, Händler und – wiederum – Zensoren ab (sofern diese in der Nach-Publikationsphase aktiv werden). Die Motive hinter den Entscheidungen der Gatekeeper reichen von politischen und

---

[7] Diese Tätigkeiten können auch als 'Selektion' und 'Verarbeitung' beschrieben werden (McQuail 1994, 212).

moralischen Belangen, über kommerzielle Interessen bis hin zu rein ästhetischen Fragen; in der Praxis wird es meistens ein wenig von Jedem sein.

3.2 Austausch zwischen den Kulturen

Gatekeeper spielen ebenfalls entscheidende Rollen, wenn es um die Einführung von Werken aus einem fremden Kulturkreis geht (Griswold 1992; Nies 1996; Van Voorst 1997). Griswold (1992) zeigt, wie stark englische Verleger in ihrer Funktion als Gatekeeper für die Werke nigerianischer Romanautoren deren Arbeiten beeinflusst haben. Indem sie Romane auswählten, die einem längst überholten Modell von Tradition vs. Moderne entsprachen, schufen sie ein sehr einflussreiches Genre, das im Widerspruch steht sowohl zur Realität in Nigeria als auch zu den Absichten der meisten nigerianischen Autoren. In einer anderen Studie untersucht Griswold (1987) den Export von Bedeutungen über nationale Grenzen hinweg und die Veränderungen, die Bedeutungen auf diesen Wegen erfahren. Der Vergleich amerikanischer, britischer und westindischer Besprechungen eines Titels des auf Barbados lebenden Autors George Lamming offenbart erstaunliche Unterschiede. Während Rassenfragen in den amerikanischen Besprechungen der Romane Lammings hervortreten, spielen sie in den britischen Diskussionen praktisch keine Rolle; dort konzentriert man sich auf die Sprache der Romane und deren literarische Qualitäten. In Gegensatz dazu betonen die westinidischen Kritiker Fragen der persönlichen und nationalen Identität. Löwenthal (1964) hat im Detail ausgeführt, wie Dostojevski von der deutschen Literaturkritik umbewertet wurde, um ihn den wechselnden Stimmungen der deutschen Intellektuellen anzupassen. Und Rollin (1976) hat die Mechanismen beschrieben, durch die Werke der Popkultur als literarisch umgewertet werden.

Auf ihre Weise zeigen all diese Forschungsarbeiten, dass die Wertung künstlerischer oder literarischer Werke und ihrer Schöpfer abhängig ist von den (veränderlichen) Standards und Geschmäckern der beteiligten Gatekeeper.

3.3 Decision-Making

Das Konzept des Gatekeeping bezieht sich auf das Vermögen von Vermittlern, Werke auszuschließen oder zu fördern. In der Kulturindustrie – von den Verlagen bis zum Fernsehen - werden jedoch in der Regel vor allem andere als Auswahl oder Zurückweisungs-Entscheidungen getroffen, nämlich solche, die ein Werk auf den verschiedenen Stufen des Produktionsprozesses verändern bzw. rekontextualisieren.

Wenn es also um die Veränderungen geht, die Werke erfahren, wenn sie von Ideen in fertige Produkte verwandelt werden, scheint der Begriff der Entscheidungskette nach einem Vorschlag von Ryan & Peterson (1982) sehr gut geeignet. Sie haben ein Model solcher Entscheidungsketten am Beispiel populärer Titel der Musikindustrie entwickelt, das aus einer Anzahl verschiedener Glieder besteht: vom Schreiben eines Songs zur Publikation, vom Demo-Tape zur Aufnahme (für die

Produzent und Künstler ausgewählt werden), von der Aufnahme zu Herstellung und Marketing, von dort zum Konsumenten via Radio, TV, Musikbox, Live-Aufführungen oder Direktverkäufen. In diesen Fällen werden die ursprünglichen Ideen der Songschreiber von den Vorstellungen der Musikverleger hinsichtlich der Präsentation (vor allem mit Blick auf Künstler und Stil) gefiltert, die außerdem entscheidend sind für die Promotion des Produkts auf verschiedenen Märkten. Der ganze Prozess baut auf Annahmen über die Vorstellungen des nächsten „Gatekeepers" in der Kette, vor allem aber über das Gesamt-Image des Produktes. Die Autoren betonen, dass es an den einzelnen Entscheidungspunkten weniger um Fragen geht wie „Was habe ich dazu zu sagen?" oder „Was will der Musik-Fan wirklich hören?", sondern darum, welche Änderungen nötig sind, damit der Song an der nächsten Stelle der Entscheidungskette akzeptiert wird. So hatten z.B. die Producer in der Country-Musik der frühen 80-er Jahre das Problem, die Songs so zuzuschneiden, dass sie von den – fast ausschließlich männlichen – Diskjockeys auch tatsächlich gespielt werden, obwohl die Mehrheit der Country-Musik-Fans Frauen waren.

Ganz dem sentsprechend zeigen Cantor und Cantor (1991), wie der Hauptdarsteller einer Fernsehserie noch nach Beginn der Ausstrahlung verändert werden kann. Gitlin (1983) und D`Acci (1987) präsentieren ausführliche Fallstudien zum veränderlichen Schicksal einer relativ unbekannten Serie mit dem Titel *Americam Dream* und der populären Polizeiserie der 80-er Jahre *Cagney and Lacey*. Die Studien zeigen, wie die zahlreichen Veränderungen in beiden Serien – angefangen mit dem Plot und der Besetzung bis zu Spielort und Tonfall – den Bedürfnissen und Interessen der Entscheider entlang der Entscheidungskette entsprechen.

4. Berufsprofile und ihre Implikationen

4.1 Kunst: ein Beruf?

Die Tätigkeiten von Schriftstellern und Künstlern werden oft als Berufe angesehen, teils wohl wegen der typischen Einbindungen in Branchen und teils wegen der Selbstständigkeit ihrer Arbeit. Dies reflektieren auch die Beschäftigungskategorien, die in der Arbeitssoziologie und Verwaltungsstatistik verwendet werden. Das U.S. Büro für Bevölkerungsstatistik zählt z.B. Schriftsteller, Künstler und Entertainer zur Kategorie der „beruflich, technisch und ähnlich Tätigen" zusammen mit z.B. Buchhaltern, Architekten, Ingenieuren, Zahnärzten, Ärzten, Rechtsanwälten, Oberschul- und Hochschullehrern, Wissenschaftlern und Bibliothekaren (Hall 1994).

Die Tätigkeit von Schriftstellern oder Künstlern unterscheidet sich jedoch von den anderen Berufen in wesentlichen Hinsichten und kann nicht als Beruf in einem strengen Sinne gelten. Dies wird klar, wenn man zwei Schlüsselkriterien der Arbeits- und Berufssoziologie zur Bewertung beruflicher Tätigkeiten hinzuzieht: ein systematischer, nachweisbarer Korpus an Fachwissen und ein hohes Maß an Kontrolle über die Tätigkeit.

4.2 Kein systematisches, zertifizierbares Fachwissen

Bei Schriftstellern und anderen Künstlern ist es so gut wie unmöglich, eine optimale Wissensgrundlage zu bestimmen, auf der ein Anspruch auf Professionalität begründet werden könnte. Zunächst einmal ist sehr zweifelhaft, ob es ein solches Wissen überhaupt gibt, obwohl natürlich technische Fertigkeiten benötigt werden. Sodann ist das „Wissen" der künstlerischen Berufe – anders als bei den etablierten Lehrberufen – weder in einen plausiblen Sinne kumulierbar, noch ist es kodifiziert. Schließlich wird angenommen, dass das für die Kunst nötige Wissen implizit ist, und dass der Hauptunterschied zu den Laien gerade darin besteht, dass die Berufskünstler darin geübt sind, ihre Techniken überhaupt erst selbst zu entwickeln, und dies als ihre besondere Leistung zu betrachten. Außerdem handelt es sich bei den, z.B. für kreatives Schreiben erforderlichen Fähigkeiten nicht um solche, die direkt gelehrt werden könnten. Und dies bleibt auch so, obwohl in den letzten Jahrzehnten alle möglichen Anstrengungen dazu unternommen wurden – angefangen mit den Schreibkursen und Handbüchern, die in den Medien beworben werden bis hin zu den – speziell in den Schulen und Hochschulen der USA besonders beliebten – Klassen für Kreatives Schreiben. Nichtsdestoweniger wird das Schreiben in erster Linie als eine Tätigkeit betrachtet, die wesentlich auf Intuition und Einbildungskraft beruht, die zwar angeregt und ermutigt, aber normalerweise nicht ohne Weiteres erlangt werden können. Im Journalismus – einem der Bereiche, die aus diesem Bemühungen hervorgingen - gibt es so etwas wie Ausbildung. Auch für einige andere Formen des Schreibens, z.B. das Drehbuchschreiben, ist ein guter Teil des Praxiswissens für die Ausbildung standardisiert worden. Dennoch bleibt der Unterschied zwischen solchen ‚praktischen' Formen und dem ‚imaginativen' Schreiben bestehen, das wesentlich als persönliche Qualifikation, Inspiration oder selbsterworbene Fähigkeit gilt. Eines der Grundprobleme jeder Professionalisierung künstlerischer Tätigkeit schließlich ist die Definition künstlerischen Talents oder künstlerischer Fähigkeit. Es ist nämlich weder genau spezifizierbar, noch auch nur annähernd klar, was eigentlich die Indikatoren für Talent, und welches für eine künstlerische Tätigkeit notwendige Fähigkeiten und Fertigkeiten sein sollten.

4.3 Geringe berufliche (Selbst-) Kontrolle

Das Konzept der beruflichen (Selbst-) Kontrolle bezieht sich auf die „kollektive Fähigkeit der Angehörigen einer Berufsgruppe, ihre Autorität in Fragen der Definition, Durchführung und Bewertung ihrer Arbeit zu bewahren (Child & Fulk 1982, 155). Aber eine (Selbst-) Kontrolle dieser Art gibt es nur für jene Handvoll der Berufgruppen, denen es gelingt, den Zugang zu ihrem Fachwissen zu beschränken. Sowohl die Juristen als auch die Mediziner bieten ihre Dienste auf der Grundlage besonderen Expertenwissens an, das sie in sicherer Distanz gegenüber ihren Klienten und Patienten halten. Dies gilt für Künstler ganz und gar nicht. Künstler haben gewöhnlich keine monopolisierten Zugänge zu dem Wissen, das sie für ihre Arbeit benötigen. Und dies gilt entsprechend auch für die Beurteilung bzw. Wertung ihrer künstlerischen Arbeit. Und obwohl Künstler sich recht häufig über Talent und Werke anderer Künstler äußern (Oosterbaan Martinius 1990), besitzen sie doch bei weitem kein Wertungsmonopol: Publikum, Vermittler, Kritiker und andere qualifizierte Experten haben ebenfalls das Recht und die Macht ihre Urteile abzugeben.

Berufliche Kontrolle schließt auch die Möglichkeit ein, die Bedingungen des Zugangs zu bzw. Ausschlusses von entsprechenden Positionen zu bestimmen. Die geschlossenen Berufsgruppen wie Juristen oder Mediziner führen Register der zugelassenen Mitglieder. Die Kontrolle durch die Berufsgruppen selbst bestimmt – meistens auf der Basis nachgewiesener Qualifikationen – wer in die aufgenommen wird und die entsprechenden Titel führen darf; bei Fehlverhalten drohen Ausschluss und Entzug der Zulassung. In der Kunst das offensichtlich anders: jedermann ist frei, am Kunstgeschehen teilzunehmen oder sich „Künstler" zu nennen, ohne irgendeinen formalen Abschluss oder eine offizielle Bestätigung besonderer Kompetenzen. Das ist nicht immer so; es hat Zeiten und Länder gegeben, in denen die Künste durch eine sehr strenge berufliche Kontrolle – sowohl mit Blick auf den Zugang als auch hinsichtlich der Karrieremöglichkeiten - gekennzeichnet waren. Zu Zeiten der Gilden in Europa konnte z.B. kein Schüler zu einem anderen Meister wechseln, wenn sein Lehrherr nicht zustimmte, und jeder Lehrling musste drei Jahre bei einem Meister verbringen.

4.4 Andere Indikatoren unvollständiger Professionalisierung

Auch gemessen an anderen Kriterien können die künstlerischen Tätigkeiten nur schwerlich als Beruf gelten. Nach Wilensky (1964) müssen Berufe folgende Merkmale aufweisen: die Mehrheit der Praktiker hat einen Full-Time-Job; es gibt Ausbildungseinrichtungen und Standesorganisationen; die Tätigkeit ist staatlich anerkannt und geschützt, und es wird nach einem ethisch-moralischen Kodex gehandelt. In allen diesen Aspekten sind die Künstler gegenüber Ärzten, Anwälten oder Architekten im Nachteil. Viele verbinden ihre künstlerische Tätigkeit mit einem Nebenjob. Zwar gibt es zahlreiche Ausbildungsstätten für Künstler, Autodidakten haben aber in allen Kunstformen immer eine bedeutende Rolle gespielt. Und obwohl es Standesorganisationen gibt, halten sich doch viele Künstler von ihnen fern; und schließlich ist die Mitgliedschaft keine Voraussetzung für die Ausübung der Tätigkeit. Weil es keine vorgeschriebene Ausbildung und keine Zwangsmitgliedschaften in Verbänden gibt, sind auch die offizielle Anerkennung und der Schutz künstlerischer Berufe problematisch. Ein Berufskodex existiert höchstens in einem sehr abstrakten Sinne.

Vor diesem Hintergrund führt der Umstand, dass es keine allgemein akzeptierten Bewertungsmaßstäbe und Richtlinien für künstlerische Werke und ihre Produktion gibt, dazu, dass Schriftsteller und ihre anderen Künstlerkollegen in einem Zustand *ästhetischer Unsicherheit* arbeiten. Mehr noch, wie Anheier und Gerhards (1991) betonen, führt die Nichtexistenz eines formalen Berufsbildes zusammen mit den Unwägbarkeiten des Marktes zur *Unbestimmtheit* ihres *sozialen Status'*. Sozialprestige und Einkommen der Künstler variieren auf einer so weiten Skala, dass es für den Soziologen fast unmöglich ist, der Berufsgruppe einen sozialen Prestigewert zuzuordnen.

5. Wirtschaftliche Position der Künstler als Berufsgruppe

5.1 Zusammensetzung der Berufsgruppe

Wie bereits ausgeführt, hat sich der Markt für Literatur und andere Kunstformen in Europa und in den Vereinigten Staaten nach dem Zweiten Weltkrieg sehr schnell entwickelt und stark ausgedehnt. In Kombination mit den fehlenden Kontrollinstanzen musste dies für die Künste – für die schönen ebenso wie für die kommerziellen – zu einer sehr freizügigen, um nicht zu sagen exzessiven Rekrutierung führen. Erhebungsdaten aus den U.S.A. bestätigen das. Das U.S. Amt für Bevölkerungsstatistik definiert den Begriff Künstler recht allgemein. Der Begriff schließt u.a. ein: Schauspieler und Regisseure, Architekten, Tänzer, Designer, Musiker und Komponisten, Maler, Bildhauer, Kunsthandwerker und Drucker, Fotografen, Radio- und Fernsehansager, Lehrer der Bildenden Kunst, der Schauspielkunst und der Musik (Heilbrun & Gray 1993). In der 1980er Erhebung betrug die Anzahl der Personen, die sich selbst als Künstler bezeichneten ca. 1,02 Millionen, was einen Zuwachs von 46% gegenüber dem Wert von 1970 bedeutet. Während bereits allgemein bekannt ist, dass die Beschäftigtenzahlen im Management und den technischen Bereichen dramatisch zunehmen (um 40% allein in den 70er Jahren), mag es überraschen, dass die Anzahl der Beschäftigten im künstlerischen Bereich sogar noch schneller wächst. In den letzten 40 Jahren haben künstlerische Berufe einen ständig steigenden Anteil an der Gesamtbeschäftigtenzahl in den U.S.A., angefangen mit 0,73 % im Jahre 1950 auf 1,31 % im Jahr 1990 (National Endowment of the Arts 1992).

Die Erhebungsdaten machen auch deutlich, dass die Künstler in den Vereinigten Staaten vergleichsweise jung (1980 betrug das Durchschnittsalter 34 Jahre), überwiegend männlich (57% im Jahr 1991) und von weißer Hautfarbe sind (92%).

5.2 Arbeitsbedingungen und Beschäftigung

Im Kunstbereich gibt es nur wenige feste Arbeitsplätze. Nur eine Minderheit der Künstler hat Full-Time-Jobs oder langfristige Arbeitsverträge. Die meisten Bildenden Künstler (Schriftsteller, Maler, Bildhauer, Komponisten und Kunsthandwerker) arbeiten hauptsächlich als unabhängige, selbständige Vertragspartner, während die Darstellenden Künstler (Schauspieler, Musiker, Tänzer) meistens für begrenzte Zeit angestellt sind, ohne irgendwelche weiteren Sicherheiten zu haben. Wie Towse (1996) hervorhebt, kann der Grad der Beschäftigung im Kunstbereich weder nach der Anzahl der Jobs bestimmt werden, noch auch lässt sich die Arbeitslosigkeit aus der Differenz der besetzten und der offenen Stellen errechnen. Es ist vielmehr so, dass selbständige Künstler aus offizieller Sicht gar nicht arbeitslos werden können, weil ihre Tätigkeit gewissermaßen als Geschäftstätigkeit angesehen wird, die der ‚Firma' entweder genug Geld einbringt, oder sie in den Konkurs treibt. Towse stellt fest, dass viele Künstler in vielerlei Hinsicht tatsächlich so etwas wie Unternehmen sind: sie müssen Investitionen tätigen (ihre Fertigkeiten entwickeln, Trainieren, Probieren, Entwürfe machen) und Zeit und Geld für ihre eigene Promotion aufwenden, ihre Arbeiten vorstellen, zum Vorsprechen gehen, Agenten, Händler oder Verleger ansprechen. Diese vorbreitenden und werblichen Aktivitäten gelten jedoch nicht als (künstlerische) Arbeit.

Wie zahlreiche Untersuchungen ergeben haben, wenden Künstler viele Stunden für ihre künstlerische Arbeit auf, die teilweise unbezahlt bleibt (wie das Training schauspielerischen Könnens oder die Produktion ohne Verkaufsabsicht). In Australien z.B. liegt die Wochenarbeitszeit von ca. 70% der Künstler über der Dauer der Standard-Full-Time-Arbeitszeit. In den U.S.A. arbeiten dagegen nur ca. 25% der Künstler mehr oder weniger full-time im künstlerischen Bereich. Die Mehrheit der anderen dürfte daran interessiert sein, mehr Zeit für die künstlerische Arbeiten zu haben, was jedoch durch die Notwenigkeit verhindert wird, anderswo ein angemessenes Einkommen zu erzielen (Throsby 1994). So kommt es, dass viele Künstler tatsächlich *unterbeschäftigt* sind: sie sind bei den derzeitigen Verdienstmöglichkeiten einfach nicht in der Lage, ihren Lebensunterhalt mit ihrer Kunstproduktion zu bestreiten.

5.3 Nebenjobs

Weil viele Schriftsteller und Künstler aus ihrer künstlerischen Tätigkeit kein ausreichendes Einkommen erzielen können, arbeiten sie auch in anderen Bereichen. Die übliche Rangreihe solcher „multiple job-holdings" beginnt mit künstlerischen Tätigkeiten, gefolgt von kunstbezogenen Beschäftigungen und endet mit nichtkünstlerischen Jobs. Als künstlerische Tätigkeiten gelten in einem weiten Sinne alle Arbeiten, die unmittelbar mit der eigenen Arbeit eines Künstlers zusammenhängen, z.B. der Handel, Auftragsvergaben oder Beihilfen. Kunstbezogene Tätigkeiten sind z.B. das Unterrichten, Rezensieren, das Übersetzen oder die künstlerische Beratung. Nicht-künstlerische Arbeiten sind entsprechend alle Tätigkeiten außerhalb des Kunstbereiches (Throsby 1994 und 1996). Wie Wassall und Alper (1992) in ihrem Überblick und am Beispiel ihrer eigenen Untersuchung von 3000 Künstlern in Neuengland aus dem Jahr 1981 feststellen, ist der Umfang von Nebentätigkeiten beträchtlich, wenngleich nur 24% der Künstler in Neuengland Jobs außerhalb des Kunstbereiches hatten. Sie stellen weiter fest, dass mehr Zeit auf die Kunst verwendet wird, wenn sich die Künstlerkarrieren mit zunehmendem Lebensalter festigen. Allerdings bleibt offen, ob dies dem künstlerischen Erfolg oder eher dem Misserfolg zu danken ist.

5.4 Einkommen

In allen Ländern und für alle Kunstformen ergibt sich für die Einkommensverhältnisse das gleiche Bild: die Einkommen der Künstler sind deutlich geringer im Vergleich mit ähnlich einzustufenden Berufsgruppen. Während solche Vergleiche von allen möglichen Definitionsproblemen ziemlich erschwert werden (Wer ist überhaupt ein Künstler?;siehe dazu Kartunen 1998) und andere systematische Unterschiede zu Vergleichsgruppen oft nicht berücksichtigen, so stimmen sie doch überein mit Erhebungsdaten, die deutlich machen, welchen Einkommensverluste Künstler hinnehmen müssen. Auch sind die Einkommen der Künstler sehr viel ungleicher verteilt als in anderen Berufsgruppen. Manche erzielen mit ihrer künstlerischen Arbeit hohe Einkommen, aber dies gilt nur für eine Minderheit. Die Mehrzahl verdient erheblich wenig als außerhalb des Kunstbereich mit vergleichbarer Qualifikation möglich wäre. Die Jahreseinkommen unterliegen ebenfalls sehr starken Schwankungen. Die Einkommen der Künstler sind also nicht nur durchschnittlich geringer, sondern auch uneinheitlicher, und zwar sowohl über die Zeit als auch für die einzelnen Mitglieder dieser Gruppe gesehen.

5.6 Die Rendite der Ausbildung und anderen Humankapitals

Betrachtet man die Relation zwischen Ausbildung und Einkommen, ein Pfeiler der Theorie des Humankapitals, unterscheidet sich der Kunst von anderen Branchen. Für praktisch alle Arbeitsbereiche würde man normalerweise erwarten, dass die Einkommen mit höheren Bildungsqualifikationen steigen. Überwältigende Belege zeigen jedoch, dass höhere Bildungsabschlüsse sich im Kunstbereich viel weniger auszahlen als anderswo. Gleiches gilt für anderes Humankapital wie praxisnahe Ausbildung, Berufserfahrung oder Alter. Towse (1992) formulierte eine Einkommensfunktion am Beispiel der Daten aus einer Untersuchung von Künstlern in Wales. Die Einkommensfunktion zeigt die Effekte einer Reihe von Variablen wie z.B. Anzahl der Arbeitsstunden, Ausbildungsstand, Dauer der Ausbildung, Erfahrung, Verdienst. Den einzige statistisch signifikanten Einfluss auf das Einkommen übt hier die Dauer der künstlerischen Tätigkeit (aller Kunstbereiche) aus. Weder die Erfahrung, noch der Bildungsstand spielt eine erkennbare Rolle. Throsby (1992) stellte für Australien fest, dass auch das Geschlecht einen Einfluß ausübt. Sowohl im künstlerischen wie im außerkünstlerischen Bereich erzielten Frauen niedrigere Einkommen, selbst nach

Berücksichtigung aller möglichen Variationen (wie Arbeitsstunden, Alter, Ausbildung). Der Geschlechtereffekt war deutlich stärker bei den Bildenden Künstlern als bei den Darstellenden, was den Schluss zulässt, dass Frauen in den Darstellenden Künsten in Australien weniger benachteiligt werden.

Die Verteilung der Künstlereinkommen nach der Bildung zeigt deutlich die drei wichtigsten Märkte, für die Künstler arbeiten (Thorsby 1996). Der Ausbildungseffekt kommt demnach am stärksten für kunstbezogene und nicht-künstlerische Arbeit zum Tragen. Gleiches gilt für Berufspraxis und Erfahrung.

6. Mit der Unsicherheit leben

Fasst man die vorausgegangenen Überlegungen zusammen, so kann man sagen, dass die Position der Künstler heute gekennzeichnet ist durch *ökonomische Unsicherheit*, *Unbestimmtheit des Status* und *ästhetische Unsicherheit*. Die Schwierigkeiten und Dilemmata, mit denen die Künstler zu kämpfen haben sind zahlreich und vielschichtig: die Gefahr des ‚Ausverkaufs' beim Versuch finanzielle Sicherheit zu gewinnen, zunehmende Spezialisierung entgegen handwerklicher und künstlerischer Traditionen, scharfer Wettbewerb um knappe Ressourcen, das Fehlen eines Zulassungssystems, das es den Künstlern unmöglich macht, die Zugangsbedingungen und –regeln für den Nachwuchs zu kontrollieren, und schließlich die Unvorhersagbarkeit der Veränderungen von Stilen und Moden.

Somit stellt sich die Frage, wie Künstler mit diesen Bedingungen zurecht kommen, denn es sind nicht wenige, die auf dem einmal eingeschlagenen Weg der Kunst bleiben. Die Erforschung von Künstlerkarrieren zeigt, dass die vor allem dank der Nebenjobs, durch die Integration in soziale Netzwerke und durch die Pflege der Beziehungen zu signifikanten Anderen gelingt. Über die Nebenjobs ist bereits oben das Wichtigste gesagt worden. Deshalb wenden wir uns jetzt den beiden anderen Aspekten zu.

6.1 Soziale Netzwerke

Soziale Bande bzw. Netzwerke sind für Menschen ganz allgemein von Bedeutung. Familienmitglieder, Freunde, Bekannte und Kollegen geben den Individuen soziale und emotionale Unterstützung. Durch die Verbindung mit einer Vielzahl anderer Menschen und Gruppen erhalten sie bewertete Ressourcen, Informationen, Ratschläge, kritische Rückmeldungen und Anerkennung. Außerdem fördert – wie die Arbeitsmarktforschung zeigt - die Verankerung in sozialen Netzwerken nachhaltig die Karriere. Personen, die auf ein ausgedehntes und vielseitiges Netz persönlicher Beziehungen bauen können, haben früheren Zugang zu ‚karriere-relevanten' Informationen und profitieren schneller von der Verwendung einflussreicher Netzwerk-

Mitglieder (Granovetter 1995; Boxman 1992; Flap & Tazelaar 1988; Bernasco 1994).

Soziale Netzwerke haben für das Leben und die Arbeit der Individuen eine universale Bedeutung; für Schriftsteller und andere Künstler sind sie aber ganz besonders wichtig. Sie müssen nämlich in einem Bereich agieren, in dem die meisten Arbeiten auf Basis freier Mitarbeiterschaft und ohne formale Kontrolle einer Berufsorganisation, Tarifverträgen oder sicherem Beurteilungsmaßstäben geleistet werden. In Streitfällen können also keine höheren, unparteiischen Autoritäten als Schlichter angerufen werden. Die Beteiligten müssen also untereinander Regelungen zum Ausgleich ihrer Bedürfnisse und Interessen finden.

Im Kunstbereich - wie auch in anderen Bereichen unvollständiger Professionalisierung - erfüllen informelle soziale Netzwerke all jene Funktionen, die sonst durch institutionalisierte Mechanismen geregelt würden. Im allgemeinen gelingt es mit Hilfe informeller Netzwerke in gewissen Grenzen die ökonomische Unsicherheit, die Unbestimmtheit des sozialen Status´ und die ästhetische Unsicherheit zu beherrschen:

-     Informelle Netzwerke regulieren die Zugänge zu Macht, Ressourcen, Institutionen und Personen (Kadushin 1976; Coser et al. 1982; Faulkner 1983) und fördern die (Selbst-) Kontrolle der Netzwerkmitglieder über knappe Stellenangebote
-     Sie kanalisieren Informationen, geben Unterstützung und Beratung, bieten Dienstleistungen und Ressourcen (DiMaggio 1987; Powell 1985)
-     Sie geben Gelegenheiten für bestimmte soziale Rituale wie das 'Name-Dropping', womit sie die Konstruktion einer Gruppenidentität fördern (Douglas & Isherwood 1979)
-     Sie unterstützen den Aufbau persönlicher Identität, sozialer Position, Reputation und Prominenz (Anheier & Gerhards 1991; dies. 1992; Anheier, Gerhards & Romo 1995; Janssen 1998)
-     Sie unterstützen die Ausprägung von Standards unter Insidern (Peterson & White 1989) und vermitteln neue stilistische und technische Ideen, Ansätze zur Kritik und Bewertung ästhetischer Versuche und künstlerischer Innovationen (Meyer 1967; Crane 1989; Ridgeway 1989)

6.2 Signifikante Andere

Neben den eher informellen Kontakten in den sozialen Netzwerken scheinen die direkten Partner der Künstler eine entscheidende Rolle für ihre Karrieren zu spielen. Simpson (1981) zeigt, dass die Qualität der Beziehungen zu sozialen Partnern sich bei erfolgreichen und erfolglosen Künstlern ziemlich klar unterscheidet. Während die erfolgreichen Künstler Partner haben, von denen sie unterstützt werden, leiden die erfolglosen Künstler unter Partnern, die sie übermäßig beschützen und dadurch beinahe ersticken. Bei vielen Schriftstellern und Künstlern sorgen Eltern oder Partner auch für eine elementare finanzielle Absicherung, die erst die künstlerische Arbeit ermöglicht (Towse 1996). Und wie in allen anderen Bereich gilt auch in der Kunst, dass die Möglichkeiten der Eltern oder Partner (z.B. Kontakte und Beziehungen in der Branche) für die Festigung der jungen Künstlerkarrieren sehr hilfreich sein können, z.B. für die Herstellung von Kontakten zu einflussreichen Mitgliedern oder Institutionen des Kunstbetriebs. Eine ähnliche Rolle spielen auch oft Lehrer oder schon etablierte Kollegen (Ridgeway 1989).

7. Schlussbemerkungen

In den letzten dreißig Jahren hat sich die Forschung zur künstlerischen Produktion und Professionalisierung zu einen blühenden und ausdifferenzierten Forschungszweig entwickelt. Dennoch gibt es Gebiete, die bisher weitgehend vernachlässigt wurden, und viele Fragen müssen noch eingehender untersucht werden.

Ein Aspekt, der m.E. weitere Aufmerksamkeit verdient, ist die Rolle der Habitus (oder Dispositionen) in der Rekrutierung und der Entwicklung von Künstlerkarrieren. Verschiedene Autoren haben darauf hingewiesen, dass dieses Schlüsselkonzept im Werk Bourdieus und anderer Autoren bislang weder theoretisch, noch empirisch hinreichend untermauert ist (cf. z.B. Gartmann 1991). Sie gehen davon aus, dass der Habitus im Milieu des Elternhauses geformt werde und eine lebenslange Beziehung der Menschen zu ihrer Umgebung bedeute; zugleich werden aber auch Veränderungen des Habitus durch die Ansammlung von Erfahrungen unterstellt. Der Zusammenhang dieser beiden widersprüchlichen Eigenschaften ist aber nur unzureichend geklärt. Das gleiche gilt für die Annahme, dass Unterschiede in den Habitus der Menschen direkt mit ihren unterschiedlichen sozio-ökonomischen Lebensbedingungen zusammenhängen sollen. Genauere Untersuchungen zur Natur, Entwicklung und Funktion von Habitus oder Dispositionen liegen jedoch noch nicht vor. Solange diese Fragen nicht geklärt sind, haben wir keine Möglichkeit, Ausmaß oder Umfang der Dispositionen von Schriftstellern und Künstlern zu bestimmen, und zu klären, auf welche Ursprünge sie gründen und wie sie die Verläufe von Karrieren beeinflussen. Zur Zeit geht es daher zunächst einmal allein um das Verständnis des Zusammenhangs von sozialem Hintergrund, Berufswahl und Verlauf (künstlerischer) Karrieren.

Mehr oder weniger unerforscht sind auch die bereits erwähnten ‚parakünstlerischen' oder ‚kunstbezogenen' Tätigkeiten und die Karrieren der in solchen Positionen arbeitenden Praktiker, also z.B. der Verleger, Rezensenten, Händler, Agenten, Manager oder Kuratoren. Systematische Vergleiche zwischen Kunst- und kunstbezogenen Berufen könnten wichtige Einsichten in jenes Dickicht von Jobs, Hilfsarbeiten, Berufen und Positionen vermitteln wie wir es im Kunstbetrieb antreffen. Außerdem könnten solche Untersuchungen die Hinweise aus zahlreichen Studien aufnehmen, die auf einen engen Zusammenhang zwischen den Karrieren von Künstlern und denen ihrer Kritiker, Verleger, Herausgeber oder Galeristen verweisen. Eine genauere Betrachtung solcher ‚gekoppelten' Karrieren könnte unser Verständnis der beruflichen Schicksale von Künstlern und anderen Beteiligten ebenso fördern wie die Einsicht in die Parameter von Erfolg und Scheitern in der Kunst.

Was wir aber wohl am dringendsten benötigen, sind hochentwickelte Modelle für die komparative Forschung, Modelle, die verschiedene Forschungsansätze integrieren und so über die bisherigen Ergebnisse hinausführen.

Miriam Meckel & Armin Scholl

Mediensysteme

Unter dem Mediensystem versteht man im Allgemeinen die Gesamtheit der Organisationen technischer Verbreitungsmittel von Kommunikation. Beide Teilbegriffe des Kompositums Mediensystem bergen jedoch terminologische Probleme und sind klärungsbedürftig. Der hier verwendete Medienbegriff umfasst nicht die technischen Verbreitungs- oder Interaktionsmittel (Medien erster Ordnung) wie Telefon oder Computer, sondern nur diejenigen Medien, die von Organisationen oder sozialen Institutionen produziert werden (Medien zweiter Ordnung) wie Agenturen und Mediendienste, Zeitungen, Zeitschriften, Sachbücher, Hörfunk und Fernsehen, Kunstobjekte, Plakate sowie Film (vgl. Kubicek/Schmid/Wagner 1997, 32 ff.). Diese fokussierte Sichtweise auf Medien als primär institutionalisierte soziale Kommunikations- und Handlungskontexte mit Zulieferbetrieben, Produktionsapparaten und differenzierten Berufsrollen lässt es zweifelhaft erscheinen, ob das Internet (oder auch nur das WWW) pauschal als ein Massenmedium gelten kann, da der über Technik und Reichweite gefasste Medienbegriff nicht ausreicht, um das Internet unter diese Definition zu subsumieren.

Und ob es sich bei der Gesamtheit der Massenmedien um ein System handelt, ist ebenfalls (system-)theoretisch umstritten. So bilden zwar die Organisationen der Massenmedien durchaus eine organisatorische Einheit – die Medienunternehmen. Deren Gesamtheit ist jedoch wiederum nicht identisch mit einem gesellschaftlichen Funktionssystem. Außerdem sind die *technischen* Sinngrenzen der Massenmedien nicht notwendig identisch mit den *sozialen* Sinn- und Funktionsgrenzen, und für soziale Funktionssysteme der Gesellschaft sind allein die sozialen Sinngrenzen entscheidend (vgl. Scholl/Weischenberg 1998, 63-78).

Nun hat ausgerechnet der Hauptvertreter der Theorie sozialer Systeme, Niklas Luhmann, die Massenmedien als *soziales* System (vgl. Luhmann 1996) konzipiert und dieses System dabei rein technisch definiert. Es setzt sich nach Luhmann aus den Programmbereichen Nachrichten und Berichte (besser: Journalismus), Unterhaltung sowie Werbung zusammen (vgl. ebd. 51). Diese strukturelle Binnendifferenzierung ist als empirische Beschreibung gut nachvollziehbar, lässt sich aber logisch nur schwerlich als eine soziale Sinneinheit konzipieren, denn die drei Programmbereiche haben ganz eigenständige gesellschaftliche Funktionen. Luhmanns Versuch, deren funktionale Einheit über einen vermeintlich gemeinsamen Leitcode Information versus Nicht-Information herzustellen, der das System gegen die Umwelt abgrenzen soll (vgl. ebd., 36), ist zu allgemein, um nur genau für diese drei Programmbereiche zu gelten. In modernen Gesellschaften reflektieren vielmehr alle sozialen

Systeme die Differenz von Information und Nicht-Information; man denke nur ergänzend an die Aktivitäten von Geheimdiensten oder an die Ermittlungstätigkeiten
der Polizei.

Wenn wir jedoch auf der funktionalen Differenz und Exklusivität der in den
Massenmedien vorfindbaren Programmbereiche bestehen, müssen wir folglich
(Massen-) Medien dahingehend unterscheiden, welche gesellschaftliche Funktion sie
bzw. die an ihnen beteiligten oder sie benutzenden Funktionssysteme für die öffentliche Kommunikation erfüllen. Als wichtigste Funktionsbereiche können wir Journalismus, Public Relations, Werbung, Unterhaltung und Bildung unterscheiden, die
von den verschiedenen Medien in unterschiedlichem Maß erfüllt werden. So realisiert sich etwa Journalismus am deutlichsten in Tages- und Wochenzeitungen. Das
bedeutet nicht, dass Journalismus nicht auch in Hörfunk und Fernsehen oder im
Bereich der Zeitschriften zu finden wäre, aber in diesen Medienbereichen ist der
Unterhaltungssektor ebenfalls sehr stark vertreten und hat deutlich mehr Gewicht als
bei Zeitungen. Unterhaltung ist auch die Hauptfunktion von Kinofilmen. Bildung
kommt hauptsächlich im öffentlich-rechtlichen Rundfunk und in Sachbüchern vor.
Werbung ist in allen Medien zu finden, in Anzeigenblättern und im privaten Rundfunkbereich anteilsmäßig dabei am stärksten. Für Public Relations gibt es eigene
Medien der Selbstdarstellung von Organisationen wie die Betriebszeitungen von
Unternehmen, Parteizeitungen oder die Mitteilungsblätter von Kommunen. Schließlich wird allen Medien eine soziale und gesellschaftliche Integrationsfunktion zugeschrieben, die allerdings ebenfalls keine exklusive Medienfunktion darstellt, sondern
eher ein Nebenprodukt ihrer Wirkungsweise ist.

In den folgenden Abschnitten sollen die relevanten Austauschbeziehungen und
Kopplungen der massenmedialen Funktionssysteme Journalismus, Unterhaltung,
Bildung, Public Relations, Werbung mit den nach dem amerikanischen Systemtheoretiker Talcott Parsons wichtigsten gesellschaftlichen Funktionssystemen (vgl. Miebach 1991, 204 f.) soziokulturelles System (Abschnitt 1), gesellschaftliche Gemeinschaft (Abschnitt 2), politisches System (Abschnitt 3), ökonomisches System (Abschnitt 4) beschrieben werden. In einem Ausblick (Abschnitt 5) gehen wir auf
Trends in der Entwicklung der Massenmedien ein.

1. Medien und Kultur

Das Verhältnis von Medien und Kultur kann aus verschiedenen Perspektiven beschrieben werden. Problematisch ist in diesem Zusammenhang vor allem die begriffliche Abgrenzung dessen, was unter Kultur zu verstehen ist (vgl. Faulstich 1998;
Luhmann 1995). Bei der Konzeptualisierung von Kultur lassen sich zwei grundlegende Ausprägungen unterscheiden. Die eine definiert Kultur – in Anlehnung an
Max Weber – als ein vorgegebenes Wertekonzept, das als gesamtgesellschaftliche

Orientierungsbasis dienen kann und nach dem sich soziales Handeln (im Idealfall) vollzieht (vgl. Bender 1992, 70 f.). In diesem eher traditionellen normativen Sinne ist die Rolle von Medien in und für die Kultur einer Gesellschaft so verstanden worden, dass die Medien die kulturellen Errungenschaften von Gesellschaften *tradieren* und *konservieren* sollen. Sie sind dann auch grundlegend für die Herausbildung und die dauerhafte Etablierung dessen zuständig, was wir unter dem Begriff der „kulturellen Identität" zu fassen versuchen, und tragen in vielerlei Hinsicht zur Sozialisation, Enkulturation und Identifizierung in einer Gesellschaft bei.

Das andere, modernere Kulturverständnis begreift Kultur als Produkt gesellschaftlicher Entwicklungsprozesse, das soziale Standardisierungen und Schemata einschließt (vgl. Kriener 1996, 207), die für die Gesellschaft Orientierungs- und Koordinierungsleistungen erbringen. Berücksichtigt man, dass moderne Gesellschaften als Mediengesellschaften konzeptualisiert werden, dann spielen die Medien im Prozess kulturellen Wandels eine bedeutsame Rolle. Aus der ersten Perspektive werden sie in diesem Zusammenhang oft mit Kulturverfall in Verbindung gebracht bzw. für diesen verantwortlich gemacht, aus der zweiten Perspektive werden Medien dagegen eher als Konstituenten von Kultur begriffen (vgl. Münch 1998).

Berücksichtigt man die Erkenntnisse der neueren konstruktivistischen Systemtheorie, so macht es wenig Sinn, Kultur als ein absolut gesetztes Konglomerat normativer Werteorientierungen zu verstehen, das von den Medien aufgegriffen und „abgebildet" wird. Kultur sollte vielmehr konzipiert werden „als Programm zur Anwendung kollektiven Wissens, das die Kontingenz kognitiver und kommunikativer Wirklichkeitskonstruktionen in einer Gesellschaft kontrolliert, indem es diese Konstruktionen koordiniert, thematisiert und legitimiert" (Schmidt 1994, 279), und zwar in einer prozeduralen Dynamik. Für diesen Prozess der Koordinierung, Thematisierung und Legitimierung bedarf es der Medien. Anders formuliert: Die Kultur einer modernen Gesellschaft ist in ihrer wesentlichen Prägung – wenn auch nicht ausschließlich – eine Medienkultur.

Für moderne Mediengesellschaften ist der Entwurf einer Dichotomie zwischen Hoch- und Alltagskultur anachronistisch. Kultur als soziales Programm zur Koorientierung und Koordination von Gesellschaft kann vielmehr auf verschiedenen Ebenen ansetzen und verfügt jeweils über verschiedene Anwendungsschemata. Auf globaler Ebene lassen sich zum Beispiel die Selektionsmechanismen des Nachrichtensenders CNN als ein spezifisches professionalisiertes Anwendungsschema eines globalisierten Kulturprogramms interpretieren, das spezielle Ereignisse einer weltweiten Zuschauerschaft zugänglich macht und Wissen über Kriege und Katastrophen in ihrer globalen Bedeutung für eine kollektive Anwendung anbietet. Auf nationaler Ebene werden die Anwendungsschemata eines Kulturprogramms primär durch Sprache geprägt. Hier geht es nicht um Wissenskollektivierung herausragender (dramatischer) Ereignisse, sondern um feiner strukturierte Formen sozialer Orientierung und Koorientierung der Lebenswelt – durch Nachrichten und Unterhaltungsangebote. Wie schwierig selbst erhoffte kulturelle Angleichungsprozesse sind, zeigt das Beispiel Europa. Seit Anfang der achtziger Jahre wurden zahlreiche Versuche unternommen, durch medienpolitische Steuerung, Wissenstransfer und ökonomische Anreize eine Europäisierung der Medien, insbesondere des Fernsehens voranzutreiben (vgl. Meckel 1994, 199 ff.). Und tatsächlich gibt es heute einige wenige Angebote – etwa Euronews, Arte und 3sat –, die sich als europäisch verstehen. Diese Sender bemühen sich darum, die Konkurrenz kultureller Spezifikationen in den europäischen Ländern zu vermitteln, nicht aber eine homogene Europakultur zu kommunizieren.

Warum es diese ebenso wenig geben kann wie eine Weltkultur, lässt sich anhand einiger Rezeptionsstudien belegen (vgl. Meckel 1994, 176 ff.). So haben mehrere Untersuchungen zur US-Serie Dallas und anderen US-Programmangeboten beispielsweise ergeben, dass derartige Formate in Europa als kulturunabhängig rezipiert werden bzw. von vornherein einen größeren „cultural discount" im Sinne größerer interpretatorischer Freiheitsgrade aufweisen als nationale Programme. Die Menschen entwickeln also differenzierte Dekodierungspraxen für einzelne Medienangebote, die kulturell geprägt sind (vgl. Biltereyst 1991). Dass sich die „Schwarzwaldklinik" in Deutschland überaus erfolgreich entwickelt hat, liegt nicht in ihrer international standardisierten Serienformatierung begründet, sondern in ihren starken Bezügen zum „Kulturgut" deutscher Heimatfilme (vgl. Tracey 1987, 82). Nationale Medienangebote, die auf verschiedenen Ebenen kulturell „identifizierbar" sind, werden stärker unter Rückgriff auf kulturelle Interpretationsmuster, internationale Angebote dagegen weniger mit Rückgriff auf diese rezipiert (vgl. Meckel 1994, 176 ff.). Kultur als Programm zur sozialen Koordination und Koorientierung setzt Verstehen von Medienangeboten folglich nicht absolut, sondern lässt die Wahl zwischen unterschiedlichen Anwendungsmustern, die für unterschiedliche Anwendungsfälle geeignet sind.

Eine derart differenzierte Betrachtung von Kultur und der Rolle, welche die Medien für die Kultur spielen, kommt zu folgendem Ergebnis: Schon für den Bereich nationaler Medien lässt sich nicht von der *einen* Kultur ausgehen, sondern von einem medial aktivierten und transformierten Kulturprogramm, das sich erst in seiner Anwendung manifestiert und in dieser Anwendung fortentwickelt (vgl. Schmidt 1994, 254). Dabei existieren zahllose unterschiedliche Schemata, die zusammen das Programm darstellen. Je nach Handlungsrahmen, Bezugsdimension und Motivation lassen sich diese Anwendungsschemata aktivieren. Medien sind Teil dieses sozialen Programms, können also als Konstituenten von Kultur betrachtet werden.

Mediale Angebote, die sich im engeren Sinne als kulturelle Information und Unterhaltung fassen lassen, gehören zu diesem Kulturprogramm, sind aber nur *ein* Teil davon. Noch weiter einschränkend kann man zum Beispiel den Kulturauftrag des Fernsehens normativ enger interpretieren und von allgemeiner Unterhaltung abgrenzen. Diese Unterscheidung ist für den Bereich der Kulturberichterstattung recht einfach ebenso wie für die Wiedergabe darstellender Kulturgenres in Wort, Musik und Tanz. Problematisch wird jedoch die Definition des Begriffs Kulturvermittlung bei einer Differenzierung zwischen Filmkultur und Unterhaltungsfilmen, auch wenn es sich hierbei nicht um eine ästhetische, sondern um eine programmstrukturelle Kategorie handelt (vgl. Weiß 1992, 739, 743). Benutzt man die enge Kulturdefinition, findet man kulturelle Angebote hauptsächlich in spezialisierten Programmen des öffentlich-rechtlichen Rundfunks, während privat-kommerzielle Sender hauptsächlich allgemeine Unterhaltung präsentieren, die einem weiteren Kulturverständnis folgt (vgl. ebd., 747).

Veränderungen, die Gesellschaften und Medien vor neue Herausforderungen stellen, müssen vor diesem Hintergrund nicht als Gefahren für bestehende Kulturen, sondern als Anpassungs- und Erweiterungsprozesse gedacht werden. So lösen auch die neuen Dimensionen einer Globalisierung bestehende Kontexte kultureller Programmierung nicht ab, sondern können als Differenzierung und Aktualisierung dieser Programmierung interpretiert werden. In diesem Prozess übernehmen die Medien eine äußerst wichtige Rolle: In einem ersten Schritt thematisieren sie diese Innovation; in einem zweiten Schritt werden diese Thematisierungen über die Anwendungsschemata der Rezipienten als neue Bestandteile in das Kulturprogramm einer Gesellschaft reimportiert und stehen so weiteren Anschlussanwendungen zur Verfügung.

2. Medien und gesellschaftliche Gemeinschaft (Integration)

Die gesellschaftliche Gemeinschaft gilt als Integrations-Subsystem der Gesellschaft und impliziert die Konformität mit den im Kollektiv institutionalisierten Werten und Normen (vgl. Parsons 1976, 282). Neben kommunalen Gemeinschaften, Nachbarschaftsgemeinschaften oder Vereinen wird insbesondere den Massenmedien eine solche *sozial-integrative* Funktion zugeschrieben (vgl. Maletzke 1980, 200), welche zur Homogenisierung der Gesellschaft beitragen kann. Der Schweizer Kommunikationswissenschaftler Ulrich Saxer (vgl. 1985, XI f.) unterscheidet dabei zwischen positiven und negativen Konnotationen: Positiv an der Homogenisierung der Gesellschaft ist die Integration und die Herstellung von Konsens; negativ zu bewerten in einer pluralistischen Gesellschaft sind dagegen Uniformierung oder gar Gleichschaltung. Maletzke (vgl. 1980, 4) spricht in diesem Zusammenhang von Überintegration und deutet damit an, dass die Funktionalität von Integration nicht linear beurteilt werden kann, sondern kurvilinear modelliert werden muss: Zuviel und zu wenig Integration ist demokratieschädlich; ein mittleres Maß ist angemessen.

Diese *normative Herangehensweise* resultiert aus einer demokratietheoretischen und verfassungsrechtlichen Perspektive, die den Medien eine bestimmte, dem politischen Allgemeinwohl verpflichteten Rolle in der Gesellschaft zuweist. Das zweite Rundfunkurteil des Bundesverfassungsgerichts von 1971 weist dem öffentlich-rechtlichen Rundfunk eine staatsintegrierende und damit gesamtgesellschaftlich stabilisierende Funktion zu. Voraussetzung und hauptsächliche Stütze für diesen gesellschaftlichen Auftrag ist der öffentlich-rechtliche Rundfunk mit seinen 'grundversorgenden' Angeboten und seiner ausgewogenen und die gesellschaftlichen Minderheiten berücksichtigenden Berichterstattung (vgl. Meckel 1994, 30 ff.; Ladeur 2000).

Eine eher *empirisch-analytische Position* untersucht dagegen die tatsächlichen Auswirkungen medialer Berichterstattung für die Gesellschaft. Für eine solche Forschung ist die Gruppe um George Gerbner mit der in den 70er Jahren aufgestellten *Kultivationsthese* bekannt geworden: Diese besagt in ihrer ursprünglichen Formulierung, dass der langfristige Prozess der Mediensozialisation ein kollektives Bewusstsein in der Gesellschaft entstehen lässt (vgl. Morgan/Shanahan 1997, 3 ff.). Der integrative Faktor besteht speziell im sogenannten Mainstreaming, das heißt in der Akzentuierung als mehrheitsfähig definierter Weltbilder und Weltsichten, die jedoch auf der anderen Seite die Marginalisierung von Minderheitenpositionen bewirkt. Die Konstruktion von Realität durch die Medien kann nach diesem Ansatz zu künstlichen Vorstellungen von gesellschaftlicher Wirklichkeit führen; eine rein auf Medien basierende Sozialisation – insbesondere durch die exzessive Fernsehrezeption – ist dann geradezu schädlich für die soziale Integration.

Werden die Medien in der Kultivationshypothese als Motor des ideologischen Mainstreaming angesehen, reduziert Noelle-Neumanns *Theorie der Schweigespirale* (vgl. 1996) die Rolle der Medien eher auf ihre Katalysatorwirkung. Die Isolationsfurcht des Individuums und der Konformitätsdruck der Gesellschaft führen zu einer Überbetonung der (vermeintlichen) Mehrheitsmeinung und zur Exklusion der (vermeintlichen) Minderheitsmeinung zu moralisch aufgeladenen und öffentlich kontrovers diskutierten Themen (zum Beispiel Todesstrafe). Um sich an den anderen (also in der Öffentlichkeit) orientieren zu können und um herauszufinden, ob es sich im Einklang mit der Mehrheitsmeinung befindet, beobachtet das Individuum seine Umwelt. Die wichtigste Quelle für diese Umweltbeobachtung sind in einer modernen Gesellschaft die Medien. Eine einseitige Berichterstattung kann somit zu falschen Wahrnehmungen und fiktiven Mehrheits- und Minderheitenverhältnissen führen. Gerade weil die Verallgemeinerungsfähigkeit der Theorie und die dazu gelieferten empirischen Befunde stark umstritten waren und sind (vgl. stellvertretend

Merten 1985), wird deutlich, dass die Rolle der Medien in der gesellschaftlichen Integration höchst ambivalent interpretiert werden kann.

Die hier schon anklingende desintegrative Dysfunktion der Medien wird auch von einem anderen Zweig der Medienwirkungsforschung in den Mittelpunkt gestellt: Die von den amerikanischen Kommunikationsforschern Tichenor, Donohue und Olien (vgl. 1970, 159 f.) aufgestellte *Wissensklufthypothese* besagte in ihrer ersten Formulierung, dass die Information über Medien die gesellschaftlichen Wissensunterschiede eher vergrößere als verringere. Wer bereits informiert ist, die kognitiven Fähigkeiten hat, sich Informationen zu beschaffen, oder sozio-ökonomisch einer höheren Schicht angehört, profitiert von den Medieninhalten, während wenig Informierte oder solche, die sozio-ökonomisch eher unterprivilegiert sind, die in den Medien enthaltenen Informationen nicht oder nur geringfügig nutzen können. Der Grund dafür besteht darin, dass die Mehrzahl der Medien ihre Berichterstattung an der gehobenen Mittelschicht ausrichtet und damit nicht gesellschaftlich kompensierend wirkt, sondern Exklusivinformationen für Privilegierte zur Verfügung stellt. In zahlreichen Anschlussstudien wurde die These zwar oft relativiert oder zumindest spezifiziert (vgl. Viswanath/Finnegan 1996, 188 f), aber die jüngsten Entwicklungen der Medien unterstützen eher die Beobachtung, dass das Publikum stärker segmentiert als integriert wird, was Maletzke (vgl. 1980, 203) bereits vor der Einführung des privaten Rundfunks beobachtet und vorhergesagt hat.

Neben diesem sozialen Aspekt werden in der systemtheoretischen Kommunikationsforschung zunehmend die *sachlich-thematische* und die *zeitliche* Dimension der Integration herausgestellt. Die Funktion öffentlicher Meinung bzw. der Rolle der Medien für die öffentliche Meinung wird in der Systemtheorie Luhmanns (vgl. 1971) hauptsächlich darin gesehen, dass die Medien der Gesellschaft einen thematischen Vorrat liefern. Das integrative Moment besteht dann darin, dass die Diskussion bestimmter Themen, nicht einzelner Beiträge oder Meinungen dazu, öffentlich akzeptiert ist. Auch der Bamberger Kommunikationswissenschaftler Manfred Rühl (vgl. 1980, 322 f.) hält diese Thematisierung der Medien für die Öffentlichkeit sogar für ihre hauptsächliche Funktion.

Der Jenaer Kommunikationswissenschaftler Alexander Görke (vgl. 1999, 282 ff.) spricht von einer momenthaften Integration gesellschaftlicher Teilsysteme (speziell) durch die journalistische Synchronisation der öffentlichen Kommunikation. Integration bedeutet in dieser Sichtweise, dass die unterschiedlichen Zeitabläufe in den gesellschaftlichen Funktionssystemen (Politik, Wirtschaft usw.) durch die Massenmedien gebündelt werden. Die Konsequenz dieser Integration ist jedoch paradox: Die mediale Berichterstattung temporalisiert gesellschaftliche Ereignisse durch diese momenthafte Aktualisierung, die wie ein Spiegel für die Umweltbeobachtung der gesellschaftlichen Funktionssysteme wirkt. In der Konsequenz treffen die mediale

Zeit und die Eigenzeit der Funktionssysteme aufeinander, wodurch die Operationen der Funktionssysteme ständig irritiert (nicht unbedingt gestört!) werden. Die Medien rhythmisieren die öffentliche Wahrnehmung der Gesellschaft, freilich ohne dass von vornherein sicher ist, dass sie auch den Takt bestimmen.

Die bisherigen Ausführungen lassen erkennen, dass eine normative Sichtweise dazu führt, den Medien eine Generalfunktion der Integration zuzuschreiben. Dabei entsteht jedoch eine Divergenz zwischen verfassungsrechtlich-normativer Zielsetzung (vgl. etwa das zweite Rundfunkurteil des Bundesverfassungsgerichts) und der praktischen Umsetzung (vgl. die diversen Ergebnisse der Wirkungsforschung). Außerdem stellt sich die Frage, für welche Bezugsgröße die Integrationsfunktion überhaupt Geltung erlangen kann. Im lokalen Bereich ist Integration noch am ehesten etwa durch die Lokalzeitungen möglich, vielleicht auch auf nationaler Ebene, solange die Grundversorgungsleistung durch die öffentlich-rechtlichen Rundfunkanstalten gewährleistet ist und die überregionalen Qualitätszeitungen ihr Publikum finden. Skepsis ist hingegen für die internationale Integration angesagt, weil internationale Medien (wie der deutsch-französische Sender Arte) kulturelle Barrieren nur schwer überwinden können (vgl. Meckel 1994, 32 ff.).

Eine systemtheoretische Herangehensweise wirkt dagegen vergleichsweise bescheiden, wenn sie die Integrationsfähigkeit der Medien auf die sachlich-thematische und zeitliche Ebene verlagert. Rühl (vgl. 1985, 23 ff.) kommt zu dem eher pessimistischen Schluss, dass Integration weder exklusiv durch die Medien zu leisten ist noch dass mediale Integration überhaupt die optimale Form der Integration für die Gesellschaft sei. Integration kann für die Medien daher nicht in den Rang einer Generalfunktion erhoben, sondern allenfalls als Sekundärfunktion angesehen werden. Der Grund dafür liegt in der Autonomie der an der Herstellung massenmedialer Inhalte beteiligten Systeme. Diese Autonomie erfüllt zwar eine bestimmte gesellschaftliche Funktion, erzeugt aber auch Folgeprobleme für die anderen gesellschaftlichen Teilsysteme – eine typische evolutionäre Paradoxie gesellschaftlicher Prozesse.

Mittlerweile bemühen sich Kommunikationswissenschaftler um die Integration der divergierenden Integrationsansätze (vgl. Jarren 2000). Solche Synthesen haben jedoch zur Konsequenz, dass die innere Stringenz der Ansätze abnimmt.

3. Medien und Politik

Die im vorigen Abschnitt erwähnte Thematisierungsfunktion kann in systemtheoretischer Sichtweise (vgl. Luhmann 1971; Rühl 1980) als gesellschaftlich integrativer Faktor interpretiert werden. Den Schwerpunkt auf die politische Kommunikation legt dagegen die empirische Medienwirkungsforschung zum sogenannten Agenda-Setting-Prozess. Diese Hypothese behauptet, dass die Berichterstattung der Medien durch die Gewichtung bestimmter Themen auch die Relevanzzuschreibung des Publikums beeinflusse. Die Medien – und hier ist nur die journalistische Berichterstattung gemeint – wirken sich demnach nicht darauf aus, *was* die Rezipienten denken, sondern *worüber* sie sich ihre Meinung bilden (vgl. Mc Combs/Shaw 1972).

Zahlreiche empirische Studien im Gefolge der Agenda Setting Hypothese erweiterten die Perspektive in verschiedene Richtungen: Zum einen sind nicht alle Medienorgane gleich erfolgreich bei der Themensetzung, sondern Prestige- oder Meinungsführermedien (wie etwa die überregionalen Qualitätszeitungen oder der „Spiegel") beeinflussen die weniger prominenten Medien (inter-media-agenda-setting) (vgl. Kepplinger 1992, 34 f.). Außerdem wirkt sich die Themensetzung indirekt auch auf die Kompetenzzuschreibungen politischer Akteure durch das Publikum aus (Priming-Effekt, vgl. Iyengar 1993), und das Hoch- und Herunterspielen bestimmter Themen impliziert bereits eine Favorisierung bestimmter Meinungen. Diese Theorie der instrumentellen Aktualisierung (vgl. Kepplinger et al. 1989) geht davon aus, dass es per se politisch linke und rechte Themen gibt. Damit werden die ursprünglich als getrennt betrachteten Bereiche der Thematisierung und Meinungsbildung doch wieder zusammengeführt.

Schließlich blieb die Forschung nicht dabei stehen, die Medien als alleinigen Ausgangspunkt der Themensetzung zu beobachten, sondern begann, die Rolle, welche die politischen Akteure selbst bei der Entwicklung und Veröffentlichung von Themen spielen, ins Visier zu nehmen. Aus der Agenda-Setting wurde so eine Agenda-Building-Forschung (vgl. Kaase 1998, 105 f.).

Allen Studien dieser empirisch-analytischen Forschungsrichtung ist dabei gemeinsam, dass sie die Beziehung zwischen Medien und Politik eher indirekt über den Zusammenhang zwischen massenmedialer Berichterstattung und deren Rezeption durch die Öffentlichkeit herstellen. Weiterhin erforschen sie nach einem Kausalschema die Wirkungen der Medien auf die politische Kommunikation. Auf diese Weise wird jedoch eine gesellschaftliche Perspektive weitgehend ausgeblendet und die Medien einseitig – mit Ausnahme der jüngeren Agenda Building Studien – als Einflussgröße im Prozess politischer Kommunikation fokussiert.

Einen anderen Weg geht dagegen die makroanalytisch angelegte Systemtheorie, die Politik und Medien (in diesem Fall hauptsächlich Journalismus) als selbstorganisierende Systeme untersucht. Politische Kommunikation im engeren Sinn ist demzufolge Kommunikation des Systems Politik und ist dabei sowohl Mittel zur Darstellung (politische PR) als auch zur Herstellung (symbolische Politik) von Politik (vgl. Saxer 1998, 25). Diese kann von der journalistischen Berichterstattung analytisch getrennt werden. Aus dem Zusammenspiel zwischen politischer Werbung und PR einerseits sowie politischem Journalismus andererseits entsteht politische

Öffentlichkeit bzw. politische Kommunikation im weiteren Sinn als (öffentliche) Kommunikation über Politik.

Aus einem normativen Verständnis gelangt man zu einem ähnlichen Ergebnis, denn politische Kommunikation wird als Ergänzung zum Kontrollsystem von demokratisch verfassten Staaten mit Gewaltenteilung angesehen. Repräsentative Demokratie beruht auf politischer Willensbildung als Ergebnis von öffentlicher Diskussion, Konflikt und gegenseitiger Kontrolle. Daraus folgt ein Bedürfnis nach doppelter Information: Politische Mandatsträger benötigen Kenntnis von öffentlichen Bedürfnissen und von der öffentlichen Meinung der Staatsbürger, und die Bevölkerung bedarf der Informationen über politische, also allgemein verbindliche, Entscheidungen.

Die zahlreiche Forschungsliteratur zum Thema „Politik und Massenmedien (genauer: Journalismus)" ist ein beredtes Zeugnis für die Bedeutung der gesellschaftspolitischen Probleme, die aus der Beziehung zwischen beiden Systemen entstehen. Die wissenschaftlichen Standpunkte zu diesem problematischen Verhältnis schwanken zwischen der Feststellung einer Dependenz entweder der Medien oder der Politik und einer Interdependenz beider Systeme (vgl. Schulz 1997, 24 ff.). Beide Positionen lassen sich weiter ausdifferenzieren: Die „Dependenztheoretiker" diagnostizieren auf der einen Seite die Mediatisierung (genauer: Medialisierung) der Politik (vgl. Oberreuter 1990) oder gar eine „Demontage der Politik in der Informationsgesellschaft" (Kepplinger 1998). Die andere Seite beklagt eher eine Instrumentalisierung der Medien durch die Politik (vgl. Schatz 1982) bis hin zu der Vorstellung, dass die Medien aufgrund der kaum sichtbaren und mächtigen Propaganda durch die politischen und ökonomischen Eliten einen gesellschaftlichen Konsens herstellen und durchsetzen (vgl. Herman/Chomsky 1988, 1 ff., 297 ff.). Dadurch könnte sogar ein neues „Supersystem" entstehen (vgl. Stöckler 1992), bei dem nicht mehr erkennbar ist, ob es primär politische oder journalistische Funktionen erfüllt.

Die Interdependenztheoretiker unterscheiden sich danach, ob sie das Verhältnis beider Systeme als antagonistisches oder als symbiotisches betrachten. Im ersten Fall werden die wechselseitigen Einflussnahmen als Nullsummenspiel (vgl. Baerns 1985) interpretiert, bei dem der Machtgewinn des einen Systems automatisch einen Machtverlust des anderen impliziert. Allerdings stört eine Übersteuerung des einen Systems die Balance des Verhältnisses (vgl. Weischenberg 1995, 239), so dass der Antagonismus nur in einem gewissen Rahmen überhaupt möglich ist. Im zweiten Fall dagegen gleicht die Beziehung zwischen Politik und Medien in erster Linie einer win-win-Situation (vgl. Bentele et al. 1997), bei der beide voneinander profitieren. Auch hier ist einzuwenden, dass bei der Symbiose nicht unbedingt beide Systeme immer zu gleichen Anteilen oder in gleichem Maß voneinander profitieren; das Verhältnis ist demzufolge nicht konfliktfrei.

Darüber hinaus lässt sich eine weitere Position logisch ableiten und empirisch beobachten: die zunehmende Entfernung von Politik und Journalismus/Medien, die in eine partielle Autarkie münden könnte. Betrachtet man die Medien als ganzes, ist die Zunahme unterhaltender und werblicher Inhalte deutlich zu erkennen. Aber auch speziell der Journalismus thematisiert in größerem Ausmaß nicht-politische Softnews. Für beide Trends stehen viele Programme des privaten Rundfunks (vgl. Krüger 1997, 256, 268), ohne dass dieser insgesamt und allein als Ursache für diese Entwicklung verantwortlich gemacht werden könnte.

Auch von Seiten der Politik ist eine Entfernung gegenüber den Medien zu erkennen. Gerade das Hervorheben einer öffentlich sichtbaren, hauptsächlich symbolischen Darstellungspolitik führt weniger zur Transparenz politischer Prozesse, sondern schafft einen neuen Spielraum für eine öffentlich verborgene Entscheidungspolitik im Arkanbereich (vgl. Saxer 1998, 35 f.).

Diese makroanalytischen Betrachtungen markieren zwar unterschiedliche Standpunkte, wie die Beziehung von Politik und Medien beurteilt werden kann; sie widersprechen sich aber nicht notwendigerweise. Eine empirische Analyse könnte die Positionen fallweise relativieren, um die theoretisch allgemein gehaltenen Aussagen je nach Situation und gesellschaftlichen Verhältnissen zu konkretisieren. Folglich lohnt sich ein Blick auf die Steuerungsmöglichkeiten, welche die Systeme gegenüber dem jeweils anderen System prinzipiell haben:

Die Politik steuert die Medien durch Medien- und Ordnungspolitik (Gesetzgebung), Infrastrukturmaßnahmen (Standortpolitik, Subventionen, Förderungsmaßnahmen) und durch Personalpolitik (etwa im öffentlich-rechtlichen Rundfunk) und setzt damit die *Rahmenbedingungen* für mediale bzw. journalistische Berichterstattung (vgl. Jarren 1994, 109 f.).

Durch staatliche Öffentlichkeitsarbeit in Form von Pressemitteilungen, Pressekonferenzen, Parteizeitungen und Wahlwerbespots sowie durch die informellen Kontakte von Politikern mit Journalisten hat die Politik darüber hinaus ein eher *inhaltliches Instrument* zur Steuerung der journalistischen Berichterstattung zur Verfügung. Dessen Wirksamkeit ist jedoch umstritten: Sie betrifft hauptsächlich das Lancieren von Themen auf die öffentliche Agenda (vgl. Baerns 1985), nicht jedoch eine weiter reichende Beeinflussung der gesamten politischen Berichterstattung in den journalistischen Medien (vgl. Schweda/Opherden 1995).

Auch die Medien verfügen über normativ garantierte Steuerungsmöglichkeiten durch die ihnen gesetzlich zugesicherte Informations-, Kritik- und Kontrollfunktion. Außerdem ist die *öffentliche Meinung* (und Willensbildung) wesentlich auf die *veröffentlichte Meinung* (der journalistischen Medien) angewiesen. Die am Anfang dieses Abschnitts beschriebenen Ergebnisse der Medienwirkungsforschung lassen in

der Tat relativ große Effekte der Medien auf politische Kommunikations- und Entscheidungsprozesse vermuten.

4. Medien und Wirtschaft

Die wirtschaftliche Entwicklung der Medien wird seit einigen Jahren – vor allem in
der deutschen Forschung – zunehmend aus betriebswirtschaftlicher und weniger aus
volkswirtschaftlicher Perspektive betrachtet. Während medienökonomische Ansätze
bis in die achtziger Jahre eher die Gesamtheit medienwirtschaftlichen Handelns
beobachteten – so zum Beispiel am Problem der Pressekonzentration – um daraus
Konsequenzen für die Gesellschaft abzuleiten, steht nunmehr die wirtschaftliche
Performanz einzelner Unternehmen(sgruppen) im Vordergrund. Manfred Knoche
(vgl. 1997, 132 f.) bezeichnet diese Betrachtungsdifferenz als Gegensatz zwischen
einer empirisch-marxistischen Konzentrationstheorie und einer (neo-) liberalen
Wettbewerbstheorie.

Zwei Trends sind für diesen Perspektivenwechsel in der Beobachtung von Medien verantwortlich: Zum einen vollziehen sich in den meisten (post-) industria-
lisierten Ländern der Welt seit Mitte der achtziger Jahre Deregulierungsprozesse
innerhalb der jeweiligen nationalen Medienordnungen, die unmittelbar an einen
grundlegenderen Wandel der Gesellschaften hin zu konsequent liberalistischen Konzepten anknüpfen (vgl. Meckel 1994, 53 ff.). Ansprüche an medienpolitische Steuerung, vor allem im Rundfunkbereich, werden zugunsten einer liberal marktwirt-
schaftlichen Entwicklung der Mediensysteme zurückgestellt. „Medien handeln in der
Logik von Wirtschaftlichkeit, Effizienz und Profitmaximierung. Ihre Produkte sind
Waren, über deren Marktbedingungen Angebot und Nachfrage entscheiden." (Weischenberg, Altmeppen & Löffelholz 1994, 197)

Zum Zweiten haben diese Veränderungsprozesse auch Konsequenzen für die
Beziehung von Kommunikatoren und Rezipienten mit sich gebracht. Eine „Umdefi-
nition des Bürgers zum Konsumenten" (Hoffmann-Riem 1988, 59) hat die Rolle des
Rezipienten als Kunden für mediale Angebote in den Aufmerksamkeitsfokus der
Medienunternehmen gerückt. Die Entscheidung über die Nutzung und Akzeptanz
von Medienangeboten ist zu einem zentralen Indikator für Marktadäquanz oder
Marktversagen von medienunternehmerischem Handeln und den daraus entstehenden medialen Produkten geworden. Die Konsequenzen dieser Entwicklung für die
professionellen Kommunikatoren haben Kritiker als Trendwende vom Aufklärungs-
zum Marketingjournalismus beschrieben (vgl. Weischenberg 1995, 334 ff.).

Bei der ökonomischen Betrachtung von Medien sind einige Kriterien zu berücksichtigen, die Medienmärkte von anderen Märkten (zum Beispiel den Konsum-
gütermärkten) unterscheiden. Ein wesentliches Unterscheidungskriterium liegt darin,
dass Medienmärkte für die Akteure durch einen doppelten Dualismus geprägt sind

(vgl. Meckel 1999b, 132): Medienunternehmen müssen mit ihren Angeboten nicht nur in einem kaum nach generalisierbaren Kriterien zu beobachtenden publizistischen Wettbewerb (Qualitätswettbewerb) bestehen, sondern ebenso im ökonomischen Wettbewerb (Kostenwettbewerb) (vgl. Heinrich 1996). Gleichzeitig bedienen sie zwei Märkte. Auf dem Rezipientenmarkt offerieren Medienunternehmen mit ihren Angeboten Information, Bildung und Unterhaltung; auf dem Werbemarkt verkaufen sie Werbeseiten für Printanzeigen oder Spots an die werbetreibende Wirtschaft. Sowohl die beiden Wettbewerbsformen als auch die beiden Märkte weisen jeweils sehr unterschiedliche Bedingungen und Charakteristika auf, die für das Engagement von Medienunternehmen einen permanenten Ausgleichsprozess verlangen, mit dem zwischen den unterschiedlichen Herausforderungen vermittelt und die optimale Angebotsstrategie entwickelt werden kann.

Medienunternehmen produzieren darüber hinaus öffentliche und meritorische Güter. Ihre Angebote können jeweils durch eine beliebige Anzahl von Nachfragern genutzt werden (Kriterium der Nicht-Rivalität), grundsätzlich kann niemand vom Konsum ausgeschlossen werden (Kriterium des Nicht-Ausschlusses). Weiterhin zeichnen sich Medienangebote dadurch aus, dass ihre Nutzung in der Regel nicht in dem Ausmaß erfolgt, wie es unter dem Gesichtspunkt ihrer demokratischen und integrativen Funktion wünschenswert wäre – ein Faktum, das die Unterordnung von Medienprodukten unter die Marktgesetze überaus problematisch macht (vgl. Heinrich 1994, 36 ff.).

Diese Probleme lassen sich exemplarisch am Printmedienmarkt aufzeigen. Die Strukturdaten von Medienunternehmen in diesem Sektor zeigen, dass Zeitungs- und Zeitschriftenverlage eine besondere Kosten- und Erlösstruktur aufweisen. Diese ist vor allem durch die unterschiedliche Bedeutung von fixen und variablen Kosten geprägt. Fixe Kosten fallen in der Medienproduktion generell und in unveränderlicher Höhe an. Dazu gehören beispielsweise die Aufwendungen für die produktionstechnische Infrastruktur (Druckereien, Personal, Redaktion usf.). Ob ein Verlag eine oder mehrere Zeitungen produziert, ob sie mit niedriger oder hoher Auflage erscheinen, diese Kosten muss der Verlag in jedem Fall einkalkulieren. Die variablen (oder auch linearen) Kosten steigen bzw. fallen dagegen parallel zur Produktionsmenge. Hierzu zählen die Aufwendungen für den Papierverbrauch oder die im Produktionsprozess verbrauchte Energie. Da der Fixkostenanteil bei Medienunternehmen in der Regel sehr hoch ausfällt, muss jeder Anbieter dafür sorgen, eine möglichst hohe Stückzahl seines Medienproduktes im Markt abzusetzen. Nur so lassen sich die fixen Kosten reduzieren, indem sie auf eine größere Zahl von Exemplaren verteilt werden (Fixkostendegression) (vgl. Heinrich 1994, 118 f.). Dieses Phänomen bezeichnet man in der Pressewirtschaft als Anzeigen-Auflagen-Spirale. Gelingt die Steigerung der Auflage, so erwirtschaftet der Verlag einen höheren Deckungsbeitrag

für seine fixen Kosten und kann diesen wiederum reinvestieren; für die Anzeigen-
kunden sinken mit steigender Auflage parallel die Kosten pro Werbekontakt. Verlag
und werbetreibende Wirtschaft erzielen durch die Auflagensteigerung ein besseres
Preis-Leistungs-Verhältnis (vgl. Weischenberg 1998, 258 f.).

Bei Rundfunkanbietern ist dieser Zusammenhang nicht vergleichbar eindeutig
nachzuweisen. Der öffentlich-rechtliche Rundfunk unterliegt in seiner Konzeption
grundsätzlich nur in Teilen den Gesetzen des Medienmarktes, da er gemäß den Vorgaben des Bundesverfassungsgerichts die Grundversorgung der Gesellschaft mit
öffentlich relevanten Informationen zu erbringen hat (vgl. Schwarz 1999) und dafür
überwiegend aus Gebühren finanziert wird. Auch beim privat-kommerziellen Rundfunk lässt sich nur im Ausnahmefall des Pay-TV und Pay-per-view eine direkte
Beziehung zwischen Anbieter und Nutzer („Käufer") herstellen, indem für das A-
bonnement eines ganzen Programms oder den einmaligen „Kauf" einer Sendung ein
konkretes Entgelt entrichtet wird. Die kommerziellen Fernsehvollprogramme dagegen finanzieren sich über Werbung und sind für den Nutzer in direkter Betrachtung
kostenlos. Lediglich über die Aufwendungen, welche die Wirtschaft für die Bewerbung ihrer Produkte ausgibt und die in die Preispolitik für die Produkte wieder mit
einfließen, lässt sich indirekt ein geldwertes Tauschverhältnis zwischen Anbieter
und Nutzer der Programme feststellen (vgl. Weischenberg 1998, 274).

Aus den Besonderheiten von Medienmärkten ergibt sich für Medienunternehmen ein Trend zur Monopolisierung (vgl. Knoche 1997, 137 ff.), weil ein möglichst
breites Angebot mit möglichst breiter Akzeptanz – das heißt mit einer jeweils hohen
Stück- und Abnehmerzahl – die wirtschaftlich günstigste Konstellation darstellt –
mit entsprechenden publizistischen Folgen. In Hinblick auf die ökonomische Performanz eines Medienunternehmens sind größere Einheiten oder gar Monopole die
günstigste Konstellation. In publizistischer Perspektive trifft jedoch das Gegenteil
zu. Das Vielfaltsgebot der gesellschaftlichen Information und Kommunikation setzt
einen publizistischen Wettbewerb unterschiedlicher Akteure voraus. Diese Polarität
von Medienmärkten erfordert medienpolitische Steuerungsmaßnahmen, mit denen
die wirtschaftliche Wettbewerbsfähigkeit auf der einen Seite und publizistische
Vielfalt auf der anderen Seite garantiert werden sollen.

Zunehmende Konzentrationsprozesse in horizontaler (Eingliederung von Medienunternehmen der gleichen Ebene, zum Beispiel verschiedene Fernsehsender),
vertikaler (Eingliederung von Medienunternehmen nachgeordneter Ebenen der medialen Verwertungskette, zum Beispiel Filmproduktions- und Rechtevermarktungs-
firmen) und diagonaler Ausprägung (Beteiligung von medienmarktfremden Unternehmen, zum Beispiel Banken) haben dazu geführt, dass sich Konzentrationsprozesse zu einem sensiblen Feld medienpolitischer Steuerung entwickelt haben. Das Problem wird seit Ende der achtziger Jahre auf Ebene nationaler Medienordnungen eben-

so intensiv diskutiert wie auf transnationaler – hier vor allem europäischer – Ebene (vgl. Meckel 1994, 139 ff.). Zwar existieren auf beiden Ebenen konzentrationsrechtliche Vorgaben, doch werden diese konsequent an die veränderten ökonomischen Bedingungen von Medienmärkten angepasst.

Ein Beispiel für diesen Prozess im Sinne einer „flexibleren" Auslegung konzentrationsrechtlicher Vorschriften ist der Rundfunkstaatsvertrag, mit dem die deutschen Bundesländer erstmals 1987 eine gemeinsame gesetzliche Grundlage für den Rundfunk in Deutschland vorgelegt und diese bereits mehrfach angepasst haben. Während die zweite Fassung von 1991 strenge Vorgaben für die Beteiligung von Medienunternehmen an einzelnen Sendern enthielt, sind diese in der dritten Fassung aus dem Jahr 1997 deutlich gelockert worden. Seitdem gelten nicht mehr prozentuale Grenzen für die Beteiligung von Medienkonzernen an einzelnen Sendern, sondern Marktanteilsgrenzen. Nur wenn ein Medienkonzern mit der Gesamtheit seiner Sender einen Zuschauermarktanteil von 30 Prozent erreicht, sind konzentrationsrechtliche Bedenken indiziert. Ein Blick auf die Marktanteilsverhältnisse im deutschen Fernsehmarkt mit einem ungefähren Drittelanteil des öffentlich-rechtlichen Rundfunks sowie ebenfalls jeweils einem Drittelanteil der Sender der Unternehmensgruppen Kirch und Bertelsmann zeigt, dass es sich bei dieser Regelung um eine Lex Status quo handelt – um eine nachträgliche medienpolitische Legitimierung faktischer Marktentwicklungen. Medienmärkte sind in der Regel nur noch medienpolitisch steuerbar, wenn sich die Steuerungsmaßnahmen explizit auf die Ermöglichung von Markthandeln und Marktentwicklung beziehen.

5. Trends: Zur Entwicklung von Mediensystemen

Verstehen wir die Medien gemäß der obigen Definition als die Gesamtheit der Organisationen technischer Verbreitungsmittel von Kommunikation, dann müssen diese Organisationen die technische Verbreitung von Kommunikation so anlegen, dass sie die Leistungen erbringen, welche ihre gesellschaftliche Umwelt von ihnen erwartet und verlangt. Dementsprechend unterliegen Medien einem permanenten Wandel, der sich für den Gesellschaftstyp der Informations- oder Mediengesellschaft vor allem durch drei Trends beschreiben lässt.

Ökonomisierung: In differenzierten und pluralisierten Medienmärkten wird Aufmerksamkeit zur entscheidenden Größe, die über Angebot und Akzeptanz einzelner Medienangebote entscheidet. Aufmerksamkeit erhält einen Geldwert und lässt sich somit als neue „Währung" im ökonomischen und publizistischen Tausch einführen (vgl. Franck 1998). Medienunternehmen sind dann primär Organisationsformation einer „Marktpublizistik" (Rühl 1993), die eine mögliche Ausprägung der ökonomischen Grundorientierung moderner Gesellschaften darstellt. Auch wenn die These, ökonomische Entscheidungen gerieten zur Grundunterscheidung der modernen Gesellschaft, letztlich so nicht empirisch nachweisbar ist, haben sich in den vergangenen Jahrzehnten sehr deutliche Veränderungen vollzogen, die auch in und an Medienorganisationen festzumachen sind. Dabei geht es grundsätzlich um einen Bedeutungsverlust der Angebotsorientierung und der damit verbundenen medienpolitischen Steuerungsmöglichkeiten und um einen Bedeutungsgewinn der Nachfrageorientierung in Verbindung mit der vermuteten Selbstregulation des Marktes.

Globalisierung: Medienordnungen lassen sich längst nicht mehr anhand von nationalstaatlichen Grenzen regulieren. Gerade wenn man Medien als Organisationen technisch verbreiteter Kommunikation fasst, sind sie Prozessen der Globalisierung unterworfen, innerhalb derer nationalstaatliche durch transnationale Rahmenbedingungen abgelöst werden (vgl. Beck 1997). Insbesondere das Internet mit einer auf der englischen Sprache als Lingua franca beruhenden „Netzkultur", die Text, Ton, Bild und Bewegtbild zusammenzubringen vermag, ist ein prominentes Symbol für globalisierte Kommunikations(infra)strukturen. Die *technischen* und *ökonomischen* Ausprägungen der Medien werden also zukünftig immer stärker durch Globalisierungsprozesse geprägt sein. Betrachtet man dagegen *soziale* Funktionssysteme mit ihren Sinngrenzen, dann stellen Medien eine Schnittmenge dar, weil unterschiedliche Systeme sich ihrer „bedienen" können und dabei jeweils unterschiedliche Leitunterscheidungen benutzen. In diesem Sinne ist die Koppelung von Wirtschaftssystem und Medien sehr viel stärker durch Globalisierungsprozesse bestimmt als die Koppelung von Kultursystem und Medien, da sich letztere in ihren Anwendungsprogrammen zum Beispiel durch Sprache vollzieht und damit Sprachgrenzen festlegt.

Hybridisierung: Medieninhalte sind durch Differenzierungs- und Entdifferenzierungsprozesse gekennzeichnet, mit Hilfe derer Neu- oder Reorientierungen in Hinblick auf gesamtgesellschaftliche Entwicklungen möglich werden. Solche Hybridformen lassen sich auf unterschiedlichen Ebenen erkennen. So lassen sich Medienfunktionen nicht mehr in dichotomen Begrifflichkeiten, wie Information und Unterhaltung, fassen, weil sich längst Zwischenformen (Infotainment, Edutainment etc.) herausgebildet haben, die auch programmstrukturell nachweisbar sind (vgl. Krüger 1997). Die weitreichendste Spannbreite für Ent- und Redifferenzierungsprozesse bietet wiederum das Internet: Es ermöglicht die raum-zeitliche Flexibilisierung von Kommunikation auf Kommunikator- und Rezipientenseite, Hybridformen der technischen Umsetzung von Kommunikationsinhalten (Hypertexte und semiotische Rekombinationen) und die Kombination von Formen öffentlicher und privater Kommunikation.

Knut Hickethier

Mediengeschichte

Mediengeschichtsschreibung ist ein relativ junger Arbeitsbereich der Medienkulturwissenschaft und der Publizistikwissenschaft (häufig auch unter dem Begriff der Kommunikationsgeschichte). Erst in jüngster Zeit ist er auch in der Geschichtswissenschaft vertreten.

Mediengeschichtsschreibung geht davon aus, dass Medien die gesellschaftliche Kommunikation determinieren. Sicherlich bestehen kulturanthropologisch allgemeine Kommunikationsbedürfnisse und für die entwickelten sozialen Systeme prinzipielle Notwendigkeiten zur gesellschaftlichen Selbstverständigung, doch entfalten sich diese in den jeweiligen historisch konkreten Situationen nach Maßgabe der medialen Möglichkeiten. Die medialen Bedingungen präfigurieren das, was die Menschen mit den Medien machen, in so starker Weise, dass bei vielen Medien der Bezug der medialen Kommunikation auf vormediale Verhältnisse wenig sinnvoll erscheint und von ‚Kommunikation' im traditionellen Sinne eines Austausches von Informationen und Bewertungen nur noch sehr begrenzt gesprochen werden kann. Dass sich z.B. Menschen im Fernsehen millionenfach täglich erneut Kriminalgeschichten anschauen, die stereotyp einem gleichen Handlungsschema folgen, kann nicht mehr als ‚Kommunikation' verstanden werden. Psychische Formen der Rekreation und Regeneration und mentale Aspekte, die sich mit diesem Mediengebrauch verbinden (vgl. Hickethier 1999), müssen jedoch von einer Mediengeschichtsschreibung ebenfalls erfasst werden.

Mediengeschichtsschreibung muss für sich zwei grundsätzliche Aspekte klären:
1. Was ist ihr Gegenstand, was sind 'die Medien' und was interessiert die Mediengeschichtsschreibung an diesen und aus welchen Gründen?
2. Welche Konzepte der Darstellung besitzt sie und wie organisiert sie das Wissen über die Medien, das sie ihren Adressaten, also den Lesern, Zuschauern und Hörern, vermitteln will?

1. Zum Gegenstandsverständnis

Harry Pross hat 1972 vorgeschlagen, zwischen *primären, sekundären* und *tertiären Medien* zu unterscheiden. Mit primären Medien sind die an den menschlichen Körper gebunden Elementarformen (Sprache, Mimik, Gestik, Proxemik) gemeint, die ohne zusätzliche Geräte zu gebrauchen sind. Mit sekundären Medien meint Pross die Medien, die auf der Seite der Produzenten eines Gerätes bedürfen (Schreib- und Druckmedien, Plakat, Flaggensignale usf.), nicht aber auf der Seite der Rezipienten.

Als tertiäre Medien werden diejenigen verstanden, die nicht nur auf der Seite der Produzenten, sondern auch auf der der Rezipienten eines Gerätes bedürfen. Dazu gehören alle Medien, die wir als 'technische' Medien verstehen, von der Schallplatte, dem Telefon bis zu Film, Fernsehen, Radio und (Pross 1972, auch 1987).

Mediengeschichtsschreibung interessiert sich besonders für die sekundären und tertiären Medien, weil den apparativ vermittelten Bedeutungen gesellschaftlich größere Aufmerksamkeit geschenkt wird. Die sekundären und tertiären Medien haben eigene, in der Regel technisch bedingte Wahrnehmungs- und Wirkungsformen entwickelt, die zu kulturell bedeutsamen Instanzen der Weltvermittlung und Realitätserzeugung geworden sind, deren Wandel einen Einblick in die allgemeinen Veränderungen einer Gesellschaft geben.

Gerade weil der Anspruch der Medien auf Realitätsvermittlung besteht, hat sich immer wieder die Frage nach dem Realitätsstatus der Medien gestellt. Wulf R. Halbach und Manfred Faßler haben deshalb zwischen Medien unterschieden, die a) als Vermittlung einer unerfahrbaren, göttlichen oder religiös gefaßten 'Außenwelt' nach 'Innen' dienen; b) als Vermittlung zwischen 'Wirklichkeit' und 'Schein', Wahrheit und Trug gelten; c) als kulturell abhängiger Teil sozialer Selbstbeschreibung benutzt werden und d) als autonome Systeme der scheinhaften Realitätserzeugung, z.B. Zeitung, Film, Radio und Fernsehen, auftreten (Halbach/Faßler 1998, 35). Vor allem die Medien, die als „autonome Systeme der scheinhaften Realitätserzeugung" gelten, sind für die Medienhistoriografie von Bedeutung, weil sich an ihnen Traditionen dieser Realitätserzeugung aufzeigen lassen, die auch heute noch den Mediengebrauch prägen. Weil damit auch die Frage nach unserer Erkenntnis von Welt verknüpft ist, gewinnt die Mediengeschichtsschreibung wachsende Bedeutung.

Siegfried J. Schmidt hat 1994 vorgeschlagen, zwischen folgenden Medienbegriffen zu unterscheiden:

-   Konventionalisierte Kommunikationsmittel wie die Schrift;
-   Medienangebote als Resultate der Verwendung von Kommunikationsmitteln (z.B. Texte);
-   Techniken, die zur Erstellung von Medienangeboten verwendet werden;
-   Institutionen bzw. Organisationen, die zur Erstellung von Medienangeboten erforderlich sind (z.B. Verlage), einschließlich aller damit verbundener ökonomischer, politischer, rechtlicher und sozialer Aspekte (Schmidt 1994, 613).

Daraus resultieren für Schmidt:

-   natürliche Verständigungssysteme (z.B. Medium Sprache);
-   künstlerische Gestaltungsbereiche (z.B. „Medium Literatur" oder „Medium Musik");

- Verständigungsinstrumente und Schreibwerkzeuge (Kreide und Tafel, Notizbücher, Fotoapparate, Schreibmaschinen, Laptops) und schließlich
- alle Kommunikationseinrichtungen, die gesellschaftlich institutionalisiert und organisiert sind. Dazu gehören sowohl Individualmedien (z.B. Briefpost, Telefon) als auch Massenmedien (Fernsehen, Radio, Presse, Kino) (ebd.).

Alle Definitionsversuche strukturieren sich nach dem Prinzip der aufsteigenden Komplexität. Mediengeschichtsschreibung hat sich seit ihren Anfängen vor allem den komplexen, gesellschaftlich institutionalisierten Formen der Medien zugewandt. Für viele der von Schmidt angeführten medialen Bereiche gibt es jedoch bislang allenfalls in ersten Ansätzen historiografische Untersuchungen.

Grundsätzlich lassen sich drei große Felder der Mediengeschichtsschreibung unterscheiden:

1. Mediengeschichtliche Darstellungen, die sich als *Geschichten der künstlerischen Medien bzw. der Künste* (der Literatur, der Musik, der Bildenden Kunst, der Darstellenden Kunst etc.) verstehen und den Medienaspekt in der Regel nicht thematisieren, sondern sich jeweils als Historiografie der Inhalte und vor allem der Formen künstlerischer Auseinandersetzung mit der Welt begreifen. Zumeist handelt es sich dabei um eine epochen- und urheberbezogene Geschichtsschreibung, die an Hand differenzierter Selektionsprinzipien Oeuvre-Geschichten ausgewählter Urheber erstellt.

Noch heute versteht sich Literaturgeschichte vor allem als Geschichte der Inhalte, Formen und Gestaltungsweisen und erörtert nur selten die Medialität des 'Buches' oder z.B. des 'Kalenders'. Insbesondere die institutionellen Aspekte des Literaturbetriebs (Verlagsgeschichte, Bibliotheksgeschichte etc.) sind bislang nur ansatzweise aufgearbeitet worden (vgl. z.B. Martino 1990, Wittmann 1991). Mediale Aspekte werden vor allem dort untersucht, wo Literatur in anderen als den scheinbar naturgegebenen Medien auftauchen, z.B. in der Presse (als Feuilleton- oder Zeitungsroman, vgl. Hollstein 1973; Neuschäfer u.a. 1986) oder im Film (vgl. die zahllosen Untersuchungen zu Literaturverfilmungen, historisch umfassend bei Paech 1988, übersichtsweise bei Albersmeier & Rohloff 1989).

Die Geschichtsschreibung der künstlerischen Medien bildete unterschiedliche Konzepte und historiografische Traditionen heraus. Z.B. diente die lange Zeit zumeist nationalphilologisch orientierte Literaturgeschichtsschreibung diente mit ihren Konzepten der ‚Nationalliteratur‘ zumeist der Gewinnung und Erhaltung einer kulturellen und nationalen Identität. Auffällig ist, dass es schon der in der zweiten Hälfte des 19. Jahrhunderts entstehenden Theatergeschichtsschreibung sehr viel weniger überzeugend gelang, Theatergeschichte als Weg zum ‚Nationaltheater‘ stimmig darzustellen. Die Geschichte der Bildenden Kunst drängte noch stärker auf einen internationalen Rahmen.

2. Mediengeschichtliche Darstellungen, die sich als *Geschichte der technisch-apparativen Massenmedien* der Presse, dem Film, dem Radio und dem Fernsehen zuwenden und hier unterschiedliche Konzepte entwickeln. Sie gehen dabei in der Regel zunächst technikgeschichtlich, dann institutionen- und kommunikatorge-schichtlich sowie in den letzten zwanzig Jahren auch programm- und rezeptionsge-schichtlich vor.

Vor allem der Aspekt der *Institutionalisierung* hat diese Mediengeschichts-schreibung geprägt. Da die Produktion von Medienangeboten (Produkten) bei diesen Programmedien einen aufwendigen Prozess darstellt, der einen zunehmend umfang-reicheren ‚Apparat' erfordert, hat zwangsläufig eine auf die Institution und ihre Organisationsformen ausgerichtete Geschichtsschreibung entstehen lassen. Zei-tungsgeschichte entstand z.b. als Geschichte einzelner Wirtschaftsunternehmen der Zeitungsbranche, wobei der Beitrag der Zeitungen zur nationalen Meinungsbildung im Vordergrund stand (vgl. Stöber 1999). Daran knüpfte dann implizit auch die Rundfunkgeschichtsschreibung an, an deren Etablierung über den „Studienkreis Rundfunk und Geschichte,, nicht zufällig namhafte Wirtschaftshistoriker (z.b. Wil-helm Treue) beteiligt waren.

Die Geschichte der Massenmedien ist vergleichsweise gut aufgearbeitet, ver-mutlich deshalb, weil sich einerseits ihre institutionellen und technischen Aspekte mit bewährten Konzepten der allgemeinen Geschichtsforschung erschließen ließen und die Darstellung ihrer programm- und rezeptionsbezogenen Problemstellungen andererseits auf die kunst- und literaturgeschichtlichen Konzepte zurückgreifen konnte. Letzeres gilt vor allem für den Film, der von historisch arbeitenden Publizis-tikwissenschaftlern häufig nicht zu den Massenmedien gerechnet wird.

3. Mediengeschichtliche Darstellungen, die, als *Geschichte der Medientechno-logien*, von der Digitalität ausgehend über die Massenmedien hinaus auch die Indi-vidualmedien in ihren Gegenstandskanon einbeziehen und dabei kulturgeschichtlich sowohl zeitlich als auch räumlich ausgreifen. Sie liefern häufig stärker theoretisch inspirierte Konstruktionen und legen weniger Wert auf eine beschreibende Kohärenz einer Medienentwicklung.

Die Erweiterung der Mediengeschichte um die Erörterung der auf Medien all-gemeiner Art - häufig unter Missachtung der Geschichte der Massenmedien - führt einerseits zur Bildung von durch Medien determinierte, Jahrhunderte übergreifende Epochen (Bolz 1993, Kerkhove 1995) und andererseits zu großen Chronologien (Hiebel u.a. 1999) und Querschnittsuntersuchungen (Kittler 1987). Daneben werden auch einzelne, bislang wenig beachtete technische Apparaturen und Prinzipien, wie z.B. das Relais (Siegert 1993), untersucht. In diesen Ansätzen wird zumeist der Aspekt der Technik besonders herausgestellt.

2. Darstellungsweisen der Mediengeschichte

Grundsätzlich lassen sich mediengeschichtliche Darstellungen auch nach ihrer Darstellungsweise unterscheiden:

Chronikalische Darstellungen, wie sie Hans Helmut Prinzler für den Film (Prinzler 1995), Joan Kristin Bleicher für das Fernsehen (Bleicher 1993) und Hans H. Hiebel u.a. allgemein für die Medienentwicklung (Hiebel u.a. 1999) vorgelegt haben, sind vor allem auf eine möglichst genaue Darstellung der wesentlichen Stationen einer Medienentwicklung ausgerichtet. Sie dienen als Basis einer Mediengeschichtsschreibung, der es dann, sich davon abgrenzend, stärker auf die Darstellung von Zusammenhängen und Verbindungen ankommt. Auf besonderes Interesse stoßen technikzentrierte Chronologien, wie sie neben Hiebel u.a. auch Goebel (1953), Abramson (1987) und Flichy (1994) erstellt haben. Obwohl es ja hier vor allem um die Bereitstellung von Daten geht, ist erstaunlich, wie stark nationale Perspektiven und Gewichtungen derartige Chronologien prägen.

Biografische und autobiografische Darstellungen finden sich vor allem als lebensgeschichtliche Berichte prominenter Regisseure, Produzenten, Techniker und Manager. Sie geben häufig einen intimen Einblick in Entscheidungsprozesse der Medienproduktion. Für den Film sind Werkmonografien von Regisseuren und Filmschauspielern allein schon von ihrer Zahl her ein wesentlicher Bestandteil der Filmgeschichtsschreibung. In anderen Bereichen ist die Biografik weniger breit vertreten. Für das Fernsehen haben Strobel/Faulstich zur Stargeschichte erst kürzlich vier Bände vorgelegt (Strobel/Faulstich 1998). In der deutschen Rundfunkgeschichtsschreibung existieren seit Mitte der fünfziger Jahre autobiografische Erinnerungen der am Fernsehen der dreißiger Jahre Beteiligten, deren Abdruck in der Fernsehkorrespondenz „Fernsehinformationen„ als zusätzliche Informationsquelle dient. Sie sind allerdings, ähnlich anderen autobiografischen Berichten, gerade auch in der politischen Bewertung des Fernsehens der NS-Zeit, kritisch zu sehen.

Nicht alle autobiografischen Darstellungen erheben den gleichen Anspruch auf Authentizität. Schauspielerbiografien sind z.B. häufig unter marktstrategischen Gesichtspunkten von Ghostwritern geschrieben und paraphrasieren als individuelle Erlebnisse, was ohnehin schon in allgemeinen Mediengeschichtsdarstellungen berichtet wird. Gleichwohl darf damit die biografische Mediengeschichtsschreibung nicht gänzlich abgewehrt werden, insbesondere zu einzelnen Technikern und Erfindern (z.B. Ardenne 1972) oder zu einzelnen Medienfunktionären ganz unterschiedlicher Provenienz (Moeller 1998, Hachmeister 1998, Tracey 1982) liegen aufschlussreiche Studien vor.

Seit den siebziger Jahren gibt es in der Folge der Oral-History-Forschung - unter dem Stichwort der 'Medienbiografie' - auch autobiografische Zuschauerberichte (z.B. Hickethier 1980, Kübler 1982), wobei dieser Zweig der Medienbiografik jedoch nicht sehr weit ausgebaut worden ist.

Strukturdarstellungen versuchen die Defizite der personenbezogenen Betrachtungsweise zu vermeiden, indem sie die Institutionen selbst quasi als handelnde Einheiten betrachten, deren Handlungen sich in den Strukturen der Medien (Organisation, Angebot, Nutzung etc.) objektivieren. Narrative Strukturbeschreibungen sind vor allem in den älteren mediengeschichtlichen Darstellungen anzutreffen. Sie versuchen Geschichte häufig in ,Geschichten' aufzulösen und neigen dabei zur Anekdotenbildung (vgl. z.b. Rhein 1954).

Von derartigen Ansätzen rückt die neuere Mediengeschichtsschreibung ab und bemüht sich - ohne ganz auf die Narration als Darstellungsmittel verzichten zu wollen - um komplexere Darstellungsformen, in denen verschiedene Prinzipien der Darstellungen miteinander verbunden werden: Längsschnittuntersuchungen, Querschnittdarstellungen, Tabellen, exemplarische Beispielbeschreibungen usf. Auch werden Strukturdarstellungen mit biografischen Darstellungen kombiniert und mit ausgewählten Werkanalysen verbunden. Sie versuchen im Idealfall, alle erreichbaren Materialquellen einzubeziehen, insbesondere auch medieninterne Dokumente. Wenn sie sich dabei jedoch allein auf die Diskussionen innerhalb der Medienunternehmen stützen, laufen sie Gefahr zu vernachlässigen, dass nicht alle medieninternen Entscheidungen tatsächlich realisiert wurden und dass für die Gesamteinschätzung auch anderen Faktoren der Mediengeschichte von Bedeutung sind.

3. Kunst-, Sozial- oder Mediengeschichte?

Ob die Medienhistoriografie eine *Kunstgeschichte* oder eine *Sozialgeschichte* anstrebt, ist historisch unterschiedlich beantwortet worden. Für die Filmgeschichte, aber auch die frühe Hörfunk- und Fernsehgeschichte, ist eine Orientierung an der Kunstgeschichtsschreibung offenkundig, wobei heute - weniger mit der wertenden Kategorie der Kunst operiert wird, sondern eher von einer *textorientierten Mediengeschichte* gesprochen wird.

Für große Teile der Mediengeschichtsschreibung ist eine *sozialgeschichtliche Fundierung* bestimmend, wobei Mediengeschichte häufig ein Teilgebiet einer Sozial- und Alltagsgeschichte darstellt (vgl. z.B. Schildt 1995) und vor allem einerseits als Rezeptionsgeschichte der Medien in den Blick kommt bzw. als Geschichte der Berufsgruppe der Medienmacher (Journalisten, Autoren etc.) verstanden wird. Zahlreiche sozialgeschichtliche Paradigmen haben Eingang in die Mediengeschichtsschreibung gefunden, wobei dies der Mediengeschichtsschreibung oft zum Vorwurf gemacht wird, dass sie keine eigenen, medienbezogenen Kriterien entwickelt habe.

Aus der Erfahrung, dass Mediengeschichte die ästhetischen Aspekte (also die Darstellungsmittel und -formen der Medien) berücksichtigen muss, weil nur über sie die historische Veränderung der Wahrnehmung angemessen erfasst werden kann, hat sich der Ansatz entwickelt, in der Mediengeschichte *die Entfaltung und Durchsetzung unterschiedlicher Medialitäten* herauszustellen. Hier kam, vor dem Hintergrund ihrer Veränderung durch die digitalen Medien, zunächst die Entstehung der Schriftkultur in den Blick (vgl. Wenzel 1995).

Von der neueren *technisch orientierten Mediengeschichte* werden Medien als technisch-kulturelle Systeme verstanden, die zuallererst in ihrer Erscheinungsweise und inneren Logik dargestellt werden und erst danach auch in ihren sozialen Folgen. Für eine technisch determinierte Mediengeschichte bilden nicht die sozialen Verhältnisse die Basis für die Medienentwicklung, sondern die technischen Bedingungen der Medien determinieren das Soziale. Ein solchermaßen geltendes „medientechnisches Apriori" (Maresch 1995, Spreen 1998) wird nicht nur für die Gegenwart mit ihrer Digitalisierung ganzer Lebensbereiche angenommen, sondern auch für die Vergangenheit, so dass z.B. der Mediengebrauch Epochengrenzen (Stichwort „Gutenberg-Galaxis") definiert.

Mit dieser neuesten *Modelldebatte* verbunden ist eine wachsende Distanz der Mediengeschichtskonzepte gegenüber den Medieninhalten - den Themen, Stoffen und Formen. Schon in der sozialwissenschaftlich orientierten Mediengeschichtsschreibung erscheinen die Medieninhalte oft als wenig wichtig, in der technisch orientierten Mediengeschichtsschreibung treten sie noch weiter in den Hintergrund. Seit den achtziger Jahren haben sich jedoch auch gegenläufige historiografische Interessen herausgebildet, die sich (wie z.B. das Konzept der Programmgeschichte) wieder stärker den Medieninhalten und ihren Gestaltungen zuwenden.

Der Lüneburger Medienwissenschaftler Werner Faulstich hat Anfang der neunziger Jahre die These vertreten, Mediengeschichte könne es ebenso wie Medientheorie heute nur noch als Geschichte und Theorie der Medien insgesamt geben (Faulstich 1991, 19). Sein zentrales Argument ist, dass sich Medien erst durch ihre wechselseitigen Beziehungen und Abgrenzungen definieren. Mediengeschichte als eine umfassende historiografische Konstruktion müsse deshalb als Geschichte der Medien im Zusammenspiel des Medienverbunds, der Mediensysteme beschrieben werden (Faulstich 1996ff.).

Unter historiografischen Aspekten ist eine umfassende Geschichte der Medien sicher ein anzustrebende Ziel. Sie stellt eine Synthese dar und setzt die Erforschung der Geschichte der einzelnen Medien voraus. Ohne die im Material detaillierte Erforschung der einzelnen Medien - vom Flugblatt über das Telefon bis zu Fernsehen und Internet - kann schon aus arbeitsökonomischen Gründen keine Gesamtdarstellung entstehen. Werner Faulstich hat mit den drei ersten inzwischen vorliegenden

Bänden seiner auf sechs Bände geplanten Geschichte der Medien gezeigt, dass es solcher Vorarbeiten bedarf und wie eine solche Synthese herzustellen ist. Mediengeschichtsschreibung stellt sich hier als eine unter theoretischen Vorgaben erfolgte Integration der in den unterschiedlichen Einzelwissenschaften ermittelten historischen Befunde zur Medienentwicklung dar (ebd.).

Am Rande sind noch *populäre historiografische Darstellungen* zu erwähnen, die in den letzten Jahren insbesondere für Radio und Fernsehen vorgelegt wurden. In ihnen werden oft in Form eines nostalgischen Rückblicks Medienentwicklungen beschrieben und mit einer individuellen Erlebnissicht verknüpft (vgl. z.b. Schöne 1984, Müllender/Nöllenheidt 1994, Schindler 1999, Weber 1999). Derartige Publikationen hat es für den Film schon in früheren Zeiten gegeben (vgl. z.B. Porges 1946, Riess 1956). Sie bauen häufig auf Erinnerungen auf oder auf vorhandene wissenschaftliche Darstellungen, die sie vereinfachen und zumeist ins Anekdotische wenden. Ihre Bedeutung haben sie als Formen der Popularisierung mediengeschichtlichen Wissens; für den wissenschaftlichen Gebrauch sind sie jedoch kritisch zu prüfen.

4. Mediengeschichte als Geschichte der Massenmedien

Der historiografische Blick auf die Medien richtet sich primär auf die gesellschaftlich *institutionalisierten Medien*, die für die gesellschaftliche Kommunikation von Bedeutung sind und die vor allem für die historiografische Darstellung auch eigene 'Spuren' innerhalb der Geschichte hinterlassen haben. Die Massenmedien dienen nicht nur der gesellschaftlichen Kommunikation, sie bringen auch verselbständigte, fixierte und damit archivierbare Produkte hervor, an denen sich vergangene Stadien der gesellschaftliche Kommunikation untersuchen lassen.

Zeitung und Zeitschrift, die Presse also, sind ebenso wie jedes andere schriftliche Dokument der Geschichtsschreibung *Material* für das Erkennen des historischen Gegenstands. Die Presse geriet deshalb schon früh selbst als *Objekt* der Geschichtsschreibung in den Blick, indem die Bedingungen der Zeitungs- und Zeitschriftenproduktion, der Textverfassung wie der Textrezeption reflektiert und analysiert wurden. Von hier aus lag es nahe, mit dem Hinzukommen weiterer Massenmedien (Film, Radio und Fernsehen) diese in ihren historischen Objektivationen ebenfalls zum Gegenstand historiografischer Tätigkeit werden zu lassen. Neben der Funktion, historisches Material für thematisch unterschiedliche Historiografien zu liefern, bilden Zeitungen, Zeitschriften, Filme, Radio- und Fernsehsendungen als archivierte Medienprodukte auch Material für eine eigenständige *Medienhistoriografie* sowie für eine medial vielfältig (z.B. im Fernsehen oder Radio selbst) operierende Geschichtsschreibung (vgl. Rother 1991, 11).

Die Geschichtsschreibung der Massenmedien hat nicht als universelle begonnen, sondern setzte bei einzelnen *Feldern der Mediengeschichte* ein. Wenn heute - im Anschluss an rundfunkgeschichtliche Forschungen - nach vier Arbeitsfeldern unterschieden wird, dann liegt dieser Unterteilung ein informationstheoretisches Kommunikationsmodell zugrunde, das heute für die Beschreibung vom gesellschaftlicher Kommunikation kaum noch verwendet wird, gleichwohl aber zur Herausbildung medienwissenschaftlicher Teilbereiche geführt hat:

Institutionsgeschichte (als die Geschichte der Kommunikatoren und ihrer Institutionen);

Technikgeschichte (als Geschichte der medialen apparativen Technologien);

Programm- und Produktgeschichte (als Geschichte der medialen Produkte und ihrer Angebotspräsentationen) sowie die

Rezeptions- und Wahrnehmungsgeschichte (als Geschichte der Zuschauer und ihres Gebrauchs der Medien).

Institutionsgeschichte zeichnet in den Medien die Entstehung der Medieninstitutionen (z.B. die Ufa, die Berliner Funkstunde oder das ZDF) nach, setzt sich mit den wirtschaftlichen und politischen Rahmenbedingungen auseinander, soweit sie sich in der institutionellen Entwicklung spiegeln und diese nachweisbar determinieren. Sie stellt die organisatorischen Entwicklungen der Institution in ihren zentralen Einheiten und Gliederungen dar. Die Herstellung der Medienprodukte und die Medienprodukte selbst erscheinen dabei oft als nachgeordnete Ergebnisse der institutionellen Entwicklung. Institutionsgeschichte versteht sich implizit als eine Art Basisgeschichtsschreibung, weil der ‚konkrete Fall' des Unternehmens das Material gebündelt wird und damit einen ‚natürlichen' Fokus der Geschichtsschreibung bildet. Was sich in ihr als arbeitsökonomisch sinnvoll und plausibel darstellen lässt und deshalb auch für Qualifikationsarbeiten (Studienabschlussarbeiten, Dissertationen) bewährt hat, steht jedoch in der Gefahr, den Gesamtzusammenhang einer Medienentwicklung zu verkürzen, weil sie nur das eine Unternehmen bzw. nur die Institutionen sieht.

Mediengeschichte als Institutionsgeschichte entsprach in den Anfängen einer stärker an Staat und seinen politischen Institutionen ausgerichteten Geschichtsschreibung. Sie begann mit der Darstellung einzelner Zeitungen und Hoftheater im 19. Jahrhundert, setzte sich dann vor allem in der Rundfunkgeschichte mit der Darstellung einzelner Sendeanstalten fort (z.B. Wehmeier 1979, Köhler 1991, Lersch 1990, Dussel, Lersch & Müller 1995) und findet sich schließlich auch in der Filmgeschichte (vgl. z.B. zur Ufa-Geschichte: Kreimeier 1992 , Bock & Tödteberg 1992, Borgelt 1993).

Technikgeschichte ist die Geschichte der medialen Erfindungen und Technologien. Sie entsteht zunächst aus dem Interesse, alte Technologien in der kulturellen

Erinnerung zu bewahren und die technischen Leistungen, die mit ihnen verknüpft sind, nicht zu vergessen. Technikgeschichte wurde deshalb vor allem von den Sammlern und Archivaren medialer Technologien betrieben, dann auch von den Technikern, den Ingenieuren und Erfindern selbst. Da in vielen Medienbetrieben kein auf das eigene Handeln bezogenes historisches Bewusstsein vorhanden ist, geraten technische Bedingungen und Veränderungen leicht in Vergessenheit. Die Notwendigkeit der Technikgeschichtsschreibung wird deshalb immer virulenter. Ohne die differenzierten Technikdarstellungen der Ingenieurhistoriker ließe sich selbst bei den jüngeren Massenmedien keine Geschichte mehr rekonstruieren (für das Fernsehen vgl. z.B. Goebel 1953, Bruch 1967, 1969, Zielinski 1989, 1993). Da sich die jeweilige technisch-apparative Differenz der verschiedenen Medien für viele Mediennutzer nicht immer unmittelbar in der Erscheinung der Produkte erschließt, sind in der Technikgeschichte auch die Folgen der technischen Veränderungen für die Medienprodukte und ihren kommunikativen Gebrauch zu reflektieren.

Programm- und Produktgeschichte. Die Geschichte der Medienprodukte setzt in der Regel bei der Darstellung unterschiedlicher Werkgruppen (produzenten-bezogen, genrebezogen, themen- und motivbezogen etc.) und einzelner Medienpro-duktionen ein und führt erst spät auch zur Auseinandersetzungen mit den medialen Präsentations- und Darstellungsstrategien.

Neuere Medien nehmen in der Regel Formen und Inhalte älterer Medien auf, nicht allein, um sie zu beerben und zu vereinnahmen, sondern weil in diesen 'älte-ren' Medien bereits die Ausdrucks-, Mitteilungs- und Kommunikationsbedürfnisse der Menschen bereits Formen gefunden haben. Diese älteren medialen Formen wer-den probeweise auf die neuen Technologien, als die sich zunächst das neue Medium präsentiert, appliziert. Erst in dem sich einzelne Formen als brauchbar und andere als nicht verwendbar erweisen, bilden sich nach und nach Formen heraus, die als spezifische des neuen Mediums verstanden werden können.

Der Aspekt des Programms als eines Verbunds heterogener Produktionen wird letztlich erst mit der Rundfunk- und Fernsehgeschichte thematisiert und führte 1976ff. im „Studienkreis Rundfunk und Geschichte" zu einer längeren methodischen Debatte (Halefeldt 1976, Lerg 1976, 1982, Weigend 1982, Hickethier 1982), aus der integrale historiografische Konzepte (z.B. für den Weimarer Rundfunk durch das Deutsche Rundfunkarchiv - vgl. Projektgruppe Programmgeschichte 1983, Leon-hardt 1998, und für das Fernsehen der Bundesrepublik vgl. Kreuzer & Thomsen 1993/94, Hickethier 1998) resultierten. Gleichwohl bleibt Programmgeschichte aufgrund der ungeheuren Materialfülle bei den Massenmedien methodisch schwierig zu bewältigen.

Rezeptionsgeschichte und mediale Wahrnehmungsgeschichte wurden erst in jüngster Zeit zum Arbeitsfeld der Mediengeschichtsschreibung. Dies hängt mit den veränderten medientheoretischen Grundannahmen zusammen. Dominierte lange Zeit die Vorstellung, Zuschauen, Hören und Lesen seien letztlich formlos, ohne eigene Geschichte und nichts anderes als ein Reflex der Medienangebote, so hat sich mit der explosionsartigen Vermehrung der Medienangebote die Bedeutung der Angebotsauswahl durch die Nutzer - und damit deren aktives Verhalten und Mitgestalten der medialen Kommunikation - in den Vordergrund geschoben. Seit der Mediennutzer als ein aktiv Handelnder gilt, wird ihm auch eine Geschichte seines medialen Gebrauchs zugestanden. Zu unterscheiden ist zwischen der Historiografie einzelner mediale Publika in ihrer sozialen Zusammensetzung und Eigenheit, der Geschichte der Rezeption einzelner Medien, Angebotsformen und Einzelprodukte (meist aufgrund demoskopischer Erhebungen) und der Geschichte langfristiger Veränderungen der kulturellen Wahrnehmung mit und durch die Veränderung der Mediennutzung.

Ausgearbeitet sind erst wenige Ansätze: Die Geschichte des Lesens (Engelsing 1973, 1974, Manguel 1998) blickt auf die längste und umfangreichste Forschungstradition zurück, während die Geschichte des Radiohörens (Riedel 1999, Marßolek & van Saldern 1999), des Fernsehens (Hickethier 1994) und des Kinobesuchs (Paech & Paech 2000) jüngeren Datums sind und erst in wenigen Ansätzen bestehen.

Hier wäre auch eine ‚Kommunikationsgeschichte' anzusiedeln, die sich als handlungsbezogene Geschichte der gesellschaftlichen Kommunikation versteht, wobei die kommunikationswissenschaftlichen Ansätze unter diesem Begriff jedoch bislang hauptsächlich eine Geschichte der Massenmedien verstanden haben (vgl. stellvertretend Bobrowsky & Langenbucher 1987).

5. Geschichte der einzelnen Massenmedien

Die Geschichtsschreibung der einzelnen Massenmedien kann hier nur andeutungsweise skizziert werden. Dabei soll die Frage nach der Thematisierung der jeweiligen Medialität im Vordergrund stehen.

Pressegeschichte ist in ihrer Entstehung institutionsgeschichtlich orientiert, selbst dort, wo sie topografisch vorgeht (Mendelsshon 1982). Dies gilt auch für neuere Darstellungen zur Pressegeschichte (z.B. Lindemann 1969, Koszyk 1972ff.), aber auch für die sich kritisch mit der Macht einzelner Konzerne auseinandersetzenden Untersuchungen (zum Springer-Konzern z.B. Müller 1968). Eine einführende und zugleich systematisierende Darstellung hat Rudolf Stöber vorgelegt (Stöber 2000). Methodische Debatten über die Pressegeschichtsschreibung finden sich ebenfalls vor allem in den siebziger Jahren (Blühm 1977).

Forschungsökonomisch liegt es aufgrund der Materialfülle nahe, Pressegeschichte nicht von den Themen und den einzelnen Beiträgen her zu konzipieren, sondern den Beitrag der Zeitungen für das Entstehen öffentlicher Meinungen - bzw.

wie es Rudolf Stöber nennt, der „öffentlichen Stimmungen" (Stöber 1998) - zu untersuchen. Untersuchungen zu einzelnen Textformen der Presse (Reportage, Feuille-
ton, Zeitungsroman) blieben bislang eher randständig.

Der institutionsgeschichtlichen Pressegeschichte ist die Tendenz eigen, Geschichte der ‚überlebenden' Medieninstitutionen zu schreiben, weil diesen Medienunternehmen - schon allein aufgrund ihrer Existenzdauer - eine größere historische
Wirkungsmacht als den kleineren und kurzfristigen Unternehmen unterstellt wird.
Mediale Aspekte werden vor allem in den Veränderungsprozessen der Drucktechnik
und der Vertriebswege gesehen, wobei die technische Veränderungen durch das
soziale Gefüge der betrieblichen Institutionen gerahmt wird und damit als domestiziert erscheint.

Die Pressegeschichte ist einzubinden in die Geschichtsschreibung von Schrift
und Druck (vgl. Giesecke 1991), sowie von Literalität und Visualität, wie sich in der
illustrierten Presse dann besonders ausgeprägt konkretisiert findet. Davon ausgehend
sind auch Untersuchungen notwendig, wie sich die jeweiligen Epochen*umbrüche*
von der Literalität zur Visualität in den technischen-apparativen Medien konkret
darstellen. Das Stichwort vom „Ende der Gutenberg-Galaxis„ erscheint zu pauschal,
um historische Gültigkeit beanspruchen zu können, weil vom Ende der Schriftdomi-
nanz nicht die Rede sein kann, sondern Schrift, Bild und Ton vielfache mediale
Verbindungen eingegangen sind.

Filmgeschichte setzt anders an und konzentrierte sich lange Zeit auf die Erforschung einzelner Filme und deren Urheber, die Regisseure, Autoren und Schauspieler (z.B. Toeplitz 1979ff., Gregor & Patalas 1962, Gregor 1978, Faulstich & Korte
1991ff., Segeberg 1997ff.). Eine methodologische Debatte über die Filmgeschichtsschreibung ist auf breiterer Basis erst Ende der achtziger Jahre im Rahmen der Gesellschaft für Film- und Fernsehwissenschaft entstanden (vgl. Färber 1970, Hickethier 1989, Filmhistoriografie 1996, Hickethier; Müller & Rother 1997). Einen
methodischen Einstieg dazu geben auch Bock/Jacobsen in ihrem Sammelband zur
Filmrecherche, der vor allem ein Band über die Erschließung der Filmgeschichte
und Filmgeschichtsschreibung ist (Bock/Jacobsen 1997).

Die filmpolitisch nicht unwichtige Frage, wer als künstlerischer Urheber für
das Kollektivwerk Film zu gelten habe, wurde häufig darüber beantwortet, ob sich
Werkzusammenhänge (Ausdruck einer künstlerischen 'Handschrift') für die einzelnen Berufsgruppen historisch beschreiben lassen. Was sich mit dem Autorenfilm für
den Berufsstand des Regisseurs als selbstverständlich durchgesetzt hat, wurde auch
für die Drehbuchautoren (Kasten 1990) und für die Kameraleute (Prümm 1982) in
Anspruch genommen. Filmgeschichte als Geschichte der Filmregisseure, -autoren, -
kameraleute und -schauspieler tritt deshalb vor allem als Werkgeschichte in Erscheinung.

Überraschenderweise ist die Institutionengeschichte des Films (resp. der Kino-wirtschaft) relativ schwach ausgebildet. Zwar sind in neuerer Zeit einige Arbeiten zur Ufa entstanden (Kreimeier 1992, Bock/Tödteberg 1992) und auch zu anderen Produktionsfirmen wie der Hamburger Real-Film (Bögner 1987) oder der Göttinger Filmaufbau (Filmaufbau 1993) gibt es Ansätze, doch ein systematischer Aufriss fehlt bislang noch. Nicht zuletzt aufgrund der vielgestaltigen ökonomischen Struktur des Kinobereichs mit seinen oft kurzlebigen Unternehmen bestehen hier noch große Wissenslücken.

Die Medialität des Films wurde - wenngleich nicht primär mediengeschichtlich - seit den dreißiger Jahren untersucht (Rehlinger 1938, später auch Kersting 1989 u.a.). Systematisch gesehen mündet die Debatte des Filmischen ein in die Diskussion der medialen Dispostivstrukturen (Zielinski 1989, Paech 1998, Sierek 1993), die vom Kino ausgehend auch auf andere Medien produktiv ausgeweitet wurde (vgl. Hickethier 1991, Lenk 1997). Der Dispositivbegriff dient dazu, die einzelnen Ele-mente der technischen Wahrnehmungsanordnung des Kinos mit den Filmstrukturen einerseits und den Produktions- und Distributionsformen andererseits in ein histo-riografisch zu nutzendes Konzept einzubinden. Dazu tragen dann auch filmhistori-sche Untersuchungen bei, die sich detailliert mit den Distributions- und Produktions-strukturen des Kinos in einzelnen Phasen beschäftigen. Vor allem für die frühe Zeit des Kinos liegen dazu Arbeiten vor (z.B. Müller 1994).

Am differenziertesten ist die Produktgeschichte des Films entwickelt, also die Geschichte einzelner Filme, ihrer Regisseure, Autoren und Darsteller, der Genres und Gattungen. Filmgeschichte ist in diesem Sinne vor allem eine Geschichte der ästhetisch anspruchsvollen Spielfilme. Umfassende Darstellungen der Filmgeschich-te einerseits 'im Weltmaßstab' (z.B. Toeplitz 1979ff.) und andererseits im nationa-len Maßstab (Jacobsen, Kaes & Prinzler 1993) liegen mit unterschiedlichem An-spruch auf umfassender Darstellung vor. Vor allem in den letzten Jahren sind hier zahlreiche neue Arbeiten erschienen. Dabei wurde die Frage nach der Medialität des Films vor allem auf der Ebene seiner Produktgestaltung untersucht, zum einen im Hinblick auf die filmischen Inhalte, Themen und Motive, zum anderen mit Berück-sichtigung der technisch-apparativen (kinematografischen) Blick- und Darstellungs-weisen. Einen Einblick in die Möglichkeiten einer solchen Medienhistoriografie gibt die als Filmgeschichte in Einzelfilmanalysen konzipierte fünfbändige Fischer-Filmgeschichte (Faulstich & Korte 1991ff.).

Wenig entwickelt ist die Rezeptionsgeschichte des Films. Ursache für dieses Defizit ist, dass die einzelnen Bereiche der Filmdistribution historisch erst langsam erschlossen werden. Eine Geschichte des Kinos - oder richtiger der Kinos - hat in der Form einer lokalen Kinogeschichtsschreibung in den achtziger Jahren eingesetzt. Dabei handelt es sich einerseits um Darstellungen der frühen Durchsetzung des

Kinos, andererseits um die Untersuchung der Verzahnung von filmischer Erlebniswelt und der Lebenswelt der Zuschauer. Wichtigste Arbeiten sind vor allem die
Untersuchungen von Anne Paech über die Kinogeschichte von Osnabrück (Paech
1985), von Dieter Helmuth Warstat über Eckernförde (Warstat 1982), Hoffmann
und Thiele über Ostfriedland (Hoffmann & Thiele 1989) und Rolf Aurich u.a. über
Hannover (Aurich u.a. 1991), die jeweils auch unterschiedliche Wege der Darstellung beschreiten. Die Frage einer Filmgeschichtsschreibung aus der Region und dem
Lokalen heraus wurde dann auch methodologisch erörtert (Steffen/Thiele/Poch
1993). In diese lokalen Kino-Geschichten sind in unterschiedlicher Breite historische Darstellungen der Rezeption eingearbeitet. Eine umfassende Geschichte des
Kinopublikums, geschweige denn eine Geschichte des Kinozuschauens und der
Kinowahrnehmung, gibt es jedoch bislang noch nicht. Einen eigenen Zugang über
die Thematisierung des Kinos im Film und in der Literatur haben Anne und Joachim
Paech vorgelegt (Paech & Paech 2000).

Die *Rundfunkgeschichte (Radio- und Fernsehgeschichte)* ging anfangs von der
Institutionengeschichte aus, was naheliegt, da in den Institutionen der Rundfunkanstalten das historische Material lagert (vgl. stellvertretend Bausch 1980). Daraus hat
sich, nicht zuletzt durch die Arbeit des „Studienkreises Rundfunk und Geschichte",
eine differenzierte Mediengeschichtsforschung entwickelt (vgl. Kreuzer & Thomsen
1993/94, Hickethier 1998, Schwarzkopf 1999, Dussel 1999), deren wesentliche
Aspekte schon bei der Erörterung der Arbeitsfelder einer entfalteten Geschichtsschreibung der Massenmedien oben dargestellt wurde.

Die historische Erörterung der Medialität des Radios und des Fernsehens ist
wenig entwickelt. Dies hängt zum einen mit Institutionenbezogenheit der Rundfunkgeschichtsschreibung zusammen, zum anderen damit, dass aufgrund der ungeheuren
Programmmengen die Erörterung des Audiofonen und Televisuellen zumeist nur
abstrakt erfolgte. So ist z.B. das ‚Audiovisuelle' - als einem ja nicht nur im Fernsehen, sondern auch im Kino und dann auch im Internet anzutreffenden medialen
Charakteristikum - in seiner historischen Entwicklung erst noch zu untersuchen und
nicht als mehr oder weniger historisch unverändert anzunehmen.

Die historische Untersuchung von ‚Medialität' in den einzelnen Medien kann
nicht ohne Einbeziehung der anderen Aspekte der Mediengeschichte erfolgen. So
lässt sich die Frage nach der Geschichte des Radiofonen und Televisuellen nicht
ohne Berücksichtigung der Technik und der Distribution schreiben, weil hier insbesondere das Moment der Live-Übertragung bzw. der Liveproduktion eine Rolle
spielt. Dieses Live-Moment ist als mediale Qualität wesentlich von äußeren, also
kulturellen Zuschreibungen geprägt (der Hörer muss *wissen*, dass es sich um eine
Live-Übertragung handelt, um diese in besonderer Weise zu *erfahren*, denn im entwickelten medialen Stadium ist eine Liveübertragung nur selten von einer Aufzeich-

nung zu unterscheiden). Medialität ist immer auch institutionell eingebunden, und damit domestiziert und kanalisiert, wie die Debatten um die Rundfunkmedien in der Folge von Brechts Radiotheorie nahelegen. Insofern wird ihre historische Untersuchung wieder auf die - heuristisch zu nutzende - Einteilung der Mediengeschichte in Produktions-, Produkt-, Technik- und Rezeptionsgeschichte zurückverwiesen.

Die Frage der *Geschichte des Netzmediums* stellt sich unmittelbar mit der Entstehung von Computern und Computernetzen. Obwohl beim Netz sehr früh ein Bewusstsein von der Bedeutung des Mediums vorhanden war, wurden (wie bei den früheren Medien der öffentlichen Kommunikation) die Anfänge kaum archiviert und dokumentiert. Gerade beim Internet stellt sich das Problem der Archivierbarkeit der Netzkommunikation grundsätzlich, da das Internet und die Digitalität umfassend alle Bereiche des gesellschaftlichen Lebens erfasst und durchdringt, so dass eine historische Dokumentation allenfalls noch punktuell erfolgen kann. Ungelöst ist das Problem der Sicherung der historiografischen Befunde, und mit ihr die Frage nach der Weiterexistenz von Mediengeschichtsschreibung überhaupt, wenn deren Material immer flüchtiger wird.

Geschichtsschreibung des Internets wird bislang vor allem als eine Geschichte der technischen Bedingungen der Netzherstellung, etwa der Genese aus dem militärischen Arpanet, betrieben, häufig in launiger Anekdotenform (Hafner & Lyon 1997). Die Darstellungen des Netzmediums differenzieren sich jedoch zunehmend, wobei der Übergang zwischen Theoriebildung (Kittler & Tholen 1994, Winkler 1997), Zustandsbeschreibungen des Netzmediums aus unterschiedlichen Zeitphasen (vgl. z.B. Turkle 1984, Rheingold 1991, Neverla 1999) und Geschichtsschreibung changiert. Mit der Herausbildung, Formfindung und Konsolidierung des Netzmediums werden in den nächsten Jahren neue Konzepte zu entwickeln sein.

Die Mediengeschichte des Computer/Netzes wird differenztheoretisch auf eine von den älteren Massenmedien scheinbar unabhängige technologische historische Linie bezogen, die nicht aus der Entwicklung des Films, des Radios und des Fernsehens hervorgeht, sondern an einem anderen Punkt ansetzt: an der Geschichte der Rechenmaschine, über deren Weiterentwicklung die Linie der Codier- und Decodiermaschinen (Enigma) und der digitalen Rechner Alan Turings bis in die Gegenwart reicht. Sucht man nach den Gemeinsamkeiten, so stellen Radio, Fernsehen und das Netzmedium durch die Elektrizität begründete Medien dar, zu denen heute auch der Film gehört, der aber von seiner Genese her die Elektrizität nicht unbedingt benötigt. Mit dem Blick auf die Elektrizität weitet sich Mediengeschichte vom Prinzip zwangsläufig weiter aus, auch wenn es nicht um eine Mediengeschichte der Elektrizität gehen kann.

Wie die Elektrizität wird auch die Digitalisierung alle Lebensbereiche durchdringen, dennoch wird das Netzmedium - nach den bisherigen Erkenntnissen der

Mediengeschichtsschreibung - die älteren Medien nicht völlig verdrängen. Stattdessen wird es zu neuen Arbeitsteilungen und Funktionszuweisungen zwischen den Medien kommen. Das Modell der Ausdifferenzierung von kulturellen Systemen steht bei dieser Auffassung als mediengeschichtliches Modell Pate. Welche Prinzipien sich jedoch letztlich in der Mediengeschichtsschreibung durchsetzen - ob die der Ausdifferenzierung in unterschiedlichen medialen Situationen und Apparaturen oder die der Verschmelzung und Konvergenz zu einheitlichen Technologien und Endgeräten - wird die Zukunft zeigen.

6. Mediengeschichte als Geschichte des Medienverbundes

Werner Faulstichs These, Mediengeschichte habe eine Geschichte des Medienverbundes zu sein, wirft die Frage nach den leitenden Kategorien auf: Wenn nicht die institutionellen Einheit der einzelnen Medien oder der kontinuierliche Fluss der Medienangebote, was stiftet dann das die einzelnen Medien Verbindende? Denkbar sind übergreifende Kategorien wie die der ‚Kommunikation', der ‚Kultur', des ‚medialisierten Alltags' oder auch der ‚Öffentlichkeit'. Faulstich selbst hat den bisher vorliegenden drei Bänden seiner umfassenden Mediengeschichte vor allem den Aspekt der Öffentlichkeit favorisiert. Unterschiedliche Medien lassen sich auf die Weise in ihrem Zusammenspiel, aber auch in ihren distinktiven Funktion genauer bestimmen. Auf eine ähnliche Vorgehensweise zielen auch die Cultural Studies, wenn sie die aktive Rolle der Mediennutzer im Zusammenspiel der verschiedenen Medienverflechtungen untersuchen.

Ein weiterer Ansatz medienübergreifender Mediengeschichte hat sich mit dem Begriff der ‚Medialität' verbunden. Theoretischer Ausgangspunkt sind die in den sechziger Jahren heftig umstrittenen Schriften Marshall McLuhans (1962/68, 1964/68). Sie führten in der Folge zu neuen Forschungen über die Mündlichkeit und Schriftlichkeit von Kultur (Goody & Watt 1963, Ong 1982/87, Havelock 1990) und untersuchen - vor dem Hintergrund der Durchsetzung visueller und audiovisueller Medien seit der Jahrhundertwende - die grundlegenden kulturellen Medialitäten der Frühzeit, insbesondere zur Herausbildung der Schriftkultur. Für die mediale Gestaltung den technischen Medien wurde deshalb häufig von „sekundärer Oralität" (Ong) und analog dazu von einer ‚sekundären Literalität' gesprochen.

Walther J. Ongs Kategorien für die „Technologisierung des Wortes„: (‚oral', ‚chirografisch', ‚typografisch' und ‚elektronisch') boten sich an, Mediengeschichte nicht mehr nur auf die technisch-apparativen Massenmedien zu beschränken, sondern sie sehr viel umfassender zu fassen und letztlich als Kulturgeschichte im weitesten Umfang zu verstehen. Ziel der diesem Vorgehen verpflichteten Ansätze ist es, eine mediengeschichtliche Grundkonstruktion zu entwickeln, die von den Kulturtechniken in der Antike bis zur Debatte über die neuen Medien reicht. Dabei wird

Geschichte im wesentlichen nach der schon von McLuhan entwickelten Gliederung in ein *Zeitalter vor dem Buchdruck*, die *Gutenberg-Ära* und das *Zeitalter der elektronischen Medien* (seit der Erfindung des Funks am Ende des 19. Jahrhunderts unterschieden. Die umfassende Ausdehnung der Mediengeschichtsschreibung auf die gesamte Kulturgeschichte hat unterschiedliche Folgen:

Zum einen werden nun auch *Medien mit einem geringen Grad gesellschaftlicher Institutionalisierung* untersucht, etwa Telefon, Brief, Flugblatt, Schreibmaschine, Grammofon. Dazu kommen auch technische Apparaturen, die nur in begrenzter Weise den Anspruch eines eigenständigen Mediums erheben können, etwa das Relais oder der Lautsprecher, weil sie meist in komplexeren Medienapparaturen integriert sind. Wie sich hier der Medienbegriff bis in die Bezeichnung einzelner Gerätetypen ausweitet und damit letztlich über Gebühr ausdehnt, lässt sich an dem seit 1995 laufenden amerikanischen Internetprojekt ,The Dead Media Project' ablesen (Sterling 1999), das inzwischen über 350 Eintragungen ,toter' (historisch abgelegter) Medien verzeichnet, die von der Laterna Magica und dem Heliographen über Agfa Gevaerts Familienkamera, den Brieftauben und Tattoos bis zu ,Dead ASCII Variants' und ,RCA Sound Synthesizer' reichen (Dead Media Project 1999). Der auf diese Weise ausgeweitete Medienbegriff droht seine Trennschärfe zu verlieren und für eine spezifische Geschichtsschreibung unbrauchbar zu werden, weil zum Medium nun auch bloße technische Varianten, Teiltechniken (etwa das Malteserkreuz am Filmprojektor) zum Medium erklärt werden als auch „Licht, Wasser, Sand, Wärme, Steine, Luft, usw." (Maresch 1996, 13).

Zum anderen hat die Konstruktion von ,Medialität' insbesondere für den historischen Zeitraum vor Beginn der Neuzeit zu einer medientheoretischen Diskussion geführt, die zu einer neuen Beschäftigung des Verhältnisses von *Kultur, Medien und Gedächtnis* und damit mit den Medien der Antike geführt haben (vgl. die Arbeiten Jan und Aleida Assmann u.a. 1983, 1988, 191) als auch mit den Medien des Mittelalters, insbesondere im Übergang von der Mündlichkeit zur Schriftlichkeit (vgl. stellvertretend Giesecke 1991, Wenzel 1995). Von medienwissenschaftlicher Seite hat Werner Faulstich versucht, die in den verschiedenen Einzelwissenschaften vorhandenen kulturgeschichtlichen Befunde zusammenzutragen und unter medienwissenschaftlicher Perspektive zu gewichten. (Faulstich 1996ff.)

Zum dritten wird mit der Ausweitung des Medienbegriffs die Geschichte - und nicht nur die Mediengeschichte neu definiert, indem die Medien zu Geschichte prägenden Faktoren (zum „*medientechnischen Apriori*" Maresch 1995, Spreen 1998) werden und damit die alten Determinanten wie Politik bzw. soziale Verhältnisse ablösen. Denn nur so macht eine Geschichte des ,Gutenbergzeitalters' oder die ,Geschichte der elektronischen Ära' Sinn. Zweifel sind auch hier angebracht, ob die

Medien - und damit vor allem die Medientechnik - wirklich als entscheidende Determinanten des historischen Prozesses angesehen werden können.

Die neue mediengeschichtliche Konzeptionsdebatte steht erst am Anfang, und
ob sich daraus eine neue Mediengeschichtsschreibung ergibt, wird die wissenschaftliche Praxis zeigen. Denn immer noch gilt, dass weniger die programmatischen
Debatten, sondern die vorgelegten Ausführungen einer Mediengeschichte bestimmen.

Theo Hug

Medienpädagogik

Begriffe, Konzeptionen, Perspektiven

Die Medienpädagogik hat in den letzten beiden Jahrzehnten einen Aufschwung erfahren. Hand in Hand mit den gesellschaftlichen, technologischen und wissenschaftlichen Veränderungen erfolgte eine Ausweitung des Gegenstandsbereichs und der Fragestellungen sowie eine Ausdifferenzierung von Ansätzen, die zu neuen Perspektiven der kritisch–reflexiven Mediengestaltung führte. Das Feld zeichnet sich damit durch ein buntes Spektrum verschiedener theoretischer und praktischer Bemühungen aus, und nicht durch eine theoretische, personelle oder institutionelle Geschlossenheit im Lichte pädagogischer Traditionen. Der vorliegende Beitrag enthält einführende Erläuterungen zu Begriffen, Konzeptionen sowie aktuellen Tendenzen und lädt zur Erkundung des Feldes der Medienpädagogik und zur weiteren Auseinandersetzung ein.

1. Zum Begriff ‚Medienpädagogik'

Das Stichwort ‚Medienpädagogik' gibt Anlass für sehr verschiedene Assoziationen. Es wird in alltagsweltlichen Zusammenhängen mitunter verknüpft mit elterlichen Lektüreverboten oder Reglementierungen des Fernsehkonsums, Kinofilmempfehlungen von Pfarrämtern, Medieneinsatz im schulischen Unterricht, der Gestaltung von Video– oder Radiobeiträgen, der Teilnahme an WWW–Projekten oder auch an Weiterbildungsveranstaltungen mit dem Titel „Internet für SeniorInnen". Wer selbst eine kleine Befragung unternimmt, wird etliche weitere Stichworte erhalten und im übrigen bald bemerken, dass die assoziierten Kontexte erheblich davon abhängen, welcher Generation, Kultur und Bildungsgruppe die Befragten angehören sowie welches Geschlecht und welchen sozio–ökonomischen Status sie haben.

Auch in der wissenschaftlichen Literatur sind verschiedene Begriffe des Kompositums ‚Medienpädagogik' anzutreffen. Diese hängen einerseits von den zugrunde gelegten Medien– und Pädagogik–Verständnissen und andererseits von deren Relationierung ab. Weite Medienauffassungen schließen auch konkrete Handlungsobjekte wie zum Beispiel einzelne Pflanzen oder Tiere mit ein. Abgesehen von diesen „originalen Medien" (cf. Wokittel 1994, 26) werden jedoch meist personale und apersonale Medien zum Ausgangspunkt der Betrachtungen genommen. Während erstere an die physische Anwesenheit von Personen gebunden sind und dieser unmittelbar zur Verfügung stehen (z.B. gesprochene Sprache, Gestik, Mimik und Motorik), sind letztere an Trägermedien und Apparaturen gebunden (z.B. analog oder digital aufgezeichnete Schriften, Modelle, Bilder, Tafeln, Filme oder Töne). Im Zusammenhang apersonaler Medien ist neuerdings die Unterscheidung von Speichermedien (z.b. Tontafeln, Druckschriften, Fotografien, Filme, Disketten, Festplatten, CD–ROMs, usw.) und Übertragungsmedien (Bsp. Botenwesen, Telegrafie, Telefon, Radio, Fernsehen, Datennetze) wichtig geworden (cf. Hiebel u.a. 1998). In den letzten Jahren wurden einige weitere Unterscheidungen von Medienbegriffen vorgenommen,[1] deren Rezeption in der Medienpädagogik teilweise noch aussteht. Exemplarisch sei hier auf ein Angebot von Siegfried J. Schmidt (1994) verwiesen. Seines Erachtens muss im Hinblick auf den Themenkomplex Medien „genau unterschieden werden zwischen

-     konventionalisierten *Kommunikationsmitteln*, d.h. als Zeichen verwendbaren Materialien, einschließlich der Konventionen ihres Gebrauchs (z.b. Schrift samt Grammatik und Semantik)
-     *Medienangeboten*, d.h. Resultaten der Verwendung von Kommunikationsmitteln (Texte, Fernsehsendungen usw.)
-     *Geräten und Techniken*, die zur Erstellung von Medienangeboten eingesetzt werden (z.b. Kamera oder Computersimulation)
-     *Organisationen*, die zur Erstellung und Verbreitung von Medienangeboten erforderlich sind (z.b. Rundfunkanstalten oder Verlagshäuser), einschließlich aller damit verbundenen ökonomischen, politischen, rechtlichen und sozialen Aspekte." (Schmidt 1994, 83)

Ähnlich wie die Medienbegriffe bieten auch die verschiedenen Auffassungen und Konzeptionen von Pädagogik Anhaltspunkte für engere oder weitere Verständnisse von ‚Medienpädagogik'. Hier zeichnen sich folgende Spannungsfelder ab:

-     primär praxisorientierte vs. vorwiegend theoretisch motivierte Zugänge
-     Konzentration auf den pädagogischen Bezug (i. e. S.) bzw. interaktionelle oder unterrichtstechnologische Dimensionen vs. Berücksichtigung kontextueller, lebensweltlicher, massenkommunikativer, kultureller, ökonomischer, politischer und gesellschaftlicher Dimensionen
-     Konzentration auf Kinder und Jugendliche vs. Berücksichtigung aller Altergruppen im Sinne einer Pädagogik als „Lebenslaufwissenschaft"
-     Beschränkung auf pädagogische Binnentraditionen vs. Favorisierung interdisziplinärer Ansätze und transdisziplinärer Zugänge
-     Orientierung an tendenziell pessimistischen vs. Orientierung an optimistischen Varianten der Medien– und Kulturkritik

---

[1] Für eine Übersicht über weitere Medienbegriffe vergleiche den Beitrag von Peter Spangenberg in diesem Band sowie Faulstich (1991; 1995).

- Rückgriff auf wesensanthropologische Konzeptionen vs. Orientierung an Konzepten der historisch–kritischen Anthropologie
- geschlechtsblinde Konzeptionen vs. Entwicklung geschlechterdifferenzierender Fragestellungen
- Beschränkung auf regionale, nationale oder (sub–)kulturelle Perspektiven vs. Berücksichtigung transnationaler, globaler und interkultureller Perspektiven.

Angesichts dieser Spannungsfelder verwundert es nicht, dass die Vielfalt engerer und weiterer Bestimmungen meist summarisch unter einem offenen Begriff ‚Medienpädagogik' versammelt werden. So sind damit beispielsweise bei Ludwig Issing alle Bereiche gemeint, „in denen Medien für die Entwicklung des Menschen, für die Erziehung, für die Aus– und Weiterbildung sowie für die Erwachsenenbildung pädagogische Relevanz haben." (1987, 24)

Für Paul Rainald Merkert bezeichnet die Medienpädagogik in ähnlicher Weise „die Behandlung pädagogischer Fragen theoretischer und praktischer Art, die sich im Zusammenhang mit Medien stellen." (1997, 1057) Er hat dabei wiederholt auf den Mangel des Pädagogischen in der Medienpädagogik hingewiesen. In seinem Buch „Medien und Erziehung" heißt es sogar:

> „Tatsächlich fehlt bis heute eine *pädagogisch* konzipierte Medienpädagogik. Sofern sie sich als Theorie versteht, ist sie selten mehr als ein Konglomerat von Theorien und Forschungsergebnissen anderer Wissenschaften, die sich mit Medien befassen." (1992, 2)

In der weiteren Folge votiert er für den Verzicht auf eine Konzeptionierung der Medienpädagogik als Teildisziplin der Erziehungswissenschaft und für eine konsequente Bezugnahme derselben auf den pädagogischen Gesamtzusammenhang auf pädagogisch–anthropologischer Grundlage im Gefolge Josef Derbolavs (cf. Merkert 1992, 2 und 56 ff.). Mit Blick auf die oben angedeuteten Spannungsfelder erweist sich dieser Lösungsansatz als enge Konzeption mit deutlicher Hervorhebung personaler und curricularer Dimensionen.

Eine vergleichsweise weite Charakterisierung unternimmt Dieter Baacke, wenn er schreibt:

> „Medienpädagogik umfasst alle sozialpädagogischen, sozialpolitischen und sozialkulturellen Überlegungen und Maßnahmen sowie Angebote für Kinder, Jugendliche und Erwachsene, die ihre kulturellen Interessen und Entfaltungsmöglichkeiten, ihre persönlichen Wachstums– und Entwicklungschancen sowie ihre sozialen und politischen Ausdrucks– und Partizipationsmöglichkeiten betreffen, sei es als einzelne, als Gruppen oder als Organisationen und Institutionen. Diese

kulturellen Interessen und Entfaltungsmöglichkeiten werden heute beeinflusst und mitgestaltet durch expandierende Informations– und
Kommunikationstechniken   mit   Wirkungen   auf   das   Rezeptionsverhalten gegenüber Programmmedien (Radio, Fernsehen),
auf Arbeitsplätze, Arbeitsverhalten und Arbeitschancen, auf Hand-
lungsmöglichkeiten und Verkehrsformen im öffentlichen und privaten
Leben." (1997, 5).

In diesem Sinne halte ich eine Auffassung von Medienpädagogik für angemessen,
die auf ideologische Fixierungen und disziplinäre Verengungen verzichtet, und statt
dessen im Rückgriff auf sozial– und kulturwissenschaftliche Denkangebote die
Schnittstellen des Aufwachsens, der Arbeit, der Bildung, der Erziehung, des Lernens
und der Verständigungsprozesse zu den medialen Entwicklungen bearbeitet. Die
Konkretisierung von Fragestellungen, Problemformulierungen und Blickrichtungen
erfolgt dabei weniger im Lichte pädagogischer Traditionen oder einer immanenten
Logik der Pädagogik, sondern vielmehr auf dem Hintergrund des gesteigerten gesellschaftlichen Bedarfs an medienbezogenen Reflexions– und Orientierungs-
angeboten sowie in Auseinandersetzung mit anderen medienwissenschaftlichen Bemühungen.

Medienpädagogik wird damit auf unterschiedlichen Anspruchs– und Abstraktionsebenen und in verschiedenen Formationen entfaltet

- als Teilbereich der Erziehungswissenschaft in Gestalt von Lehre und Forschung, in dem konzeptionelle Dimensionen, wissenschaftliche Ansprüche
  und theoretische Motive sowie die Produktion, Verbreitung und Tradie-
  rung kritischen Reflexions– und Orientierungswissens im Vordergrund
  stehen
- als Bereich schulischer Bildung, in dem Medien und medienbezogene Fragen zu Unterrichtsgegenständen werden, und last but not least
- als praktisches Arbeits– und Handlungsfeld, in dem es um die kontinuierliche medienpädagogische Versorgung von Kindergärten, Schulen, Eltern-
  vereinen, Familienverbänden und den diversen Einrichtungen der Jugendarbeit, der Erwachsenenbildung, der Weiterbildung, der Altenbildung und
  der Sozial– und Kulturarbeit geht.

In der Ausgestaltung dieser Bereiche kommen nicht nur unterschiedliche wissenschaftliche Orientierungen und Praxisverständnisse, sondern auch heterogene Einschätzungen gesellschaftlicher, technologischer und kultureller Entwicklungen sowie
konträre affektive Grundhaltungen zum Tragen. Dabei werden die Medien sowohl
als Werkzeuge als auch als Reflexionsgegenstände betrachtet.

2. Aufgabenbereiche und Zuständigkeiten

Zur Beschreibung aktueller sozialer Veränderungsprozesse finden seit einigen Jahren immer öfter die Stichworte „Informationsgesellschaft", „Kommunikationsgesellschaft" oder „Mediengesellschaft" Verwendung. Sie tauchen einerseits in verschiedenen Wissenschaftszweigen, andererseits aber auch in Zeitungen, Rundfunk und Fernsehen auf, und sie werden im Alltagsleben mitunter so selbstverständlich gebraucht wie Telefon, Fax oder neuerdings E–Mail. Unter diesen Stichworten sind also differenzierte Beschreibungen sowie alltagspraktische Vereinfachungen anzutreffen, kurzum: sie figurieren in verschiedenen Diskurszusammenhängen und sie nehmen in der einen oder anderen Weise Bezug auf die neueren computertechnologischen Entwicklungen. Entsprechend haben sich auch die Aufgabenbereiche der Medienpädagogik erheblich erweitert. Folgende Fragen mögen dies in exemplarischer Weise verdeutlichen:

-   Wie verändert sich die Kommunikation von Kindern und Jugendlichen unter Gleichaltrigen, in der Familie und in der Schule mit den steigenden Mediennutzungszeiten?
-   Welche Bedeutung haben mediale Gewaltdarstellungen insbesondere für Kinder und Jugendliche, wie kommt deren Verbreitung zustande und was ist in diesem Zusammenhang zu tun (oder nicht zu tun)?
-   Wie kann emotionales und soziales Lernen in gelingender Weise mit informationstechnischer Bildung verknüpft werden?
-   Wie steht es um die Entwicklung sozialer Verantwortung angesichts des zeitintensiven Konsums von Radio– und Fernsehprogrammen und der gesteigerten Nutzung von Cassettenrecordern, Minidisks, CD–Playern, Videorecordern, PCs und den verschiedenen Internet–Diensten?
-   Welche Bedeutung hat die Werbeindustrie für die Alltagskultur und das Konsumverhalten von Kindern, Jugendlichen und Erwachsenen?
-   Wie sind die vorläufigen Ergebnisse der Wissenskluft–Forschung zu beurteilen und welche Maßnahmen oder Unterlassungshandlungen sind angesichts der wachsenden Zahl von Menschen angezeigt, die mit den digitalen Technologien kaum oder gar nicht umgehen, die vor allem anspruchsvollere Medienangebote für eigene Zwecke nicht fruchtbar machen oder überdies kaum noch lesen und schreiben können?
-   Welche Bedeutung haben geschlechtsspezifische Umgangsformen mit Medien und welche diesbezüglichen Veränderungsperspektiven zeichnen sind ab?
-   Wie verändern sich die Lern– und Kommunikationsverhältnisse mit den aktuellen Prozessen der Individualisierung und der Globalisierung?

-   Welche neuen Aufgaben ergeben sich damit für die Freizeitpädagogik, die
    Schule, die akademischen Bildungseinrichtungen, die Weiterbildungsein-
    richtungen, die betriebliche Fortbildung, die Bildungspolitik und das Bil-
    dungsrecht?

Diese und viele andere Fragen, die allesamt primär oder zumindest anteilig in die
Zuständigkeit der Medienpädagogik fallen, machen die Ausweitung ihres Gegenstandsbereichs über ältere Auffassungen der Konzentration auf schulische, unterrichtstechnologische oder etwa jugendschützerische Dimensionen hinaus deutlich.
Sie zeigen auch, dass die Erweiterung der Fragehorizonte und Problemstellungen
unter fachimmanenten Gesichtspunkten nicht angemessen erklärt werden kann. Diese Erweiterungen ergeben sich vielmehr im Zuge der gesellschaftlichen und technologischen Veränderungsprozesse und die Fragen werden häufig von „außen" an die
Medienpädagogik herangetragen.

Angesichts der Vielfalt und des Aspektreichtums dieser Fragen und Aufgabenbereiche liegt die Vermutung der Überforderung der Medienpädagogik nahe. Wer
intensiver in die gegenwärtigen Auseinandersetzungen um die Möglichkeiten und
Grenzen der Medienpädagogik involviert ist, wird in diesem Zusammenhang gelegentlich mit „Alles–oder–Nichts"–Argumentationen konfrontiert:

Nachdem immer mehr Menschen in Informations– und Kommunikationsgesellschaften hineinwachsen, der gesteigerte Medienkonsum alle Altersgruppen
betreffe und die zunehmende Vermengung privater, öffentlicher und beruflicher
Mediennutzungsformen offenkundig geworden sei, müsse die Medienpädagogik
gleichsam zu *dem* zentralen Umschlagplatz aller medienwissenschaftlichen und medienpraktischen Bemühungen werden. In diesen Argumentationen spielt die Metapher der „Durchdringung" aller Lebensbereiche, Wahrnehmungsformen, Sozialisa-
tions– und Lernprozesse durch die Medien häufig eine tragende Rolle.

Andererseits wird die Zuständigkeit der Medienpädagogik für die skizzierten
Fragen und Problembereiche auch massiv in Frage gestellt, und zwar unter Hinweis
auf den reaktiven Charakter ihrer Bemühungen auf bereits vorhandene Entwicklungen, die in erster Linie dem Diktat ökonomischer und nicht dem emanzipatorischer
Interessen folgen, auf die Unsinnigkeit ihres Betreuungsanspruchs im globalen Spiel
der Medienkonzerne, auf die generelle Bedeutungslosigkeit ihrer veralteten Vorstellungen der Überwachung und der Bewahrung vor schädlichen Einflüssen, manchmal
auch unter Verweis auf den ohnedies stattfindenden, informellen Kompetenzerwerb
von Kindern und Jugendlichen. Nachdem sich die Aufwendungen für Bildungskon-
zepte und –materialen bestenfalls in der Größenordnung von Zinsen der sog. „Tech-
nologiemilliarden" bewegen, seien ohnedies keine gesellschaftlichen Effekte der
medienpädagogischen Bemühungen zu erwarten.

Wie für die Erziehungswissenschaft und Pädagogik insgesamt gilt für die Medienpädagogik erst recht: sie wird einerseits gerne maßlos überschätzt und andererseits nicht gerade selten unterschätzt, gelegentlich auch für bedeutungslos erklärt. Beide Extreme verkennen ihre Möglichkeitsräume: Das eine, weil es der Medienpädagogik generell die Prophylaxe und Therapie unerwünschter Effekte der Mediensozialisation und kommerzialisierten Medienkommunikation zumutet, das andere, weil es die Potentiale der kritisch–reflexiven Gestaltung und Erweiterung von Handlungsspielräumen unterbewertet. Ihre Möglichkeiten und Zuständigkeiten liegen aber gerade in der Analyse, Erkundung und Gestaltung dieser Spielräume. Dass sie dabei in manchen Hinsichten nur sehr vorläufige Vermutungen, in anderen nur skizzenhafte Antworten, in den seltenen Fällen fundierte Untersuchungsergebnisse und so gut wie keine „Rezepte" vorweisen kann, liegt auf der Hand, wenn man die Breite der Aufgabenbereiche bedenkt.

Auch wenn sich die Medienpädagogik auf kein wohldefiniertes Set von Fragestellungen und Aufgabenbereichen verpflichtet hat, so hat die Unterscheidung von vier Teilbereichen doch weithin Anerkennung gefunden (cf. Issing 1987, 24 ff.; v. Wensiersky 1995, 160; Baacke 1997, 4; Merkert 1997, 1058 ff.; Sinhart–Pallin 1997, 389 f.): Medienerziehung, Mediendidaktik, Medienkunde, Medienforschung.

Die *Medienerziehung*, worunter manchmal auch die Medienpädagogik im engeren Sinne verstanden wird, befasst sich mit den Möglichkeiten des sinnvollen Umgangs mit Medien.[2] Im Mittelpunkt stehen dabei unterschiedliche Varianten und Verständnisse der Befähigung zur reflektierten, kritischen Mediennutzung. Während sie sich bis vor einigen Jahren oftmals auf persönlichkeitsbildende Momente und die nachwachsenden Generationen konzentrierte, rücken heute vermehrt auch Fragen der medienbezogenen Erwachsenen– und Altenbildung ins Blickfeld. Dabei hat sich das Stichwort ‚Medienkompetenz' (media literacy) als bedeutsam erwiesen, das gelegentlich sogar synonym mit ‚Medienerziehung' verwendet wird.

Die *Mediendidaktik* befasst sich mit den Funktionen, Wirkungen und Inszenierungen von Medien in Lehr– und Lernsituationen. Das Ziel der Bemühungen liegt in der Verbesserung oder Optimierung der Lehr– und Lernprozesse sowie in der Beförderung eigenständiger Formen der Aneignung von Inhalten und Kompetenzen. Nachdem sich die Bemühungen jahrzehntelang um einen adäquaten Einsatz von Modellen, Wandtafeln, Folien, Overheadprojektoren, Flipcharts, Schulfilmen, Funk– und Telekollegs, Sprachlaboratorien usw. drehten, ist die Konzentration auf die multimedialen Möglichkeiten der neuen Informations– und Kommunikationstechnologien neuerdings unübersehbar geworden (z.B. Datenbanken, Schulnetzwerke, tutorielle Systeme, virtuelle Lernumgebungen, interaktionelle Lernprogramme, kognitive

---

2   Cf. den Beitrag von Achim Barsch in diesem Band.

Werkzeuge, usw.). Die Forderung nach der Einbindung medientechnischer Möglichkeiten in den didaktischen Gesamtzusammenhang wird dabei weiterhin aufrechterhalten.

Aufgabe der *Medienkunde* ist die Vermittlung von Kenntnissen über Medien und von technischen Basiskompetenzen. Die inhaltlichen Aspekte beziehen sich auf das gesamte Spektrum kontextueller Dimensionen und Ergebnisse der Bezugswissenschaften: In technischer Hinsicht beispielsweise mag es um den Aufbau und die Funktionsweise einer Videokamera oder eines Computers gehen, in historischer Hinsicht um die Anfänge der Druckschrift oder die Entstehung bewegter Bilder, in rechtlicher Hinsicht um Fragen des Datenschutzes oder die Aufhebung von Monopolen, in ökonomischer Hinsicht um die Veränderung des Arbeitsmarktes oder um kommerzielle Interessen der Anbieter, in Geschlechter differenzierender Hinsicht um dargebotene Frauen– und Männerbilder, in politischer Hinsicht um Fragen der Medienkonzentration oder der Medienmacht in demokratischen Gesellschaftsverbänden, in psychologischer Hinsicht um Fragen der Triebdynamik oder der massenhaften Veränderung von Einstellungen, in philosophischer Hinsicht um Veränderungen von Wirklichkeitsbezügen oder die Ästhetisierung des Denkens, usw. Diese Aufgaben können von der Medienkunde, die ihren Platz nicht nur in der schulischen Bildung, sondern verstärkt auch in der Erwachsenenbildung und der außerschulischen Jugendarbeit hat, freilich immer nur selektiv und aspekthaft wahrgenommen werden.

Die *Medienforschung* schließlich umfasst alle erziehungswissenschaftlichen Bemühungen der Analyse bzw. Untersuchung von Fragen medialer Erziehung, Bildung und Entwicklung sowie des medialen Lernens und Aufwachsens aller Altersgruppen. Gegenstand der Untersuchungen sind beispielsweise Fragen der Mediennutzung im Alltag oder im familialen Zusammenleben, des Rezeptionsverhaltens in unterschiedlichen sozialen Settings, der Medienwirkung bzw. der Verarbeitung von Gewaltdarstellungen, der geschlechtsspezifischen Mediensozialisation, in Bezug auf das Feld mediengeprägter Jugendkulturen, der Konzeptionierung medialer Lernumgebungen, der Bedeutung der verwendeten Zeichensysteme sowie des ideologischen Gehalts von Medienbotschaften, der Verarbeitung von Medienerlebnissen oder des Umgangs mit globalen Medienereignissen, usw. (cf. Tulodziecki 1981, Baacke 1994; Hurrelmann 1994; Moser 1995, 105 ff.; Schorb 1995, 64 ff; Schorb 1998, 18 ff.). Die Untersuchungen werden heute durchwegs auf der Basis sozial– und kulturwissenschaftlicher Methodenstandards und unter selektivem Einbezug der Ergebnisse benachbarter medienwissenschaftlicher Forschungszweige durchgeführt (cf. Kübler 1994; Schenk 1994; Kunczik 1994). Die Abgrenzung etwa zur Kommunikationswissenschaft und –soziologie oder zur Politik– und Publizistikwissenschaft erfolgt einerseits über den pädagogisch motivierten Fragezusammenhang und andererseits durch die tendenzielle Konzentration auf mikroperspektivische Dimensionen einzelner Akteure oder Gruppen. Das bedeutet nicht, dass übergreifende Systemperspektiven damit ausgeschlossen wären. Im Gegenteil: deren Missachtung würde nämlich auf eine Personalisierung medienpädagogischer Fragen und Probleme hinauslaufen. Oftmals lässt sich eine solche Abgrenzung ohnedies nicht konsequent durchhalten. Das ist auch nicht tragisch, zumal sich intertheoretische sowie inter– und transdisziplinäre Ansätze in vielen Fällen als fruchtbar erwiesen haben. Zumindest solange die Art und Weise der Bezugnahmen auf Methoden und Wissensbestände explizit gemacht werden kann, erscheint es angemessen, im Zweifelsfalle bis auf weiteres das Kriterium der Relevanz der bearbeiteten Problematik über das der wissenschaftlichen Systematik zu stellen.

Analoges gilt im übrigen auch für diese Einteilung medienpädagogischer Aufgabenbereiche. Es wird sich zeigen, ob und inwieweit sie in Zukunft noch sinnvoll sein wird, da im Zuge der wissenschaftlichen, gesellschaftlichen und technologischen Entwicklungen ständig neue Aufgaben, Konzepte und Verfahren hervorgebracht werden (cf. Rickert 1993). Die Medienpädagogik ist damit in einem Spannungsfeld angesiedelt, in dem die Zuständigkeiten fließend sind und im Detail immer wieder neu abgesteckt und formuliert werden müssen (vgl. die Stichworte ‚ästhetische Bildung', ‚informationstechnische Bildung', ‚sozialwissenschaftliche Informatik', ‚Medienökologie', ‚Instruktionsdesign' sowie ‚Informations-', ‚Wissens-' und ‚Kulturmanagement'). Eine Schwierigkeit besteht dabei darin, dass sie sich nicht mit wissenschaftlichen oder philosophischen Betrachtungen allein begnügen kann, sondern auch didaktische Konzeptionen, Reflexionshilfen und Orientierungsangebote für praktisch–pädagogische Zwecke bereitstellen muss. Darüber hinaus dürfte aber die größte Herausforderung im angemessenen Umgang mit komplexen Problemlagen liegen. Jede Medienpädagogik, die sich nicht von vornherein dem techno–ökonomischen Diktat der Medienfröhlichkeit unterordnen oder der Entwicklung von Strategien der Gewissensberuhigung für Technokraten verschreiben will, wird um eine differenzierte Auseinandersetzung mit medienkritischen und sozialwissenschaftlichen Denkangeboten nicht herumkommen. Darin liegen zugleich ihre Chancen der Professionalisierung und der kritisch–reflexiven Technologiegestaltung (cf. Hug 1998).

3. Medienpädagogische Ansätze und Zugänge

Die ersten medienpädagogischen Ansätze liegen weit zurück.[3] Insofern Medien zu allen Zeiten als materielle und informative Lehr– und Lernhilfen eingesetzt wurden,

---

[3] Eine Geschichte des medienpädagogischen Denkens und Handeln liegt bislang nur auszugsweise vor (cf. Meyer 1978, sowie die Beiträge in Hiegemann & Swoboda 1994, 25–236).

werden mitunter auch schon die steinzeitlichen Höhlenmalereien als Jagdanleitungen interpretiert (cf. Schorb 1995, 17). In der deutschsprachigen Literatur werden die Anfänge der Medienpädagogik jedoch zumeist mit dem Einsatz von Tafel und Kreide in den mittelalterlichen Klosterschulen angesetzt. Während diese frühen Formen des Medieneinsatzes vornehmlich bei der Heranbildung des geistlichen Nachwuchses dienlich waren, kamen mit der Überwindung mittelalterlicher Weltvorstellungen, der Einrichtung öffentlicher Unterrichtsanstalten, dem Aufkommen des Bürgertums und der Idee der Allgemeinbildung medienpädagogische Motive der Veranschaulichung von Lehrinhalten auf, die nach und nach für breitere Bevölkerungsgruppen bedeutsam wurden. Prototypisch für diese Veranschaulichungsmaterialien ist das „Orbis sensualium pictus" des Reformpädagogen Johan Amos Comenius (1592–1670), dessen bebilderte Darstellungen vielerlei Wissengebiete sowie die lateinische und deutsche Sprache in sinnlicher Weise zugänglich machen (cf. Comenius 1978). Ähnlich hoffte Antoine de Condorcet (1743–1794) in seinem verfassungsrechtlichen Entwurf für die Gestaltung des öffentlichen Unterrichtswesens auf die Lehrbücher als Mittel zur Realisierung von Freiheit und gleichen Rechten für alle (cf. Wokittel 1994, 27 f). Im Gegensatz dazu trat Johann Friedrich Herbart (1776–1841) für eine bildungsidealistische Option der Schönheit als Weg zur Freiheit ein. Während einfache Menschen zur Bewältigung des Alltagslebens befähigt werden sollten, sollte bei den höheren Ständen der sittliche Charakter mittels einer höheren Form der ästhetischen Bildung anhand sorgsam ausgewählter Gedichte und Schauspiele entwickelt werden (cf. Wokittel 1994, 29 f). Auch für Jean Jaques Rousseau (1712–1778) waren Massenphänomene wie Lehrbücher generell suspekt. Er nahm den Kindern die „Werkzeuge ihres größten Unglücks" und betrachtete die Lektüre als „Geißel der Kindheit" (cf. Rousseau 1958, 110). Seiner Ansicht nach waren alle technischen und künstlichen Hilfsmittel abzulehnen, zumal das Wahre, Gute und Schöne sowieso dem einzelnen Geist vorbehalten war.

Ähnliche Auffassungen sind auch in den frühen medienkritischen Bewegungen anzutreffen. So richtete sich das Augenmerk der Jugendschriftenbewegung bereits gegen Ende des 19. Jahrhunderts auf die massenhafte Verbreitung von Unterhaltungs– und Trivialliteratur („Schmutz und Schund") und deren jugendgefährdende Wirkungen. Das Aufkommen der Kinematografen ließ Pädagogen und Kirchenvertreter erneut ihre Zeigefinger heben. Einerseits ging es der Kinoreformbewegung um die Bewahrung der Heranwachsenden vor den schädigenden Einflüssen des Films, andererseits aber auch um die Nutzung des neuen Mediums zur Verbreitung eigener weltanschaulicher Ansichten und zur Förderung „guter", pädagogisch geeigneter Filme in Schule und Unterricht. In der Zeit des Nationalsozialismus bedeutete dies die Unterordnung der pädagogischen Zielsetzungen unter die politischen sowie die propagandistische Nutzung der Massenmedien im Kontext des Nachrichtenwesens wie auch der Unterhaltung, Bildung und Erziehung. Eine Ausnahme stellt in diesem Zusammenhang das Konzept der kritischen Seherziehung, einer Anleitung zum bewussten Training des visuellen Wahrnehmungsvermögens, von Adolf Reichwein (1938) dar.

In der Nachkriegszeit wurden die jugendschützerischen Motive im Rahmen der Filmerziehung wieder aufgriffen und durch entwicklungspsychologische erweitert (cf. Keilhacker 1953). Im Mittelpunkt standen dabei Filmgespräche zur Förderung des Filmverständnisses und Filmerlebnisses der Heranwachsenden. Diese Bewahrpädagogik, „deren Ziel es war, das ‚Gute und Echte' den Kindern zu vermitteln, und das ‚Schlechte und Gefährliche' fernzuhalten" (cf. Baacke 1995, 176), war zunächst auch im Kontext der Fernseherziehung bedeutsam. Die Vorstellung von pädagogischen Schonräumen, die damit verbunden waren, wurde mit der Idee des „kritischen Rezipienten" (cf. Heinrich 1961; Kerstiens 1971, 44 f) und in der weiteren Folge durch die ideologiekritische Medienpädagogik (cf. Baacke 1974) in Frage gestellt, die in den medienpädagogischen Diskussionen bis heute eine Rolle spielt.

Gegenwärtig lassen sich grosso modo vier Ansätze mit entsprechenden Ausdifferenzierungen ausmachen:

Die *normative Medienpädagogik*, die an die Bewahrpädagogik der 50er und 60er Jahre anschließt, ist heute eher in Form von Gelegenheitsargumentationen und nicht als ausformuliertes wissenschaftliches Konzept anzutreffen. Diese Argumentationen, die in alltagsweltlichen, berufspraktischen und bildungspolitischen Zusammenhängen eine nicht zu unterschätzende Rolle spielen, basieren auf gesellschaftlichen Normen und Werten, die in der Regel ihrerseits nicht mehr konsequent hinterfragt werden. Charakteristisch ist auch der Rekurs auf bestehende Bestimmungen des Jugendschutzes, auf Probleme der Reizüberflutung, der Aggression, der Verarmung des Gefühlslebens und des Verlusts von kreativen Potentialen, „Wirklichkeitsbezügen" und des selbständigen Denkens infolge intensiven Medienkonsums, sowie auf den Verfall geistiger und kultureller Werte durch seichte Massenunterhaltung und medienvermittelte Scheinwelten. Hand in Hand mit diesen Argumentationen werden häufig Forderungen nach „entwicklungsangemessenen" Medienangeboten erhoben. Dabei werden die zugrunde liegenden psychologischen Konzepte einer stufenförmigen Entwicklung „des" Menschen oftmals nicht mehr weiter problematisiert. Ebenso werden die (un–)erwünschten Medienwirkungen eher vermutet oder behauptet und nicht einer differenzierten Prüfung unterzogen. Analog bleiben auch die Fragen nach dem Cui bono der unterschiedlichen Varianten der Fremd– oder Selbstbewahrung notorisch unterbelichtet, wenngleich offenkundig geworden ist, dass es zumeist Kinder, Jugendliche, Frauen oder gesellschaftlich benachteiligte Gruppen sind, die vor den schädlichen Einflüssen „geschützt" werden sollen.

Die *gesellschaftskritische Medienpädagogik* knüpft an die Kritische Theorie der Frankfurter Schule (Horkheimer, Adorno, Marcuse, u.a.) und setzt auf die aufklärerische Kritik und Medienanalyse (cf. Heinze 1990, Schulte 1992) sowie Möglichkeiten der Schaffung einer kritischen „Gegenöffentlichkeit". Massenmedien rücken hier als Herrschafts– und Machtinstrumente ins Blickfeld. Die Medienindustrie wird als Bestandteil des kapitalistischen Produktionszusammenhangs aufgefasst („Kulturindustrie"), die vorfabrizierte Denk– und Wahrnehmungsangebote für den massenhaften Konsum („Bewusstseinsindustrie") mit dem Ziel der Sicherung und Ausweitung bestehender Herrschaftsverhältnisse verbreitet. Entsprechend setzt medienpädagogisches Handeln die Analyse der politischen Interessenlagen, ökonomischen Funktionen der Massenmedien und des „falschen Bewusstseins" voraus, das von wenigen Medienkonzernen, in denen die Produktionsmittel konzentriert sind, massenhaft erzeugt wird. Ziel ist die Emanzipation des Subjekts von vereinnahmenden Interessen, die Befähigung zur Entlarvung verdeckter Botschaften und falscher Versprechungen sowie zur kritischen Einflussnahme auf die Medienlandschaft. Neuere Ansätze nehmen dabei auch auf die Globalisierungsdiskussion Bezug (cf. Chomsky & Dieterich 1995). Als problematisch haben sich allerdings die dogmatischen Züge mancher ideologiekritischen Argumentationen, die implizite Überlegenheitsannahme des gesellschaftsanalytischen Wissens in Relation zu anderen Wissensformen, die Tendenz „zu wissen, wie die Wirklichkeit ‚in Wirklichkeit' ist" und die kurzschlüssige Verwendung gesellschaftskritischer Diskursfragmente zur Erklärung von Phänomenen der Entpolitisierung, Vergleichgültigung und Gewalt erwiesen.

Die *unterrichts– und bildungstechnologischen Varianten* der Medienpädagogik kreisen wesentlich um das Motiv der Ökonomisierung von Lernangeboten. Ging es vormals um den optimalen Einsatz von Unterrichtsmedien in der Schule (Mediendidaktik) und die Einsparung von LehrerInnenstellen, so geht es heute um die Verbesserung, Beschleunigung, Strukturierung und effiziente Organisation von Lernprozessen auch in außerschulischen Bereichen (Freizeitpädagogik, Jugendarbeit, Erwachsenenbildung) sowie insbesondere der betrieblichen Aus– und Weiterbildung. Medien werden dabei als Instrumente des organisierten Lernens aufgefasst, wobei die Orientierung an technologischen Dimensionen und der technischen Machbarkeit charakteristisch ist. Entsprechend stehen der Werkzeugcharakter der Medien und kognitive Aspekte des Wissenserwerbs im Vordergrund. Die Bemühungen erfolgen häufig Hand in Hand mit bildungspolitischen Forderungen der informations– und kommunikationstechnologischen Qualifizierung, und sie laufen gelegentlich auf verkappte Neuauflagen des programmierten Unterrichts, in den letzten Jahren allerdings vermehrt auf den Zusammenschluss von Bildung und Unterhaltung in Form von Edutainment hinaus. In der jüngeren Diskussion sind auch gesamtgesellschaftliche Dimensionen bedeutsam geworden (cf. Haefner 1995; Zielinski 1993; Schwarzer 1998), wobei optimistische und medieneuphorische Grundeinschätzungen dominieren.

Die *handlungsorientierte Medienpädagogik* stellt die Befähigung zur kritisch–reflexiven Mediennutzung in den Vordergrund. Die Subjekte werden hier nicht in der Hauptsache als aufzuklärende Opfer medialer Machenschaften stilisiert, sondern als grundsätzlich fähig zur kritischen Medienrezeption und –gestaltung betrachtet (cf. Schorb 1987 und; 1995, 184 ff.; Baacke 1997, 46 ff.). Mit dem Perspektivenwechsel vom Medienrezipienten zum Medienproduzenten gewinnen pragmatische Dimensionen wie die Formulierung eigener Zielsetzungen und Bedürfnisse, die Gestaltung und Verbreitung eigener Inhalte sowie die Erweiterung ästhetischer Erfahrungen an Bedeutung. Die Ansätze handlungsorientierter Medienpädagogik bleiben damit nicht auf die Reflexion dessen beschränkt, was Medien mit Menschen machen, sondern rücken das in den Vordergrund, was Menschen mit Medien machen können. Diese Dimensionen gilt es mittels Anleitungen zur praktischen, mehr oder weniger politisch motivierten Medienarbeit einzulösen (z..B. in Form von Foto– und Videoprojekten, Radiosendungen oder neuerdings auch internetbasierten Projekten) (cf. Brenner & Niesyto 1993). Die Zielsetzung der Entfaltung von Handlungskompetenzen im Umgang mit Medien und der Erweiterung entsprechender Gestaltungsspielräume erweist sich allerdings zumindest als partiell kontrafaktische, da aus den einschlägigen Projekten nur selten eine dauerhafte und aktive Mitgestaltung des öffentlichen Mediengeschehens resultiert. Angesichts verbreiteter Formen des alltäglichen Medienhandelns, der zunehmenden Mediatisierung des Alltagslebens und postmoderner Zeitdiagnosen finden symbolische und kulturelle Dimensionen, biographische sowie lebensweltliche Akzentuierungen und sozialökologische Erweiterungen und Neuformulierungen verstärkt Beachtung (cf. Baacke/Sander/Vollbrecht 1988; Baumgartner 1993; Baacke 1994; 1997)

4. Medienkompetenz als Schlüsselbegriff der neueren Medienpädagogik

Der Begriff ‚kommunikative Kompetenz' wurde von Dieter Baacke (1973) in die erziehungswissenschaftliche Diskussion eingeführt. Er ist in unterschiedlichen Ausdifferenzierungen bis heute im Kontext von Theorie und Praxis der Bildungs–, Sozial– und Kulturarbeit sowie insbesondere im Hinblick auf die aktuellen medienpädagogischen Debatten bedeutsam geblieben (cf. Lauffer/Volkmer 1995). Im Zuge dieser Ausdifferenzierungen ist in den letzten Jahren der Ausdruck ‚Medienkompetenz' (‚media literacy') zum Schlüsselbegriff der medienpädagogischen Bemühungen avanciert (cf. v. Rein 1996). Er bezieht sich auf konzeptionelle und pragmatische Dimensionen des Umgangs mit Medienangeboten im allgemeinen und medialen

Lernumgebungen im besonderen, die Entwicklung von Softwareprodukten und elektronischen Werkzeugen sowie auf die Reflexion von Deutungsmustern, diskursiven Zusammenhängen, Modi der Codierung und Decodierung, medialen Organisationsstrukturen und neuen Berufspraxen. Die Fähigkeiten, die mit diesen Aspekten verknüpft sind, werden in einer umfänglichen *Medienkompetenz* gebündelt, die sich von engeren Vorstellungen der *Computer Literacy* abgrenzt. Während in den Computeralphabetisierungskonzepten der Informatik programmiertechnische Aspekte wie der Umgang mit computertechnischen Ausdrücken und Kürzeln, das Schreiben einfacher Programme oder die technologisch angemessene Problemaufbereitung und – lösung im Vordergrund stehen (cf. Tashner 1984; Zielinsky 1993), zielt die *Media Literacy* (cf. Aufderheide 1993; McLaren et al. 1995) darüber hinaus auch auf den reflexiven Umgang mit neuen Codes und medialen Symbolen, auf wissens– und wirklichkeitstheoretische Konzeptualisierungen sowie auf die Integration geschichtlicher, gesellschaftlicher und Geschlechter differenzierender Zugänge. Dabei erweist sich ‚Medienkompetenz' gleichsam als Drehtürbegriff, der sowohl in wissenschaftlichen als auch in wirtschaftlichen, politischen und pädagogischen Kontexten Verwendung findet.[4] In den einschlägigen Konzepten der Medienkompetenz (Media Literacy) stehen bei näherer Betrachtung allerdings sehr verschiedene Akzentuierungen im Vordergrund, so z.B. die Befähigung

- zum ‚mündigen Rezipienten' im Sinne individueller und demokratischer Orientierung, zur Wahrnehmung technischer Bilder und zum reflexiven Umgang mit neuen Codes und medialen Symbolen
- zum aktiven Mediennutzer, der Entwicklungs– und Gestaltungsmöglichkeiten auslotet
- zur kritischen Reflexion ethischer, ökonomischer, interkultureller, politischer, geschlechtsspezifischer, sozialer oder juristischer Aspekte der Informations– und Kommunikationstechnologien
- zur Informationsbewältigung, Wissensorganisation und zum Medienmanagement
- zum emanzipatorisch motivierten Medienanbieter oder
- zur verantwortungsbewussten Integration pädagogischer, sozialpolitischer und ökonomischer Motive im Lichte erziehungs– und sozialwissenschaftlicher Befunde und technologischer Optionen.

Diese Kompetenzbereiche werden unterschiedlich gebündelt und gewichtet (cf. Lauffer &Volkmer 1995; Moser 1995, 215 f.; v. Rein 1996; Bayerische Landeszentrale 1996; Enquete–Kommission 1997; Schwarzer 1998, 15 f.; Schorb 1998, 20 ff.; Schorb 1999). Exemplarisch sei hier auf die Konzeption von Dieter Baacke verwie-

---

[4] Cf. Europäisches Zentrum für Medienkompetenz: http://www.ecmc.de/index.html

sen, der wesentlichen Anteil der Diskussion hat und seinerseits vier Dimensionen der Medienkompetenz operationalisiert (cf. 1997, 98 ff; 1999), die hier nur verkürzt wiedergegeben werden können:

- *Medienkritik*, d.h. die Fähigkeit zur Analyse problematischer gesellschaftlicher Prozesse, der Anwendung dieses analytischen Wissens auf das eigene Handeln und die sozialverantwortliche Abstimmung dieser Dimensionen;

- *Medienkunde*, d.h. Wissen über Medien und Kenntnis von Mediensystemen sowie die Fähigkeit zur Handhabung von Geräten und Software–Produkten;

- *Mediennutzung* im Sinne sowohl einer rezeptiv-anwendenden Nutzungskompetenz (z.B. im Hinblick auf Programmangebote) als einer interaktiv–anbietenden Nutzungskompetenz (z.B. Filmerstellung);

- *Mediengestaltung* im Hinblick auf innovative Weiterentwicklungen des Mediensystems und kreative, ästhetische oder „grenzüberschreitende" Gestaltungsformen.

Die Ausgestaltung dieser vierfach ausdifferenzierten Medienkompetenz soll nach Baacke (1997, 99) im Sinne einer gesellschaftlichen Partizipationskompetenz erfolgen und weder subjektivistisch noch rationalistisch verkürzt werden. Es gilt die Diskurszusammenhänge der Informationsgesellschaft vor Augen zu haben und der Körperlichkeit und Emotionalität der Menschen Rechnung zu tragen.

Bedenken sind angesichts der aktuellen Medienkompetenz–Diskussion auch im Hinblick auf andere Verkürzungen angebracht.

Auffallend ist, dass die Vorstellungen von Medienkompetenz häufig auf einzelne – seien es technologische, ökonomische, kritische, sozial–kommunikative oder pädagogische – Dimensionen verkürzt werden, und dass diese Verkürzungen nicht selten Hand in Hand mit tendenziellen Verabsolutierungen der jeweiligen Perspektiven geht. Unter Beschränkung auf praktische Medienarbeit, Einübung in Programmlogiken, kritische Reflexion, ökonomische Orientierung, sozialwissenschaftliche Theorie oder ästhetische Darstellung lässt sich aber keine Medienkompetenz entfalten, die den komplexen individuellen und gesellschaftlichen Problemlagen gerecht werden könnte.

Die Artikulation solcher Dimensionen erfolgt immer wieder auf dem Hintergrund eines unreflektierten Komponentenmodells. Die additive Auflistung von Fähigkeiten und Zuständigkeiten vernachlässigt dynamische Perspektiven und suggeriert in irreführender Weise die Austauschbarkeit der Komponenten. Für das Gelingen der symbolischen Austauschprozesse erscheint allerdings die integrative Entwicklung sozial–kommunikativer, technischer, theoretischer, methodologischer, selbstreflexiver Kompetenzdimensionen in Relation zu Lebensabschnitten, soziokulturellen Problemlagen und spezifischen Anwendungskontexten erforderlich. Dabei lässt sich eine allgemeine Medienkompetenz von einer speziellen unterscheiden: Während erstere auf die mediale Gebundenheit jeglicher Bemühungen um Erweiterung von Kompetenzen und Handlungsspielräumen abhebt und im Kontrast der medialen Optionen deren Möglichkeiten und Grenzen auslotet, zielt letztere auf einen gedeihlichen Umgang mit konkreten Problemkonstellationen und Interaktionssituationen.

Zu guter Letzt bleiben sowohl die reflexiven, theoretisch motivierten als auch die praxisorientierten Bemühungen allzu oft auf lokale oder nationale Perspektiven beschränkt. Die Medienentwicklung zeichnet sich jedoch in vielerlei Hinsicht durch internationale und globale Dimensionen aus, denen auch in der Medienpädagogik Rechnung getragen werden muss (cf. Volkmer 1995).

5. Tendenzen und Perspektiven

In der Medienpädagogik der letzten rund 30 Jahre zeichnen sich drei Tendenzen ab, die als Hinwendungen aufgefasst werden können

- vom zu schützenden Opfer zum kompetenten Nutzer
- von der Kontrolle zur Handlungsorientierung sowie
- von geisteswissenschaftlichen zu kultur– und sozialwissenschaftlichen Orientierungen.

Hand in Hand mit diesen Tendenzen haben sich manche Aufgeregtheiten im Feld psycho–physischer Stimmungslagen gelegt. In den medienpädagogischen Debatten sind zwar weiterhin sowohl die pessimistischen Tendenzen mit ihren nostalgischen, missmutigen, melancholischen oder sorgenvollen Anteilen als auch die optimistischen Tendenzen mit ihren fröhlichen, begeisterten, euphorischen oder seligen Anteilen deutlich wahrnehmbar. Alles in allem hat sich allerdings mehr Gelassenheit und Akzeptanz gegenüber den Medienentwicklungen und entsprechenden Umgangsweisen und Nutzungsformen eingestellt. Dies zeigt sich beispielsweise am vielfach anzutreffenden, vorsichtigen Optimismus in den Medienkompetenz–Diskussionen oder daran, dass Ansätze kulturpessimistischer Kritik (cf. Postman 1983; 1985) entschieden an Bedeutung und Legitimationskraft verloren haben. Das heißt nicht, dass die pädagogisch motivierten Zweifel im Zusammenhang medialer Entwicklungen allesamt gegenstandslos und die medienpädagogischen Ansätze unkritisch geworden wären[5]. An die Stelle überzogener, einseitiger oder mystifizierender treten jedoch

---

[5] Die Medienpädagogik war genau besehen nie „unkritisch". Die einzelnen Ansätze waren vielmehr um Durchsetzung ihrer spezifischen Kritikverständnisse bemüht. Diese lassen sich grosso modo jeweils im Anschluss an übergreifende paradigmatische Orientierungen rekonstruieren. So erlangt z.B. das Motiv der Selbstbewahrung vor schädigenden Medieneinflüssen Bedeutung zunächst im Kontext der Geisteswissenschaftlichen Pädagogik „zum Wohl des Kindes" und deren Bestreben um die Kultivierung der Individualität und um eine relative Autonomie der Pädagogik. Das Projekt der Aufklärung der Adressaten über die herrschaftsstabilisierende Systemfunktion der Medienindustrie folgt einer politökono-

zunehmend differenzierte und abwägende Argumentationen. Die Kritikverständnisse setzen dabei auf unterschiedlichen Ebenen an und beziehen sich je nach Akzentsetzung

- auf die Problematisierung technologischer Wissensformen und –bestände
- auf Fragwürdigkeiten des „Computerdenkens" im allgemeinen bzw. des binären Codes als Herrschaftsform des (männlichen) Denkens im besonderen
- auf sozialpsychologische Dimensionen der Technikanwendung sowie die Wahrnehmung und Bewertung technischer Chancen, Risiken und Gefahren für die Kultur, die Gesellschaft bzw. deren einzelne Mitglieder
- auf technokratische Entwicklungen und maschinenähnliche Wesensbestimmungen „des" Menschen
- auf die fortschreitende Kommerzialisierung der Medienentwicklung
- auf die Fähigkeit zur Unterscheidung von medialen Codes und Rezeptionsformen
- auf die Erkundung von Spielräumen der Technikgestaltung jenseits von hoffnungsvoller Aufklärung und allgemeiner Verblödung sowie
- auf die Problematisierung der klassischen Unterscheidung von wirklich vs. fiktiv zugunsten vielfältiger Formen der Modalisierung von Wirklichkeitserfahrungen.

Mit der Ausdifferenzierung der theoretisch motivierten Medienpädagogik sind auch die Relationen zu anderen erziehungswissenschaftlichen Teildisziplinen und pädagogischen Handlungsfeldern einerseits wie auch zu anderen medienwissenschaftlichen und medienpraktischen Bemühungen andererseits neu abzuklären. Im Hinblick auf die handlungs– und berufsfeldbezogenen Diskussionen zeichnen sich gegenwärtig zwei Perspektiven ab (cf. Hornstein & Lüders 1989, 759 ff.; Neuß 1997, 326): Die eine zielt auf ein eigenständiges Berufsfeld Medienpädagogik mit entsprechenden Konsequenzen der Statussicherung und Institutionalisierung, die andere versteht Medienpädagogik als fach– und berufsübergreifendes Prinzip, das auf ein Zusammenwirken verschiedener pädagogischer Kompetenzbereiche abzielt und das in der wissenschaftlichen Berufsvorbildung für alle PädagogInnen verbindlich gemacht werden soll. In den laufenden Professionalisierungsbemühungen kommen

---

misch motivierten Variante der Ideologiekritik im Anschluss an eine Pädagogik der Kritischen Theorie, der es um die Entmythologisierung gesellschaftlicher Zustände und die Schaffung von Voraussetzungen für Veränderungsprozesse geht. Und das Motiv des Medieneinsatzes zur Optimierung geplanter Lernprozesse steht im Denkhorizont der empirisch–analytischen Erziehungswissenschaft, die wesentlich auf die Bereitstellung strategischen Wissens für effektives erzieherisches Handeln zielt. Die entsprechenden, teilweise oder gänzlich miteinander unverträglichen Konzeptionen wurden in den letzten Jahren modifiziert, reformuliert und in neueren Ansätzen weiterentwickelt.

beide Orientierungen vor. Angesichts der Vielfalt und Kurzlebigkeit ständig neu ent-
stehender Medienberufe erscheint die zweite Perspektive Erfolg versprechender. Die
Abgrenzung zu anderen medienpraktischen Unternehmungen (z.b. Produktdesign
und Informationbroking) liegt vor allem in der theoretisch reflektierten Gestaltung
von Bildungs– und Kommunikationsprozessen sowie der Modellierung von Lern-
welten, wobei die Übergänge fließend sind. Analoges gilt auch für Überschneidungen mit den Bemühungen der Weiterbildung sowie der Sozial– und Kulturarbeit.
Kai–Uwe Hugger (1998, 160) spricht in diesem Zusammenhang im Anschluss an
Dieter Baacke (1995, 189) von einer „cross–over"–Perspektive, die auf einem Zusammenspiel verschiedener Handlungs– und Tätigkeitsperspektiven beruht, auf dessen Basis situations– und problemadäquate Handlungskonstruktionen entstehen
können. Dabei dürfte sich der Rückgriff auf konstruktivistische Medien–, Lern– und
Kommunikationstheorien (cf. Merten, Schmidt & Weischenberg 1994) als fruchtbar
erwiesen. Die Formulierung einer konstruktivistischen Medienpädagogik steht allerdings noch aus.

Für diese Einschätzung der medienpädagogischen Professionalisierungsdebatte
spricht auch die Pluralität medienpädagogischer Theoriebildung. *Eine* Theorie, die
als Referenzpunkt für alle medienpädagogischen Fragen der Erziehung, Sozialisation und Bildung sowie des Lernens mit und durch Medien fungieren könnte, gibt es
nicht. Entsprechend ist die Abgrenzung, die sich durch die Konzentration auf diese
Fragen zu den anderen medienwissenschaftlichen Bemühungen ergibt, relativ und
durch vielfältige Überschneidungen gekennzeichnet. Das ist weiters auch kein Mangel, zumal konzeptionelle Weiterentwicklungen und Innovationen inter– und transdisziplinäre Spielräume erfordern.[6]

Im übrigen scheint auch für die Medienpädagogik der Traum von der vormedi-
alen Unschuld ausgeträumt. Im Anschluss an die Beobachtungen, die zur Rede von
der Mediatisierung der Lebenswelt geführt haben, zeichnet sich ein paradigmatischer
Wandel in der Medientheorie ab. Medialität ist keine optionale Dimension, die zur
Bestimmung von Erziehung, Bildung, Sozialisation, Kommunikation, Gesellschaft
und Kultur quasi hinzukommen kann oder auch nicht, sie bezeichnet vielmehr die
unausweichliche Verfasstheit dieser Bereiche. Im Zuge des „medial turn"
(cf. Margreiter 1999; Weber 1999) stellen sich denn auch die Aufgaben der Medienpädagogik in neuer Perspektive. Die zentrale Herausforderung besteht dabei darin,
die Suche nach pädagogischen Schonräumen jenseits medienimprägnierter Lebenswelten aufzugeben und aus dem Netz medialer Verstrickungen heraus Angebote zur

---

[6] Dies zeigt sich beispielsweise bei der Neuformulierung des notorischen Themas Medien und Gewalt
im Lichte zivilisationstheoretischer Überlegungen (cf. Rathmayr 1996) oder beim paradigmatischen
Perspektivenwechsel in der Mediensozialisationsforschung unter globalisierungstheoretischen Gesichtspunkten (cf. Volkmer 1998).

kritischen Reflexion und Gestaltung von Bildungs– und Lernumgebungen zu machen und Wege zur Medienkompetenz für junge und alte Frauen und Männer zu eröffnen.

Rainer Leschke

Von der Medienethik zur Analyse normativer Muster der Medienproduktion

Wenn moralische Diskurse eines mit einer gewissen Sicherheit hervorrufen, dann sind es Differenzen, wenigstens aber Unterscheidungen mit eindeutigen Präferenzen. Bedarf besteht an solchen Unterscheidungen in der Regel in Zeiten einer gewissen Unübersichtlichkeit. In diesen wird versucht, den normativen Diskurs als Ordnungs- und Steuerungsinstrument einzusetzen. Insofern sind Konjunkturen des normativen Diskurses zu erwarten und zu konstatieren.

Dies gilt kaum minder für das Mediensystem: So brachte die Einführung des dualen Systems die öffentlich-rechtlichen Rundfunkanstalten der BRD erheblich unter Druck: Das primäre Steuerungsinstrument, das juristisch abgesicherte Monopol, war verloren, so dass neuerlich Regulierungsbedarf entstand. Das sekundäre Steuerungsinstrument, das dann eilig eingeführt oder genauer reanimiert wurde, bestand aus dem Versuch, normative Unterscheidungen zu etablieren, die die zur Debatte stehenden Programme anhand normativer Parameter im erwünschten Sinne zu differenzieren versprachen, um so Programmangebote, die man schon nicht juristisch verhindern konnte, wenigstens mit moralischem Verdikt zu belegen und vermittels dessen eine Hierarchie der Qualität und Relevanz von Medienangeboten zu etablieren. Diese Strategie der Hierarchisierung von Medienprodukten über normative Zuschreibungen ist im übrigen aus dem Print-Bereich zur Genüge bekannt, nämlich als die Differenzierung von Boulevardpresse und seriösem Journalismus.

Normative Differenzierungsversuche im Mediensystem verfügen darüber hinaus gerade im Kontext der Etablierung historisch neuer Medien und damit in Situationen neu entstandener intermedialer Konkurrenz über eine gewisse Tradition: die leidigen Schmutz-und-Schund-Debatten, die den Buchmarkt, den Film in der Kinoreformdiskussion, das Fernsehen und nicht zuletzt die neuen Medien auf dem Wege ihrer gesellschaftlichen Durchsetzung begleiteten, sind nichts anderes als Versuche, verloren zu gehen drohendes Terrain durch eine Wertung der betroffenen Produkte sekundär abzusichern. Normative Diskurse verfügen also stets über eine Steuerungs- oder Ordnungsfunktion und sie dienen einem spezifischen Interesse, das historisch einen gewissen Strukturkonservatismus kaum verleugnen kann: Normativität funktioniert in diesem Kontext vornehmlich im Dienste von Bewahrung.

Nun bedürfen normative Urteile in der Regel der Legitimation, und hier greift üblicherweise das, was unter dem Label Medienethik rangiert: Es handelt sich in einem ersten Zugriff um Versuche, anhand normativer Parameter eine Funktionsbestimmung des Medienbereichs[1] zu umreißen, von der dann konkrete Urteile über spezifische Medienangebote abgeleitet werden sollen. Dabei verweist allein schon die Begriffsbildung darauf, dass es sich hierbei keineswegs um eine eigenständige Disziplin handelt, sondern dass es vornehmlich um die Applikation von Elementen eines anderen Wissenssystems, nämlich der philosophischen Ethik, auf den Medienbereich geht.

1. Felder normativer Aussagen und Theorien

Insofern dürfte zunächst eine Klärung des Begriffs förderlich sein, die das Feld von Ethik, Normen, Moral und Medien wenigstens ansatzweise bestimmen hilft. Normen und Werte gestatten es, Handlungen anhand der Dichotomie 'gut' und 'schlecht' zu differenzieren. Sie sind an historische, soziale, kulturelle, ethnische, religiöse, regionale und nationale Kontexte gebunden und daher hoch variabel. Normen funktionieren insofern eben auch nur innerhalb der beschriebenen Kontexte und sind von daher nur von einer begrenzten Zuverlässigkeit.

Moralkonzepte stellen demgegenüber vergleichsweise locker assoziierte Systeme von Normen dar, die nur für bestimmte soziale Gruppen über Verbindlichkeit verfügen. Moralische Verhaltensmodelle weisen keinen theoretischen oder systematischen Anspruch auf, d.h., sie sind nicht notwendig widerspruchsfrei organisiert und müssen auch keine Konsistenz aufweisen bzw. kodifiziert sein. Moralvorstellungen zeichnen sich durch eine hohe Bindung an die sozialen Gruppen aus, in deren Kontext sie als Kombination von Einzelnormen entstanden sind. Sie sind damit ähnlich historisch, sozial und kulturell variabel wie die Sets von Einzelnormen, aus denen sie bestehen. Die Verbindlichkeit und damit das Steuerungspotential von Moralkonzepten bleibt weitgehend auf die sozialen Gruppen beschränkt, denen sie zugeordnet sind. Allerdings wird mit einer solchen Moral zugleich eine Gruppenidentität erzeugt, die diesen Gruppen eine gewisse Stabilität verleiht. Darüber hinaus weist die besondere Konstruktionsform der Moral, nämlich die bloße Assoziation oder Kombination von Einzelnormen, eine gewisse Flexibilität auf, die mittels der Substitution von einzelnen Normen wenigstens eine begrenzte Anpassung an historische und gesellschaftliche Veränderungen erlaubt und so für eine - wenn auch limitierte - historische Stabilität sorgt.

---

[1] Im übrigen ist auch die Medienethik konjunkturellen Zyklen unterworfen: So dürfte der medienethische Boom seit dem Ende der 80er Jahre, der sich insbesondere theologisch ambitionierten Autoren verdankt, dem nachhaltigen Verlust an Einfluß gerade des theologischen Apparates im privaten Mediensektor geschuldet sein. Medienethische Konzepte dieses Typs versuchen, verloren gegangenen institutionellen Einfluß durch die Etablierung und Durchsetzung allgemeiner normativer Standards zu kompensieren.

Eine spezifische Applikation von moralischen und normativen Konstruktionen stellt das Berufsethos dar, das gerade auch im Medienbereich in einer Kombination von Normen für eine spezifische professionelle Praxisform besteht. Das Konstrukt eines Berufsethos hat insbesondere Legitimationsfunktion, die eine Sonderstellung spezifischer Professionen absichern und zugleich so etwas wie eine Gruppenidentität stiften soll, was gerade in einer Branche wie den Medien mit weitgehend ungeklärten Zugangsmöglichkeiten und Qualifikationen von nicht unerheblicher Bedeutung sein dürfte. In der Regel wird ein solches Ethos institutionell[2] abgesichert.

Ethiken sind demgegenüber Theorien normengeleiteten Handelns. Sie haben insofern Normen und Moralkonzepte zum Gegenstand, bilden aber nicht notwendig selbst Normen oder Moralen aus. Als theoretische Modelle haben Ethiken sich mit den Anforderungen auseinander zu setzen, die in Hinsicht auf Widerspruchsfreiheit, Konsistenz, Ausweisung der Prämissen und Allgemeingültigkeit wenigstens innerhalb eines definierten Geltungsbereichs an Theorien zu stellen sind. Die Probleme, die der Universalitätsanspruch und Konsistenzforderungen gerade im Kontext ethischer Theoriemodelle erzeugen, schmälert die Chance einer erfolgreichen ethischen Theoriebildung erheblich, was zu Überlegungen führt, den Gegenstand nochmals zu verlagern und so etwas wie eine Meta-Ethik zu konzipieren, die sich mit den Strukturen der Entwicklung und den Bedingungen der Produktion ethischer Theoriemodelle beschäftigt.

2. Ebenen medienethischer Vorstellungen und Konzepte

Die angedeuteten, vergleichsweise komplexen Diskursebenen, auf denen Normativität in der einen oder anderen Art funktioniert, provozieren auch eine Situation, in der das Kompositum Medienethik Unterschiedlichstes zu bezeichnen pflegt: Moralisches Allerlei, also jene diffus zurechtgemachte Melange mehr oder minder konsensfähiger Normen der ‚Medienpraxis' ohne sonderliche Aussichten auf Konsistenz und theoretische Entwicklungschancen, die diversen Maximen, die so etwas wie ein Berufsethos des Journalisten (Presserat 1997, 363 ff.) oder Werbetreibenden (Werberat 1997, 93 ff.) repräsentieren sollen und denen vor allem ein Minimum an Verbindlichkeit und Präzision sowie das Verlangen, sich an möglichst konsensverhei-

---

[2] Im Medienbereich sind hier etwa der Presserat und der Werberat - im Internet erfüllt z.B. die „blue ribbon campaign" im Rahmen der medientechnischen Begrenzungen diese Funktion - zu nennen, die ein normatives Steuerungsrecht beanspruchen und auf eine standesrechtliche Verbindlichkeit ihrer Entscheidungen abzielen. Das vergleichsweise weichere Steuerungsinstrumentarium Normen wird solange favorisiert, solange es darum geht, gesetzliche Eingriffe in eine Branche zu verhindern; die juristische Nobilitierung eigener Entscheidungen oder aber die juristisch abgesicherte Sonderstellung einer Berufsgruppe wird hingegen begrüßt. Insofern stellt das institutionalisierte Berufsethos einen Modus schlichter Interessenpolitik dar.

ßende anerkannte Normen anzuschließen, gemeinsam ist, Versuche, diverse ethische Modelle auf Teilbereiche des Mediensystems anzuwenden, um Handlungsmodelle für eben diese differenten medialen Praxisformen zu gewinnen, sowie Konzepte, die die Medienrezeption auf ihre normativen Implikationen hin befragen; all das rangiert zur Zeit unter Medienethik und lässt vor allem deutlich werden, dass, weil die angesprochenen Ebenen untereinander nicht kompatibel sind, es zunächst einmal darum geht zu unterscheiden. Da die einzelnen normativen Reflexe, die verschiedenen moralisierenden Diskurse und die Versuche, so etwas wie ein medienspezifisches Ethos zu entwerfen, insbesondere einem Rechtfertigungsverlangen oder aber dem Interesse, eine Hierarchisierung von Medienprodukten zu begründen, entspringen und die durchgängige Interessengeleitetheit dieser Bekundungen sich nur schlecht mit den Margen verträgt, die für Theorien und damit eben auch für Ethiken gelten, soll die Analyse ihrer Strategien, wiewohl sie zweifellos die Mehrzahl der Äußerungen umfasst, zunächst hintangestellt werden. Von daher soll der Gegenstand der Analyse primär Modelle der Applikation von ethischen Theorien umfassen, die selbst wenigstens ansatzweise einen theoretischen Anspruch erheben.

Bevor jedoch auf einzelne theoretische Modelle eingegangen wird, gilt es, um die Selektionsstrategien der diversen Konzepte auf der Ebene des Objekts beurteilen zu können, zunächst einmal, den potentiellen Gegenstandsbereich einer Medienethik zu markieren. Bei der Repräsentation von Normativität oder normativ relevanten Phänomenen in den Medien lassen sich die folgenden Modi unterscheiden: Zunächst sind Normen und normative Konzepte auszumachen, die die medialen Produktionshandlungen und die Selektionsmechanismen leiten sollen. Diese Muster, die sich an journalistischen oder redaktionellen Selektions- und Entscheidungssituationen orientieren, sind teilweise institutionell verstetigt und durch Hierarchien[3] stabilisiert, so dass eine Analyse der normativen Implikationen der spezifischen Organisationsformen medialer Produktion erforderlich wird.

Auf der Ebene der Medienprodukte ist zunächst festzuhalten, dass diese immer schon über implizite Normen reguliert werden. Figurenstereotype, Handlungsmuster, Nachrichtenwerte (vgl. Staab 1998) und Programmselektionen jeglicher Art gehen alle auf implizite normative Muster zurück, die rezipiert werden. Präferierte und abgelehnte Handlungsstrategien, der Erfolg und das Scheitern von Protagonisten, Opfertypologien und die Qualitäten, aus denen Helden gemacht werden, sie alle stratifizieren Werte und stellen damit Sets normativer Muster bereit. Von daher markieren sie ein normatives Potential der Medien und sind somit potentieller Gegenstand medienethischer Analysen. Neben diesen impliziten Repräsentationen von Normativität werden Normen, Moral und selbst - wenn auch allenfalls marginal -

---

[3] So in Redaktionsstatuten, der hierarchischen Verteilung von Entscheidungsbefugnissen etc.

ethische Theoreme in Medienprodukten thematisiert und damit explizit. Die Thematisierung von Normenkonflikten und deren Entscheidung ist ebenso wie die Präsenz impliziter normativer Muster keineswegs auf einzelne Genres[4] beschränkt, sondern sie umfasst prinzipiell die gesamte mediale Produktion. Darüber hinaus können durch das mediale Produkt und seine Publikation selbst Normen verletzt werden, was diejenige Ebene markiert, die sich in der gesellschaftlichen Diskussion der größten Beachtung erfreut und insofern auch den dominanten Gegenstand der institutionalisierten Selbstregulierungsprozeduren bildet: die wenig vorteilhafte Abbildung mehr oder minder honoriger Politikerleichen in Badewannen, die nachhaltige Verfolgung prominenter Protagonisten der Yellow Press im Zuge der Medienerstellung mit den bekannten unangenehmen Folgen, das Interview mit Schwerkriminellen in voller Aktion, die Pietà eines Sterbenden im Dienste der Oberbekleidungsindustrie sind nur die signifikantesten Phänomene dieser medialen Normverletzungen, die einen Großteil der ‚medienethischen' Energie in Anspruch nehmen und dabei zu mehr oder minder funktionierenden Strategien der Selbstregulation führen. Dass hinter solchen Normverletzungen mit Ereignischarakter die Reflexion der impliziten Modellierung normativer Muster und ihrer stetigen Proliferation trotz deren Omnipräsenz weit abfällt, macht deutlich, dass es bei medienethischen Debatten zunächst vor allem um eine Stabilisierung des Mediensystems und nicht um eine Reflexion des Problems geht. Insbesondere die theoretisch wenig ambitionierten und legitimationsorientierten ‚medienethische' Reflexionen von Mitgliedern des Mediensystems und die institutionalisierten Normierungsinstanzen wie Presse- und Werberat sind eher geneigt, die Margen eines fraglos akzeptierten Bezugssystems zu beachten als die Struktur ihres Gegenstandsbereichs zu hinterfragen.

Als letzter und systematisch am schwierigsten theoretisch zu modellierender Objektbereich einer Medienethik kämen der Rezeptionsprozeß und seine Bedingungen in Betracht. Die Selektion von Medienprodukten und der Mediengebrauch sind Handlungstypen, denen selbst normative Entscheidungen zugrunde liegen. Derartige Entscheidungen können sowohl analytisch wie präskriptiv behandelt werden, wodurch dann die theoretische Ebene festgelegt wird, auf der dieser Objektbereich verhandelt werden soll.

---

[4] So sind nicht nur fiktionale Medienprodukte oder etwa Talkshows tangiert, sondern ebenso der gesamte Informationssektor. Ähnlich bleibt Normativität nicht auf die Textebene beschränkt, sondern sie betrifft ebenso die Bildebene oder etwa die vorgesehenen Interaktionsmöglichkeiten. Daß in der medienethischen Diskussion einzelne Genres bevorzugt werden, hängt eher von der Evidenz, der Anschlußfähigkeit und Häufigkeit solcher normativen Momente ab, die durchaus genrespezifisch ungleich verteilt sind. Derartige Ungleichverteilungen rechtfertigen jedoch keineswegs den Rückzug der medienethischen Diskussion auf Medien-Skandale, sondern es handelt sich bei medienethischen Fragestellungen immer um ein grundsätzliches Problem medialer Darstellung.

In der medienethischen Diskussion sind durchaus Gewichtungen innerhalb dieses relativ umfassenden Gegenstandsbereichs festzustellen: Medienethische Konzepte vornehmlich publizistischer Provenienz kaprizieren sich wesentlich auf potentielle normative Regelungen der Medienproduktion und deren Legitimationschancen. Medienethische Konzepte, die sich auf Einzelmedien wie den Film, das Fernsehen oder das Internet konzentrieren, suchen so etwas wie eine produktorientierte Ethik zu entwerfen. Die massenmedialen Selbstreflexionen und institutionalisierten normativen Reflexe präferieren mediale Normverletzungen und enthalten sich folgerichtig jeglicher systematischen Betrachtungen, so dass Konsequenzen, die auch über die Regulierung von Einzelphänomenen hinausgehen, gar nicht erst in den Blick kommen. Der Rezeptionsprozess kommt allenfalls als Randaspekt in den Blick medienethischer Reflexionen, was sich offenbar einer verbreiteten negativen Einschätzung der Entscheidungsfähigkeit und damit der Subjektqualitäten des Rezipienten verdankt. Darüber hinaus ist die Legitimationsleistung einer sich auf den Rezeptionsprozess konzentrierenden Ethikkonzeption eher begrenzt, was darauf hindeutet, dass eben diese Legitimationsleistung zumindest eine der zentralen Funktionen der Medienethik darstellt.

3. Entwicklung von Paradigmen ethischer Theoriebildung

Wenn also Medienethiken im engeren Sinne sich dadurch kennzeichnen lassen, dass sie versuchen, ethische Theorien auf einzelne Ebenen des eben skizzierten Gegenstandsbereichs zu applizieren, und journalistische Selbstreflexionen sowie die institutionellen Legitimationsstrategien der verschiedenen Verbände dadurch zu beschreiben sind, dass sie versuchen, der medialen Produktion einzelne - in der Regel möglichst konsensfähige - Werte zuzuordnen, wobei diese Werte selbst wieder isolierte Elemente ethischer Theorien sind, dann wird die Bedeutung ethischer Theoriebildung für die Medienethik deutlich. Insofern macht einzig die Analyse normativer Muster in Medienprodukten einen Bereich der Medienethik aus, der sich nicht direkt von ethischen Theoremen ableiten lässt. Zur Einschätzung der Bestrebungen der Medienethik ist der Rekurs auf ethische Theoriebildung und deren Strukturen unerlässlich. Der Versuch ethischer Theorie, Handlungsnormen mit einer möglichst universalen Geltung zu konzipieren, die die Voraussetzung möglicher Sanktionierbarkeit darstellt, führte philosophische Ethiken bereits in der Aufklärung dazu, von konkreten Werten und Normen abzugehen und die theoretischen Entwürfe auf Normenkonzepte von Verfahren umzustellen. Die historische Abhängigkeit, ethnische Zentriert- und soziale Interessiertheit der jeweils einzelnen konkreten Wertmuster machte das Schicksal des ethischen Entwurfs abhängig von der Entwicklung des jeweiligen Bezugssystems, in dem diese Wertmuster funktionierten. Soziale und historische Verschiebungen führten notwendig zur Ablösung ethischer Theorieentwürfe. Ging so Locke noch von konkreten Geboten und Verboten aus, vorzugsweise solchen, die einer Stabilisierung des Handels förderlich waren, wie dem Verbot des Diebstahls[5], so war bereits ihm bewusst, dass die Geltung konkreter Werte nicht absolut war. Auch der Versuch, die Werte an ein „Naturgesetz" (Locke 1980, 77) zu binden, konnte die Notwendigkeit der Auseinandersetzung mit den kulturellen Differenzen von Wertmustern[6] nicht verhindern. Locke behilft sich mit einer Unterscheidung von absolut geltenden Werten und Werten, die nur in spezifischen Zusammenhängen und d.h. in Abhängigkeit von sozialen, kulturellen und situativen Parametern Geltung erlangen[7]. Die Skepsis, mit der Locke die Universalisierbarkeit von Werten einschätzt, macht deutlich, dass eine ethische Theorie, die einen wie auch immer gearteten Universalitätsanspruch verfolgt, kaum sinnvoll mit konkreten Wertsetzungen operieren kann. Konzepte hingegen, die sich auf die Verfahren der Beurteilung oder Normierung von Handlungen zurückziehen, sind von derartigen Relativierungen nicht ähnlich direkt betroffen. Kants peinliche Sorge bei der Konstruktion seines ethischen Konzepts, „von allen subjektiven Zwecken [zu] abstrahieren" (Kant 1977, 57), und die Bedachtsamkeit, mit der die Zweckfreiheit des Willens gefordert wird, sind Bedingungen einer potentiellen Universalität des Kantschen Sittengesetzes[8]. Diese im übrigen auch nicht bedingungslose Universalität, inhäriert ihr doch die Vorstellung von der formalen Gleichheit des bürgerlichen Rechtsvertragssubjekts und damit die diesem korrespondierenden Interessen[9], wird jedoch mit der Abstraktheit der ethischen Konstruktion und ihrer empirischen Uneinlösbarkeit[10] erkauft. Die

---

[5] „So ist und bleibt es zu allen Zeiten ein Verbrechen, wenn man einen Menschen mit gewaltsamen oder betrügerischen Mitteln um sein Eigentum bringt, und niemand kann sich mit dem Blut eines anderen beflecken, ohne damit Schuld auf sich zu laden." (Locke 1980, 79)

[6] „Vielleicht das einzige, worin alle Sterblichen sich einig sind, besteht darin, daß die Auffassungen der Menschen über die lex naturae und den Grund ihrer Pflichten vielfältig und mannigfach sind [...]." (Locke 1980, 77)

[7] So muß Locke, um den hierarchischen Aufbau der Gesellschaft und die Ungleichverteilung von Macht aufrechterhalten zu können, von einer Differenzierung von Pflichten und Werten in Abhängigkeit von der gesellschaftlichen Stellung des Subjekts ausgehen. Die schlechthin universale Geltung von Normen hat systematisch einen tendenziell egalisierenden Effekt, der nicht unbedingt den Interessen von Machteliten Rechnung trägt. Insofern ist dem Universalisierungsgrundsatz durchaus ein gewisses subversives Potential eigen.

[8] „Der kategorische Imperativ ist also nur ein einziger, und zwar dieser: handle nur nach derjenigen Maxime, durch die du zugleich wollen kannst, daß sie ein allgemeines Gesetz werde." (Kant 1977, 51)

[9] Das Bürgertum konstituierte sich gegenüber dem Adel als allgemeine, d.h. die Allgemeinheit vertretende Klasse und versuchte damit schichtenspezifische Interessen als universale auszugeben. So ist das auffallend massive Interesse an der Ächtung des Diebstahls z.B. bei Locke durchaus den ökonomischen Interessen des Bürgertums geschuldet; für Schichten hingegen, die über kein nennenswertes Eigentum verfügten, dürfte diese Norm eher störend sein.

[10] „In der Tat ist es schlechterdings unmöglich, durch Erfahrung einen einzigen Fall mit völliger Gewißheit auszumachen, da die Maximen einer sonst pflichtmäßigen Handlung lediglich auf moralischen Gründen und auf der Vorstellung seiner Pflicht beruhet habe." (Kant 1977, 34)

durch Kants Rückzug aufs transzendentale Subjekt zwangsläufig reduzierte pragmatische Bedeutung wird auch durch die Umstellung auf utilitaristische Konzepte, die das Gesellschaftssystem zum Bezugspunkt nehmen, nicht aufgehoben. Auch eine utilitaristische, d.h. eine am Gemeinwohl und an den Folgen normativer Handlungen ausgerichtete Ethik hat ebenso Schwierigkeiten, das Gemeinwohl, „das größte Glück insgesamt (Mill 1991, 20)" als universale Kategorie zu konstituieren wie die pragmatische Applikation plausibel und sicher zu gewährleisten. Wenn zudem noch die Probleme in Rechnung gestellt werden, die sich bei dem Versuch ergeben, deontologische[11] und utilitaristische Konzepte zu integrieren (vgl. Weber 1992 u. Habermas 1991), um die jeweils isolierte Perspektive der theoretischen Orientierung zu kompensieren, dann ist an systematischen Aporien ethischer Theoriebildung festzuhalten, dass einerseits die universalistische Konstruktion einer ethischen Theorie letztendlich als unrealisierbar angesehen werden muss und andererseits mit zunehmender Abstraktion das pragmatische Steuerungspotential der Theorie nachlässt. Horkheimers Konsequenz[12] besteht in einer radikalen Historisierung der Ethik und in einer Analyse der Interessen, die zu ihren normativen Modellen geführt haben. Damit jedoch zieht sich ethische Theorie weitgehend[13] aus der Konstruktion von präskriptiven Normensystemen und Verfahrensmodellen auf die Ebene einer historisierenden ideologiekritischen Analyse ethischer Theoriebildungen zurück, womit der Übergang zu einer Meta-Ethik geschaffen und das Feld ethischer Konstruktionen weitgehend verlassen wird. Auch die systemtheoretische Analyse des moralischen Diskurses (vgl. Luhmann 1993, 1997) nimmt faktisch einen meta-ethischen Standpunkt ein, wohingegen Konzepte wie das der Habermasschen Diskursethik (vgl. Habermas 1991 a, 1991 b) versuchen, die Universalität eines verfahrenstheoretischen Modells

---

[11] Deontologische Ethiken orientieren sich an der Motivation einer Handlung unabhängig von deren faktischen Effekten. Umgekehrt gehen utilitaristische Ethiken von den sozialen Effekten von Handlungen aus und normieren auf dieser Basis Handlungen. Max Webers Dualismus von Gesinnungs- und Verantwortungsethik versucht diese unterschiedlichen theoriestrategischen Konzepte auf einen pragmatischen Begriff zu bringen und gleichzeitig den konstitutiven Antagonismus ebenso pragmatisch aufzulösen, was ihm allerdings kaum gelingt. Luhmann arbeitet zur Kennzeichnung dieser strategischen Differenz mit den Begriffen Transzendentalismus und Utilitarismus (vgl. Luhmann 1993, S. 415 u. 419).

[12] „Es gibt kein ewiges Wertreich. Bedürfnisse und Wünsche, Interessen und Leidenschaften der Menschen ändern sich im Zusammenhang mit dem gesellschaftlichen Prozeß. [...] Verbindliche moralische Gebote bestehen nicht. Der Materialismus findet keine die Menschen transzendierende Instanz, die zwischen Hilfsbereitschaft und Profitgier, Güte und Grausamkeit, Habgier und Selbsthingabe unterscheide. Auch die Logik bleibt stumm, sie erkennt der moralischen Gesinnung keinen Vorrang zu." (Horkheimer 1968, 93)

[13] Horkheimer kehrt - theoretisch durchaus inkonsequent - zu moralischen Gefühlen und konkreten Werten wie Freiheit, Gerechtigkeit, Gleichheit und Liebe (Horkheimer 1968, 93 ff.) zurück und verschenkt damit implizit die bereits gewonnene Einsicht in die Unbegründbarkeit der Universalität von Normen.

durch eine Ableitung von diskurstheoretischen Universalien zu gewährleisten, womit Habermas zwar den Kantschen Rationalitätsbegriff kommunikationstheoretisch ergänzt, sich damit an der grundsätzlichen Problematik der Kantschen Ethik jedoch nichts ändert. Insofern kann davon ausgegangen werden, dass die Konstruktion einer Ethik, die mit einigem Recht Universalität für sich reklamieren kann, zumindest problematisch ist. Zudem lassen sich den einzelnen vorgeschlagenen ethischen Modellen stets spezifische Interessen nachweisen, was ihren Geltungsanspruch nachhaltig reduziert, so dass ihnen statt einer theoretischen lediglich eine legitimatorische Funktion zukommt.

4. Theoriemodelle der Medienethik

Werden nun einzelne dieser ethischen Konzeptionen auf den Bereich der Medien appliziert, so stellen sich aufgrund der skizzierten theoretischen Strukturen des Bezugssystems philosophischer Ethik grundsätzliche Probleme: Konkrete Verhaltensnormen für den Medienalltag setzten ebenso konkrete Werte zweifelsfreier Gültigkeit voraus. Nun kann man aber aus den angedeuteten systematischen Gründen auf solche verbindlichen Werte nicht zurückgreifen und wird sie in jedem Fall in keinem ethischen Modell ohne Widersprüche auffinden können, so dass konkrete Werte allenfalls über einen arg begrenzten Geltungsbereich verfügen, der aufgrund der Komplexität des Systems der Medien notwendig zu kurz greift und allenfalls einzelne Fraktionen zufrieden zu stellen vermag. Zudem fällt ein solches Modell theoriegeschichtlich auf das Niveau der Frühaufklärung zurück, was zu der reklamierten Modernität der Medien einen befremdlichen Kontrast bildet. Wird umgekehrt mit an Verfahren orientierten Ethiken operiert, so bleiben die Aussagen relativ abstrakt und die erhoffte Steuerungsleistung gering. Medienethiken dieses Typs nehmen zwar die ethische Theoriediskussion zur Kenntnis, und in dieser Hinsicht sind sie den journalistischen Selbstreflexionen und diversen Verhaltenscodices zweifellos überlegen, können jedoch das Universalitätsproblem ebenso wenig grundsätzlich lösen wie ihre jeweiligen Basistheorien und handeln sich zudem eine pragmatische Unhandlichkeit ein, die gerade die gesuchte Entscheidungssicherheit nicht zu bieten vermag. Insofern werden die aufgezeigten Probleme ethischer Theoriebildung durch die Applikation auf einen begrenzten Objektbereich keineswegs reduziert, sondern eher noch erhöht. Neben der grundsätzlichen Frage, ob im Kontext ethischer Theorie eine Begrenzung des Objektbereichs überhaupt zulässig ist, da dadurch Differenzen und Ungleichheit erzeugt - und ggf. Privilegien[14] verteidigt - werden, die sich nicht vollständig situativ auflösen oder ableiten lassen, stellt sich das Problem einer Systematisierung von Handlungsrollen oder Produktstrukturen im Medienbereich, das kei-

---

[14] Angefangen bei der rechtlichen Sonderstellung bis hin zu Neuwagenrabatten.

nesfalls als gelöst betrachtet werden kann. Die Synthetisierung zweier Theoriemodelle - Ethik und Medientheorie - setzte nicht nur das Funktionieren eben dieser
Modelle voraus, was keineswegs als gegeben angenommen werden kann, sondern
zusätzlich noch die Kompatibilität der involvierten Theorien. Es kann jedoch weder
von einer unumstrittenen allgemeinen Medientheorie ausgegangen werden, die Organisationsstrukturen oder Handlungsrollen in den Medien zweifelsfrei erklärte und
strukturierte, noch besteht Konsens über eine allgemeine Ethik, so dass der theoretische Status der Kombinationen oder Applikationsversuche notwendig noch um einen
erheblichen Grad prekärer ausfällt. Dies gilt nicht nur für ihre ethischen, sondern
insbesondere auch für ihre medientheoretischen Voraussetzungen, die oftmals nicht
expliziert werden.

4.1. Hermeneutische Medienethik

Boventer beschäftigt sich mit der Applikation ethischer Theoreme auf die medialen
Produktionsbedingungen, wobei ihm insbesondere der Journalismus als ethisch
virulent erscheint. Allerdings wird eine klare Objektbestimmung vermieden: So
finden sich neben Erwägungen zu einer Institutionenethik Annahmen zu journalistischen Fragestellungen und zur ethischen Sensibilität des Publikums. Boventer appliziert keine singuläre ethische Theorie auf die Medien, sondern geht von einer Bestimmung der Handlungsrolle des Journalisten aus und sucht dieser dann per se
ethische Theoreme und Qualitäten zuzuweisen. Der Journalist „...ist der „Herme-
neut" unserer Massen- und Medienkultur." (Boventer 1984, 27) und „Kommunikation, Massen-Kommunikation ist ein Handeln mit dem Ziel der Verständigung. Dies
ist kein wissenschaftliches, sondern ein ethisches und „politisches" Ziel, ein hohes
Gut, das dem allgemeinen Besten dienen soll, [...]." (Boventer 1984, 27) Boventer
unterstellt so modernen Gesellschaften eine essentielle Komplexität, die zuallererst
aufgeschlüsselt werden müsse, bevor sie allgemein und d.h. dem Rezipienten ein-
sehbar werden könne. Die Funktion des Journalisten bestehe in eben dieser Decodierung und die besondere ethische Brisanz verdanke sich der implizit unterstellten
konstitutiven Differenz der Einsichtsfähigkeit von Journalisten und Publikum. Dem
Journalisten kommen insofern geradezu paradigmatisch jene Subjektqualitäten zu,
die Ethik immer schon voraussetzt[15], das Publikum bleibt bloßes Objekt der Veranstaltung mit entsprechend geminderter Entscheidungsfähigkeit. Ganz abgesehen
davon, dass diese unterstellte Autonomie des journalistischen Subjekts so ziemlich
alle organisatorischen und institutionellen Rahmenbedingungen journalistischen

---

[15] Ohne Handlungsautonomie ist Verantwortung nicht denkbar und das bedeutet, daß Ethik notwendig
Entscheidungsfreiheit voraussetzt. Wird diese Autonomie nur dem Journalisten zugebilligt, so sind die
Rezipienten notwendig als von den Medien determiniert und daher unfähig zu autonomen ethischen
Entscheidungen zu betrachten.

Handelns ignoriert, dürfte die entscheidende Differenz zwischen Journalisten und Publikum, nämlich die von ethischem Subjekt- und Objektstatus, kaum mit den ethischen Referenztheorien in Übereinstimmung zu bringen sein. „Wer versteht, gewinnt Freiheit in der Erkenntnis über sich selbst und die anderen. Ein verstehender Journalismus ist ein freier und ein menschlicher Journalismus." (Boventer 1984, 119) Somit werden der Subjektstatus qua Freiheit und die Funktion des Journalismus zirkulär auseinander abgeleitet, was den fragilen argumentativen Status einer solchen Medienethik deutlich werden lässt. Zugleich wird zum Zwecke der Legitimation die normative Stellung des Journalisten an die normativen Orientierungen des sozio-historischen Bezugssystems gekoppelt: „Der Journalismus, den wir vorfinden, ist mit der Wirklichkeit unserer realen Freiheit, die in der Demokratie als Meinungsäußerungsfreiheit nachweisbar ist, weitgehend identisch." (Boventer 1984, 30) Die ethische Valenz des Journalismus wird insofern gar nicht erst analysiert, sondern schlicht vorausgesetzt. Begleitet wird diese Engführung von Journalismus und Ethik von zahlreichen anthropologischen Annahmen, die von der Neugier (Boventer 1984, 54), vom „Vorrang des Geistigen" (Boventer 1984, 67) über den „Interpretationscharakter unseres Lebens" (Boventer 1984, 71) bis zur wechselseitigen Bestimmung von Freiheit und Sprache (Boventer 1984, 105) reichen. Die konstitutive Idealisierung, die einer solchen medienethischen Konzeption notwendig eigen ist, erstreckt sich bis auf die mediale Konstruktion von Wirklichkeit: „In der Un-Bedingtheit kann es weder „falsche" noch „wahre" Nachrichten geben. Erst durch den Wirklichkeits- und Wahrheitswillen eines begrenzten Subjekts werden sie zu solchen, entstehen Objektivität, Vertrauen oder Wahrhaftigkeit [...]." (Boventer 1984, 138) Die Funktion des Journalismus besteht nach Boventer in einer Sinnsetzung[16] und damit in einer paradigmatischen Komplexitätsreduktion von gesellschaftlichen Systemen. Konkrete Wertmuster werden nur im Interesse einer Erhöhung der Anschlussfähigkeit von journalistischer Handlungsrolle und Gesellschaftssystem gebraucht, die konstitutive Qualität wird jedoch über eine verfahrensorientierte Verschränkung von Handlungsrolle und ethischer Bedeutsamkeit erzeugt. Da dieses medienethische Konzept über eine schlichte Applikation einer ethischen Theorie auf den Medienbereich hinausgeht, indem einerseits die besondere ethische Valenz des Journalismus zu demonstrieren versucht und diese zugleich über isolierte Theoreme unterschiedlicher Ethikmodelle angereichert wird, entstehen neben Selektionsproblemen aufgrund der Kombination grundlegend verschiedener ethischer

---

[16] „Unter Sinn verstehen wir, was das Wirkliche in sich selbst verstehbar und erstrebenswert macht. Dadurch wird die Wirklichkeit dem Menschen zugänglich gemacht. ... Der Mensch ist in sich selbst Zweck in seinem Fragen nach dem Unbedingten. Der Mensch ragt in eine andere, höhere Ordnung hinein, worin die Welt „selbst erst zu ihrem vollen Dasein und Wert kommt". Der Mensch ist Mit-Schöpfer an der Wirklichkeit aus der besonderen Kraft seines Geistes." (Boventer 1984, 156)

Modelle auch Kompatibilitätsprobleme, die noch nicht einmal ansatzweise reflektiert werden. Boventers medienethische Bemühungen konzentrieren sich darauf, den Journalismus als Sinnproduktion per se mit ethischer Bedeutsamkeit zu versorgen. Konkrete Margen und Normen, die Urteile über die Sinnentwürfe und damit die mediale Produktion zuließen, sind auf dieser Basis nicht zu entwickeln, so dass die Leistung medienethischer Theorie allenfalls in einer Legitimation der bestehenden Praxis besteht.

4.2. Systemtheoretische Medienethik

Demgegenüber suchen Rühl und Saxer der Komplexität des Mediensystems zumindest strukturell gerecht zu werden: Sie gehen nicht nur von einer Komplexitätssteigerung des Gesellschaftssystems, sondern von einem vergleichbaren Prozess auch innerhalb des Mediensystems aus, denen ethische Reflexionen Rechnung zu tragen hätten. Zudem schließe der Wertepluralismus moderner Gesellschaften einheitliche normative Maßstäbe und damit Codices, wie sie vom Presserat vorgehalten werden, aus. Zugleich laufe ein System, das über keine Selbstregulationsmechanismen verfüge, Gefahr, sich Verrechtlichungstendenzen auszusetzen und damit neue juristische Normen zu provozieren. Insofern müsse eine Medienethik in der Spannung von Komplexität und Verrechtlichung situiert werden und in der Lage sein, mit diesen Anforderungen umzugehen.

Ausgehend von der Komplexität des Mediensystems und der Feststellung, dass diesem System kein einheitlicher Maßstab zugeordnet werden könne, bleibt dann nur noch die Konsequenz von Partialethiken, die für einzelne Subsysteme, etwa den Boulevardjournalismus, separat entworfen werden müssten. Eine Grenze der sukzessiven Aufsplittung von Ethiken und damit die Aufrechterhaltung wenigstens einer bedingten Verbindlichkeit solcher dissoziierten Normenkataloge lässt sich kaum festlegen, da dazu jegliches Kriterium fehlt. Die von Rühl und Saxer offerierte systemtheoretische Beschreibung des Mediensystems kann sich, solange sie deskriptiv und meta-ethisch vorgeht, Idealisierungen und Wertsetzungen enthalten. Sie nimmt dabei wenigstens elementar die Ausdifferenzierungen des Medienbereichs zur Kenntnis. Allerdings lassen sich auf dieser Basis eben auch keine Normen einigermaßen verbindlich entwerfen, geschweige denn in eine Medienethik integrieren, die als *„eine Ethiktheorie für Kommunikation einzubetten* [ist] *in die durch konkrete Personal- und Sozialsysteme konstituierten Situationssysteme, die sich wiederum in einer gesellschaftlichen Gesamtlage (soziale Umwelt) spezifischer Kulturen befinden."* (Rühl & Saxer 1981, 487) Die Komplexität des Gegenstands schreibt sich in der Differenzierung unterschiedlicher Ebenen der Theorie notgedrungen fort, was neuerlich die Frage nach der pragmatischen Leistungsfähigkeit eines solchen Ansatzes aufwirft. Da ein solches medienethisches Konzept sich in einer Vielzahl normativer Entwürfe jeweils für ein Subsystem zu verlieren droht, suchen Rühl und Saxer

mittels des Achtungsbegriffs wenigstens eine minimale Gemeinsamkeit der medienethischen Partialkonzepte zu gewährleisten. „Funktion der Ethik ist es, die Bedingungen für wechselseitige Achtbarkeit, für die Achtung anderer und für Selbstach-
tung zu garantieren, um damit für die laufende Stabilisierung der verschiedenen
Kommunikationsverhältnisse zwischen den verschiedenen situativen System-
Konstellationen personaler und sozialer Systeme zu sorgen." (Rühl & Saxer 1981,
488) Dass der Achtungs- und Anerkennungsbegriff selbst wiederum nicht als univer-
sales Prinzip begründet zu werden vermag[17] und damit genau die Sollbruchstelle von
mit konkreten Werten operierenden Ethiken heraufbeschwört wird, markiert zugleich die systematische Grenze der Überlegungen Rühl und Saxers. Darüber hinaus
besteht ein eklatanter Widerspruch zwischen einer vergleichsweise treffenden
Beschreibungsleistung des systemtheoretischen Ansatzes und dem gleichzeitig offenbar relativ geringen Steuerungspotential, der systematisch kaum aufzulösen zu
sein scheint, zumal er bereits auf der Ebene philosophischer Ethiken zu konstatieren
war. Sicher jedoch dürfte er nicht durch den Rekurs auf konkrete Werte zu kompensieren sein, so dass keineswegs der „Grund für die Ethik eines freiheitlichen Journalismus und Mediensystems in der mitmenschlichen Achtung" (Rühl & Saxer 1981,
488) gefunden werden kann, sondern den Strukturen des Systems selbst entnommen
werden müsste, die aber, so wenigstens lautet eine Konsequenz dieses Ansatzes,
allenfalls einen Status quo beschreiben können und nicht in der Lage sind, dessen
Erhebung zum Soll-Zustand, d.h. zur Norm bzw. zum ethischen Prinzip zu begründen[18]. Gleichzeitig macht Saxer jedoch darauf aufmerksam, dass es offenbar einen
Zusammenhang zwischen der Ausdifferenzierung des Mediensystems und einer
synchronen Pluralisierung der Öffentlichkeit (Saxer 1985, 45) gibt, der über normative Entsprechungen reguliert wird. Das bildet eine Grundlage für die normative
Analyse von Medienprodukten, die in Beziehung zu den normativen Erwartungen
spezifischer Teilöffentlichkeiten gesetzt werden.

4.3. Publizistische Medienethiken

Weischenberg geht von einem gedoppelten Anforderungsprofil der Medien aus: Sie
sind sowohl „soziale Institutionen" als auch Industrie. Daraus resultiert ein Antagonismus von an den sozialen Status gekoppelten Wertmustern „wie z.B. Vernunft,
Freiheit, Wissen, Mündigkeit" und ökonomischen Interessen. Aus dieser „eingebau-
te(n) Schizophrenie" (Weischenberg 1994, 451) leitet Weischenberg epistemologi-

---

[17] So weist schon Luhmann auf die Historizität des Achtungsbegriffs hin. (vgl. Luhmann 1993, 364 f.)

[18] „Das Wichtigste wird daher für die Herausbildung einer Ethiktheorie sein und bleiben, den Weg der
wissenschaftlich reflektierten, verantworteten werthaften und normativen Orientierung zu beschreiten,
um so Bedingungen für Mitmenschlichkeit unter der Zielvorstellung der Achtung zu schaffen - ohne
sie zu verheißen." (Rühl & Saxer 1981, 504) Gerade aber in diesem normativen Zentrum versagt die
Begründungsleistung des Konzepts, es bleibt bei einer bloßen Setzung.

sche Forderungen an eine ethische Reflexion ab. Die Differenzierung normativer Urteile allein kann nicht als Grundlage ethischer Theorie[19] akzeptiert werden. Gegenstand ethischer Reflexion sind die Differenzen, die in der Relation von Subjekt und System appliziert werden. Von daher kann es vornehmlich nur um eine Beschreibungs- und nicht um eine Normierungsleistung gehen. Konsequent analysiert Weischenberg auch das journalistische Selbstbild[20] (Weischenberg 1995), was ihn jedoch nicht von dem strukturellen Problem freistellt, dass aus Beobachtungen normativen Verhaltens oder normativer Selbsteinschätzungen sich grundsätzlich keine präskriptiven Normen ableiten lassen. Kompensiert wird diese systematische theoretische Lücke mit einem bloß formalen Verantwortungsbegriff (Weischenberg 1995, 238). Die Entsubstantialisierung der Verantwortung, d.h. ein rein formaler Verantwortungsbegriff ruft dann schlichte Leerformeln auf den Plan, die einzig dem Imperativ gehorchen, dass es doch irgend etwas in der Art geben müsse: „ethisches Handeln als ‚verantwortlichen Umgang mit der Wirklichkeit' (Weischenberg 1995, 236) und „ethisches Verantwortungsbewusstsein" (Weischenberg 1995, 238) funktionieren, solange keine Kriterien für die Verantwortung angegeben werden können, allenfalls pathetisch und damit als ideologische Legitimation[21] des journalistischen Systems. Dabei nimmt der Reflexionshorizont eines Systems Journalismus bereits wieder jene Binnendifferenzierungen zurück, zu denen sich Rühl und Saxer durchgerungen hatten, so dass auch in dieser Hinsicht Weischenbergs Konzeption als unterkomplex einzuschätzen ist. Dieses Konzept einer Verantwortung an sich, an dem eher intuitiv denn reflektiert festgehalten wird, lässt sich zudem auch pragmatisch kaum begründen: „Organisatorisches Handeln, ..., bedeutet nicht die Entlassung des einzelnen Journalisten aus der Verantwortung für die Leistungen des sozialen Systems Journalismus. Aktuell weist dieses System Legitimations- und Glaubwürdigkeitsprobleme auf. Bei ihrer Lösung geht es aber nicht um die Erfül-

---

[19] „Angesichts dieser Situation, die im Bereich Kommunikation als „Informationsgesellschaft" etikettiert wird, weist der etablierte Ethik-Begriff eine zu geringe Komplexität auf. Er stammt aus der Gedankenwelt von Philosophen früherer Jahrhunderte. [...] Aus dieser Gedankenwelt [...] stammt auch das nach wie vor hochgehaltene Verständnis von journalistischer Objektivität." (Weischenberg 1994, 452f.)

[20] Daß ein derartiges Selbstbild selbst in einem reflexiven Zirkel gefangen ist und wenig über die faktische Medienproduktion aussagt, zumal die von Weischenberg angelegten Kriterien sich weitgehend an denen der kritisierten Institutionen, dem Presserat, orientieren, und die Untersuchung von daher allenfalls eine Verstärkungswirkung, kaum aber analytische Ergebnisse zu erzeugen vermag, entgeht Weischenberg weitgehend. Dies verwundert um so mehr, als der Umgang mit autopoietischen Strukturen zur erklärten erkenntnistheoretischen Grundlage des Konzepts gehört.

[21] Insofern weist Weischenbergs Ansatz Strukturmuster, nämlich das Operieren mit einer imaginären „Referenzinstanz" (Weischenberg 1995, 236) auf, die er andererseits explizit ablehnt. Im übrigen widerspricht auch die Orientierung an „Medien-Unfällen" (Weischenberg 1995, 223f.) dem strukturellen Erkenntnisinteresse und ist weitaus eher geeignet, ein legitimatorisches Interesse abzudecken.

lung von absoluten Forderungen nach Wahrheit, Moral oder Objektivität, sondern um jeweils angemessene, nützliche und zuverlässige Wirklichkeitsentwürfe in der modernen Gesellschaft." (Weischenberg 1994, 454) Trotz der offensichtlichen Tendenz zur meta-ethischen Beschreibung normativer Strukturen, die sich sowohl Weischenbergs als auch Rühls und Saxers Überlegungen entnehmen lässt, schrecken sie vor der zwangsläufigen Konsequenz zurück, präskriptive Entwürfe schlicht fallen zu lassen.

Insofern lässt sich das Interesse an konkreten Richtlinien und Verhaltenscodices selbst von allgemeinen Medienethiken kaum - wenigstens nicht begründet - befriedigen. Das gilt nicht minder für normative Modelle, die sich an einzelnen Handlungsrollen im Mediensystem orientieren und ihre normative Valenz reflektieren. Hierbei dominiert zunächst eindeutig der Journalismus (vgl. Erbring u.a. 1988; Dirks 1989; sWilke 1989; Boventer 1989; Wild 1990; Kiefer 1990, Haller, Holzhey 1992; Weischenberg 1994, 1995), was für einen vergleichsweise engen Begriff von Normativität spricht, der die Bedeutung fiktionaler Medienproduktion ignoriert. Weitere Handlungsrollen im Mediensystem, die reflektiert werden, sind: der Presseverleger (vgl. Fleck 1985) oder aber Generalisierungsversuche, die „Reporter, Redakteure; Programmdirektoren, Intendanten" zur Gruppe der „Medienproduzenten" oder „Medienschaffenden" (vgl. Rosenthal 1989, 139) zusammenzufassen suchen und damit die vergleichsweise engen Grenzen einer publizistisch orientierten Diskussion verlassen. „Die Öffnung bedeutet zugleich eine Hinwendung zur Tradition der Medien, die eine Tradition der Künste ist." (Rosenthal 1989, 139) Damit folgt der Öffnung prompt die neuerliche Limitierung, lassen sich doch große Teile der Medienproduktion[22] weder mit publizistischen noch mit originär ästhetischen Kriterien fassen. Ganz davon abgesehen erweisen sich an der ästhetischen Produktion orientierte Begriffe wie der des „Werks" den medialen Produktionsbedingungen und den Modalitäten kollektiver, industrieller Produktionsformen gegenüber als unangemessen. Zudem bleiben die produktionsorientierten Ethiken weitgehend skandal- und tabufixiert, was das dominante Interesse an einem möglichst störungsfreien Funktionieren der Medienproduktion deutlich werden lässt.

Was damit für eine generelle Medienethik übrig bleibt, wäre eine generelle Analyse der Funktionen normativer Strukturen im Mediensystem, ohne diese bewerten zu können. Insofern besteht eine systematische Kluft zwischen journalistischem Rechtfertigungsverlangen, den Normierungsinteressen der Berufsverbände und den

---

[22] Die gilt z.B. für die ins selbstreflexive Gerede gekommenen Genres der Talkshow, Reality TV, Doku-Drama, Doku-Soaps und die Werbung, wobei gerade die Bewertung der letzteren über journalistische Reflexe nicht hinausgekommen ist und sich nicht zum Objekt theoretischer Analysen aufschwingen konnte.

potentiellen Leistungen einer Medienethik, die diese Interessen wohl zu analysieren, nicht aber zu regulieren vermag.

4.4. Produktorientierte Medienethiken

Von diesem systematischen Problem können sich auch produktorientierte Medienethiken[23] nicht freimachen. So verfolgt Hausmanninger die normativen Debatten um den Film von der Kinoreformbewegung über die faschistische Kinopolitik bis zur Keilhackerschule der 50er Jahre und sucht in diesem Kontext differenziert und materialreich den Konnex von normativen Diskursen und sozio-historischen Interessen nachzuzeichnen. Sobald er jedoch dazu übergeht, selbst „Bausteine für eine modernitätsgerechte Medienethik" (Hausmanninger 1992, 531 ff.) zu entwerfen, handelt sich Hausmanninger die obligatorischen Aporien ein, was durch den synchronen Versuch, religiöse Wertmuster[24] als medientauglich zu erweisen, noch verschärft wird. Die Muster, mit denen hier gearbeitet wird – „Der Mensch als Person und Bild Gottes: Die theologisch-anthropologische Verankerung des autonomen Subjekts und seiner Würde." (Hausmanninger 1992, 501) -, versuchen die Subjektphilosophie theologisch zu unterlaufen und sie als immer schon eigentlich theologische in einer entsprechenden Axiomatik zu fundieren. Dass sich die Säkularisierung des Subjektbegriffes, die konstitutiv für seine philosophische Karriere war, nachhaltig von eben dieser Axiomatik verabschiedete, wird dabei weitgehend ignoriert. Die Strategie, die Tradition ethischer Theoriebildung mit einem genehmen Ursprung zu versehen, begibt sich dabei aber gleichzeitig ihres kritischen Potentials: Die Tradition selbst wird notwendig anerkannt, um sie eingemeinden zu können. Dem affirmativen Gestus entgehen nur Theoreme, die wie die Frankfurter Schule (vgl. Hausmanninger 1992, 397 ff.) die Tradition selbst in Frage zu stellen drohen. Damit aber benimmt sich Hausmanningers „modernitätsgerechte Medienethik" jeglichen kritischen Potentials: Das dominante Beweisziel ist, dass der theologische Wertapparat überhaupt noch im Spiel ist. Insofern fällt das Ganze, sofern es eben nicht historisch ist, als eine Eloge auf die bestehenden Medienverhältnisse - zumindest was das Medium Film anbelangt - aus. Das theoretische Steuerungspotential wird von daher bereitwillig aufgegeben, sofern nur die Zusicherung Bestätigung findet, dass man noch am

---

[23] Gemeint sind Medienethiken, die sich nicht vorwiegend mit Entscheidungssituationen bei der Produktion von Medien und deren organisationsspezifschen Voraussetzungen oder aber normativen Fragen einzelner Handlungsrollen in den Medien beschäftigen, sondern Medienethiken, die sich auf normative Aspekte von Einzelmedien wie Film, Fernsehen etc. konzentrieren und diese anhand konkreter Medienprodukte reflektieren.

[24] „In der Tat bedarf es auch für die theologisch-ethische Konstruktion einer modenitätsgerechten Medienethik einer Grundlagenaxiomatik, die zentrale Prinzipien und anthropologische Grundoptionen fixiert. [...] Im Bereich der theologischen Ethik vielmehr liegen modernitätsgerechte Entwürfe bereits vor, die in ihren Basisaxiomen zudem übereinstimmen und ein konsistentes rationales Ethikkonzept vorstellen." (Hausmanninger 1992, 500)

Steuer sei. Dass das Ganze dann noch zusätzlich juristisch rückversichert und damit aus Gründen der „Praxisrelevanz" (Hausmanninger 1992, 500) ein zweites - eben das juristische - Steuerungsinstrument ins Spiel gebracht wird, macht das Interesse deutlich, wenigstens in der Diskussion zu bleiben, wiewohl man nicht mehr zu sagen hat, als dass das Bestehende gut ist, so wie es nun einmal ist. Insofern schlägt Hausmanningers profunde historische Analyse um in eine affirmative Legitimationsofferte, die im übrigen das Produkt selbst, den Film, befremdlich ungeschoren lässt, begnügt Hausmanninger sich doch mit einem Gegenstandsbereich, der ausschließlich die Diskurse über den Film umfasst.

Kottlorz, der eine ebenfalls produktorientierte Medienethik für das Fernsehen zu entwerfen sucht, meint, die These der Normativität von Fernsehunterhaltung sei eine Aussage, die einer empirischen Überprüfung bedürfe. Er unterscheidet dabei nicht die bloße Präsenz von Wertmustern und die theoretische Begründung einer positiven Bewertung von Fernsehunterhaltung. Der erste Aspekt ist schlicht selbstverständlich, bei dem zweiten besteht auch bei Rückgriff auf die von Kottlorz ebenfalls präferierten theologischen Wertmuster (Kottlorz 1993, 160 f.) kaum Aussichten auf eine einigermaßen zuverlässige Begründung. Zudem müssen zuvor die ideologiekritischen Einschätzungen der gesellschaftlichen Effekte des Mediensystems positiviert oder zumindest relativiert werden, um unbefangen zur Affirmation der Fernsehunterhaltung übergehen zu können. Da der deskriptive Teil einem Missverständnis unterliegt, operieren doch jegliche Medienprodukte notwendig mit Wertmustern, und der normative Part nicht funktioniert und sich zudem auch noch medientheoretisch nicht unproblematischer Aussagen[25] mit dem Ziel bedient, die Affirmation des bestehenden Mediensystems in jedem Fall zu gewährleisten, ist die Relevanz des Konzepts vergleichsweise bescheiden.

4.5. Rezeptionsorientierte Medienethiken
Dass Medienorganisationen und Medienprodukte den Objektbereich der medienethischen Diskussion dominieren, spiegelt zunächst schlicht Machtverhältnisse und

---

[25] „Vor allem kompensiert das Fernsehen die rationalistischen Strukturen unserer Gesellschaft." (Kottlorz 1993, 162) „Die 90-120-minütige Filmrezeption ermöglicht eine der Kontemplation ähnliche Auseinandersetzung mit der Wirklichkeit." (Kottlorz 1993, 121) „Durch die Errettung der physischen Realität vermag der Mensch wieder mehr zu sich selbst und so zu spiritueller Reife [zu] finden." (Kottlorz 1993, 105) „Zum anderen erhielt die Fernsehunterhaltung durch die nahezu ausnahmslos bildfeindliche und rationalistische Haltung und durch das eindimensionale Menschenbild der Gesellschaftskritiker [der Frankfurter Schule; R.L.] das Stigma des Seichten und damit ihre bekannt negative Etikettierung." (Kottlorz 1993, 67) Aufgrund Kottlorz' verfehlter Gegenstandskonstruktion ergibt sich der Zwang, Unterhaltung als prinzipiell 'gut' erweisen zu müssen, da es nicht mehr um einzelne normative Muster, sondern um die normative Valenz eines Mediums, die empirisch unter Beweis gestellt und theoretisch abgesichert werden soll, geht. Die brisante Mischung von 'Medienontologie' und theologischer Ethik kann dabei wie bei Hausmanninger nur affirmativ verfahren.

damit Subjekt-Objekt-Relationen wider, wobei das Objekt per se, d.h. eben als Nicht-Subjekt und damit nicht entscheidungsfähig, aus einer ethischen Diskussion herausfällt. Zugleich aber dürfte diese Aussparung des Publikums auch ein indirekter Reflex der Schwierigkeit darstellen, mediale Rezeptionsprozesse theoretisch so hinreichend zu strukturieren, dass normative Einflüsse analysiert werden können. Diese können entweder deskriptiv und damit ohne Steuerungspotential erfasst werden oder aber sie werden als präskriptive Entwürfe konzipiert, wobei dann wieder die obligatorischen Begründungsschwierigkeiten auftauchen, die für die allgemeinen Ethiken gelten. Christians operiert in einem ersten Zugriff mit einem Modell „kollektiver Verantwortung" (Christians 1989, 258), das aufgrund eines fehlenden substantiellen Bezugs sich weitgehend auf den Imperativ reduziert, dass soziales Handeln verantwortbar sein solle. Die „umfassende Pflicht der Öffentlichkeit, soziale Prozesse wie die gesellschaftliche Kommunikation zu überwachen" (Christians 1989, 258), bleibt solange bloß formal, solange nicht Parameter für deren Überwachung angegeben werden können. Damit wird dann jedoch nicht mehr gesagt, als dass auch bei der Medienrezeption Entscheidungen anhand normativer Kriterien getroffen werden und dieser Bezug zwischen Kriterien und Handlung bewusst verlaufen solle. Dieser Aufforderung zu bewusstem normativen Handeln wird zudem noch anthropologisch abgesichert, eine Strategie, die selbst begründungsbedürftig ist und das um so mehr, als selbst Tautologien für notwendig befunden werden, um dem Argument Plausibilität zu verleihen: „Weil wir grundsätzlich immer schon verantwortungsvolle Wesen sind, handeln Designer, Manager, Werbeleute, Wissenschaftler, Regierungsbeamte, Ökonomen, Lehrer und andere zuallererst aus einem Gefühl der kollektiven Verantwortung heraus, das im Menschsein begründet ist." (Christians 1989, 262) Dass selbst in diesem Kontext das Publikum unter „anderen" rangiert, macht die Reserven deutlich, die gegenüber einer Anerkennung des Subjektstatus der Rezipienten bestehen. Zudem droht eine Rezipientenethik die produkt- und produktionsorientierten Varianten medienethischer Modelle systematisch zu begrenzen, korrespondiert einem zunehmenden Gewicht des Publikums doch ein Verfall der Relevanz der Entscheidungen im Produktionsbereich und d.h. eben auch eine Minderung der handlungsrollengebundenen Verantwortung und der korrespondierenden Mythen. Damit reduzierte sich aber zugleich auch das Gewicht der Legitimationsofferte der Medienethik gegenüber dem Mediensystem.

4.6. Institutionalisierte Medienethik

Die dominante Funktion der institutionalisierten medienethischen Reflexe, wie sie von Presse- und Werberat sowie der FSK und der FSF zur Verfügung gestellt werden, operieren systematisch zwischen dem juristischen und dem normativen Steuerungssystem mit dem entscheidenden Interesse, einer weitergehenden „Verrechtlichung" durch begrenzte Eigensteuerung vorzubeugen. Die Vorteile einer Eigensteuerung werden über die höhere Flexibilität und eine schnellere Reaktion auf einen gesellschaftlichen Wertewandel begründet, faktisch geht es jedoch um eine interessengeleitete Steuerung der Gesetzgebung: „Erstmals wurde gerichtlich festgestellt, dass die Verhaltensregeln des Werberats verbindliches Standesrecht der Werbewirtschaft sind. Seitdem müssen werbende Firmen, deren Werbung gegen Verhaltensregeln des Werberats verstößt, nicht nur mit einer Beanstandung durch das selbstdisziplinäre Gremium rechnen, sondern auch mit gerichtlicher Ahndung." (Jahrbuch Werberat 1997, 43) Dem juristischen Steuerungsinstrumentarium wird insofern nur solange misstraut, solange man nicht die Verfügung über dessen Kriterien besitzt. Normative Reflexe der Verbände operieren also auf dem Feld einer möglichst moderaten präventiven Selbststeuerung[26] und lassen sich allenfalls bei ,Unfällen' zu zurückhaltenden Interventionen im Interesse einer Vermeidung von Reibungsverlusten und Erhaltung des juristischen Status quo hinreißen. Strukturelle Überlegungen bleiben konzeptionell und systematisch ausgeschlossen.

Von daher greift die Interessengeleitetheit bei der Gegenstandskonstituierung der Medienethik nachhaltig ein und führt dazu, dass die normative Normalität, d.h. die gängigen und fortgesetzt reproduzierten normativen Muster von Medienprodukten, weitgehend unreflektiert bleibt. Allerdings ließe eine solche Erweiterung des Objektbereichs eine nachhaltige Veränderung des theoretischen Instrumentariums, nämlich den Übergang zu einem meta-ethischen Theoriedesign, erforderlich werden, was allenfalls in ersten Ansätzen zu beobachten ist. Mit diesem analytischen Interesse verabschiedete sich Medienethik jedoch zugleich von einem präskriptiven Steuerungspotential und den notorischen Legitimationsofferten.

---

[26] Vgl. zur Effektivität der Selbstkontrolle im Pressebereich Weyl 1988, 152 f.

Bernd Holznagel & Babette Kibele

Medienrecht

Medienrecht ist zunächst ein Sammelbegriff für unterschiedlichste gesetzliche Regelungen. Zum Medienrecht zählen die ordnungspolitischen Rahmenbedingungen für Presse, Film, Rundfunk und neue Medien ebenso wie die rechtlichen Grundlagen der alltäglichen journalistischen Praxis. Hier sorgt das Recht vor allem für die nötige Balance zwischen den Interessen des einzelnen und denen der Anbieter. Das Medienrecht als Ganzes setzt sich zusammen aus medienspezifischen, insbesondere presse- und rundfunkrechtlichen Vorschriften, sowie aus der Vielzahl derjenigen bundes- und landesrechtlichen Normen, die Einfluss auf die Tätigkeit von Medienunternehmen, Journalisten oder Redakteuren haben. Im Zuge der allgemeinen Globalisierung und der zunehmenden Europäisierung des Rechts wirken sich mehr und mehr auch internationale Regelungen auf die nationale Mediengesetzgebung aus. Konsequenzen für die gesetzliche Regulierung haben darüber hinaus die Digitalisierung der Medien und der damit einhergehende technologische Fortschritt. Immer neue Kommunikationsdienste – Stichwort: Multimedia – stellen die rechtlichen Rahmenbedingungen vor immer neue Herausforderungen. Das Medienrecht bildet somit keine fest umrissene Rechtsmaterie, sondern vielmehr ein sich stetig weiterentwickelndes und verschiedenste Bereiche umfassendes System.

1. Das Nationale Medienrecht

1.1 Die verfassungsrechtliche Basis

Die *Kommunikationsfreiheit*, als ein wichtiger Grundsatz staatlicher Demokratie, wird in der Bundesrepublik Deutschland verfassungsrechtlich gewährleistet in Art. 5 Abs. 1 Grundgesetz (GG). Die Freiheit individueller Meinungsäußerung sowie die Freiheit, sich ungehindert aus allgemein zugänglichen Quellen informieren zu können, werden als Grundrechte der Individualkommunikation über Art. 5 Abs. 1 S. 1 GG geschützt. Das Recht der Medien entspricht vor allem dem in Art. 5 Abs. 1 S. 2 GG verankerte Recht der Massenkommunikation. Die in Satz 2 garantierten Medienfreiheiten sind einzustufen als die Freiheit publizistischer Vermittlung durch ein Massenmedium (Hoffmann-Riem 1994, 206 f.). Im Wortlaut der Norm unmittelbar genannt werden die drei traditionellen Erscheinungsformen: Presse, Rundfunk und Film. Zusätzlich zu diesen unterstehen aber auch neue Formen massenmedialer Kommunikation dem verfassungsrechtlichen Schutz. Die Einordnung *multimedialer* Angebote unter die Kommunikationsfreiheiten des Art. 5 Abs. 1 GG, beispielsweise die verschiedenen via Internet abrufbaren Dienste, wird kontrovers diskutiert. Sie

werden teilweise der Individualkommunikation, teilweise den Massenmedien zugeordnet (Vesting 1998, 18).

Sämtliche der im Grundgesetz verankerten Kommunikationsfreiheiten haben
eine subjektiv- sowie eine objektiv-rechtliche Komponente. Zentrales Merkmal der
subjektiv-rechtlichen Gewährleistung ist die auch den übrigen Grundrechten der Art.
1 bis 20 GG innewohnende Abwehrfunktion des einzelnen gegenüber staatlichen
Eingriffen. Im Zentrum der Massenkommunikationsfreiheiten stehen die objektiv-
rechtlichen Elemente, die den Gesetzgeber zur Ausgestaltung einer freiheitlich demokratischen und vielfaltssichernden Kommunikationsordnung verpflichten. Dieser
gesetzgeberische Ausgestaltungsauftrag wird seit jeher insbesondere von der Rechtsprechung des Bundesverfassungsgerichts betont. Der Sicherung von Meinungspluralismus vor allem in Presse und Rundfunk kommt hiernach eine zentrale Aufgabe
für den gesellschaftlichen Meinungsbildungsprozess zu. Die konstituierende Bedeutung unabhängiger Massenmedien für eine freiheitlich demokratische Staatsordnung
hat das Bundesverfassungsgericht immer wieder explizit hervorgehoben (BVerfGE
12, 205 [260 f.]; 20, 162 [174 ff.]).

Die Grenzen der grundrechtlich geschützten Kommunikationsfreiheiten ergeben sich aus den Schranken des Art. 5 Abs. 2 GG – den allgemeinen Gesetzen, dem
Jugendschutz sowie dem Schutz der persönlichen Ehre – und aus solchen mit den
Rechten des Absatz 1 kollidierenden Verfassungsnormen, den sog. verfassungsim-
manenten Schranken (Jarass 1997, 179).

Im Grundgesetz ebenfalls festgelegt sind die Zuständigkeiten von Bund und
Ländern für die nationale Mediengesetzgebung. Nach Art. 75 Abs. 1 Nr. 2 GG besitzt der Bund die Rahmenkompetenz zur Regelung der allgemeinen Rechtsverhält-
nisse der Presse, von der er bisher allerdings noch keinen Gebrauch gemacht hat. Im
Bereich der Telekommunikation steht dem Bund über Art. 73 Nr. 7 GG eine Rechts-
setzungsbefugnis bezüglich der technischen bzw. sendetechnischen Infrastrukturbe-
dingungen zu. Auf der Grundlage der konkurrierenden Gesetzgebungskompetenzen
des Art. 74 GG, insbesondere dem Recht der Wirtschaft (Art. 74 Nr. 11 GG), basiert
das Bundesgesetz zur Regelung der Rahmenbedingungen für Informations- und
Kommunikationsdienste (IuKDG). Die übrigen, vor allem die kulturellen Dimensionen des Medienrechts obliegen nach dem in Art. 70 Abs. 1 GG normierten Grundsatz der Gesetzgebungsbefugnis der Länder. So haben das Rundfunkrecht sowie das
Recht der Mediendienste in verschiedenen, zwischen den Bundesländern geschlossenen Staatsverträgen eine landesrechtliche Ausgestaltung erfahren.

1.2 Das Recht der Presse

Der Begriff der *Presse* umfasst die zur Verbreitung an die Allgemeinheit geeigneten
und bestimmten Druckerzeugnisse. Geschützt wird der gesamte Bereich der Print-

medien, angefangen bei den periodisch erscheinenden Publikationen wie Zeitungen und Zeitschriften, bis hin zu Büchern, Flugzetteln, Aufklebern oder Plakaten (Pieroth & Schlink 1997, 136). Differenzierungen im Sinne mehr oder weniger – beispielsweise politisch – bedeutsamer Inhalte spielen für das Ausmaß des grundrechtlichen Schutzbereichs keine Rolle. Die Yellow-Press untersteht der Pressefreiheit genauso wie das seriöse Nachrichtenmagazin (Branahl 1992, 22). Das Grundrecht der Pressefreiheit schützt in erster Linie die organisatorischen Voraussetzungen und Bedingungen, für eine freie und pluralistische Presseberichterstattung (objektiv-rechtliches Element) (Löffler & Ricker 1994, 37 ff.). Hierzu zählen sämtliche wesensmäßig mit der Pressearbeit in Verbindung stehenden Tätigkeiten. Der Umfang der Gewährleistung erstreckt sich von der Beschaffung der Information (Recherche), über den gesamten Herstellungsprozess bis hin zur Verbreitung der Presseerzeugnisse. Geschützt wird damit u.a. auch die Tätigkeit der Presse-Grossisten (BVerfGE 10, 118 [121]; 77, 346 [354 f.]; Jarass 1997, 168).

Den Kern des Presserechts bilden die insgesamt 16 Landespressegesetze, die formell- und materiellrechtlich im wesentlichen übereinstimmen. Die Freiheit der Presse ist in dem jeweiligen §1 des Landespressegesetzes ausdrücklich festgeschrieben. Das Pressewesen als solches ist streng privatrechtlich organisiert. Jegliche Pressetätigkeiten, beispielsweise die Gründung eines Presseorgans oder der Zugang zum Beruf des Journalisten, sind gleichermaßen frei von staatlichen Beschränkungen (Lecheler, 1998, 227; sowie z.B. §2 PresseG NW). In den Landespressegesetzen sind als weitere wichtige Grundsätze normiert das Informationsrecht der Presse (§ 4 PresseG NW), die publizistische Sorgfaltspflicht (§6 PresseG NW), die Impressumspflicht (§8 PresseG NW), die Verpflichtung zur Gegendarstellung (§11 PresseG NW) sowie die strafrechtliche Verantwortlichkeit (§21 PresseG NW).

Zu einem festen Bestandteil der meisten Presseerzeugnisse und zu der, verglichen mit den sonstigen Einnahmen, wichtigsten Finanzierungsquelle gehört die Werbung. Nach der Rechtsprechung des Bundesverfassungsgerichts wird auch die Akquisition und Verbreitung von Werbung durch die Pressefreiheit geschützt (BVerfGE 21, 271 [278]). Ist die Finanzierung über Werbeeinnahmen zwar grundsätzlich gestattet, unterliegt sie dennoch gewissen rechtlichen Anforderungen. In den Landespressegesetzen verankert ist das strikte Gebot der Trennung und Kennzeichnung von Werbeinhalten und redaktionellen Beiträgen (§10 PresseG NW). Das Trennungsgebot dient vor allem dem Schutz der Rezipienten. Gewährleistet werden soll eine Transparenz über die unterschiedlichen Informationsquellen. Verstöße seitens der Verlage gegen diese Grundsätze bleiben nicht sanktionslos. Sie können Bußgeldverpflichtungen aus den Landespressegesetzen selbst nach sich ziehen (§23 Abs. 1 Nr. 2 PresseG NW) und zugleich als Verstoß gegen die guten Sitten im Wettbewerb gemäß §1 UWG geahndet werden (Soehring 1995, 439 ff.).

Eine besondere Aufsichtsinstanz für das Pressewesen gibt es nicht. Eine staatliche Aufsicht würde schon dem Grundsatz einer (staats-)freien Presse zuwiderlaufen. Als eine Einrichtung der freiwilligen Selbstkontrolle hat der *Deutsche Presserat* Richtlinien entwickelt, die gewisse journalistisch-ethische Maßstäbe beinhalten. Der Presserat ist zum einen Anlaufstelle für Beschwerden über Missstände in der publizistischen Berichterstattung, tritt aber ebenso für die Verwirklichung einer ungehinderten redaktionellen Tätigkeit ein. Gegründet 1956 wird die Einrichtung getragen durch den Bundesverband Deutscher Zeitungsverleger, den Deutschen Journalisten-Verband, die IG Medien sowie den Verband Deutscher Zeitschriftenverleger. Als Sanktionsmaßnahmen kann der Beschwerdeausschuss eine öffentlichen oder eine nichtöffentlichen Rüge aussprechen. Liegen von Seiten der Presseorgane entsprechende Selbstverpflichtungserklärungen vor, muss die öffentliche Beanstandung in der jeweils gerügten Publikation abgedruckt werden. Die Effektivität dieser Kontrollinstitution und der von ihr verhängten Maßnahmen wird aber vielerorts kritisch beurteilt. Publizistische Grundsätze und allgemeine Gebote für die redaktionelle Arbeit hat der Presserat im sog. *Pressekodex* zusammengestellt. Verankert sind neben anderen die Pflicht zur Achtung von Wahrheit und Menschenwürde (Ziffer 1), der Vertraulichkeitsgrundsatz (Ziffer 5), Regeln für die Gerichtsberichterstattung (Ziffer 13) sowie das werberechtliche Trennungs- und Kennzeichnungsgebot (Ziffer 7).

1.3 Das Rundfunkrecht

Die grundlegenden Voraussetzungen, unter denen Fernsehen und Hörfunk in Deutschland veranstaltet werden, sind Regelungsgegenstand des Rundfunkrechts. Bestimmendes Strukturprinzip des nationalen Rundfunkrechts ist seit der Einführung des privaten Rundfunks Mitte der 80er Jahre die duale Rundfunkordnung. In diesem dualen System, das zugleich die Voraussetzungen der vom Bundesverfassungsgericht geforderten positiv-gesetzlichen Ausgestaltung des Massenmediums Rundfunk erfüllt, stehen sich der vorwiegend aus Gebühren finanzierte öffentlich-rechtliche sowie der im wesentlichen werbefinanzierte private Rundfunk gegenüber. Mit zunehmender Etablierung des PayTV, bei dem für einzelne Angebote spezielle Teilnehmerentgelte zu entrichten sind, wird unter finanziellen Gesichtspunkten die duale Ordnung zukünftig in ein triales System übergehen.

Der verfassungsrechtliche Begriff des Rundfunks, so das Bundesverfassungsgericht ausdrücklich, lässt sich nicht abschließend definieren. Sein materieller Gehalt unterliegt vielmehr den tatsächlichen Veränderungen des von Art. 5 Abs. 1 S. 2 GG geschützten Lebens- und Sozialbereichs (BVerfGE 83, 238 [302]). Zum festen Tatbestandskern zählt die Adressierung von Darbietungen aller Art an die Allgemeinheit mittels fernmeldetechnischer Übermittlung. Neben den traditionellen Hörfunk- und Fernsehangeboten werden damit auch sämtliche neuen Dienste wie das PayTV, der Videotext und die sonstigen Zugriffs- und Abrufdienste erfasst (Holznagel 1999, 9 ff.). Die Zuordnung dieser neuen Angebote unter den verfassungsrechtlichen Rundfunkbegriff ist jedoch nicht unumstritten. Abgrenzungsprobleme bestehen aber stärker noch als auf verfassungsrechtlicher Ebene auf der Stufe des einfachen Gesetzesrechts.

Die Rundfunkfreiheit umfasst alle wesensmäßig mit der Veranstaltung und Verbreitung von Rundfunk zusammenhängenden Tätigkeiten. Grundrechtsträger sind einmal die vom Staat unabhängigen öffentlich-rechtlichen Rundfunkanstalten, die privaten Rundfunkunternehmen, die im wesentlichen mit der Aufsicht über die privaten Veranstalter betrauten Landesmedienanstalten, sowie sämtliche natürlichen Personen, die Rundfunk veranstalten und verbreiten, beispielsweise die Redakteure oder sonstigen Mitarbeiter der Rundfunkunternehmen (Jarass 1997, 174). Ebensowenig wie die Pressefreiheit differenziert auch die Rundfunkfreiheit nicht nach den gesendeten Inhalten oder der gewählten Programmform. Die politische Berichterstattung wird ebenso geschützt wie musikalische Darbietungen oder Sport- und Unterhaltungssendungen (BVerfGE 59, 231 [258], 97, 228C257).

Die rechtlichen Rahmenbedingungen wurden und werden im Bereich des Rundfunks in einem besonderen Maße durch die Rechtsprechung des Bundesverfassungsgerichts geprägt. Die Weichen für das duale System wurden im *vierten Rundfunkurteil* gestellt, in welchem das Gericht die rechtlichen Grundsätze für das Nebeneinander von öffentlich-rechtlichem und privaten Rundfunk für verfassungsgemäß erklärt hat (BVerfGE 73, 118 [157]). Bei der Rollenverteilung zwischen den beiden Säulen des dualen Systems gilt es vor allem das Vielfaltsgebot des Art. 5 Abs. 1 S. 2 GG mit den ökonomischen Zwängen und den damit verbundenen Einflüssen auf die Programmgestaltung der werbefinanzierten Rundfunkangebote in Einklang zu bringen. Defizite im Hinblick auf die Gewährleistung eines umfassenden Meinungspluralismus, die sich auf Seiten der privaten Anbieter aus eben dieser wirtschaftlichen Stellung nicht vermeiden lassen, sind nur dann hinnehmbar, wenn der Rundfunk insgesamt das Vielfaltsziel des Art. 5 Abs. 1 S. 2 GG zu gewährleisten vermag. In einer dualen Ordnung ist es daher Sache der öffentlich-rechtlichen Anstalten, die unerlässliche *Grundversorgung* innerhalb des Rundfunks zu sichern (BVerfGE 73, 118 [157]). Diese dem öffentlich-rechtlichen Rundfunk zugewiesene Grundversorgung ist durch drei Elemente gekennzeichnet: Erstens eine Übertragungstechnik, die einen Empfang für jedermann sicherstellt; zweitens ein inhaltlicher Standard der Programme, der die verfassungsrechtlich gebotene Darstellung des gesamten Meinungsspektrums gewährleistet; drittens Organisationsstrukturen und Verfahrensregelungen, die die Erfüllung dieser Programmstandards wirksam absichern (BVerfGE 74, 297 [326]).

Rundfunk ist nach bundesdeutschem Recht als ein Kulturgut einzustufen. Schon in seinem *ersten Fernsehurteil* hat das Bundesverfassungsgericht dementsprechend die Rechtssetzungsbefugnisse für diesen Bereich primär den Ländern überantwortet (BVerfGE 12, 205 [225]). Der Bund ist außerhalb der (sende)technischen Fragestellungen zur Rundfunkgesetzgebung nicht befugt. Das Bundesgesetz für die Deutsche Welle bildet insoweit eine nicht unumstrittene Ausnahme von diesem Grundsatz. Anknüpfend an den Programmauftrag der einzigen Bundesrundfunkanstalt, die gemäß § 4 DWG den Rundfunkteilnehmern im Ausland ein umfassendes Bild der deutschen Wirklichkeit vermitteln soll, stützt der Bund die Gesetzgebungskompetenzen für den Auslandsrundfunk auf seine Rechtssetzungshoheit in auswärtige Angelegenheiten (Art. 71, 73 Nr. 1 GG) (Held & Schulz 1999, 87 f.).

Die Länder haben ihren Gesetzgebungsauftrag umfassend in den bundesweit gültigen rundfunkrechtlichen Staatsverträgen sowie in den jeweils spezifischen Landesrundfunk- bzw. Landesmediengesetzen umgesetzt. Kern des als Artikelgesetz ausgestalteten bundesweiten Rechtsrahmens ist der Rundfunkstaatsvertrag (Artikel 1). Dieser legt im ersten Abschnitt allgemeine Anforderungen fest, die für öffentlichrechtliche Anbieter gleichermaßen gelten wie für die Privaten. Reglementiert werden unter anderem die Bereiche Jugendschutz (§§ 3, 4 RStV), Kurzberichterstattung (§ 5 RStV) sowie Werbung und Sponsoring (§§ 7, 8 RStV). Die weiteren Artikel des Staatsvertrags beinhalten primär Regelungen für den öffentlich-rechtlichen Bereich, so ist der ARD-Staatsvertrag Bestandteil des Artikel 2, Artikel 3 enthält den ZDF-Staatsvertrag und Artikel 6 den Staatsvertrag über die Körperschaft DeutschlandRadio, des nunmehr einzigen national ausgerichteten öffentlich-rechtlichen Hörfunkanbieters.

1.3.1 Der öffentlich-rechtliche Rundfunk

Leitet sich der dem öffentlich-rechtlichen Rundfunk zugewiesene Grundversorgungsauftrag unmittelbar aus der Verfassung selbst ab, bestimmen die Länder in ihrer Funktion als Rundfunkgesetzgeber den einfachgesetzlichen Rechtsrahmen. Als vom Gesetzgeber geschaffene juristische Personen des öffentlichen Rechts sind die einzelnen Sendeanstalten stets an den ihnen gesetzlich vorgegebenen Funktions- und Aufgabenkreis gebunden (Herrmann 1994, 249 ff.). Zum Aufgabenbereich aller öffentlich-rechtlicher Anbieter zählen zunächst die traditionellen Programmtrias: Information, Bildung und Unterhaltung. Die darüber hinausgehenden spezifischen Funktionsaufträge resultieren aus der jeweiligen Positionierung der Rundfunkanstalten innerhalb des öffentlich-rechtlichen Gesamtsystems. So ist das ZDF seit jeher vor allem für die nationalen Fragestellungen zuständig. Den Landesrundfunkanstalten der ARD hingegen obliegt die Aufgabe, die regionalen Besonderheiten des ihnen gesetzlich zugewiesenen Sendegebiets entsprechend zu betonen.

In den spezifischen Rechtsgrundlagen, für die sog. Ein-Länderanstalten die Anstaltsgesetze, für die Mehr-Länderanstalten die jeweiligen Staatsverträge, sind im einzelnen der Aufgabenkreis, die internen Organisations- und Aufsichtsstrukturen, die Grundlagen der Programmarbeit sowie die haushaltsrechtlichen Vorgaben reglementiert. Die medienrechtliche Besonderheit der öffentlich-rechtlichen Anbieter liegt vor allem in ihrer rechtlichen Organisationsstruktur. Die Anstalten verfügen alle über einen Intendanten, einen Rundfunk- bzw. Fernsehrat sowie einen Verwaltungsrat. Spezifisches Wesensmerkmal der Rundfunk- bzw. Fernsehräte ist ihre binnenpluralistische Struktur. Die hierüber gewährleistete Repräsentation der Allgemeinheit innerhalb der Anstaltsgremien wird abgesichert durch detaillierte gesetzliche Vorgaben für die Auswahl der Mitglieder (vgl. § 21 ZDF-StV; 15 WDR-G). Eine weitere Besonderheit des öffentlich-rechtlichen Rundfunks ist seine vorrangige Finanzierung aus Gebühren. Der öffentlich-rechtliche Programmauftrag erfordert nach der Rechtsprechung des Bundesverfassungsgerichts eine Finanzmittelausstattung, die dieser Aufgabenzuteilung gerecht wird. Hierfür bietet die Finanzierung aus Rundfunkgebühren eine verfassungsgemäße Grundlage (BVerfGE 90, 60 [90 f.]). Neben dem Gebührenaufkommen stehen den Sendeanstalten gemäß § 12 Abs. RStV zusätzlich Geldmittel aus Werbung und sonstigen Einnahmen, beispielsweise dem Sponsoring, zu. Die gesetzliche Basis für die verschiedenen Finanzierungsmodalitäten ist normiert den §§ 11 bis 18 RStV. Nach Maßgabe des § 12 Abs. 2 RStV ist die Pflicht zur Gebührenzahlung an die Bereithaltung eines Rundfunkgeräts gekoppelt. Von der Zahlungsverpflichtung unabhängig ist der Umstand, ob das Gerät tatsächlich zum Rundfunkempfang eingesetzt wird oder nicht (BVerfGE 90, 60 [91]). Die nähere Ausgestaltung des Gebührensystems ist verankert im Rundfunkgebührenstaatsvertrag. Die Höhe der zu entrichtenden Gebühr wird seit 1975 durch die Kommission zur Ermittlung des Finanzbedarfs der Rundfunkanstalten (KEF) ermittelt. Die Aufteilung des Gebührenaufkommens richtet sich nach den Bestimmungen des Rundfunkfinanzierungsstaatsvertrags. Ein zentraler Streitpunkt zwischen den nationalen Fernsehanbietern und der Europäischen Kommission ist die Frage nach der Vereinbarkeit der Gebührenfinanzierung des öffentlich-rechtlichen Rundfunks mit dem Beihilferegime des EG-Vertrags. Nach Ansicht der privaten Medienunternehmen handelt es sich hierbei um eine gemeinschaftswidrige Beihilfe im Sinne des Art. 87 Abs. 1 (vormals Art. 92 Abs. 1) EGV. Insbesondere auch nach der letzten Revision des EG-Vertrags im Jahre 1997 scheint sich auf europäischer Ebene die Ansicht durchzusetzen, dass eine Gebührenfinanzierung der sog. public-service-broadcaster mit den Beihilferegelungen des Europarechts in Einklang steht. Aus einem dem Vertragstext beigefügten Protokoll über den öffentlich-rechtlichen Rundfunk in den Mitgliedstaaten, das gemäß Art. 311 (vormals Art. 239) EGV Bestandteil des Vertrages ist, lässt sich diese Einschätzung unmittelbar ableiten (Holznagel & Vesting 1999, 97 ff.).

1.3.2 Der private Rundfunk

Im Gegensatz zu ihrem öffentlich-rechtlichen Pendant sind die gesetzlichen Handlungsspielräume der kommerziellen Rundfunkanbieter von einer weitgehenden Autonomie geprägt (Hesse 1999, 205 ff.). Der rechtliche Rahmen für den privaten Rundfunk setzt sich zusammen aus den entsprechenden Bestimmungen des Rundfunkstaatsvertrags (§§ 1 bis 10, 20 ff. RStV) sowie den von den Bundesländern erlassenen Landesmedien- bzw. Landesrundfunkgesetze. Die Ausgestaltung der positiven Ordnung, zu welcher der Gesetzgeber auch im Bereich des privaten Rundfunks von Verfassungs wegen verpflichtet ist, muss trotz der grundsätzlich abgesenkten Programmstandards Vorkehrungen treffen, die ein möglichst hohes Maß an gleichgewichtiger Vielfalt erreichen und abzusichern vermögen (BVerfGE 73, 118 [159]). Die in diesem Zusammenhang zentrale Verpflichtung ist die Sicherung von Meinungspluralismus innerhalb der privaten Programmangebote (§ 25 RStV). Die bedeutsamen politischen, weltanschaulichen und gesellschaftlichen Strömungen müssen in den jeweiligen Vollprogrammen angemessen zu Wort kommen, die Auffassungen von Minderheiten sind zu berücksichtigen.

In jedem Fall ist für die Veranstaltung privaten Rundfunks eine vorherige landesrechtliche Zulassung unumgänglich (§ 20 Abs. 1 S. 1 RStV). Die Erteilung der am Ende eines positiv beschiedenen Zulassungsverfahrens stehende Lizenz obliegt der zuständigen Landesmedienanstalt. Der landesrechtliche Rahmen beinhaltet des weiteren allgemeine Anforderungen an die Programmgestaltung. So sind auch im privaten Bereich die Würde des Menschen zu achten, ein ausreichender Jugendschutz zu gewährleisten und die zeitlichen Begrenzungen für das Einfügen von Werbung einzuhalten.

Die insgesamt elf Landesmedienanstalten sind zuständig für die Beaufsichtigung und die sonstigen, den privaten Rundfunk betreffenden Fragestellung. Als selbstverwaltete rechtsfähige Anstalten des öffentlichen Rechts betreiben sie aber, anders als die öffentlich-rechtlichen Sendeanstalten, nicht selbst Rundfunk. Mit dem rundfunkrechtlichen Zulassungsverfahrens haben sie die Möglichkeit, bereits im Vorfeld eine präventive Kontrolle über den privaten Rundfunk auszuüben. Zu einem weiteren Kernbereich der von den Landesmedienanstalten wahrzunehmenden Aufgaben zählt die Verteilung der Übertragungskapazitäten. Vor allem die begrenzte Verfügbarkeit terrestrischer Funkfrequenzen und die momentan noch bestehenden Engpässe in den Kabelnetzen, bedingen ein möglichst gerechtes hoheitliches Verteilungsmodell. Innerhalb der Landesmediengesetze sind verschiedentliche Kriterien entwickelt worden, anhand derer die Zuordnung der Sendekapazitäten erfolgen soll. Im Blickpunkt stehen dabei vor allem die Absicherung eines ausgewogenen Meinungsspektrums sowie die Gewährleistung einer möglichst gleichgewichtigen Entwicklung für öffentlich-rechtliche und private Anbieter (vgl. z.B. § 3 LRG-NW).

Bei Verstößen privater Veranstalter gegen die landesrechtlichen Vorschriften stehen den Medienanstalten auch verschiedene repressive Sanktionsmittel zur Verfügung. Neben der Möglichkeit zur Beanstandung von Regelverstößen können im weiteren Verfahren Bußgelder oder gezielte Auflagen verhängt und kann als ultima ratio schließlich die Zulassung entzogen werden (§ 10 LRG NW).

Zur Wahrnehmung der Aufgaben im Bereich der Konzentrationskontrolle, einem weiteren Instrument zur Sicherung von Meinungspluralismus innerhalb des privaten Sektors, wurden die Kommission zur Ermittlung der Konzentration im Medienbereich (KEK) und die Konferenz der Direktoren der Landesmedienanstalten (KDLM) ins Leben gerufen (§§ 26 ff., 35 RStV). Vom Grundsatz her kann jedes Unternehmen eine beliebige Anzahl von Programmen veranstalten, solange die Grenze vorherrschender Meinungsmacht nicht überschritten wird (§ 26 Abs. 1 RStV). Zur Bestimmung dieser Grenze wurde im Rundfunkstaatsvertrag das sog. Zuschaueranteilsmodell verankert. Danach wird vorherrschende Meinungsmacht vermutet, sobald ein Unternehmen mit den ihm zurechenbaren Programmen innerhalb eines Jahres einen durchschnittlichen Anteil von 30 Prozent am Gesamtangebot erreicht (§ 26 Abs. 2 RStV). Die Bestimmung der Zuschaueranteile durch die KEK und das weitere Verfahren ergeben sich im einzelnen aus den §§ 27 bis 29 RStV. Damit ist im Ergebnis auch der Rahmen für private Rundfunktätigkeiten durch ein recht umfassendes gesetzliches Regelungswerk abgesteckt.

1.4 Das Filmrecht

Die Filmfreiheit ist im Vergleich zu Presse und Rundfunk das am wenigsten reglementierte Massenmedium. Ein Grund dafür ist die Tatsache, dass Filmwerke, soweit sie gleichzeitig als Kunstwerk einzustufen sind, auch die weitergehenden Freiheitsrechte des Art. 5 Abs. 3 GG genießen (Hartlieb, 1991, 2). Auch der Filmbegriff des Art. 5 GG ist entwicklungsoffen zu verstehen. Er umfasst jegliche Formen belichteter und projizierbarer Bild-Ton-Träger (Kinofilme, Videobänder etc.). Die Abgrenzung zum Rundfunk besteht darin, dass Filme immer an ihrem Abspielort selbst der Allgemeinheit vorgeführt werden. Die Filmfreiheit schützt sämtliche mit der Herstellung, dem Vertrieb und Verleih sowie der Vorführung in Zusammenhang stehenden Tätigkeiten (Jarass 1997, 178). Einfluss auf das Filmrecht haben des weiteren das Filmförderungsgesetz und die freiwillige Selbstkontrolle der Filmwirtschaft (FSK), die im Hinblick auf jugendgefährdende Inhalte eine gewisse Filterfunktion ausübt (Degenhart 1999, 401 ff.). Hierüber entfaltet die Filmfreiheit neben ihrem Abwehrcharakter gegenüber staatlichen Eingriffen auch Wirkungen im Privatrecht, d.h. in den Rechtsbeziehungen der Bürger untereinander (Paschke 1993, 47). Rechtsdog-

matisch handelt es sich dabei um einen Fall der mittelbaren Drittwirkung von
Grundrechten.

1.5 Das Recht der Neuen Medien

Mit dem Erlass des Informations- und Kommunikationsdienste-Gesetz des Bundes,
hier vor allem dessen Artikel 1, dem Gesetz über die Nutzung von Telediensten
(TDG), und dem Mediendienstestaatsvertrag der Länder (MDStV), hat der gemein-
hin mit *Multimedia* bezeichnete Bereich erstmals eine gesetzliche Reglementierung
erfahren. Zwar gibt es auf verfassungsrechtlicher Ebene noch keine eigene Kategorie
für die verschiedenen neuen Kommunikationsformate, der im Bereich Presse und
Rundfunk bestehende Schutz des Art. 5 Abs. 1 GG kommt aber auch den neuen
Medien zugute. Im momentanen Stadium der Gesetzgebung sind ein Großteil dieser
multimedialen Dienste dem verfassungsrechtlichen Rundfunkbegriff zuzuordnen
(Jarass 1998, 136 f.).

   Die Regelungen des Tediensteggesetzes sowie insbesondere die des Medien-
dienstestaatsvertrages sind in vielen Punkten an die Landespressegesetze, teilweise
sogar an rundfunkrechtliche Vorschriften angelehnt. Entsprechend der Gesetzgebungskompetenzen des Bundes für die Individualkommunikation und die der Länder
für massenmediale Dienste, unterscheiden sich die beiden Regelungswerke aber an
diesen Punkten. Gegenstand des Bundesgesetzes sind gemäß § 2 Abs. 1 TDG diejenigen elektronischen Informations- und Kommunikationsdienste, die für eine individuelle Nutzung von kombinierbaren Daten bestimmt sind. Demgegenüber gilt der
Mediendienstestaatsvertrag für das Angebot und die Nutzung von an die Allgemeinheit gerichteten Informations- und Kommunikationsdiensten (§ 2 Abs. 1 MDStV).
Trotz aller Unterschiede sind die grundlegenden Standards und Vorschriften in vielen Bereichen dennoch ähnlich oder sogar identisch geregelt. Gesetzgeberisches Ziel
beider Regelungswerke ist die Schaffung einer verlässlichen Basis für den sich dynamisch entwickelnden Markt der modernen Informations- und Kommunikationsdienste. Wesentliches Merkmal ist die gesetzlich normierte Zugangs- und Anmelde-
freiheit (§ 4 MDStV; § 4 TDG). Um die verfassungsrechtlich geschützten Medienfreiheiten, den freien Wettbewerb und die Interessen der Nutzer adäquat zum Ausgleich zu bringen, hat vor allem die Verantwortlichkeit von Tele- und Medien-
diensteanbietern in § 5 MDStV bzw. § 5 TDG eine dezidierte rechtliche Ausgestaltung erfahren. Danach sind die Anbieter für eigene Inhalte jeweils voll verantwortlich (Abs. 1), für fremde Inhalte, die sie zur Nutzung bereithalten besteht eine
Verantwortlichkeit nur in dem Umfang, in dem eine Kenntnis sowie die Möglichkeit
zur Nutzungsunterbindung besteht (Abs. 2) und für fremde Inhalte, zu denen sie als
sog. Access-Provider nur den Zugang zur Nutzung vermitteln, entfällt jegliche
Verantwortlichkeit (Abs. 3) (Roßnagel 1998, 3; Holznagel 1999, 29 ff.). Die
Mediendiensteanbieter sind darüber hinaus noch zur Einhaltung verschiedener

diensteanbieter sind darüber hinaus noch zur Einhaltung verschiedener materieller Anforderungen verpflichtet. Inhaltsgleich mit der Impressumspflicht im Bereich der Printmedien ist eine Anbieterkennzeichnung auch hier zwingend geboten (§ 6 MDStV). Des weiteren sind die im gesamten Bereich der Massenkommunikation geltenden Sorgfaltspflichten zu beachten (§ 7 MDStV), der Jugendschutz ist zu gewährleisten (§ 8 MDStV) und die grundsätzlich zulässige Finanzierung über Werbe- und Sponsoringeinnahmen ist nur in den Grenzen des § 9 MDStV gestattet. Der im Zeitalter der Digitalisierung immer wichtiger werdende Datenschutz ist innerhalb des Mediendienstestaatsvertrags in einem eigenen Abschnitt (§§ 12 bis 17 MDStV) geregelt. Gerade die Möglichkeit des individuellen Abrufs von digitalen Kommunikationsangebote birgt verstärkt die Gefahr der Ansammlung personenbezogener Daten, mit deren Hilfe sich leicht sog. Nutzerprofile erstellen lassen. Um hier den einzelnen möglichst umfassend zu schützen, gilt als oberster Grundsatz das Prinzip der Datenarmut. Zur Verbesserung der datenschutzrechtlichen Zielvorgaben sieht § 17 MDStV die Einrichtung eines sog. Datenschutz-Audits vor, über das jeder Anbieter sein Datenschutzkonzept sowie seine technischen Einrichtungen durch unabhängige Gutachter überprüfen und das Ergebnis veröffentlichen lassen kann. Innerhalb des bundesgesetzlichen Rahmens sind die datenschutzrechtlichen Vorschriften im Gesetz über den Datenschutz bei Telediensten (TDDSG, Art. 2 IuKDG) verankert.

1.6 Das Recht in der journalistischen Praxis
Die rechtlichen Grundlagen für die journalistische Praxis sind außerhalb der presse- und rundfunkspezifischen Regelungen noch in verschiedensten bundes- und landesrechtlichen Gesetzen kodifiziert. Dabei werden den im Medienbereich Tätigen nicht nur Privilegien, sondern auch besondere Pflichten auferlegt. Hierüber sollen vor allem die im einzelnen involvierten Grundrechtspositionen zu einem angemessenen Ausgleich gebracht werden.

1.6.1 Medienprivilegien
Eine freie publizistische Berichterstattung bedingt für den redaktionelle Alltag gewisse medienrechtliche Privilegien. Unerlässlich für die journalistische Arbeit sind beispielsweise die gesetzlichen Auskunftsansprüche gegenüber staatlichen Stellen, das Zeugnisverweigerungsrecht oder die speziellen Beschlagnahme- und Durchsuchungsverbote von Redaktionsräumen.

Neben dem jedermann aus Art. 5 Abs. 1 S. 1 GG zustehenden Recht, sich aus allgemein zugänglichen Quellen informieren zu können, werden den Medien darüber hinausgehende Informationsansprüche gegen staatliche Behörden zugebilligt. Diese Auskunftsansprüche resultieren unmittelbar aus der verfassungsrechtlich gewährleisteten freiheitlichen Medienberichterstattung und sind, insoweit deklaratorisch, auch innerhalb der einfachgesetzlichen Rechtsgrundlagen verankert (§ 4 PresseG NW,

§ 11 MDStV). Auskunftsverpflichtet sind sämtliche staatlichen Stellen, gleich ob es sich um Bundes-, Landes- oder Kommunalbehörden handelt. Entsprechend der internen Organisation sind zur Auskunft befugt nur der jeweilige Behördenleiter oder ein von ihm Beauftragter, nicht aber die sonstigen Beamten oder Angestellten (Soehring 1995, 41 ff.). Das in der Strafprozessordnung den Angehörigen der Medien zugebilligte Zeugnisverweigerungsrecht (§ 53 Abs. 1 Nr. 5 StPO) ist ein zentrales Privileg für die Arbeit mit Informanten. Es bildet die rechtliche Grundlage zur Sicherung des Redaktionsgeheimnisses. Geschützt wird dabei zum einen die Identität des Informanten selbst, zum anderen der Inhalt der anvertrauten Mitteilung (Soehring 1995, 151 ff.). Ergänzt wird das Zeugnisverweigerungsrecht durch die ebenfalls in der Strafprozessordnung verankerten Beschlagnahme- und Durchsuchungsverbote (§§ 94 ff. StPO). Das explizit in § 97 Abs. 5 StPO normierte Verbot der Beschlagnahme redaktionellen Materials entspricht in seinem materiellen Umfang dem personellen Zeugnisverweigerungsrecht (Branahl 1992, 45 ff.).

1.6.2 Medienpflichten

Das Medienrecht beinhaltet zudem verschiedene Verpflichtungen, die von den Journalisten im Rahmen ihrer redaktionellen Arbeit zu beachten sind. Die sog. publizistischen Sorgfaltspflichten geben vor, was und vor allem wie die Medien berichten dürfen. Als Leitlinien für die journalistische Arbeit stellen sie insbesondere den Schutz der Privatperson in den Vordergrund. Gegeneinander abzuwägen sind damit stets das über Art. 2 Abs. 1 i.V.m. Art. 1 Abs. 1 GG den einzelnen schützende allgemeine Persönlichkeitsrecht sowie die Kommunikationsfreiheiten des Art. 5 Abs. 1 S. 2 GG. Der Katalog der publizistischen Sorgfaltspflichten umfasst u. a. die auf eine wahrheitsgemäße Berichterstattung ausgerichtete Recherchepflicht, die Pflicht zur Überprüfung der Informationsquellen, die Zitattreue oder die Anforderungen an eine faire Darstellung der Geschehnisse im Bereich der Verdachts- oder Gerichtsberichterstattung (Peters 1997, 1334 ff.) Zivilrechtlich stehen dem von einer in den Medien veröffentlichten unwahren Tatsachenbehauptung Betroffenen verschiedene Ansprüche zur Seite. Neben Ansprüchen, die auf Unterlassung, Widerruf oder Ersatz entstandener Schäden gerichtet sind, ist das wichtigste Instrument zur Wahrung der Persönlichkeitsrechte der Anspruch auf Gegendarstellung. Das Recht zur Gegendarstellung ist sowohl in den Landespressegesetzen als auch im Rundfunk- und Mediendienstestaatsvertrag normiert, wobei aber die Wirksamkeit von Gegendarstellungen vor allem im Fernsehen eher als gering zu bewerten ist (Prinz 1995, 817). Der Anspruch auf Gegendarstellung ermöglicht eine Erklärung des Betroffenen gegen Tatsachenbehauptungen innerhalb des jeweiligen Publikationsorgans. Die Verwirklichung dieses Rechts ist allerdings an verschiedene formelle und materielle Voraussetzungen gebunden. Entscheidend für die Effektivität der Gegendarstellung ist ihre Plazierung innerhalb des jeweiligen Mediums. Für Druckwerke ist insoweit anerkannt, dass die Verlautbarung des Betroffenen an gleicher Stelle und mit gleicher Schrift wie der beanstandete Text veröffentlicht werden muss. Diesen Anforderungen liegt das sog. Gebot der Waffengleichheit zugrunde, was auch dazu führen kann, dass Gegendarstellungen auf der Titelseite eines Printmediums abgedruckt werden müssen (Barton 1995, 457 ff.; Soehring 1995, 493 ff.). Der Schutz der persönlichen Ehre wird zudem über die speziellen Bestimmungen innerhalb des Strafgesetzbuchs gewährleistet (§§ 185 ff. StGB). Neben dem Schutz vor unwahren Tatsachenbehauptung bestehen hierbei auch Abwehrmöglichkeiten gegen ehrverletzende Meinungsäußerungen, was im Rahmen der zivilrechtlichen Ansprüche nicht möglich ist.

Das allgemeine Persönlichkeitsrecht hat zudem Auswirkungen auf die journalistische Bildberichterstattung. Innerhalb des Kunst- und Urhebergesetzes wird das sog. Recht am eigenen Bild näher ausgestaltet. Danach ist für die rechtmäßige Veröffentlichung von Bildnissen zum Schutz des Abgebildeten grundsätzlich dessen vorherige Zustimmung einzuholen (§ 22 KUG). Ausnahmen hiervon enthält § 23 Abs. 1 KUG. Bei der heutzutage wichtigsten Ausnahme, den *„Bildnissen aus dem Bereich der Zeitgeschichte"* (§ 23 Abs. 1 Nr. 1 KUG) wird allgemein unterschieden zwischen absoluten und relativen Personen der Zeitgeschichte. Zu den absoluten Personen der Zeitgeschichte, an denen ein besonderes öffentliches Interesse besteht, zählen Personen, die kraft ihrer Stellung innerhalb der Gesellschaft oder durch außergewöhnliche persönliche Leistungen aus der Masse der übrigen Mitmenschen herausragen. Sie dürfen, soweit sie in der Öffentlichkeit wirken, dem Grunde nach uneingeschränkt fotografiert und abgebildet werden. Relative Personen der Zeitgeschichte sind Menschen, an denen aufgrund einer Verknüpfung mit einem bestimmten aktuellen Ereignis ein besonderes Interesse besteht. Sie dürfen nur im Zusammenhang mit diesem Ereignis abgebildet werden (Soehring 1995, 377 ff.). Eine weitere wichtige Ausnahme von dem grundsätzlichen Einwilligungsvorbehalt betrifft Personen, die nur als Beiwerk neben einer Landschaft oder sonstigen Örtlichkeit in Erscheinung treten (§ 23 Abs. 1 Nr. 2 KUG). In jedem Fall ist jedoch auch bei den Ausnahmetatbeständen des § 23 Abs. 1 KUG stets abzuwägen zwischen dem verfassungsrechtlich geschützten Persönlichkeitsrecht einerseits und dem Recht auf freie (Bild-)Berichterstattung andererseits (Branahl 1992, 139 ff.).

Grenzen für die praktische journalistische Arbeit ergeben sich schließlich aus dem Urheberrecht. Das Urheberrecht trennt im wesentlichen zwischen zwei Bereichen, dem Urheberpersönlichkeitsrecht und dem Recht zur wirtschaftlichen Verwertung geschützter Werke. Welche Arten persönlicher Schöpfungen im einzelnen geschützt sind, ergibt sich primär aus § 2 Abs. 2 UrhG. Besondere Gefahren für urheberrechtlich geschützte Werke bestehen seit neuerem aufgrund der einfachen und schnellen Vervielfältigungsmöglichkeiten unter dem Einsatz digitaler Techni-

ken. Aber auch innerhalb moderner Kommunikationsnetze wie dem Internet oder bei
den sonstigen Online-Diensten gilt der Urheberrechtsschutz in gleichem Maße wie
in den traditionellen Medien (Koch 1997, 417).

2. Internationales und europäisches Medienrecht

Mit der zunehmenden Internationalisierung des Rechts rücken auch innerhalb des
Medienrechts europäische und internationale Bezüge immer stärker in den Vordergrund. Ist der Einfluss internationaler Rechtsakte auf die nationale Mediengesetzgebung bisher noch eher gering, entfaltet das Europarecht, vor allem das Recht der
Europäischen Gemeinschaft, seit längerem einen konkreten Einfluss auf die mit-
gliedstaatlichen Rechtsordnungen. Problemtisch ist in diesem Zusammenhang in
vielen Fällen das Verhältnis zwischen den nationalen und den europäischen Kompetenzen, in der Bundesrepublik vor allem zwischen dem Verfassungsrecht und dem
Europarecht (vgl. dazu das Maastricht-Urteil des BVerfG [BVerfGE 89, 155]). Der
Europäischen Gemeinschaft werden über Art. 3 lit. q (vormals Art. 3 lit. p) sowie
Art. 151 (vormals Art. 128) EGV zwar gewisse Gestaltungsbefugnisse auch im kulturellen Bereich zugebilligt, eine ausdrückliche Kompetenz zur Schaffung eines
europäischen Medienrechts kennt der EG-Vertrag aber nicht. Entzündet hat sich der
Kompetenzstreit zwischen den Mitgliedstaaten und der Europäischen Gemeinschaft
vor allem im Bereich des Rundfunks. Auch hier fehlt der Gemeinschaft ein expliziter
Kompetenztitel. Nach Auffassung des Europäischen Gerichtshofs (EuGH), der allein
für die Auslegung des EG-Rechts zuständig ist, kann sie ihre Regelungsbemühungen
für einen gemeinsamen (Fernseh-)Markt aber auf die ihr zur Gewährleistung des
freien Dienstleistungsverkehrs zustehenden Rechtsetzungskompetenzen stützen.
Grenzüberschreitende Rundfunkdienste gelten auf europäischer Ebene damit als
Dienstleistungen und unterstehen den Bestimmungen der Art. 49 ff. (vormals Art. 59
ff.) EGV. Hierauf gründet sich auch die nach wie vor zentrale Regelung des europäischen Rundfunkrechts, die Richtlinie zum Fernsehen ohne Grenzen (FRL) aus dem
Jahre 1989. Eine revidierte Fassung der Fernsehrichtlinie wurde 1997 verabschiedet.
Zu ihrem Regelungsbereich, der sich nur auf Fernsehen im eigentlichen Sinne, nicht
auch auf Hörfunk oder die neuen Dienste erstreckt, gehört die Aufstellung europaweit gültiger Mindeststandards u.a. im Bereich des Jugendschutzes (Art. 22 ff.
FRL), der Werbung (Art. 10 ff. FRL) oder der Berichterstattung über wichtige gesellschaftliche Ereignisse (Art. 3 a FRL) (Knothe & Bashayan 1997, 849 ff.).
     Wichtige Impulse für das europäische Rundfunkrecht gehen auch von Art. 10
der Europäischen Menschenrechtskonvention (EMRK) sowie der zu dieser Bestimmung ergangenen Rechtsprechung des Europäischen Gerichtshofs für Menschen-
rechte (EGMR) aus. Die Bestimmungen der EMRK bilden gemäß Art. 6 Abs. 2
(vormals Art. F) EU-Vertrag zusammen mit den gemeinsamen Verfassungsüberliefe-

rungen der Mitgliedstaaten, den Grundrechtskatalog des europäischen Rechts. Im Wortlaut des Art. 10 Abs. 1 EMRK wird die Rundfunkfreiheit zwar nicht ausdrücklich erwähnt. Der EGMR hat jedoch entschieden, dass die in der Norm explizit verankerte Meinungsäußerungsfreiheit die Verbreitung von Rundfunkprogramme umfasst. Das somit auch auf europäischer Ebene unmittelbar geschützte Grundrecht auf Rundfunkfreiheit hat Ausstrahlungswirkung auf das gesamte Europarecht. So sind sämtliche Bestimmung des EG-Vertrags im Lichte des Art. 10 Abs. 1 EMRK zu interpretieren (Holznagel, 1996, 152 ff.).

Zum gegenwärtigen Zeitpunkt bereitet die Europäische Union die rechtlichen Rahmenbedingungen für den im Mediensektor immer stärker werdenden Konvergenzprozess vor. Die mit dem Phänomen der Konvergenz umschriebene Entwicklung bedeutet im wesentlichen das durch die Digitalisierung der Medien ermöglichte Zusammenwachsen der verschiedenen Kommunikationsplattformen, -dienste und Endgeräte. Die traditionellen nationalen Regelungsmechanismen können diesem technischen Fortschritt nicht mehr oder nur bedingt gerecht werden. Für die Zukunft lässt sich daraus ableiten, dass auch die deutsche Rechtsordnung noch stärker als bisher durch die Vorgaben aus Brüssel gesteuert werden wird.

Verzeichnis der Rechtsprechung
BVerfGE 10, 118; BVerfGE 12, 205; BVerfGE 20, 162; BVerfGE 21, 271; BVerfGE 52, 283; BVerfGE 57, 295; BVerfGE 59, 231; BVerfGE 73, 118; BVerfGE 77, 346; BVerfGE 83, 238; BVerfGE 89, 155; BVerfGE 90, 60; BverfGE 97, 228

Yvonne Spielmann

Medienästhetik
Voraussetzungen und Grundlagen

In der Philosophie, der Kunstgeschichte und der Filmwissenschaft zählt die Ästhetik zum feststehenden, begrifflich ausgewiesenen Bestand der Theoriediskurse: dies gilt jedoch nicht in gleichem Maße für die Medienwissenschaft. Zwar laufen diese Diskurse in der Medienwissenschaft zusammen und überschneiden sich, sie sind jedoch nicht in einer Form vermittelt, die strukturell notwendig wäre, wenn von gleichen Voraussetzungen und anschlussfähigen Grundlagen ausgegangen werden soll. Die neuere Philosophiedebatte zur Ästhetik führt Umformulierungen und Neuartikulationen in den Phänomenbeschreibungen und Begriffsfeldern von Kunst und Kunstbegriff mit, dennoch operiert sie weitgehend nicht auf der Grundlage eines Medienbegriffs. Die neue und neueste Kunstdebatte hingegen zeichnet sich gerade durch die Einbeziehung von Medialität aus, wobei jedoch oftmals eine Erweiterung von Kunst auf Medien stattfindet, ohne dass die Voraussetzungen des Begriffs Mediums geklärt wären. Während die Filmwissenschaft, vor allem, wenn sie Film als eine Kunstform behandelt, im wesentlichen die Grundlagen für eine Debatte der Medienästhetik bereitstellt, aber auf ein einzelnes Medium bezogen bleibt, wird dieser Diskurs in der Medienwissenschaft nur zögerlich aufgenommen. Dies verwundert vor allem mit Blick auf die Avantgardeästhetik des Films, denn hier liegen auf einer gemeinsamen historischen Ebene Kunst- und Medienbegriff diskursiv eng beieinander. Überwiegend zeichnet sich die Herausbildung medienwissenschaftlicher Diskurse der letzten zehn, fünfzehn Jahre - zumindest in der in Deutschland vorherrschenden Ausprägung - dadurch aus, dass vornehmlich kommunikationstheoretische, soziologische, ökonomische, technische, auch psychologische und wahrnehmungstheoretische Faktoren bedacht sind, aber unverhältnismäßig weniger die ästhetischen. Die Klärung von Anschlussdiskursen zur Kunstdebatte, wie auch zur Ästhetikgeschichte, steht für die Medienwissenschaft weitgehend aus. Für einen Aufriss der Medienästhetik sind demzufolge mindestens drei unterschiedliche Begriffsfelder heranzuziehen: ein Medienbegriff, ein Kunstbegriff und ein Ästhetikbegriff. Die Positionen im einzelnen sind in Grundzügen aus den überwiegend getrennt vorliegenden Debatten ersichtlich.

Die philosophische Debatte vor allem der letzten zwanzig Jahre hat im Kontext der Diskussion Moderne-Postmoderne eingehend die Bedingungen und Grenzphänomene von Kunst erörtert, einer Kunst, die nach dem in den fünfziger Jahren von der Kunsttheorie proklamierten Ende der Kunst weiterbesteht. Diese Kunst wird auch nach dem Diskurs vom Ende der Kunstgeschichte, wie er im Zeichen des

„Posthistoire" entsteht, in dieser Disziplin weiterdiskutiert. Unter Berücksichtigung der geänderten Vorzeichen von Kunst, angesichts der Expansion des künstlerischen Geschehens in den gesellschaftlichen, alltagskulturellen und politischen Raum, und entsprechend der damit diskursiv einhergehenden Erweiterung und Auflösung des Kunstbegriffes problematisiert die philosophische Debatte, paradigmatisch mit Lyotard (1984, 1986), eine in ihren technologischen Möglichkeiten entgrenzte Kunst, folglich eine „Ästhetisierung" der Lebensverhältnisse.

Die Kunstdebatte, die solche Phänomene unter dem Gesichtspunkt einer Medialisierung erfasst, gibt, wie Belting (1995) hervorhebt, die Trennung von Technik und Ästhetik auf und entbindet von der Sinnhaftigkeit einer Alternative Kunst oder Medien. Beltings Plädoyer für einen integrativen Medienkunstbegriff birgt den Vorteil, dass die technisch-apparative mit der ästhetisch-stilistischen Dimension stärker ins Verhältnis gesetzt wird. Zudem fragt diese Untersuchung danach, wie die Kunst tatsächlich die Realität der Medien in ihrer Vorgehensweise reflektiert. Die Medienkunst zeichnet sich, so Belting, „genau in diesem Kontrast zum eigenen Medium" (168) aus. Dies provoziert eine Rahmenverschiebung der Kunstwissenschaft, die sich nicht mit ihrem vorgeblichen Ende, vielmehr mit dem Phänomen der Überschreitung, einer „Aus-Rahmung" befasst. Darüber hinaus liegt hier ein dynamischer Medienbegriff vor, der den Stilbegriff an polyvalenten Mischformen der Medienkunst erweitert. Somit ist eine kunsttheoretische Perspektivierung gekennzeichnet, die es nahe legt, die Funktion von Stilbildung medienästhetisch zu fassen, das heißt nach der formalen Funktion von spezifischen Merkmalen in einem Medienkunstwerk und im Medienvergleich zu fragen. Die Funktionsbeschreibung von Stil ist hier in ein dynamisches Kulturmodell integriert.

Eine formale Funktionsbeschreibung von Stilkategorien ist auch das Anliegen einer Filmwissenschaft, die mit den Hauptvertretern David Bordwell und Kristin Thompson (1985) Film als ein eigenes Kunstsystem begreift. Die stilistischen Funktionsweisen von Film werden insbesondere am Kanon des Hollywoodkinos und der Herausbildung von Genres und stereotypen Elementen diskutiert. Der Ansatz der Analyse ist formal und bedeutet, dass die Ausbildung von filmspezifischer Stilistik nicht als starres Modell oder festgefügtes System, vielmehr als ständige Wechselbeziehung von vorgeformten und neuen Elementen angesehen wird. Somit ist die Kategorie der Relation zentral für die formale Ästhetikdiskussion des Films, die beschreibt, wie auf dem Hintergrund eines jeweils konventionalisierten Systems der Kunst die Verwendung von neuen, abweichenden oder verfremdenden Elementen eine Reibung zwischen verfestigenden und auflösenden Faktoren erzeugt. Dies erweitert oder verändert im Resultat das Gebilde von stilistischen Merkmalen, kurz gesagt, die ästhetischen Ausdrucksformen von Film. Die formalistische Kunstauffassung erläutert Kristin Thompson am historischen Konzept des Russischen Formalismus. "The Formalists did not conceive of the art object as a closed, self-sufficient context, [...]. For the Formalists, every work depends on its relations to other systems: [...]. (1981, 11 f.)

1. Die formale Debatte des Films

Für die Grundlegung einer Medienästhetik, die mediale Ausdrucksformen unter dem Gesichtspunkt der Kunst diskutiert, ist aus der formalen Filmtheorie ein dynamisches Modell zu gewinnen. Dies ermöglicht es, auf der Grundlage eines funktionalen Systembegriffs eine Differenzierung von verschiedenen ästhetisch-stilistischen Entwicklungen in einem Medium vorzunehmen. Dem Film kommt hierbei auch deshalb der Stellenwert eines zentralen Mediums zu, weil, wie die Frühgeschichte zeigt, Film von vornherein unter dem Doppelaspekt eines neuen Mediums und einer neuen Kunstform in Erscheinung tritt. Paradigmatisch erkennt die künstlerische Avantgarde zu Beginn des zwanzigsten Jahrhunderts im Film ein neues Medium, das direkt und unmittelbar und massenwirksam eingesetzt werden kann. Zugleich gilt Film als das geeignete Medium avantgardistischer Kunst, weil dem Film eine synthetisierende Funktion zwischen den getrennt vorliegenden Kunstgattungen zukommt, aber auch, weil die technischen Möglichkeiten die Darstellungsgrenzen der bisherigen Kunstformen (insbesondere Malerei, Literatur und Theater) in neue Dimensionen von Zeit und Raum überschreiten (vgl. Maskentechniken, Montagen und Bewegungsabläufe).

Die Avantgardekunst zeichnet sich dadurch aus, dass sie das etablierte System der Kunstformen ablehnt und die Konstruktionsweisen von Kunst, das heißt die technisch-apparative Seite der Gestaltung, das Machen und Gemachtsein von Kunst (Sklovskij), letztlich den Produktionsaspekt in den Vordergrund stellt. Die Auffassung von Kunst als Praxis ist doppelt konnotiert, denn sie bezieht sich zum einen auf den Konstruktionsaspekt von Objekten, welche darin avantgardistische Qualität aufweisen, dass sie die herkömmlichen Unterscheidungen ästhetisch und nicht-ästhetisch aufgeben. Die zweite Konnotation betrifft das Verständnis von Kunst als politischer Praxis, das vor allem in der Sowjetunion in der Debatte von Kunst und Produktion (Arvatov 1972) zum Ausdruck kommt und im engeren Zusammenhang der künstlerischen Praxis des Formalismus und Futurismus eine produktionsästhetische Ausrichtung bedeutet. Ihre Besonderheit besteht in einer engen Entsprechung zwischen Theorie und Praxis einer Kunst, die das Gemachtsein von Kunst (das heißt die Funktion von Elementen) im Vorgang des Machens (Kunst als Verfahren) darlegt. Sie bezieht daher die technisch-apparative und die ästhetisch-stilistische Seite eng aufeinander und legt im wesentlichen selbstreflexiv ihre formalen Voraussetzungen und medialen Bedingungen dar.

Hier kann die Ästhetikdebatte der Moderne anschließen, die im wesentlichen zwei Sichtweisen mitführt, eine produktionsästhetische und eine rezeptionsästhetische. Während sich die eine Richtung für die Konstruktionsverfahren, Kompositorik, die technischen, medienspezifischen und kulturell codierten Herstellungsregeln von Kunstwerken interessiert und das einzelne Werk formalästhetisch auf der Grundlage des Kanons von vorausgegangener Form- und Stilbildung diskutiert, befasst sich der rezeptionsästhetische Ansatz mit den Wahrnehmungszusammenhängen und Vermittlungsinstanzen, die sowohl auf Seiten der Kunst als auch auf Seiten der Rezipienten ein sinnlich-anschauliches, kognitives und begrifflich abstraktes Erfassen, Verstehen und Interpretieren von Kunstwerken ermöglichen. Beide Herangehensweisen sind in verschieden gewichteten Forschungsrichtungen der Literatur- und der Kunstwissenschaft sowie der Filmtheorie ausdifferenziert.

Zum einen handelt es sich um den Ansatz der Produktionsästhetik, wie er historisch insbesondere im Russischen Formalismus ausgeprägt ist und Kunst unter dem Aspekt des Verfahrens behandelt (Sklovskij 1917). Diese Perspektive wird von Julia Kristeva (1978) in die Intertextualitätsdebatte aufgenommen, und sie wird in der formalen Richtung der Filmtheorie weitergeführt, das heißt in der Neoformalistischen Filmtheorie von David Bordwell (1997) und Kristin Thompson (1981). Dort ist die produktionsästhetische Fragestellung nach der Funktion formaler Elemente im Kunstwerk/Film hinsichtlich der Genre- und Stilbildung, das heißt der Relation von Einzelwerk zu kanonisierten Verfahren, auch gekoppelt mit der Rezeptionsästhetik. Der Ansatz der neoformalistischen Filmtheorie umfasst Werkanalyse, rezeptionstheoretische Analyse und Stilistik auf der Grundlage eines (intertextuellen) Film-Film-Bezugs. Somit rücken die formalästhetischen Eigenschaften in den Vordergrund einer Untersuchung, die funktional beschreibt, wie in einem Film oder einer Gruppe von Werken die stilistischen, narrativen und thematischen Elemente zueinander in Beziehung treten. Entscheidend ist, dass der produktionsästhetische Ansatz die Unterscheidungsmerkmale zwischen dem aktuellen Werk und dem vorgeprägten Kanon/Genre herausarbeitet. Dies lässt sich als die Untersuchung von Differenzqualitäten beschreiben. Ihre Anschauungsformen wiederum erlauben die Beurteilung von ästhetischen Merkmalen.

Der von der Formalismus- und der Intertextualitätsdebatte in Anspruch genommene Begriff ‚Differenzqualität‘ geht zurück auf die ästhetische Kategorie der Differenzempfindung bei Broder Christiansen: „Wird etwas als Abweichung von einem Gewohnten, von einem Normalen, von einem irgendwie geltenden Kanon empfunden, so löst es dadurch eine Stimmungsimpression von besonderer Qualität aus, die generell nicht verschieden ist von den Stimmungselementen sinnlicher Formen, nur dass ihr Antezedens eine Differenz, also etwas nicht sinnlich Wahrnehmbares ist". (1909, 118) Differenzqualität ist das entscheidende Kriterium einer formalen Theorie, die mit Sklovskij auf einem Modell der Wechselbeziehung von Kanon (Automatisierung) und Neuem (Entautomatisierung) gründet und Kunst als ein Verfahren der „evolutionären Verfremdung" begreift. Die Beschreibung von „formalen" Verfahren, die diese Abweichung/Verfremdung bewerkstelligen, bildet den Gegenstandsbereich der formalistischen Ästhetik. Ihre Theorie der Kunst gründet im Prozesshaften, ihr Diskus ist primär auf Seiten der Beurteilung und nicht der sinnlichen Anschauung veranschlagt.

Die Differenzqualität weist eine Verbindung zur Unterscheidung von Medium und Form auf, wie sie in der Medientheorie bei Luhmann grundlegend ist (Luhmann 1994). Die Diskussion einer Medienästhetik kann an Luhmanns Begriff des Mediums anschließen, das an die Voraussetzung einer Differenz von Medium und Form gebunden ist. „Das Medium existiert in Festlegungen, aber nicht durch sie [...] Entscheidend für die Begriffsbildung ist mithin die Unterscheidung von Medium und Form im Sinne von Schwäche und Stärke, von loser und strikter Koppelung und die daraus folgende Annahme einer Asymmetrie: Die rigidere Form setzt sich gegenüber dem weicheren Medium durch, [...]." (1994, 183) Unter dem Gesichtspunkt der Unterscheidung (Medium und Form), aber auch hinsichtlich der Relation von Formen (lose und strikt), lässt sich auch bei Luhmann der Befund einer formalen Auffassung von Ästhetik als Verfahren extrahieren. Denn, die Differenz von Medium und Form ist in jedem Kunstwerk vorhanden, und der Begriff der Form leitet sich her aus der Koppelung der Elemente, wobei lose Koppelungen das Prozesshaft-Evolutionäre (Entautomatisierung) vorantreiben, hingegen strikte Koppelungen auf die Verfestigung (Automatisierung) von Verfahren hinarbeiten.

Luhmanns Folgerung, dass „eine Form wiederum als Medium weiterer Formbildung verwendet werden kann" (1995, 176) und dass Elemente „ihrerseits immer auch Formen in einem anderen Medium" (172) sind, kommt einem produktionsästhetischen Begriff von Formbildung nahe, weil übereinstimmend die Form als eine auf Wechselbeziehungen (Differenzen) gründende Konstruktion (als Resultat von Verfahren oder Koppelungen) gesehen wird, woran die medialen Voraussetzungen deutlich werden. Verglichen mit der Produktionsästhetikdebatte ist der Luhmannsche Differenzbegriff weiterführender, weil hier ein Medienbegriff zugrunde liegt, der die Bestimmung von ästhetischen Qualitäten gerade dort erlaubt, wo in der Kunst die Differenz von Medium und Form sicht- und wahrnehmbar ist.

Zum anderen ergründet die Rezeptionsästhetik den im Werk vorgezeichneten „Akt" der Rezeption, der, wie Wolfgang Iser (1975, 1976) für die Literaturtheorie ausführt, eine Rekonstruktion der im Werk vorgegebenen Aneignungsweisen bedeutet und in der Analyse „Appellstruktur" heißt. Die Rezeptionsanalyse bedeutet aber auch die Anerkennung einer „Unbestimmtheit", die sich im Hinblick auf die individuellen Zugangsweisen normalisieren und formalisieren lässt und hierin der Produktionsästhetik vergleichbar ist. In Unterscheidung zu produktionsästhetischen Kategorien diskutiert Wolfgang Kemp (1985) den Charakter von Unbestimmtheitsstellen für die Kunstwissenschaft unter dem Begriff der „Leerstelle". Sie bezeichnet den Ort, eine Bildstelle, die einerseits den Betrachter in die Bildstruktur einschließt und andererseits das Bild zum Betrachter öffnet. Aufgrund dieser Vermittlungsfunktion ist die Leerstelle im Bild einer filmtheoretischen Kategorie der *suture* (Naht) verwandt, wie sie Jean-Pierre Oudart (1977-78) für die semiotische Analyse ausgearbeitet hat. Die doppeltgerichtete und ambivalente Struktur der Leerstelle ist auch der bei Rudolf Arnheim (1978, 220 ff.) exemplarisch in der Wahrnehmungstheorie beschriebenen Kippfigur vergleichbar. Sie bezeichnet eine paradoxale Situation, wenn Figur und Grund eines Bildes aus-einander treten, so dass wahlweise zwei verschiedene „Bilder", genauer zwei Versionen der Darstellung in einem Bild nacheinander gesehen werden, die gleichzeitig vorliegen, aber nicht zeitgleich gesehen werde können.

Hierbei entsteht das Phänomen eines „Dazwischen" (die Kippbewegung), das auch die Intertextualitätsdebatte benennt, wenn der Abstand, der Zwischenraum zwischen (alten und neuen) Texten bezeichnet werden soll, die aufeinander bezogen sind, aber Differenzqualitäten aufweisen. Die Differenz ist nicht nur formalästhetisch (Russischer Formalismus, Neoformalismus) bedeutsam. Sie bildet, wie mit Luhmann gezeigt werden kann, eine zentrale Diskurskategorie, um sich die Unterscheidung von Medium und Form zu vergegenwärtigen: denn das Medium kann nie „pur" in Erscheinung treten. Vielmehr wird seine Form sichtbar. Folglich kann die Form der Kunst die jeweilige Besonderheit (Spezifität) des einzelnen Mediums oder einer Gruppe von Medien veranschaulichen. Dies bedeutet für die Beschreibbarkeit von Medienästhetik, dass die formal-stilistische Funktion von Verfahren in der Kunst darin besteht, ausgehend von den technischen Voraussetzungen bestimmte ästhetische Formen hervorzubringen, in denen die Strukturmerkmale der Medien in ihrer technisch-apparativen Dimension hervorscheinen.

In der Medienwissenschaft hat vor allem Joachim Paech einen Differenzbegriff entwickelt, der die Kategorie des Dazwischen auf der technisch-apparativen Grundlage des Films erfasst und zugleich absetzt von anderen Voraussetzungen, die für das elektronische Bild gelten. Entscheidend ist die Bestimmung einer figurativen Differenz zwischen den einzelnen Bildern des Films. „Es ist das Vorrücken, die Passage zwischen zwei Bildern, die selbst unsichtbar, die gestaltlose Figuration von Bewegung (‚ihr Eindruck') ist, [...] und erst in der Projektion die Bewegung zu Bewegungsbildern verschmelzen lässt." (Paech 1994, 168) Diese „operative Grenze" zwischen Bildern, die den „paradoxalen Ort" eines „Dazwischen" (vergleichbar der Kippfigur) garantiert, ist filmspezifisch definiert. Denn, wie Paech ausführt, „das

elektronische Monitorbild wird diesen Zwischenraum fast vollkommen eliminieren."
(169)

Unter dem Gesichtspunkt der Medienästhetik, folglich der Bezugnahme auf ästhetisch-stilistische Kategorien, ist der apparativ ausgewiesene Differenzbegriff von
Paech weiterführend, wenn die Luhmannsche Medien-Form-Unterscheidung hinzu-
genommen wird. Wie Paech am Phänomen der Vermischung von Medien (der Intermedialität) ausführt, besteht eine intermediale Qualität bei der Vermischung von
Fotografie und Film aufgrund verwandter Strukturmerkmale in den medialen Formen. Dies begünstigt eine Form der Vermischung, die Luhmann „feste" Koppelung
nennt, im Unterschied zu zeitlich begrenzten, das heißt auf den Vorgang der Vermischung bezogenen „losen" Koppelungen. „Intermedialität zwischen Literatur und
Film ist dann," schreibt Paech, „im Unterschied etwa zu Fotografie und Film, deren
Intermedialität zu einer Form ihres Mediums selbst geworden ist, auf den Zeitraum
der Transformation begrenzt, [...]." (Paech 1997, 335) Auf dieser Grundlage einer
Medienspezifik, die auf die formalistische Stilistik zurückgeht, können Medien-
kunstwerke, in denen Formen verschiedener Medien aufeinander bezogen sind,
dahingehend betrachtet werden, wie „strikte" Formen in Wechselbeziehung stehen
zu „losen" Koppelungen und unbestimmten Leerstellen. (vgl. Spielmann 1998) Die
Diskussion von Differenzqualitäten zählt somit an zentraler Stelle in den Gegenstandsbereich einer Medienästhetikdebatte, die zwischen ästhetisch-stilistischen
Merkmalen und medienspezifischen Faktoren zu vermitteln hat. Deshalb muss ihr
Diskurs notwendigerweise über die Aneignung der traditionellen Ästhetikdebatte in
Philosophie und Kunstwissenschaft hinausgehen.

2. Die Ästhetikdebatte der Kunst

Traditionellerweise befasst sich die Ästhetikdebatte mit Kunstwerken, Wahrneh-
mungsfragen, Erkenntnis- und Urteilsvermögen, das heißt mit ästhetischer Anschauung und ästhetischem Empfinden, mit ästhetischem Urteil und ästhetischen Begriffen. (Bittner/Pfaff 1977) Ästhetik als Diskurs bezieht sich ursprünglich nicht ausschließlich auf Kunst, vielmehr auf „den gesamten Bereich menschlicher Wahrnehmung und Empfindung im Gegensatz zum vergeistigten Bereich begrifflichen Denkens." (Eagleton, 1994, 13) Der im 18. Jahrhundert neue Diskurs der Ästhetik öffnet
mit Baumgartens „Aesthetica" den Bereich der sinnlichen Anschauung für die logische Vernunft und Wissenschaft. Die Ästhetik bildet sich als ein theoretischer Diskurs heraus, die im Zuge der Aufklärung Fragen der Wirksamkeit und der Autonomie aufwirft. Die ästhetische Theorie schließlich befasst sich mit den besonderen
Gesetzmäßigkeiten der Kunstgebilde, sie gelangt zu abstrakten Begriffen und, paradigmatisch bei Immanuel Kant, zu Kategorien der Beurteilung.

Ästhetik als Theorie der Kunst gelangt über die Erörterung von Werkzusammenhängen, Produktionsweisen und Konstruktions- bzw. Kompositionstechniken zur Kategorisierbarkeit von ästhetischen Eigenschaften. Diese Kategorien werden vornehmlich an Kunstgegenständen in den Medien Zeichnung, Plastik und Malerei angelegt und in bezug auf Gattung, Epoche und Stil differenziert. Weiterhin untersucht die ästhetische Debatte die Wechselbeziehung von Geschichte und Stil im Verhältnis zur Herausbildung von ästhetischen Formen und Formzusammenhängen. Sie rekonstruiert Wirkungszusammenhänge auf der Grundlage von Formqualitäten und Funktionsmerkmalen, und sie fragt danach, ob und wie die Formen der Kunstwerke ihre repräsentative Funktion bestimmen. Die Ästhetikdebatte reflektiert nicht nur die Eigenschaften von Kunstgegenständen und die Fähigkeit, bestimmte Eigenschaften an Dingen als besonders wahrzunehmen, einschließlich der Beurteilung von Kriterien, die es erlauben, Gegenstände als ästhetisch anzusehen oder nicht. Im engeren Verständnis erörtert die Ästhetikdebatte die Problematik der Besonderheit von Kunst, das heißt sie diskutiert die Situierung und Kontextierung von Kunst und Kunstwerk im Verhältnis zu Gesellschaft und Politik, von Macht und Markt.

Geht es in den klassischen Texten der empiristisch-sensualistischen Ästhetikgeschichte zentral um die Kategorien des Schönen und Erhabenen (Burke), schließlich um die Konzentration einer transzendentalen Wahrnehmungsästhetik auf das Naturschöne, woraus in der Philosophie die Ästhetik als Theorie des Schönen und Erhabenen hervorgeht (Kant), so diskutiert die neuere Kunstdebatte, die mit Panofsky Maßstäbe einer normativen Ästhetik anlegt, die Idee von Schönheit und Symmetrie anhand von Klassifikationssystemen und auf der Grundlage antiker Proportionslehre. Vor allem Panofsky macht für die Renaissancekunst eine normative Vorstellung von Schönheit geltend, die einerseits den Gesichtspunkt der Naturtreue aufrecht erhält, aber andererseits gleichwohl auf den Systematisierungstechniken und Ordnungsprinzipien beruht, wie sie von Seiten der Naturwissenschaften aufgestellt werden, um chaotisch organisierte Phänomene in klassifizierende Kategorien und Begriffe zu fassen.

Demgegenüber befassen sich Theorien zur Ästhetik der Moderne mit dem Stellenwert und Wirkungszusammenhang von Kunst in einer zunehmend institutionalisiert und kommerzialisiert organisierten Kultur, etwa hinsichtlich der Kernfrage von Autonomie und Negativität. Am Begriff der Autonomie diskutiert Adorno die Möglichkeit der Selbständigkeit und Eigengesetzlichkeit von ästhetischem gegenüber nicht-ästhetischem Geschehen und reserviert die Kategorie der Negativität für eine ästhetische Praxis, die Subversion und Kritik am „ästhetischen Schein" leistet. Das Konzept der Negativität beinhaltet im Verständnis von Adorno eine Kritik an Kunst, die ihre Wirkungszusammenhänge verschleiert, sowie an der Instrumentalisierung des Ästhetischen, beispielsweise durch die kommerzielle Anverwandlung von Kunst.

(Die Kategorie der Negativität wird in den siebziger Jahren explizit von Kristeva in die Debatte künstlerischer Praxis aufgenommen, sie dient hier der Kennzeichnung des Prozessualen, das heißt sie beschreibt die Funktionsweise von Vermittlung und Sinngebung.) Negativität legt einen Begriff von ästhetischer Erfahrung vor, der als Prozess, permanente Transformation, also als nicht-integrierbare Kritik und Reflexion verstanden werden muss. In nachmoderner, das heißt postmoderner Kritik am Autonomiekonzept und der Negativitätsästhetik, die sich aus Sicht der postmodernen Theorie als nicht einlösbar erwiesen haben, geht eine Kunstdebatte der Philosophie hervor, die bei der Bestandsaufnahme einer weitgehenden Ästhetisierung und medialen Durchdringung aller Lebensverhältnisse ansetzt und diese Phänomene als Ausdruck postmoderner Ästhetik wertet. Damit scheint die Position einer kritischen Ästhetik überholt, die auf der Trennung von Form und Funktion der Kunst beharrt und die Eigengesetzlichkeit einer ästhetischen Form als inkommensurabel mit der Werbe- und Konsumindustrie begreift.

Solch eine Trennung lässt sich offenbar nicht aufrechterhalten, wenn einerseits die Verbreitung neuer und komplexer vernetzter Medien mit Kommerzialisierungsformen einhergeht, die, wie Werbeclips und Musikvideos auf primär ästhetische Wirkung setzen und sich im Zitat oder Pastiche der Formensprache aus dem Kanon der Kunst bedienen. Andererseits bedeutet diese erneute Aufwertung des Ästhetischen auch, dass eine Vermischung von Kunst-Werk und Medienkultur stattfindet, die im Prinzip in der Avantgardefunktion der Künste zu Beginn dieses Jahrhunderts vorgeprägt ist und damit auch den medienhistorischen Ansatzpunkt für eine gegenwartsbezogene Bestimmung von Medienästhetik bereitstellt.

3. Die postmoderne Ästhetikdebatte und die Avantgarde

Vor allem die postmoderne Ästhetikdebatte, wie sie Lyotard (1986) vertritt, argumentiert, dass die künstlerischen Errungenschaften der Moderne, wie Collage und Montage, Fragment, Kombinatorik und Dekomposition, erst in einem weitreichend ästhetisierten, medialisierten und für ästhetische Wahrnehmungen sensibilisierten Umfeld auf Grundlage der erweiterten technologischer Möglichkeiten zur vollen Entfaltung gelangen. Symptomatisch beschreibt Welsch (1990), wie die experimentellen Kunstrichtungen in der radikalen Moderne, das heißt der Avantgarde der zwanziger Jahre, als Vorläufer postmodernen Denkens in den achtziger Jahren gewertet werden können. Mit Bezug auf Lyotard stellt Welsch die Merkmale „Dekomposition", „Reflexion", „Ästhetik des Erhabenen", „Experiment" und schließlich „Pluralität" als Gemeinsamkeiten heraus, so dass ästhetische Errungenschaften der Moderne für die Begründung einer postmodernen Philosophie herangezogen werden. Damit einher geht die erneute Aufwertung von Stil- und Epochenkategorien, ein Auseinandertreten von Form und Funktion und eine diskursive Ausweitung von ästhetischen Phänomenen, als deren postmodernes Kennzeichen gerade die Tatsache gilt, dass sie nunmehr im Prinzip in allen Lebensbereichen und medial strukturierten Kontexten vorzufinden sind, sei es Kunst, Alltagswirklichkeit oder Konsumindustrie.

Kritiker an der postmodernen Ästhetiktheorie, wie sie paradigmatisch von Lyotard (1984) konzipiert ist, haben eingewandt, dass hier ein Missverständnis der Avantgardeästhetik vorliegt. Denn das Potential der Avantgarde, die den Kunstbereich erweitert, indem sie bislang nicht-ästhetische Gegenstände zu ästhetischen Objekten erklärt und vor allem neue Medien wie den Film als künstlerische Ausdrucksmittel einsetzt, ist gerade deshalb kritisch und utopisch, weil sie einen von der Kunst ausgehenden Veränderungsgedanken transportiert, der die Veränderung und Neuartikulation der Vermittlungswege, also der Medien einschließt. Die politische Strategie der Avantgarde besteht gerade im Einsatz von neuen Medien (Zeitung, Radio und Film) als Ausdrucksform einer erweiterten Ästhetik und als Distributionsweg an ein Massenpublikum. Die Erweiterung des Ästhetischen auf gesellschaftliche Bereiche und kulturelle Praktiken, die außerhalb der institutionalisiert anerkannten Kunstbereiche liegen, umfasst die Reflexion auf die Organisation der Produktionsverhältnisse, insbesondere durch die nachrevolutionäre Produktionsästhetik in der Sowjetunion, sowie die Auflösung etablierter Gattungen durch multimediale Aktionsformen der Live Art oder die Vermischung von Medien, wie Theater und Film auf der Bühne des Avantgardetheaters. Mit und durch Medien und der Vermischung von Medien und traditionellen Kunstbereichen kritisiert die Avantgarde den „ästhetischen Schein" dort provokativ, wo der Separatbereich Kunst ihre gesellschaftliche Wirkungslosigkeit festschreibt.

Gleichwohl unterstützt die Avantgarde die Mitteilungsformen der Kunst, die allerdings durch den vermehrten Einsatz von Medien in ihren ästhetischen Aussagen grundlegend verändert wird. Vor allem die technischen Möglichkeiten der Collage und Montage, die sich durch die Entwicklungen des Mediums Films als steigerungs- und erweiterungsfähig erwiesen haben, stärken eine künstlerische Vorgehensweise, die sich ihrer medialen Voraussetzungen bewusst ist und den Konstruktionscharakter von Kunst offensiv einsetzt. Das übergreifende Merkmal einer Avantgardeästhetik liegt somit in der Selbstvergewisserung ihrer Medialität und in der Bevorzugung von Darstellungsformen, die selbstreflexiv zu nennen sind, weil sie die Konstruiertheit ästhetischer Formen, das heißt den Produktionsaspekt von Kunst zur Anschauung bringen. Die Avantgarde ist darin gesellschafts-, kunst- und medienkritisch. Collage, Objektkunst und Live-Art bewirken auch deshalb eine Grenzverschiebung des Ästhetischen, weil die Selbstreflexion mit der Absicht einhergeht, durch die veränderten und als veränderlich ausgewiesenen Kunstformen auch verändernd in die gesellschaftlichen Verhältnisse eingreifen zu können. Mediale Selbstreflexion der Avantgarde beruht auf der Vorstellung, die Veränderbarkeit im Ästhetischen zu antizipieren.

Habermas hat in seiner Kritik am philosophischen Diskurs der Postmoderne gerade diesen Gesichtspunkt einer ästhetischen Utopie herausgearbeitet, und zwar unter Hervorhebung des Vermittlungsaspekts in Schillers Ästhetikbegriff, der auf Autonomie gründet. „Schillers ästhetische Utopie zielt freilich nicht auf eine Ästhetisierung der Lebensverhältnisse, sondern auf eine Revolutionierung der Verständigungsverhältnisse. Gegenüber der Auflösung von Kunst in Leben, die die Surrealisten später programmatisch fordern, die Dadaisten und deren Nachfolger provokativ herbeiführen wollen, beharrt Schiller auf der Autonomie des reinen Scheins." (Habermas 1985, 63) Habermas' Abgrenzung zu einem aufgeweichten Avantgardeverständnis, welches die Instanz einer medialen Vermittlung und damit die Funktion der Transformation einspart, verhilft demgegenüber, wiederum mit Schiller, zur Konturierung eines brauchbaren Medienbegriffs für die Ästhetikdebatte: denn „Revolutionierung" heißt, dass zwischen dem Ästhetischen und der Vermittlung des Ästhetischen eine Differenz auftritt, die sich in der Form mitteilt. Die Kunst soll, wie Habermas unterstreicht, nach Schiller verstanden werden als „eingreifende ‚Form der Mitteilung'". (59)

Medientheoretisch ist mit dieser „Revolutionierung" eine Transformationsqualität bezeichnet, denn der Eingriff der Kunst bedeutet, dass Medien im Prozess der Vermittlung verändernd wirken, und zwar auf den Inhalt und die Form der Mitteilung. Folglich entsteht durch Vermittlung, die als Transformation verstanden werden muss, zwischen dem Medium und der ästhetischen Ausdrucksform eine Differenz. Sie würde gerade die Vermittlung zwischen dem ästhetischen und alltäglichen Lebensbereich in der Avantgardemetapher garantieren und diese nicht auflösen. Wie Habermas betont, warnt Schiller vor einer „unvermittelten Ästhetisierung des Lebens: versöhnende Kraft entfaltet der ästhetische Schein nur als Schein". (64) Avantgardeästhetik im besonderen und Medienästhetik im allgemeinen sind im Sinne von Schillers ästhetischer Utopie kritisch ausgewiesen, solange ein Differenzmoment vorliegt und nicht eine Ineinssetzung von Kunst und Leben. „Eine Ästhetisierung der Lebenswelt", sagt Habermas, „ist für Schiller nur in dem Sinne legitim, dass die Kunst katalysatorisch wirkt, als eine Form der Mitteilung, als ein Medium, in dem sich die abgespaltenen Momente wieder zu einer ungezwungenen Totalität verbinden." (64)

4. Die Mediendebatte des Ästhetischen

In der Perspektive einer nach-postmodernen Mediendebatte, vor allem im Zuge der Digitalisierung, die auf der Computerbasis die Entwicklung komplexerer Hypermedien einleitet, sind Phänomene der Bricollage und Formen unbegrenzter Kombinatorik und Wiederholbarkeit zu diskutieren. Der Anspruch auf Totalität kann für eine medienästhetische Bestimmung von Gegenwartsphänomenen sicherlich nicht aufrechterhalten werden. Gleichwohl ist das Verständnis von Vermittlung unter dem Gesichtspunkt der darin enthaltenen Transformation grundlegend, um einerseits die Differenz von Medien und ästhetischen Ausdrucksformen begrifflich fassen zu können, und andererseits auch eine Debatte zu führen, die die verschiedenartige Beschaffenheit der Medien berücksichtigen kann. Gerade im Ästhetischen liegt, auch wenn das utopische Potential im ästhetischen Schein und die Kritik der Negativität an Überzeugungskraft eingebüßt haben, ein grundlegendes Konzept zum Verständnis der Medienrealität vor, und zwar hinsichtlich der Differenz von Formen und Medium. Diese Differenz, so argumentiert die gegenwärtige Mediendebatte unter Bezugnahme auf Luhmanns Medienbegriff (1994), ist gleichsam die notwendige Voraussetzung für die Herausbildung von medienspezifischen Formen. An ihnen wird jeweils die strukturale Differenz zu anderen Medien und damit auch zu anderen Kunstformen und zum System der Künste deutlich. Damit hat sich die Ästhetikdebatte von der Unterscheidung ästhetischer und nicht-ästhetischer Phänomene und Begriffe unter Medienbedingungen verschoben auf die Diskussion medienspezifisch ästhetischer Phänomene.

Für die Mediendebatte sind an der postmodernen Ästhetikdebatte unter dem Gesichtspunkt einer weitreichenden Differenzaufhebung von ästhetisch und nichtästhetisch zwei Anschlussdiskurse relevant. Der erste Diskurs betrifft die Ästhetik des Erhabenen und im Anschluss an Lyotard die Ausweitung des Ästhetischen, wie sie für die Durchdringung von Alltagswirklichkeit und Medienrealität kennzeichnend ist. Hieraus lässt sich hinsichtlich der Bestimmung von (Medien-) Kunst die Schlussfolgerung ziehen, dass Kunst sich nicht mehr auf eine außerhalb liegende Wirklichkeit, vielmehr auf sich selbst bezieht, mithin reflexiv, genauer selbstreflexiv verfährt. Für die ästhetische Analyse dieses Befundes kann das geschilderte Instrumentarium der formalen Theorien medienkomparatistisch erweitert werden, um auch das Interrelationsgefüge von verschiedenartigen Medienkünsten zu erfassen, die in unterschiedlicher Weise Formen differenter Medien wie Schrift, Bild und Klang vermischen.

Lyotard arbeitet mit dem Begriffspaar ästhetisch-anästhetisch in einer paradoxalen Mischung, woraus das Erhabene und insbesondere die Avantgarde als eine Kunst des Erhabenen hervorgehen. Bezogen auf den mit der Ästhetisierung im Zusammenhang stehenden Sachverhalt der Medialisierung, hervorgerufen durch neue Technologien, muss aber im Unterschied zur Selbstreflexion in der Avantgarde für die Gegenwartsdebatte mit berücksichtigt werden, dass Medienkunst, die sich auf sich selbst bezieht, auch eine Reflexion der medialen Bedingungen beinhaltet, die eine bereits medialisierte Ausgangsebene darstellen. Folglich verlangt das Konzept der Selbstreflexion, wie es in der Mediendebatte diskutiert wird, die Einführung einer weiteren Reflexionsebene. Diese kennzeichnet die Verfahren der Transformation und Vernetzung von und durch Medien als sekundäre Medialisierung.

Im Hinblick auf die Verfahren der Transformation stehen die Vorgänge der Vernetzung unter dem Begriff der Medialisierung. Die kulturtechnologischen Kontexte, einschließlich der kommunikativen und konnektiven Zusammenhänge sind mit dem Begriff der Medialisierung erfasst. Die technische Ebene der Vernetzung mit ihren „Techniken und Formen von Medialisierung" unterscheidet Hans Ulrich Reck von der kulturellen Dimension der Technifizierung, die er „semiotische Mediatisierung" nennt. (Reck 1994, 16) Sekundäre Medialisierung setzt mit Luhmann dort an, wo „eine Form wiederum als Medium weiterer Formbildung verwendet werden kann" (1995, 176). Sie liegt geradezu paradigmatisch mit den digitalen Medien vor, die auf der technischen Grundlage binärer Codes und Pixelstruktur keinen technisch-materiellen Formzusammenhang herstellen, vielmehr grundsätzlich Manipulationscharakter aufweisen, das heißt Simulationen sind, dadurch, dass endlos auf einem Schema von Medialität variiert werden kann.

5. Analog- und Digitalmedien

Umberto Eco hat diesen Sachverhalt unter dem Begriff einer neuen „Unendlichkeit" als Gestaltungsmerkmal der nachmodernen Ästhetik und in bezug auf analoge Medien diskutiert. Die „Variabilität des Schemas" interessiere demnach heute weniger „als vielmehr die Tatsache, dass man *endlos* auf ihm variieren kann." (Eco 1988, 174) Entscheidend ist, dass diese Typen der Wiederholung, welche Serialität übersteigen, strukturelle Grundmuster einer digitalen Medienästhetik bezeichnen. Denn der Manipulationscharakter des Digitalen wird gerade dort sichtbar, wo ästhetische Traditionen - vom technischen Prinzip her endlos variabel und in der Form wiederholbar - als Matrix fortgesetzt, weiterver- und bearbeitet und transformiert werden. Symptomatisch hat die manipulatorischen Qualitätsmerkmale der digitalen Bildbearbeitungsverfahren (*imager*) William J. Mitchell benannt: „Digital imagers give meaning and value to computational readymades by appropriation, transformation, reprocessing, and recombination; we have entered the age of electrobricollage." (1998, 7) Angesichts dieses Medienwechsels muss die Medienästhetikdebatte eine weitere Komplexitätsstufe im System der Medien/Kunstformen berücksichtigen, die auf Simulation gründet.

Der zweite Gesichtspunkt, den die Ästhetikdebatte der Medien aus den Diskursen der Postmoderne gewinnen kann, schließt an das Modell einer referenzfreien Simulation an. Baudrillard (1978) schlägt den Begriff des Simulakrums vor zur Kennzeichnung einer Simulation ohne Muster und Modell. Dass elektronische Bilder im Grunde genommen und digitale zwangsläufig den Status von Simulationsbildern haben, darüber scheint weitgehend Einigkeit erzielt. Das Denkmodell einer Wiederholung ohne Original (Eco) legt die Simulationsdebatte zugrunde, wie sie in der Philosophie und der Medientheorie vorliegt. Ihr geht es darum, eine Klassifizierung von Phänomenen der medialen Selbstreferenz, der identischen Kopie und der Kopie ohne Original vorzunehmen und letztlich die Beschreibbarkeit von Verfahren der digitalen Manipulation, das heißt der Widerholung ohne Differenz zu garantieren. Gleichwohl muss bei dieser Einschätzung berücksichtigt werden, dass, wie Mitchell festhält, die digitale Bildverarbeitung eigentlich keine Bilder im Sinne einer visuellen Einheit hervorbringt.

Der besondere Charakter der Simulation, wie er in den digitalen Medien und der unbegrenzten Variabilität vorliegt, ist bei Kittler auf der technischen Ebene beschrieben. Kittler (1989) definiert die Simulation unter Computerbedingungen als ein Verfahren, das, im Unterschied zu den Analogmedien und der hiermit einhergehenden Herstellung von Fiktion, erstmalig die Möglichkeit der Negation in der technischen Realisation beinhaltet. Das heißt, erst mit der technischen Datenverarbeitung, den numerischen Medien, kommt Simulation tatsächlich in einem doppelten Sinne der Bestätigung und Verneinung vor. „Fiktionen als analoges Medium verfügen über keine Negation. [...] Bei Simulationen, diesem mehr als ästhetischen Verfahren, ist die Negation immer schon eingebaut. [...] Während Affirmieren nur bejaht, was ist, und negieren nur verneint, was nicht ist, heißt simulieren, was nicht ist, zu bejahen, und dissimulieren, was ist, zu verneinen." (61 ff.) Die Möglichkeit, die „Negation zu manipulieren" und „diese Manipulation auf einen operativen Begriff zu bringen", entsteht erst mit der Entwicklung des Datenspeichers, bei dem „alle Verknüpfungen aus Negationen machbar sind". Durch die Befehlsstruktur auf der Basis von Algorithmen in der Datenverarbeitung „wird es also machbar, maschinell zu affirmieren, was nicht ist: Siegeszug der Simulation." (65)

Hieraus folgt, dass strenggenommen die Simulation nur in digitalen Formen vorkommt. Formen von Bildern, die den medialen Charakter der Simulation in Formen visualisieren, die beide Komponenten, Affirmation und Negation veranschaulichen, wären demnach geeignet, die Spezifika des Medium im Ästhetischen durchscheinen zu lassen. Paradigmatisch kommen solche Formen als Effekte des digitalen Morph zur Anschauung, weil hier beides technisch möglich ist: die Entwicklung einer Form und ihre Reversibilität. Dies stellt notwendigerweise auch eine Selbstreflexion des Mediums und der künstlerischen Vorgehensweise dar und gehört laut Mitchell in den Bereich der „electrobricollage".

Gegenüber dem einschränkenden Simulationsbegriff von Baudrillard hat Kittlers Definition medientheoretisch den Vorteil, dass Grundlagen für eine formale Ästhetikdebatte bereitgestellt sind, die gerade die Relationen von verfestigenden und auflösenden, von bestätigenden und verneinenden Verfahren im Hinblick auf die

Herausbildung von besonderen Merkmalen digitaler Ästhetik zu untersuchen hat. Hierbei kann die Funktion von digitalen Verfahren auch auf die historische Entwicklung in der Medienästhetik rückbezogen werden, so dass Abweichungen und Gemeinsamkeiten in der ästhetischen Form verschiedener (analoger und digitaler) und historisch ungleichzeitig entstandener Medien (Film und Computer) verglichen werden können.

Kapitel 3

Methoden der Medienwissenschaft

Ob ein beobachtendes oder erprobendes (experimentelles) Verfahren wissenschaftlich genannt werden kann oder nicht, hängt davon ab, ob es in seinen Voraussetzungen, in seinem Vorgehen, in der Darstellung seiner Ergebnisse und deren Bewertung transparent, d.h. verständlich, nachvollziehbar und – vor allem – nachprüfbar ist. Erst wenn die (z.B. begrifflichen und technischen) Voraussetzungen und (die Lehr- und Lern-) Möglichkeiten dafür bestehen, dass sich potentiell jede Person von der Geltung bestimmter Aussagen überzeugen kann, besteht ein legitimer Anspruch auf Wissenschaftlichkeit[1]. Diese Voraussetzungen und Möglichkeiten können aber nur geschaffen werden, indem das beobachtende, beschreibende, erklärende und experimentelle Handeln in besonderer Weise mit Blick auf Verständlichkeit, Nachvollziehbarkeit und Überprüfbarkeit diszipliniert wird. Diese Disziplinierung bezeichnet man als Methode. Sie gestattet ein planmäßiges, den Konventionen und Regeln im Handlungsbereich gemäßes Vorgehen.

In der Medienwissenschaft werden Methoden aus unterschiedlichen medienbezogenen Teildisziplinen sowohl geisteswissenschaftlich-hermeneutischer als auch sozialwissenschaftlicher Provenienz eingesetzt. Dabei handelt es sich in erster Linie um Verfahren zur Analyse von Medienprodukten (mit einem noch immer deutlichen Schwerpunkt im Schrift- bzw. Printbereich), andererseits um Verfahren zur Untersuchung von Rezeptionsprozessen (Nutzung, Wahrnehmung und Verstehen) und Rezeptionseffekten (Wirkungen). Teilweise müssen Methoden für spezielle, z.B. interdisziplinäre Fragestellungen aber auch ganz neu entwickelt bzw. entsprechend adaptiert werden, wie z.B. in der Systemanalyse, der Produktionsanalyse, der Analyse mittel- und langfristiger Wirkungen, der Interaktion von Medieneffekten oder – besonders wichtig – im Bereich der Nutzung und Rezeption interaktiver Medien.

---

[1]   Der Geltungsbegriff impliziert für die Wissenschaften gerade keine exklusive Orientierung an Wahrheit, sondern schließt Geltung für wahre und falsche Aussagen ein. Wenn es also eine spezifische Differenz des wissenschaftlichen im Vergleich mit dem sonstigen Handeln gibt, dann sicher nicht die Orientierung an der wahr/falsch-Prädikation, sondern viel eher die Orientierung auf ein methodisches im Gegensatz zu spontanem bzw. nur partiell reflektiertem Vorgehen.

Els Andringa

Analyse von Medienprodukten
Eine Skizze der Möglichkeiten und ein Fallbeispiel.

1. Einleitung

Es gibt in der heutigen Zeit eine unermessliche Vielzahl von Produkten in den audio-visuellen Medien von politischen Debatten bis zur Werbung, von Filmen aller Art bis zur inszenierten Partnersuche, von direkter Wiedergabe von Kriegshandlungen bis zu Naturdokumentarfilmen. Es sind alles Phänomene mit den verschiedensten Bedeutungen und Funktionen in der modernen Mediengesellschaft. Aufgabe einer Kommunikations- oder Medienwissenschaft ist unter anderem, solche Bedeutungen und Funktionen zu beschreiben und im sozialen Kontext der Produktions- und Rezeptionsbedingungen zu analysieren. Eine genaue Einsicht in die thematischen, formalen und dynamischen Strukturen der Produkte ist dabei unabdingbar. Dazu braucht man Werkzeuge, die eine Analyse der Produkte unter den Gesichtspunkten der spezifischen Produkteigenschaften *und* der jeweiligen Fragestellung ermöglichen. Das heißt also, dass die analytischen Verfahren zumindest teilweise den Fragestellungen und Materialen angepasst werden müssen. Die Frage nach der Auswirkung von Werbung auf die Gesellschaft erfordert andere Verfahren als die nach der Art und Weise, wie politische Standpunkte in öffentlichen Debatten präsentiert und diskutiert werden. Im ersten Fall könnte man als Hilfsmittel zum Beispiel denken an eine *Inhaltsanalyse* ideologischer Elemente im Bild, im Text, und vielleicht auch in der Musik. Es müssen dann Kategorien für Text- und Bildinhalte entwickelt werden, die im Rahmen einer Ideologietheorie abgrenzbar und relevant sind (siehe für eine Einführung in die Inhaltsanalyse Merten 1983 und Mayring 1995). Ideologiekritische Untersuchungen mit Hilfe der Inhaltsanalyse wurden vor allem in den siebziger Jahren durchgeführt, als das Interesse für die Konsumkultur, wie sie sich in der ‚Trivialliteratur‘, in der Reklame und in den ersten großen ‚Soaps‘ manifestierte, in Deutschland einen ersten Höhepunkt erreichte. Das Forschungsziel war häufig, eine oft als verwerflich betrachtete Diskrepanz zwischen dargestellter Fiktion und Wirklichkeit nachzuweisen, indem man stereotype Rollenmuster und Identifikationsangebote, falsche Idealbilder und Klischees systematisch aufzeigte.[1]

---

[1] Beispiel einer Anwendung der Inhaltsanalyse auf den Film findet man bei Kroner 1973. Eine spätere Untersuchung mit Textmaterial findet sich bei Vorderer und Groeben 1987.

Für die Erforschung politischer Debatten könnte man an eine *Argumentationsanalyse* denken, aber auch an eine Analyse der Interaktionen zwischen den Opponenten und der Rolle eines etwaigen Moderators. In den verschiedenen Varianten der *Diskursanalyse* sind vor allem solche Interaktionsmuster in bestimmten institutionellen Kontexten analysiert worden, wobei manchmal Detailanalysen linguistischer und paralinguistischer Signale wie zum Beispiel kommunikativer Partikel wie „doch" oder „ne" manchmal ein erstaunliches Licht auf die kommunikativen Prozesse werfen. Eine noch immer reiche Übersicht über die Gebiete und Möglichkeiten der Diskursanalyse gibt das „Handbook of Discourse Analysis" in vier Bänden (van Dijk 1985); eine differenzierte Beschreibung unterschiedlicher Forschungsansätze und Verfahren bietet Schiffrin (1994).

Wie in diesen Beispielen bereits angedeutet ist, stehen inzwischen methodologische Modelle zur Verfügung, die zwar oft in anderem Zusammenhang entwickelt worden sind, aber der Analyse von medialen Produkten angepasst werden können. Allerdings muss man immer den spezifischen medialen Bedingungen Rechnung tragen. Eine Debatte im Fernsehen ist durch die Inszenierung, die zeitliche und räumliche Planung, durch die Anwesenheit der Kameras, und überhaupt durch das Ziel der Präsentation an die Zuhörerschaft geprägt, durch die sie sich von einer Diskussion am Kaffeetisch unterscheidet. Gerade die spezifisch mediale Darbietung erfordert zusätzliche Verfahren der Analyse, denn auch sie trägt wesentlich zur Gestaltung des ‚Produkts' bei, das dem Publikum präsentiert wird. Die gleiche Debatte kann im Rundfunk gesendet, in der Zeitung wiedergegeben und im Fernsehen ausgestrahlt werden. In allen drei Fällen vermittelt sie sich anders.

Im Rundfunk hört man die Sprechsignale, die Emotionen in der Intonation, die Pausen, die Interaktionen zwischen den Sprechern usw., aber man ist ganz auf die akustische Information angewiesen, man ‚sieht' weder die Gesichtsausdrücke, noch die räumliche Umgebung.

In der Zeitung wird gesprochene Sprache zum Teil verschriftlicht: die Sprechqualitäten entfallen, der Text wird geglättet und meistens auch gekürzt; eine genaue ‚Transkription' mit Pausen, kommunikativen Signalen und Intonationsmustern wird man in der Zeitung nicht finden.

Im Fernsehen kommt die visuelle Gestaltung durch die Kamera hinzu, die nach Belieben Einstellungen (z.B. Close-ups) auswählt, und zwischen den Teilnehmern hin- und herwechselt. Wie die Kamera fast unabhängig eine wichtige Rolle spielen kann, soll nachher im Fallbeispiel gezeigt werden.

Um nun die spezifischen Qualitäten der visuellen Wiedergabe zu erfassen, kann man sich der Verfahren und Begriffe der *Filmanalyse* bedienen, die eine genaue Beschreibung gestalterischer Faktoren wie der Kameraeinstellung, Kamerabe-

wegung, Perspektive, Mise-en-scène und Montage ermöglichen (siehe für eine Einführung in die Filmanalyse zum Beispiel Monaco 1981 oder Hickethier 1993). Handelt es sich jedoch um Produkte mit erzählerischem Charakter, wie in Filmen,
Dokumentarfilmen und Fernsehserien, so kann auch die *Narratologie* behilflich sein,
Erzählweise, Perspektivierung, Handlungsaufbau und räumlich-zeitliche Gestaltung
zu analysieren. Sie ist in der Medienwissenschaft bisher vor allem angewandt worden für den Vergleich von Buchvorlagen und Adaptionen (zum Beispiel in Albersmeier & Roloff 1989 sowie Hurst 1996). Obwohl solche Analysen nicht selten auch
Aussagen über die Effekte der Erzählweisen auf die Leser bzw. Zuschauer impliziе-
ren, muss man konstatieren, dass eine Überprüfung mit empirischen Verfahren noch
kaum stattgefunden hat.

Wie bereits angedeutet, soll die Wahl und Anwendung eines Verfahrens durch
die Forschungsfragen geleitet werden. Gerade weil man aber den jeweiligen Qualitäten des Mediums Rechnung tragen soll, muss man sich oft entscheiden, entweder
Teilaspekte einer Forschungsfrage zunächst einzeln mit den geeigneten Verfahren zu
untersuchen, oder Kombinationen von Verfahren anzuwenden. Wie das vor sich gehen kann, soll ein Fallbeispiel illustrieren.

2. Literatur in den Medien: Martin Walsers Friedenspreisrede

In der Empirischen Literaturwissenschaft wird ausgegangen vom Konzept des ,Lite-
rarischen Systems', eines kommunikativen Handlungssystems, in dem Produktions-,
Vermittlungs- und Rezeptionshandlungen, gewisse Institutionen und Medien jeweils
in einer bestimmten Kultur ineinandergreifen. In verschiedenen Forschungspro-
grammen werden einzelne Handlungsbereiche wie zum Beispiel die Leseprozesse,
die Funktionen der literarischen Kritik, die Rolle der Verlage usw. untersucht.[2] Um
jedoch die Art und Weise zu analysieren, wie Literatur im alltäglichen Leben eingebettet ist, wie sie gleichsam in den gesellschaftlichen Diskurs eindringt, genügt es
nicht, die traditionellen Handlungsrollen zu studieren. Literatur wird nicht nur geschrieben, veröffentlicht, rezensiert und gelesen. Immer schon war sie in Diskurse
und kommunikative Situationen eingebettet. Es wurde über sie geredet und geschrieben, sie wurde zitiert, kritisiert, kommentiert und unterrichtet. Aber wohl noch
nie war die Präsenz in den öffentlichen Medien, in den Zeitungen und im Fernsehen,
inzwischen wohl auch im Internet, so stark wie in dieser Zeit. Im Fernsehen sieht
man zum Beispiel kritische Debatten im „Literarischen Quartett", Leseförderungs-

---

[2] Für die Theorie zum ,literarischen System' verweise ich auf die Arbeiten S.J. Schmidts, zum Beispiel auf
seinen *Grundriß der empirischen Literaturwissenschaft* (1991[2]); für neuere Entwicklungen siehe zum
Beispiel der Sammelband von Schmidt (1993), sowie Fohrmann & Müller (1996).

programme, Literaturverfilmungen und Interviews mit und Dokumentarfilme über bekannte Autoren[3]. Wenn wir uns ein Bild machen wollen von den Strukturen und Funktionen des literarischen Systems in der modernen, westlichen Gesellschaft, dann kommen wir nicht umhin, die Art und Weise wie es in den Medien präsentiert wird und mit den Medien verflochten ist, zu studieren. In dem folgenden Fallbeispiel geht es mir darum zu zeigen, wie ein ‚literarisches Ereignis' im Fernsehen inszeniert wird und wie man dem mit Verfahren der Filmanalyse beikommt.

Im Juni 1998 wurde bekannt, dass Martin Walser den Friedenspreis des Deutschen Buchhandels erhalten sollte. Der internationale Preis ging zum ersten Mal nach zehn Jahren wieder an einen deutschen Schriftsteller. Die Nachricht wurde noch vor dem Erscheinen von Walsers neuestem Roman „Ein springender Brunnen" verbreitet; der Roman kam Ende Juli im Suhrkamp Verlag heraus. Eine Vorauspublikation war im Juni und Juli in der Frankfurter Allgemeinen Zeitung (FAZ) erschienen. Die Zuerkennung des Friedenspreises kommentierten die Zeitungen zuerst meistens mit Zustimmung. Rezensionen des Romans folgten in allen großen und manchen kleineren Zeitungen im Laufe der Monate Juli bis etwa September. Auch hier war die Kritik in ihrer Mehrheit positiv. Martin Walser der Autor, aber auch die Person waren also wochenlang ein Thema in den Tages- und Wochenzeitungen, da der Roman trotz konventioneller Erzähltechnik fast einstimmig als ‚autobiographisch' charakterisiert wurde. Der Bogen der Berichterstattung und Kritik hielt praktisch bis zum 11. Oktober an, dem Tag der Verleihung des Friedenspreises. An jenem Sonntag fand die Zeremonie im Rahmen der Frankfurter Buchmesse nach bekanntem Muster in der Paulskirche statt. Das Ereignis wurde von der ARD ‚live' übertragen. Die Festveranstaltung wurde mit der Rede des Preisträgers beschlossen. Die Rede, die anschließend in der FAZ und dann auch in Buchform veröffentlicht wurde, löste heftige Reaktionen aus. Es entstand eine Debatte in den Medien, die Monate lang andauerte, und in die sich Vertreter aus den verschiedensten öffentlichen Bereichen einmischten.

Eine wissenschaftlich vertretbare Beschreibung und Analyse dieses ‚Falles' würde die Einbeziehung vieler *Kontextfaktoren* erfordern, wie zum Beispiel der Funktion von Kulturpreisen und der Vorgeschichte des Friedenspreises, des Image von Walser in der Öffentlichkeit, sowie eine umfassende Untersuchung über die Vernetzung von Diskursen in den verschiedenen schriftlichen und audio-visuellen

---

[3] Bisher sind vor allem Studien über Verfilmungen erschienen; dabei geht es um das Verhältnis von Text und Bild (hierzu gibt es inzwischen eine ganze Reihe von Veröffentlichungen, Hurst 1996), oder um die Rolle des Autors beim Verfassen des Drehbuchs (siehe Durzak 1989; zum Begriff der Intermedialität siehe Roloff 1999. Weniger Aufmerksamkeit ist der Frage gewidmet worden, wie Literatur ansonsten in den audiovisuellen Medien thematisiert wird.

Medien. Schließlich wäre eine genaue Analyse der ziemlich komplexen Rede, ihrer thematischen und formalen Struktur, ihrer Präsuppositionen, Adressierungen, Hinweise auf Walsers eigene Arbeiten und Anspielungen auf aktuelle Diskussionen notwendig, ebenso wie eine genaue Analyse der Rezeption in den verschiedenen Medien. Aus diesem Komplex nehme ich nur einen Teilaspekt heraus, nämlich die Frage, wie die ‚live‘ Übertragung im Fernsehen gewisse Positionen gleichsam vorbereitet und steuert. Es geht in diesem Beitrag eher um die Strategien des Mediums als um die Inhalte und Folgen dieses ‚Ereignisses‘.

Doch zuerst eine kurze Darstellung des „Ereignisses" und der Teile der Rede, die den Konflikt heraufbeschworen haben. Kulturpreise sind nicht nur ein Beweis für die Verdienste eines Preisträgers. Preise haben Sponsoren und Sponsoren haben Interessen. Für Kulturpreise gilt ganz besonders, was Bourdieu (1996) das Paradox von autonomen, artistischen Werten und kommerziellen Interessen genannt hat. Der Buchmarkt ist auf Bücherkonsum angewiesen, während (literarische) Buchinhalte immaterielle Werte vertreten. Der Buchmarkt muss also versuchen, die immateriellen, kulturellen Werte zu vermarkten. Es ist notwendig, die ‚Konsumenten‘ immer wieder von der Wichtigkeit und vom Nutzen der Kulturwerte zu überzeugen. Preisverleihungen sind ein Mittel, das Prestige der Kultur zu bestätigen und die Aufmerksamkeit auf diese Werte zu lenken. Der Friedenspreis des Deutschen Buchhandels, der zu großem, sogar internationalem Ansehen gelangt ist, kann als eine raffinierte Formel gelten um solche Ziele zu erreichen. Der Preis wird jährlich - jetzt seit 50 Jahren - an eine(n) Intellektuelle(n) vergeben, der/die sich für hochgeschätzte Werte wie Frieden, Menschlichkeit und Gerechtigkeit eingesetzt hat. Unter den frühen Preisträgern waren zum Beispiel Albert Schweitzer (1951), Martin Buber (1953) und Hermann Hesse (1955); unter den jüngeren Vaclav Havel (1989), György Konrad (1991) und Maria Vargas Llosa (1996). Viele der Gewinner waren (literarische) Autoren, die sich sowohl in ihren Werken als auch in Essays, Reden und politischen Aktivitäten für idealistische Ziele eingesetzt haben. Dadurch, dass die Preisträger bereits ein starkes Image aufgebaut haben, wird gleichsam der Eindruck vermittelt, dass die immateriellen Werte, wie sie in Sprache und Büchern ausgedrückt sind, auch einen wirklichen Einfluss auf die Gesellschaft hätten. Das Prestige des Preises und das bereits vorhandene Prestige der Preisträger halten sich also im Gleichgewicht, und die Medien feiern das Ereignis der Preisverleihung.

Martin Walser (geboren 1927) passt ausgezeichnet in das Profil der Preisträger. Er ist bereits seit Jahrzehnten ein angesehener, erfolgreicher Autor, hat sich durch kritisch-engagierte, provokative Reden und Essays zur historischen und aktuellen Lage Deutschlands ausgezeichnet, und ist in den Medien, zum Beispiel in Interviews, ein beliebter Gast. Es ist denn auch kein Wunder, dass ein solch routinierter und außerdem „einheimischer" Preisträger eine solche Auszeichnung mit sozusagen doppeltem Bewusstsein in Empfang nimmt. Neben der (anzunehmenden) Freude über die Anerkennung und Ehre ist er sicht- und hörbar auch seiner eigenen instrumentellen Funktion bewusst. Seine Rede trägt den Titel *Erfahrungen beim Verfassen einer Sonntagsrede* und beginnt mit der Darstellung von dem, was es bedeutet, den Friedenspreis zu bekommen und eine Rede zu halten, für die bereits gewisse Erwartungen bestehen:

> „Auf die Rede, die der Ausgesuchte halten werde, hieß es auch öfter, sei man gespannt, sie werde sicher kritisch [...] Die Rede, die gespeist wird aus unguten Meldungen, die es immer gibt, die sich, wenn ein bißchen Porenverschluß zu Hilfe kommt, so polemisch schleifen läßt, dass die Medien noch zwei, wenn nicht gar zweieinhalb Tage lang eifrig den Nachhall pflegen." (Walser, 9)

Fast zynisch formuliert Walser, was er denkt, das man von ihm erwartet, um dann auch genau das zu tun, was die Erwartungen erfüllt oder übertrifft. Aus den ironischen zweieinhalb Tagen werden mindestens zweieinhalb Monate.

In der ersten Hälfte seiner Rede nimmt Walser zu drei aktuellen soziopolitischen Themen Stellung. Das erste betrifft die nach Meinung Walsers ungerechte Bestrafung eines ehemaligen DDR-Spions; das zweite die Art und Weise, wie die Asylantenproblematik manchmal in der Presse erscheint; und das dritte Thema bezieht sich auf das heutigen Verfahren, der beladenen deutschen Vergangenheit und insbesondere der Verbrechen gegen die jüdische Bevölkerung zu gedenken. Das letzte Thema bekommt durch Walsers Formulierungen eine geradezu explosive Ladung. Die übrigen Themen, der zweite Teil der Rede, in dem Walser zum Gedankengut des deutschen literarischen und philosophischen Kanons von Goethe und Hegel bis Brecht überleitet, und die Einrahmungspassagen werden in der Rezeption kaum beachtet. Sofort nach der Rede brechen Kritik und Beifall über Walsers Aussagen herein. Eine scharfe Kritik von Ignatz Bubis, dem Präsidenten des Zentralrats der Juden in Deutschland, erscheint am nächsten Tag. Bubis hört aus der Rede einen Appell zum „Verdrängen der Vergangenheit" und einen Überdruss des Gedenkens heraus. Positive Interpretationen verstehen die Rede aber gerade als einen Aufruf zur Vermeidung einer massenmedialen Banalisierung oder, in Walsers eigenen Worten, „Instrumentalisierung" des Gedenkens. Wie auch in einigen Kommentaren dargelegt (zum Beispiel von Monika Maron in *Die Zeit* vom 19.11.98), führt die Rede zu zwei diametral entgegengesetzten Interpretationen. Der niederländische Schriftsteller Leon de Winter gibt in *Der Spiegel* (im Dezember) eine mögliche Erklärung:

„Walsers Unbehagen beim Gedenken, bei den Prozessen um geraubte Besitztümer, bei der Banalisierung des Holocaust ist legitim. Doch die Worte, die er dafür gefunden hat, lassen multiple Interpretationen zu. Das ist ideal für den Dichter, aber verhängnisvoll für den Redner."

Exemplarisch für die „literarischen Leerstellen" sind de Winters eigene Ergänzungen, da Walser mit keinem Wort die Prozesse um geraubte Besitztümer erwähnt. Wir werden nicht versuchen zu entscheiden, ob Walser diese Strategien bewußt eingesetzt hat. Im Rahmen seines stacheligen Metakommentars wäre dies durchaus denkbar. Wie bereits am Anfang gesagt, verzichte ich hier jedoch auf eine genaue Analyse der rhetorischen Struktur der Rede und der Effekte in der Rezeption.

Tatsache ist, dass sich ein ‚Diskurs' entwickelt, der sich durch alle Medien und wohl auch durch die Alltagsgespräche zieht. Der deutsche Buchhandel und Walsers Verlag bekommen genau das, was sie erhofft haben: viel Aufmerksamkeit in den Medien. Und auch die Medien bekommen, was sie möchten: ein Thema, das Emotionen und Diskussionen auslöst, und dem sie sich über längere Zeit widmen können. Es spielen hier bestimmte Strategien und Mechanismen mit, in denen sich das ‚literarische System' gleichsam verfängt. Dazu gehört unter anderem die Inszenierung eines solchen Preises in den Medien. Nach der Vorbereitungsphase der Bekanntmachung des Preisträgers wird in Ankündigungen auf den Moment der Preisverleihung vorbereitet. Die Organisation, die den Preis vergibt, der Börsenverein des deutschen Buchhandels, Walsers Verlag, der Suhrkamp Verlag in Frankfurt, und in diesem Fall wohl auch die Frankfurter Allgemeine Zeitung arbeiten gemeinsam auf jenen ‚Höhepunkt' hin. Besonders glücklich war hier natürlich die Fügung, dass in der Zwischenzeit Walsers neues Buch erschien. Die FAZ spielt deshalb eine wichtige Rolle, weil sie den neuen Roman im Sommer bereits vorab druckt, der FAZ-Kritiker Frank Schirrmacher den Preis positiv kommentiert, derselbe Kritiker am 11. Oktober eine Laudatio für Walser spricht, die FAZ Walsers Rede druckt und der nachfolgenden Diskussion, an der sich auch Frank Schirrmacher wieder beteiligt, viel Platz einräumt. Die Laudatio von Schirrmacher wird zusammen mit Walsers eigener Rede vom Suhrkamp Verlag veröffentlicht. Die Preisvergabe findet also in einer Vernetzung von Instanzen und Medien statt, die wechselseitig aufeinander verweisen und so die Aufmerksamkeit des Publikums wirksam steuern. Die Frankfurter Buchmesse bietet dazu den passenden, internationalen Rahmen.

Die Verleihung des Preises, die ‚live' übertragen wird, findet nach festem, ritualisiertem Muster statt. Sie ist haargenau protokolliert und bietet außerhalb der Inhalte der Reden wenig Raum für Überraschungen. In einem steifen, konventionellen Dekor treten nacheinander an das Rednerpult: der Hauptgeschäftsführer des Börsenvereins, die Oberbürgermeisterin von Frankfurt, der FAZ-Rezensent Frank Schirrmacher und, nach Überreichung der Urkunde, Walser selbst. Die Rollen sind festgelegt und die Reden, die vorgetragen werden, liegen schriftlich vor. Sie werden alle auch vom Börsenverein veröffentlicht und stehen als Lese-Dokumente zur Verfügung[4]. Nach der Veranstaltung sind Walsers Rede und Schirrmachers Laudatio auch im Internet auf den Seiten des Börsenvereins zu finden (www.boersenverein.de). Zeitlich ist alles genau festgelegt. Es gibt keinen Raum für Spontaneität oder freies Sprechen. Die Paulskirche ist überfüllt, so dass Gäste an den Seiten stehen müssen. Das Publikum ist wohl sorgfältig selektiert; eine Reihe von Celebrities aus der intellektuellen Elite und aus der Politik füllt die erste Reihe, wo die Kameras der ARD sie leicht einfangen können.

Insgesamt ist das Ereignis also äußerst formell gestaltet. Auch als Medienereignis ist es sehr statisch. Die direkte Übertragung bindet die Kameras an den gegebenen Raum, der rote Faden durch die Sendung wird eben durch die Ansprachen der Festredner gebildet. Doch haben die Kameras innerhalb des festgelegten Raumes und Zeitverlaufs mehr Bewegungsfreiheit als die Zuhörer. In beschränktem Maße sind auch hier ‚Montagetechniken‘ anwendbar. Die Kamera kann verschiedene Blickpunkte einnehmen, kann die Distanz vergrößern und verkleinern. Die Kamera kann sich außerdem durch den Raum bewegen mit ‚Pans‘ und ‚Zooms‘. Nur kann in einer Live-Aussendung nicht nachher noch geschnitten werden. Alles muss an Ort und Stelle geschehen. Es ist nun die Aufgabe der Kameraleute, zumindest einige visuelle Abwechslung einzubauen, zum Beispiel dadurch, dass zwischendurch Gesichter und womöglich Reaktionen des Publikums gezeigt werden; es ist eine längst konventionelle Strategie, statische und sprachreiche Sendungen visuell attraktiver zu gestalten. Der wandernde Blickpunkt der Kamera löst sich gleichsam vom Hauptmotiv und bietet dem Zuschauer simultan visuelle Reize, die ihn interessieren oder informieren dürften. Der ‚Mann mit der Kamera‘ kann dabei den Zusammenhang mit dem eigentlichen Geschehen verlieren und zum Beispiel zeigen, wer denn alles da ist, wie jemand fast einschläft, oder welche Ornamente sich im Raum befinden. Es handelt sich dann um ‚Zappbewegungen‘ der Kamera. Aber selbstverständlich kann die Kamera-Regie auch versuchen, einen Zusammenhang mit dem Hauptereignis herzustellen.

In den ersten Reden der Sitzung am 11. Oktober bieten sich nur wenig Möglichkeiten, einen mehr oder weniger interessanten Zusammenhang zu zeigen: es ist

---

[4] Erving Goffman (1981) gibt eine Analyse vom rituellen Charakter der Redeform ‚Vortrag‘ und dessen Funktionen. Er weist auch darauf hin, wie Vorträge in sozialen Strukturen eingebettet sind und den verschiedensten Interessen dienen: "Observe, the interests of the organizers will not lie only with the actual lecture delivery, but also with the photographic, taped, and textual record thereof, for such a record can serve organizational interests as much as or more than the talk itself." (ebd., 169)

hauptsächlich von Walser die Rede, und Walser und seine Frau sind es denn auch, zu denen die Kamera ab und zu hinüberwechselt. Als nun aber Walser selbst zu Wort kommt, ändert sich etwas. Als er nach seinen ersten Betrachtungen zur ‚Sonntagsrede' zu den erwähnten kritischen Themen gelangt, stellt sich heraus, dass gewisse Personen und Instanzen mitadressiert sind.

Bei dem Thema des DDR-Spions werden Minister Schäuble und Bundespräsident Herzog mit Namen genannt.[5] Beide sitzen in der ersten Reihe für die Kamera leicht zugänglich, und es bietet sich nun die Chance, eine gewisse Interaktion zwischen Redner und ‚Publikum' zu zeigen oder zu suggerieren. Von da ab hat die Kamera eine Strategie gefunden, einen ‚logischen' Zusammenhang zwischen dem ‚Hauptmotiv', der Rede Walsers, und dem Bild herzustellen. Die Kamera bildet nicht mehr nur den Redner ab, sondern hat die Möglichkeit, durch Einstellungswechsel die Dynamik zwischen Rede und Reaktion wiederzugeben. Auch wenn die Adressaten nicht gerade auffällig agieren, wird doch gleichsam ein Appell an die Zuschauer gerichtet, sich die Wirkung der Aussagen Walsers vorzustellen. Eine konventionelle Filmtechnik ist der sogenannte Point-of-view Shot: gezeigt wird das Close-up einer Person, die aufmerksam schaut oder zuhört, dann erfolgt ein Schnitt zu einem Objekt (oder zu einer anderen Person), und dann werden manchmal noch beide zugleich gezeigt - eine andere Reihenfolge ist auch möglich. Dem Zuschauer wird dadurch klar, dass die Person das Objekt bewusst wahrnimmt und darauf innerlich reagiert. Je nach Kontext, kann ein Point-of-view Shot, der bereits in frühen Stummfilmen angewandt wurde, eine interne Fokalisierung zustandebringen.[6] Der Zuschauer wird dazu eingeladen, sich die Gedanken und Empfindungen der Person zu vergegenwärtigen. Die Nachahmung der ‚subjektiven Kameraführung' durfte Ähnliches auch in einer ‚Live'-Situation bewirken. Durch die Schwenks und Schnitte zu den Politikern werden gleichsam ihre denkbaren Standpunkte evoziert. Falls sich in Mimik oder Gebärde ein Ausdruck zeigt, ist die filmische Sequenz komplett und gewinnt die sonst statische Situation an Dramatik. Um nun genauer zu zeigen, wie sich die Kamera sozusagen bemüht, parallel zum Vortrag die verschiedenen Shots syntaktisch zu einer visuellen ‚Erzählung' zu gliedern, sind hier zwei Fragmente der Rede wiedergegeben[7]. Die Darstellungsweise ist von der Filmanalyse inspiriert, zu der Korte (1987) schreibt: „Wenn Analyse mehr sein soll als eine im

---

[5] Es ist gut vorstellbar, dass Walser gewusst hat, dass gewisse Personen anwesend sein würden. Die ganze Veranstaltung macht einen so stringent organisierten Eindruck, dass sogar die Adressierungen in der Rede gezielt mit Blick auf das Publikum und die Medien inszeniert sein dürften.

[6] Siehe für die Filmtechniken zur Herstellung von ‚Subjektivität': Branigan 1992.

[7] Für den Text ist auch hier von der Suhrkamp-Ausgabe Gebrauch gemacht. Der gesprochene Text wich nur in bedeutungslosen Einzelheiten von dem gedruckten Text ab.

Optimalfall in sich schlüssige Darstellung der subjektiven Wirkung auf den Untersu-
chenden, dann erscheint es sinnvoll und notwendig, den Film in seiner Wirkungs-
komplexität spezifisch zu beschreiben." (171) Der Autor schlägt mehrere Verfahren
vor, wie man Filmfragmente in Einheiten zerlegen und beschreiben kann, wodurch
man zum Beispiel Funktionen des Einstellungswechsels, die Interdependenz von
Bild und Ton, und den Schnittrhythmus einsichtig machen kann. An anderem Ort
(Korte 1995) hat der Autor gezeigt, wie man mit Hilfe solcher Verfahren Filmse-
quenzen exakt miteinander vergleichen kann. Nun handelt es sich hier zwar nicht um
einen Spielfilm, aber die Kameratechniken lehnen sich doch an die Idee einer narrativen Sequenzialisierung an. Innerhalb der Beschränkungen von Zeit, Raum und
Handlung ist auch hier die Möglichkeit einer kausalen Sequenz von ‚Action' (die
Sprechakte und -inhalte) und ‚Reaction' (Reaktionen im Publikum) gegeben. Eine
solche Analyse ist eine Ergänzung zu den Verfahren der Diskursanalyse, mit denen
zum Beispiel bestimmte Muster in der Interaktion zwischen Struktur und Präsentation einer Rede und Reaktionen im Publikum analysiert worden sind. So hat Atkinson
(1985) das Verhältnis zwischen Aufbau und Ausdruck rhetorischer Strukturen und
dem Applaus bei politischen Reden untersucht. Auch solche Phänomene gab es während Walsers Rede.

Die Fragmente der Rede beziehen sich auf das erste und dritte Thema. Der
Text ist in der linken Spalte zitiert. In den Spalten daneben sind die Bildinhalte der
Einstellungen, ihre Länge und die Kameraeinstellung notiert. Die Bildinhalte sind
kurz durch die Namen der Personen angegeben. Die zeitliche Länge, die natürlich
auch in Sekunden angegeben werden könnte, ist hier einfach am Text gemessen. Die
durchgehende Linie bedeutet die Standardeinstellung (Walser frontal am Rednerpult; die unterbrochene Linie umfasst die Einstellungen, in denen die Kamera zum
Publikum hinüberwechselt.

- CU = Close-up Shot (Naheinstellung)
- MS = Medium Shot (Person in kleinerem Kontext)
- LS = Long Shot (Übersichts)Shot von weitem
- Pan = horizontale Kamerabewegung; Schwenk
- Zoom = allmähliche Veränderung der Brennweite

In dem Teil der Rede, in dem die sozio-politischen Themen angesprochen werden,
geht es jeweils explizit oder implizit um Kritik an gewissen Parteien. Rhetorisch
wird ein kritischer Standpunkt einer geläufigen Ansicht oder einem verbreiteten
Standpunkt polemisch entgegengestellt. Durch die manchmal fast derben Formulierungen entsteht gleichsam die Struktur einer ‚Konfrontation', eine Struktur, die im
Fernsehen besonders beliebt ist und in manchen Programmen eigens inszeniert

wird[8]. Im ersten Fragment wird die juristische Praxis nach der ‚Wende' an einem konkreten Falle kritisiert, aber auch unmittelbar verbunden mit dem Einfluss des

Text der Rede	Einstellung	Länge	Kamera
Fragment I [die Rede ist von einem ehemaligen DDR-Spion mit idealistischen Motiven, der zu einer hohen Strafe verurteilt wurde]	Walser		frontal MS
//Wolfgang Schäuble und andere Politiker der CDU haben dafür plädiert, im Einigungsvertrag die Spionage beider Seiten von Verfolgung freizustellen. Trotzdem kam es 1992 zu dem Gesctz, das die Spione des Westens straffrei stellt und finanziell entschädigt, Spione des Ostens aber der Strafverfolgung ausliefert.//	Bubis, dann Schäuble		MS => CU
Vielleicht hätte ich von diesem Vorfall auch wegdenken können, wenn er nicht ziemlich genau dem Fall gliche, den ich noch zur Zeit der Teilung in einer Novelle dargestellt habe. Und man kann als Autor, wenn die Wirklichkeit die Literatur geradezu nachäfft, nicht so tun, als ginge es einen nichts mehr an. Wenn die unselige Teilung noch bestünde, der Kalte Krieg noch seinen gefährlichen Unsinn fortretten dürfte, wäre dieser Gefangene, der als „Meisterspion des Warschauer Paktes im Nato-Hauptquartier in Brüssel" firmiert,//	Walser		frontal MS
längst gegen einen Gleichkartigen, den sie drüben gefangen hätten, ausgetauscht.//	Schäuble, Rühe Schäuble nickt Richtung Nachbarn (Waigel)		MS

---

[8] Siehe hierzu zum Beispiel die Beiträge von Schütte und von Klemm in Biere & Hoberg 1996.

Dieser Gefangene büßt also die deutsche Einigung. Resozialisierung kann nicht der Sinn dieser Bestrafung sein, Abschreckung auch nicht. Bleibt nur Sühne. Unser verehrter Herr Bundespräsident //	Walser	frontal MS
hat es abgelehnt, diesen Gefangenen zu begnadigen. Und der Bundespräsident ist ein Jurist von hohem Rang. Ich bin Laie. Fünf Jahre von zwölfen sind verbüßt. Die Aberkennung des durch Beiträge erworbenen Pensionsanspruchs bei der Nato trifft hart. Wenn schon die juristisch-politischen Macher es nicht	Herzog	CU
wollten, dass Ost und West rechtlich gleichgestellt wären, wahrscheinlich weil das eine nachträgliche Aner-	Herzog schüttelt leise den Kopf	
kennung des Staates DDR bedeutet hätte - na und?!- // wenn schon das Recht sich als unfähig erweist, die politisch glücklich verlaufene Entwicklung menschlich zu fassen, warum dann nicht Gnade vor Recht?	Walser	frontal MS

Bundespräsidenten. Die Kamera schwenkt gleich herüber und zeigt wie der Genannte, der neben Walsers Frau in der ersten Reihe in der Paulskirche sitzt, milde den Kopf schüttelt. Der Redner und der Angesprochene sind einander wohl nicht unbekannt, und es ist fast so, als ob sich ein Streitdialog unter Freunden auf der Bühne fortsetzte.[9]

Im zweiten Fragment trifft Walser dann ein noch heikleres Thema und verleiht seinen Formulierungen ‚vor Kühnheit zitternd‘ noch mehr polemische Schärfe. Der

---

[9] In Walsers Rede befinden sich viele ‚dialogic overtones‘ (Bakhtin 1952/1986); sie enthält mehrere Adressierungen von Personen, Instanzen und Parteien, und Anspielungen auf aktuelle Debatten. Einige, so wie im Falle des Bundespräsidenten, sind explizit, viele sind aber implizit und bilden auch ‚Leerstellen‘, die nur von Eingeweihten ausgefüllt werden können.

große Unterschied ist aber, dass hier *keine* Namen und *keine* konkreten Beispiele gegeben werden, sondern dass das, was er andeutet, der weiteren Ausfüllung durch die Zuhörer bedarf. Unbenannt sind auch die „Intellektuellen", die Walser bei anderer Gelegenheit kritisiert haben sollen. Hier ist die Rede von einer impliziten Adressierung, die nur für Eingeweihte verständlich ist. Der ‚Mann mit der Kamera' verfolgt aber seine Strategie und sucht einen Bezugspunkt im Publikum. Als Walser vom „Schicksal einer jüdischen Familie" spricht, fokussiert die Kamera Ignatz Bubis und die Personen auf den Sitzplätzen neben ihm, ebenfalls in der ersten Reihe. Reaktionen sind ihren Gesichtern nicht abzulesen, nur wirft einer seiner Nachbarn kurz einen Blick zu Bubis hin. Während Walser weiterredet, wird Bubis auch ein zweites Mal fokussiert. Nun kann man als Zuschauer den durch die Kamera hergestellten Bezug auf Bubis ganz allgemein interpretieren, nämlich als die Aufnahme von jemandem, der selbst repräsentativ für die Opfer der Nazi-Zeit steht. Aber Bubis vertritt durch seine öffentliche Funktion auch die komplizierte Geschichte und die Interessen der ehemaligen Opfer bis in die heutige Zeit. Dadurch, dass in der Art der Shotwechsel eine Parallele zur ‚Spion-Sequenz' vorliegt, kann der Eindruck entstehen, dass auch hier eine Konfrontation zum Ausdruck gebracht wird, obwohl Bubis von Walser gar nicht erwähnt worden ist. Die Unbestimmtheit in der Rede Walsers setzt sich gleichsam in der Kamerabewegung fort. Wird Bubis ‚nur' fokussiert, um herauszufinden, wie er als ehemaliges Opfer reagiert, oder auch, um ihn analog zu Herzog als möglichen Adressaten und Opponenten[10] auszuweisen? Vor allem im Rückblick verstärkt sich der Eindruck, dass durch die räumliche Anordnung und durch die Einstellungssequenz in der Sendung gleichsam eine Konfrontation impliziert ist.

Eine Frage, die sich hier nicht beantworten lässt, ist die, ob die Rede Walsers schon vorher bei den Regisseuren der Zeremonie bekannt war. Wenn man die ganze Konstellation in Betracht zieht, kann man sich als Außenstehende nicht des Eindrucks erwehren, als sei die Konfrontation als ‚Medienereignis' schon im voraus kalkuliert worden. Wer diese Kalkulation angestellt und wer dadurch vielleicht manipuliert worden ist, kann aufgrund der vorliegenden Daten nicht entschieden werden.

---

[10] Bubis Aussagen in den Medien ist zu entnehmen, dass er sich bereits früher mit Walser auseinandergesetzt hat. Die Vorgeschichte lasse ich hier außer Betracht, sie sollte jedoch in einer Studie, welche die ganze Rede und ihre Rezeption erfasst, einbezogen werden.

Text der Rede	Einstellung	Länge	Kamera
Fragment II Jeder kennt unsere geschichtliche Last, die unvergängliche Schande, kein Tag, an dem sie uns nicht vorgehalten wird. // Könnte sein, dass die Intellektuellen, die sie uns vorhalten, dadurch, dass sie uns die Schande vorhalten, eine Sekunde lang der Illusion verfallen, sie hätten sich,// weil sie wieder im grausamen Erinnerungsdienst gearbeitet haben, ein wenig entschuldigt, seinen für einen Augenblick sogar näher bei den Opfern als bei den Tätern? Eine momentane Milderung der unerbittlichen Entgegengesetztheit von Tätern und Opfern. Ich habe es nie für möglich gehalten, die Seite der Beschuldigten zu verlassen. Manchmal, wenn ich nirgends mehr hinschauen kann, ohne von einer Beschuldigung attackiert zu werden, muss ich mir zu meiner Entlastung einreden, in den Medien sei auch eine Routine // des Beschuldigens entstanden. Von den schlimmsten Filmsequenzen aus Konzentrationslagern habe ich bestimmte schon zwanzigmal weggeschaut. Kein ernstzunehmender Mensch leugnet Auschwitz, kein noch zurechnungsfähiger Mensch deutelt	Walser Publikum: Gebeugte Köpfe Walser Publikum		frontal MS CU, high angle frontal MS LS

an der Grauenhaftigkeit von Auschwitz herum; // wenn mir aber jeden Tag in den Medien diese Vergangenheit vorgehalten wird, merke ich, daß sich in mir etwas gegen diese Dauerpräsentation unserer Schande wehrt. Anstatt dankbar zu sein für die unaufhörliche Präsentation unserer Schande, fange ich an wegzuschauen. Ich möchte verstehen, warum in diesem Jahrzehnt die Vergangenheit präsentiert wird wie noch nie zuvor. Wenn ich merke, dass sich in mir etwas dagegen wehrt, versuche ich, die Vorhaltung unserer Schande auf Motive hin abzuhören, und bin fast froh, wenn ich glaube, entdecken zu können, dass öfter nicht mehr das Gedenken, das Nichtvergessendürfen das	Walser => Publikum =>	LS, high angle von links => pan + zoom nach rechts =>
Motiv ist, sondern die Instrumentalisierung unserer Schande zu gegenwärtigen Zwecken.// Immer guten	Publikum	CU
Zwecken, ehrenwerten. Aber doch Instrumentalisierung. Jemand findet die Art, wie wir die Folgen der deutschen Teilung überwinden wollen, nicht gut und sagt, so ermöglichten wir ein neues Auschwitz. Schon die Teilung selbst, solange sie dauerte, wurde von maßgeblichen Intellektuellen gerechtfertigt mit dem Hinweis auf Auschwitz. Oder: Ich stellte das Schicksal einer jüdischen Familie // von Landsberg a.d. Warthe bis Berlin nach ge-	Walser	frontal MS
nauester Quellenkenntnis dar als einen fünfzig Jahre durchgehaltenen Versuch, durch Taufe, Heirat und Leistung dem ostjüdischen Schicksal	Bubis; Mann links schaut kurz zu Bubis herüber	frontal MS

zu entkommen und Deutsche zu werden, sich ganz und gar zu assimilieren. Ich habe gesagt, wer alles // als einen Weg sieht, der nur in Auschwitz enden konnte, der macht aus dem deutsch-jüdischen Verhältnis eine Schicksalskatastrophe unter gar allen Umständen. Der Intellektuelle, der dafür zuständig war, nannte das eine Verharmlosung von Auschwitz. Ich nehme zu meinen Gunsten an, dass er nicht alle Entwicklungen dieser Familie so studiert haben kann wie ich. Auch haben heute lebende Familienmitglieder meine Darstellung bestätigt. Aber: Verharmlosung von Auschwitz. // Da ist nur noch ein kleiner Schritt zur sogenannten Auschwitzlüge. Ein smarter Intellektueller hisst im Fernsehen in seinem Gesicht einen Ernst, der in diesem Gesicht wirkt wie eine Fremdsprache, wenn er der Welt als schweres Versagen des Autors mitteilt, dass in des Autors Buch Auschwitz nicht vorkomme. // Nie etwas gehört vom Urgesetz des Erzählens: der Perspektivität. Aber selbst wenn, Zeitgeist geht vor Ästhetik.	Walser Bubis Walser	frontal MS frontal MS frontal MS

Was trägt eine solche Analyse nun zu unseren Einsichten in das ‚literarische System' bei? Auch ohne eine genaue Analyse sieht man bereits, wie stark das System mit seinem sozialen, politischen und ökonomischen Umfeld verflochten ist. In einem solchen Ereignis wird das Literarische - die Autorschaft des Preisträgers, sein literarisches Werk - fast verdrängt durch die Bezugnahme auf die aktuelle ‚Realität'. Übrigens hat Walser bereits jahrelang darauf hingearbeitet, indem er Fiktion, Autobiographie, Essays und Stellungnahmen zu Politik und Gesellschaft immer miteinander verbunden hat und immer in verschiedenen Rollen aufgetreten ist. Solche Phänomene sollten jedoch Gegenstand der Kultursoziologie sein.

In der genaueren Analyse der Sendung wird aber sichtbar, wie die Einstellungen zu ungefähr gleichen Anteilen über den Redner und das Publikum verteilt werden, wobei ‚die Kamera' versucht, einen Zusammenhang zwischen der Rede und Personen aus dem Publikum herzustellen. Man erkennt Elemente einer kausalen Sequenzialisierung, die eine gewisse Ähnlichkeit mit dem Spielfilm haben: Versuche von Point-of-view Shots, die in der Rede angelegte Konfrontation sogleich visuell mitzugestalten und suggestiv auf die Vorstellung der Zuschauer zu wirken. Durch die Parallelstruktur der beiden Fragmente könnte sogar der Eindruck entstehen, als sei auch Bubis in Walsers Kritik mit inbegriffen. Man sieht also, dass die Kameraführung parallel zum roten Faden der Veranstaltung suggestive Bezüge herstellt. Inwiefern sie bestimmte Absichten verfolgt, ist eine Frage der Interpretation. Ebenso drängen sich Vermutungen auf zur Inszenierung des ganzen Events durch die verschiedenen Medien und Instanzen, Vermutungen, die aufgrund der vorliegenden Daten nicht beweisbar sind. Man könnte sich sogar ein Szenario vorstellen, in dem die Rede bei den Veranstaltungsplanern (Börsenverein, Walser, vielleicht auch die FAZ und die ARD) wenigstens in Auszügen bekannt war; umgekehrt hat Walser ohne Zweifel gewusst, welche Celebrities anwesend sein würden.[11]

---

[11] Wie bald Ereignisse zur Geschichte werden, wird sichtbar, wenn man realisiert, was sich im Verlauf eines Jahres verändert hat. Ignaz Bubis verstarb im Sommer 1999, Roman Herzog ist kein Bundespräsident mehr, die politische ‚Szene' hat sich dramatisch gewandelt, und das nächste große literarische Ereignis, der Nobelpreis für Günter Grass, hat bereits seine eigene Geschichte. Das ‚literarische System' ist also dauernd im Wandel. Doch ist die Walser-Debatte noch nicht erloschen: der Suhrkamp Verlag hat Herbst 1999 einen dicken Band zur Debatte herausgebracht; der Herausgeber ist Frank Schirrmacher (Schirrmacher 1999).

Margrit Schreier

Verfahren der Rezeptions- und Wirkungsanalyse

Der Bereich der medienwissenschaftlichen Rezeptions- und Wirkungsanalyse ist so umfassend, dass hier im Grunde das gesamte Spektrum von Methoden der empirischen Sozialwissenschaften Anwendung findet. Es kann daher im folgenden keine erschöpfende Darstellung aller relevanten Methoden erfolgen. Statt dessen werden unter Anbindung an zentrale Themenbereiche der Medienwissenschaft Schwerpunktsetzungen vorgenommen; diese beziehen sich auf die Mediennutzungsforschung, die Medienwirkungsforschung sowie die Rezeptionsanalyse. Spezialbereiche der Medienwissenschaft wie beispielsweise die Marktforschung werden dagegen nur am Rande berücksichtigt. Vor diesem thematischen Hintergrund werden zunächst die sog. ‚quantitativen‘ Methoden dargestellt (1.), im Anschluss die eher ‚qualitativen‘ Forschungsverfahren (2.). Im Vergleich zur Rezeptions- kommt der Produktionsanalyse innerhalb der Medienwissenschaft ein eher geringer Stellenwert zu. Entsprechend existieren für diesen Gegenstandsbereich auch kaum spezielle Methoden, so dass die Produktionsanalyse hier nicht in einem eigenständigen Kapitel erläutert, sondern in das vorliegende Kapitel integriert wird; sofern eine Methode nicht nur im Rahmen der Rezeptions-, sondern auch der Produktionsanalyse verwendet wird, enthält der Text einen entsprechenden Hinweis. Abschließend werden Möglichkeiten der Kombination qualitativer und quantitativer Verfahren skizziert (3.).

1. Quantitative Methoden in der Medienwissenschaft

Wird heute weniger gelesen als vor zehn Jahren? Steigert die Rezeption von Spielfilmen mit gewalttätigem Inhalt die Gewaltbereitschaft der Zuschauer/innen? Dies sind Fragen, wie sie traditionellerweise innerhalb des quantitativen Forschungsansatzes untersucht werden (zur Charakterisierung vgl. Bortz & Döring 1995, Kap. 5.1.2.). Den Kern dieses Ansatzes bildet die *Hypothesenprüfung*: Eine Hypothese wird mit der Realität verglichen und – je nach Untersuchungsergebnis – vorläufig angenommen oder verworfen.[1] Die Auswertung erfolgt in der Regel inferenzstatistisch, d.h. mittels Verfahren, die es erlauben, zu Schlussfolgerungen über die untersuchte Stichprobe hinaus zu gelangen (vgl. z.B. Diehl & Arbinger 1992). Im

---

[1] Diese Vorgehensweise ist im Kern eine falsifikationistische in der Tradition des Kritischen Rationalismus (z.B. Breuer 1991): Es wird davon ausgegangen, dass eine Hypothese nie verifiziert, sondern immer nur falsifiziert werden kann; entsprechend gilt eine bestätigte Hypothese auch nicht als ‚wahr‘, sondern lediglich als ‚vorläufig bewährt‘.

folgenden werden zunächst zwei Designs (Untersuchungspläne) erläutert (1.1.); daran schließt sich die Darstellung einiger wesentlicher Erhebungsverfahren quantitativer Forschung an. (1.2.).

1.1. Designs

In der quantitativen Medienwissenschaft sind vor allem zwei Untersuchungsanlagen von Bedeutung: das Experiment (1.1.1.) sowie die Umfrageforschung (1.1.2.).

1.1.1. Das Experiment

Das Experiment stellt eine Untersuchungsanlage zur *Prüfung von Kausalhypothesen* dar und hat entsprechend vor allem in der Medienwirkungsforschung weite Verbreitung gefunden (zum Experiment vgl. z.B. Huber 1987; Westley 1989).[2] Untersucht wird die Wirkung einiger oder mehrerer unabhängiger auf eine oder mehrere abhängige Variablen, wobei die Zielsetzung darin besteht, eventuelle Veränderungen der Ausprägung der abhängigen Variablen möglichst eindeutig auf die Variation der unabhängigen Variablen zurückzuführen. Damit dies gewährleistet ist, müssen zwei Bedingungen erfüllt sein: (1) Die Forscherin muss in der Lage sein, die unabhängige(n) Variable(n) aktiv zu variieren; (2) sie muss weiterhin in der Lage sein, den Einfluss potentieller Störvariablen auf die abhängige Variable zu kontrollieren.

Als *Störvariablen* gelten dabei solche Einflussgrößen, die zusätzlich zu den unabhängigen Variablen die abhängige Variable ebenfalls beeinflussen, wobei die Ausprägungen der Einflussgröße in systematischer Weise mit den Stufen einer der unabhängigen Variablen variieren (*Konfundierung* von unabhängiger und Störvariable; vgl. Hager 1987). Angenommen, ein Forschungsteam untersucht den Einfluss zweier Fernsehprogramme auf die Stimmung; wenn nun die Experimentalgruppe, die Programm ‚Sonnenschein' gesehen hat, mehrheitlich aus Personen über 50 Jahren bestehen würde, und die Experimentalgruppe, die das Programm ‚Regentag' gesehen hat, aus Personen unter 30 Jahren, so läge eine Konfundierung der Variablen ‚Programmtyp' (unabhängige Variable) und ‚Alter' (Störvariable) vor. Störvariablen können (wie in diesem Beispiel) aus Probandenmerkmalen resultieren oder auch aus Merkmalen der Untersuchungsleiterin sowie der Untersuchungssituation.

Zur *Kontrolle von Störvariablen* sind verschiedene Techniken entwickelt worden (vgl. o.c.). Die bekannteste und am häufigsten angewandte ist das *Randomisieren*: Dabei werden die Teilnehmer/innen einer Untersuchung den interessierenden Ausprägungen der unabhängigen Variablen bzw. den Untersuchungsgruppen per Zufall zugewiesen; dahinter steht die Annahme, das verschiedene Ausprägungen potentieller Störvariablen sich über die experimentellen Gruppen annähernd gleich verteilen, eine systematische Variation von Störvariablen mit bestimmten Ausprä-

---

[2] Das Experiment wird so häufig angewandt, dass dazu hier keine Untersuchungsbeispiele angeführt werden.

gungen der unabhängigen Variablen somit praktisch ausgeschlossen ist. Neben dem Randomisieren existiert eine Reihe weiterer Techniken, die vor allem bei speziellen Störvariablen zum Tragen kommen, z.B. das Matching bei kleinen Stichproben für bekannte Störvariablen, die Einbeziehung potentieller Stör- als Kontrollvariablen oder der (Doppel-)Blindversuch zur Kontrolle von sog. Versuchsleiter-Erwartungseffekten. In dem Maße, in dem es gelingt, potentielle Störvariablen zu kontrollieren, gilt die *interne Validität* des Experiments als gesichert.

Neben der internen ist im Experiment auch die externe Validität zu beachten bzw. die Frage, inwieweit die Untersuchungsergebnisse auf andere als die untersuchten Personen, Situationen etc. übertragen werden können. Während die Verallgemeinerung auf andere Personen- oder Situationsgruppen nicht zuletzt auch eine Frage der Anwendbarkeit der untersuchten Hypothese bzw. Theorie darstellt, sollte im Experiment zumindest gewährleistet sein, dass die Untersuchungsergebnisse nicht nur für die untersuchte Stichprobe Gültigkeit besitzen, sondern ebenso für die Grundgesamtheit, der die Stichprobe entnommen ist. Es existieren verschiedene Verfahren der *Stichprobenziehung*; jedes Verfahren besteht dabei aus einem Satz von Regeln, die festlegen, wie bei der Entnahme von Elementen aus der Grundgesamtheit vorzugehen ist (vgl. Diekmann 1998, Kap. IX). Hier ist in erster Linie die *Zufallsstichprobe* von Bedeutung; diese ist dadurch charakterisiert, dass jedes Element der Grundgesamtheit mit derselben Wahrscheinlichkeit in die Stichprobe eingehen kann. Bei der einstufigen Zufallsstichprobe erfolgt die Auswahl typischerweise mittels einer Tabelle von Zufallszahlen aus einer Liste oder durch Ziehung von Elementen aus einem Gebiet. Gerade in der Umfrageforschung ist jedoch die mehrstufige Zufallsauswahl geläufiger, d.h. die Zufallsauswahl über mehrere Ebenen hinweg (z.B. Auswahl von (1) Stimmbezirken, (2) Adressen, (3) befragter Person pro Haushalt). *Geschichtete Stichproben* sind vor allem dann geeignet, wenn die Verteilung eines Merkmals in der Grundgesamtheit sehr heterogen ist: Die Grundgesamtheit wird zunächst entsprechend den Ausprägungen des relevanten Merkmals in Schichten unterteilt; dann werden pro Schicht Zufallsstichproben gezogen. Diese Vorgehensweise setzt allerdings ein Vorwissen über die Verteilung relevanter Merkmale in der Grundgesamtheit voraus (zu weiteren Verfahren der Stichprobenziehung s. o.c.).

Experimentelle Untersuchungen lassen sich nach verschiedenen Gesichtspunkten weiter unterteilen. Ein erstes Kriterium bezieht sich auf den Durchführungsort; unter diesem Gesichtspunkt wird zwischen *Labor-* und *Feldexperiment* unterschieden; neuerdings werden auch Web-Experimente im Internet durchgeführt (Reips 1997). Ein zweites Kriterium betrifft die Art der unabhängigen Variablen bzw. die Möglichkeit der Randomisierung. Denn diese ist häufig nicht gegeben: Bei dem biologischen Geschlecht handelt es sich z.B. um eine organismische Variable; Un-

tersuchungsteilnehmer/innen können nicht willkürlich einer ‚Geschlechtsgruppe'
zugeteilt werden. In solchen Fällen, in denen eine zufällige Zuteilung von Untersu-
chungsteilnehmer/innen zu den verschiedenen Ausprägungen der unabhängigen Variablen nicht möglich ist, liegt ein *quasi-experimentelles* Design vor; bei der Durchführung eines solchen Quasi-Experiments im Feld spricht man von einer Feldstudie.
Da potentielle Störvariablen hier nicht kontrolliert sind, ist auch die interne Validität
quasi-experimenteller Untersuchungen zwangsläufig geringer als die experimenteller
Untersuchungen (zum Quasi-Experiment vgl. Bierhoff & Rudinger 1996; Hager
1987). Um dennoch zumindest annäherungsweise zu Kausalaussagen zu gelangen,
wird häufig ein *nichtäquivalenter Kontrollgruppenplan* eingesetzt. Dieser sieht eine
Experimental- und eine Kontrollgruppe vor; für beide Gruppen wird die abhängige
Variable jeweils vor und nach einem experimentellen Treatment erhoben (auch: prä-
post-Design: s. o.c.; Diekmann 1998, Kap. VIII.4.).

1.1.2. Die Umfrageforschung

Die Umfrageforschung, die sich vor allem in der Mediennutzungsforschung etabliert
hat, basiert auf einer nicht-experimentellen Vorgehensweise (im Überblick: Adams
1989; Shoemaker & McCombs 1989): Per Interview oder Fragebogen werden Daten
zu interessierenden Variablen erhoben; die Auswertung erfolgt häufig deskriptiv-
statistisch (vgl. Diehl & Kohr 1982).[3]

Wie beim Experiment, kommen auch in der Umfrageforschung verschiedene
Untersuchungsanlagen zum Einsatz (vgl. Diekmann 1998, Kap. VII)[4]. Dies ist zunächst das *Querschnittdesign*, das durch eine einmalige Erhebung von Daten gekennzeichnet ist. Beim *Trenddesign* werden zu verschiedenen Zeitpunkten bei verschiedenen Stichproben Daten zur gleichen Variable erhoben. Das *Panel*-
unterscheidet sich vom Trenddesign lediglich hinsichtlich der Stichprobe: Hier werden ebenfalls Daten zur gleichen Variable zu verschiedenen Zeitpunkten erhoben;
allerdings handelt es sich dabei – zumindest im Idealfall – jeweils um dieselbe
Stichprobe.

Diese Gleichheit der Stichprobe ist jedoch in der Realität kaum zu verwirklichen, sind doch die Mitglieder einer Stichprobe auch bei einer einfachen Umfrage
praktisch grundsätzlich nicht alle erreichbar (*Nicht-Ausschöpfung einer Stichprobe*);
bei Paneluntersuchungen kommt noch hinzu, dass manche Personen den Wohnort
wechseln, andere versterben (*Panel-Mortalität*). Diese Nicht-Ausschöpfung von
Stichproben stellt dann ein besonderes Problem im Sinne einer Störvariable dar,

---

[3] Auch Umfragestudien sind in der Medienwissenschaft so verbreitet, dass einzelne Literaturangaben
sich eigentlich erübrigen. Es sei daher lediglich beispielhaft auf eine der klassischen Studien zur Massenkommunikation verwiesen (Kiefer & Berg 1987).

[4] Die Umfrageforschung stellt also einen übergeordneten Forschungsansatz dar, innerhalb dessen sich
wiederum weitere Designvarianten geringeren Abstraktionsniveaus unterscheiden lassen.

wenn die Ausfälle systematisch mit bestimmten Eigenschaften der Stichprobe asso-
ziiert sind: So ist z.B. bekannt, dass in der Umfrageforschung die Mittelschicht meist
überrepräsentiert ist (Mittelschichtbias); dies führt zwangsläufig zu einer Verzerrung
der Ergebnisse, sofern eine Verallgemeinerung auf die Gesamtbevölkerung angestrebt wird (o.c.). Als Gegenmaßnahmen werden z.B. gezielt Nacherhebungen vorgenommen, oder die Stichprobe wird gemäß bekannten Über- und Unterrepräsenta-
tionen einzelner Schichten nachträglich gewichtet (o.c.; s. auch Adams 1989,
102ff.). Solche Maßnahmen bleiben jedoch letztlich methodologisch fragwürdig;
Verzerrungen der Ergebnisse lassen sich damit nicht ausschließen.

Neben dem gewählten Design stellt die Art der Durchführung der Umfrage ein
weiteres Unterscheidungskriterium innerhalb der Umfrageforschung dar (s. auch
Watt & van den Berg 1995, 352-357). Die Befragung kann *postalisch* erfolgen oder
im Interview; dieses kann *face-to-face* stattfinden oder aber telefonisch; in jüngerer
Zeit wird gelegentlich auch von den Möglichkeiten des Computers Gebrauch gemacht – sei es, dass den Teilnehmer/innen eine Diskette zugeschickt wird, sei es,
dass sie per eMail kontaktiert werden, z.B. als Mitglieder einer bestimmten Diskus-
sionsgruppe im Internet (Batinic & Bosnjak 1997). Bei schriftlichen Befragungen
füllen die Untersuchungsteilnehmer/innen die Unterlagen meist selbst aus, bei der
mündlichen Befragung übernimmt dies der Interviewer. In den vergangenen 15
Jahren hat das *telefonische Interview* zunehmend an Beliebtheit gewonnen (Lavrakas
1993). Das liegt nicht nur daran, dass es kostengünstiger und schneller ist und Fehler
auf Interviewerseite durch Supervision schneller aufgedeckt werden können; ein
wesentlicher Grund für die Verbreitung des telefonischen Interviews dürfte vielmehr
in der Entwicklung von Methoden des CATI liegen: *computer assisted telephone
interviewing*. Der Fragebogen wird mittels einer entsprechenden Software im voraus
programmiert. Während des Interviews erfolgt die Dateneingabe unmittelbar am
Bildschirm; in Abhängigkeit von den Antworten wird das Überspringen irrelevanter
Fragen und die Weiterleitung im Fall von Gabelfragen automatisch vorgenommen
(zu CATI-Verfahren vgl. Diekmann 1998, Kap. X.9.).[5]

1.2. Verfahren der Datenerhebung

Die nachfolgend dargestellten Verfahren der Datenerhebung sind prinzipiell unabhängig von der gewählten Untersuchungsart. So können beispielsweise im Experiment oder auch in beschreibenden Untersuchungen Daten auf beliebige Weise ge-

---

[5] Es existieren auch Programme, die (vermittels Notebook) im Rahmen persönlicher Interviews zur
Dateneingabe vor Ort eingesetzt werden können (CAPI: computer assisted personal interviewing software).

wonnen werden; lediglich in der Umfrageforschung sind mit der Wahl der Vorgehensweise Festlegungen bezüglich der Datenerhebung verbunden (s.o.). In diesem
Abschnitt werden die folgenden Verfahren genauer dargestellt: Befragung (einschließlich Beurteilen und Testen), Beobachtung und physiologische Messungen.

Unabhängig von der je konkreten Art der Datenerhebung muss das gewählte
Verfahren jedoch bestimmten methodologischen Grundanforderungen genügen: Es
muss objektiv, reliabel und valide sein (vgl. Bortz & Döring 1995, Kap. 4.3.3.).
Unter *Objektivität* wird verstanden, dass das Ergebnis der Untersuchung unabhängig
von der Person ist, die eine Untersuchung durchführt. *Reliabilität* bezieht sich auf
die Zuverlässigkeit der Messung; dabei gilt ein Verfahren dann als zuverlässig, wenn
es bei wiederholter Anwendung zu den gleichen Ergebnissen führt. Es stehen verschiedene Vorgehensweisen zur Verfügung, um die Reliabilität insbesondere von
Fragebögen und Tests zu überprüfen (z.B. die Retest- oder die split-half-Reliabili-
tät). Unter der *Validität* eines Verfahrens ist schließlich das Maß zu verstehen, in
dem ein Verfahren auch tatsächlich das misst, was es messen soll oder zu messen
vorgibt. Dabei werden verschiedene Arten der Validität unterschieden: Inhalts-,
Kriteriums- und Konstruktvalidität, wobei jedoch nur die Kriteriumsvalidität vergleichsweise einfach empirisch überprüft werden kann. Trotz dieser Probleme empirischer Sicherung stellt die Validität die zentrale Anforderung an ein Meßverfahren
dar: Ein objektives und reliables Verfahren nützt wenig, wenn es nicht geeignet ist,
das zu messen, was es messen soll.

1.2.1. Befragung

Die Befragung stellt dasjenige Verfahren der Datenerhebung dar, das in der empirischen Sozialforschung und damit auch in der Medienwissenschaft die weiteste
Verbreitung gefunden hat (im Überblick Schwarzer 1983). Grundsätzlich ist zwischen mündlicher und schriftlicher Befragung zu unterscheiden, wobei die *mündliche Befragung* meist als Interview bezeichnet wird. *Interviews* lassen sich hinsichtlich einer Vielzahl von Kriterien weiter klassifizieren; im vorliegenden Kontext sind
vor allem der Grad der Standardisierung und der Offenheit von Bedeutung (vgl.
Bortz & Döring 1995, 216ff.). Dabei bezieht sich die *Standardisierung* darauf, in
welchem Ausmaß die zu stellenden Fragen und deren Reihenfolge bereits vor dem
Interview festliegen; entsprechend unterscheidet man zwischen standardisierten,
halbstandardisierten und nicht standardisierten (unstrukturierten) Interviews. Der
Aspekt der *Offenheit* bezieht sich auf die Art der gestellten Fragen: Können diese
von den Untersuchungsteilnehmer/innen in ihren eigenen Worten beantwortet werden (offene Fragen) oder wählen sie unter einer Reihe vorgegebener Antworten aus
(geschlossene Fragen)? Insbesondere in der Umfrageforschung finden auch standardisierte, geschlossene Interviews Verwendung (König 1962); offene, weniger standardisierte Interviews sind jedoch für die Methode typischer (s.u. 2.2.)

Im quantitativen Ansatz stärker verbreitet ist dagegen die *schriftliche Befragung* (im Überblick Tränkle 1983). Diese kann sich auf verschiedene Gegenstände beziehen, u.a. auf die Erfassung von Persönlichkeitsmerkmalen, Einstellungen oder Verhaltensweisen; dabei kann es sich sowohl um Selbstauskünfte als auch um die Beurteilung von Objekten handeln. Wenn das Befragungsinstrument der Individualdiagnose (vor allem im Persönlichkeits- und Leistungsbereich) dient und genormt ist, spricht man von *Tests*; *Fragebögen* werden dagegen bei der Erhebung beliebiger Merkmale an Gruppen eingesetzt (zur Abgrenzung s. Bortz & Döring 1995, 175ff.; zu Tests und Testtheorie s. Lienert & Raatz 1994). Sowohl Tests als auch Fragebögen finden im übrigen nicht nur in der Medienwirkungsforschung Verwendung, sondern auch im Rahmen der Produktionsanalyse (z.B. bei der autorpsychologischen Untersuchung der Persönlichkeitsmerkmale kreativer Personen: vgl. Groeben & Vorderer 1986, Kap. 1.1.; Schmidt & Zobel 1983). Im Rezeptionskontext interessiert vor allem die Erfassung von Einstellungen; in der folgenden Darstellung steht entsprechend die schriftliche Befragung im Vordergrund.

Wie beim Interview können auch bei der schriftlichen Befragung *offene, halboffene* oder *geschlossene Fragen* zur Anwendung kommen (Rütter 1973). Offene Fragen haben den Vorteil, dass die Untersuchungsteilnehmer/innen die Möglichkeit haben, unter Rückgriff auf ihr eigenes Gegenstandsverständnis und ihre eigenen Konzepte zu antworten; bei geschlossenen Fragen sind Antworten dagegen nur im Rahmen der Konzepte und Strukturierungen möglich, wie sie von Untersuchungsleiter/innen vorgegeben wurden. Diesem Nachteil steht jedoch als großer Vorteil geschlossener Fragen die Möglichkeit einer objektiven Auswertung gegenüber. Zu den gebräuchlichsten Formen geschlossener Fragen mit Antwortvorgaben gehören z.B. Zuordnungsantworten, multiple-choice-Fragen sowie Ratingskalen. Darunter haben vor allem die leicht konstruierbaren Ratingskalen weite Verbreitung gefunden.

Das Grundprinzip der *Ratingskala* besteht darin, dass die Untersuchungsteilnehmer/innen gebeten werden, eine Aussage oder Frage durch Ankreuzen auf einer Skala zu bewerten (zu Ratingskalen s. Bortz & Döring 1995, Kap. 4.2.4., 4.3.5.). Die Zusammenstellung von Aussage und Skala wird auch als *Item* bezeichnet; Fragebögen setzen sich aus mehreren solcher Items zusammen. Die verwendeten Skalen konnen sich auf verschiedenen Dimensionen unterscheiden (zu Fragetypen vgl. auch Holm 1975): Sie können uni- oder bipolar angelegt sein; die Marken bzw. Positionsabstufungen können numerisch indiziert sein oder verbal. Umstritten ist, wie viele Abstufungen die Marken enthalten sollen: Zu viele Abstufungen können das Urteilsvermögen der Teilnehmer/innen leicht überfordern, während eine allzu geringe Anzahl von Abstufungen keine differenzierten Urteile zulässt. In der Praxis haben sich 5- bis 7-stufige Skalen bewährt: Geradstufige Skalen beinhalten zugleich eine neutrale Urteilsmöglichkeit; bei einer ungeraden Stufenanzahl wird dagegen ein Urteil in eine bestimmte Richtung forciert.

Die Konstruktion von Fragebögen erfolgt unter Zugrundelegung eines der *Skalentypen*, wie sie auf testtheoretischer Grundlage entwickelt wurden, z.B. der Thurstone-, der Guttman- oder der Likert-Skala. Jede dieser Skalen beinhaltet Anweisungen dahingehend, wie bei der Konstruktion und Auswahl von Items vorzugehen ist; diese Anweisungen stellen zugleich sicher, dass die Items bestimmte Skalierungseigenschaften aufweisen. Die genannten Skalentypen sind vor allem für eindimensionale Merkmale unter Zugrundelegung der Axiome der Klassischen Testtheorie geeignet (vgl. Sixtl 1976).

Als größter Nachteil von Ratingskalen gilt allgemein ihre Anfälligkeit für Verzerrungen (seitens der urteilenden Person). Es lassen sich drei große Gruppen solcher Fehlerquellen unterscheiden: Soziale Erwünschtheit, Antworttendenzen und Verfälschungen aufgrund der Fragebogenkonstruktion (Bortz & Döring 1995, Kap. 4.3.7.). Bei der *sozialen Erwünschtheit* handelt es sich um eine besondere Form der Selbstdarstellung: Aus Sorge um eine Negativbewertung versuchen Untersuchungsteilnehmer/innen, möglichst normenkonforme und somit sozial erwünschte Antworten zu geben. Es existieren mehrere Techniken, mit denen versucht wird, einer solchen Verfälschungstendenz entgegenzuwirken oder sie aufzudecken: z.B. die Verwendung von Kontrollskalen, die eine Tendenz zu sozial erwünschten Antworten unmittelbar erfassen sollen; die Konstruktion ausbalancierter Antworten, deren Wertungsrichtungen einander sozusagen wechselseitig aufheben; oder die Random Response Technik, die sicherstellt, dass das individuelle Antwortverhalten nachträglich nicht rekonstruiert werden kann. *Antworttendenzen* stellen stereotype Reaktionsweisen auf Items dar, die mit dem kognitiven Stil von Personen in Verbindung gebracht werden. Zu den bekanntesten zählen etwa: die Ja- oder die Nein-Sage-Tendenz, die Tendenz zur Mitte und der Halo-Effekt (unzureichende Differenzierung). Bei den Ja- und Nein-Sage-Tendenzen bieten wiederum ausbalancierte Antwortmöglichkeiten ein gewisses Maß an Kontrolle; Tendenz zur Mitte und Halo-Effekt lassen sich durch vorherige Aufklärung vermindern. Eine dritte Gruppe von Verzerrungen kommt durch die Sequenzierung der Items innerhalb des Erhebungsinstruments zustande. So kann z.B. ein Kontrasteffekt entstehen, wenn Objekte mit einer extremen Merkmalsausprägung gleich zu Beginn des Fragebogens beurteilt werden (*primacy-recency-effect*; zur Fragebogenkonsruktion s. auch Tränkle 1983; Watt & van den Berg 1995, Kap. 18).

Ratingskalen, insbesondere auf der Basis der Likert-Skala, werden in der Medienwissenschaft häufig zur Einstellungsmessung verwendet. Einen Spezialfall einer bipolaren, 7-stufigen Ratingskala stellt das von Osgood entwickelte *Semantische Differential* (auch: Polaritätenprofil) dar, ein Instrument zur Erfassung der affektivkonnotativen Bedeutungsdimensionen von Objekten (vgl. Groeben 1980, Kap. III.5.; Schäfer 1983). Das Standard-Polaritätenprofil umfaßt 20 bis 30 Items, für die eine Beurteilung der relevanten Objekte erfolgen soll; die Endpunkte der Pole sind durch Adjektive bezeichnet. Eine faktorenanalytische Auswertung der Ratings führt zu der klassischen EPA-Struktur des semantischen Raums dieser Beurteilungen mit den drei Faktoren: Evaluation (angenehm – unangenehm), Potency-Macht (stark – schwach) und Activity-Aktivität (erregend – beruhigend). Neben dem Standard-Differential werden gelegentlich auch konzeptspezifische Differentiale konstruiert. Diese werden jedoch weniger zur Messung konnotativer, als vielmehr denotativer Bedeutungsaspekte verwendet; eine faktorenanalytische Auswertung erbringt hier entsprechend auch andere Dimensionen als die gerade genannten.

1.2.2. Beobachtung

Auch bei der Beobachtung sind verschiedene Grade der Standardisierung zu unterscheiden (vgl. Bortz & Döring 1995, Kap. 4.5.2.; Lamnek 1996b, Kap. 6.2.): Die *freie Beobachtung*, die ohne weitere Vorgaben stattfindet, ist wiederum eher den qualitativen Verfahren der Datenerhebung zuzurechnen, während die *standardisierte Beobachtung* zu den quantitativen Verfahren zählt. Beide Arten der Beobachtung können in teilnehmender oder in nicht-teilnehmender Form erfolgen. Bei der *teilnehmenden Beobachtung* übernimmt die Forscherin oder der Forscher eine bestimmte Rolle innerhalb des beobachteten Settings, bei der nicht-teilnehmenden Beobachtung bleibt sie oder er dagegen auf die Beobachtungsrolle beschränkt. Eine weitere Dimension zur Unterscheidung verschiedener Beobachtungsarten ist die der Offenheit versus Verdecktheit: Bei der *offenen Beobachtung* sind sich die jeweiligen Personen dessen bewusst, dass sie beobachtet werden – was natürlich zu (methodisch unerwünschten) Formen der Reaktivität bzw. Änderungen im Verhalten der beobachteten Personen führen kann. Bei der *verdeckten Beobachtung* kann dieses Problem nicht auftreten; dagegen ist die verdeckte Beobachtung unter ethischer Perspektive ausgesprochen problematisch und sollte daher nur in Ausnahmefällen angewandt werden.

Die Durchführung einer Beobachtungsstudie (vgl. Friedrichs 1973, Kap. 5.7.) beinhaltet in einem ersten Schritt Entscheidungen hinsichtlich der genannten Dimensionen, wobei im folgenden von einer standardisierten Form der Beobachtung ausgegangen wird. Da das zu beobachtende Geschehen immer nur in Ausschnitten erfassbar ist, muss weiterhin eine Entscheidung hinsichtlich der Stichprobe getroffen werden. Dabei wird zwischen Ereignis- und Zeitstichproben unterschieden (vgl. Bortz & Döring 1995, Kap. 4.5.3.): Bei der *Ereignisstichprobe* wird die Häufigkeit des Auftretens bestimmter Ereignisse erfasst; diese Art der Stichprobe eignet sich besonders für die Dokumentation von (auch seltenen) Verhaltensweisen. Bei der *Zeitstichprobe* wird dagegen das gesamte Geschehen über einen bestimmten Zeitraum hinweg erhoben. In jedem Fall ist ein Beobachtungsplan zu erstellen; dieser umfasst die relevanten Beobachtungskategorien, die den Gegenstandsbereich erschöpfend abdecken und einander wechselseitig ausschließen sollten. Der Beobachtungsplan ist so aufzubauen, dass die Protokollführung möglichst einfach zu handhaben ist. Die Beobachter/innen sind dann in der Handhabung des Beobachtungsplans zu trainieren (vgl. Bortz & Döring, Kap. 4.5.4.); diese Phase lässt sich zugleich als Pilotphase begreifen, in der auch die Eignung des Beobachtungsplans einer Prüfung unterzogen wird; ggf. ist der Plan zu modifizieren. An die Trainings- schließt sich die eigentliche Beobachtungsphase an. Im besten Fall werden dabei mehrere Beobachter/innen eingesetzt, so dass deren Übereinstimmung hinsichtlich der Klassifikation der Beobachtungseinheiten einer Überprüfung unterzogen werden kann.

Die beschriebene Vorgehensweise setzt voraus, dass tatsächlich ein/e Beobachter/in am Ort des Geschehens anwesend ist. Stattdessen kann auch eine apparative Form der Beobachtung eingesetzt werden, bei der das Geschehen (z.B. mit einer Videokamera) aufgezeichnet wird; die Vorgehensweise der – dann nachträglichen – Klassifikation von Beobachtungseinheiten mittels des Beobachtungsplans bleibt sich jedoch gleich. Die *apparative Aufzeichnung* eignet sich vor allem bei schnell ablaufendem Geschehen sowie bei der Beobachtung über einen längeren Zeitraum hinweg. Diese letztere Form der Beobachtung ist beispielsweise in der Zeitbudgetforschung, etwa hinsichtlich der Fernsehnutzung, weit verbreitet (vgl. Böhme-Dürr 1988). Dabei kommen *telemetrische Verfahren* zum Einsatz (z.B. das GfK-Meter), die automatisch Einschalt- und Ausschaltzeit sowie den gewählten Kanal für ein Fernsehgerät registrieren. Während die älteren Meter dabei nicht zwischen verschiedenen Zuschauer/innen differenzieren, kommen in jüngerer Zeit zunehmend auch Personen-Meter zum Einsatz, die eine Aufzeichnung individuumsspezifischer Daten erlauben (vgl. Lutz 1991). Solche Meter stellen zugleich eine Form der nonreaktiven Beobachtung dar, d.h. eine Form der Beobachtung, bei der eine wechselseitige Beeinflussung von Beobachter/in und Beobachtungsgegenstand ausgeschlossen ist (zu non-reaktiven Erhebungsverfahren vgl. Diekmann 1998, Kap. XIII).

1.2.3. Physiologische Messungen
Einen Sonderfall der non-reaktiven Beobachtung stellen die physiologischen Messungen dar (vgl. Schandry 1988; Vitouch 1997). Diese dienen mehrheitlich der Erfassung elektrischer Indikatoren, sog. *Biopotentiale* wie z.B. Herzaktivität oder Gehirnströme. Diese Maße werden als Indikatoren bestimmter interner, psychischer Zustände gesehen; es wird also versucht, mittels physiologischer Messungen zu psychologischen Aussagen zu gelangen, etwa in der Emotionsforschung, der Stressforschung oder der Forschung zur Informationsverarbeitung; in der Medienwissenschaft fungieren solche Indikatoren entsprechend als abhängige Variablen, z.B. bei der Erfassung von Veränderungen des Spannungszustands bei einem Rezeptionsvor-

gang. Die dabei eingesetzten Messeinheiten umfassen Messfühler (Elektroden), eine Verstärkungs- und eine Registriereinheit; nicht-elektrische Signale wie etwa Blutdruck oder Atmung werden mittels Messwandlern in elektrische Signale transformiert (Bortz & Döring 1995, Kap. 4.6.1.).

Im medienwissenschaftlichen Kontext sind vor allem Indikatoren des peripheren und des zentralen Nervensystems von Bedeutung. Zu den *Indikatoren des peripheren Nervensystems* zählen u.a. Herzschlag und Blutdruck (kardiovaskulär), die Hautleitfähigkeit (elektrodermal) sowie die Muskelspannung; für all diese Indikatoren existieren sowohl tonische Maße, die den Aktivitätsverlauf über eine längere Zeit kennzeichnen, als auch phasische Maße, die kurzfristige Reaktionen, z.B. infolge externer Stimuli, erfassen (o.c., Kap. 4.6.2., 4.6.3.; Schandry 1988). Veränderungen der Herzaktivität gelten beispielsweise als Indikatoren von Aktivierungsveränderungen und mentalen Belastungen; Fluktuationen der Hautleitfähigkeit sollen negative emotionale Zustände indizieren; zur Emotionsdiagnose wird häufig auch die Aktivität spezieller Gesichtsmuskeln herangezogen. Unter den *Indikatoren des zentralen Nervensystems* sind für die Medienwissenschaft vor allem evozierte Potentiale (EEG) als Indikatoren verschiedener Stadien der Informationsverarbeitung von Bedeutung (zu Zusammenhängen zwischen Physiologie und Psychologie vgl. Rogge 1981; Schandry 1988, Kap. 9).

Physiologische Messungen gelten zwar als objektiv, weisen jedoch einige messtheoretische Probleme auf, die ihre Anwendbarkeit einschränken, so z.B. die Ausgangswertproblematik, die speziell bei Veränderungsmessungen auftritt: Ausgangs- und Veränderungswert korrelieren negativ, so dass Veränderungsmessungen mit einem systematischen Fehler behaftet sind. Die Bedeutsamkeit dieses Problems gilt als umstritten (Bortz & Döring 1995, Kap. 4.6.1.). Auch die Validität physiologischer Messungen ist nicht immer unproblematisch: So sind biophysiologische Messungen beispielsweise vergleichsweise unspezifisch und daher zur Erfassung von Emotionen nur bedingt geeignet, da eine Bestimmung emotionaler Qualitäten auf diese Weise nicht möglich ist (Schmidt-Atzert 1996, Kap. 4.2.1.; zur Problematik des Indikatorbegriffs siehe auch Schreier 1997).

Neben den biophysiologischen finden sich in der Medienwissenschaft noch andere physiologische Messverfahren wie etwa die Registrierung von Augenbewegungen (Schandry 1988, Kap. 8.3.; zu physiologischen Verfahren speziell in der Medienwissenschaft vgl. auch Suckfüll 1998); in jüngerer Zeit werden zunehmend vor allem auch bildgebende Verfahren wie z.B. Computertomografie oder die Positronen-Emissions-Tomografie eingesetzt (vgl. Herholz & Heindel 1996).

2. Qualitative Methoden in der Medienwissenschaft

Während die bisher aufgeführten Verfahren vor allem in der Mediennutzungs- und Wirkungsforschung verwendet werden, bedient sich die Rezeptionsforschung vorrangig sog. qualitativer Verfahren (zur Methodologie s. Lamnek 1995a; zu qualitativen Ansätzen in der Medienwissenschaft vgl. Baacke 1995; Charlton 1997; Kübler 1989). Im Folgenden sollen einige qualitative Designs (2.1.), Datenerhebungs- (2.2.) sowie Auswertungsverfahren (2.3.) genauer dargestellt werden.

2.1. Designs

Ein charakteristisches Design qualitativer Forschung stellt die *(Einzel)Fallstudie*[6] dar (im Überblick Lamnek 1995b, Kap. 2; s. auch Charlton & Neumann 1986; Wieler 1997): Es werden einzelne Fälle (die nicht unbedingt Individuen sein müssen, auch größere Sozialeinheiten kommen in Frage) im Hinblick auf eine ganz bestimmte Forschungsfrage in ihrer Komplexität untersucht; besonderen Wert wird darauf gelegt, dass der Kontext und das natürliche Umfeld erhalten bleiben. Die Auswahl der Fälle erfolgt dabei theoriegeleitet (theoretisches Sampling), z.B. möglichst gleichförmig oder kontrastierend. Die Erhebung kann mittels beliebiger Methoden durchgeführt werden, sofern die Methode eine Kommunikation mit den Untersuchungsteilnehmer/innen erlaubt (wie dies z.B. beim Interview der Fall ist). An die Erhebung schließt sich zunächst die Interpretation der einzelnen Fälle an; in einem letzten Schritt werden die Fälle untereinander in Beziehung gesetzt, ggf. unter Herausarbeitung von Typen (vgl. Gerhardt 1995; Hurrelmann, Hammer & Stelberg 1996). Um Verzerrungen des Materials vorzubeugen, werden häufig zusätzlich zu den Selbstauskünften der untersuchten Fälle auch weitere Materialien herangezogen. Ein Spezialfall der Einzelfallstudie ist die biographische Analyse (im Überblick Lamnek 1995b, Kap. 8; Thomae & Petermann 1983), die zugleich als das lange vorherrschende Verfahren der Produktionsanalyse im Rahmen der Autorpsychologie gelten konnte (vgl. Groeben 1972, Kap. 2; Groeben & Vorderer 1986). In jüngerer Zeit findet die biographische Forschung zunehmend auch im Rahmen rezeptionsanalytischer Studien Verwendung, hier in Form der Medienbiographie (vgl. Luger 1989; Sander & Vollbrecht 1989).

Ein zweites charakteristisch qualitatives Design stellt die Deskriptive Feldforschung oder auch Ethnographie dar. Die beiden Begriffe werden häufig synonym verwendet; in bezug auf die Medienwissenschaft hat Ethnographie jedoch (im Vergleich zur qualitativen Sozialforschung im allgemeinen) eine speziellere Bedeutung

---

[6] Obwohl die Bezeichnung ‚Einzelfallstudie' die Konzentration auf einen einzigen Fall nahelegt, finden sich in der qualitativen Forschung unter dieser Benennung in der Regel Untersuchungen, in denen Daten zu mehreren Fällen erhoben und untereinander in Beziehung gesetzt werden. Jeder dieser Fälle wird jedoch in seiner Einzigartigkeit untersucht.

erhalten, so dass hier eine Begriffsdifferenzierung erfolgen soll: *Deskriptive Feldforschung* bezeichnet eine Vorgehensweise, bei der die Forscherin für eine begrenzte Zeit tatsächlich zu einem Mitglied der untersuchten Gruppe wird (vgl. Bortz & Döring 1995, Kap. 5.4.1.; Legewie 1995); dahinter steht die zentrale Zielsetzung, den Untersuchungsgegenstand in seiner natürlichen Umgebung zu belassen und möglichst nicht zu verändern. In der *Ethnographie* wird ebenfalls versucht, den Untersuchungsgegenstand möglichst alltagsnah und verzerrungsfrei zu erfassen; allerdings werden die Forscher/innen dabei nicht zu Mitgliedern der untersuchten Gruppe (s. z.B. Lindlof 1995). In der Rezeptionsanalyse ist diese Herangehensweise beispielsweise geeignet, um die Rezeptionsgewohnheiten bestimmter Gruppen in ihrem natürlichen Kontext zu untersuchen (z.B. Lindlof 1987); im Rahmen der Produktionsanalyse kann sie eingesetzt werden, um Produktionsbedingungen genauer zu erforschen (z.B. von Zeitschriften, Nachrichten: z.B. Hansen et al. 1998, Kap. 3). Wie bei der Einzelfallstudie werden auch hier verschiedene Erhebungsverfahren eingesetzt; darunter ist die Methode der *teilnehmenden Beobachtung* jedoch sozusagen konstitutiv mit der Ethnographie verbunden. Die Beobachtung erfolgt dabei nicht, wie im quantitativen Ansatz, anhand eines festen Beobachtungsplans, sondern frei; allerdings muss eine Einschränkung dahingehend erfolgen, welche Aspekte des Feldes im Vordergrund der Beobachtung stehen sollen (vgl. Lamnek 1995b, Kap. 6).

Neben den genannten finden im Rahmen qualitativ orientierter Forschung in der Medienwissenschaft eine Reihe weiterer Designs Verwendung (wie z.B. Handlungsforschung, Dokumentenanalyse; vgl. Mayring 1996, Kap. 3), die hier jedoch nicht näher dargestellt werden sollen.

2.2. Erhebungsmethoden

Unter der Vielzahl von Erhebungsverfahren, die in der qualitativ orientierten Medienwissenschaft zur Verfügung stehen, soll auf die folgenden näher eingegangen werden: Befragung, Dialog-Konsens-Methoden, Gruppendiskussion sowie das Laute Denken (zur Beobachtung s.o.).

Bei der *Befragung* handelt es sich um ein Verfahren, das sich für den Einsatz im Rahmen von Fallstudien und Teilnehmender Beobachtung gleichermaßen eignet. Wie bereits im quantitativen Paradigma sind auch hier zwei Modalitäten zu unterscheiden: die mündliche und die schriftliche; charakteristisch ist jedoch in jedem Fall die Offenheit der Vorgehensweise, d.h. die Untersuchungsteilnehmer/innen können ihre Antworten auf die gestellten Fragen in ihren eigenen Worten formulieren (Bortz & Döring 1995, Kap. 5.2.1.). Bei der schriftlichen Befragung werden die Untersuchungsteilnehmer/innen beispielsweise gebeten, ihre medienbezogenen Aktivitäten in Form eines Tagebuchs festzuhalten (z.B. Böhme-Dürr 1988) oder das Verständnis eines bestimmten Medienprodukts zu paraphrasieren (Groeben 1980, Kap. III.2.). Auch Fragebögen mit offenen Antwortmöglichkeiten sind der schriftlichen Befragung zuzuordnen. Am gebräuchlichsten dürfte jedoch die mündliche Befragung bzw. das *Interview* sein (im Überblick Bortz & Döring 1995, Kap. 5.2.1.; Hron 1994). Hier lassen sich in Abhängigkeit vom Grad der Standardisierung zwei Varianten unterscheiden: das halbstandardisierte und das offene Interview. Das *halbstandardisierte Interview* basiert auf einem Interviewleitfaden, der die abzudeckenden Gegenstandsbereiche und ggf. auch deren Sequenz im Verlauf des Interviews festlegt. Eine spezielle Form des halbstandardisierten Interviews, wie sie vor allem in der Medienwissenschaft eingesetzt wird, ist das *fokussierte Interview*; der Interviewleitfaden wird dabei auf der Grundlage einer vorausgehenden Analyse eines interessierenden Medienprodukts erstellt (Merton & Kendall 1979). Im Vergleich dazu ist das *offene Interview* dadurch charakterisiert, daß hier kaum Vorgaben gemacht werden. Man geht davon aus, dass sich gerade im freien Erzählen eine spezielle Erzählstruktur entwickelt; Nachfragen werden ggf. erst im Rahmen einer zweiten Interviewphase gestellt (Mayring 1996, 54ff.); diese Form des Interviews wird bevorzugt im Rahmen biographischer Untersuchungen eingesetzt. Unabhängig davon, ob ein halbstandardisiertes oder ein offenes Interview gewählt wird, ist vor der eigentlichen Untersuchung eine spezielle Schulung der Interviewer/innen erforderlich. Damit sollen die Interviewer/innen in die Lage versetzt werden, eine vertrauensvolle, entspannte Gesprächsatmosphäre aufzubauen, in der sich die interviewten Personen nicht bewertet fühlen. Eine wichtige Rolle bei der Schulung spielt auch die Frageformulierung: So sollten die Fragen beispielsweise gut verständlich und nicht suggestiv sein; diese Anforderungen gelten im übrigen auch für die Formulierung schriftlicher Fragen, und zwar im quantitativen und im qualitativen Paradigma gleichermaßen (s. Bortz & Döring 1995, Kap. 4.4.1.; Diekmann 1998, Kap. X.6.).

Die Gegenstände, die mit Interviews erfasst werden, sind oft außerordentlich komplex. Solche komplexen Kognitionen über das Selbst oder Aspekte von Welt, die zumindest implizit auch Argumentationsstrukturen enthalten, werden als *Subjektive Theorien* bezeichnet (Groeben 1988); für ihre Erhebung wurden spezielle, *dialog-hermeneutische Verfahren* entwickelt (Scheele & Groeben 1988; Scheele 1992). Diese basieren auf dem Prinzip einer Trennung der Erhebung von Kognitionsinhalt und –struktur (Groeben 1992): In einem ersten Schritt erfolgt die Erhebung der Kognitionsinhalte mittels eines halbstandardisierten Interviews; im zweiten Schritt werden die Inhalte strukturell untereinander verknüpft. Dabei wird so vorgegangen, dass die Forscherin zunächst die zentralen Konzepte aus dem Interview extrahiert und auf Kärtchen schreibt. Diese werden dann der interviewten Person zusammen mit einem Struktur-Lege-Leitfaden vorgelegt; dieser Leitfaden enthält gegenstandsrelevante Relationen zur Verknüpfung der Inhalte sowie Lege-Anweisungen. Auf dieser Basis legen als nächstes sowohl der Forscher als auch die befragte Person unabhängig voneinander einen Struktur-Vorschlag. In einer abschließenden Dialog-Konsens-Sitzung werden diese Vorschläge so lange modifiziert, bis die untersuchte Person der Ansicht ist, dass die resultierende Struktur ihre Kognitionen adäquat wiedergibt (*Dialog-Konsens-Validierung*: s. auch Lechler 1994). In Abhängigkeit von dem untersuchten Gegenstandsbereich existieren unterschiedliche dialog-hermeneutische Verfahren, so z.B. die Heidelberger Struktur-Lege-Technik zur Erfassung von definitorischen und empirischen Beziehungen oder die Ziel-Mittel-Analyse zur Abbildung von Wertungen (s. Dann 1992). Struktur-Lege-Verfahren eignen sich sowohl zur Untersuchung von Medienrezeptionen wie auch zur Rekonstruktion von Kognitionen über bestimmte Genres (s. Groeben 1998; Scheele & Schreier 1994) im Rahmen von Fallstudien. Für die Abbildung speziell von Kognitionen im Sinne von Wissensstrukturen stehen darüber hinaus Verfahren zur Rekonstruktion propositionaler Repräsentationen zur Verfügung (z.B. Schnotz 1994; Tergan 1986).

Eine weitere Abwandlung des Interviews ist durch die *Gruppendiskussion* gegeben (Dreher & Dreher 1994; Friedrichs 1973, 246ff.); im medienwissenschaftlichen Kontext wird häufig auch der Begriff des ‚fokussierten Gruppeninterviews‘ verwendet (z.B. Hansen et al. 1998): Gruppendiskussionen sind besonders geeignet, wenn es um wertbehaftete Inhalte geht, die starken Tendenzen zur sozialen Erwünschtheit unterliegen; die Gruppe kann hier als Katalysator fungieren, auch unliebsame Meinungen laut auszusprechen. Die Gruppengröße variiert in der Regel zwischen fünf und 15 Personen. Die Zusammensetzung der Gruppe kann sich in hohem Maß auf das Untersuchungsergebnis auswirken; entsprechend ist die Zusammensetzung in Abhängigkeit von der Forschungsfrage vorzunehmen. Dabei ist es beispielsweise von Bedeutung, ob es sich um eine natürliche Gruppe handelt oder um eine, die erst ad hoc zu Untersuchungszwecken im Labor zusammengestellt wird. Gruppen können in ihrer Zusammensetzung mehr oder weniger homogen sein; bei allzu heterogenen Gruppen besteht die Gefahr, dass die Diskussion in ein Streitgespräch ausartet, bei allzu homogenen Gruppen kann es dagegen geschehen, dass kaum mehr eine Diskussion stattfindet. Unter den qualitativen Erhebungsmethoden kommt der Gruppendiskussion dahingehend eine Sonderstellung zu, dass sie häufig auch eigenständig, d.h. ohne Verankerung in einem der typischen Untersuchungspläne, eingesetzt wird.

Als letztes Datenerhebungsverfahren soll hier das *Laute Denken* genannt werden (im Überblick Steen 1994; Weidle & Wagner 1994), das im Rahmen beliebiger Designs anwendbar ist. Dabei werden die Untersuchungsteilnehmer/innen gebeten, alles auszusprechen, was ihnen in einer bestimmten Situation (z.B. im Verlauf der Rezeption eines Medienprodukts) durch den Kopf geht. Die Methode kann rezeptionsbegleitend eingesetzt werden oder auch nachträglich (Nachträgliches Lautes Denken). Gegenüber dem Interview bietet das Verfahren den Vorteil, nicht nur Gedanken über das eigene Denken erheben zu können, sondern eben dieses Denken selbst. Dem stehen jedoch einige Nachteile gegenüber: Speziell das rezeptionsbegleitende Laute Denken verzerrt die Rezeptionssituation insofern, als die Methode immer wieder zu Unterbrechungen der Rezeption führt. Beim Nachträglichen Lauten Denken ist dies zwar nicht der Fall; dafür stellt sich jedoch das Problem, inwieweit die nachträglich verbalisierten mit den tatsächlichen Kognitionen übereinstimmen. Trotz dieser Probleme kann das Laute Denken jedoch als wichtiges Verfahren zur Erhebung handlungs- und rezeptionsbegleitender Kognitionen gelten (z.B. Trabasso & Suh 1996).

2.3. Auswertungsverfahren

Zur Auswertung verbaler Daten im Rahmen der Medienwissenschaft[7] eignen sich u.a. folgende Methoden: interpretative Verfahren im allgemeinen, Objektive Hermeneutik und Inhaltsanalyse.[8]

Interpretative Verfahren stammen aus einem geisteswissenschaftlichen Kontext, innerhalb dessen sie seit Jahrhunderten die zentrale Methode der Textexegese darstellen, so auch innerhalb der Literaturwissenschaft (im Überblick Brunner 1994; Lamnek 1995a, Kap. 3). Bei ihrer Anwendung werden die Interpreten selbst zum Forschungsinstrument; sie versucht, unter Anwendung von Operationen alltagssprachlicher Kommunikation und ggf. unter Heranziehung relevanten Hintergrundwissens zu einer stimmigen Deutung eines Textes zu gelangen. Allerdings muss diese Vorgehensweise unter methodologischen Gesichtspunkten als ausgesprochen problematisch gelten: Die Prinzipien der Textdeutung bleiben meist implizit, und Kriterien der Deutungsadäquanz liegen kaum vor. Vor diesem Hintergrund ist in den Sozialwissenschaften verschiedentlich versucht worden, interpretative Verfahren stärker zu systematisieren, so z.B. in der *sozialwissenschaftlich-hermeneutischen Paraphrase* (Mayring 1996, 88ff.). Die zentrale Änderung gegenüber der ursprünglichen Vorgehensweise besteht darin, dass die Textdeutung von mehreren Personen vorgenommen wird, die ihre Interpretationen untereinander wechselseitig begründen und auch kritisieren; Kriterium für die Deutungsadäquanz ist die Zustimmung der Gruppe. Interpretative Verfahren, ob in ursprünglicher oder systematisierter Form, eignen sich grundsätzlich zur Auswertung verbalen Materials, unabhängig davon, im

---

[7] Sofern die Daten nicht bereits in schriftlicher Form vorliegen, sondern lediglich als Mitschnitte, sind die Daten vor der Auswertung zunächst zu transkribieren bzw. zu verschriftlichen (s. Mayring 1996, Kap. 4.2.).

[8] Bei diesen Verfahren handelt es sich teilweise um Methoden, die sich ebenso für die Analyse von Medienprodukten eignen und ggf. sogar primär in einem solchen Kontext eingesetzt werden; bei der Anwendung auf die Rezeptionsforschung werden die resultierenden Daten also ebenfalls als Text betrachtet, der lediglich einen anderen Ursprung aufweist, als dies bei Medienprodukten der Fall ist.

Rahmen welchen Designs oder mittels welcher Erhebungsverfahren die Daten gewonnen wurden.

Demgegenüber stellt die *Objektive Hermeneutik* ein sozialwissenschaftliches Verfahren dar, das vor allem zur Aufdeckung handlungssteuernder Strukturen geeignet ist (im Überblick Reichertz 1995); sie wird zwar als Auswertungsverfahren bezeichnet, lässt sich jedoch ebenso als Design für den Umgang mit verbalem Material konzeptualisieren. Unter den verschiedenen Verfahrenstypen innerhalb der Objektiven Hermeneutik hat sich für die Medienwissenschaft insbesondere die Sequenzanalyse als bedeutsam erwiesen; sie liegt beispielsweise dem rekonstruktiven (Aufenanger 1988) sowie dem strukturanalytischen Ansatz zugrunde (Charlton 1997; Charlton & Neumann 1986, Kap. 3). Im Mittelpunkt der *Strukturanalytischen Rezeptionsforschung* steht die Aufstellung und Überprüfung von Handlungsprognosen für Einzelfälle: Auf der Grundlage von Deutungen ausgewählter Interaktionsszenen werden Handlungsprognosen für spezielle Situationen erstellt; eine Überprüfung erfolgt auf der Basis einer ausführlichen Falldarstellung, die u.a. Daten zum Rezeptionsprozess, zur Familiendynamik, zu Entwicklungsaufgaben und sozialen Bedürfnissen beinhaltet. Eine wesentliche Rolle spielt außerdem die Rekonstruktion basaler Rezeptionsstrukturen; auch diese erfolgt auf der Grundlage replizierter Hypothesenprüfungen an Einzelfällen.

Während die bisher dargestellten Auswertungsverfahren ausschließlich im Rahmen qualitativer Analysen Verwendung finden, kann die *Inhaltsanalyse* als eine Art Brücke zwischen qualitativem und quantitativem Paradigma gelten (im Überblick Groeben & Rustemeyer 1995; Rustemeyer 1992). Im Gegensatz zu hermeneutischen Verfahren wird mit der Inhaltsanalyse nicht der Anspruch verbunden, den Gesamtsinn eines Textes zu erfassen; Zielsetzung ist vielmehr die systematische Beschreibung eines Textes im Hinblick auf ganz bestimmte, ausgewählte Aspekte. Konkret wird dabei so vorgegangen, dass die interessierenden Aspekte in ein Kategoriensystem überführt werden; um die Eindeutigkeit der späteren Zuordnung von Textteilen zu sichern, sollte die Kategorienexplikation möglichst konkret und umfassend erfolgen. Im nächsten Schritt wird der Text bzw. die interessierenden Texte in Analyseeinheiten unterteilt, die anschließend den Bedeutungskategorien zugeordnet werden. Für die Systematik des Vorgehens ist dabei entscheidend, dass diese Zuordnung von mindestens zwei Personen vorgenommen wird, die unabhängig voneinander arbeiten; auf diese Weise ist es möglich, die Übereinstimmung der Kodierer/innen in bezug auf die Kategorisierung der einzelnen Textteile zu überprüfen. Erst wenn diese Übereinstimmung eine bestimmte Höhe aufweist, kann das Kategoriensystem als hinreichend objektiv und reliabel gelten; Intersubjektivität fungiert im Rahmen der Inhaltsanalyse somit als Annäherung an das Kriterium der Objektivität. Genau genommen handelt es sich bei der Inhaltsanalyse um einen Sammelbegriff für verschiedene Verfahren, die sich vor allem hinsichtlich der Explizitheit des ihnen zugrunde liegenden Regelwerks und somit hinsichtlich ihrer Systematizität unterscheiden. So basiert die hier dargestellte Form der Inhaltsanalyse auf einer stark systematisierten Vorgehensweise, während die Formen der qualitativen Inhaltsanalyse weniger stark geregelt sind und auch keine Berechnungen von Kodierübereinstimmungen vorsehen (Mayring 1996, 91ff.). Wie die interpretativen Verfahren sind auch die verschiedenen Formen der Inhaltsanalyse auf beliebiges verbales Material anwendbar, also unabhängig von dem gewählten Design und der Erhebungsmethode.

Neben den genannten existiert eine Vielzahl weiterer qualitativer Auswertungsverfahren. In jüngerer Zeit sind gerade auch Medienaneignungsprozesse und damit verbunden Aspekte der Medienkommunikation Gegenstand medienwissenschaftlicher Untersuchungen geworden (s. z.B. Holly & Püschel 1993). Im Rahmen solcher Untersuchungen gewinnen *linguistische Verfahren* für die Auswertung von Gesprächen und Diskussionen im natürlichen Umfeld zunehmend an Bedeutung, wie z.B. die Diskurs- oder die Konversationsanalyse (s. Schlobinsky 1995). Eine weitere neuere Entwicklung im Bereich qualitativer Auswertungsverfahren besteht in der zunehmenden Anwendung computergestützter Formen der Analyse verbaler Daten (s. Kelle 1995; Schreier 1998). Einige Programme legen den Schwerpunkt auf die Konstruktion von Netzwerken und Theorien, andere ermöglichen detaillierte Analysen der vorgenommenen Kodierungen unter Berücksichtigung auch von Kodesequenzen und -verschachtelungen.

3. Fazit

Keine Methode ist in der Lage, alle Aspekte eines Gegenstandsbereichs abzudecken. Entsprechend sollte ein Methodenüberblick, wie er in diesem Kapitel gegeben wurde, auch nicht in die Frage münden, welche Methode für die Medienwissenschaft die bessere oder gar die beste ist. Eine Methode ist nicht als solche ‚gut‘ oder ‚schlecht‘, sondern für einen bestimmten Gegenstand mehr oder weniger gut geeignet (Prinzip der Gegenstands-Methoden-Interaktion: vgl. Groeben 1986, 25ff.). Dies gilt ebenso für die ‚quantitativen‘ und die ‚qualitativen‘ Methoden. Quantitative Methoden genügen den Kriterien der Objektivität, Reliabilität und ggf. der Validität; die Vorgehensweise bei ihrer Anwendung ist eine systematische, und es sind Hypothesenprüfungen möglich. Qualitative Forschungsdesigns sind dagegen eher für die Exploration und Beschreibung geeignet; die Vorgehensweise ist weniger stark systematisiert, bietet jedoch im allgemeinen eine höhere Gegenstandsnähe und eine bessere Einbeziehung des Kontextes als quantitative Methoden.

Allerdings schließen qualitative und quantitative Methoden einander keineswegs aus. Erstens können qualitative und quantitative Methoden in verschiedenen Phasen einer Untersuchung sukzessive angewandt werden, z.B. im Rahmen einer quantitativen Fragebogenuntersuchung, an die sich eine vertiefende Beschreibung eines ausgewählten Teils der Stichprobe mittels Interview anschließt. Zweitens können die beiden Methodentypen unmittelbar innerhalb derselben Untersuchung kombiniert werden: Beispielsweise kann die Datenerhebung mittels Interview erfolgen; daran kann sich eine Inhaltsanalyse der Interviewdaten anschließen, wobei die vorgenommenen Klassifikationen einer weitergehenden – auch hypothesenprüfenden – statistischen Analyse unterzogen werden. Drittens schließlich sind Methoden denkbar, die ‚quantitative' und ‚qualitative' Anteile sozusagen kombinieren, wie etwa die Inhaltsanalyse. Abgesehen von dem genannten Beispiel muss diese Integrationsvariante derzeit jedoch noch weitgehend als Desideratum gelten.

Gebhard Rusch

Medienwissenschaftliche Systemanalyse
Argumente und Ansätze für eine Erweiterung des Methodeninventars

Medienanalyse als Systemanalyse

Ein Blick auf die Praxis der Forschung und Lehre im Bereich der Medienwissenschaft belegt es: das übliche Verständnis von ‚Medienanalyse' ist produktorientiert. Medienanalyse ist die Untersuchung von Texten, Bildern, Filmen, Screen-shots und Programmoberflächen mit Mitteln und Verfahren aus Hermeneutik, Semiotik oder Strukturalismus. Dabei werden Genres, Stilmittel, narrative Strukturen und fiktionale Welten, Inhalte oder Bedeutungen, intertextuelle oder intermediale Beziehungen, etc. thematisiert und interpretiert, in der empirischen Inhaltsanalyse auch quantifiziert.

Die Wirklichkeit diesseits der Texte und Bilder, z.B. deren Produktion, Vermittlung oder Rezeption wird schon nicht mehr in Medienanalysen untersucht, sondern an Spezialgebiete wie die Theorien künstlerischer Kreativität, Untersuchungen zur Autorschaft, das Medienmarketing oder die Zuschauer- und Nutzungsforschung delegiert, und damit oft auch in ganz andere Disziplinen (wie die Psychologie, Soziologie oder Wirtschaftswissenschaften) ausgelagert. In der Medienanalyse, sofern sie als originärer und gelegentlich auch primärer Aufgabenbereich von Medienwissenschaft verstanden wird, leben also in erster Linie literatur-, kunst- und filmwissenschaftliche Traditionen fort, deren Relevanz in einer transdisziplinären Medienwissenschaft an ihrer Anschließbarkeit nicht nur an medienhistorische und medientheoretische Argumente, sondern auch an kommunikations-, rezeptions- und nutzungstheoretische Ansätze bemessen werden muss.

Damit sind wir bei den Ko- und Kontexten, in denen Medienprodukte generiert, distribuiert oder konsumiert werden, bei den kulturellen, politischen, ökonomischen, sozialen und kognitiven Bedingungen der Entstehung, Handhabung, Entwicklung und Veränderung von Medienprodukten – wir sind bei der Frage ihrer Einbettungen und Funktionen im Rahmen komplexer Zusammenhänge. In der Mediengeschichte werden solche Zusammenhänge mit Blick auf das Zustandekommen der jeweils aktuellen Verhältnisse untersucht: Wie ist der Fernsehkrimi entstanden? Was hat zum dualen Rundfunksystem geführt? In der medienwissenschaftlichen Systemanalyse ist die leitende Fragestellung auf die Wechselwirkungen und Zusammenhänge der jeweils involvierten Prozesse, Ereignisse, technischen Geräte und

Produkte gerichtet: Wie ist das duale Rundfunksystem organisiert? Was ist und welche Rolle spielt der Fernsehkrimi im deutschen Mediensystem? Wie wirken Prozesse der Kreation, Produktion, Vermittlung und Rezeption von Medien zusammen? Wie funktioniert der Bucheinzelhandel? Wie interagieren die verschiedenen Medien(systeme), Print, TV und Internet/World Wide Web miteinander? Wenn solche Fragen beantwortet sind, kann man sich wiederum der Geschichte medialer Systeme bzw. ihrer Dynamik und den Prinzipien zuwenden, die diese Dynamiken beherrschen.

1. Was ist eigentlich ein System?

Der griech. Begriff sýstema meint ein aus Teilen bestehendes *Ganzes*, eine zusammengesetzte *Einheit*. In dieser (holistischen) Bedeutung ist der Begriff bis heute geläufig. Jüngere Entwicklungen in der Systemtheorie haben das Merkmal der Ganzheit bzw. Einheit wieder sehr nachhaltig betont, nachdem andere Verwendungsweisen lediglich auf das Merkmal eines Zusammenhangs von Teilen *(funktionalistischer* Systembegriff) bzw. auf das bloße Bestehen aus Einzelteilen *(strukturalistischer Systembegriff)* abgestellt hatten.

> „Ein «System» wird üblicherweise definiert als eine endliche, geordnete Menge von miteinander verbundenen Elementen." (Harbordt 1974, 45)

> „Usually one designates by system any aggregate of elements considered together with the relationships holding among them. It will be shown […] that the type of connexion in a whole is very different from connexions which exist in an aggregate. The term ‚system' is used here to denote a *holistic system.* Further, in using this term we abstract *constituents* (‚elements') and refer only to the *organization* of the whole. Thus, ‚system' for our discussion is holistic organization." (Angyal 1978, 20)

Während also entsprechend bereits beliebige Zusammenhänge von Teilen oder auch nur in irgendwelchen Beziehungen zueinander stehende Teile als Systeme angesprochen werden können, stellt der *holistische Systembegriff* (wie er vor allem in der Biologie und den Sozialwissenschaften Anwendung findet) höhere Anforderungen mit Blick auf die Art des Zusammenhangs zwischen den Komponenten bzw. hinsichtlich der Rolle, die einzelne Komponenten für den Gesamtzusammenhang spielen: Sie müssen nämlich einen funktionalen Beitrag leisten, ohne den der Gesamtzusammenhang nicht bestehen oder aufrechterhalten werden könnte. Auf diese Weise stellt der holistische Systembegriff ein Kriterium für die Bestimmung der einem System zugehörigen *Komponenten* zur Verfügung, nämlich die Konstitutivität der

Rolle von Gegenständen, Ereignissen oder Prozessen für den Gesamtzusammenhang, der seinerseits zugleich durch den funktionalen Bezug und die konstitutiven
Beiträge seiner Komponenten erst bestimmt – und vor allem *begrenzt* – wird. In
solchen Systemen stehen also alle Komponenten direkt oder indirekt miteinander in
Beziehung, sind miteinander *gekoppelt*. Jede Komponente trägt durch (mindestens
eine ihrer) Eigenschaften bzw. Funktionen zur Konstitution des Systems bei. Komponenten, die auch noch Beziehungen oder Funktionen außerhalb des Systemzu-
sammenhangs haben, stellen die Systemgrenzen dar, an denen Inputs in das System
hinein oder Outputs aus dem System heraus gelangen. Die Art und Weise der Vernetzung, des Zusammen- oder Wechselwirkens von Komponenten in einem System
bezeichnet man als System*organisation* (siehe Abb. 1).

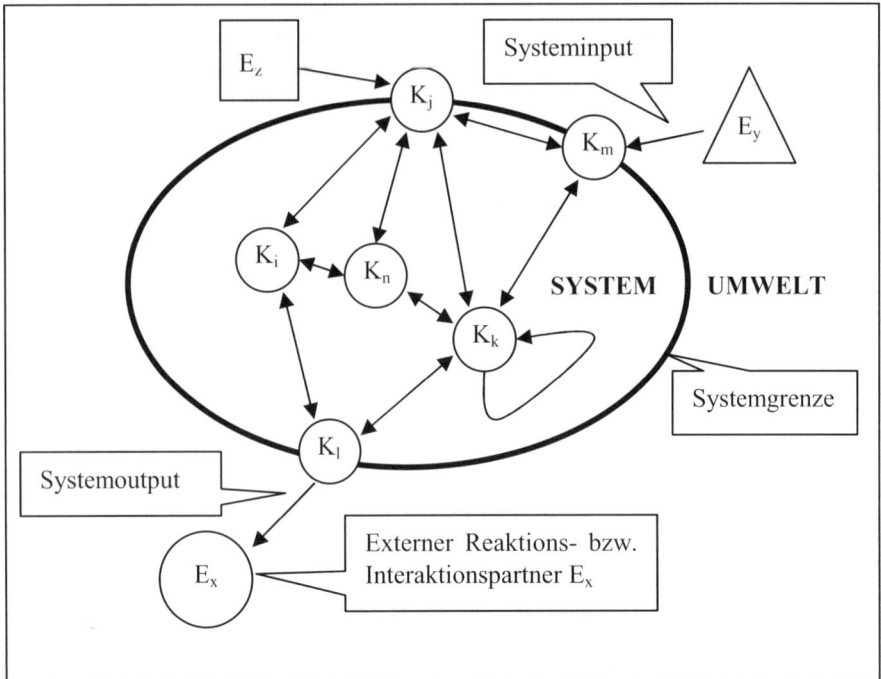

Abb. 1: Allgemeine Charakteristika von Systemen. K_i bis K_m sind Komponenten, die doppelt
gerichteten Pfeile Wechselwirkungen. Sie bezeichnen die Systemorganisation. E_x bis
E_z sind externe Größen, mit denen Systemkomponenten interagieren.

Die Komponenten von Systemen können nicht weiter zerlegbare Elemente oder aber
wiederum als Systeme analysierbare Einheiten sein. Auf diese Weise können Syste-

me verschiedener Hierarchiestufen oder unterschiedlicher Komplexitätsebenen betrachtet und einander als Subsystem, System, Supersystem oder Hypersystem zugeordnet werden. Systeme werden nach verschiedenen Gesichtspunkten klassifiziert, z.B. nach

offen – geschlossen
statisch – dynamisch (oder: passiv – aktiv)
autopoietisch – allopoietisch (selbstorganisierend – fremdorganisiert)
natürlich – künstlich
theoretisch – empirisch (oder: ideell – real).

In den verschiedenen Einzelwissenschaften sind auf der Basis allgemeiner Systembegriffe spezielle Vorstellungen und z.T. eigene systemtheoretische Ansätze entwickelt worden für philosophische Systeme (z.B. der Begriff des Kosmos in der stoischen Philosophie, das „System der Natur" bei *Holbach*, System als Ordnung im Denken bei *Kant*, System „als Prinzip wahrhafter Philosophie" bei *Hegel*), physikalische Systeme (z.B. das Sonnensystem)[1] , chemische Systeme (z.B. das *Mendelejew*sche Periodensystem der Elemente, Reaktionsketten und –netzwerke, Hyperzyklen, Dissipative Strukturen[2]), technische Systeme (z.B. Maschinen, Steuerungen, Anlagen), biologische Systeme (z.B. *Linné*s System der Pflanzen und Tiere, Organismen, Zellen, Arten bzw. Populationen), psychophysische Systeme (z.B. Nervensystem, Sinnessysteme, sensu-motorische Systeme), soziale Systeme (z.B. Familie, Verein, Unternehmen, Gesellschaft), ökologische Systeme (z.B. Biotope, globales Klima), Kommunikations-, Zeichen- oder Mediensysteme (z.B. natürliche Sprachen, Emoticons, Journalismus, Internet).

Oft ist von System auch im Sinne von Systematik, methodischer Ordnung oder Reihenfolge (Algorithmus) die Rede. So werden z.B. die Bücher in einer Bibliothek zweckmäßigerweise so gekennzeichnet und aufgestellt, dass jeder Einzeltitel schnell wieder aufgefunden werden kann. In diesem Sinne *hat* die Bibliothek ein (Ordnungs-) System, weist der Bestand eine Systematik (passives System) auf.

Nun kann die Bibliothek aber auch als ein dynamisches (aktives) System aus Personal, Medienbestand und Nutzern analysiert werden, dem durch die Beschaffung und Kennzeichnung neuer Titel immer weitere Elemente zugeführt werden, dem in der Ausleihe Elemente entnommen und später wieder eingefügt werden, in dem beschädigte Exemplare restauriert, Zeitschriftenausgaben zu Jahrgängen ge-

---

[1] Zu den ersten physikalischen Großsystemen gehören das Ptolemäische geozentrische *Weltsystem*, das später vom Kopernikanischen, heliozentrischen System abgelöst wurde.

[2] Die Theorie der Hyperzyklen (Eigen & Schuster 1979) und die Theorie dissipativer Strukturen (Prigogine 1980) stellen chemophysikalische Modelle für die Selbstorganisation der Materie, für die Entstehung und Stabilisierung lebender Systeme, d.h. für so etwas wie Autopoiese (Maturana 1977), zur Verfügung.

bunden werden, etc. In diesem Sinne *ist* die Bibliothek ein soziales und mediales System, das für das Personal und für die Nutzer bestimmte Leistungen erbringt bzw. Funktionen erfüllt (wie z.b. Arbeitsmöglichkeiten, Informationsangebote).

In der Sozial- und Gesellschaftstheorie (Parsons 1976; Luhmann 1988; ders. 1996) ist die Vorstellung entwickelt worden, Gesellschaft sei ein System, das aus einer Anzahl von einander durchdringenden, sich interpenetrierenden Subsystemen, z.b. Politik, Wirtschaft, Recht, Wissenschaft, Kunst, Religion, etc. bestehe. In der empirischen Literatur- und Medienwissenschaft hat z.b. S. J. Schmidt (1980) Literatur als ein Teilsystem innerhalb des gesellschaftlichen Subsystems Kunst beschrieben. Und aus der Kommunikationswissenschaft stammt der Vorschlag, z.b. den Journalismus oder nationale (Massen-) Mediensysteme als mehr oder weniger autonomisierte gesellschaftliche Subsysteme zu betrachten (cf. Rühl 1980, Blöbaum 1994, Weischenberg 1994, Weischenberg, Löffelholz, Scholl 1998).

Dem Ansatz Luhmanns liegt (seit den 1980-er Jahren) ein holistischer Systembegriff, nämlich die biologische Theorie autopoietischer Systeme (cf. Maturana 1982) zugrunde, die jedoch mit Bezug auf soziale Systeme interpretiert wird. Bei Schmidt ist der Gedanke der literarischen Autopoiese erst später und mit einigen Einschränkungen (Schmidt 1989) ausformuliert worden. Unter Bezug auf frühe Arbeiten N. Luhmanns setzte er in seinem Grundriß der Empirischen Literaturwissenschaft (1980) mit einem Begriff von Literatur als einem Handlungssystem an, das ausschließlich aus Handlungen eines bestimmten Typs, nämlich literarischen Handlungen (der Produktion, Vermittlung, Rezeption und Verarbeitung) bestehen soll. Hier dient also ein Systembegriff im wesentlichen zur Klassifikation von Handlungen und deren Beziehungen. Das *Problem der monotypischen Systemkomponenten* erbt dieser Ansatz aus Luhmanns Systemtheorie. Diese Monotypie ist ein Problem, weil sie erstens im Prinzip die Erklärung jeder Systemaktivität oder Systemdynamik unmöglich macht, und zweitens empirisch nicht interpretierbar ist (cf. Rusch 1991, ders. 1993; ders. 1994).

In den empirischen Wissenschaften wird im allgemeinen mit einem Begriff *offener Systeme* gearbeitet (Weizsäcker 1974). „Offen" bedeutet hier, dass sie in energetischem Austausch mit ihrer Umgebung stehen. Schon am Beispiel chemischer Reaktionszyklen (wie der Belousov-Zhabotinskij-Reaktion), aber auch bei lebenden Organismen kann man zeigen, dass durch Rückkopplungen und durch die zyklische Organisation von Reaktionsabläufen eine funktionale oder *operationale Schließung* zustande kommen kann mit der Folge, dass die reaktionsfähigen Partner und Teilprozesse (z.b. Reaktionen und Reaktionsketten) als Komponenten so zusammenwirken, dass das Ergebnis ihres Zusammenwirkens die Aufrechterhaltung gerade jenes zyklischen Reaktionsnetzwerkes ist, dessen Komponenten sie sind. Unter diesen Bedingungen haben wir es mit einem *selbstorganisierten*, *selbsterhaltenden* und *selbstregelnden* System zu tun, das *zugleich energetisch offen und operational geschlossen* ist. Wenn diese Systeme auch noch mutabel und fortpflanzungsfähig sind, weisen sie alle wesentlichen Eigenschaften lebender Organismen auf.[3] Systeme dieses Typs 'bestehen' aus verschiedenartigen materiellen Komponenten, die füreinander attraktive Reaktionspartner sind. In einem (z.B. chemisch) homogenen Substrat könnten für eine gewisse Dauer (meta-) stabile Reaktionsnetzwerke, wie sie als Hyperzyklen oder autopoietische Systeme beschrieben werden können (Eigen & Schuster 1979; Prigogine 1976, 1980), aber gar nicht erst entstehen.

Das Paradigma der Selbstorganisation (cf. Jantsch 1979), die Kybernetik Zweiter Ordnung (cf. Foerster 1985) und die rasante Entwicklung der Computertechnologie haben die Anwendung kybernetischer Regelkreis-Modelle und systemischer Konzepte sowohl in der Theorie-Entwicklung als auch in der Praxis von Unternehmen, Organisationen und Politik stark beschleunigt und in praktisch alle Forschungsgebiete und Disziplinen getragen.

2. Systemanalyse – Konzeptionen und Potentiale

2.1 Systemmodelle, Systemdynamik und Simulation
Mit der Veröffentlichung der Studien des Club of Rome im Jahre 1972 oder der Global 2000-Studie aus dem Jahr 1980 wurden Anwendungen der Kybernetik im Bereich von Großsystemen auch der breiten Öffentlichkeit bekannt. Schon in den 1950-er Jahren hatte Jay W. Forrester am Massachussetts Institute of Technology ein kybernetisches Systemmodell für „Industrial Dynamics" entwickelt, ein Verfahren zur Darstellung, Modellierung und Simulation dynamischer Systeme. Im Auftrag des Club of Rome entwickelte er 1971 das Modell *World 1*. Eine Arbeitsgruppe um D. H. Meadows erweiterte und verfeinerte das Modell in den Varianten *World 2* und *World 3*, auf denen die Analysen zu den Grenzen des Wachstums basierten (Meadows et al 1972; für einen Ausschnitt aus dem *World 2*-Modell cf. Rauch 1985, 122f.).

Forrester hatte mit seinen Arbeiten einen bis heute gültigen Standard für die Systemanalyse und Simulation gesetzt: System Dynamics. Die Grundbausteine seiner Modelle sind Bestands- und Flussgrößen, die in speziellen Fluss-Diagrammen arrangiert werden. Die Werte und Dimensionen der Bestands- und Flussgrößen sowie deren Relationen werden dann in einer Simulationssprache repräsentiert und berechnet. Die Abbildung 2 zeigt einen Entwurf eines Bucheinzelhandel-Systems. Es ist aus Grundkomponenten wie Flussgrößen, Bestands- oder Zustandsgrößen, Hilfsgrößen, Konstanten und Systemumgebung aufgebaut.

---

[3] Vgl. die Angaben in Fußnote 2; zu Einführung in die Selbstorganisationstheorie und die Theorie autopoietischer Systeme: Jantsch & Waddington 1976; Jantsch 1979; Maturana 1982.

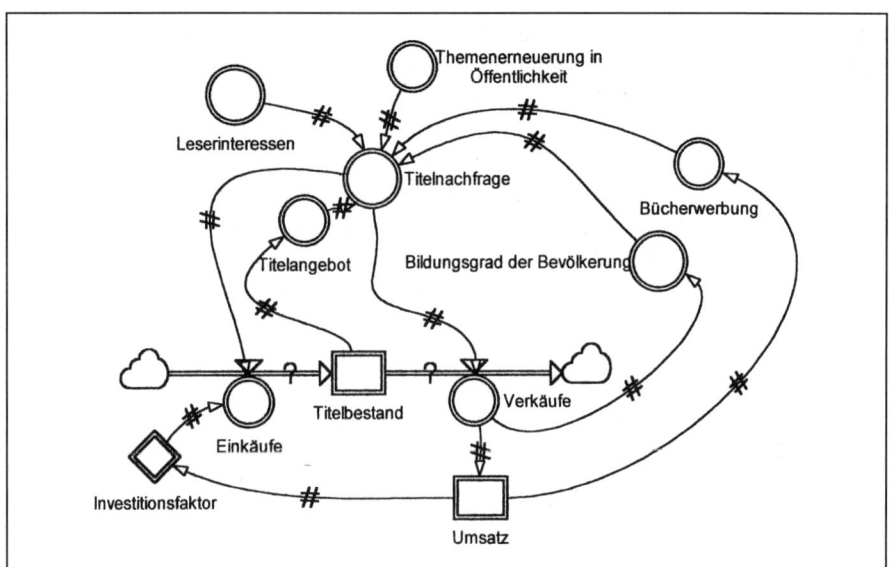

Abb. 2: Entwurf eines Bucheinzelhandel-Systems nach der System-Dynamics-Methode (erstellt mit POWERSIM)

Inzwischen stehen mehrere, z.T. formatkompatible Software-Pakete zur interaktiven und graphischen Entwicklung von Systemmodellen und zur Simulation komplexer Prozesse auf Basis des System-Dynamics-Ansatzes zur Verfügung (z.B. POWERSIM, STELLA, VENSIM, DYNASYS)[4]. Weitere Beispiele aus den klassischen System-Dynamics-Bereichen der Ökologie und Ökonomie präsentiert z.B. Hartmut Bossel (1985 und 1989).

2.2 Systemanalyse im technisch-betriebswirtschaftlichen Paradigma

Der Begriff der Systemanalyse ist auch als Bezeichnung eines Verfahrens der Betriebswirtschaftslehre, Ingenieurwissenschaften und Wirtschaftsinformatik eingeführt. Dabei geht es in der Systemanalyse um die Erhebung, Darstellung und Systematisierung sämtlicher Informationen, die für die Gestaltung von EDV-Systemen, konkret für die Software-Entwicklung zur Regelung und Steuerung von Betriebsabläufen (z.B. Warenwirtschaftssysteme) erforderlich sind (cf. Koreimann 1992, IXf.; Krallmann 1996). Im einzelnen gehören dazu etwa Benutzeranalysen, Prozessanalysen, Datenanalysen, Kommunikationsanalysen, Wissensanalysen und Organisationsanalysen, die dann als Grundlagen in die z.B. objektorientierte Programmierung von

---

[4] Cf. für POWERSIM http://www.powersim.com; für STELLA http://www.hps-inc.com; für VENSIM http://www.vensim.com; für DYANSYS http://www.hupfeld-software.de/dynasys.

Geschäftsprozessen eingehen. Allgemein kommen systemanalytische Ansätze und Methoden jedoch nicht nur in der Software-Entwicklung, sondern in allen Bereichen der Unternehmensberatung zum Einsatz.

> „Ziele von Systemanalysen ... sind im Prinzip darauf gerichtet, die Aufbau- und Ablauforganisationen von Unternehmungen so zu gestalten, dass die Verfolgung der jeweiligen Unternehmensziele bestmöglich unterstützt wird." (Krallmann 1996, 104)

Mit Ausnahme weniger Bezüge auf frühe Ansätze allgemeiner Systemtheorie (etwa bei Bertalanffy 1950) nimmt vor allem die ingenieurwissenschaftliche Systemanalyse jüngere Entwicklungen aus der natur- und sozialwissenschaftlichen Systemtheorie (wie etwa Eigen, Prigogine, Maturana, v. Foerster, Luhmann) jedoch kaum zur Kenntnis (cf. Dunckel 1996, 31). Dementsprechend kritisiert H. Dunckel (cf. ebd., 28, 125ff), dass

- Systemanalyse in der Regel auf die technische Sichtweise verkürzt wird,
- Lösungen nur in Gestalt von Software-Systemen gesucht werden.
- Begriffe und Methoden fast ausschließlich aus technischen Anwendungen stammen mit der Folge, dass nicht-technische Systeme gar nicht weiter beachtet werden,
- aufgrund dieser Orientierung Anforderungen unzureichend oder falsch ermittelt und daher keine wirklichen Lösungen gefunden werden,
- ‚Systemanalyse' weitgehend mit ‚Requirements Engineering' als der ingenieurmäßigen Ermittlung der Anforderungen an die Automatisierung eines Systems zusammenfällt,
- insbesondere Humankriterien (wie Entscheidungsspielräume, Kommunikation, psychische Belastung, Zeitplanung, Variabilität von Anforderungen, zwischenmenschlicher Kontakt, körperliche Aktivität, Transparenz des eigenen Handelns im Betrieb) in der Systemanalyse und Systemplanung bislang erheblich zu kurz kommen.

H. Dunckel kommt daher aus wirtschaftswissenschaftlicher Sicht und mit Blick auf das Potential der systemanalytischen Tools einerseits und in bezug auf die systemtheoretischen Entwicklungen in den Natur- und Sozialwissenschaften andererseits zu der Ansicht,

> „Systemanalyse nicht mehr nur als ingenieurwissenschaftliche Aufgabe zu betrachten, sondern als einen interdisziplinären Prozess, in den verschiedene Schichtweisen und Methoden eingebracht werden müssen." (ebd., 31)

Für die Systemanalyse als neu zu erschließendes Arbeitsfeld der Kommunikations- und Medienwissenschaft und hinsichtlich der hierfür nötigen methodologischen

Reflexionen sollte diese Empfehlung ernst genommen werden. Dann nämlich darf erwartet werden, dass die Systemanalyse sich als integratives und äußerst produktives Verfahren etablieren kann.

Will man eine nur ingenieurmäßige Sicht auf ‚sozial-technologische' Lösungen[5] vermeiden, ohne auf die Potentiale systemanalytischer Vertiefungen, Differenzierungen und Innovationen theoretischer Ansätze und ohne auf die Gewinnung rational argumentierbarer Handlungsoptionen (Anwendungsorientierung) in den Forschungsfeldern der Kultur- und Sozialwissenschaften zu verzichten, müssen systemanalytische Verfahren flexibel und auch für qualitative Variablen offen sein. Sie müssen sich auch für Analysen auf unterschiedlichen Komplexitätsniveaus (auf Mikro-, Meso- und Makroebene) eignen.

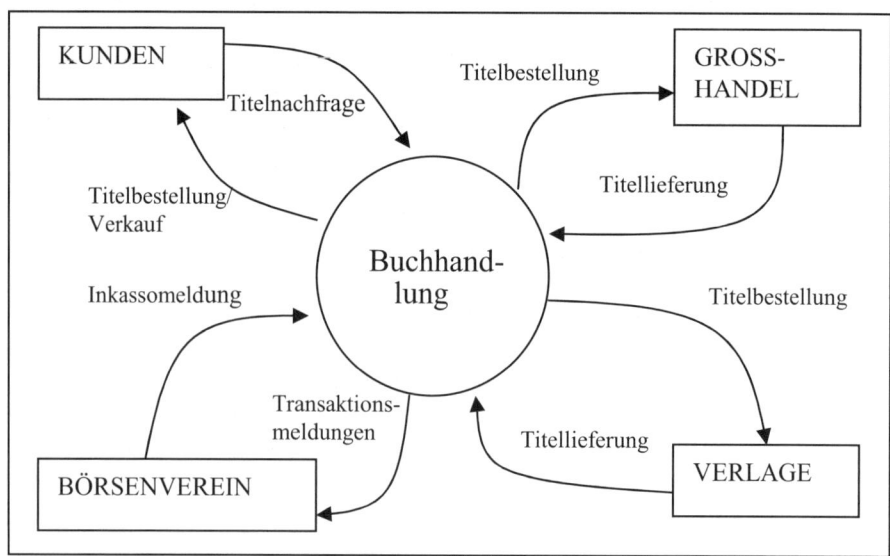

Abb. 3: Vereinfachtes Kontextmodell eines Buchhandlungs-Systems gemäß Robertson & Robertson 1996

In den letzten Jahren sind Tools entwickelt worden, die diesen Anforderungen genügen. Beispielhaft soll hier kurz der Ansatz von Robertson & Robertson (1996) vorgestellt werden. Sie unterscheiden verschiedene Sichten oder Modellierungen eines Systems. Das *Physikalische Modell* enthält die wesentlichen Systemanforderungen.

---

[5] Es sei hier erinnert an die berühmte Habermas-Luhmann-Kontroverse über Systemtheorie als Sozialtechnologie, Habermas & Luhmann 1971.

Es zeigt die aktiven Komponenten, die Prozesse durchführen. In dieser Sicht kommen gewöhnlich Abteilungen, Personenaufgaben oder Maschinen in den Blick. Das *Ereignis-Reaktions-Modell* (eine Art Datenfluss-Diagramm) eröffnet den Blick auf die essentiellen Eigenschaften eines Systems. Das *Datenmodell* zeigt schließlich nur noch, woran sich das System erinnern können muss. Die verschiedenen Sichten führen in der genannten Reihenfolge von einer phänomenologischen Beschreibung eines Systems hin zu einer sehr abstrakten und mathematisierenden Darstellung, wie sie für die Simulation oder die Entwicklung von Computerprogrammen notwendig ist.

Auch ohne das Ziel der Simulation oder der Computerisierung von Systemprozessen erlaubt die Konstruktion Physikalischer und Essentieller Modelle ein sehr gründliches und tiefes Verständnis systemischer Zusammenhänge. Die Systemanalyse stellt sich in diesem Verständnis als Schnittstelle zwischen empirischen Verfahren (wie z.B. teilnehmender Beobachtung, mündliche oder schriftliche Befragung, Dokumentationstechniken, etc.) und einer Theoriebildung dar, die auf System-Typen, Prozess-Muster oder systemische Funktionsprinzipien abstellt.

In den Ereignis-Reaktionsmodellen stellen die Kreise bzw. Knoten Prozesse dar, die bestimmte Inputs erhalten und bestimmte Outputs erzeugen. In einem Datenlexikon werden diese Prozesse, ihre Eingangs- und Ausgangsgrößen beschrieben. Bestimmte Regeln sorgen z.B. dafür, dass es im System nicht zu viele Teilprozesse gibt, dass es keine Prozesse ohne Input und Output gibt, dass jeder Prozess die Inputs erhält, die für die Erzeugung bestimmter Ausgabegrößen notwendig sind, dass nur relevante Ereignisse mit relevanten In- und Outputs festgehalten werden. Neben den Ereignissen oder Prozessen gibt es noch durch Rechtecke dargestellte Speicher als Systemkomponenten.

Damit die Modellbildung übersichtlich, und damit die Abgrenzung des zu betrachtenden Systems durchschaubar bleibt, wird zunächst ein *Kontextdiagramm* (wie in Abb. 3) entwickelt, in dem das zu modellierende System als Einheit in seinen Beziehungen zu anderen Größen dargestellt wird, die nicht selbst zum zu analysierenden System gehören. Zur Konstruktion des Kontextmodells gehört also insbesondere die Reflexion oder Erforschung der Systemgrenzen.

Im nächsten Schritt, auf der Ebene 0, wird dann das System nach Innen auf jene Hauptprozesse und Hauptkomponenten hin analysiert, die bereits mit Blick auf den Kontext betrachtet worden sind und die Leistungen des Systems generieren (siehe Abb. 4). Im Beispiel sind für das System Buchhandlung die Teilprozesse Beratung (1), Beschaffung (2) und Verkauf (3). Den Anforderungen an die Modellierung gemäß kann das System in weiteren Schritten bzw. auf weiteren Ebenen mehrstufig immer detaillierter analysiert werden. Dabei entsteht für jeden Prozess

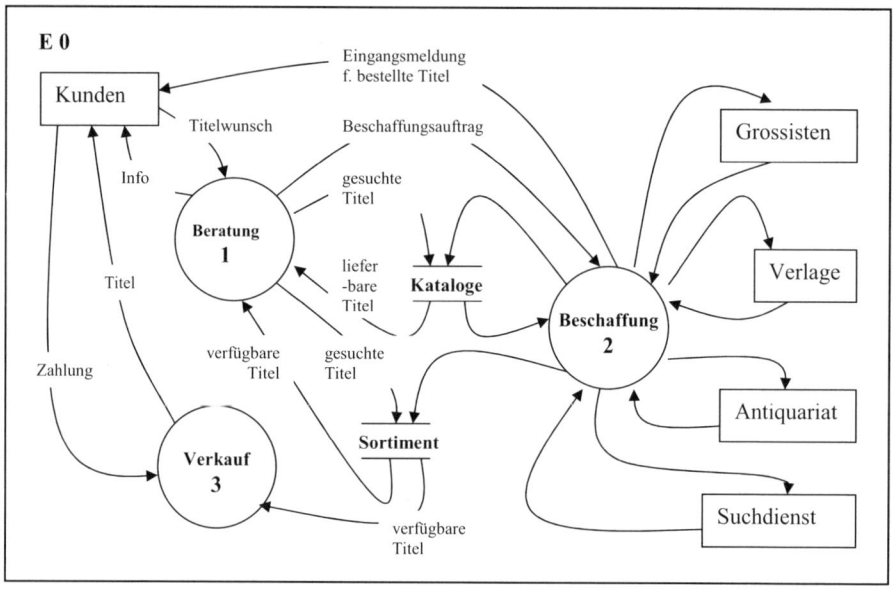

Abb. 4: Ereignis-Reaktions-Modell des Systems Buchhandlung

bzw. jedes Ereignis auf der höheren Ebene (z.B. Ebene 0) ein neues Ereignis-Reaktions-Diagramm auf der nächstniedrigeren Ebene (z.B. Ebene 1), usf.

Dieses Vorgehen führt also zu einer Art *Mehrebenenanalyse*, wie sie aus der systemtheoretischen Diskussion um das Dauerproblem der angemessenen Untersuchungs- und Darstellungsebenen zwischen den Vertretern handlungs- und systemtheoretischer Ansätze bekannt ist. Auf der Makroebene geht es um die Analyse von z.B. sozialen oder ökonomischen Großsystemen wie Volkswirtschaften, Staaten oder Kulturen. Auf einer mittleren Komplexitätsebene, der Mesoebene, werden Systeme wie Organisationen, Unternehmen oder Einrichtungen unterhalb der Makroebene und oberhalb der Mikroebene analysiert, auf der schließlich Handlungen, Interaktionen und Akteure mit Motivationen, Einstellungen, Wissensvoraussetzungen, etc. in den Blick gelangen. In diesem systemanalytischen Mehrebenen-Ansatz wird das Problem der ‚richtigen' Analyseebene ganz einfach dadurch aufgelöst, dass die jeweils höheren Ebenen in die jeweils tieferen hinein detailliert werden können. Umgekehrt liegt also im Übergang zu den höheren Ebenen eine synthetische (oder generative) Beziehung. Die Wahl der Analyseebene ist dementsprechend eine Wahl von Beobachtungs- und Abstraktionsebenen und nicht in erster Linie eine Frage der ‚Systemnatur'.

Auch die St. Gallener Arbeiten zum *vernetzten* und *ganzheitlichen Denken* und

zum *Systemischen Management* können als außerordentlich produktiv für die me-
dienwissenschaftliche Systemanalyse gelten (z.B. Ulrich & Probst 1990; Probst &
Gomez 1984). Sie sind methodisch reflektiert, leicht verständlich und direkt auf die
Unternehmenspraxis bezogen. Sie vereinen jüngere systemtheoretische Arbeiten der
Kybernetik Zweiter Ordnung (z.B. Maturana 1982; Glasersfeld 1981; Watzlawick
1981) mit Ansätzen aus der ökologischen Systemforschung, -modellierung und –
simulation (z.B. Vester 1980; Vester & A.v.Hesler 1980; Dörner 1989). Günther
Ossimitz (1990) charakterisiert das Vernetzte oder Systemische Denken durch vier
Merkmale als:

-    ein Denken in Modellen,
-    ein Denken in vernetzten Strukturen,
-    ein Denken in dynamischen Zeitgestalten,
-    die Fähigkeit zur praktischen Steuerung von Systemmodellen.

Systemanalyse geht also auch in diesem Ansatz über die Darstellung von Organi-
grammen (die hilfreich, aber unzureichend sind) weit hinaus. Am Beispiel eines
Zeitschriftenverlages verdeutlichen Gilbert Probst und Peter Gomez (1984) die
Schwerpunkte ihres Vorgehens, für das sie die folgenden Empfehlungen geben:

> „Beachte den Standpunkt des Beobachters bei der Abgrenzung eines
> Systems. Versuche, verschiedene Systemabgrenzungen vorzunehmen.
> Beachte das System als Teil eines größeren Ganzen" (ebd., 180)

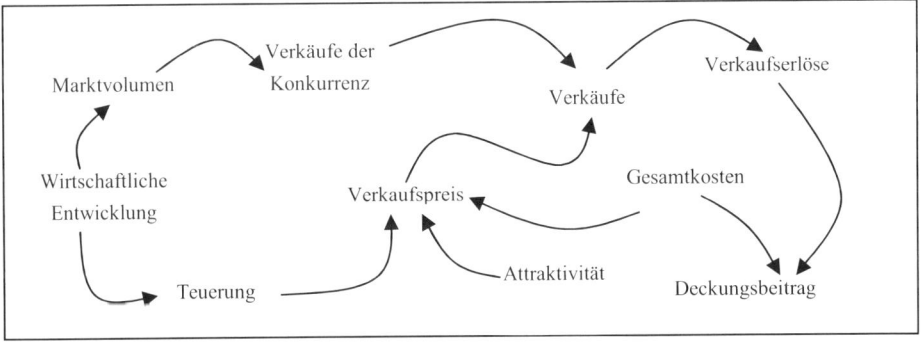

Abb. 5: Ausschnitt aus einen Netzwerkmodell eines Zeitschriftenverlages (nach Probst &
         Gomez 1984, 183)

> "Versuche, sowohl die Vielzahl der Teile als auch der Beziehungen
> und damit die Dynamik zu erfassen. Löse das System auf, ohne das
> Ganze aus den Augen zu verlieren. Analysiere und handle immer im
> Bewusstsein einer bestimmten Systemebene" (ebd., 183).

"Beachte die Art der Interdependenzen, die Bedeutung der Wechsel-
wirkungsbeziehungen und die zeitlichen Abläufe eines Systems. Beachte die Zirkularitäten über mehrere miteinander verbundene Teile.
Zerschneide keine Zirkularitäten. Suche nach Wirkungen, Mehrfach-
wirkungen, Schwellenwerten, Umkippeffekten, möglichen exponen-
tiellen Entwicklungen usw. im Netzwerk." (ebd., 186; siehe Abb.5)

„Beachte Strukturen formeller und informeller Art, Regeln im weitesten Sinne, die das Verhalten eines Systems lenken. Suche Informationen und Informationsmöglichkeiten, die für die Lenkung zentral sind.
Entwickle ein Lenkungsmodell für die vorliegende Problemsituation"
(ebd., 190; siehe Abb. 6)

Diese Empfehlungen bringen Kontexte, Wechselwirkungszusammenhänge, Details
der Interaktionsdynamik, mögliche Abhängigkeiten unter den Komponenten und
schließlich die Prinzipien des Funktionierens von Systemen (und somit auch die
Prinzipien der Generierung von Problemen oder kontraproduktiven ‚Lösungen') in
den Blick.

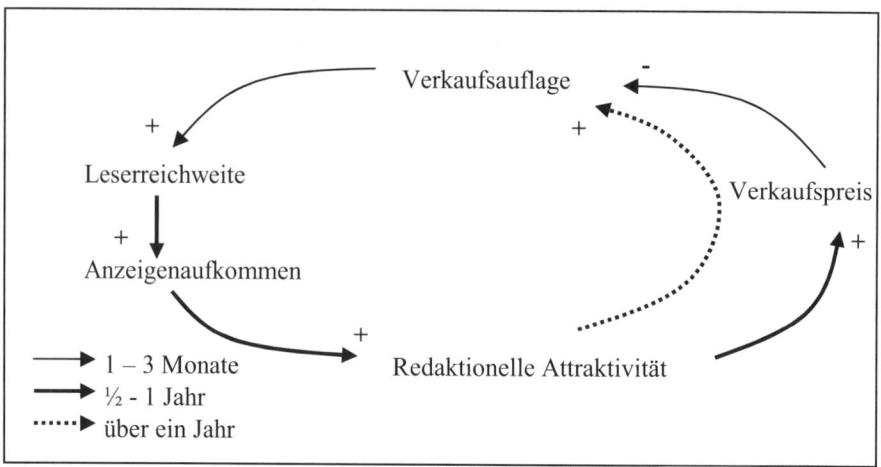

Abb. 6: Nach Richtung und Eintreten von Effekten bewertete Wirkungsbeziehungen im
Zeitschriftenverlags-Modell (nach Probst & Gomez 1984, 185).

Auch im Rahmen dieses Ansatzes sind interaktive, graphikorientierte Software-tools entwickelt worden zur Unterstützung der Modellkonstruktion und zur Simulation (z.B. die SENSITIVITÄTSANALYSE oder das Programm GAMMA).[6]

2.3 Systemanalysen in der Kommunikations- und Medienwissenschaft

Die beschleunigte Konjunktur des ökologischen, des vernetzten, eben des systemischen Denkens und der Systemtheorien seit den 1980er Jahren hat auch in der Kommunikations- und der allmählich sich etablierenden Medienwissenschaft zu systemtheoretischen Ansätzen geführt. Generell können diese Arbeiten als Analysen, Darstellungen und Modellbildungen im Lichte systemtheoretischer Konzeptionen gekennzeichnet werden. Eine systemanalytische Methodik liegt ihnen nicht zugrunde; auch finden sich nur ausnahmsweise methodologische Reflexionen auf das systemanalytische Vorgehen (z.B. bei Allgeier 1995; Meckel & Scholl in diesem Band).

Dem allgemein weiten Verständnis des Systembegriffs entsprechend, werden *Mediensysteme* z.B. als internationale (auch globale) oder nationale Organisationen, als Strukturen oder Beziehungsmuster (auch Verflechtungen) zwischen Medienunternehmen, öffentlich-rechtlichen Medienanstalten, Gesetzgebung und Verbrauchern (als Medienkonsumenten) analysiert mit Blick auf die Leistungen, die sie für die (Welt-) Gesellschaft oder die Einzelnen erbringen bzw. hinsichtlich ihrer politischen und sozialen sowie ihrer kulturellen Folgen. In seiner Darstellung des *Mediensystems der Bundesrepublik Deutschland* beispielsweise untersucht Horst Röper (1994) mit besonderem Augenmerk auf Konzentrationsprozesse, auf Diversifikation und Internationalisierung der Medienunternehmen zunächst die Presse*landschaft* (Titelzahlen und Auflagenhöhen, Anbieterkonzentration und Angebotskonzentration, Zeitungsdichte, etc.), dann die *Struktur* des Privaten Rundfunks (Hörfunk und Fernsehen) und schließlich am Beispiel des Springer-Konzerns den Trend zu *multimedialen Angebotsstrukturen*. Röper gelangt zu folgendem – auch heute noch gültigen und lediglich im Online-Bereich analog zu ergänzenden (cf. Röper 1999) - Resümee:

> „Die Perspektiven der Anbieter- und Angebotsvielfalt im Medienmarkt sehen düster aus. Im Zeitungsmarkt ist eine solche Vielfalt schon längst nicht mehr gegeben. Im Zeitschriftenmarkt entfallen auf nur vier Unternehmen zwei Drittel der verkauften Auflage. Die Entwicklung des privaten Rundfunks hat in den letzten Jahren dazu geführt, dass auch in diesem Medium gerade die größeren Printmedienbetriebe eine wichtige Rolle spielen. Ihr Einfluss im ökonomischen

---

[6] Cf. für die Sensitivitätsanalyse: Vester 2000 und http://www.frederic-vester.de ; für das Software-Tool GAMMA siehe http://www.unicon.de

und politischen System der Bundesrepublik wächst ungebrochen, weil die zuständigen Kontrollinstanzen ihrer Aufgabe nicht gerecht werden" (Röper 1994, 542f.)

Werden nationale Mediensysteme vergleichend betrachtet (cf. z.B. Kleinsteuber 1994), lassen sich idealtypisch drei *Mediensystem-Formen* bestimmen: der westlich-liberale Typ, der seit der Wende im Ostblock stark veränderte östlich-realsozialistische Typ sowie der Dritte-Welt-Typ (ebd. 548). Der westliche Typ ist durch Mischformen öffentlicher und kommerzieller Angebotsformen, durch medienrechtliche Vorgaben (Meinungsfreiheit, Pressefreiheit, Kontrollorgane) und eine fortschreitende Konzentration bzw. Integration gekennzeichnet. Der östliche Typ hat sich von einem parteipolitischen Organ über diverse liberale Zwischenformen mittlerweile zu einem öffentlichen und privaten System, jedoch im wesentlichen von Energiekonzernen, Industrie, Banken und Parteien abhängigen Unternehmen und Einrichtungen gewandelt. Der Dritte-Welt-Typ ist durch extrem geringe Versorgungsgrade bei Fernsehen und Zeitungen sowie bei Internetzugängen und Online-Diensten gekennzeichnet. Wenige westliche Industriegesellschaften dominieren zudem die Medienangebote weltweit.

Als globale Mediensysteme werden z.B. die weltweit operierenden Nachrichtenagenturen oder die Märkte für Kino- und TV-Programme, Lizenzen, etc. betrachtet (cf. Kleinsteuber 1994). Auch hier zeigt sich die Dominanz des Westens und der Industriestaaten. Eine globale Medienordnung, die ein gleichgewichtiges Verhältnis zwischen Industrie- und Entwicklungsländern anstrebt, ist deshalb das Ziel der Mediendeklaration der UNESCO von 1978. Bedeutende Globalisierungsschübe verdanken sich dabei der Internationalisierung (nicht nur) von Medienunternehmen sowie der politischen und wirtschaftlichen Integration (z.B. EU). Dennoch kann vorerst von der Welt als „globalem Dorf" (McLuhan) noch keine Rede sein. Nur die Mega-Cities in den Industrieländern sind einander nähergerückt, nur die Bildungs- und Wirtschaftseliten in diesen Ländern bilden virtuelle Gemeinschaften über Staaten und Kontinente hinweg (cf. Jarren & Meier 1999).

In mehreren theoretischen und empirischen Studien ist der Journalismus als (soziales) System beschrieben und analysiert worden (cf. Rühl 1980, Blöbaum 1994, Marcinkowski 1994; Weischenberg 1994, Kohring 1997; Weischenberg, Löffelholz, Scholl 1998).

„Von einem „sozialen System Journalismus", das durch vielfältige, wechselseitig wirkende Einflussfaktoren geprägt wird, kann seit dem 19. Jahrhundert gesprochen werden, als sich – in Abgrenzung von anderen gesellschaftlichen Systemen – spezifische Handlungs- und Kommunikationszusammenhänge zur Produktion aktueller Medienaussagen herausbildeten. Seine Identität gewann dieses System unter den Bedingungen wirtschaftlicher Effizienz, großbetrieblicher Produktionsweise und rationeller Technik. Diese materielle Basis beeinflusst sowohl die Aussagen als auch die Einstellungen der Handelnden im System Journalismus. [...] Journalistisches Handeln findet heute als organisiertes Handeln im Rahmen von Großbetrieben der Medien statt. Dieses Handeln wird deshalb in hohem Maße durch professionelle und institutionelle Standards und Regeln geprägt. [...] Das soziale System Journalismus stellt [...] Themen für die öffentliche Kommunikation zur Verfügung, die Neuigkeitswert und Faktizität besitzen und an sozial verbindliche Wirklichkeitsmodelle und Referenzmechanismen gebunden sind." (Weischenberg 1994, 428f.)

Als Komponenten oder besser als relevante Faktoren dieses Systems setzt Weischenberg die Journalisten, die von diesen produzierten Aussagen, die technischen Träger dieser Aussagen, die Rezipienten und schließlich deren Verarbeitung der Medienaussagen an. In seinem (Zwiebel-) Modell des Systems blendet er die Rezipientenseite jedoch mit Berufung auf die disziplinäre Praxis und Arbeitsteilung aus. So ist der Wechselwirkungszusammenhang zwischen Journalisten und Rezipienten zwar thematisiert, bleibt jedoch für die Modellbildung folgenlos.

Die Massenmedien hat Nikals Luhmann (1996) als autopoietisches System zu beschreiben versucht, das sich aus den Programmbereichen Nachrichten und Berichte (gemeint ist hier wohl der Journalismus), Unterhaltung sowie Werbung zusammensetzt (cf. ebd. 51).

„Diese strukturelle Binnendifferenzierung ist als empirische Beschreibung gut nachvollziehbar, läßt sich aber logisch nur schwerlich als eine soziale Sinneinheit konzipieren, denn die drei Programmbereiche haben ganz eigenständige gesellschaftliche Funktionen. Luhmanns Versuch, deren funktionale Einheit über einen vermeintlich gemeinsamen Leitcode Information versus Nicht-Information herzustellen, der das System gegen die Umwelt abgrenzen soll (vgl. ebd.: 36), ist zu allgemein, um nur genau für diese drei Programmbereiche zu gelten. In modernen Gesellschaften reflektieren vielmehr alle sozialen Systeme die Differenz von Information und Nicht-Information; man denke nur ergänzend an die Aktivitäten von Geheimdiensten oder an die Ermittlungstätigkeiten der Polizei." (Meckel & Scholl, in diesem Band)

Orientiert an Talcott Parsons` Systemtheorie (cf. Parsons 1976) analysieren Miriam Meckel und Armin Scholl das System der Massenmedien in seinen Beziehungen zu den wichtigsten anderen gesellschaftlichen Funktionssystemen, dem soziokulturellen

System, der gesellschaftlichen Gemeinschaft, dem politischen System und dem ökonomischen System (cf. Meckel & Scholl, in diesem Band).

Für die Kommunikationswissenschaft sind noch zwei weitere Beispiele für systemische Importe in die Theoriebildung anzuführen, und zwar in der Massenkom-
munikations- und Medienwirkungstheorie: erstens das dynamisch-transaktionale
Modell von Werner Früh und Klaus Schönbach (cf. Früh 1991) und zweitens das
multimodale Medienwirkungsmodell von Klaus Merten (cf. Merten 1994; ders.
1995). In beiden Ansätzen werden Wirkungsmöglichkeiten und Wirkungsbedingun-
gen in systemischen Wechselwirkungszusammenhängen untersucht, die auch Kon-
textvariablen wie Vorwissen, Erwartungen, Vorstellungen, Erfahrungen, Situationen
und Einstellungen bei Kommunikatoren und Rezipienten berücksichtigen. Dadurch
wird das klassische Stimuluskonzept (Botschaft, Aussage, Text) durch soziale, situative und kognitive Variablen relativiert: Nicht Medien wirken, sondern Wirkungen
von Wirkungen von Wirkungen ... wirken.

In diesem Zusammenhang sollte auch der Hinweis darauf nicht fehlen, dass die
zahlreichen Modelle der Individual- und der Massenkommunikation, des Multi-
Step-Flow der Kommunikation, der Schweigespirale oder der Knowledge-Gap-
Hypothese ohne den Einsatz von Systemkonzepten, das Denken in Wechselwir-
kungs- und Netzwerkstrukturen, die Repräsentation mittels Flussdiagramm-
Elementen, etc. kaum vorstellbar wären.

In der Literaturwissenschaft sind neben bzw. nach dem bereits oben angesprochenen Ansatz der Empirischen Literaturwissenschaft, die Literatur als einen gesellschaftlichen Handlungsbereich, d.h. als soziales Sub-System modelliert (cf. Schmidt
1980) insbesondere die an Luhmanns Theorie sozialer Systeme orientierten Arbeiten
von Gerhard Plumpe und Nils Werber (z.B. 1993) sowie Henk de Berg (z.B. 1994)
zu nennen. Auf der Basis der Parsons'schen Systemtheorie haben Friederike Meyer
und Claus-Michael Ort (1988) ein Theoriemodell für eine Sozialgeschichte der Literatur entwickelt.[7]

3. Argumente für eine medienwissenschaftliche Systemanalyse

Ein Phänomen wird erklärt, so hatte einmal Humberto R. Maturana (cf. 1982, 139)
festgestellt, „wenn die Prozesse, die es erzeugen, [...] begrifflich oder konkret so
reproduziert werden, dass sie das zu erklärende Phänomen erzeugen."

Die Systemanalyse – speziell mit Blick auf die Simulation von Systemen und
Systemprozessen – ist in diesem Sinne ein besonders geeignetes Verfahren, um

---

[7] Für einen Überblick zu Systemtheorien in der germanistischen Literaturgeschichtsschreibung cf.
Rusch 1994; kritisch zum Begriff des Literatursystems und zu Anwendungen der Theorie autopoietischer Systeme auf sozialer Ebene: Rusch 1993

Erklärungen zu generieren. Dabei haben diese *Erklärungen* nicht allein die Form fachsprachlicher Beschreibungen von Komponenten, Prozessen und Beziehungen sowie von Regelmäßigkeiten, Häufigkeiten, Funktionalitäten, Kausalitäten, Konditionalitäten, etc., sondern die Form *anschaulicher* graphischer Repräsentationen von Komponenten, Relationen und Funktionen, von Zeitstrukturen und Einflussstärken, etc. und schließlich auch die Form mathematischer Repräsentationen von Größen und Wechselwirkungen. Systemanalyse zielt auf die *Konstruktion funktionierender Modelle* und verfügt damit über ein sehr rigides Kriterium für die Validität ihrer Konstrukte. Inkonsistenzen, Wissenslücken oder kontrafunktionale Annahmen lassen sich auf diese Weise zuverlässig identifizieren. In Simulationen lassen sich die jeweiligen (und nur diese) Basisannahmen und das Modelldesign außerdem testen, kann man mit dem Modell *experimentieren*, alternative Funktionalitäten und Systemdynamiken erforschen, alternative ‚Systemgeschichten' unter Aspekten des *System-Designs*, der Folgen- oder Risikoabschätzung oder der Kontrollierbarkeit von Veränderungen untersuchen.

Und weil die Systemanalyse notwendigerweise auf die Beobachtung von Systemkomponenten und -Prozessen, auf die Messung von Aktivitäten und die Bestimmung von Werten der betrachteten Variablen bzw. Systemgrößen angewiesen ist, kommt mit der *empirischen Untersuchung der betrachteten Systeme* noch ein weiteres und wesentliches instruktives und korrektives Element hinzu.

Kapitel 4

Medienwissenschaftliche Anwendungsfelder

Von gesellschaftlicher Seite werden ganz praktische Ansprüche und Erwartungen an die Medienwissenschaft gerichtet. Sie soll z.B. Wege aufzeigen, den ‚Information Overload' zu bewältigen, kritisch, kompetent und kreativ mit multimedialen Angeboten umzugehen, Medien und Medientechnologie selbstbewusst, sozial und ökologisch valide in Alltag und Beruf zu nutzen, Medien als kulturelle Werkzeuge zu begreifen und zu entwickeln. Angesichts solcher Erwartungen kann sich die Medienwissenschaft nicht mit der Erforschung von Kommunikation und Medien, mit Theoriebildung, Beschreibung und Erklärung begnügen, sondern sollte ihre Einsichten für die Gestaltung von Medienkultur und Medienpolitik, für die Mediennutzung und den gesellschaftlichen Diskurs über Medien verfügbar machen. Medienwissenschaft sollte die Wirklichkeit der Medien (im doppelten Sinne von durch Medien vermittelter Wirklichkeit und Wirklichkeit der Nutzungsformen, Angebote, Institiutionen und Organisationen) mitgestalten. Neben den gesellschaftlichen Ansprüchen gibt es dafür aber noch einen weiteren Grund: es ist nicht nur vernünftig, sondern im Sinne der Ökonomie und Rationalität des Handelns auch zweckmäßig, wissenschaftlich gewonnene Ansichten, Einsichten, Bedenken oder Ideen in der Medienplanung, der Mediengestaltung und im Medienhandeln zu berücksichtigen.

Das folgende Kapitel präsentiert exemplarisch drei Anwendungsfelder Angewandter Medienwissenschaft: die Medienkritik, die Medienerziehung und die Auftragsforschung für Medienunternehmen und Organisationen. Selbstverständlich gibt es zahlreiche weitere Bereiche, in denen Medienwissenschaft sich kritisch mit der Medienwirklichkeit auseinandersetzen und alternative Lösungen erproben kann. Nicht nur Nachrichtenangebote sind kritikwürdig, sondern auch andere Programmelemente oder –formate. Nicht nur die Medienerziehung ist ein Anwendungsfeld, sondern auch das Mediendesign, etwa im Lichte medienpsychologischer Befunde über die Wahrnehmung und Verarbeitung von Medienangeboten. Und nicht nur die Auftragsforschung ist ein Thema, sondern vor allem auch die autonome Entwicklung innovativer und problemlösender medienkultureller Formen und Szenarien.

Achim Barsch

Medienerziehung

Unsere Gesellschaft hat sich in den letzten Jahren, u.a. bedingt durch den Medienwandel, zunehmend verändert. Auch die Wissenschaften, die sich mit Medien auseinandersetzen, expandieren hinsichtlich von Forschungsergebnissen bis zur Einrichtung neuer Studiengänge.[1] Wie haben Schule, Bildung und Gesellschaft generell auf diese Entwicklung zu reagieren? Gemäß der allgemeinen Erwartungshaltung scheinen hier Medienpädagogik und Medienerziehung die primär zuständigen Instanzen zur Beantwortung dieser Frage abzugeben. Damit scheint die soziale Aufgabenverteilung klar zu liegen.

Jedoch hat sich Medienerziehung ebenso wenig wie Medienpädagogik[2] bis heute nicht als ein fest umrissenes Aufgabenfeld etabliert. Zudem bilden ‚Medienerziehung' und ‚Medienpädagogik' noch weitgehend unscharfe Begriffe, die in diversen Ansätzen jeweils anders konturiert und auf unterschiedliche Gegenstandsbereiche bezogen werden. Dieser Beitrag kann daher nur einen einführenden Überblick über den theoretischen Kernbereich, zentrale Konzeptionen und Aufgabenfelder geben.

1. Zum Begriff ‚Medienerziehung'

Wie ‚Kunsterziehung' und ‚musische Erziehung' erinnert der Begriff ‚Medienerziehung' zunächst an den Aufgabenbereich der Schule, die neben Wissensbeständen auch Fähigkeiten und Fertigkeiten zu vermitteln hat, die sich an gesellschaftlichen Norm- und Wertvorstellungen als auch an wissenschaftlichen Forschungsergebnissen orientieren. Medienerziehung beschränkt sich jedoch nicht nur auf den Bereich ‚Schule'. Sie ist ebenso eine Aufgabe des Elternhauses, sowie die von Trägern der Sozial- und Kulturarbeit mit Kindern und Jugendlichen. Schließlich ist Medienerziehung auch von Medienproduzenten und Medieninstitutionen zu leisten, denn sie tragen die Verantwortung für ihre Programmangebote. Damit stellt sich Medienerziehung als eine gesamtgesellschaftliche Aufgabe dar, die von verschiedenen Institutionen aufzugreifen ist, wobei sicherlich der Schule als verpflichtender Bildungseinrichtung ein besonderer Stellenwert zukommt.

Ein gesamtgesellschaftliches Konzept von Medienerziehung ist bisher nicht zu erkennen. Deshalb ist es auch nicht weiter verwunderlich, wenn Ulrike Six (1992, 202f; Herv. i.O.) unter den vorgebrachten Argumenten für einen Bedarf an Medien-

---

[1] Siehe dazu auch den Überblick von Wermke (1997a).
[2] Siehe dazu den Beitrag von Theo Hug in diesem Band.

erziehung verallgemeinernd und vereinfachend drei unterschiedliche Positionen ausmacht:

1. Argumente, die Medien eher *neutral* sehen in ihrer Rolle
   - als wesentliches *Element* unserer Kultur und Umwelt, anderseits aber auch
   - als *Mittel* nicht nur für Informationsbeschaffung, Bildung und Freizeitgestaltung, sondern auch
   - als *Mittel* zur Bewältigung von Alltagsaufgaben und –problemen und zur Mitgestaltung der Lebensführung im weitesten Sinne. (...)

2. Argumente, die Medien *kritisch bis kulturpessimistisch* bewerten in ihrer Rolle
   - als negativ bestimmender Faktor von Lebensbedingungen und –qualitäten (Stichwort: Mediatisierung),
   - als Sozialisationsinstanz mit negativen Wirkungen insbesondere auf Problemgruppen von Kindern und Jugendlichen sowie
   - als Faktor eines zumindest in Teilen pessimistisch betrachteten gesellschaftlichen Wandels (etwa im Sinne eines Beitrags zu Individualisierung und Entfremdungsphänomenen).(...)

3. Argumente, die Medien auch nicht unbedingt negativ, wohl aber *normativ* betrachten in ihrer Rolle
   - als Sozialisationsinstanz im weitesten Sinne, mit Wirkungen vorrangig auf der Individualebene der Mediennutzer bzw. Rezipienten und die den Auftrag von Medienerziehung darin sehen, durch pädagogische Maßnahmen potentielle Schädigungen des einzelnen Rezipienten zu vermeiden und umgekehrt wünschbare Wirkungen zu forcieren.

Je nach Einschätzung von Funktion und Wirkung von Medien ergeben sich unterschiedliche medienerzieherische Überlegungen und Handlungskonzepte. So lassen sich in Anlehnung an Gerhard Tulodziecki (1995:505f) historisch verschiedene medienerzieherische Ansätze ausmachen, in denen sich die verschiedenen Einstellungen zu den Medien und die Argumente für den Bedarf an Medienerziehung wiederfinden:
   - die *behütend-pflegende Medienerziehung* knüpft als Filmerziehung in den 50er Jahren an die bewahrpädagogische Tradition der Literaturdidaktik an;
   - das *ästhetisch-kulturorientierte Konzept* überträgt Aspekte der Kunst- und Literaturerziehung auf die Filmanalyse. ‚Optische Alphabetisierung‘ und ‚visuelle Bildung‘ sollen über die Kenntnis der Filmsprache ausgebildet werden;

- das *funktional-systemorientierte Konzept* betrachtet Massenkommunikation und das Zusammenwirken ihrer Komponenten im Kontext gesellschaftlicher Prozesse;
- die *kritisch-emanzipatorische Medienerziehung* will das (ideologie)-kritische Reflexionspotential und die Einflussmöglichkeiten von Mediennutzern ausbauen und stärken;
- das Konzept einer *interaktions- und handlungsorientierten Medienerziehung* will Kinder und Jugendliche befähigen, den Umgang mit Medien im jeweiligen Lebens- und Handlungszusammenhang auf der Basis der eigenen Bedürfnisse und Interessen sowie sozial verantwortungsbewusst auszuüben.

Angesichts dieser unterschiedlichen Positionen und medienerzieherischen Zielvorstellungen ist die vielfach festzustellende Verunsicherung und ein damit verbundenes Gefühl der Hilflosigkeit gegenüber Medien in der Gesellschaft nicht weiter verwunderlich. Sie ist weiterhin wohl auch darauf zurückzuführen, dass die Einstellungen zu Medien und ihren Wirkungen kaum dem jeweils neuesten Forschungsstand entsprechen (können) und daher vielfach noch veraltete Konzepte vertreten werden, die Medien als Quelle schädlicher Einflüsse ansehen und sie zum Sündenbock für soziale Probleme abstempeln. Vor allem das behavioristische Stimulus-Response-Modell der älteren Wirkungsforschung findet aufgrund seiner Einfachheit gepaart mit monokausalen Erklärungen immer noch weite Verbreitung.

Hier setzen neuere Medienerziehung und Medienpädagogik an, indem sie Medien als integralen Bestandteil der Gesellschaft begreifen und nicht Wirklichkeit und Medien diametral gegenüberstellen oder gegeneinander ausspielen.[3] Der Mediennutzer wird als ein aktiv Handelnder begriffen, der mitnichten den Medien hilflos ausgeliefert ist. Allerdings will der Umgang mit Medien auch gelernt sein, da er keine Selbstverständlichkeit bildet und die mediale und medientechnische Entwicklung nicht stehen bleibt.

Medienpädagogik und Medienerziehung sind nicht leicht voneinander abzugrenzen, da sich ihre Gegenstands- und Aufgabenbereiche, wenn sie klar benannt werden, sich überschneiden, in beiden Bereichen sich noch keine festen Ansätze geschweige denn Theorien etabliert haben. So sieht z.B. Gerhard Tulodziecki (1995) Medienerziehung neben Mediendidaktik als zweite Komponente der Medienpädagogik an. Dabei geht es in der Mediendidaktik „vor allem um Überlegungen zu einer sinnvollen Medienverwendung zur Anregung und Unterstützung von Lernprozessen. In der Medienerziehung werden die Medien zum Instrument eigener medialer Gestaltung sowie zum Gegenstand des Lernens und der erzieherischen Reflexi-

---

[3] Zu dem damit verbundenen Problemkomplex des angeblichen Wirklichkeitsverlustes durch Medien verweise ich auf Klaus Boeckmann (1990).

on" (Tulodziecki 1995, 502). Medienpädagogik würde sich demnach in zwei getrennte Bereiche aufgliedern, ohne über eine eigenständige Fragestellung zu verfügen.[4] Jutta Wermke (1997, 38) hat zurecht darauf aufmerksam gemacht, dass Texte, Bilder und andere Medien zwar als Unterrichtsziel (Erziehung) oder als Unterrichtsmittel (Didaktik) fokussiert werden können, dass dabei um den jeweils anderen Aspekt nicht gekürzt werden kann. Diese Ambivalenz von Unterrichtszielen und Unterrichtsmitteln führt sie u.a. dazu, eine integrierte Medienerziehung im Fachunterricht anzustreben. Eine Integration der Medienerziehung greift auf unterschiedlichen Ebenen. Standardaufgaben der Fächer wie *Nacherzählung*, *Inhaltsangabe* und *Personenbeschreibung* des Deutschunterrichts können und sollen die Medienerfahrungen der Schüler mit einbeziehen. Generell wäre eine ‚doppelte Optik‘, die ein Fachgebiet und Medien integriert (z.B. die öffentliche Auseinandersetzung um die Wehrmachtsausstellung in unterschiedlichen Medien im Zusammenhang mit der Behandlung des Nationalsozialismus im Geschichtsunterricht), ebenso wünschenswert wie die Integration auf curricularer Ebene. Einen weiten und ausdifferenzierten Ansatz hat Dieter Baacke vorgestellt. Er (Baacke 1997, 4) gliedert Medienpädagogik auf in die Aspekte: Medienerziehung, Mediendidaktik, Medienkunde und Medienforschung. Dabei umfasst Medienpädagogik

> alle sozialpädagogischen, sozialpolitischen und sozialkulturellen Überlegungen und Maßnahmen sowie Angebote für Kinder, Jugendliche und Erwachsene, die ihre kulturellen Interessen und Entfaltungsmöglichkeiten, ihre persönlichen Wachstums- und Entwicklungschancen sowie ihre sozialen und politischen Ausdrucks- und Partizipationsmöglichkeiten betreffen, sei es als einzelne, als Gruppen oder als Organisationen und Institutionen. (Baacke 1997, 5)

Medienerziehung erweist sich hier als Teil einer Medienpädagogik, die einen umfassenden Anspruch erhebt und kaum einen gesellschaftlichen Bereich auslässt.

Es kann hier nicht darum gehen, sich auf einen der skizzierten oder einen der vielen anderen Ansätze festlegen zu wollen. Bei allen Unterschieden in Detailfragen, gibt es grundlegende Gemeinsamkeiten. Medienerziehung und Medienpädagogik haben vornehmlich praktische Fragen zu beantworten. Damit ist kein Rückzug in den Elfenbeinturm ‚Wissenschaft‘ möglich, aber auch keine ‚reine‘, wertneutrale Theoriebildung möglich. Denn sie müssen Stellung nehmen sowohl zu Fragen, die von Mediennutzern als Probleme für sie angesehen werden, als auch zu Problemen, die sich aus Befunden der Medienforschung ergeben (wachsende Wissenskluft;

---

[4] Es muss hier darauf hingewiesen werden, dass Medienerziehung und Mediendidaktik nicht als monolithische Blöcke verstanden werden. Gerhard Tulodziecki (z.B. 1992) setzt sich für eine integrativ orientierte Medienerziehung ein.

statistische Fehleinschätzung von Gefährdungswahrscheinlichkeit bei Vielsehern). Das impliziert automatisch die Einbeziehung sozialer Normen und Wertvorstellungen in medienerzieherische und medienpädagogische Arbeit. Damit sind Medienerziehung und Medienpädagogik zu den angewandten Wissenschaften zu rechnen, die soziale Fragestellungen aufgreifen, mit wissenschaftlichen Forschungsergebnissen verknüpfen und zur praktischen Anwendung in der Gesellschaft hinführen.[5] Medienerziehung, die primär auf Handlungsorientierung ausgerichtet ist, beinhaltet eine speziellere Aufgabenstellung als die Medienpädagogik und kann als deren Kernbereich verstanden werden.

Schließlich möchte ich noch auf ein zugrundeliegendes Dilemma von Medienpädagogik und Medienerziehung hinweisen. Mit der in den letzten Jahrzehnten verstärkten empirischen Ausrichtung kamen immer mehr die Fähigkeiten von Mediennutzern in den Blick und ein aktives Menschenbild setzte sich mehr und mehr durch bei gleichzeitiger Rücknahme normativer Vorgaben der älteren Medienerziehung. Damit brachten sie sich aber selbst in eine widersprüchliche Position. Denn einerseits wird in Untersuchungen immer wieder gezeigt, dass Mediennutzer vom Kindesalter an im Rahmen ihrer kognitiven, sozialen, kulturellen und kommunikativen Möglichkeiten selbständig und kompetent mit Medien umgehen. Andererseits muss Medienerziehung, um sich gesellschaftlich zu legitimieren, einen pädagogischen Handlungsbedarf einklagen, der sich auf Defizite und Verengungen im Umgang mit Medien beruft. Denn erst dann lassen sich gezielt Konzepte und Strategien entwickeln und einsetzen. Im nächsten Abschnitt soll daher geprüft werden, ob der Begriff der Medienkompetenz einen Ausweg aus diesem Dilemma bereitstellen kann.

2. Vermittlung von Medienkompetenz als generelles Ziel von Medienerziehung

Keine Frage, der Begriff der Medienkompetenz hat Konjunktur wie nie zuvor. Von ihm wird das Handling der Herausforderungen von Berufs-, Medien- und Lebenswelten erwartet. Doch zunächst einmal ist eine Begriffsklärung notwendig, bevor mit diesem Begriff sinnvoll operiert werden kann. So gibt der kritische Mahner (1996; 1997; 1999a) der Medienpädagogik Hans Dieter Kübler (1999b, 37) zu bedenken:

> Wie die dafür erforderlichen Fähigkeiten des Individuums in einem konzisen Sammelbegriff überschrieben werden sollen, dafür hat sich indes noch kein anderer Terminus durchgesetzt: Informations- oder Wissenskompetenz hört sich mindestens so artifiziell an und ist im übrigen sprachlich so inkorrekt wie Medienkompetenz. Denn jeweils in-

---

[5] Dass dies nicht alleinige Aufgabe von Medienerziehung und Medienpädagogik ist, zeigt das Konzept eine Angewandten Literaturwissenschaft, das im Rahmen der empirischen Literaturwissenschaft entwickelt wurde (Arbeitsgruppe NIKOL 1986).

sinuieren sie einen Objektbezug und verdinglichen damit die Fähigkeiten, obwohl sie eigentlich dynamische Aktivitäten bezeichnen sollen: nämlich die Fähigkeiten und die Bestrebungen des Menschen,
auch mit Medien human zu kommunizieren bzw. human förderliches
Wissen zu erzeugen, zu verbreiten, zu verarbeiten, zu speichern und
sich anzueignen.

Die Beschreibungen und Definitionen von Medienkompetenz schwanken zwischen
einer möglichst universellen, die Behandlung zukünftiger Medien einschließenden
Qualifikation und speziellen Fertigkeiten, die an technischer Handhabung von Medien ausgerichtet sind. Zudem ist von Medienkompetenz häufig die Rede, wenn es
um die Sicherung des Wirtschaftsstandortes Deutschland und um heutige und zukünftige Anforderungen am Arbeitsplatz geht. Der berechtigte Hinweis auf lebenslanges Lernen steht mit Blick auf die Informationsgesellschaft in der Gefahr, auf
‚lebenslanges Lernen mit Multimedia' reduziert zu werden.

Zudem leidet der Begriff der Medienkompetenz an seiner Herleitung aus dem
Kompetenzbegriff Chomskys und der Verquickung mit dem Konzept der kommunikativen Kompetenz von Habermas. Chomskys Kompetenzbegriff bezeichnet eine
angeborene Fähigkeit, was schwerlich auf den Umgang mit Medien analog zu übertragen ist. Mit der Einführung des sprachlichen Kompetenzbegriffs wurde wahrlich
eine Flut von Einzelkompetenzen ausgelöst, die von der poetischen Kompetenz der
Generativen Poetik bis zur eurozentrisch geprägten Cultural Literacy von E.D.
Hirsch (1988; 1989) reicht. Da die Fähigkeit, einen Videorecorder zu programmieren nicht angeboren sein kann, muss der Begriff der Medienkompetenz mit einem
eigenständigen Profil ausgestattet werden. Der gegenwärtige Diskussionsstand der
Medienerziehung ist in dieser Hinsicht noch sehr disparat. Lediglich besteht Einigkeit über das mit dem Begriff verbundene Ziel:

> Noch nicht in Theoriedebatten präzisiert, changiert er [der Begriff der
> Medienkompetenz; AB] in allen möglichen Bedeutungsfarben. Nur
> seine Funktion ist klar: Er soll die Fähigkeiten begrifflich bündeln, die
> das Individuum innerhalb einer Medien- und Informationsgesellschaft
> benötigt. Solche geforderten Fähigkeiten reichen von der bloßen An-
> passung an die medienökonomischen und –technischen Vorgaben, al-
> so der Fertigkeit, Medien zu bedienen, bis hin zur kritischen Reflexion
> und aktiven Gestaltung nicht nur der Medienlandschaft, sondern aller
> sozialen Umgebungen, die mit dieser vernetzt sind. Tatsächlich ist die
> Verwendung des Begriffes willkürlich und seine jeweilige Bedeutung
> ist meist nur aus dem kontextuellen Inhalt zu klären. (Schorb 1997,
> 63).

Trotz aller berechtigten Kritik erscheint der Begriff unverzichtbar, zumal keine bessere begriffliche Alternative in Sicht ist. Fasst man Medienkompetenz als eine Dimension der Entwicklung und Sozialisation von Individuen, dann kommt der Medienerziehung eine begleitende und stützende Funktion über alle Altersstufen zu. Auf diesem Weg zeichnet sich auch eine Lösung für das oben angesprochene Dilemma der Medienerziehung ab.

Zum Begriff der Medienkompetenz

Mit James Potter (1998: 5) kann man davon ausgehen, dass als Grundlage von Medienkompetenz (media literacy) eine Menge von Fertigkeiten fungiert, die uns befähigt, mit jeder Art von Medienangebot umgehen zu können. Für Potter ist Medienkompetenz eine Haltung, die wir gegenüber den Medien einnehmen und auf deren Basis wir die Bedeutung von Medienangeboten erfassen. Ohne seinen gesamten Ansatz hier vorstellen zu können, möchte ich nur auf seine vier Grundannahmen kurz eingehen, die ich für zentral halte.

1. Medienkompetenz ist ein Kontiunuum und keine Kategorie. Medienkompetenz ist keine Frage des entweder/oder. Es gibt keinen Menschen, der über keine Form von Medienkompetenz im weitesten Sinne verfügt. Ebensowenig wird man Personen finden, von denen man sagen könnte, ihre Medienkompetenz sei vollständig ausgebildet und nicht mehr entwicklungsfähig. Medienkompetenz ist daher am besten als ein Kontinuum zu betrachten, in dem verschiedene Gradabstufungen vorgenommen werden können.

2. Medienkompetenz muss entwickelt werden. Der Grad auf der Skala der Medienkompetenz ist für jeden nicht von vornherein festgelegt und nicht unveränderlich. Schon aus dem normalen Reifungsprozess von Kindern und Jugendlichen heraus ergeben sich hinsichtlich der Entwicklung der Dimensionen Kognition, Emotion und Moral umfangreichere Möglichkeiten Medienangebote wahrzunehmen und zu strukturieren. Darüber hinaus erlaubt erst eine aktive Auseinandersetzung mit Medienangeboten den weiteren Ausbau von Medienkompetenz. Die alleinige Rezeption von Medienangeboten reicht nach Potter (1998, 6) nicht aus, um seine Medienkompetenz zu erweitern.

3. Medienkompetenz ist multi-dimensional. Mit der kognitiven, emotionalen, ästhetischen und der moralischen stellt Potter (1998, 7) vier miteinander verbundene Dimensionen vor, die prinzipiell unabhängig voneinander sein können. Die komplexe Ausbildung einer Dimension macht jedoch im Normalfall auch die Weiterentwicklung der anderen Dimensionen erforderlich. Alle vier Dimensionen werden beim Umgang mit Medienangeboten angesprochen.

4. Der Zweck von Medienkompetenz ist, uns mehr Kontrolle über Interpretationen zu geben. Für Potter (1998, 9) stellen alle Medienangebote Interpretationen dar. So geben Journalisten uns ihre Vorstellungen von dem, was und wer wichtig ist.

Werbeleute versuchen uns Probleme einzureden, für die ihre Produkte eine Lösung bilden. Je größer die Medienkompetenz ist, desto leichter lassen sich solche Interpretationen und die damit angestrebten und erzeugten Medienwirkungen durchschauen.

Mit seinem Konzept von *media literacy* unterscheidet sich Potter deutlich vom Kompetenzbegriff Chomskys und macht sich in dieser Hinsicht nicht angreifbar. Hervorzuheben ist die Ausdifferenzierung des Konzepts, das in dieser Form bei steigender Ausprägung die Basis für größere individuelle Entscheidungssicherheit, für erhöhte Reflexion und damit schließlich auch für mehr Toleranz und Demokratie bildet.

> The reasonable response to the flood of media messages is to be more active in processing them in order to get the information and experiences you want and value. By developing a higher level of media literacy, you gain control over the media influence process. You know how to spot those subtle yet important effects as they occur, and you know how to intervene in that effects process in order to shape the effects you want. (Potter 1998, 10)

Dieser Ansatz ist fundiert, aber vornehmlich auf Wissensstrukturen und deren Verwendung ausgerichtet; d.h. die Handlungsorientierung wird vernachlässigt. Deshalb sei hier ergänzend noch auf Überlegungen und Vorschläge von Ida Pöttinger (1997) hingewiesen, die im Anschluß an gegenwärtige Richtungen der Medienerziehung Wahrnehmen, Nutzen und Handeln als konstitutive Elemente von Medienkompetenz betrachtet. Aus der Synopse verschiedener Zielbeschreibungen von Dieter Baacke, Horst Dichanz bis zu Gerhard Tulodziecki ergeben sich für Medienkompetenz nach Ida Pöttinger (1997, s85; Herv. i.O.) folgende Zielbeschreibungen, primär bezogen auf den Schulbereich:

1. *Wahrnehmungskompetenz*
- Die Schüler sollten mediale Produkte hinsichtlich ihrer ästhetischen Formen erkennen und deuten können (*Strukturierungsfähigkeit*).
- Sie sollten komplexe Zusammenhänge wie Handlungsabläufe und Medienformen verstehen und interpretieren können (*Interpretationsfähigkeit*).
- Sie sollten Realität und Fiktionalität von Personen und Situationen unterscheiden können (*Differenzierungsfähigkeit*).
2. *Nutzungskompetenz*
- Schüler sollten sich vor zu starken Medieneindrücken schützen und ihre Stimmung mit Hilfe von Medien bewusst beeinflussen können (*Rezeptionssteuerungsfähigkeit*).

-   Sie sollten bedürfnis- und interessengemäß eine Entscheidung zwischen Medien und Medienprodukten treffen können (*Auswahlfähigkeit*).
-   Sie sollten sich über Medien austauschen können und starke emotionale Eindrücke im Spiel verarbeiten können (*Kommunikationsfähigkeit*).
3. *Handlungskompetenz*
-   Schüler sollten wissen, wie Medien hergestellt, gesendet und verbreitet werden (*Produktionsfähigkeit*).
-   Sie sollten Medien kritisieren und selbst gestalten können (*Gestaltungsfähigkeit*).
-   Sie sollten Medien als interessengebundene und individuelle Ausdrucksform betrachten und benutzen können (*Veröffentlichungsfähigkeit*).

Verallgemeinernd lassen sich Wahrnehmungs-, Nutzungs- und Handlungskompetenz für alle Bereiche der Medienerziehung und nicht nur für die Schule ansetzen. Die Stützung und Förderung individueller Medienkompetenz erweist sich als das fundamentale Ziel jeglicher medienerzieherischer Bemühungen.

3. Lernorte und Praxisbereiche

Im letzten Teil meiner Ausführungen sollen exemplarisch Felder angesprochen werden, zu denen sich Medienerziehung zu verhalten hat. Dabei geht es einmal um Instanzen und Faktoren der Mediensozialisation, die vom Kindergarten über Elternhaus und Schule bis zu den Medienanbietern reichen. Zweitens sollen Themen aufgegriffen werden, die in der Öffentlichkeit als Probleme diskutiert werden, auf die Medienerziehung zu reagieren und mögliche Antworten zu entwickeln und anzubieten hat.

3.1 *Konkrete Anwendungsbereiche für Medienerziehung*

Kindergarten

Spätestens mit Beherrschung des Kassettenrecorders zieht die selbstbestimmte Mediennutzung mit *Bibi Blocksberg*, *Benjamin Blümchen* und *TKKG* in das Kinderzimmer ein. Neben der *Sesamstraße*, der *Sendung mit der Maus* und *Löwenzahn* als pädagogisch ausgerichteten Prommgrammangeboten bieten die *Tele Tubbies* ausgesprochenes Unterhaltungsprogramm im Kinderfernsehen. Auch Computer Lehr- und Lernprogramme für Vorschulkinder und Einführungsveranstaltungen für Eltern und Kinder bilden keine Seltenheit mehr. Daher ist es konsequent, den Umgang mit Medien bereits in die Arbeit im Kindergarten in geeigneter Weise mit einzubeziehen. Im Gespräch über ihre Medienerfahrungen, die bekannterweise gerne auf Zeichentrickserien ausgerichtet sind, wäre eine erste Gelegenheit vorhanden, den Unterschied zwischen Erfahrungswirklichkeit und medialen Darstellungen anzusprechen. Denn dieser ist von Kindern zu lernen und versteht sich für sie nicht von selbst.

Voraussetzung dafür ist eine entsprechende Ausbildung der pädagogischen Fachkräfte. Die gerade im Kindergarten noch vorherrschende Einstellung, es handle sich um einen Schonraum für die Heranwachsenden, bildet ein starkes Hemnis für medienpädagogische Aktivitäten. Daher ist wohl vor allem erst einmal Überzeugungsarbeit bei Erzieherinnen und Eltern zu leisten.

Schule
Wenn auch Medienerziehung als Schulfach wahrscheinlich keinen Bestand haben wird, so erweist sich Schule dennoch als herausragender Lernort mit und über Medien. Auf der Basis des BLK-Orientierungsrahmens „Medienerziehung in der Schule" sind Medien mittlerweile in schulischen Curricula und Lehrplänen fest verankert. Eine Umsetzung in Praxis ist damit noch nicht garantiert, zumal die Lehrerinnen und Lehrer für diese Aufgabe nur teilweise qualifiziert zu sein scheinen. Als allgemeines Ziel einer handlungsorientierten Medienerziehung lässt sich formulieren: Schülerinnen und Schüler sollen in die Lage versetzt werden, in einer von Medien geprägten Lebenswelt angemessen, selbstbestimmt, verantwortlich und kreativ handeln zu können.

Die Handlungsorientierung versteht sich nicht nur als Wissen über Aufbau, Nutzung und Wirkung von Medienangeboten, über Medieninstitutionen und ihre soziale Bedeutung. Auch der eigenen Mediengestaltung kommt eine immer größere Bedeutung zu. Projekte wie ZEUS (Zeitung und Schule), „Rads online" (Radio aus der Schule) und die Initiative „Schulen ans Netz" bieten dazu, wie eingeschränkt und kritisierbar auch immer, Erfahrungsmöglichkeiten. Gerade neue Medien wie das Internet sind hier von besonderer Bedeutung, erlauben sie doch einen so einfachen Wechsel von der Rezipienten- zur Produzentenseite wie nie zuvor. Die innovative Verwendung neuer Medien ist prinzipiell zu begrüßen[6] und der Einsatz hypermedialer Lernsysteme[7] zu prüfen, ohne die Medienorientierung nun wieder zum Selbstzweck zu machen. Vielfalt und Allgegenwärtigkeit der Medien sprechen dafür, sie fächerübergreifend und projektorientiert einzubinden und auf verschiedenen Ebenen im Fachunterricht zu integrieren.

Hochschule
Die generelle Randstellung der Medienerziehung im Bewusstsein der Öffentlichkeit hängt auch mit der Situation der Medienpädagogik an den Hochschulen zusammen. Während kommunikationswissenschaftliche und Informatik-Lehrstühle und Studiengänge in der Hochschullandschaft breit vertreten sind, sind Medienpädagogik und Medienerziehung weitgehend von sekundärer Bedeutung. Nur wenige Lehrstühle sind mit diesen Denominationen explizit ausgewiesen; häufig betreiben Lehrstuhlin-

---

[6] Kübler (1999a) gehen sogar viele aktuelle Projekte nicht weit genug.
[7] Siehe dazu Schulmeister (1997).

haber Medienpädagogik neben oder statt ihrer eigentlichen Lehrstuhlbezeichnung. Zudem ist Medienerziehung in vielen Lehramtsstudiengängen noch immer nicht als Studien- und Prüfungselement vorgesehen. Dies hat z.b. zur Folge, dass abgesehen von Einzelinteressen germanistische Lehrveranstaltungen kaum Medien thematisieren oder einen Bezug dazu herstellen. Auch die Debatte über die Um- und Neuorientierung der Germanistik zu einer Kultur- und Medienwissenschaft scheint noch nicht sehr weit gediehen, geschweige denn konsensfähig zu sein.[8] Fehlende Kenntnisse über die Medienrezeption und Mediennutzung von Kindern und Jugendlichen führen zu Lehrmodellen, die in der Praxis nicht anwendbar sind. Das Beibehalten veralteter Wirkungsmodelle sowie die (Über)Schätzung der Printmedien gegenüber AV-Angeboten an den Hochschulen trägt zur Perpetuierung der Vorurteile gegenüber neuen Medien in der Gesellschaft bei. Notwendig erscheint somit eine Lehrerbildung in den Hochschulen und eine Lehrerweiterbildung in Zusammenarbeit mit Universitäten, die den Aspekt der Medienerziehung aufgreift und die dem Stand der Forschung entspricht.

Familie

Als zentraler Sozialisationsinstanz kommt der Familie auch eine zentrale Bedeutung für die Medienerziehung zu. Der häusliche Medienkonsum der Kinder liegt in der alleinigen Verantwortung der Eltern. Sie alleine haben zu entscheiden, welche Programme ihre Kinder sehen dürfen und in welchem Umfang. Daher ist die Medienkompetenz der Eltern ebenso gefragt wie die Fähigkeit, diese Kompetenz an Kinder weiter zu vermitteln. Die Qualifizierung der Eltern bildet den wohl schwierigsten Bereich medienerzieherischer Praxis. Wenn das Fernsehen zur Ruhigstellung, als Strafmaßnahme oder als Belohnung eingesetzt oder als Sündenbock für soziale und familiäre Probleme angesehen wird, dann zeugt das von geringen medienerzieherischen Kenntnissen und Fähigkeiten. Häufig fühlen sich Eltern deshalb auch verunsichert und teils hilflos sowohl gegenüber den Medien als auch gegenüber ihren Kindern. Das Problem wird dadurch noch verschärft, dass Eltern nur schwer für medienerzieherische Fortbildungsangebote zu erreichen sind. Medienpädagogische Elternabende sind dabei nur ein Weg, um Eltern zu erreichen, ihnen Ängste zu nehmen und Lösungsmodelle aufzuzeigen.

Auch die mit gutem Erfolg praktizierten Eltern-Kind-Kurse für Computernutzung, bei denen sich Eltern und Kinder in der gleichen Lernsituation befinden, könnten als Vorbild dienen für generelle pädagogische Medienkurse, die auch Fernsehen mit einschließen. Als Devise kann schließlich nur gelten, Eltern wo immer möglich zu erreichen, anzusprechen und für medienerzieherische Belange zu gewinnen.

---

[8] Hier sei nur verwiesen auf Schönert (1999) und Schmidt (1999).

Jugendarbeit

Das Prinzip der Freiwilligkeit in jeglicher Form der Jugendarbeit sorgt im Gegensatz zur Schule für eine obligatorische Orientierung an den Bedürfnissen und Interessen von Kindern und Jugendlichen. Darin liegt natürlich ein Problem, wenn die Angebote attraktiv genug sein müssen, um Jugendliche dafür zu interessieren. Zudem fühlen diese sich im Rahmen öffentlicher Jugendarbeit eher kontrolliert, verglichen z.b. mit der selbstbestimmten und selbstorganisierten Videonutzung privater Videocliquen. Daher kann das Angebot der Jugendarbeit nur mit besonderer Medienausstattung (Filmclub; Fotolabor; Computerausstattung; Tonstudio) und/oder professionellen Kenntnissen der Jugendarbeiter locken, um die Medienkompetenz der Jugendlichen zu fördern. Die Vielfalt der Projekte in der Jugendmedienarbeit ist groß. Mit der Einführung des dualen Rundfunksystems und der Bereitstellung Offener Kanäle steht der Jugendarbeit eine weitere Option zur Verfügung.[9] Die Jugendmedienarbeit kann für ihre Zwecke auch das Interesse von Jugendlichen ausnutzen, mit Gleichgesinnten Erfahrungen auszutauschen und Projekte in Gruppen durchzuführen.

Medien

Auch die Medien selbst können einen Beitrag zur Erweiterung und Förderung von Medienkompetenz leisten. So suchte die Ems-Vechte-Welle (Offener Kanal Emsland) im August 1999 in *DIE ZEIT* z.B. einen Medienpädagogen oder eine Medienpädagogin. Zum Aufgabenbereich gehört die Einweisung der Produzenten in Studiotechnik, die Beratung in journalistischen und rechtlichen Fragestellungen. Der störungsfreie Sendeablauf soll sichergestellt als auch die Mitwirkung bei der Steigerung der Programmqualität gewährleistet werden.[10] Auch andere Medienanbieter sind medienpädagogisch aktiv. So stellte RTL den Landesbildstellen ein eigens produziertes Video samt Arbeitsheft zum Bereich ‚Daily Soaps‘ kostenlos zur Verfügung.

Auch im Programm selbst kann durch die Vermittlung von Medienwissen die Medienkompetenz aller Zuschauer erweitert werden. Dazu dienen Sendungen, in denen sich die Medien selbst kritisch thematisieren oder sich den Fragen der Rezipienten stellen. Spezielle Sendungen für Kinder wie *Logo* oder *Sesamstraße* sind im Sinne der Medienerziehung aktiv tätig. Weiterhin können auch themenspezifische Mediennutzerprojekte, bei denen z.B. Jugendliche eigene Videoclips oder Hörfunkspots produzieren, medienerzieherisch wirken. Schließlich sind alle Medienanbieter

---

[9] Siehe dazu die einschlägigen Beiträge in Kamp (1998) und Hahn (1999).

[10] Angefordert ist ein abgeschlossenes Hochschulstudium, Erfahrungen in der Medienarbeit sowie journalistische und pädagogische Fähigkeiten. Bei einer Befristung auf 2 1/2 Jahre und einer Vergütung nach BAT IVb TDL handelt es sich angesichts der erwarteten Kompetenzen um kein berauschendes Angebot.

gehalten, nicht gegen die medienrechtlichen Vorgaben zu verstoßen. Dies gilt vor allem im Bereich des Medienangebots für Kinder. Hier sind alle Anbieter in die (medienerzieherische) Verantwortung zu nehmen.

Berufswelt

In unserer heutigen Informations- und Wissensgesellschaft scheint kein Bereich von Medien und ihren Auswirkungen ausgenommen zu sein. Dies gilt auch für die heutige Arbeitswelt, die partiell mehr und mehr auf Medien ausgerichtet und angewiesen ist. So sind z.B. ganze Berufe im Druckereibereich durch die Computertechnik verschwunden; die Werbegrafik hat sich voll auf Computerarbeitsplätze umgestellt; neue mediengestützte Berufe und Berufsbilder sind entstanden. Keine Sekretärin kommt heute mehr ohne Computer- und Textverarbeitungskenntnisse aus. Zudem fordert die vor allem in Großbetrieben eingeführte betriebsinterne elektronische Kommunikation (Intranet; Videokonferenzen) eine Anpassung der Mitarbeiter. Auch der für einige sehr bequeme heimische Computerarbeitsplatz ist eine direkte Folge dieser technischen Entwicklung. Medienerziehung hat hier ihren Stellenwert im Rahmen der innerbetrieblichen Weiterbildung. Sie ist aber nicht auf eine rein technische Handhabung der Geräte einzuschränken. Schon bei einfachen Aufgaben der Textverarbeitung können textgestalterische Anforderungen anfallen, die ein fundiertes Wissen und einen kreativen Umgang mit dem jeweiligen Textverarbeitungsprogramm voraussetzen.

Alltag

Unter der Maßgabe eines lebenslangen Lernens ist Medienerziehung für alle Altersgruppen auch im Freizeitbereich von Belang. Neue technische Entwicklungen, vor allem in der Unterhaltungselektronik, erfordern immer wieder ein Umlernen und Neulernen auch von bereits mediatisierten Erwachsenen. Hier kehrt sich die medienerzieherische Perspektive häufig um, und Eltern lernen von ihren Kindern die Benutzung mancher Medien wie die Programmierung des neuen Videorecorders. Warum sollen nicht auch Senioren ans Internet, um per E-mail neue Kontakte zu knüpfen. Teilweise ergeben sich solche Aktivitäten aus starkem Eigeninteresse ganz selbstverständlich, da sich z.B. Kinder oder Enkelkinder im Ausland aufhalten. In diesem Zusammenhang sind auch die Volkshochschulen gefragt, entsprechend medienerzieherisch aufbereitete Angebote zu gestalten.

3.2 Spezielle Praxisfelder/Problembereiche

Im letzten Punkt sollen einige der Bereiche kurz angesprochen werden, die in der Öffentlichkeit umstritten sind und Erwartungen an Medienerziehung und Medienpädagogik stellen. Von Kulturpessimisten und von Vertretern postmoderner Positionen wird gerne ein *Wirklichkeitsverlust durch Medien* beklagt,[11] sei es als Verlust direkter persönlicher Erfahrungen oder gar als Aufhebung der Unterscheidung von Wirklichkeit und Fiktion. Hintergrund dieser Befürchtungen ist die feststellbare Zunahme der Wissensvermittlung unter Einbeziehung von Medien bei gleichzeitigem Rückgang der Wissensaneignung auf der Basis persönlicher Erfahrung. Medienerziehung kann solchen Befürchtungen aufklärerisch entgegentreten, indem sie verdeutlicht, dass Medien immer schon Teil sozialer Wirklichkeit sind und unsere Vorstellung von Welt miterzeugen. Insofern bilden Medien nicht Wirklichkeit ab, sondern sie erweitern unser Spektrum Wirklichkeit sozial zu konstruieren. Bereits mit der Einführung der Schrift und des Mediums Buch eröffneten sich diese Möglichkeiten. Auch Doku-Fiction und Reality TV sind nicht in der Lage, die Trennung von Dokumentation und Fiktion zu unterlaufen; denn damit sie überhaupt mit dieser Grenze spielen können, muss das entsprechende Wissen und die Beherrschung der entsprechenden Konventionen vorausgesetzt werden. Medienerziehung kann hier zur Aufklärung beitragen.

Durch die explosionsartige Entwicklung vor allem der sog. neuen Medien in den letzten beiden Jahrzehnten und durch die Einführung des dualen Rundfunksystems mit einer horrenden Vermehrung von Programmangeboten befürchten Zeitgenossen den *Verlust der Kulturtechnik Lesen*. Medienerziehung kann diese Befürchtungen relativieren, indem zunächst einmal auf empirische Daten der Mediennutzung verwiesen wird, die belegen, dass Lesen immer noch einen hohen Stellenwert in unserer Gesellschaft hat. Auch hat es seit 150 Jahren einen nahezu stabilen Anteil in der Bevölkerung gegeben, der nicht oder kaum gelesen hat. Historisch hat nie ein technisch neues Medium ein älteres verdrängt. Im Gegenteil hat mit der Einführung von eMail die Schreibkultur einen starken Impuls bekommen. Daher sind Medien nicht gegeneinander auszuspielen. Befürchtungen vom Verschwinden der Kindheit oder von der Droge im Wohnzimmer sind viel zu pauschal und monokausal, um ernsthafte Befürchtungen argumentativ absichern zu können. Anderseits ist Lesen keine Selbstverständlichkeit und muss wie andere Fähigkeiten auch durch entsprechende Maßnahmen gefördert werden. Im Rahmen der Medienerziehung wurden dafür geeignete Modelle entwickelt.

Häufig werden die Medien zum Sündenbock für soziale Entwicklungen gemacht. Befürchteten um 1800 die Spätaufklärer mit den Schlagworten ,Lesesucht' und ,Lesewut' die Fehlsozialisation von Frauen und Kindern aufgrund hohen Romankonsums, so bilden ,Videosucht' und ,Videopest' wohl das heutige Pendant. Häufig werden *Gewaltdarstellungen in den Medien* gepaart mit realer Gewalt und Gewaltbereitschaft. Schnell kommt der Ruf nach Verboten und schärferen Gesetzen

---

[11] Siehe dazu auch Boeckmann (1990).

auf. Wirkungen von Gewaltdarstellungen sind jedoch viel zu komplex und von unterschiedlichen Faktoren bedingt, als dass man sie auf einzelne Medienangebote
zurückführen könnte. Mediale Gewaltdarstellungen und reale Gewalt liegen auf
unterschiedlichen Ebenen und sind von daher auseinander zu halten. Auch monokausale Wirkungsannahmen wie im behavioristischen Stimulus-Response-Modell
greifen zu kurz. Medienerziehung muss in diesem Zusammenhang an die Ergebnisse
der Wirkungsforschung anknüpfen und pauschalen Befürchtungen entgegentreten.
Ein wirksamer Jugendmedienschutz kann nicht darin bestehen, Kinder vor Medieneinflüssen bewahren zu wollen. Es muss nach der Attraktion der jeweiligen Medienangebote für Jugendliche ebenso gefragt werden wie nach spezifischen Umgangs-
und Nutzungsweisen. Erst auf dieser Basis ließe sich ein mögliches Gefährdungspotential erkennen. Medienangebote ändern sich über die Jahre. Das sollten auch Eltern lernen. Die Themen und Präsentationsformen, mit denen sie groß geworden
sind, können keine permanenten Maßstäbe für weitere Generationen von Nutzern
abgeben. Daher ist ein Wissen und ein Verständnis der Mediennutzung von Kindern
und Jugendlichen die Voraussetzung für alle weiteren medienerzieherischen Überlegungen.

Mit den *Computerkids* verband sich in den 80er Jahren die Befürchtung, dass
Kinder und Jugendliche durch die zunehmende Nutzung des Computers stark gefährdet seien. Neben körperlichen Schäden an Augen und Rücken wurden vornehmlich soziale, kommunikative und kognitive Depravierungen befürchtet. Gottlob ist es
bei solchen Befürchtungen geblieben. Nur in seltenen Ausnahmefällen konnte eine
extreme Computernutzung festgestellt werden. Im Normalfall verlieren die Kinder
das Interesse an dem Gerät, wenn sie ein bestimmtes Programm oder Spiel durchschauen und beherrschen. Dabei ist häufig die Unterstützung von Gleichaltrigen
gefragt. Auch Computerzeitschriften stehen bei Problemen mit Rat und Tat zur Seite, so dass das Lesen auch nicht zu kurz kommt. Für gewalthaltige Computerspiele
gilt der gleiche Befund wie für andere mediale Gewaltdarstellungen.

Einen weiteren Bereich, bei dem Medienerziehung gefragt ist, stellt die *Beziehung zwischen Kindern und Werbung* dar. Kleinere Kindern können beispielsweise
im Fernsehen noch nicht zwischen Werbung und Programm unterscheiden. Sie sind
von den kurzen, für sie lustigen Spots beeindruckt und verstehen noch nicht die mit
Werbung verbundenen Intentionen. Neben Medienerziehung im Elternhaus z.B.
durch gemeinsames Fernsehen und Besprechen der Spots können Kinder auch im
Kindergarten zu einem angemessenen Umgang mit Werbung hingeführt werden.
Andererseits muss Medienerziehung aber auch auf die Werbetreibenden einwirken,
gerade im Kinder- und Familienprogramm nur geeignete Werbung zu zeigen.

Georg Schütte

Wissenschaftliche Medienkritik

Die Medienkritik ist ein fester und kontinuierlicher Bestandteil der neuzeitlichen Medienentwicklung. Die technische Entwicklung und soziale Akzeptanz jeweils neuer Medien wurde stets begleitet von Sorgen um den Bestand der älteren und die sozialen Umgangs- und Verständigungsformen, die damit verbunden waren (cf. Faulstich 1997). Insbesondere im Bereich der Literatur entwickelte sich im Europa der Aufklärung auch die Rolle des Literaturkritikers. Mit der massenhaften Verbreitung von Zeitungen seit dem 19. Jahrhundert fand diese Kritik als Kritik der ästhetischen Qualität von fiktionalen Einzelwerken ein breiteres Publikum. Diese Buch- bzw. Literaturkritik ist auch heute noch, neben der Kritik von Fernseh- und Radiosendungen, Kinofilmen, Theater- und Musikaufführungen sowie Schallplatten und CDs fester Bestandteil zahlreicher Tages- und Wochenzeitungen.

Wie unterscheidet sich diese populäre Kritik von einer wissenschaftlichen Medienkritik? Hierzu sollen zunächst einige Gütekriterien an wissenschaftliche Theorien dargestellt werden (Abschnitt 1). Anschließend wird der Medienbegriff differenziert, um genauer zu benennen, worauf sich die Kritik im einzelnen beziehen kann (Abschnitt 2). Am Fallbeispiel der Fernsehnachrichtenentwicklung und der „Initiative Nachrichtenaufklärung" wird anschließend verdeutlicht, wie eine wissenschaftliche Medienkritik pragmatisch relevant werden kann (Abschnitt 3).

1. Wissenschaftliche Gütekriterien

In Anlehnung an den amerikanischen Wissenschaftshistoriker und Wissenschaftstheoretiker Thomas S. Kuhn (1978, 422-423) fasst der Medien- und Kulturwissenschaftler Peter Ludes zentrale Gütekriterien wissenschaftlicher Theorien im Hinblick auf die medienwissenschaftliche Forschung zusammen (Ludes 1998, 54-58).[1] Erstes Gütekriterium wissenschaftlicher Theorien ist deren Tatsachengerechtigkeit bzw. Wirklichkeitsnähe. Es gilt sachlich, räumlich, zeitlich und sozial zu spezifizieren, auf welchen Untersuchungsgegenstand sich eine wissenschaftliche Aussage, ein Forschungsergebnis oder gar ein theoretischer Ansatz bezieht. Ist der Bezugspunkt etwa nur das Verbreitungsmedium Fernsehen - oder das Radio oder das Buch? Gilt die Aussage nur für die Gegenwart oder das vergangene Jahrzehnt? Bezieht sich die Aussage auf Entwicklungen oder Zustände in der Bundesrepublik Deutschland, in

---

[1] Die folgenden Überlegungen in Abschnitt 1 und 2 rekurrieren weitestgehend auf Überlegungen, die zusammenfassend in Ludes (1998) dargestellt sind. Ich danke Peter Ludes für fast zehn Jahre kreativer Zusammenarbeit, Anregung und Ideenfindung.

Europa oder in modernen Gesellschaften insgesamt? Gilt die Aussage für alle Mitglieder einer Gesellschaft oder nur für bestimmte Gruppen, etwa Kinder oder Jugendliche oder Personen mit akademischer Ausbildung?

Das zweite Gütekriterium ist die Widerspruchsfreiheit. Hier lassen sich interne und externe Widerspruchsfreiheit wissenschaftlicher Aussagen und Theorien unterscheiden. Im Hinblick auf die interne Widerspruchsfreiheit ist etwa zu fragen: Schließen die Argumente innerhalb einer komplexen Theorie logisch aneinander an? Sind die Aussagen sachlich, zeitlich, räumlich und sozial jeweils so spezifisch, dass sie eindeutig und intersubjektiv überprüfbar sind?

Darüber hinaus müssen wissenschaftliche Forschungsergebnisse und Erklärungen in Bezug zu anderen empirischen Ergebnissen und theoretischen Verallgemeinerungen gesetzt werden. Die Medien- und Kommunikationswissenschaft greift beispielsweise auf Methoden, Konzepte und Theorien zahlreicher anderer Nachbardisziplinen zurück, überträgt und modifiziert sie für den eigenen Untersuchungsbereich. Es gilt zu prüfen, inwiefern die Ergebnisse, die mit diesen Methoden erzielt werden, mit anderen bereits vorliegenden Forschungsergebnissen übereinstimmen; inwiefern Konzepte etwa aus der Psychologie oder der Wirtschaftswissenschaft für die Erklärung von Zusammenhängen im Bereich der Medien angemessen sind.

Weitere wissenschaftliche Gütekriterien sind: große Reichweite, Einfachheit und Fruchtbarkeit. Eine große Reichweite erlangen wissenschaftliche Theorien nur dann, wenn sie eine größere Zahl empirischer Einzelergebnisse integrieren und zu Aussagen führen, die über einen längeren Zeitraum Bestand haben. Diese Integration von Einzelergebnissen soll jedoch im Idealfall nicht zu unübersichtlichen Datenkonglomeraten führen. Gute wissenschaftliche Theorien zeichnen sich vielmehr dadurch aus, dass sie die Komplexität dieser Einzelergebnisse durch Systematisierungen und Verallgemeinerungen reduzieren. Sie vereinfachen das Verständnis zunächst unübersichtlich vorliegender Einzelstudien, indem sie diese auf wenige „grundlegende Faktoren" zurückführen. Gute wissenschaftliche Theorien geben jeweils auch Anregungen zu weiterführenden Untersuchungen. Inwiefern lassen sich beispielsweise theoretische Aussagen zur wechselseitigen Beeinflussung von Print- und audiovisuellen Medien auch auf multimediale Kommunikationsnetze übertragen? Bis zu welchem Grad können theoretische Konzepte, die in den USA entwickelt wurden, auch auf Verhältnisse in Deutschland angewendet werden? Gute Theorien sind in diesem Sinne „fruchtbar", erzeugen neue Fragen und tragen damit zu einem besseren Verständnis der Untersuchungsbereiche bei.

Moderne Verbreitungsmedien sind jeweils auch Beobachter von Gesellschaften. Medienwissenschaftlerinnen und -wissenschaftler, aber auch Medienkritikerinnen und -kritiker sind Beobachter dieser Beobachter. Eine wissenschaftliche Beobachtungsperspektive zeichnet sich dadurch aus, dass sie sich bewusst und immer wieder von eigenen Vorlieben und Vorurteilen, von der Involviertheit in die Handlungspraxis und Erkenntnisperspektive des Alltags distanziert. Medien- und Kommunikationswissenschaftler sind (idealiter) bemüht, Perspektiven zu wechseln und auf diese Weise neue Erkenntnischancen auszuloten (cf. Elias 1983; Ludes 1998, 58). Eine wissenschaftliche Medienkritik zeichnet sich somit dadurch aus, dass sie im Kontext von widerspruchsfreien, tatsachengerechten, verallgemeinernden Aussagen zu einer Kritik an den Medien und medial konstituierten Wirklichkeitsentwürfen ansetzt. Sie spezifiziert den Gegenstand ihrer Kritik, legt ihre Bewertungskriterien offen bzw. macht sie intersubjektiv überprüfbar und stellt differenzierte Bezüge auf. Vor der Kritik kommt die Analyse und das Verständnis. Zum kritischen Engagement für die Sache gehört auch die kritische Distanz. Doch was genau ist Gegenstand dieser Kritik?

2. Vier Haupttypen von Medien

In einem Überblick zeitgenössischer sozialwissenschaftlicher Medientheorien aus dem deutsch- und englischsprachigen Raum unterscheidet Ludes vier Haupttypen von Medien:

- Verbreitungsmedien;
- symbolisch generalisierte Kommunikationsmedien bzw. Erfolgsmedien;
- normative Medien und
- Orientierungsmedien (cf. Ludes 1998, 126).

Im Anschluss an den Soziologen Niklas Luhmann zeichnen sich Verbreitungsmedien dadurch aus, dass sie den Empfängerkreis einer Kommunikation bestimmen und erweitern. Im Vergleich zu mündlicher, gedächtnisgebundener Überlieferung wurden die Kommunikationsmöglichkeiten etwa durch die Schrift und später den Buchdruck erheblich ausgeweitet, zugleich aber auch eingeschränkt, da durch diese neuen Verbreitungsmedien strikter vorgegeben wird, was als Grundlage der Kommunikation dienen kann (cf. Ludes 1998, 115). In ausdifferenzierten Mediensystemen lassen sich zahlreiche Verbreitungsmedien unterscheiden (Faulstich führt beispielsweise 1995 für die Bundesrepublik 17 Einzel- bzw. Verbreitungsmedien auf). Für diejenigen, die gängig als „Massenmedien" bezeichnet werden, unterscheidet Luhmann die drei Programmtypen Nachrichten/Berichte, Werbung und Unterhaltung. Sie zeichnen Formen nach, in denen moderne Gesellschaften individuelle Motivlagen für Kommunikation verfügbar machen (cf. Luhmann 1996, 130).

Mit der zunehmenden Durchsetzung immer neuer Einzelmedien sinkt jedoch die Wahrscheinlichkeit, dass die mitgeteilte Kommunikation als Grundlage für Anschlusskommunikationen angenommen wird. Dieses Problem wurde mit der Einführung der Schrift virulent und verschärfte sich mit der Entwicklung und Durchsetzung weiterer Verbreitungsmedien. Deshalb entwickelte sich ein zweiter Typ von Medien: symbolisch generalisierte Kommunikationsmedien oder Erfolgsmedien. Sie erhöhen die Chance, dass Kommunikation wieder anschlussfähig wird. Im Hinblick auf die wichtigsten, funktional ausdifferenzierten Teilsysteme entwickelter Gesellschaften unterscheidet Luhmann als symbolisch generalisierte Kommunikationsmedien: Geld (für das Teilsystem Wirtschaft), Macht (für das Teilsystem Politik), Liebe (für das Teilsystem Familie) und Wahrheit (für das Teilsystem Wissenschaft). Diese Erfolgsmedien stellen die Kommunikation in ihrem Medienbereich wieder auf Anschlussfähigkeit ein. So erfolgt in der Geldwirtschaft der Tausch von Gütern über das Medium Geld. Man bezahlt eine bestimmte Summe Geld und erhält dafür ein Gut. Das Geld symbolisiert den Wert dieses Gutes. Unabhängig von der individuellen Motivationslage wird die Kommunikation, auch ‚unbequeme‘ Kommunikation damit wieder wahrscheinlicher, anknüpfungsfähig: Das Gut kann zum Beispiel zu einem späteren Zeitpunkt an einem anderen Ort und bei einer anderen Person wieder in eine äquivalente Summe Geld zurückgetauscht werden.

Der Soziologe Richard Münch betont im Unterschied zu Luhmann jedoch, dass moderne Gesellschaften nicht nur durch Ausdifferenzierung sozialer Teilsysteme gekennzeichnet sind. Vielmehr kommt es auch zu vielfältigen wechselseitigen Durchdringungen dieser Teilsysteme. So ist beispielsweise die Wirtschaft nicht nur durch Geld integriert, sondern wird auch durch ethische Standards, die in der Berufsarbeit zum Tragen kommen, geprägt und mitkonstituiert. Generalisierte Kommunikationsmedien tragen dazu bei, Handlungen einzelner Gesellschaftsmitglieder zu koordinieren. Münch beschreibt moderne Gesellschaften als Kommunikationsgesellschaften, die durch eine beständige Vermehrung, Beschleunigung, Verdichtung und Globalisierung von Kommunikation gekennzeichnet sind (cf. Münch 1995, 77). In diesen Gesellschaften kommt es - ähnlich den Inflationsprozessen in der Wirtschaft - zu einer Inflation bzw. Deflation von Kommunikationsmitteln. So gewinnen Selbstdarstellungszwänge in verschiedenen gesellschaftlichen Bereichen, etwa der Politik oder im Sport eine zunehmende Bedeutung. In der Konkurrenz um Aufmerksamkeit setzen die Akteure immer neue Wörter und Bilder ein, die jedoch mit dem zunehmenden Gebrauch an Wert verlieren.

Münch beschreibt die gegenwärtige Situation entwickelter Gesellschaften als dritte Moderne. In der ersten Moderne hätten sich liberaler Rechtsstaat und ökonomischer Liberalismus verbunden, in der zweiten Wohlfahrtsökonomie und demokratischer Rechtsstaat. Die dritte Moderne sei gekennzeichnet durch eine Ausweitung und Verschärfung globaler Risiken, sozialer Probleme, Bewegungen, Gegensätze und Eruptionen. Weltweit wachsen ausgewählte Regionen und Bevölkerungsgruppen durch schnelle Transport- und Kommunikationsmittel zusammen. Es entsteht ein globales Netz von Finanzströmen, arbeitsteiligen Produktionsprozessen und Datenströmen, ohne dass in gleichem Maße die soziale Integration fortschreitet. Die globale Dynamik steht daher in Konkurrenz mit der Integrationsleistung lokaler Lebenswelten (cf. Münch 1998). Die Sprache und andere Verbreitungsmedien tragen in dieser Situation zur Verständigung bei. Darüber hinaus ist jedoch ein weiterer Medientyp funktional für die Integration von modernen Gesellschaften: subjektive Rechte wie etwa die Grundrechte, die als normative Medien auf die Wirklichkeit verweisen, ohne jedoch bereits notwendigerweise die Erfüllung dieser Rechte direkt zu implizieren. Das Recht stellt jedoch einen symbolischen Anspruch auf dessen Umsetzung dar, der in unterschiedlicher Weise eingetauscht werden kann. Verbreitungs- und Erfolgsmedien tragen dazu bei, dass diese normativen Medien ihre Aufgabe erfüllen und damit die Strukturumbrüche moderner Gesellschaften abfedern helfen.

In modernen, sich weltweit vernetzenden Gesellschaften reichen Erfolgsmedien nicht aus, um längerfristige Verbindlichkeiten herzustellen und auch historisch gewachsene und diskursiv begründete Solidaritäten, die sich in normativen Medien manifestieren, erfüllen diese Funktion nicht hinreichend. Deshalb steigt in diesen Gesellschaften die Bedeutung eines vierten Medientyps: Orientierungsmedien (cf. Ludes 1998, 126f.). Hierzu gehören z.B. grundsätzliche Vorstellungen über den Raum als konstitutives Element für das (mit diesem spezifischen Raum verbundene) soziale Verhalten. Joshua Meyrowitz hat gezeigt, wie sich dieses Raumverständnis von den fünfziger bis zu den achtziger Jahren in den USA aufgrund der Verbreitung des Fernsehens grundlegend geändert hat. So haben sich neue, ‚mittlere Regionen‘ mit spezifischen Verhaltensweisen herausgebildet, die unabhängig vom physischen Ort sind und vielmehr durch die gleichzeitige Wahrnehmung von Fernsehinhalten konstituiert werden und soziales Verhalten (etwa das Verhalten von Frauen zu Männern oder von Erwachsenen zu Kindern) beeinflussen (cf. Meyrowitz 1985).

Diese vier Medientypen: Verbreitungsmedien, symbolisch generalisierte Kommunikations- bzw. Erfolgsmedien, normative Medien und Orientierungsmedien ergänzen sich wechselseitig und sind wechselseitig voneinander abhängig. Eine wissenschaftliche Medienkritik benennt deshalb immer, auf welchen Medientyp sie sich bezieht. Sie berücksichtigt zugleich den Kontext, der durch andere Medien des gleichen Medientyps und die anderen Medientypen geschaffen wird.

Die Medien- und Kommunikationswissenschaft konzentriert sich weit überwiegend auf die Verbreitungsmedien. Auch die populäre Medienkritik beschäftigt sich so gut wie ausschließlich mit diesem Medientyp. Inzwischen sind ausgewählte Formen dieser Kritik selbst zum Forschungsgegenstand geworden: Ziel dieser ‚Medienwertungsforschung‘ ist es nicht, in normativem Sinne an der Qualitätsdebatte etwa über fiktionale Fernsehserien, teilzunehmen. Vielmehr soll das Medienwertungsfeld historisch und systematisch beschrieben werden. Gefragt wird nach der

Evolution der Normen, die die Evolution der Formen durchdringt (cf. Bolik 1997, 83).

Die unterschiedlichen Konzeptionen von Medien und medialer Kommunikation in der Medien- und Kommunikationswissenschaft lassen sich nach Meyrowitz (1993) drei unterschiedlichen Medienmetaphern zuordnen: Medien als Kanäle, als Sprache und als Umwelten. Die Vorstellung von Medien als Kanälen verweist auf die Funktion von Medien, bestimmte Inhalte an Rezipienten bzw. Nutzer zu vermitteln. Die Metapher von Medien als Sprache verweist auf die ‚Grammatik' einzelner Verbreitungsmedien, etwa eine ‚visuelle Grammatik' des Fernsehens oder die semantischen Bildelemente eines Films.

Das Verständnis von Medien als Umwelten bzw. Umgebung oder Kontext verweist unter anderem auf das Verhältnis von Medien und sozialen Konventionen, Rollen und Institutionen. Auch in diesem Sinne lassen sich unterschiedliche Typen einer wissenschaftlichen Medienkritik unterscheiden:

-   die Kritik von Medieninhalten, wie etwa Themen, Wertungen, Ideologien, Rollen, Verhaltensmustern, Erzählmustern oder Genres;
-   die Kritik von Mediengrammatiken, etwa die Gestaltung und Anordnung von Texten und Bildern in Zeitungen oder der Aufbau und die Durchsetzung eines Repertoires von Schlüsselwörtern oder Schlüsselbildern im Fernsehen;
-   die Kritik von Medienumwelten bzw. -kontexten, etwa des Verhältnisses der Fernsehverbreitung und der Orientierungsfunktion sozialer Räume (s.o.).

Das Verhältnis der unterschiedlichen Medientypen und der sozialen Kontexte, die von diesen Medien mit geschaffen bzw. beeinflusst werden, verändert sich in modernen Gesellschaften. Eine wissenschaftliche Medienkritik, die diesen Prozesscharakter nicht berücksichtigt, ist deshalb ebenso schnell überholt, wie sich die Medien- und Kommunikationsformen bzw. -verhältnisse ändern. Sie erfüllt dann nicht die o.g. wissenschaftlichen Gütekriterien, ist beispielsweise weder tatsachengerecht noch fruchtbar für die Kritik ähnlicher Zusammenhänge oder Entwicklungen, etwa in anderen Ländern oder zu anderen Zeiten.

Ein analytisches Instrument und gleichzeitig auch Modell dieses komplexen Prozesses bildet das ABC der Medienentwicklung nach Ludes. Es fasst Haupttrends der Medien- und Kommunikationsentwicklung in der Bundesrepublik zusammen. Ende des 20 . Jahrhunderts lässt sich diese Entwicklung vier Oberkategorien zuordnen: (1) räumlichen Bezugsrahmen (z.B. Amerikanisierung, Europäisierung), (2) zeitlichen Bezugsrahmen (z.B. die beschleunigte Einführung jeweils neuer Medien), (3) Kommunikationsentwicklungen, die sich vornehmlich durch die Einführung, Veränderung und Verbindung neuer Medien kennzeichnen lassen (z.B. Visualisierung, Computerisierung), und (4) die direkte Verbindung medialer Kommunikationsprozesse und sozialer Entwicklungen (wie etwa Prozesse des Wertewandels). (Cf. Ludes 1998, 128ff.)

3. Fallbeispiel: Fernsehnachrichtenentwicklung und Fernsehnachrichtenkritik

An der Entwicklung von Fernsehnachrichtensendungen in der Bundesrepublik Deutschland lassen sich verschiedene Dimensionen dieses Modells und Anknüpfungspunkte für eine wissenschaftlich begründete und pragmatisch relevante Medienkritik verdeutlichen. Öffentlich-rechtliche Fernsehanstalten und privat-kommerzielle Fernsehunternehmen konkurrieren seit Mitte der achtziger Jahre zunehmend um Werbeaufkommen, um Programminhalte bzw. den Zugang und die Auswertung von Ereignismärkten, um Programmformate und teilweise auch um Mitarbeiter. In Form des Drucks zur Zuschauermaximierung gewannen ökonomische Kriterien sowohl in den privat-kommerziellen Unternehmen als auch in den öffentlich-rechtlichen Sendeanstalten an Bedeutung für die fernsehjournalistische Arbeit. Technische Innovationen werden verstärkt entwickelt und eingesetzt, um im Wettbewerb um die Aufmerksamkeit der Zuschauer Vorteile zu erringen, aber auch, um unter Kostendruck Rationalisierungspotentiale auszuschöpfen. Gleichzeitig ermöglichten sie – zusammen mit der Deregulierung der Rundfunkpolitik in westlichen Mediengesellschaften – eine Ausweitung und Internationalisierung der Anbieterstruktur. Aus Sicht der Journalisten stellt sich dieser Strukturzusammenhang als Konkurrenz um Informanten und Exklusivstoffe sowie als Qualitätswettbewerb um die zuschauerattraktive und optimal mediengerechte Präsentationsform dar (cf. Saxer 1994, 7ff.). Selektions- und Präsentationskonventionen für Nachrichten und Berichte verändern sich unter diesen Bedingungen: Infotainment-Formate mischen beispielsweise Inhalte und Präsentationsformen von Unterhaltungs- und Nachrichtenangeboten (cf. Schütte 1997). Aktualität gewinnt gegenüber der sorgfältigen Recherche und Einordnung in Ereigniszusammenhänge an Bedeutung. Visualität, verstanden als Verfügbarkeit von Bewegtbildern, wird zunehmend zu einem zentralen fernsehspezifischen Nachrichtenfaktor.

Politiker und Parteien, Unternehmer und Firmen, aber auch neue soziale Bewegungen und Interessengruppen passen sich diesen Selektions- und Präsentationsroutinen an bzw. versuchen, sie zur Durchsetzung ihrer Themen und Meinungen zu instrumentalisieren. Unter den Bedingungen einer Globalisierung des Medienmarktes und einer zunehmenden Beschleunigung von Kommunikation wachsen die Zwänge zur Aufmerksamkeitserzeugung durch eine Inszenierung medialer Ereignisse. Mediale Reputation wird analog zum Geld in der Wirtschaft zum generalisierten Kommunikationsmedium (s.o.).

Thomas Meyer hat aus normativ-demokratietheoretischer Perspektive auf ein grundlegendes Dilemma dieser Entwicklung aufmerksam gemacht: Wenn sich Politik den Selektions- und Präsentationslogiken der Medien, insbesondere des derzeitigen Leitmediums Fernsehen, zunehmend anpasst, dann kommen Ereignisse der Politik als Thema der Berichterstattung zwar noch vor. Die Struktur des Politischen wird von den Selektions- und Präsentationsregeln der Medien jedoch unter Umständen nicht oder nicht ausreichend differenziert erfasst (cf. Meyer 1997, S. 73f.). Die Visualisierung der Öffentlichkeit (Ludes 1994) birgt somit unter anderem die Tendenz, dass Stars der Politik zunehmend in Konkurrenz mit Stars der Unterhaltungsprogramme, des Sports und des Journalismus mediale Reputation ansammeln, ohne dass die Zusammenhänge des Politischen, die langfristigen Entwicklungen oder das nicht direkt Abbildbare angemessen dargestellt werden.

Angesichts dieser strukturellen Form von Nachrichtenausblendung wird Nachrichtenaufklärung, d.h. das Bemühen um Aufklärung über vernachlässigte Themen, zu einer Herausforderung für eine wissenschaftlich reflektierte Kritik des Fernsehnachrichten-Journalismus (cf. Ludes et al. 1997). Gelingt es, über eine solche Kritik der Berichterstattung zu einer Selbstreflexion unter Journalisten und zu einer Veränderung der Selektionsmuster und Präsentationsformate beizutragen, dann wird wissenschaftliche Medienkritik pragmatisch relevant. Dieses Ziel verfolgt seit 1997 die „Initiative   Nachrichtenaufklärung"   (cf.   http://www.avmz.uni-siegen.de/~in/index2.htm). Jährlich veröffentlicht diese Initiative eine Rangliste der zehn wichtigsten Themen und Nachrichten, die in der Bundesrepublik Deutschland trotz großer sozialer Relevanz zu wenig Beachtung in den Medien fanden. Hierzu sammelt die Initiative Vorschläge aus allen Bevölkerungsgruppen. Auf Basis dieser Vorschläge entscheidet eine Jury aus Journalisten und Kommunikations- und Medienwissenschaftlern über eine Rangliste der Top-Ten-Themen und -Nachrichten, die ihrer Meinung nach stärkerer Aufklärung bedürfen.

Vorbild dieser Initiative ist das US-amerikanische „Project Censored" (cf. http://www.sonoma.edu/ProjectCensored/). Seit 1976 verfolgt dieses Projekt die Berichterstattung der Massenmedien in den USA. Jährlich veröffentlicht es u.a. eine Liste von 25 Themen, die trotz großer Relevanz für die US-Bevölkerung durch das Aufmerksamkeitsraster der Redaktionen gefallen sind.

Beide Projekte haben zum Ziel, das journalistische Interesse durch Veröffentlichung der Rankingliste (d.h. durch die Instrumentalisierung eines etablierten journalistischen Aufmerksamkeitsmusters) auf die vernachlässigten Themen zu lenken. Darüber hinaus wollen sie dazu beitragen, die journalistischen Selektionskriterien zu hinterfragen, ihre Kontexte zu thematisieren und langfristig zu einer - auch wissenschaftlich begründeten – Kritik und Veränderung beizutragen.

Aus der distanzierten Reflexion von Berichterstattungsmustern und – zusammenhängen, im Fall der „Initiative Nachrichtenaufklärung" insbesondere des Fernsehens und der tagesaktuellen Fernsehnachrichtensendungen, erwuchs auf diese Weise sowohl in den USA als auch in Deutschland eine Kritik, die sich dauerhaft institutionalisierte. Der regelmäßige, alljährliche Verweis auf Berichterstattungsdefizite verweist zugleich auf zahlreiche Ursachen dieser Entwicklung. Sie nach ihren räumlichen, zeitlichen, sozialen und medialen Zusammenhängen zu differenzieren ist Aufgabe einer wissenschaftlichen Medienkritik.

Raimund Klauser & Rainer Leschke

Strukturmuster medienwissenschaftlicher Pragmatik

Medienwissenschaften haben genau genommen bereits mit einem pragmatischen Kniefall begonnen. So suchten das Kunstsystem und seine zugeordneten Wissenstypen[1] ihren drohenden Niedergang und ihren stetigen Verlust an Relevanz durch eine Erweiterung ihres Gegenstandsbereiches, eben um die Medienproduktion, zu kompensieren: Die mediale Vermittlung wurde in die klassischen Literatur- und Kunstwissenschaften integriert: Comics, Film, Hörspiel und Medienkunst tauchten als neue Gegenstände neben dem traditionellen Kanon in der Hoffnung auf, dass die massenhafte Präsenz der in Frage stehenden Phänomene – was Relevanz allein schon vermittels der schieren Häufigkeit zu garantieren schien[2] – doch eigentlich auch auf ihre Theorien abfärben müsste. Das Entree der Medienwissenschaften in die Kunst- und Literaturwissenschaften verdankt sich so einem vorgängigen Legitimationsverlust dieser Wissenstypen und dem Versprechen eines Legitimationstransfers durch den neu zugelassenen Gegenstandsbereich. Ähnliche Akkommodations-Strategien an die medial veränderten Verhältnisse wurden sukzessive von den diversen Sozialwissenschaften dadurch gefahren, dass kommunikationstheoretische Fragestellungen und die Medienwirkungsforschung thematisiert wurden[3]. Die Herausbildung eines eigenständigen Wissenstyps Medienwissenschaft stellt insofern den Abschluss eines langfristigen Prozesses sukzessiver Anpassung klassischer Wissensmodelle an medial veränderte Verhältnisse dar. Die finale Ausdifferenzierung der Medienwissenschaft als eigenständiges Wissenssystem entsprach dabei zwar keineswegs den ursprünglichen Intentionen eines Sich-Einlassens der Ästhetik und der Sozialwissenschaften auf die ‚Niederungen' medialer Produktion und Distribution, sollten doch die traditionellen Wissenschaften modernisiert und nicht ein neues Wissensmodell neben die traditionellen gestellt werden. Dennoch stellt diese Ausdifferenzierung eines in Grenzen ‚eigenständigen' Wissenssystems eine notwen-

---

[1] U.a. Knilli rang um „Einsicht in die Arbeit in den Freiräumen und neuen Gebieten" (Friedrich Knilli 1973, S. 290), und diese neuen Freiräume und Arbeitsgebiete sind für die Literatur- und Kunstwissenschaften in den 70er Jahren eben die Massenmedien gewesen. Dass der Ausbau der Hochschulen ebenfalls zu einem Bedarf an neuen Forschungsfeldern führte und die Massenmedien diesen Bedarf befriedigten, sei nur noch am Rande angemerkt.

[2] So operiert etwa Knilli mit diesem Gewicht und Prestige der schieren Zahl, wenn er bemerkt, dass „die Hochschulen mit solchen Reichweiten [denen von ARD und ZDF; Anm. d. Verf.] nicht konkurrieren können" (ebenda, S. 305).

[3] Vgl. dazu Gerhard Maletzke 1998, S. 16-29, und derselbe 1963.

dige Konsequenz der Strategien eines wissenschaftlichen Pragmatismus in den Geistes- und Sozialwissenschaften dar.

Insofern eignet der Medienwissenschaft von Anfang an eine Art pragmatischer Drall, der ihre wissenschaftliche Reputation in den Geisteswissenschaften nicht unbedingt beförderte. Zudem ist gerade ein in der Aufbauphase befindliches und um seine Anerkennung besorgtes Wissenssystem in besonderem Maße auf die Erfüllung der Konditionen des Wissenschaftsbetriebs versessen. Pragmatischer Ursprung und erhöhter wissenschaftlicher Reputationsbedarf erzeugen so zwangsläufig jenen antagonistischen Erwartungsdruck, in den sich vor allem jene Forschung verstrickt sieht, die für die Medienwissenschaft eigentlich traditionelle Komponenten eines pragmatischen Forschungskonzepts weiterverfolgt.

Um diese wissenschaftshistorisch und forschungspolitisch erzeugte klassische Double-Bind-Situation, die sich auf die Medienwissenschaft alles andere als produktiv ausgewirkt hat, wenigstens einigermaßen rational auflösen zu können, gilt es im Folgenden die einzelnen in diesem Feld involvierten Faktoren und Interessen zu isolieren und zu benennen. Erst auf dieser Grundlage lassen sich Forschungsstrategien entwerfen, die wenigstens ansatzweise in der Lage sind, den antagonistischen Erwartungsdruck zu neutralisieren, wodurch eine produktive Ausgangssituation geschaffen werden kann, und gleichzeitig Gefälligkeitsforschung identifizierbar wird.

Das Forschungspotenzial der Medienwissenschaft, sofern es sich nicht um dem Wissenschaftssystem immanente oder aber mit einem aufklärerischen Impetus versehene Erkenntnisinteressen handelt, macht grundsätzlich zunächst zwei unterschiedlichen Sektoren ein Angebot: Zum einen Institutionen, Organisationen und Unternehmen, die über keine eigene Medienkompetenz verfügen, die aber ein medienpolitisches oder medienpragmatisches Interesse aufweisen, und zum anderen Medienunternehmen, die mit unterschiedlicher Motivation wissenschaftliche Kompetenz in ihrem Bereich nachfragen.

Die historische Entwicklung der Medienpraxis mit ihrer notorischen Ambivalenz von kultureller und industrieller Orientierung[4], den weitgehend ungeregelten Ausbildungs- und Zugangsmodalitäten, führte konsequent zu einer euphemistischen Überbewertung der Selbstregulationsfähigkeit der Praxis. Diese konstitutive Eigenart der Medienpraxis, wonach sie nur aus der Praxis selbst zu erfahren und eben auch zu handhaben sei, evozierte eine kaum minder konstitutive Skepsis gegenüber wissenschaftlichen Interventionen und wissenschaftsbasierten Rationalisierungs-

---

[4] Diese Ambivalenz bildete den Anlass für die Medienkritik der Frankfurter Schule; vgl. Max Horkheimer, Theodor W. Adorno 1980, 108ff.

strategien. Der Euphemismus einer Autonomie und Eigengesetzlichkeit der Medienpraxis, der – nebenbei bemerkt – von dem ursprünglichen Bezugssystem der medialen Vermittlung, dem Kunstsystem und seinen Symbolen wie genialer Autorschaft[5], Kreativität, Intuition, Werkcharakter etc. zumindest ideologisch partizipierte, evoziert jene Berührungsangst auf Seiten der Medienpraxis, die durchaus der Angst der noch jungen Medienwissenschaft vor einem drohenden Reputationsverlust korrespondiert. Das Verhältnis von Medienwissenschaft und Medienpraxis gestaltet sich von daher sowohl strukturell als auch historisch schwierig.

Sofern also dieses problematische Verhältnis und die systematischen Berührungsängste von beiden Seiten überwunden werden können und eine Zusammenarbeit zustande kommt, dann sind in der Regel besondere Interessen im Spiel. Diese lassen sich differenzieren in: 1. ein konzeptionelles, 2. ein Erkenntnis- und 3. ein Legitimationsinteresse.

1.

Das konzeptionelle Interesse der Medienpraxis setzt ein gewisses Misstrauen in die praktische Selbstregulationsfähigkeit zumindest von Teilen des Medienbereichs voraus. Medienunternehmen, denen die Einschaltquoten wegbrechen, Medienprodukte, die nurmehr auf ein merklich reduziertes Publikumsinteresse stoßen, sowie kritisch steigende Kosten sind solche Standardsituationen, die den nötigen Motivationsdruck erzeugen, der auch den Rückgriff auf Analysekapazitäten außerhalb des Mediensystems denkbar werden lässt. Dabei bewegen sich Rationalisierungsstrategien, die das erwünschte Ergebnis der in Auftrag gegebenen Analyseprozesse wären, in einem per Eigendefinition eigentlich grundsätzlich nicht regulierbaren Bereich, schließe doch Kreativität systematisch Rationalität aus. Ein systematischer Analysebedarf entsteht also zumeist in kritischen Situationen der Unternehmen bzw. ihrer Produkte, wenn nämlich zum einen Planungsziele nicht erreicht wurden und dann ex post die Gründe für Misserfolge herauszufinden sind[6], zum anderen bestimmte Me-

---

[5] So hat etwa schon Walter Benjamin auf die Supplements-Funktion des Starkults aufmerksam gemacht, der der Kategorie des Autors aus seiner unter medienindustriellen Bedingungen prekär gewordenen Lage verhelfen soll und der zugleich mediale Industrieproduktion so zurichtet und codiert, dass sie mit den am traditionellen Kunstwerk einstudierten Rezeptionsweisen zu verarbeiten ist. Benjamins Hoffnung auf neue Wahrnehmungsmodi hat sich demgegenüber kaum realisieren lassen. (Vgl. Walter Benjamin 1979, 27ff.)

[6] In der Regel werden insbesondere Programmstudien genau aus diesem Grunde durchgeführt; ex post-Untersuchungen zur Identifizierung von Erfolgsgründen sind dagegen eher selten, schon weil das Planungsziel annähernde oder es sogar übertreffende Reichweiten und Marktanteile als ausreichender Erfolgsausweis betrachtet werden. Das von ZDF-Intendant Dieter Stolte engagiert vorgetragene Plädoyer und zugleich Versprechen für eine „zweite, andere Währung" als die der Einschaltquoten (vgl. Dieter Stolte 1992, insbes. 139), nämlich die Berücksichtigung von Qualitätskriterien, erscheint bis heute kaum eingelöst.

dienangebote unter Legitimationsdruck geraten und Optimierungs- bzw. Legitimationshinweise gewonnen werden müssen. In dieser Situation kann auch eine weiter entwickelte Medienwissenschaft ihren Beitrag leisten, steht dann aber unter besonders hohen Anforderungen an Beratungs- und Forschungsleistungen: erfahrungsgemäß werden diese oft erst dann angefordert, wenn eine akute Problemlage die Heranziehung von Experten und Expertisen dringend erforderlich erscheinen lässt. Bei weniger finanzkräftigen und am Markt nur in kleineren Segmenten beteiligten Medienproduzenten bzw. -anbietern ist überdies nicht auszuschließen, dass sie bei anhaltendem Misserfolg sogar in existentielle Nöte geraten und sehr schnell eine Lösung gefunden werden muss. Die daraus resultierenden inhaltlichen und zeitlichen Zwänge geben zusammen mit regelmäßig limitierten finanziellen Ressourcen nur wenig Raum für eine umfassende und sorgfältige Analyse der in der Regel komplexen Problemkonstellation, von der ausgehend ein angemessenes Untersuchungsdesign zu entwickeln und mit der erforderlichen Sorgfalt durchzuführen wäre. Gerade in diesem keineswegs so seltenen Fall gefährden Zeit- und Erfolgsdruck die Validität der erzielten Ergebnisse und deren Unabhängigkeit durch eine vordergründig verengte Problemfokussierung zusammen mit einer pragmatisch reduzierten Methodik, und das mit dem institutionell unterstützten Objektivitätsanspruch verknüpfte Image medienwissenschaftlicher Forschung schrumpft bereits mit dem vagen Verdacht eines ,Gefälligkeitsgutachtens'[4].

Dennoch sind es insbesondere die vergleichsweise hohen Ausschussquoten selbst medialer Standardproduktionen, die Berührungsängste von Seiten der Medienindustrie auf ein Niveau reduzieren, das eine Zusammenarbeit konzeptioneller Art möglich werden ließe, sofern zugleich die wissenschaftlichen Voraussetzungen auf der anderen Seite dafür gegeben wären. Nun ist aber – ganz abgesehen von den oben erwähnten strukturellen Hürden, die sich auf diesem Sektor engagierender Forschung stellen – gerade eine konzeptionelle projektorientierte Forschung in den Medienwissenschaften alles andere als entwickelt, haben sich doch Medienwissenschaften gerade auf der Suche nach wissenschaftlicher Anerkennung insbesondere auf ästhetische, historische oder aber empirisch klar zu modellierende Fragestellungen geworfen. Insofern trifft ein zögernd eingestandener Bedarf auf einen weitgehend unentwickelten Forschungsbereich. Umgekehrt stellt die systematische Verschiebung der Perspektiven dadurch, dass konzeptionelle Überlegungen zum Mediensystem in einem externen und nach anderen Maßgaben funktionierenden

---

[7] Unter diesen Verdacht geriet z.B. Klaus Merten sehr schnell mit seiner COMDAT-Studie „Darstellung von Gewalt im Fernsehen" (Münster 1993) im Auftrag des Senders RTL, deren Ergebnisse denen vorab von Jo Groebel und Uli Gleich erzielten (vgl. Jo Grobel, Uli Gleich 1993) u.a. in Bezug auf die für dieses Genre einschlägigen RTL-Angebote deutlich widersprachen.

Sektor, eben dem Wissenschaftsbetrieb, angestellt werden, notwendigerweise jene Distanz her, die für innovative und konzeptionelle Überlegungen grundlegend ist und über die kommerzielle Forschung allenfalls nominell verfügt. Das innovative Potenzial einer interdisziplinären Konstellation, auf das die universitäre Medienwissenschaft bereits ohne jegliches eigene Zutun zurückgreifen kann, sowie das strukturelle Engagement von Studierenden, die gehalten sind, Differenzproduktion zur eigenen wissenschaftlichen Positionierung zu nutzen, erzeugen gerade im universitären Kontext eine besondere Konstellation, die insbesondere für konzeptionelle Entwürfe fruchtbar zu machen ist. Dass trotz dieser außergewöhnlich guten Ausgangsbedingungen, dieses Forschungsfeld einen vergleichsweise bescheidenen Entwicklungsstand aufweist, verwundert umso mehr und lässt sich wohl nur aus den besonderen Bedingungen des Wissenschaftssystems für junge Wissenschaften erklären.

2.

Das Erkenntnisinteresse der Medienpraxis richtet sich demgegenüber vorwiegend auf eine pragmatische Medienwirkungsforschung, die ex post Detailinformationen und Erklärungsansätze für Marktbewegungen liefert. Sie operiert in einem vergleichsweise gesicherten Feld, befindet sich jedoch immer auch in Konkurrenz zu kommerziellen Forschungsinstitutionen. Der spezifische Gegenstandsbereich dieses medienwissenschaftlichen Forschungsfeldes, der in der Regel über eine gesicherte methodische Situation und kalkulierbare Abläufe verfügt, gibt der universitären Medienwissenschaft im Gegensatz zur konzeptionellen Planung keinen spezifischen Vorteil gegenüber kommerziellen Untersuchungen. Der Kostenvorteil universitärer Forschung wird in der Regel durch verlängerte Laufzeiten der Untersuchungen und organisatorische Defizite universitär organisierter Projekte wieder kompensiert. Allerdings können – und das ist einer der zentralen Gegenwerte, den universitär institutionalisierte Medienwissenschaft in dieser Hinsicht zu bieten hat – solche Forschungsprojekte ihren institutionell gleichfalls bekräftigten Objektivitätsanspruch nebst den korrespondierenden Wahrheitswerten in diesem Kontext einsetzen, was den entsprechenden Untersuchungen je nach Einsatzgebiet einen nicht zu unterschätzenden Vorteil gewährt.

Allerdings sind in der Praxis medienwissenschaftlich fundierter Zuarbeit zum Mediensystem tiefersondierende, d.h. insbesondere qualitative Untersuchungen eher die Ausnahme denn die Regel. Lediglich staatliche bzw. staatsnahe Institutionen, z.B. Landes- und Bundesministerien und die Rundfunkanstalten der Länder, in besonderen Fällen auch die öffentlich-rechtlichen Rundfunksender, leisten sich zur Erfüllung ihrer Aufgaben über die üblichen quantifizierenden Untersuchungen (z.B.

Reichweiten- und Akzeptanzmessungen) hinaus den finanziellen und zeitlichen ‚Luxus' auch qualitativer bzw. qualitative Merkmale einbeziehender Beratungs- und Forschungsprojekte. Der damit verbundenen Einladung, auch medienpolitische Abklärungen und Entscheidungsprozesse zu unterstützen und konzeptionell tätig zu werden, folgen medienwissenschaftliche Institutionen wie auch kommerzielle Institute und erfüllen prinzipiell das Erfordernis der Unabhängigkeit und Neutralität. Die erzielten Ergebnisse werden zumindest teilweise veröffentlicht und stehen damit auch dem gesamten Medien- und Wissenschaftssystem zur weiteren Nutzung zur Verfügung.

Anders stellt sich die Situation bei der privat-kommerziellen Medienindustrie dar: Weniger entscheidend ist hier der wissenschaftsfremde Umstand, dass viele der für sie erzeugten Forschungsergebnisse unveröffentlicht bleiben oder nur hochgradig selektiv bzw. mit beträchtlichem Zeitverzug freigegeben werden, weil sonst Unternehmensinterna oder wirtschaftliche nutzbare Daten an die Öffentlichkeit gelangen würden. Der zentrale Unterschied besteht vielmehr darin, dass in diesem Bereich der Medienpraxis der Bedarf an anwendungsorientierter Beratung und Forschung in zwei Ausgangskonstellationen mit unterschiedlichen Konsequenzen entsteht:

Zum einen entsteht er im Kontext der bereits oben erwähnten Krisensituation von Unternehmen oder Produkten, die sich nur begrenzt systemimmanent lösen lassen. Zum anderen tritt er quasi zwangsläufig in Zusammenhang mit der Verfolgung von ausschließlich ökonomischen Unternehmenszielen auf, was dann insbesondere auf mehr oder weniger kontinuierlich nachgefragte Forschungsdienstleistungen zur Sicherung und Ausweitung von Marktpositionen, Konkurrenzbeobachtung, Produktoptimierung und -innovationen, Zielgruppen- und Rezipientenanalysen, vor allem quantitative Medienwirkungsstudien bzw. Reichweitenmessungen, vereinzelte Programmstudien mit qualitativem Anspruch sowie manchmal auch auf PR-wirksame und dann entsprechend vermarktete Einzelstudien zu allgemeinen oder besonderen Medienproblemen hinausläuft. Der Primat der Ökonomie majorisiert das Untersuchungsinteresse, das jeweilige Unternehmensinteresse determiniert es zusätzlich, und die am Einzelproblem orientierte Ergebnisperspektive beschränkt zusammen mit strikten Kosten-Nutzen-Kalkulationen das einsetzbare Untersuchungsinstrumentarium von vorneherein auf herkömmliche und gut eingeführte Verfahren insbesondere der empirischen Markt-, Sozial- und Medienforschung. In dieser Situation kann eine pragmatische Medienforschung – wenn sie es denn will – nur versuchen, bei Wahrung der gängigen Standards durch medienwissenschaftliche Sur-plus-Leistungen in Marktkonkurrenz zur kommerziellen Medienforschung zu treten; vom praxisbezogenen Know How und den personellen und erhebungstechnischen Ressourcen her sind jedenfalls zur Zeit die kommerziellen Institute allemal

besser gerüstet[8]. Der zu betreibende Aufwand z.B. für die Erstellung von Stichpro-
benplänen, für kontinuierliche Reichweitenmessungen, die umfangreiche technische
Vorkehrungen erfordern, für Telefonbefragungen in größeren Stichproben, für Befragungen mit Interviewereinsatz usw. ist so groß, dass die repräsentative empirische
Datenerhebung weitgehend eine Domäne der kommerziellen Markt- und Medienforschung ist und wohl auch bleiben muss. Medienwissenschaftliche Forschung kann
dieses professionell vorgehaltene Potenzial allerdings in eigene Untersuchungen
einbinden und für sich nutzbar machen, die eigene Arbeit den Anforderungen der
Medienunternehmen entgegenkommend beschleunigen und mit der Unterstützung
durch kommerzielle Dienstleister mit ihren ausgebauten Erhebungsapparaten auch
mit größeren Datensätzen operieren.

3.

Nahezu durchweg problematisch ist jedoch jener Sektor medienwissenschaftlicher
Forschung, dessen Funktion in der Legitimation bereits gefasster unternehmerischer
Entscheidungen liegt. Dieser zweifellos einträgliche und zugleich leicht zu bewerk-
stelligende Bereich der Auftragsforschung, wobei der Auftrag sich auf die Inhalte
des Untersuchungsergebnisses erstreckt, erzielt zwar kurzfristig Renditen, ist langfristig jedoch kontraproduktiv, da diese Renditen mit dem Verschleiß wissenschaftlichen Renommees erwirtschaftet werden. Veräußert wird ausschließlich die
wissenschaftliche Festlegung auf Wahrheitswerte, mit der dann die zuvor festgelegten Resultate nobilitiert werden. Der Rückkoppelungseffekt derartiger Wahrheits-
transfers ist allerdings eminent. Das Wissenschaftssystem sucht sich vor seiner
strukturellen Diskreditierung zu schützen, indem es derartige Auftragsforschung
nach Möglichkeit ausgrenzt, wodurch aber zugleich das Risiko eingegangen wird,
pragmatische Medienwissenschaft insgesamt zu isolieren. Die moralisch komfortab-
le Position einer medienwissenschaftlichen Ästhetik und der Mediengeschichte verdankt sich nicht zuletzt der Unbedarftheit, mit der der herausragende Wert des
Wissenschaftssystems von Teilen der pragmatischen Medienforschunge egitimati-
onsverlangen der Medienpraxis[9] zur Verfügung gestellt wird. Forschungsmethodik

---

[8] Das gilt übrigens auch für die flexible und praxisnahe Generierung von Untersuchungsfragen unter dem in
   Auftragsprojekten üblichen hohen Zeitdruck; vgl. Karin Böhme-Dürr 1995, 14.

[9] Ein derartiger normativer Transfer mit Legitimationseffekt muss keineswegs platt und direkt, sondern
   kann durchaus auch – und das keineswegs zum Schaden des Legitimationseffekts und damit des Ziels des
   Unternehmens – indirekt erfolgen: So etwa, wenn Fischer u. a. (vgl. Heinz-Dietrich Fischer, Jürgen Niemann, Oskar Stodiek 1996) eine kompetent und gewissenhaft recherchierte Geschichte der Gewaltdiskus-
   sion im Zusammenhang von Medienprodukten vorlegen und zu Recht auf die penetranten Redundanzen
   dieses Diskurses verweisen, sie jedoch das lebhafte Interesse des Auftraggebers (RTL) an einer Relativierung dieses Diskurses, der sich für ihn zu einem erheblichen Marketing-Nachteil entwickelt hatte, ver-

und Forschungsobjekt sind, da es wesentlich auf Ergebnissicherheit ankommt, einer derartigen medienwissenschaftlichen Pragmatik weitgehend gleichgültig, lassen sich doch Legitimationsdiskurse mit einigem Geschick prinzipiell über jeglichem Objekt etablieren.

Gerade auf diesem Feld pragmatischer Medienwissenschaft stößt die prinzipielle Inkompatibilität der Codes der involvierten Bezugssysteme Wissenschaft und Ökonomie auf[10]. Die Codierungsmechanismen des Wissenschaftssystems anhand der Leitdifferenz wahr-unwahr ist nur begrenzt transformierbar und substituierbar durch finanzielle Gratifikationsstrategien. Ökonomische Anerkennung für einen Legitimationstransfer ist nicht übersetzbar in Anerkennung innerhalb des Wissenschaftssystems. Das bedeutet jedoch, dass gerade die pragmatische Medienwissenschaft die konstitutive Differenz beider Systeme in Rechnung zu stellen hat. Differenz wird jedoch grundsätzlich von der Medienpraxis nur in konzeptionellen Kontexten nachgefragt und verarbeitet, in allen anderen Forschungsdesigns gilt es, diese Differenz stillschweigend zu tilgen. Dadurch handelt sich die pragmatische Medienwissenschaft Sollbruchstellen ein und sie setzt sich zugleich nachhaltig und nicht zu Unrecht einem Ideologieverdacht aus. Der strukturellen Kopplung von Wissenschafts- und Wirtschaftssystem wohnt also notwendig das Risiko des Umschlagens in Ideologieproduktion inne. Die sekundäre Motivation pragmatischer Medienforschung über das Äquivalent finanzieller Zuwendungen – etwa in Form zusätzlicher Forschungsmittel – funktioniert insbesondere in den klassischen Bezugwissenschaften der Medienforschung – den Geistes- und Sozialwissenschaften – allenfalls notdürftig und erzeugt zumeist selbst weiteren Legitimationsbedarf.

Umgekehrt verfügt selbst die Attraktion, das Gelingen einer Theorie durch ihr praktisches Funktionieren unter Beweis zu stellen, was sich gerade pragmatischer Medienforschung bietet, auf dem Felde der Geistes- und Sozialwissenschaften allenfalls über eine begrenzte Reichweite: Geisteswissenschaftliche Theoriebildung ist nicht nur symbolisch codiert, sondern sie hat sich vor allem auf die Sinnproduktion

---

schweigen. Die Kombination von zutreffender Relativierung einer Argumentationsstrategie und gleichzeitiger Tabuisierung der Analyse des Phänomens produziert einen keineswegs unwirksamen Legitimationseffekt.

[10] Luhmann deutet zwar darauf hin, dass derart differente Funktionssysteme durchaus mittels struktureller Kopplungen (vgl. Niklas Luhmann 1996, 124f.) in einen Konnex zu zwingen seien, nur konstatiert er solche Zusammenhänge schlicht, bedenkt jedoch nicht, dass eine Rekonstruktion der strukturellen Kopplung notwendige normative Selbstbeschränkungen der verbundenen Systeme zu Tage fördert. Das Gelingen der strukturellen Kopplung bleibt an diese Bedingungen, die die Aufrechterhaltung der jeweiligen Funktionssysteme gewährleisten, gebunden. Insofern operierte eine legitimistisch orientierte Medienforschung auf Kosten der Leitdifferenz des Wissenschaftssystems, so dass statt von einer strukturellen Kopplung eher von einer Kolonialisierung des Wissenschaftssystems – im Habermasschen Sinne – zu reden wäre.

kapriziert, die allenfalls durch Wiederholung und stetige Applikation ihre Tauglichkeit erweist, nicht jedoch durch ein Funktionieren in pragmatischen und d.h. nicht strukturanalogen Kontexten. Insofern kann es für geisteswissenschaftliche Theoriebildung – und die Medienwissenschaften verfahren nahezu durchweg als Sinnproduktionsagenturen – systematisch keinen Reflow aus der pragmatischen Nützlichkeit geben. Da die Geisteswissenschaften vornehmlich in einem diskursiven Kontext operieren und in diesem ein virtuelles Funktionieren nahezu automatisch sich einstellt, wenn die Sinnapplikation wiederholt wird, gibt es auch gar keinen Bedarf einer utilitaristischen Legitimation dieses Wissenssystems.

Der geisteswissenschaftlich organisierte Teil des Wissenssystems Medienforschung verarbeitet – im Gegensatz zum empirisch vornehmlich quantitativ ausgerichteten sozialwissenschaftlichen Teil – Medienpraxis und ihre Produkte als Symbollieferanten und Diskursmaterial, dessen Komplexität es mittels Sinn zu reduzieren gelte. Dabei ist vornehmlich die symbolische Oberfläche, die eben diese Diskurse bildet, für die qualitative hermeneutisch ausgerichtete Medienforschung von Interesse; die Produktionsbedingungen jedoch, die immerhin in einem anderen, nämlich dem Wirtschaftssystem, ablaufen, finden gerade aufgrund der Systemdifferenz in der Regel kaum mehr Aufmerksamkeit[11]. Die Ableitung symbolischer Oberflächen aus sozioökonomischen Strukturen und industriellen Produktionsbedingungen, die als Generallinie wenigstens in der Anfangsphase der Medienwissenschaft durchaus noch üblich war, wenn sie auch äußerst selten noch in die Detailanalysen Eingang fand, relativierte umgekehrt die Bedeutung eben dieser Oberflächen, auf die es für eine ästhetische oder historische Medienforschung mittlerweile nahezu ausschließlich ankommt. Der Nützlichkeitsimpetus bedroht insofern den Gegenstand einer klassisch philologisch orientierten Medienforschung. Die systematische Inkompatibilität von Wissenschaftssystem und Medienpraxis gilt nicht in demselben Maße auch für die Relationen von Medienwissenschaft und Institutionen. Institutionen, insbesondere wenn sie im politischen System agieren, sind in der Regel über Macht codiert, eine Codierung, die dem Wissenschaftssystem zwar nicht unbedingt auf der Ebene seiner Verarbeitungsroutinen, wohl aber auf der Ebene seiner eigenen institutionellen Reproduktion bekannt sind. Macht ist insofern durch-

---

[11] Dabei fand die Systemdifferenz in der ideologekritischen Medienwissenschaft der 70er Jahre durchaus Berücksichtigung, nämlich als Grundlage einer zwar ein wenig ungelenk, da abstrakt bleibenden Kritik etwa mittels der „Klassenbedingtheit des Mediums" als Hauptdeterminante seiner Aussagen (vgl. Friedrich Knilli 1973, 303). Das Scheitern des Aufklärungsprogramms, das den spezifischen Typus von Pragmatik dieser Medienforschung darstellte und dem dann eben auch die Paradigmen der Ideologiekritik zum Opfer fielen, sowie dessen Substitution durch eine postmoderne Unbedarftheit ließ dann eben auch die ideologischen Risiken der strukturellen Kopplung in Vergessenheit geraten.

aus ins Wissenschaftssystem integrierbar, ja im Sinne einer strukturellen Kopplung stets in diesem präsent[12], auch wenn die Selbstreflexion dieses Systems das geflissentlich zu ignorieren trachtet. Insofern ist von einer strukturell größeren Nähe zwischen Institutionen und Wissenschaftssystem auszugehen, was für eine pragmatische Medienforschung mit institutionellen Adressaten heißt, dass der Legitimationsbedarf sich reduziert und die Angelegenheit insgesamt unproblematischer wird. In formaler Hinsicht jedoch sind es durchaus vergleichbare Strukturen, die das Verhältnis von Medienwissenschaft und medienfernen Institutionen einerseits und Medienwissenschaft und Medienpraxis andererseits kennzeichnen.

Allerdings kommt noch hinzu, dass dasjenige, was in diesem Kontext nachgefragt wird, insbesondere Medien-Know-How ist, während das Merkmal der Wissenschaftlichkeit demgegenüber kaum mehr ausmacht als das Versprechen einer gewissen Neutralität, wenigstens aber eine Ferne und Distanz zum Mediensystem. Diese strukturelle Distanz wird in der Relation von Institutionen und Mediensystem einsetzbar, qualitativ, solange die Vorgaben des Untersuchungsauftrags ergebnisoffen bleiben, legitimatorisch, wenn versucht wird, gewünschte Resultate mit der erforderlichen Autorität zu versehen. Die Nachfrage nach medienwissenschaftlicher Kompetenz schließt insofern das Risiko, sich in legitimatorischen Gefälligkeiten zu verschleißen, keineswegs aus. Allerdings bleibt das Legitimationsverlangen auf die Autorität eines Diskurstyps angewiesen, die im Wissenschaftssystem institutionell abgesichert ist. Das Risiko pragmatischer Medienforschung besteht also in der uneigentlichen Verwendung der Leitdifferenzen des Wissenschaftssystems bzw. deren unbedachtem oder absichtsvollem Transfer in ein System, das mit anderen Regeln operiert.

Die im Zuge der schlichten Übertragung von Effekten eines Systems auf ein anderes legitimistisch einsetzbare Unschärfe ist die einer Ignoranz der konstitutiven Differenz der im Rahmen pragmatischer Medienforschung involvierten Systeme: Eine konstitutive Distanz zum Objekt und eine Distanz zum beauftragenden System ist also die Voraussetzung dafür, dass Medienforschung nicht bloß die traditionelle Autorität des Wissenssystems veräußert, sondern Kompetenz. Zugleich sollte sie dann in der Lage sein, negative Rückkopplungen für das eigene System zu vermeiden.

---

[12] Die Risiken derartiger struktureller Kopplungen (vgl. oben Anm. 10) gelten natürlich auch in diesem Fall, und eine eingeschliffene Praxis entbindet nicht von ihnen.

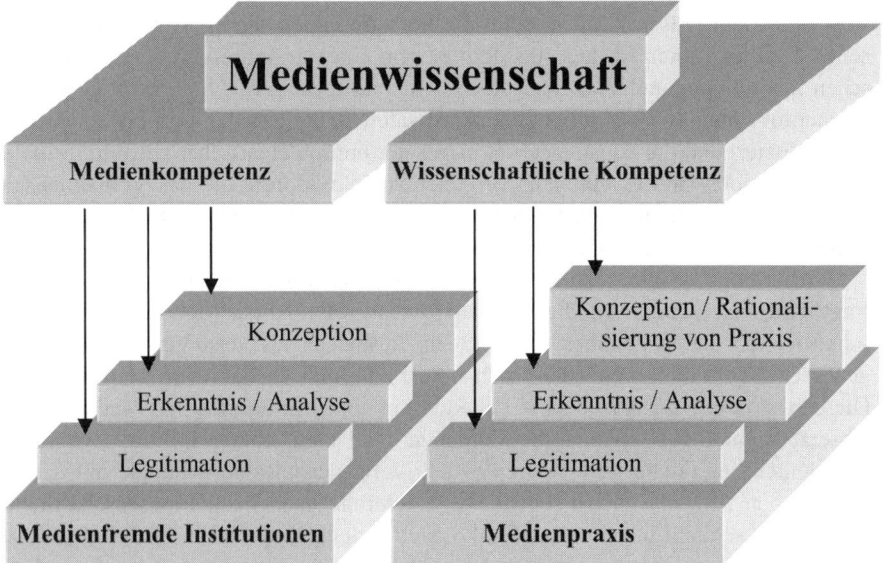

Vor dem skizzierten Problemhorizont und zugleich vor dem Hintergrund des derzeitigen medienwissenschaftlichen Entwicklungsstandes stellen sich die Chancen für nachhaltigere medienwissenschaftliche Interventionen vorerst nur bei der Vermittlung von Medienkompetenz durch Beratung und Forschung für Institutionen als relativ entfaltet dar. Die Vermittlung wissenschaftlicher Kompetenz in die Medienindustrie hinein unterliegt dagegen den faktischen ökonomischen Interessen und Rahmenbedingungen der kommerziellen Medienproduktion und –distribution. Medienwissenschaft muss sich in diesem Feld – soweit über Einzelfälle hinaus keine weiterführenden Formen und Inhalte einer für beide Seiten fruchtbaren Zusammenarbeit etabliert werden konnten – vorerst noch auf pragmatisch reduzierte Dienstleistungen verweisen lassen. Das schließt Innovativität allerdings nicht aus, und der spezifische Vorteil medienwissenschaftlicher Forschung kann durchaus zum Tragen kommen, insbesondere durch die Identifizierung der von den kommerziellen Instituten freigelassenen Nischen – um nur ein Beispiel zu nennen: die anwendungsorientierte Entwicklung medienanalytischer Verfahren und Evaluationstechniken zum Einsatz in der Medienberatung – und deren nachhaltige Besetzung.

Dabei gilt ebenso für die Zusammenarbeit mit Nicht-Medien-Institutionen, dass die prinzipielle Differenz pragmatischer Medienforschung gegenüber kommerzieller Forschung bei der bloßen Datenerhebung marginal bleibt. Interessant wird die spezifische Differenz des Wissenssystems gegenüber dem Objektbereich und den beauftragenden Institutionen vor allem im konzeptionellen Bereich. Hier sind aufgrund der charakteristischen Verschiebung der Perspektiven und der qualitativen Differenz Ergebnisse zu erzielen, die weder das Mediensystem selbst, noch die am Mediensystem interessierten Institutionen hervorbringen können. Das Ausreizen der Differenz ist auch derjenige Faktor, der erst eine Kontrolle von Medienentwicklungsprozessen ermöglicht, die nicht immer schon den Systemimperativen entweder des politischen oder aber des Mediensystems verpflichtet bleiben. Objekte pragmatischer Medienforschung sind von daher vor allem qualitative Strukturen des Mediensystems, die sich immanent im jeweiligen Bezugssystem – Politik und Medien – nicht mehr regulieren lassen. Der Rückzug von Teilen der Medienforschung vornehmlich auf eine Datenerfassung und -verarbeitung bietet nicht nur keine spezifische Differenz gegenüber kommerziell organisierter Forschung, ihr gelingt es vor allem auch nicht, die spezifischen Vorteile des Wissenschaftssystems auszuspielen. Pragmatischer Medienforschung ist, sofern sie sich nicht in legitimatorischen Gefälligkeiten verliert, ein strukturelles Innovationspotential zuzeigen. Es markiert das generative Umschlagen von Theorie und Forschung, das ebenso auf die Medienwissenschaft selbst zurückschlägt und ihr die kontemplative Belanglosigkeit bloßer Philologie nimmt, indem es die Chance zur qualitativen Intervention bietet.

Mediographie

Acci, J.d' 1987. „The case of Cagney and Lacey." In: *Boxed in: Women and Television*, edited by H. Baehr & G. Dyer. London: Pandora, 203 - 226

Adams, Robert C. 1989. *Social survey methods for mass media research*. Hillsdale, NJ: Erlbaum.

Aden, Abdurahman 2000. „Kein Anschluss unter dieser Nummer?" In: *Frankfurter Rundschau*, 11. März 2000

Adorno, Theodor W. 1970. *Ästhetische Theorie*. Frankfurt am Main: Suhrkamp

Adorno, Theodor W., Ralf Dahrendorf, Harald Pilot, Hans Albert, Jürgen Habermas & Karl R. Popper 1969. *Der Positivismusstreit in der deutschen Soziologie*. Neuwied - Berlin: Luchterhand.

Albersmeier, Franz-Josef & Volker Roloff (Hg.) 1989. *Literaturverfilmungen*. Frankfurt.a.M.: Suhrkamp.

Albrecht, Milton C., James H. Barnett & Mason Griff 1970. *The sociology of art and literature*. A reader. London: Duckworth

Alexander, Jeffrey C. 1988. „The new theoretical movement". In: N.J. Smelser (Ed.), *Handbook of Sociology*. Newbury Park: Sage , 77 – 101.

Allgeier, Thomas 1995. *Kommunikationswissenschaftliche Systemanalyse*. Diss. München: Universität München

Altick, Richard D. 1963. *The English common reader. A social history of the mass reading public 1800-1900*. Chicago: University of Chicago Press.

Andringa, Els & Reinhold Viehoff (Eds.) 1990. *Literary Understanding*. Amsterdam: North-Holland (= Special Issue POETICS, Vol. 19, No.3.

Andringa, Els 1991. „Talking about literature in an institutional context. An empirical approach". In: *POETICS*, Vol. 20, 157 – 172.

Andringa, Els 1994. *Wandel der Interpretation. Kafkas ,Vor der Gesetz' im Spiegel der Literaturwissenschaft*. Opladen: Westdeutscher Verlag.

Angerer, Marie-Luise 1999. body options. körper.spuren.medien.bilder. Wien.

Angewandte Literaturwissenschaft, 1986. Hgg. von NIKOL. Braunschweig- Wiesbaden: Vieweg.

Angyal, Andreas 1978. „A Logic of Systems" In: Emery, F.E. (Ed.), *Systems Thinking*. Harmondsworth: Penguin, 17-29.

Anheier, Helmut K. & Jürgen Gerhards 1991. „Literary myths and social structure." In: *Social Forces* 69, 811 – 830.

Anheier, Helmut K. & Jürgen Gerhards 1991b. „The acknowledgment of literary influence. A structural analysis of a German literary network." In: *Sociological Forum* 6, 137 - 156

Anheier, Helmut K., Jürgen Gerhards & Frank P. Romo 1995. „Forms of capital and social structure in cultural fields: Examining Bourdieu's social topography." In: *American Journal of Sociology* 100, 859 – 903.

Ansichten einer zukünftigen Germanistik, 1969. Hgg. von Jürgen Kolbe. München: Hanser.

Arbeitsgruppe NIKOL (Hg.) 1986. *Angewandte Literaturwissenschaft*. Braunschweig, Wiesbaden: Vieweg.

Ardenne, Manfred von 1972. *Ein glückliches Leben für Technik und Forschung*. Berlin (DDR): Verlag der Nation; (7. stark überarbeitete und erweiterte Aufl. unter dem Titel: Mein Leben für Fortschritt und Forschung. München: Nymphenburger Verlagsanstalt 1984)

Arnheim, Rudolf 1978. *Kunst und Sehen*. Berlin und New York: de Gruyter

Arnheim, Rudolf 1979a. Film als Kunst. (Orig. 1974) Frankfurt/M.: Fischer

Arnheim, Rudolf 1979b. Rundfunk als Hörkunst. München, Wien: Hanser.

Arvatov, Boris 1972. *Kunst und Produktion*. München: Hanser

Assmann, Aleida & Hardth, Dietrich (Hg.) 1991. *Mnemosyne. Formen und Funktionen der kulturellen Erinnerung*. Frankfurt/M.: Suhrkamp

Assmann, Aleida; Assmann, Jan & Hardmeier, Christof (Hg.) 1983. *Schrift und Gedächtnis. Beiträge zur Archäologie der literarischen Kommunikation I*. München: Fink.

Assmann, Jan & Hölscher, Tonio (Hg.) 1988. *Kultur und Gedächtnis*. Frankfurt/M.: Suhrkamp.

Atkinson, J.M. 1985. „Refusing Invited Applause: Preliminary Observations from a Case Study of Char- ismatic Oratory". In: Teun A. van Dijk, *Handbook of Discourse Analysis, Vol 3, Discourse and Dialogue*. London etc.: Academic Press, 161-181.

Aufderheide, Patricia 1993. *Media literacy. A Report of The National Leadership Conference on Media Literacy*, Queenstown, Maryland, December 7 – 9, 1992. Washington, DC (Aspen Institute).

Aufenanger, Stefan 1988. „Zum Ansatz einer rekonstruktiven Methodologie in der qualitativen Medien- forschung". In: Deutsches Jugendinstitut (Hg.), *Medien im Alltag von Kindern und Jugendli- chen*. Weinheim u. München: Juventa, 187 – 203.

Aurich, Rolf u.a. (Red.) 1991: *Lichtspielträume. Kino in Hannover*. Hannover: Gesellschaft für Filmstu- dien.

Baacke, Dieter 1973. *Kommunikation und Kompetenz. Grundlegung einer Didaktik der Kommunikation und ihrer Medien*. München: Juventa.

Baacke, Dieter 1974. *Kritische Medientheorien. Konzepte und Kommentare*. München: Juventa.

Baacke, Dieter 1994. "Sprachlose Bürger? Medienkompetenz als zentrales Ziel von Medienpädagogik." In: Wolfgang Wunden (Hg.). *Öffentlichkeit und Kommunikationskultur. Beiträge zur Medien- ethik Bd. 2*. Hamburg, Stuttgart: Steinkopf Verlag, Frankfurt/M.: Gemeinschaftswerk der E- vangelischen Publizistik, 231-243.

Baacke, Dieter 1994. „Jugendforschung und Medienpädagogik. Tendenzen, Diskussionsgesichtspunkte und Positionen". In: Hiegemann, Susanne & Swoboda, Wolfgang H. (Hg.) 37 – 57.

Baacke, Dieter 1995. "Theorie der Medienpädagogik". In: Roland Burkart / Walter Hömberg (Hg.), *Kommunikationstheorien: ein Textbuch zur Einführung*. Wien: Braunmüller, 171-190.

Baacke, Dieter 1995. „Massenmedien". In: Uwe Flick et al. (Hg.), *Handbuch qualitative Sozialfor- schung*. Weinheim: Beltz, Psychologie Verlags Union, 2. Aufl., 339 – 342.

Baacke, Dieter 1997. *Medienpädagogik*. Tübingen: Niemeyer.

Baacke, Dieter 1999. *Zum Konzept und zur Operationalisierung von Medienkompetenz*. In: http://www.jff.de/service/fb98/baacke.htm

Baacke, Dieter, Sander, Uwe & Vollbrecht, Ralf 1997. „Sozialökologische Jugendforschung und Medien. Rahmenkonzept, Perspektiven, erste Ergebnisse". In: *Publizistik*. Vierteljahreshefte für Kom- munikationsforschung (Konstanz) Jg. 33, H. 2–3, 223 – 242.

Bachmann-Medick, Doris 1996. „Einleitung" In: *Kultur als Text*. Die anthropologische Wende in der Literaturwissenschaft. Hg. von ders., Frankfurt/Main: Fischer, 7 – 64.

Baecker, Dirk 2000. Wozu Kultur? Berlin: Kadmos.

Baerns, Barbara 1985. *Öffentlichkeitsarbeit oder Journalismus? Zum Einfluß im Mediensystem*. Köln: Verlag Wissenschaft und Politik (2. Auflage 1991).

Bakhtin, M.M. 1952/53. "The problem of speech genres". In: C. Emerson & M. Holquist (Eds.), *M.M. Bakhtin, Speech genres and other late essays*. Austin (Texas) 1986: University of Texas Press.

Balázs, Béla 1982/1984, Schriften zum Film. (2 Bde.) München/Berlin/Budapest.

Barsch, Achim 1992. „Handlungsebenen des Literatursystems" In: *SPIEL*. Siegener Periodicum zur Internationalen Empirischen Literaturwissenschaft, 11. Jg., H. 1, 1 – 23.

Barsch, Achim 1993. „Kommunikation mit und über Literatur. Zu Strukturierungsfragen des Literatur- systems" In: *Empirische Literaturwissenschaft*. Diskussion – Erweiterung - Innovation, hgg. von Achim Barsch, Gebhard Rusch und Reinhold Viehoff, Frankfurt/Main: P. Lang, 34 – 61. (= Sonderheft SPIEL, 12. Jg. H. 1).

Barsch, Achim 1994. „Probleme einer Geschichte der Literatur als Institution und System". In: *IASL*. Internationales Archiv für Sozialgeschichte der deutschen Literatur, Jg. 19, H.2, 207 – 225.

Barsch, Achim, Gebhard Rusch & Reinhold Viehoff (Hg.) 1994. *Empirische Literaturwissenschaft in der Diskussion*. Frankfurt/Main: Suhrkamp.

Barton, Michael 1995. „Pressefreiheit und Persönlichkeitsschutz". In: *AfP*, H. 2, 452 - 458.

Batinic, Bernad & Bosnjak, Michael 1997. „Fragebogenuntersuchungen im Internet". In: Bernad Batinic (Hg.), *Internet für Psychologen*. Göttingen etc.: Hogrefe, 221 – 243.

Baudrillard, Jean 1978. „Die Präzession der Simulakra". In: Ders., *Agonie des Realen*. Berlin: Merve, 7 – 69.

Baudrillard, Jean 1982. Der symbolische Tausch und der Tod. (Orig. Paris 1976) München.

Baumgartner, Peter 1993. *Grundrisse einer handlungsorientierten Medienpädagogik*. Klagenfurt: WISL, Technical Report Nr. 27.

Bausch, Hans (Hg.) 1980. *Rundfunk in Deutschland*. München: DTV Verlag (5 Bde.).

Baxandall, Michael 1972. *Painting and experience in fifteenth century Italy*. Oxford: Oxford University Press.

Bayerische Landeszentrale für neue Medien (Hg.) 1996. *Medienkompetenz im Informationszeitalter*. München: R. Fischer.

Beaugrande, Robert-Alain de & Wolfgang Dressler 1981. *Einführung in die Textlinguistik*. Tübingen: Niemeyer (= Konzepte der Sprach- und Literaturwissenschaft; Bd. 28).

Beaugrande, Robert-Alain de 1992. „Readers responding to literature: Coming to grips with reality". In: Elaine F. Nardocchio (Ed.), *Reader response to literature*. The empirical dimension. Berlin: de Gruyter, 193 – 209.

Beck, Ulrich 1997. *Was ist Globalisierung? Irrtümer des Globalismus - Antworten auf Globalisierung*, Frankfurt/Main: Suhrkamp.

Becker, Howard S. 1982. *Art Worlds*. Berkeley, CA: University of California Press.

Bender, Christiane 1992. „Kulturelle Identität, interkulturelle Kommunikation, Rationalität und Weltgesellschaft" In: Horst Reimann (Hg.): *Transkulturelle Kommunikation und Weltgesellschaft. Theorie und Pragmatik globaler Interaktion*, Opladen: Westdeutscher Verlag, 66-81.

Benjamin, Walter 1931/1991. „Kleine Geschichte der Photographie". In: Benjamin, Walter. *Gesammelte Schriften*. Bd. II, 1. Frankfurt/M., 368-385.

Benjamin, Walter 1936/1991. „Das Kunstwerk im Zeitalter seiner technischen Reproduzierbarkeit". (Dritte Fassung) In: Benjamin, Walter. *Gesammelte Schriften*. Bd. I, 2. Frankfurt/M., 471-508.

Benjamin, Walter 1979. *Das Kunstwerk im Zeitalter seiner technischen Reproduzierbarkeit*. Drei Studien zur Kunstsoziologie. 11. Aufl., Frankfurt a. M.: Suhrkamp.

Bente, G. & Fromm, B. 1997. *Affektfernsehen: Motive, Angebotsweisen und Wirkungen*. Opladen.

Bentele, Günter/Tobias Liebert/Stefan Seeling 1997. „Von der Determination zur Intereffikation. Ein integriertes Modell zum Verhältnis von Public Relations und Journalismus" In: Günter Bentele/Michael Haller (Hg.): *Aktuelle Entstehung von Öffentlichkeit. Akteure – Strukturen – Veränderungen*, Konstanz: UVK, 225-250.

Berg, Henk de & Matthias Prangel (Hg.) 1993. *Kommunikation und Differenz*. Systemtheoretische Ansätze in der Literatur- und Kunstwissenschaft. Opladen: Westdeutscher Verlag.

Berg, Henk de & Matthias Prangel (Hg.) 1997. *Systemtheorie und Hermeneutik*. Tübingen und Basel: Francke.

Berg, Henk de 1994. *Kontext und Kontingenz*. Diss. Leiden: Universiteit Leiden.

Berg, Klaus, Kiefer, Marie-Luise (Hg.) 1996. Massenkommunikation V. Eine Langzeitstudie zur Mediennutzung und Medienbewertung 1964-1995. (Schriftenreihe Media Perspektiven, Bd. 14) Baden-Baden.

Bernasco, Wim 1994. *Coupled careers. The effects of spouse's resources on success at work*. Amsterdam: Thesis Publishers

Bertalanffy, Ludwig v. 1950. „The Theory of Open Systems in Physics and Biology" In: *Science*, Vol. 111, 23-29

Bertelsmann Stiftung & Heinz Nixdorf Stiftung (Hg.) 1996. *Initiative: B.I.G. – Bildungswege in der Informationsgesellschaft: Neue Medien in den Schulen*. Projekte – Konzepte – Kompetenzen. Eine Bestandsaufnahme. Gütersloh: Verlag Bertelsmann Stiftung.

Bertelsmann Stiftung (Hg.) 1992. *Medienkompetenz als Herausforderung an Schule und Bildung. Ein deutsch-amerikanischer Dialog*. Gütersloh: Verlag Bertelsmann Stiftung

Biere, Bernd Ulrich & Hoberg, Rudolf (Hg.) 1996. *Mündlichkeit und Schriftlichkeit im Fernsehen*. Tübingen: Gunter Narr Verlag.

Bierhoff, Hans W. & Rudinger, Georg 1996. „Quasi-experimentelle Untersuchungsmethoden". In: Edgar Erdfelder, Rainer Mausfeld, Thorsten Meiser & Georg Rudinger (Hg.), *Handbuch quantitative Methoden*. Weinheim: Psychologie Verlags Union, 47 – 58.

Biltereyst, Daniel 1991. „Resisting American Hegemony: A Comparative Analysis of the Reception of Domestic and US Fiction" In: *European Journal of Communication* 6, 4, 469-497.

Bittner, Rüdiger & Pfaff, Peter 1977. *Das ästhetische Urteil. Beiträge zur sprachanalytischen Ästhetik.* Köln: Kiepenheuer & Witsch

Blamberger, Günther 1993. „Von der Not der Lehre und den Überlebensmöglichkeiten der Geisteswissenschaften. Eine Einführung in die Kontroverse um die neuen berufsbezogenen Studiengänge" In: Blamberger, Günther, Hermann Glaser & Ulrich Glaser (Hg.), *Berufsbezogen studieren. Neue Studiengänge in den Literatur-, Kultur- und Medienwissenschaften.* München: C.H. Beck, 11 – 22.

Bleicher, Joan Kristin 1993. *Chronik zur Programmgeschichte des deutschen Fernsehens.* Berlin: Edition Sigma.

Bless, H. 1997. Stimmung und Denken. Ein Modell zum Einfluß von Stimmungen auf Denkprozesse. Bern.

Blöbaum, Bernd 1994. *Journalismus als soziales System.* Opladen: Westdeutscher Verlag.

Bloom, Howard 1999. Global Brain. Die Evolution sozialer Intelligenz. Stuttgart.

Blühm, Elgar (Hg.) 1977. *Presse und Geschichte. Beiträge zur historischen Kommunikationsforschung.* München: Verlag Dokumentation.

Bobrowsky, Manfred & Langenbucher, Wolfgang R. (Hg.) 1987. *Wege der Kommunikationsgeschichte.* München: Ölschläger (Schriften der DGPuK Bd. 17).

Bock, Hans Michael & Jacobsen Wolfgang (Hg) 1997. *Recherche Film.* München: Edition Text + Kritik.

Bock, Hans-Jürgen & Tödteberg, Michael (Hg.) 1992. *Das Ufa-Buch.* Frankfurt/M.: Zweitausendeins.

Boeckmann, Klaus 1990: "Wirklichkeitsverlust durch Medien?" In: *Communications* 15, H. 1-2, 9-20.

Boehme-Dürr, Karin 1988. „Schwierigkeiten bei der Erfassung von Mediennutzung und Medienbewertung". In: Deutsches Jugendinstitut (Hg.), *Medien im Alltag von Kindern und Jugendlichen.* Weinheim u. München: Juventa, 93 – 111.

Bögner, Ralf 1993. *Die Real-Film GmbH, Hamburg. Geschichte einer Filmgesellschaft 1947-1962.* Münster (unv. Magisterarbeit).

Böhme, Hartmut & Klaus R. Scherpe (Hg.) 1996. *Literatur und Kulturwissenschaften.* Positionen – Theorien – Modelle. Reinbek b. Hamburg: Rowohlt.

Böhme-Dürr, Karin 1995. „Angewandte Medienforschung – Eine „heimliche Hauptsache?" In: Böhme-Dürr, Karin; Graf, Gerhard (Hg.), *Auf der Suche nach dem Publikum. Medienforschung für die Praxis.* Konstanz: Universitäts-Verlag Konstanz, 9-17.

Bohn, Rainer, Eggo Müller & Rainer Ruppert (Hg.) 1988. *Ansichten einer künftigen Medienwissenschaft.* Berlin: sigma.

Bohn, Rainer, Müller, Eggo & Rainer Ruppert (Hg.) 1988. „Die Wirklichkeit im Zeitalter ihrer technischen Fingerbarkeit. Einleitung in den Band ‚Ansichten einer künftigen Medienwissenschaft'." In: dies. (Hg.), 1988, 7-27.

Bolik, Sibylle 1997. „Vom Prestige des ‚Dinosauriers'. Medienwertungskonflikte am Beispiel der ARD-Serie ‚Rote Erde'". In: H. Schanze, H. Kreuzer (Hg*.). Bausteine IV. Beiträge zur Ästhetik, Pragmatik und Geschichte der Bildschirmmedien.* Siegen, 83-92.

Bolz, Norbert 1993. *Am Ende der Gutenberg-Galaxis. Die neuen Kommunikationsverhältnisse.* München: Fink.

Bolz, Norbert 1993b. „Wer hat Angst vorm Cyberspace? Eine kleine Apologie für gebildete Verächter". In: *Merkur* 47 (1993) H. 9/10, 897-904.

Bolz, Norbert, Kittler, Friedrich, Tholen, Georg Christoph (Hg.) 1994. *Computer als Medium.* München: Fink.

Bordwell, David 1997. *On the History of Film Style.* Cambridge: Harvard University Press.

Bordwell, David; Staiger, Janet & Thompon, Kristin 1985. *The Classical Hollywood Cinema. Film Style and Mode of Production to 1960.* New York: Columbia University Press.

Borgelt, Hans 1993. *Die Ufa - ein Traum. Hundert Jahre deutscher Film. Ereignisse und Erlebnisse.* Berlin: Edition Q.

Bortz, Jürgen & Döring, Nicola 1995. *Forschungsmethoden und Evaluation für Sozialwissenschaftler.* Berlin etc.: Springer.

Bossel, Hans 1985. *Umweltdynamik.* München: te-wi.

Bossel, Hans 1989. *Simulation dynamischer Systeme.* Braunschweig, Wiesbaden: Vieweg.

Bourdieu, Pierre & Alain Darbel 1969. *L'amour de l'art. Les musées d'art européens et leur public.* Paris: Minuit.

Bourdieu, Pierre 1980. „The production of belief: Contribution to an economy of symbolic goods [Extract from: La production de la croyance. Contribution à une économie des biens symboliques. Actes de la Recherche en Sciences Sociales 13, 1977, 3 - 431]." In: *Media, Culture, and Society* 2, 261 – 293.

Bourdieu, Pierre 1984. *Distinction. A social critique of the judgement of taste [Translation by Richard Nice of: La distinction. Paris: Minuit, 1979].* London and New York: Routledge & Kegan Paul.

Bourdieu, Pierre. 1996 (franz. 1992). *The Rules of Art. Genesis and Structure of the Literary Field.* Cambridge UK: Polity Press.

Boventer, Hermann 1984. *Ethik des Journalismus. Zur Philosophie der Medienkultur..* Konstanz: Universitätsverlag Konstanz (Schriftenreihe der Stiftervereinigung der Presse. Journalismus, Bd. 19, Neue Folge)

Boventer, Hermann 1989 *Pressefreiheit ist nicht grenzenlos. Einführung in die Medienethik.* Bonn: Bouvier

Boxman, E.A.W. 1992. *Contacten en carriere. Een empirisch-theoretisch onderzoek naar de relatie tussen sociale netwerken en arbeidsmarktpositie [Contacts and careers. An empirical-theoretical investigation of the relationship between social networks and labor market position].* Amsterdam: Thesis Publishers.

Branahl, Udo 1992. *Medienrecht.* Opladen: Westdeutscher Verlag.

Branigan, Edward 1992. *Narrative comprehension and film.* London, New York: Routledge.

Brecht, Bertolt 1967. „Radiotheorie 1297 bis 1932". In: Brecht, Bertolt. *Schriften zur Literatur und Kunst* I. (Gesammelte Werke Bd. 18) Frankfurt/M., 118-134.

Breed, Walter 1955. *Social control in the newsroom: A functional analysis,* vol. 33.

Brenner, Gerd & Niesyto Horst (Hg.) 1993. *Handlungsorientierte Medienarbeit. Video, Film, Ton, Foto.* München: Juventa.

Bresser, Klaus 1992. *Was nun? Über Fernsehen, Moral und Journalisten.* Hamburg, Zürich: Luchterhand Literaturverlag (Luchterhand Essay. 10).

Breuer, Franz 1991. *Wissenschaftstheorie für Psychologen. Eine Einführung.* Münster: Aschendorff.

Bromely, Roger, Göttlich, Udo, Winter, Carsten (Hg.) 1999. *Cultural Studies.* Grundlagentexte zur Einführung. Lüneburg.

Bruch, Walter 1967. *Kleine Geschichte des deutschen Fernsehens.* Berlin: Haude & Spener.

Brück, Ingrid 1999. *Alles klar, Herr Kommissar? Die Entwicklungsgeschichte des Krimis unter den Bedingungen des öffentlich-rechtlichen Fernsehens in den 50er und 60er Jahren.* Phil. Diss. Halle/Saale.

Brunner, Ewald J. 1994. „Interpretative Auswertung". In: Günter L. Huber & Heinz Mandl (Hg.), *Verbale Daten: Eine Einführung in die Grundlagen und Methoden der Erhebung und Auswertung.* Weinheim: Beltz, Psychologie Verlags Union, 2. bearb. Aufl., 197 – 219.

Bühl, Achim 1997. *Die virtuelle Gesellschaft. Ökonomie, Kultur und Politik im Zeichen des Cyberspace.* Opladen: Westdeutscher Verlag.

Bühler, Karl 1965 (2. Aufl.). *Sprachtheorie. Die Darstellungsfunktion der Sprache.* Stuttgart: Klett (1. Aufl. Jena 1934).

Bund-Länder-Kommission für Bildungsplanung und Forschungsförderung (BLK) 1995. *Medienerziehung in der Schule. Orientierungsrahmen.* Bonn: BLK (Materialien zur Bildungsplanung und Forschungsförderung Heft 44).

Bürger, Peter (Hg.) 1978. *Seminar: Literatur- und Kunstsoziologie.* Frankfurt/Main: Suhrkamp.

Burgert, Martin & Reinhold Viehoff 1991. *Kommunikatbildungsprozeß 2.* Strukturen und Funktionen deklarativen und prozeduralen Wissens beim Verstehen von Texten. Untersuchungen zu »Märchen« und »Krimi«. Siegen: LUMIS (= LUMIS-Schriften 27).

Burgert, Martin, Michael Kavsek, Bernd Kreuzer & Reinhold Viehoff 1990. *Strukturen deklarativen Wissens-Untersuchungen zu »Märchen« und »Krimi«.* Siegen: Lumis (=LUMIS-Schriften 23)

Burke, Edmund 1980. *Philosophische Untersuchung über den Ursprung unserer Ideen vom Erhabenen und Schönen.* Hamburg: Meiner.

Cantor, J. 1998. *„Mommy, I'm scared": How TV and Movies frighten children and what we can do to protect them.* San Diego, New York, London.

Cantor, Muriel G. & Joel Cantor 1991. *Prime time television: Content and control.* Beverley Hills, CA: Sage Publications.

Cantril, H. 1940. *The invasion from Mars: A study in the psychology of panic.* Princeton.

Cebrián, Juan Luis 1998. Im Netz – die hypnotisierte Gesellschaft. Der neue Bericht des Club of Rome. Stuttgart.

Charlton, Michael & Michael Barth 1998. „Die Grundlagen der empirischen Rezeptionsforschung in der Medienwissenschaft" In: Erich Straßner (Hg.), *Handbuch der Sprach- und Kommunikationswissenschaft. Bd. Medienwissenschaft,* Berlin: de Gruyter.

Charlton, Michael & Neumann, Klaus unter Mitarb. von Michael Barth et al. 1986. *Medienkonsum und Lebensbewältigung in der Familie. Methoden und Ergebnisse der strukturanalytischen Rezeptionsforschung mit fünf Falldarstellungen.* München u. Weinheim: Psychologie Verlags Union.

Charlton, Michael 1997. „Rezeptionsforschung als Aufgabe einer interdisziplinären Medienwissenschaft". In: Michael Charlton & Silvia Schneider (Hg.), *Rezeptionsforschung. Theorien und Untersuchungen zum Umgang mit Massenmedien.* Opladen: Westdeutscher Verlag, 16 – 39.

Child, John & Janet Fulk 1982. „Maintenance of occupational control: The case of professionals." In: *Work and Occupations* 9, 155 – 192.

Chomsky Noam & Dieterich, Heinz: *Globalisierung im Cyberspace. Globale Gesellschaft, Märkte, Demokratie und Erziehung.* Unkel / Bad Honnef: Horlemann.

Chomsky, Noam 1965. *Aspects of the Theory of Syntax.* Cambridge, Mass.: MIT-Press (dtsch: 1969. Aspekte der Syntaxtheorie. Frankfurt/Main: Suhrkamp).

Chomsky, Noam 1968. *Language and Mind.* New York: Hartcourt Brace Jovanovich, (dtsch: 1972. Sprache und Geist. Frankfurt/Main: Suhrkamp).

Chomsky, Noam 1993. „Der Gegenstand der Linguistik" In: ders., *Reflexionen über Sprache,* 3. Aufl. Frankfurt/Main: Suhrkamp, 49 – 97.

Christians, Clifford G. 1989. „Gibt es eine Verantwortung des Publikums?" In: Wunden, Wolfgang (Hg.), *Medien zwischen Markt und Moral. Beiträge zur Medienethik l.* Stuttgart: J. F. Steinkopf, 255 – 266.

Christiansen, Broder 1909. Philosophie der Kunst. Hanau (Berlin: Behr 1912).

Comenius, Johan Amos 1978. *Orbis sensualium pictus. Die sichtbare Welt.* Dortmund: Die bibliophilen Taschenbücher (lat.-dt. Org. 1658).

Coser, Lewis A., Charles Kadushin & Walter W. Powell. 1982. *Books. The culture and commerce of publishing.* New York: Basic Books.

Council on Environmental Quality & US Foreign Ministry (Eds.) 1980. *Global 2000* Report to the President. Washington D.C. (Dtsch. Fass. 1980. hg.v. R.Kaiser, Frankfurt/M.).

Coy, Wolfgang 1997. „turing@galaxis.com". In: Warnke, Martin, Coy, Wolfgang, Tholen, Georg Christoph (Hg.). HyperKult. Geschichte, Theorie und Kontext digitaler Medien. Basel/Frankfurt/M., 15 - 32.

Crane, Diana 1989. „Reward systems in avant-garde art: Social networks and stylistic change." In: *Art and society. Readings in the sociology of the arts*. Hg.v. A. W. Foster and J. R. Blau. Albany NY: State University of New York Press, 261 - 272.

Crane, Diana. 1976. „Reward systems in art, science, and religion." In: *American Behavioral Scientist* 19, 719 – 734.

Dann, Hanns-Dietrich 1992. „Variation von Lege-Strukturen zur Wissensrepräsentation". In: Brigitte Scheele (Hg.), *Struktur-Lege-Verfahren als Dialog-Konsens-Methodik*. Münster: Aschendorff, 3 – 41.

Danneberg, Lutz & Friedrich Vollhardt (Hg.) 1992. *Vom Umgang mit Literatur und Literaturgeschichte*. Positionen und Perspektiven nach der „Theoriedebatte". Stuttgart: Metzler.

Danneberg, Lutz & Friedrich Vollhardt (Hg.) 1996. *Wie international ist die Literaturwissenschaft?* Stuttgart – Weimar: Metzler.

Darschin, W. 1999. „Tendenzen im Zuschauerverhalten. Fernsehgewohnheiten und Programmbewertungen 1998". In: *Mediaperspektiven o. Jg.* (4), 154 – 166.

Dead Media Project, The 1999. http://www.islandnet.com/~ianc/dm/dm.html (15.5.1999).

Degenhart, Christoph 1999. „Art. 5 Abs. 1 und 2". In: Dolzer, Rudolf (Hg.). *Bonner Kommentar zum Grundgesetz*. Stand: 89 Lieferung. Heidelberg.

Deutscher Presserat 1998. *Jahrbuch 1997*. Hg. v. Trägerverein des Deutschen Presserats e. V. Bonn

Diehl, Joerg M. & Arbinger, Roland 1992. *Einführung in die Inferenzstatistik*. Eschborn: Klotz, 2. durchges. Aufl.

Diehl, Joerg M. & Kohr, Heinz U. 1982. *Deskriptive Statistik*. Frankfurt/M.: Fachbuchhandlung für Psychologie, 4. Aufl.

Diekmann, Andreas 1998. *Empirische Sozialforschung. Grundlagen, Methoden, Anwendungen*. Reinbek: Rowohlt, 4. durchges. Aufl.

DiMaggio, Paul 1982. „Cultural entrepeneurship in nineteenth-century Boston: The organization of an institutional base for high culture in America." In: *Media, Culture, and Society* 4, 33 – 50.

DiMaggio, Paul 1987. „Classification in art." In: *American Sociological Review* 52, 440 – 455.

Dinkla, Söke 1997. Pioniere interaktiver Medienkunst von 1970 bis heute. Ostfildern.

Dirks, Walter 1989. „Überlegungen zum Selbstverständnis journalistischer Arbeit" In: Wunden, Wolfgang (Hg.), *Medien zwischen Markt und Moral. Beiträge zur Medienethik l*. Stuttgart: J. F. Steinkopf, 123 - 137.

Donsbach, W. 1991. *Medienwirkung trotz Selektion: Einflußfaktoren auf die Zuwendung zu Zeitungsinhalten*. Köln.

Dorer, Johanna 1997. „Die Bedeutung von PR-Kampagnen für den öffentlichen Diskurs". In: Röttger, Ulrike (Hg.). *PR-Kampagnen*. Über die Inszenierung von Öffentlichkeit. Opladen, 55-72.

Dörner, Dietrich 1989. *Die Logik des Misslingens*. Strategisches Denken in komplexen Situationen. Reinbek B. Hamburg: Rowohlt.

Douglas, Mary & Baron Isherwood 1979. *The world of goods: Toward an anthropology of consumption*. New York: Basic Books.

Dreher, Michael & Dreher, Eva 1994. „Gruppendiskussion". In: Günter L. Huber & Heinz Mandl (Hg.), *Verbale Daten: Eine Einführung in die Grundlagen und Methoden der Erhebung und Auswertung*. Weinheim: Beltz, Psychologie Verlags Union, 2. bearb. Aufl., 141 – 164.

Dunckel, Heiner 1996. *Psychologisch orientierte Systemanalyse im Büro*. Bern, Göttingen, Toronto, Seattle: Huber.

Durzak, Manfred 1989. *Literatur auf dem Bildschirm*. Tübingen: Niemeyer.

Dussel, Konrad 1999. *Deutsche Rundfunkgeschichte*. Konstanz: Universitätsverlag.

Dussel, Konrad; Lersch, Edgar & Müller, Jürgen K. 1995. *Rundfunk in Stuttgart 1950-1959*. Stuttgart: Süddeutscher Rundfunk.

Eagleton, Terry 1994. *Ästhetik. Die Geschichte ihrer Ideologie.* Stuttgart und Weimar: Metzler.

Eco, Umberto 1972. Einführung in die Semiotik. Münschen: Fink (UTB).

Eco, Umberto 1988. „Die Innovation im Seriellen". In: Ders., *Über Spiegel und andere Phänomene.* München und Wien: dtv, 155 - 180.

Eigen, Manfred & Peter Schuster 1979. *The Hypercycle.* A Principle of natural Self-Organisation. Berlin, Heidelberg, New York: Springer.

Eimeren, B. van & Gerhard, H. 1998. „Talkshows – Formate und Zuschauerstrukturen". In: *Mediaperspektiven o. Jg.* (12), 600-607.

Elias, Norbert 1983. *Engagement und Distanzierung.* Frankfurt a.M.

Engelsing, Rolf 1973. *Analphabetentum und Lektüre. Zur Sozialgeschichte des Lesens in Deutschland zwischen feudaler und industrieller Gesellschaft.* Stuttgart: Metzler.

Engelsing, Rolf 1974. *Der Bürger als Leser. Lesergeschichte in Deutschland 1500-1800.* Stuttgart: Metzler.

Enquete-Kommission "Zukunft der Medien in Wirtschaft und Gesellschaft. Deutschlands Weg in die Informationsgesellschaft", Deutscher Bundestag (Hg.) 1997: Medienkompetenz im Informationszeitalter. Bonn: ZV Zeitungs-Verlag Service GmbH.

Enquete–Kommission „Zukunft der Medien in Wirtschaft und Gesellschaft" – Deutschlands Weg in die Informationsgesellschaft (Hg.) 1997. *Medienkompetenz im Informationszeitalter.* Bonn: ZV Zeitungs–Verlag.

Enzensberger, Hans Magnus 1970. "Baukasten zu einer Theorie der Medien". Kursbuch 20, 159-186.

Erbring, Lutz; Ruß-Mohl, Stephan; Seewald, Berthold u.a. (Hg.) 1988. *Medien ohne Moral. Variationen über Journalismus und Ethik.* Berlin: Argon.

Färber, Helmut 1970. „Etwas über die hiesige Filmbranche und die Geschichte des Films". In: *Filmkritik* 14.Jg. (1970), 458 – 468.

Faulkner, Robert R. 1983. *Music on demand.* New Brunswick: Transaction.

Faulstich, Werner & Korte, Helmut (Hg.) 1991ff. *Fischer Filmgeschichte.* Frankfurt/M: Fischer (5 Bde.)

Faulstich, Werner (Hg.) 1992. *Grundwissen Medien.* München: UTB.

Faulstich, Werner 1991. *Medientheorien.* Einführung und Überblick. Göttingen: Vandenhoeck & Ruprecht (= Kleine Vandenhoeck-Reihe ; Bd. 1558).

Faulstich, Werner 1994. *Grundwissen Medien.* München: Fink.

Faulstich, Werner 1995 (2. Aufl.). *Grundwissen Medien.* München: Fink.

Faulstich, Werner 1996. *Medien und Öffentlichkeiten im Mittelalter. 800 – 1400.* Göttingen: Vandenhoeck & Ruprecht (= Die Geschichte der Medien; Bd. 2).

Faulstich, Werner 1996ff. *Geschichte der Medien.* Göttingen: Vandenhoeck & Ruprecht (bisher 3 Bde.: Bd.1: Das Medium als Kult (1997); Bd.2: Medien und Öffentlichkeiten im Mittelalter 800-1400 (1996); Bd.3: Medien zwischen Herrschaft und Revolte 1400-1700).

Faulstich, Werner 1997. „'Jetzt geht die Welt zugrunde...' – ,Kulturschocks' und Medien-Geschichte: Vom antiken Theater bis zu Multimedia." In: P. Ludes (Hg.): *Multimedia-Kommunikation. Theorien, Trends und Praxis.* Opladen, 13-35.

Faulstich, Werner 1997. *Das Medium als Kult. Von den Anfängen bis zur Spätantike (8. Jahrhundert).* Göttingen: Vandenhoeck & Ruprecht (= Die Geschichte der Medien; Bd. 1).

Faulstich, Werner 1998. „Medienkultur: Vom Begriff zur Geschichte. Wert- und Funktionenwandel am Beispiel der Menschmedien" In: Saxer, Ulrich (Hrsg.): *Medien-Kulturkommunikation.* (= Publizistik-Sonderheft 2), Opladen/Wiesbaden: Westdeutscher Verlag, 44 - 54.

Feilke, Helmut & Siegfried J. Schmidt 1995. „Denken und Sprechen. Anmerkungen zur strukturellen Kopplung von Kognition und Kommunikation". In: Jürgen Trabant (Hg.), *Sprache denken.* Positionen aktueller Sprachphilosophie. Frankfurt/Main: Fischer, 269 – 97.

Festinger, L. 1954. A theory of social comparison process. In: *Human Relations Jg. 7,* 117 - 140.

Filmaufbau 1993. *Filmaufbau GmbH Göttingen.* Hamburg: Cinegraph (Cinegraph Filmmaterialien)

Filmhistoriographie 1996. In: *Montage/av:* 5.Jg. (1996), H.1 (Themenheft).

Finke, Peter 1982. *Konstruktiver Funktionalismus*. Die wissenschaftstheoretische Basis einer empirischen Theorie der Literatur. Braunschweig – Wiesbaden: Vieweg (= Konzeption Empirische Literaturwissenschaft; Bd. 11).

Finke, Peter 1985. „Empirizität allein genügt nicht. Kritische Überlegungen zur Konzeption empirischer Wissenschaft". In: *SPIEL*, Jg. 4, H. 1, S. 71 – 98.

Fischer, Heinz-Dietrich; Niemann, Jürgen; Stodiek, Oskar 1996. *100 Jahre Medien-Gewalt-Diskussion in Deutschland*. Synopse und Bibliographie zu einer zyklischen Entrüstung. Frankfurt a. M.: Institut für Medienentwicklung und Kommunikation.

Flap, H.D. & F. Tazelaar 1988. „De rol van informele sociale netwerken op de arbeidsmarkt: Flexibilisering en uitsluiting [The role of informal social networks in the labor market: Flexibilization and exclusion]." In: *De flexibele arbeidsmarkt. Theorie en praktijk [The flexible labor market. Theory and practice]*, Hg.v. H. D. Flap & A. A. Arts. Deventer: Van Loghum Slaterus.

Fleck, Florian Hans 1985. „Die Berufsethik des Presseverlegers in einer demokratischen Gesellschaft" In: Maier, Hans (Hg.), *Ethik der Kommunikation*. Freiburg (Schweiz) (Universitätsverlag Freiburg Schweiz) 1985. (=Arbeiten aus dem Institut für Journalistik und Kommunikationswissenschaften an der Universität Freiburg Schweiz), 17 - 41.

Flichy, Patrice 1994. *Tele. Geschichte der modernen Kommunikation*. Frankfurt/M., New York, Paris.: Campus.

Flusser, Vilém 1993. *Schriften*. Bd. 2, hrsg. von Stefan Bollmann und Edith Flusser, Bensheim, Düsseldorf.

Flusser, Vilém 1996. *Ins Universum der technischen Bilder*. (5. Aufl.) Göttingen.

Flusser, Vilém 1997a. *Medienkultur*. Frankfurt/M.

Flusser, Vilém 1997b. *Nachgeschichte. Eine korrigierte Geschichtsschreibung*. Frankfurt/M.

Foerster, Heinz v. 1985. *Sicht und Einsicht*. Braunschweig, Wiesbaden: Vieweg.

Foerster, Heinz.v. 1985. *Sicht und Einsicht*. Braunschweig, Wiesbaden: Vieweg.

Fohrmann, Jürgen & Müller, Harro (Hg.). 1996. *Systemtheorie der Literatur*. München: Wilhelm Fink Verlag.

Franck, Georg 1998. *Ökonomie der Aufmerksamkeit. Ein Entwurf*, München/Wien: Hanser.

Frank, Bernward, Klinger, Walter, Berg, Klaus, Kiefer, Marie-Luise 1987. Veränderte Fernsehlandschaft. Zwei Jahre ARD/ZDF-Begleitforschung zu den Kabelprojekten. Frankfurt/M.

Frey, Eberhard 1970. *Franz Kafkas Erzählstil*. Eine Demonstration neuer stilanalytischer Methoden an Kafkas Erzählung ‚Ein Hungerkünstler'. Frankfurt/Main – Bern: P. Lang.

Frey, Eberhard 1980. *Text und Stilrezeption*. Empirische Grundlagenstudien zur Stilistik. Königstein/Ts.: Athenäum.

Fricke, Harald 1977. *Die Sprache der Literaturwissenschaft*. Textanalytische und philosophische Untersuchungen. München: Fink.

Friedrichs, Jürgen 1973. *Methoden empirischer Sozialforschung*. Reinbek: Rowohlt.

Früh, Werner & Klaus Schönbach 1982. „Der dynamisch-transaktionale Ansatz. Ein neues Paradigma der Medienwirkungen" In: *Publizistik* 27, 74 – 88.

Früh, Werner 1991. *Medienwirkungen: Das dynamisch-transaktionale Modell*. Opladen: Westdeutscher Verlag.

Frühwald, Wolfgang, Hans Robert Jauß, Reinhart Koselleck, Jürgen Mittelstraß & Burkhart Steinwachs 1991. *Geisteswissenschaften heute*. Eine Denkschrift. Frankfurt/Main: Suhrkamp.

Fuchs, Peter 1992. *Die Erreichbarkeit der Gesellschaft. Zur Konstruktion und Imagination gesellschaftlicher Einheit*. Frankfurt/M.

Fügen, Hans-Norbert 1964. *Die Hauptrichtungen der Literatursoziologie und ihre Methoden*. Ein Beitrag zur literatursoziologischen Theorie. Bonn : Bouvier (= Abhandlungen zur Kunst-, Musik- und Literaturwissenschaft; Bd. 21).

Gaatman, David 1991. „Bordieu´s Distinction" In: *American Journal of Sociology* 97, 421 - 447.

Gear, Josephine 1977. *Masters or servants? A study of selected English painters and their patrons of the late eighteenth and early nineteenth centuries.* Department of Fine Arts, New York University, New York.

Gendolla, Peter 1989. „Punktzeit. Zur Zeiterfahrung in der Infomationsgesellschaft". In: Wendorff, Rudolf (Hg.): Im Netz der Zeit. Menschliches Zeiterleben interdisziplinär. Stuttgart, 128-139.

Gerhardt, Uta 1995. „Typenbildung". In: Uwe Flick et al. (Hg.), *Handbuch Qualitative Sozialforschung.* Weinheim: Beltz, Psychologie Verlags Union, 2. Aufl., 435 – 439.

Giesecke, Michael 1991. *Der Buchdruck in der frühen Neuzeit.* Frankfurt/M. Suhrkamp (Taschenbuch 1998).

Gilmore, Samual 1990. „Art worlds: Developing the interactionist approach to social organization." In: *Symbolic interaction and cultural studies.* Hg.v. H. S. Becker & M. M. McCall. Chicago: The University of Chicago Press, 148 – 178.

Gitlin, Todd 1983. *Inside prime time.* New York: Pantheon.

Glasersfeld, Ernst v. 1981. „Einführung in den Konstruktivimus" In: Watzlawick, P. (Hg.), *Die erfundene Wirklichkeit. Wie wissen wir, was wir zu wissen glauben? Beiträge zum Konstruktivismus.* München: Piper, 16 – 38.

Gleich, U. 1997. *Parasoziale Interaktionen und Beziehungen von Fernsehzuschauern mit Personen auf dem Bildschirm: ein theoretischer und empirischer Beitrag zum Konzept des aktiven Rezipienten.* Landau.

Goebel, Gerhart 1953. „Das Fernsehen in Deutschland bis zum Jahre 1945". In: *Archiv für das Post- und Fernmeldewesen,* 5.Jg. (1953), Nr. 5, 259 - 393.

Goffman, Erving 1981. *Forms of Talk.* Philadelphia: University of Pennsylvania Press.

Goody, Jack & Watt, Ian 1963. „The Consequences of Literacy". In: Goody, Jack (Hg.), *Literacy in Traditional Societies.* Cambridge: CUP, 27 - 68.

Görke, Alexander 1999. *Risikojournalismus und Risikogesellschaft. Sondierung und Theorieentwurf,* Opladen/Wiesbaden: Westdeutscher Verlag.

Göttner-[Abendroth], Heide & Joachim Jacobs 1978. *Der logische Bau von Literaturtheorien.* München: Fink (= KRITISCHE INFORMATION; Bd. 54).

Göttner-[Abendroth], Heide 1973. *Logik der Interpretation.* Analyse einer literaturwissenschaftlichen Methode unter kritischer Betrachtung der Hermeneutik. München: Fink (= Münchener Universitäts-Schriften : Reihe der Philosophischen Fakultät ; Bd. 11).

Granovetter, Mark 1995. *Getting a job. A study of contacts and careers.* Chicago: The University of Chicago Press.

Gregor, Ulrich & Patalas, Enno 1962. *Geschichte des Films.* Gütersloh: Bertelsmann.

Gregor, Ulrich 1978. *Geschichte des Films ab 1960.* München: Bertelsmann.

Griffin, Dustin 1996. *Literary patronage in England 1650-1800.* Cambridge: Cambridge University Press.

Griswold, Wendy 1987. „The fabrication of meaning: literary interpretation in the United States, Great Britain, and the West Indies." In: *American Journal of Sociology* 92, 1077 – 1117.

Griswold, Wendy 1992. „The writing on the mud wall: Nigerian novels and the imaginary village." In: *American Sociological Review* 57, 709 – 724.

Groebel, Jo; Gleich, Uli 1993. *Gewaltprofil des deutschen Fernsehprogramms. Eine Analyse des Angebots privater und öffentlich-rechtlicher Sender.* Opladen: Leske & Budrich.

Groeben, N. & Vorderer, P. 1988. *Leserpsychologie: Lesemotivation - Lektürewirkung.* Münster.

Groeben, Norbert & Rustemeyer, Ruth 1995. „Inhaltsanalyse". In: Eckard König & Peter Zedler (Hg.), *Bilanz qualitativer Forschung. Bd. 2. Methoden.* Weinheim: Deutscher Studienverlag, 523 – 554.

Groeben, Norbert & Vorderer, Peter 1986. „Empirische Literaturpsychologie". In: R. Langner (Hg.), *Psychologie der Literatur.* Weinheim: Beltz, 105 - 143

Groeben, Norbert (Hg.) 1981. *Rezeption und Interpretation.* Ein interdisziplinärer Versuch am Beispiel von Robert Musils ‚Hasenkatastrophe'. Tübingen: Narr.

Groeben, Norbert 1972. *Literaturpsychologie.* Stuttgart: Kohlhammer.
Groeben, Norbert 1972. *Literaturpsychologie.* Stuttgart: Kohlhammer.
Groeben, Norbert 1977. *Rezeptionsforschung als empirische Literaturwissenschaft.* Paradigma- durch Methodendiskussion an Untersuchungsbeispielen. Kronberg/Ts.: Athenäum (2. Aufl.1980, Tübingen:Narr).
Groeben, Norbert 1980. *Rezeptionsforschung als empirische Literaturwissenschaft. Paradigma- durch Methodendiskussion an Untersuchungsbeispielen.* Tübingen: Narr, 2. überarb. Aufl.
Groeben, Norbert 1982. „Methodologischer Aufriss der Empirischen Literaturwissenschaft" In: *SPIEL.* Siegener Periodicum zur Internationalen Empirischen Literaturwissenschaft, Jg. 1, H.1, 26 – 89.
Groeben, Norbert 1986. *Handeln, Tun, Verhalten als Einheiten einer verstehend-erklärenden Psychologie.* Tübingen: Francke.
Groeben, Norbert 1987. „Zur Einführung." [Vorwort]. In: Meutsch, Dietrich, 1987. *Literatur verstehen.* Eine empirische Studie. Braunschweig —Wiesbaden: Vieweg (= Konzeption empirische Literaturwissenschaft; Bd. 9), S. V f.
Groeben, Norbert 1988. „Explikation des Konstrukts ‚Subjektive Theorie'". In: Norbert Groeben, Diethelm Wahl, Jörg Schlee & Brigitte Scheele, *Forschungsprogramm Subjektive Theorien. Eine Einführung in die Psychologie des reflexiven Subjekts.* Tübingen: Francke, 17 – 23.
Groeben, Norbert 1992. „Die Inhalts-Struktur-Trennung als konstantes Dialog-Konsens-Prinzip?" In: Brigitte Scheele (Hg.), *Struktur-Lege-Verfahren als Dialog-Konsens-Methodik.* Münster: A-schendorff, 42 – 89.
Groeben, Norbert 1998. „Interpretationsansätze zur Penthesilea und Gender-Sozialisation – eine dialog-hermeneutische Rezeptionsstudie". In: Carl Pietzcker (Hg.), *Freiburger Literaturpsychologische Gespräche.* Bd. 17. Würzburg: Königshausen u. Neumann, 100 – 129.
Gross, John 1991. *The rise and fall of the man of letters. English literary life since 1800. With a new introduction and afterword.* Harmondsworth: Penguin Books.
Habermas, Jürgen & Niklas Luhmann 1971. *Theorie der Gesellschaft oder Sozialtechnologie.* Frankfurt/M.: Suhrkamp.
Habermas, Jürgen 1981. *Theorie des kommunikativen Handelns.* 2 Bde. Frankfurt/Main: Suhrkamp.
Habermas, Jürgen 1985. *Der philosophische Diskurs der Moderne. Zwölf Vorlesungen.* Frankfurt am Main: Suhrkamp.
Habermas, Jürgen 1991. *Erläuterungen zur Diskursethik.* Frankfurt a.M.: Suhrkamp (Suhrkamp-Taschenbuch Wissenschaft 975).
Habermas, Jürgen 1991. *Moralbewußtsein und kommunikatives Handeln.* 4. Aufl. Frankfurt a.M.: Suhrkamp (Suhrkamp-Taschenbuch Wissenschaft. 422).
Hachmeister, Lutz 1998. *Der Gegnerforscher. Die Karriere des SS-Führers Franz Alfred Six.* München: C. H. Beck.
Haefner, Klaus 1995. „Multimedia im Jahre 2000plus – Konsequenzen für das Bildungswesen". In: Issing, Ludwig J. & Klimsa, Paul (Hg.): *Information und Lernen mit Multimedia.* Weinheim: Psychologie–Verlags–Union, 463 – 473.
Hafner, Katie & Lyon, Matthew 1997. *Arpa Kadabra. Die Geschichte des Internet.* Heidelberg: dpunkt verlag.
Hager, Willi 1987. „Grundlagen einer Versuchsplanung zur Prüfung empirischer Hypothesen in der Psychologie". In: Gerd Lüer (Hg.), *Allgemeine experimentelle Psychologie.* Stuttgart: Fischer, 43 – 264.
Hahn, Harald 1999. Freie Radios als Ort der aktiven Jugend-Medien-Arbeit. Stuttgart: ibidem.
Halasz, Laszlo 1993. *Dem Leser auf der Spur.* Literarisches Lesen als Forschen und Entdecken. Braunschweig – Wiesbaden: Vieweg (= Konzeption Empirische Literaturwissenschaft; Bd. 8)
Halbach, Wulf R. & Faßler, Manfred 1998. „Einleitung in die Mediengeschichte." In: dies. (Hg.), *Geschichte der Medien.* München: Fink, 17 – 54.

Halefeldt, Horst O. 1976. „Programmgeschichte - Vorüberlegungen zu Konzeption und Quellenlage". In: *Mitteilungen des Studienkreises Rundfunk und Geschichte*, 2.Jg.(1976) H. 3, 23 – 28.

Hall, Richard A. 1994. *Sociology of work. Perspectives, analyses, and issues.* Thousand Oaks: Pine Forge Press.

Haller, Michael; Holzhey, Helmut (Hg.) 1992. *Medien-Ethik. Beschreibungen, Analysen, Konzepte für den deutschsprachigen Journalismus.* Opladen: Westdeutscher Verlag.

Hamm, Peter (Hg.)1968. *Kritik, von wem, für wen, wie.* Eine kritische Selbstdarstellung der Kritik. München:Hanser.

Hansen, Anders et al. 1998. *Mass communication research methods.* London: Macmillan.

Harbordt, Steffen 1974. *Computersimulation in den Sozialwissenschaften.* 2 Bde. Reinbek b. Hamburg: Rowohlt.

Hartlieb, Horst von 1992 (3. Aufl.). *Handbuch des Film-, Fernseh- und Videorechts.* München.

Haskell, Francis 1963. *Patrons and Painters: Art and society in Baroque Italy.* New York: Harper & Row

Hauptmeier, Helmut & Siegfried J. Schmidt 1986. *Einführung in die empirische Literaturwissenschaft.* Braunschweig – Wiesbaden: Vieweg.

Hauptmeier, Helmut, Dietrich Meutsch & Reinhold Viehoff 1989. „Empirical research on understanding literature". In: *POETICS TODAY*, Vol. 10, 563 – 604.

Hausmanninger, Thomas 1992. *Kritik der medienethischen Vernunft. Die ethische Diskussion über den Film in Deutschland im 20. Jahrhundert.* München: Fink.

Havelock, Eric A. 1990. *Schriftlichkeit.* Weinheim: Beltz.

Heilbrun, James & Charles M. Gray 1993. *The economics of art and culture. An American perspective.* Cambridge, MA: Cambridge University Press.

Heinrich, Jürgen 1994. *Medienökonomie, Band 1: Mediensystem, Zeitung, Zeitschrift, Anzeigenblatt,* Opladen: Westdeutscher Verlag.

Heinrich, Jürgen 1996. „Qualitätswettbewerb und/oder Kostenwettbewerb im Mediensektor?" In: *Rundfunk und Fernsehen* 44, 2, 165-184.

Heinrich, Karl 1961. *Filmerleben, Filmwirkung, Filmerziehung.* Berlin: Schroedel.

Heinze, Thomas 1990. *Medienanalyse. Ansätze zur Kultur– und Gesellschaftskritik.* Opladen: Westdeutscher Verlag.

Held, Thorsten/ Schulz, Wolfgang 1999. „Überblick über die Gesetzgebung für elektronische Medien von 1994 bis 1998: Aufbau auf bestehende Regelungsstrukturen". In: *RuF*, H. 1, 78 - 117.

Hepp, Andreas 1999. Cultural Studies und Medienanalyse. Opladen, Wiesbaden.

Herholz, Karl & Heindel, Walter 1996. „Bildgebende Verfahren". In: Hans J. Markowitsch (Hg.), *Grundlagen der Neurophysiologie* (Enzyklopädie der Psychologie, Themenbereich C, Theorie und Forschung, Serie I, Biologische Psychologie, Bd. 1). Göttingen etc.: Hogrefe, 635 – 725.

Herman, Edward S.; Noam Chomsky 1988. *Manufacturing Consent: The Political Economy of Mass Media,* New York: Pantheon.

Herrmann, Günter 1994. *Rundfunkrecht. Fernsehen und Hörfunk mit neuen Medien.* München.

Herzog, H. 1944. What do we really know about daytime serial listeners? In: P. F. Lazarsfeld, B. Berelson & F. N. Stanton (Hg.). *Radio Research, 1942-43.* New York, 3 - 33.

Hesse, Albrecht 1999 (2. Aufl.). *Rundfunkrecht. Die Organisation des Rundfunks in der Bundesrepublik Deutschland.* München.

Hickethier, Knut & Joan Kristin Bleicher 1998. „Die Inszenierung der Information im Fernsehen." In: H. Willems & M. Jurga (Hg.), 369 - 383.

Hickethier, Knut (Hg.) 1989. *Filmgeschichte schreiben. Ansätze, Entwürfe und Methoden.* Berlin: Edition Sigma (Schriften der GFF Bd.2).

Hickethier, Knut 1980. „Kino und Fernsehen in den Erinnerungen ihrer Zuschauer". In: *Ästhetik und Kommunikation*, 11.Jg. (1980) H. 42, 53 – 66.

Hickethier, Knut 1982. „Gattungsgeschichte oder gattungsübergreifende Programmgeschichte? Zu einigen Aspekten der Programmgeschichte des Fernsehens". In: *Studienkreis Rundfunk und Geschichte. Mitteilungen* 8.Jg. (1982) Nr. 3, 144 – 155.

Hickethier, Knut 1987. „Hohlwege und Saumpfade. Unterwegs zu einer Programmgeschichte". In: Manfred Bobrowsky & Wolfgang R. Langenbucher (Hg), *Wege zur Kommunikationsgeschichte*. München: Ölschläger, 389 - 412 (Schriftenreihe der DGPuK Bd. 13).

Hickethier, Knut 1988. „Das „Medium", die „Medien" und die Medienwissenschaft" In: Bohn, Rainer et al (Hg.) 1988. *Ansichten einer künftigen Medienwissenschaft.* Berlin: Edition Sigma Bohn, 51-74.

Hickethier, Knut 1991. „Apparat - Dispositiv - Programm. Skizze einer Programmtheorie am Beispiel des Fernsehens". In: ders. & Zielinski, Siegfried (Hg.): *Medien/Kultur. Schnittstellen zwischen Medienwissenschaft, Medienpraxis und gesellschaftlicher Kommunikation.* Berlin: Spiess, 421 – 447.

Hickethier, Knut 1992. „Kommunikationsgeschichte: Geschichte der Mediendispositive. Ein Beitrag zur Rundfrage „Neue Positionen zur Kommunikationsgeschichte". In: *Medien & Zeit.* 7. Jg. (1992) H.2, 26 – 28.

Hickethier, Knut 1993. *Film- und Fernsehanalyse.* Stuttgart: Metzler.

Hickethier, Knut 1994. „Zwischen Einschalten und Ausschalten. Fernsehgeschichte als Geschichte des Zuschauens". In: Werner Faulstich (Hg): *Handlungsrollen im Fernsehen.* München: Fink, 237 - 306 (Geschichte des Fernsehens der Bundesrepublik Deutschland. Hg. v. Helmut Kreuzer & Christian W. Thomsen, Bd.5).

Hickethier, Knut 1998. *Geschichte des deutschen Fernsehens.* Stuttgart, Weimar: Metzler.

Hickethier, Knut 1999a. „Fernsehen und kultureller Wandel". In: Jürgen Wilke (Hg.), *Massenmedien und Zeitgeschichte.* Konstanz: Universitätsverlag, 143 - 159 (Schriftenreihe der DGPuK Bd. 26).

Hickethier, Knut 1999b. „Zwischen Gutenberg-Galaxis und Bilder-Universum. Medien als neues Paradigma, Welt zu erklären". In: *Geschichte und Gesellschaft,* 25. Jg. (1999) H.1, 146 – 171.

Hickethier, Knut 2000. „Binnendifferenzierung oder Abspaltung – Zum Verhältnis von Medienwissenschaft und Germnaistik" In: Heller, H.-B. et al (Hg.), *Über Bilder Sprechen. Positionen und Perspektiven der Medienwissenschaft.* Marburg: Schüren, 35-56.

Hickethier, Knut; Müller, Eggo & Rother, Rainer (Hg.) 1997. *Der Film in der Geschichte.* Berlin: Edition Sigma (Schriften der GFF Bd.6).

Hiebel, Hans H. u.a. 1998. *Die Medien: Logik – Leistung – Geschichte.* München: Fink.

Hiebel, Hans H. u.a. 1999. *Große Medienchronik.* München: Fink.

Hiegemann, Susanne & Swoboda, Wolfgang H. (Hg.) 1994. *Handbuch der Medienpädagogik. Theorieansätze – Traditionen – Praxisfelder – Forschungsperspektiven.* Opladen: Leske & Budrich.

Hirsch, E.D. (Ed.) 1989: *A first dictionary of cultural literacy.* What our children need to know. Boston: Houghton Mifflin Co.

Hirsch, E.D. 1988: *Cultural literacy.* What every American needs to know. New York: Vintage Books.

Hirsch, P.M. 1977. „Occupational, organizational, and institutional models in mass communication." In: *Strategies for communication research*, Hg.v. P. M. Hirsch et al., Beverly Hills, CA and London: Sage Publications, 13 – 42.

Hoffmann, Detlef & Thiele, Jens (Hg.) 1989. *Lichtbilder - Lichtspiele. Anfänge der Fotografie und des Kinos in Ostfriesland.* Marburg: Jonas.

Hoffmann-Riem, Wolfgang 1988. „Rundfunkrecht und Wirtschaftsrecht – ein Paradigmenwechsel in der Rundfunkverfassung?" In: *Media Perspektiven* 2, 57-72.

Hoffmann-Riem, Wolfgang [2]1994. „Kommunikations- und Medienfreiheit". In: Benda, Ernst/ Maihofer, Werner/ Vogel, Hans-Jochen. *Handbuch des Verfassungsrechts der Bundesrepublik Deutschland.* Berlin/ New York, § 7, 191 - 262.

Hohendahl, Peter Uwe (Hg.) 1974. *Sozialgeschichte und Wirkungsästhetik.* Dokumente zur empirischen und marxistischen Rezeptionsforschung. Frankfurt/Main: Athenäum.

Hohlfeld, Ralf & Christoph Neuberger 1998. „Profil, Grenzen und Standards der Kommunikationswissenschaft." In: *Rundfunk und Fernsehen*, H. 2-3/1998, 313 - 332.

Hollstein, Walter 1973. *Der deutsche Illustriertenroman*. München: UTB.

Holly, Werner & Püschel, Ulrich (Hg.) 1993. *Rezeption als Aneignung*. Opladen: Westdeutscher Verlag.

Holm, Kurt 1975. „Die Frage". In: ders. (Hg.), Die Befragung 1. München: Francke, 32 – 91.

Holznagel, Bernd & Vesting, Thomas 1999. *Sparten- und Zielgruppenprogramme im öffentlichrechtlichen Rundfunk, insbesondere im Hörfunk*. Baden-Baden.

Holznagel, Bernd 1996. *Rundfunkrecht in Europa*. Tübingen.

Holznagel, Bernd 1999. „Vorfragen zu Rundfunk-, Medien- und Telediensten". In: Hoeren, Thomas/ Sieber, Ulrich (Hg.). *Handbuch Multimedia-Recht*. München, Teil 3.2, 1 - 55.

Horkheimer, Max & Theodor W. Adorno, 1948. *Dialektik der Aufklärung*. Amsterdam: Querido.

Horkheimer, Max 1968. „Materialismus und Moral" In: Horkheimer, Max, *Kritische Theorie. Eine Dokumentation. Bd. 1*. Frankfurt a.M.: Suhrkamp

Horkheimer, Max, Adorno, Theodor W. 1988. *Dialektik der Aufklärung*. Philosophische Fragmente. (Orig.: New York 1944) Frankfurt/M.

Horkheimer, Max; Adorno, Theodor W. 1980. *Kulturindustrie*. Aufklärung als Massenbetrug. In: dieselben: *Dialektik der Aufklärung*. 56.-60. Tsd. Frankfurt a. M.: Fischer Taschenbuch-Verlag.

Hörmann, Hans 1978. *Meinen und Verstehen*. Grundzüge einer psychologischen Semantik. Frankfurt am Main: Suhrkamp.

Hornstein, Walter & Lüders, Christian 1989. „Professionalisierungstheorie und pädagogische Theorie. Verberuflichung erzieherischer Aufgaben und pädagogische Professionalität". In: *ZfP, Zeitschrift für Pädagogik*, Jg. 35, H. 6, 749 – 769.

Horton, D. & Wohl, R. R. 1956. Mass communication and parasocial interaction. In: *Journal of Psychiatry Jg. 19*, 215 – 229.

Hovland, Carl I. 1959. *Personality and Persuability*. New Haven: Yale University Press.

Hron, Aemilian 1994. „Interview". In: Günter L. Huber & Heinz Mandl (Hg.), *Verbale Daten: Eine Einführung in die Grundlagen und Methoden der Erhebung und Auswertung*. Weinheim: Beltz, Psychologie Verlags Union, 2. bearb. Aufl., 119 – 140.

Huber, Oswald 1987. *Das psychologische Experiment: Eine Einführung*. Bern: Huber.

Hug, Theo (Hg.) 1998. *Technologiekritik und Medienpädagogik. Zur Theorie und Praxis kritisch–reflexiver Medienkommunikation*. Baltmannsweiler: Schneider Verlag Hohengehren.

Hugger, Kai-Uwe 1998. „Medienpädagogische Professionalität und Medienkritik". In: Hug, Theo (Hg.),155 – 166.

Hulett, J. Edward 1966. „A Symbolic Interactionist Model of Human Communication" In: *Audio-Visual Communication Review*, 14, 5-33 und 203 – 220.

Hunziker, Peter 1992(2). *Medien, Kommunikation und Gesellschaft*. Einführung in die Soziologie der Massenkommunikation. Darmstadt: WBG.

Hurrelmann, Bettina 1994. „Kinder und Medien". In: Merten, Klaus, Schmidt, Siegfried J. & Weischenberg, Siegfried (Hg.), 377 – 407.

Hurrelmann, Bettina; Hammer, Michael & Stelberg, Klaus (1996). *Familienmitglied Fernsehen. Fernsehgebrauch und Probleme der Fernseherziehung in verschiedenen Familienformen*. Opladen: Leske & Budrich.

Hurst, Matthias 1996. *Erzählsituationen in Literatur und Film: ein Modell zur vergleichenden Analyse von literarischen Texten und filmischen Adaptionen*. Tübingen: Niemeyer.

Hüther, Jürgen; Schorb, Bernd & Brehm-Klotz, Christiane (Hg.) 1997: Grundbegriffe Medienpädagogik. München: KoPäd Verlag.

Iser, Wolfgang 1971. *Die Appellstruktur der Texte*. Unbestimmtheit als Wirkungsbedingung literarischer Prosa. Konstanz: Univ.-Verl. (=Konstanzer Universitätsreden ; Bd.28).

Iser, Wolfgang 1975. „Die Appellstruktur der Texte". In. *Rezeptionsästhetik*. Hg. v. Rainer Warning. München: Fink.

Iser, Wolfgang 1976. *Der Akt des Lesens*. Theorie ästhetischer Wirkung. München: Fink.

Issing, Ludwig J. (Hg.) 1987. *Medienpädagogik im Informationszeitalter.* Weinheim: Deutscher Studien Verlag.

Iyengar, Shanto 1993. „Wie Fernsehnachrichten die Wähler beeinflussen. Von der Themensetzung zur Herausbildung von Bewertungsmaßstäben" In: Jürgen Wilke (Hrsg.): *Öffentliche Meinung. Theorie, Methode, Befunde,* Freiburg/München: Alber, 123 - 142.

Jacobsen, Wolfgang; Kaes, Anton & Prinzler, Hans Helmut (Hg.) 1993. *Geschichte des deutschen Films.* Stuttgart, Weimar: Metzler.

Jäger, Georg & Jörg Schönert (Hg.) 1997. *Wissenschaft und Berufspraxis.* Paderborn, München, Wien, Zürich: Schöningh.

Jäger, Georg & Jörg Schönert 1997. „Einleitung"In: diess. (Hg.), *Wissenschaft und Berufspraxis.* Paderborn, München, Wien, Zürich: Schöningh, 9 - 13.

Jäger, Ludwig & Bernd Switalla (Hg.) 1994. *Germanistik in der Mediengesellschaft.* München: Fink.

Janssen, Susanne 1998. „Side-roads to success: The effect of sideline activities on the status of writers." In: *Poetics. Journal of Empirical Research on Literature, the Media and the Arts* 25, 265 – 280.

Jantsch, Erich 1979. *Die Selbstorganisation des Universums.* Vom Urknall zum menschlichen Geist. München, Wien: Carl Hanser.

Jarass, Hans D. 1997 (4.Aufl.). „Art. 5. Kommunikations-, Kunst- und Wissenschaftsfreiheit". In: Jarass, Hans D./ Pieroth, Bodo (Hg.). *Grundgesetz für die Bundesrepublik Deutschland.* München.

Jarass, Hans D. 1998. „Rundfunkbegriffe im Zeitalter des Internet". In: *AfP,* H. 2, 133 - 141.

Jarren, Otfried & Werner A.Meier 1999. „Globalisierung der Medienlandschaft und ihre medienpolitische Bewältigung: Ende der Medienpolitik oder neue Gestaltungsformen auf regionaler und nationaler Ebene?" In: Donges, P., Farren, O. & H.Schatz (Hg.), *Globalisierung der Medien?* Opladen: Westdeutscher Verlag, 231 – 250.

Jarren, Otfried 1994. „Medien- und Kommunikationspolitik in Deutschland. Eine Einführung anhand ausgewählter Problembereiche" In: Otfried Jarren (Hrsg.): *Medien und Journalismus 1. Eine Einführung,* Opladen: Westdeutscher Verlag, 107 - 143.

Jarren, Otfried 2000. „Gesellschaftliche Integration durch Medien? Zur Begründung normativer Anforderungen an die Medien" In: *Medien und Kommunikationswissenschaft* 48, 1, 22 - 41.

Jauß, Hans Robert 1970. *Literaturgeschichte als Provokation.* Frankfurt/Main: Suhrkamp.

Kaase, Max 1998. „Politische Kommunikation. Politikwissenschaftliche Perspektiven" In: Otfried Jarren/Ulrich Sarcinelli/Ulrich Saxer (Hrsg.): *Politische Kommunikation in der demokratischen Gesellschaft. Ein Handbuch mit Lexikonteil,* Opladen/Wiesbaden: Westdeutscher Verlag, 97 - 113.

Kadushin, Charles K. 1976. „Networks and circles in the production of culture." In: *American Behavioral Scientists* 19, 769 – 785.

Kamp, Ulrich (Hg.) 1997: Handbuch Medien: Offene Kanäle. Bonn: Bundeszentrale für politische Bildung.

Kant, Immanuel 1977. *Grundlegung zur Metaphysik der Sitten.* Werkausgabe Bd. VII. 2.Aufl. Frankfurt a.M.: Suhrkamp (Suhrkamp-Taschenbuch Wissenschaft 56).

Kant, Immanuel 1979. *Kritik der Urteilskraft.* Werkausgabe, Band X. Frankfurt am Main: Suhrkamp.

Kartunen, Sari 1998. „How to identify artists? Defining the population for 'status-of-the-artist' studies." In: *Poetics* 26, 1 – 19.

Kasten, Jürgen 1990. *Film schreiben. Eine Geschichte des Drehbuchs.* Wien: Hora.

Katz, E. & Lazarsfeld, P. F. 1962. *Persönlicher Einfluß und Meinungsbildung.* Wien (engl.: 1955. *Personal Influence.* New York).

Katz, Elihu & Davis Foulkes 1962. „On the Use of the Mass Media as "Escape"" In: *Public Opinion Quarterly,* Vol. 15, 635 – 650.

Kausch, Michael 1988. Kulturindustrie und Populärkultur. Kritische Theorie der Massenmedien. Frankfurt/M..

Keilhacker, Martin 1953. *Kind und Film.* Stuttgart: Klett.

Kelle, Udo unter Mitarb. von Gerald Prein & Katherine Bird 1995. *Computer-aided qualitative data analysis. Theory, methods, and practice.* London etc.: Sage.

Kempers, Bram 1987. *Kunst, macht en mecenaat. Het beroep van schilder in sociale verhoudingen 1250-1600 [Painting, power and patronage. The painting profession within social relationships 1250-1600].* Amsterdam: De Arbeiderspers.

Kepplinger, H. M. 1982. Die Grenzen des Wirkungsbegriffs. In: *Publizistik Jg. 27*, 98 – 113.

Kepplinger, Hans Mathias 1992. *Ereignismanagement. Wirklichkeit und Massenmedien*, Zürich/Osnabrück: Interfrom/Fromm.

Kepplinger, Hans Mathias 1998. *Die Demontage der Politik in der Informationsgesellschaft*, Freiburg/München: Verlag Karl Alber.

Kepplinger, Hans Mathias/Hans-Bernd Brosius/Joachim Friedrich Staab/Günter Linke 1989. „Instrumentelle Aktualisierung. Grundlagen einer Theorie publizistischer Konflikte" In: Max Kaase/Winfried Schulz (Hrsg.): *Massenkommunikation. Theorien, Methoden, Befunde.* (= Sonderheft 30 der Kölner Zeitschrift für Soziologie und Sozialpsychologie), Opladen: Westdeutscher Verlag, 199 - 220.

Kerckhove, Derrick de 1995. *Schriftgeburten. Vom Alphabet zum Computer.* München: Fink.

Kerstiens, Ludwig 1971 (2. Aufl.). *Medienkunde in der Schule. Lernziele und Vorschläge für den Unterricht.* Bad Heilbrunn: Klinkhardt.

Kersting, Rudolf 1989. *Wie die Sinne auf Montage gehen.* Basel, Frankfurt./M.: Stroemfeld/Roter Stern.

Kiefer, Heinz J. (Hg.) 1990. *Politische Kultur und publizistische Verantwortung.* Mit Beiträgen zum Thema Massenmedien und politische Kultur in Deutschland. Bochum: Universitätsverlag Brockmeyer (Essener Beiträge zur gesellschaftspolitischen Forschung und sozialen Kommunikation Bd. 7).

Kiefer, Marie-L. & Berg, Klaus (Hg.) 1987. *Massenkommunikation III. Eine Langzeitstudie zur Mediennutzung und Medienbewertung 1964-1985.* Frankfurt/M.: Nomos.

Kindt, Walter & Siegfried J. Schmidt (Hg.) 1976. *Interpretationsanalysen.* München: Fink.

Kittler, Friedrich & Tholen, Christoph (Hg.) 1994. *Computer als Medium.* München: Fink.

Kittler, Friedrich 1986. *Grammophon, Film, Typewriter.* Berlin: Brinkmann & Bose.

Kittler, Friedrich 1987 (1985). *Aufschreibesysteme. 1800 - 1900.* München: Fink.

Kittler, Friedrich 1988. „Vom Ende der Schriftkultur". In: Smolka-Koerdt, Gisela, Verf., Tillmann-Bartylla, Dagmar (Hg.). *Der Ursprung von Literatur. Medien, Rollen, Kommunikationssituationen zwischen 1450 und 1650.* München, 289 - 299.

Kittler, Friedrich 1989. „Fiktion und Simulation". in: *Philosophien der neuen Technologie.* Hg. v. Ars Electronica. Berlin: Merve, 57 - 80.

Kittler, Friedrich 1990. „Fiktion und Simulation". In: Barck, Karlheinz; Gente, Peter; Paris, Heidi & Richter, Stefan (Hg.). Aisthesis. *Wahrnehmung heute oder Perspektiven einer anderen Ästhetik.* (Orig. Berlin 1989) Leipzig, 196 - 213.

Kittler, Friedrich 1993a. „Der Gott der Ohren". In: ders. *Draculas Vermächtnis. Technische Schriften.* (Orig. Frankfurt/M. 1984) Leipzig, 130 - 148.

Kittler, Friedrich 1993b. „Signal-Rausch-Abstand". In: ders. *Draculas Vermächtnis. Technische Schriften.* (Orig. Frankfurt/M. 1984) Leipzig, 161 - 181.

Kittler, Friedrich 1993c. „Die Welt des symbolischen – eine Welt der Maschine". In: ders.: *Draculas Vermächtnis. Technische Schriften.* (Orig. Stuttgart 1989) Leipzig, 58-80.

Kittler, Friedrich 1998. „Aufgaben in der Pseudonatur." Interview von B. Richard am 14. Mai 1997 in Berlin. In: *Kunstforum International*, Bd. 141/1998, 130-137.

Kittler, Friedrich 1998. *Computergraphik. Eine halbtechnische Einführung.* Vortrag Basel 1998. http://www2.rz.hu-berlin.de/aesthetics/los49/texte/graphik.htm

Kleinsteuber, Hans J. 1994. „Nationale und internationale Mediensysteme" In: Merten, K.; Schmidt, S.J. & S.Weischenberg (Hg.), *Die Wirklichkeit der Medien.* Eine Einführung. Opladen: Westdeutscher Verlag, 544 – 569.

Klemm, Michael 1996. „Streiten „wie im wahren Leben"? ‚Der heiße Stuhl' und ‚Einspruch!' im Kontext der Personalisierung und Emotionalisierung des Fernsehprogramms". In: Biere & Hoberg (Hg.) 1996, 135 - 162.

Kluge, Alexander 1985. „Die Macht der Bewusstseinsindustrie und das Schicksal unserer Öffentlichkeit. Zum Unterschied von machbar und gewalttätig". In: Bismarck, Klaus von; Gaus, Günter; Kluge, Alexander & Sieger, Ferdinand. *Industrialisierung des Bewußtseins*. Eine kritische Auseinandersetzung mit den „neuen Medien". München: , 51 - 129.

Knilli, Friedrich 1973. „Massenmedien und Literaturwissenschaft". In: Kolbe, Jürgen (Hg.), *Neue Ansichten einer künftigen Germanistik*. München: Hanser, 290 - 305.

Knobloch, Clemens 1984. *Sprachpsychologie*. Ein Beitrag zur Problemgeschichte und Theoriebildung. Tübingen: Niemeyer (= Reihe Germanistische Linguistik; Bd. 51).

Knobloch, Clemens 1986. *Geschichte der psychologischen Sprachauffassung in Deutschland von 1850 bis 1920*. Siegen: Habilitationsschrift.

Knoche, Manfred 1997. „Medienkonzentration und publizistische Vielfalt. Legitimationsgrenzen des privatwirtschaftlichen Mediensystems" In: Rudi Renger/Gabriele Siegert (Hrsg.): *Kommunikationswelten. Wissenschaftliche Perspektiven zur Medien- und Informationsgesellschaft*, Innsbruck/Wien: StudienVerlag, 123 - 158.

Knothe, Matthias & Bashayan, Hassan 1997. „Die Revision der EG-Fernsehrichtlinie". In: AfP H. 6, 849 - 857.

Koch, Frank A. 1997. „Grundlagen des Urheberrechtsschutz im Internet und in Online-Diensten". In: *GRUR*, H. 6, 417 - 430.

Köhler, Wolfram (Hg.) 1991. *Der NDR. Zwischen Programm und Politik*. Hannover: Schlütersche Verlagsbuchhandlung.

Kohring, Matthias 1997. *Die Funktion des Wissenschaftsjournalismus*. Ein systemtheoretischer Entwurf. Opladen: Westdeutscher Verlag.

König, René (Hg.) 1962. *Das Interview*. Köln: Kiepenheuer & Witsch.

Koreimann, Dieter S. 1992. *Grundlagen der Softwareentwicklung*. München: Oldenbourg.

Korte, Helmut 1987. „Systematische Filmanalyse als interdisziplinäres Programm". In: Helmut Korte & Werner Faulstich (Hg.), *Filmanalyse interdisziplinär*. Göttingen: Vandenhoeck und Ruprecht.

Korte, Helmut 1995. „Trügerische Realität: Vertigo - Aus dem Reich der Toten (Vertigo, 1958)". In: *Fischer Filmgeschichte*, Band 3: 1945-1960. Frankfurt a.M.: Fischer.

Koschnik, Wolfgang J. 1988. *Standard-Lexikon für Marketing, Marktkommunikation, Markt- und Mediaforschung*. München, London, New York: Saur.

Koszyk, Kurt 1972ff. *Deutsche Presse*. Berlin: Colloquium (Geschichte der deutschen Presse, Bd. III und IV; 1914-1949).

Kottlorz, Peter 1993. *Fernsehmoral. Ethische Strukturen fiktionaler Fernsehunterhaltung*. Berlin: Wissenschaftsverlag Volker Spiess.

Kracauer, Siegfried 1985. Theorie des Films. Die Errettung der äußeren Wirklichkeit. (Orig. New York 1960) Frankfurt/M.

Krallmann, Hermann 1996. *Systemanalyse im Unternehmen*. Geschäftsprozessoptimierung, Partizipative Vorgehensmodelle, Objektorientierte Analyse. München: Oldenbourg.

Kramaschki, Lutz 1993. „Zur Integration von Systemkonzepten in eine empirische Literaturwissenschaft als kritische Sozialwissenschaft" In: Siegfried J. Schmidt (Hg.), *Literaturwissenschaft und Systemtheorie*. Positionen, Kontroversen, Perspektiven. Opladen: Westdeutscher Verlag, 101 – 143.

Krämer, Sybille 1998. „Das Medium als Spur und Apparat." In: S. Krämer (Hg.), *Medien Computer Realität. Wirklichkeitsvorstellungen und Neue Medien*. Frankfurt/M.: Suhrkamp, 73 - 94.

Kreft, Jürgen 1974. „Literaturdidaktik. Zugleich eine Situationsanalyse. Teil 1" In: *Westermanns Pädagogische Beiträge*, H. 1, 46 – 55; Teil 2. In: *Westermanns Pädagogische Beiträge*, H.3, 165 – 173.

Kreimeier, Klaus 1992. *Die Ufa-Story*. München: Hanser.

Kreuzer, Helmut & Reinhold Viehoff (Hg.) 1981. *Literaturwissenschaft und empirische Methoden.* Göttingen: Vandenhoeck & Ruprecht.

Kreuzer, Helmut & Rul Gunzenhäuser (Hg.) 1965. *Mathematik und Dichtung.* München: Nymphenburg.

Kreuzer, Helmut & Thomsen, Christian W. (Hg.) 1993/94. *Geschichte des Fernsehens in der Bundesrepublik Deutschland.* München: Fink (5 Bde).

Kreuzer, Helmut (hg.) 1977. *Literaturwissenschaft, Medienwissenschaft.* Heidelberg : Quelle und Meyer (Medium Literatur ; 6).

Kreuzer, Helmut 1967. „Trivialliteratur als Forschungsproblem. Zur Kritik des deutschen Trivialromans seit der Aufklärung" In: *Deutsche Vierteljahrsschrift für Literaturwissenschaft und Geistesgeschichte*, Jg. 41, 173 – 191.

Kreuzer, Helmut 1975. *Veränderungen des Literaturbegriffs.* Göttingen: Vandenhoeck & Ruprecht.

Kreuzer, Helmut 1975. *Veränderungen des Literaturbegriffs.* Göttingen: Vandenhoeck und Ruprecht (= Kleine Vandenhoeck Reihe; Bd. 1398).

Kreuzer, Helmut 1990. „Zu Aufgaben und Problemen einer philologischen Medienwissenschaft am Beispiel des Fernsehens" In: *Horizonte*. Festschrift für Herbert Lehnert. Hgg.v. Hannelore Mundt, Egon Schwarz, Wilhelm J. Lillyman, Tübingen: Niemeyer, 312 – 327.

Kriener, Markus 1996. „Kommunikative Identität. Zur Vielfalt und Einheit kultureller Kommunikation" In: Miriam Meckel/Markus Kriener (Hrsg.): *Internationale Kommunikation. Eine Einführung*, Opladen: Westdeutscher Verlag, 201 - 212.

Kroner, Marion 1973. *Film, Spiegel der Gesellschaft? Versuch einer Antwort: Inhaltsanlayse des jungen deutschen Films von 1962 bis 1969.* Heidelberg: Quelle und Meyer.

Krüger, Udo Michael 1997. „Politikberichterstattung in den Fernsehnachrichten" In: *Media Perspektiven* 5, 256 - 268.

Kubicek, Herbert/Ulrich Schmid/Heiderose Wagner 1997. *Bürgerinformation durch neue Medien*, Opladen: Westdeutscher Verlag.

Kübler, Hans-Dieter 1982. „Medienbiographien". In: *Medien + Erziehung*, 26.Jg. (1982) H. 4, 194 - 205

Kübler, Hans-Dieter 1988. „Auf dem Weg zur wissenschaftlichen Identität und methodologischen Kompetenz." In: R. Bohn u.a. (Hg.), 1988, 29 - 50.

Kübler, Hans-Dieter 1989. „Medienforschung zwischen Stagnation und Innovation. Eine Skizze des Diskussionsstandes aus der Sicht qualitativer Forschung". In: Dieter Baacke & Hans-Dieter Kübler (Hg.), *Qualitative Medienforschung. Konzepte und Erprobungen.* Tübingen: Niemeyer, 7 – 71.

Kübler, Hans–Dieter 1994. „Medienwissenschaft – Produktanalysen als Grundlage medienpädagogischen Urteilens". In: Hiegemann, Susanne & Swoboda, Wolfgang H. (Hg.), 59 – 99.

Kübler, Hans-Dieter 1996: „Kompetenz der Kompetenz der Kompetenz... Anmerkungen zur Lieblingsmetapher der Medienpädagogik", medien praktisch 1996, 2, 11-15.

Kübler, Hans-Dieter 1997: „'Medienkindheit' und Mediensozialisation. Empirische Substanz oder gängige Metaphern?", medien praktisch 1997, 4, 4-9.

Kübler, Hans-Dieter 1999a: "An der Schwelle zur Informationsgesellschaft: Wie ratlos ist die Didaktik? Und verliert der Deutschunterricht seinen Integrationsanspruch?", in: B. Lecke (Hg.), 113-149.

Kübler, Hans-Dieter 1999b: "Medienkompetenz – Dimensionen eines Schlagwortes", in: F. Schell et al (Hg.), 25-47.

Kuhn, Thomas S. 1976(2). *Die Struktur wissenschaftlicher Revolutionen.* Frankfurt/Main: Suhrkamp.

Kuhn, Thomas S. 1978: „Objektivität, Werturteil und Theoriewahl." In: L. Krüger (Hg.). *Die Entstehung des Neuen. Studien zur Struktur der Wissenschaftsgeschichte.* Frankfurt a.M., 421 - 445.

Kunczik, Michael 1994. „Kommunikationsforschung und Medienpädagogik – Zur Verwertbarkeit kommunikationswissenschaftlicher Forschungsergebnisse". In: Hiegemann, Susanne & Swoboda, Wolfgang H. (Hg.), 111 – 125.

Künzler, Jan 1989. *Medien und Gesellschaft. Die Medienkonzepte von Talcott Parsons, Jürgen Habermas und Niklas Luhmann.* Stuttgart.

Ladeur, Karl-Heinz 2000. „Der ‚Funktionsauftrag' des öffentlich-rechtlichen Rundfunks – auf Integration festgelegt oder selbst definiert? Anmerkungen zu drei Rechtsgutachten" In: *Medien und Kommunikationswissenschaft* 48, 1, 93-106.

Lakatos, Imre 1974. „Falsifikation und die Methodologie wissenschaftlicher Forschungsprogramme" In: Lakatos, I. & A. Musgrave (Hg.), *Kritik und Erkenntnisfortschritt*. Braunschweig, Wiesbaden: Vieweg, 89 – 190.

Lämmert, Eberhard 1969. „Das Ende der Germanistik und ihre Zukunft" In: *Ansichten einer zukünftigen Germanistik*, hgg. von Jürgen Kolbe, München: Hanser 1969, 79 - 104.

Lamnek, Siegfried 1995a. *Qualitative Sozialforschung. Bd.1. Methodologie.* Weinheim: Beltz, Psychologie Verlags Union, 3. korr. Aufl.

Lamnek, Siegfried 1995b. *Qualitative Sozialforschung. Bd. 2. Methoden und Techniken.* Weinheim: Beltz, Psychologie Verlags Union, 3. korr. Aufl.

Lauffer, Jürgen & Volkmer, Ingrid (Hg.) 1995. *Kommunikative Kompetenz in einer sich ändernden Medienwelt.* Opladen: Leske & Budrich.

Laurenson, Diana 1972. „The writer and society." In: *The sociology of literature.* Hg.v. D. Laurenson and A. Swingewood. London: MacGibbon & Kee, 91 – 166.

Lavrakas, Paul J. 1993. *Telephone survey methods. Sampling, selection, and supervision.* London: Sage.

Lazarsfeld, P. F., Berelson, B. & Gaudet, H. 1944. *The people's choice: How the voter makes up his mind in a presidential campaign.* New York (deutsch: 1969. *Wahlen und Wähler: Soziologie des Wahlverhaltens.* Neuwied).

Lazersfeld, Paul F., Berelson, Bernard & Hazel Gaudet 1944. *The Peoples Choice.* New York: Columbia Press.

Lecheler, Helmut 1998. „Einführung in das Medienrecht". In: *Jura*, H. 5, 225 - 231.

Lechler, Peter 1994. „Kommunikative Validierung". In: Günter L. Huber & Heinz Mandl (Hg.), *Verbale Daten: Eine Einführung in die Grundlagen und Methoden der Erhebung und Auswertung.* Weinheim: Beltz, Psychologie Verlags Union, 2. bearb. Aufl., 243 – 258.

Lecke, Bodo (Hg.) 1999: *Literatur und Medien in Studium und Deutschunterricht.* Frankfurt/M.: Peter Lang.

Legewie, Heiner 1995. „Feldforschung und teilnehmende Beobachtung". In: Uwe Flick et al. (Hg.), *Handbuch Qualitative Sozialforschung.* Weinheim: Beltz, Psychologie Verlags Union, 2. Aufl., 189 – 192.

Lenk, Carsten 1997. *Die Erscheinung des Rundfunks, Einführung und Nutzung eines neuen Mediums 1923-1932.* Opladen: Westdeutscher Verlag.

Lerg, Winfried B. 1965. *Die Entstehung des Rundfunks in Deutschland.* Frankfurt/M.: Josef Knecht.

Lerg, Winfried B. 1976. „Mit der Tür ins Haus der Programmgeschichte". In: *Mitteilungen des Studienkreises Rundfunk und Geschichte* 2.Jg. (1976) H. 3, 29 – 31.

Lerg, Winfried B. 1977. „Pressegeschichte oder Kommunikationsgeschichte?" In: Elgar Blühm (Hg.), *Presse und Geschichte. Beiträge zur historischen Kommunikationsforschung.* München: Verlag Dokumentation, 9 – 24.

Lerg, Winfried B. 1982. „Programmgeschichte als Forschungsauftrag. Eine Bilanz und eine Begründung". In: *Studienkreis Rundfunk und Geschichte. Mitteilungen*, 8.Jg. (1982) H.1, 6-17

Lersch, Edgar 1990. *Rundfunk in Stuttgart 1934-1949.* Stuttgart: Süddeutscher Rundfunk.

Lienert, Gustav A. & Raatz, Ulrich 1994. *Testaufbau und Testanalyse.* Weinheim: Beltz, Psychologie Verlags Union, 5. überarb. Aufl.

Lindemann, Margot 1969. *Deutsche Presse bis 1815.* Berlin: Colloquium (Geschichte der deutschen Presse Bd. I).

Lindlof, Thomas R. 1987. *Natural audiences.* Norwood, NJ: Ablex.

Lindlof, Thomas R. 1995. *Qualitative Communication Research Methods.* Thousand Oaks, CA: Sage.

Locke, John 1980. *Bürgerliche Gesellschaft und Staatsgewalt. Sozialphilosophische Schriften.* Leipzig: Philipp Reclam jun.

Löffler, Martin & Ricker, Reinhart [3]1994. *Handbuch des Presserechts.* München.

Löwenthal, Leo. 1964. „The reception of Dostojevski's work in Germany: 1880-1920." In: *The arts in society*, Hg.v. R. Wilson. Englewood Cliffs, NJ: Prentice-Hall, 124 – 147.

Ludes, Peter & Georg Schütte 1998. „Für eine integrierte Medien- und Kommunikationswissenschaft." In: P. Ludes 1998, 33 - 53.

Ludes, Peter 1994. *Visualizing the Public Spheres*. München.

Ludes, Peter 1998. *Einführung in die Medienwissenschaft. Entwicklung und Theorien*. Berlin: Erich Schmidt.

Ludes, Peter 1999. „Medienwissenschaften. Kultur- und sozialwissenschaftliche Perspektiven". In: *Medienfiktionen. Illusion – Inszenierung – Simulation*, hrsg. von Sibylle Bolik, Manfred Kammer, Thomas Kind, Susanne Pütz, Frankfurt/Main: P. Lang, 27 – 34.

Ludes, Peter; Staab, Joachim Friedrich & Schütte, Georg 1997. „Nachrichtenausblendung und Nachrichtenaufklärung". In: H. Schatz, O. Jarren, B. Knaup (Hg.). *Machtkonzentration in der Multimediagesellschaft? Beiträge zu einer Neubestimmung des Verhältnisses von politischer und medialer Macht*. Opladen, 139 - 156.

Luger, Kurt 1989. „Die Macht der Gewohnheit. Wie Jugendliche mit dem Fernsehen umgehen". In: Dieter Baacke & Hans-Dieter Kübler (Hg.), *Qualitative Medienforschung. Konzepte und Erprobungen*. Tübingen: Niemeyer, 223 – 251.

Luhmann, Niklas 1971. „Öffentliche Meinung" In: ders. (Hrsg.): *Politische Planung. Aufsätze zur Soziologie von Politik und Verwaltung*, Opladen: Westdeutscher Verlag, 9 - 34.

Luhmann, Niklas 1985. „Das Problem der Epochenbildung und die Evolutionstheorie". In: Gumbrecht, Hans-Ulrich, Link-Heer, Ursula (Hg.). Epochenschwellen und Epochenstrukturen im Diskurs der Literatur- und Sprachhistorie.. Frankfurt/M., 11 - 33.

Luhmann, Niklas 1988. *Soziale Systeme*. Frankfurt/M.: Suhrkamp.

Luhmann, Niklas 1993. „Ethik als Reflexionstheorie der Moral" In: Ders., *Gesellschaftsstruktur und Semantik*. Studien zur Wissenssoziologie der modernen Gesellschaft. Bd. 3. Frankfurt a.M.: Suhrkamp (Suhrkamp Taschenbuch Wissenschaft 1093).

Luhmann, Niklas 1994. *Die Wissenschaft der Gesellschaft*. Frankfurt am Main: Suhrkamp.

Luhmann, Niklas 1995. „Kultur als historischer Begriff" In: ders.: *Gesellschaftsstruktur und Semantik. Studien zur Wissenssoziologie der modernen Gesellschaft*, Frankfurt/Main: Suhrkamp, 31 - 54.

Luhmann, Niklas 1995. *Die Kunst der Gesellschaft*. Frankfurt am Main: Suhrkamp.

Luhmann, Niklas 1996. *Die Realität der Massenmedien*, 2. erweiterte Auflage. Frankfurt a.M.

Luhmann, Niklas 1997. *Die Gesellschaft der Gesellschaft*. Frankfurt a. M.: Suhrkamp.

Luhmann, Niklas 1999. „Öffentliche Meinung und Demokratie". In: Maresch, Rudolf, Werber, Niels (Hg.). Kommunikation – Medien – Macht. Frankfurt/M., 19 - 34.

Lüscher, Kurt & Michael Wehrspaun 1985. "Medienökologie: Der Anteil der Medien an unserer Gestaltung der Lebenswelten" In: *ZSE*, 5.Jg., H.2, 187 – 204.

Lutz, Brigitta 1991. „Die telemetrische Messung der Fernsehnutzung von Kindern – Methode, Ergebnisse, Probleme". In: Tietze, Wolfgang & Roßbach, Hans-Günther (Hg.), *Mediennutzung und Zeitbudget. Ansätze, Methoden, Probleme*. Wiesbaden: Deutscher Universitäts Verlag, 86 – 108.

Lyotard, Jean-François 1984. „Das Erhabene und die Avantgarde". In: *Merkur* 424, 151-164.

Lyotard, Jean-François 1986. *Philosophie und Malerei im Zeitalter ihres Experimentierens*. Berlin: Merve.

Maletzke, Gerhard 1963. *Psychologie der Massenkommunikation*. Hamburg: Verlag Hans Bredow Institut

Maletzke, Gerhard 1980. „Integration – eine gesellschaftliche Funktion der Massenkommunikation" In: *Publizistik* 25, 2-3, 199 - 206.

Maletzke, Gerhard 1988. *Massenkommunikationstheorien*. Tübingen: Niemeyer.

Maletzke, Gerhard 1998. *Kommunikationswissenschaft im Überblick. Grundlagen, Probleme, Perspektiven*. Opladen / Wiesbaden: Westdeutscher Verlag.

Maletzke, Gerhard 1998. *Kommunikationswissenschaft im Überblick.* Opladen: Westdeutscher Verlag.

Mandl, Heinz; Reinmann-Rothmeier, Gabi & Gräsel, Cornelia 1998: Gutachten zur Vorbereitung des Programms "Systematische Einbeziehung von Medien, Informations- und Kommunikationstechnologien in Lehr- und Lernprozesse". Bonn: BLK (Materialien zur Bildungsplanung und Forschungsförderung Heft 66).

Manguel, Alberto 1998. *Eine Geschichte des Lesens.* Darmstadt: Wissenschaftliche Buchgesellschaft.

Manovich, Lev 2000. *Was ist digitaler Film.* http://www.heise.de/tp/deutsch/html/result.xhtml? url=/tp/deutsch/special/film

Marcinkowski, Frank 1994. *Publizistik als autopoietisches System.* Opladen: Westdeutscher Verlag.

Mares, M.-L. & Cantor, J. 1992. Elderly viewer's responses to televised portayals of old age. Empathy and mood management versus social comparison. In: *Communication Research Jg. 4,* 459 – 478.

Maresch, Rudolf 1995. „Medientechnik. Das Apriori der Öffentlichkeit". In: *Neue Gesellschaft/ Frankfurter Hefte* 1995, H. 9, 790 – 799.

Maresch, Rudolf 1996. „Mediatisierung: Dispositiv der Öffentlichkeit 1800/2000". In: Ders. (Hg.): *Medien und Öffentlichkeit.* München: Boer, 9 – 29.

Maresch, Rudolf 2000. *Kommunikation - Medien - Macht.* http://www.heise.de/tp /deutsch/inhalt /co/2879/1.html

Margreiter, Reinhard 1999. „Realität und Medialität. Zur Philosophie des ‚Medial Turn'" In: *Medien Journal. Zeitschrift für Kommunikationskultur,* Jg. 23, H. 1, 9 – 18.

Martino, Alberto 1990. *Die deutsche Leihbibliothek. Geschichte einer literarischen Institution.* Wiesbaden.

Maturana, Humberto R. 1977. *Biologie der Kognition.* Paderborn: FeoLL.

Maturana, Humberto R. 1982. *Erkennen: Die Organisation und Verkörperung von Wirklichkeit.* Braunschweig, Wiesbaden: Vieweg.

Mayring, Philipp 1995[5]. *Qualitative Inhaltsanalyse: Grundlagen und Techniken.* Weinheim: Deutscher Studien-Verlag.

Mayring, Philipp 1996. *Einführung in die qualitative Sozialforschung.* Weinheim: Beltz, Psychologie Verlags Union, 3. überarb. Aufl.

McCombs, Maxwell E./Donald L. Shaw 1972. "The Agenda-Setting Function of Mass Media" In: *Public Opinion Quarterly* 36, 2, 176 - 187.

McLaren, Peter et al. 1995. *Rethinking Media Literacy. A Critical Pedagogy of Representation.* New York u.a.: Lang.

McLuhan, Marshall & Bruce R.Powers 1995. *The Global Village.* Paderborn: Junfermann.

McLuhan, Marshall & Powers, Bruce R. 1995. *The Global Village.* Der Weg der Mediengesellschaft in das 21 Jahrhundert. (Orig. Oxford 1989) Paderborn.

McLuhan, Marshall 1962/1968. *The Gutenberg Galaxy.* Toronto: Toronto University Press (Orig. 1962; dt. Düsseldorf, Wien: Econ 1968).

McLuhan, Marshall 1964/1968. *Unterstanding Media.* New York u.a.: McGraw-Hill (Orig. 1964; dt. Düsseldorf, Wien: Econ 1968).

McLuhan, Marshall 1968. *Die magischen Kanäle.* (Orig. 1964) Düsseldorf/Wien 1968.

McLuhan, Marshall 1968. *Understanding Media.* New York: McGraw-Hill

McLuhan, Marshall 1995. *Die Gutenberg-Galaxis.* Das Ende des Buchzeitalters. (Orig. Toronto 1962) Bonn/Paris u.a.

McLuhan, Marshall 1996. *Die mechanische Braut.* Volkskultur des industriellen Menschen. (Orig.: New York 1951) Amsterdam.

McQuail, Denis 1994. *Mass communication theory. An introduction. Third edition.* London: Sage Publications.

Mead, George H. 1934. *Mind, Self and Society.* Chicago: University of Chicago Press.

Meadows, Dennis L. et al 1972. *Die Grenzen des Wachstums.* Stuttgart: DVA.

Meckel, Miriam 1994. *Fernsehen ohne Grenzen? Europas Fernsehen zwischen Integration und Segmentierung*, Opladen: Westdeutscher Verlag.

Meckel, Miriam 1999. *Redaktionsmanagement. Ansätze aus Theorie und Praxis*, Opladen/Wiesbaden: Westdeutscher Verlag.

Mendelssohn, Peter de 1982. *Zeitungsstadt Berlin*. Frankfurt/M.

Merkert, Paul Rainald 1992. *Medien und Erziehung*. Darmstadt: Wissenschaftliche Buchgesellschaft.

Merkert, Paul Rainald 1997 (5. Aufl.). „Medienpädagogik". In: Hierdeis, Helmwart & Hug, Theo (Hg.). *Taschenbuch der Pädagogik*, Bd. 3, Baltmannsweiler: Schneider–Verlag–Hohengehren, 1057 – 1066 (cf. CD–ROM der Pädagogik, 1996).

Merten, Klaus 1977. *Kommunikation. Eine Begriffs- und Prozeßanalyse*. Opladen: Westdeutscher Verlag

Merten, Klaus 1983. *Inhaltsanalyse: Einführung in Theorie, Methode und Praxis*. Opladen: Westdeutscher Verlag.

Merten, Klaus 1985. „Some Silence in the Spiral of Silence" In: Keith R. Sanders/ Linda L. Kaid/Dan D. Nimmo (eds.): *Political Communication Yearbook*, Carbondale, 31 - 42.

Merten, Klaus 1993. *Darstellung von Gewalt im Fernsehen*. Münster, unveröff. Ms.

Merten, Klaus 1994. "Evolution der Kommunikation" In: Merten, K.; Schmidt, S.J. & S.Weischenberg (Hg.), *Die Wirklichkeit der Medien. Eine Einführung in die Kommunikationswissenschaft*. Opladen: Westdeutscher Verlag, 141 - 162.

Merten, Klaus 1994. „Wirkungen von Kommunikation" In: Merten, K.; Schmidt, S.J. & S.Weischenberg (Hg.), *Die Wirklichkeit der Medien*. Eine Einführung. Opladen: Westdeutscher Verlag, 291 – 328.

Merten, Klaus 1995. „Konstruktivismus als Theorie für die Kommunikationswissenschaft." In: *Medien Journal*, H. 4/1995, 3 - 20.

Merten, Klaus 1995. „Konstruktivismus in der Wirkungsforschung" In: Schmidt, S.J. (Hg.), Empirische Literatur- und Medienforschung. Siegen: LUMIS, 72 – 86.

Merten, Klaus, Schmidt, Siegfried J. & Siegfried Weischenberg (Hg.) 1994. *Die Wirklichkeit der Medien. Eine Einführung in die Kommunikationswissenschaft*. Opladen: Westdeutscher Verlag.

Merton, Robert K. & Kendall, Patricia L. 1979. „Das fokussierte Interview". In: Christel Hopf & Elmar Weingarten (Hg.), *Qualitative Sozialforschung*. Stuttgart: Klett, 171 – 204.

Metzger, Hans-Joachim 1997. „Genesis in Silico". In: Warnke, Martin, Coy, Wolfgang, Tholen, Georg Christoph (Hg.). HyperKult. Geschichte, Theorie und Kontext digitaler Medien. Basel, Frankfurt/M., 461-510.

Meyer, Freiderike & Claus-Michael Ort 1988. „Konzept eines struktural-funktional Theoriemodells für eine Sozialgeschichte der Literatur" In: Heydebrandt, R.v.; Pfau, D. & J.Schönert (Hg.), *Zur theoretischen Grundlegung einer Sozialgeschichte der Literatur*. Tübingen: Niemeyer, 85 – 184.

Meyer, Freiderike & Claus Michael Ort (Hg.) 1990. *Literatursystem – Literatur als System*. Frankfurt/Main – Bern: P. Lang (= Sonderheft SPIEL, Jg. 9, H.1).

Meyer, Leonard 1967. *Music, the arts and ideas*. Chicago: University of Chicago Press.

Meyer, Peter 1978. *Medienpädagogik. Entwicklung und Perspektiven*. Königstein/Taunus: Hain.

Meyer, Thomas 1997. „Verfügungsmacht, Wettbewerb und Präsentationslogik. Einflußfaktoren auf den politischen Diskurs in den elektronischen Massenmedien". In: H. Schatz, O. Jarren, B. Knaup (Hg.). *Machtkonzentration in der Multimediagesellschaft? Beiträge zu einer Neubestimmung des Verhältnisses von politischer und medialer Macht*. Opladen, 65 - 77.

Meyrowitz, Joshua 1985. *No Sense of Place. The Impact of Electronic Media on Social Behavior*. New York, Oxford.

Meyrowitz, Joshua 1993. „Images of Media: Hidden Ferment - and Harmony - in the Field". In: *Journal of Communication*, Vol. 43, 55 - 66.

Miebach, Bernhard 1991. *Soziologische Handlungstheorie. Eine Einführung*, Opladen: Westdeutscher Verlag.

Mikos, L. 1994. *Fernsehen im Erleben der Zuschauer: Vom lustvollen Umgang mit einem populären Medium.* Berlin.

Mill, John Stuart 1991. *Der Utilitarismus.* Durchgesehene Ausgabe 1985. Stuttgart: Philipp Reclam jun.

Miller, George A., Eugene Galanter & Karl H. Pribram, 1960. *Plans and the Structure of Behavior.* New York: Holt, Rinehard & Winston.

Mitchell, William J. Mitchell 1998. *The Reconfigured Eye. Visual Truth in the Post-Photographic Era.* Cambridge: MIT-Press.

Möller, Felix 1998. *Der Filmminister. Goebbels und der Film im Dritten Reich.* Berlin: Henschel.

Monaco, James 1981. *How to read a film.* New York, Oxford: Oxford UP.

Moravec, Hans 1988. Mind Children. The Future of Robot and Human Intelligence. Cambridge Mass.

Morgan, Michael/James Shanahan 1997. "Two Decades of Cultivation Research: An Appraisal and Meta-Analysis" In: Brant R. Burleson (ed.): *Communication Yearbook. Annual Review of Communication Research*, Volume 20, Newbury Park: Sage Publications, 1 - 46.

Moser, Heinz 1995. *Einführung in die Medienpädagogik. Aufwachsen im Medienzeitalter.* Opladen: Leske & Budrich.

Moulin, Raymonde 1987. *The French art market. A sociological view [Abridged edition of Le marché de la peinture en France, first published in 1967 by Editions de Minuit].* Translated by Arthur Goldhammer. New Brunswick and London: Rutgers University Press.

Müllender, Bernd & Nöllenheidt, Achim (Hg.) 1994. *Am Fuß der blauen Berge.* Essen: Klartext.

Müller, Corinna 1994. *Frühe deutsche Kinematographie. Formale, wirtschaftliche und kulturelle Entwicklungen 1907-1912.* Stuttgart, Weimar: Metzler.

Müller, Hans Dieter 1968. *Der Springer-Konzern.* München.

Müller, Jürgen E. 1994. „Intermedialität und Medienwissenschaft. Thesen zum State of the Art". In: *montage/av*, Zs. f. Theorie und Geschichte audiovisueller Kommunikation, 3. Jg., H. 2/1994, 119 - 138.

Mummendey, H. D. 1995. *Die Fragebogen-Methode: Grundlagen und Anwendung in Persönlichkeits-, Einstellungs- und Selbstkonzeptforschung.* Göttingen: Hogrefe.

Münch, Richard 1995. *Dynamik der Kommunikationsgesellschaft.* Frankfurt a.M.: Suhrkamp.

Münch, Richard 1997. „Mediale Kommunikationsdynamik". In: H. Schanze, P. Ludes (Hg.). *Qualitative Perspektiven des Medienwandels. Positionen der Medienwissenschaft im Kontext Neuer Medien.* Opladen: Westdeutscher Verlag, 64 - 79.

Münch, Richard 1998. „Kulturkritik und Medien – Kulturkommunikation" In: Ulrich Saxer (Hrsg.): *Medien-Kulturkommunikation* (= Publizistik-Sonderheft 2), Opladen/Wiesbaden: Westdeutscher Verlag, 55 - 66.

Münch, Richard 1998. *Globale Dynamik und lokale Lebenswelten. Der schwierige Weg in die Weltgesellschaft.* Frankfurt a.M.: Suhrkamp.

National Endowment for the Arts. 1982/1992. *A sourcebook of art statistics.* Washington, DC: NEA

Neisser, Ulric 1974. Kognitive Psychologie. Stuttgart: Klett.

Neue Ansichten einer zukünftigen Germanistik, hg. von Jürgen Kolbe, München: Hanser 1973

Neuschäfer, Hans-Jörg u.a. 1986. *Der französische Feuilletonroman.* Darmstadt: Wissenschaftliche Buchgesellschaft.

Neuß, Norbert 1997. „Angewandte Medienpädagogik – ihre Institutionalisierung und Professionalisierung". In: *merz, Medien und Erziehung*, Jg. 41, H. 323 – 327.

Newcomb, Th.M.. 1953. „An Approach to the Study of Communicative Acts" In: *Psychological Review*, Vol. 60, 393 – 404.

Nierlich, Edmund 1984. „Wissenschaftstheoretische Überlegungen zu einer praxisentfaltenden empirischen Literaturwissenschaft" In: Finke, Peter & Siegfried J. Schmidt (Hg.), *Analytische Literaturwissenschaft.* Braunschweig, Wiesbaden: Vieweg (= Wissenschaftstheorie, Wissenschaft und Philosophie; Bd. 22), 203 – 239.

Nies, Fritz 1996. *Literaturimport und Literaturkritik: das Beispiel Frankreich. .* Tübingen: Gunter Narr Verlag.

Noelle-Neumann, Elisabeth 1996. *Öffentliche Meinung. Die Entdeckung der Schweigespirale*. Erweiterte Ausgabe, Berlin: Ullstein.

Noelle-Neumann, Elisabeth, Winfried Schulz & Jochen Wilke (Hg.) 1995. *Das Fischer Lexikon Publizistik Massenkommunikation*. Frankfurt/M.: Fischer TBV (12260).

Nutz, Walter 1962. *Der Trivialroman*. Seine Formen und Hersteller. Köln: Kiepenheuer & Witsch.

Nutz, Walter, Katharina Genau & Volker Schlögell (Hg.) 1999. *Trivialliteratur und Popularkultur*. Vom Heftromanleser zum Fernsehzuschauer ; eine literatursoziologische Analyse unter Einschluß der Trivialliteratur der DDR. Opladen: Westdeutscher Verlag.

Oberreuter, Heinrich 1990. „Mediatisierte Politik und politischer Wertewandel" In: Michael Kunczik/Uwe Weber (Hrsg.): *Fernsehen. Aspekte eines Mediums*, Köln: Böhlau, 166 - 178.

Oliver, M. B. 1993. Exploring the paradox of the enjoyment of sad films. In: *Human communication research Jg. 3*, 315 – 342.

Ong, Walter J. 1987. *Oralität und Literalität. Die Technologisierung des Wortes*. Opladen: Westdeutscher Verlag.

Oosterbaan Martinius, Warna 1990. *Schoonheid, welzijn, kwaliteit. Kunstbeleid en verantwoording na 1945 [Beauty, welfare, quality. Art policy and its legitimization after 1945*. The Hague: Gary Schwartz / SDU.

Ossimitz, Günther. 1990. *Materialien zur Systemdynamik*. Wien: Profil.

Oudart, Jean-Pierre 1977-78. "Cinema and Suture". In: *Screen*, vol 18, no. 4, 35 - 47.

Paech, Anne & Paech, Joachim 2000. *Menschen im Kino. Film und Literatur erzählen*. Stuttgart, Weimar: Metzler.

Paech, Anne 1985. *Kino zwischen Stadt und Land. Geschichte des Kinos in der Provinz: Osnabrück*. Marburg: Jonas.

Paech, Joachim 1988. *Literatur und Film*. Stuttgart: Metzler.

Paech, Joachim 1994. „Das Bild zwischen den Bilder". In: *Film, Fernsehen, Video und die Künste*. Hg. V. Joachim Paech. Stuttgart und Weimar: Metzler, 163 - 178.

Paech, Joachim 1997. „Paradoxien der Auflösung und Intermedialität". In: *Hyperkult. Geschichte, Theorie und Kontext digitaler Medien*. Hg. v. Martin Warnke, Wolfgang Coy & Georg C. Tholen. Basel und Frankfurt am Main: Stroemfeld, 331 - 367.

Palm, Goedart 2000. *Krieg als Information*. http://www.heise.de/tp/deutsch/html

Palmgreen, P. & Rayburn II, J. D. 1979. Uses and Gratifications and Exposure to Public Television. In: *Communication Research Jg. 6* (2), 155 – 179.

Palmgreen, Philipp. 1984. „Der „Uses and Gratifications-Approach". Theoretische Perspektiven und praktische Relevanz" In: *Rundfunk und Fernsehen* 1, 51 – 62.

Panofsky, Erwin 1960. *Idea. Ein Beitrag zur Begriffsgeschichte der älteren Kunsttheorie*. Berlin: Hessling.

Parkhurst Clark, Priscilla 1987. *Literary France. The making of a culture*. Berkely, CA: University of California Press.

Parsons, Talcott 1976. *Zur Theorie sozialer Systeme*. Opladen: Westdeutscher Verlag.

Paschke, Marian 1993. *Medienrecht*. Berlin/ Heidelberg/ New York.

Pelles, Geraldine 1963. *Art, artists and society. Origins of a modern dilemma. Painting in England and France 1750-1850*. Englewoord Cliffs, NJ: Prentice-Hall.

Peters, Butz 1997. „Die publizistische Sorgfalt". In: *NJW*, H. 20, 1334 - 1340.

Peterson, Richard A. 1994. „Cultural studies through the production perspective: Progress and prospects." In: *The sociology of culture. Emerging theoretical perspectives*. Hg. v. D. Crane. Cambridge, MA: Basil Blackwell, 163 – 189.

Pevsner, Nikolaus 1970. „French and Dutch artists in the seventeenth century." In: *The sociology of art and literature*. Hg. v. M. C. Albrecht et al. London: Duckworth, 363 – 369.

Pfeiffer, K. Ludwig 1999. Das Mediale und das Imaginäre. Dimensionen kulturanthropologischer Medientheorie. Frankfurt/M.: Suhrkamp.

Pias, Claus & Joseph Vogl e.a. (Hg.) 1999. *Kursbuch Medienkultur. Die maßgeblichen Theorien von Brecht bis Baudrillard.* Stuttgart: DVA.

Pieroth, Bodo & Schlink, Bernhard 1997 (13.Aufl.). *Grundrechte. Staatsrecht II.* Heidelberg.

Plumpe, Gerhard & Nils Werber 1993. „Literatur ist codierbar. Aspekte einer systemtheoretischen Literaturwissenschaft" In: Schmidt, S.J. (Hg.), *Literaturwissenschaft und Systemtheorie.* Opladen: Westdeutscher Verlag, 9 – 43.

Ponton, R. 1977. *Le champ litteraire de 1865 a 1905.* Paris: EHESS.

Porges, Friedrich 1946. *Die Geschichte des Films.* Basel: Verlag für Wissenschaft, Technik und Industrie.

Postman, Neil 1983. *Das Verschwinden der Kindheit.* Frankfurt/M.: S. Fischer.

Postman, Neil 1985. *Wir amüsieren uns zu Tode. Urteilsbildung im Zeitalter der Unterhaltungsindustrie.* Frankfurt/M.: S. Fischer.

Potter, W. James 1998: *Media Literacy.* Thousand Oaks, London, New Delhi: Sage Publications.

Pöttinger, Ida 1997: Lernziel Medienkompetenz. Theoretische Grundlagen und praktische Evaluation anhand eines Hörspielprojektes. München: KoPäd Verlag.

Powell, Walter W. 1985. *Getting into print. The decision-making process in scholarly publishing.* Chicago: The university of Chicago Press.

Prigogine, Ilya 1976. „Order through Fluctuation: Self-Organisation and Social System" In: Jantsch, E. & C.H.Waddington (Eds.), *Evolution and Conciousness.* Human Systems in Transition. Reading, Mass.: Addison-Wesley, 93 – 133.

Prigogine, Ilya 1980. *Vom Sein zum Werden.* Zeit und Komplexität in den Naturwissenschaften. München, Zürich: Piper.

Prinz, Matthias 1995. „Der Schutz der Persönlichkeitsrechte vor Verletzungen durch die Medien". In: NJW, H. 13, 817 - 821.

Prinzler, Hans Helmut 1995. *Chronik des deutschen Films.* Stuttgart, Weimar: Metzler.

Probst, Gilbert J.B. & Peter Gomez 1984. „Systemdenken im Management" In: *Schweizerische Zeitschrift für kaufmännisches Bildungswesen,* 6, 179 – 193.

Prokop, Dieter 1985. *Medienforschung.* (3. Bd.). Frankfurt/M.: Fischer

Pross, Harry 1987. „Geschichte und Mediengeschichte". In: Manfred Bobrowsky; Wolfgang Duchkowitsch & Hannes Haas (Hg.), *Medien- und Kommunikationsgeschichte. Ein Textbuch zur Einführung.* Wien: Braumüller, 8 – 15.

Prümm, Karl 1992. „Die schöpferische Rolle des Kameramannes". In: UFITA, *Archiv für Urheber-, Film-, Funk- und Theaterrecht,* Bd. 118, 23 – 55.

Quéau, Philippe 1999. „Das globale Gemeinwohl. Politische Entscheidungsfindung und Cyberspace". In: Rötzer, Florian (Hg.). *Megamaschine Wissen.* Vision: Überleben im Netz. Frankfurt/M./New York, 203 - 222.

Rathmayr, Bernhard 1996. *Die Rückkehr der Gewalt. Faszination und Wirkung medialer Gewaltdarstellung.* Wiesbaden: Quelle & Meyer.

Rauch, Hans 1985. *Modelle der Wirklichkeit.* Simulation dynamischer Systeme mit dem Mikrocomputer. Hannover: Heise.

Reck, Hans U. 1994. *Zugeschriebene Wirklichkeit.* Würzburg: Königshausen und Neumann.

Rehlinger, Bruno 1938. *Der Begriff Filmisch.* Emsdetten: Verlagsanstalt Heinrich und J Lechte.

Reichertz, Jo 1995. „Die objektive Hermeneutik – Darstellung und Kritik". In: Eckard König & Peter Zedler (Hg.), *Bilanz qualitativer Forschung. Bd. 2. Methoden.* Weinheim: Deutscher Studienverlag, 379 – 423.

Reichwein, Adolf 1938. *Film in der Landschule.* Stuttgart: Kohlhammer.

Rein, Antje v. (Hg.) 1996. *Medienkompetenz als Schlüsselbegriff.* Bad Heilbrunn: Klinkhardt.

Reips, Ulf-Dieter 1997. „Das psychologische Experimentieren im Internet". In: Bernad Batinic (Hg.), *Internet für Psychologen.* Göttingen etc.: Hogrefe, 245 – 265.

Renckstorf, Karsten 1973. Alternative Ansätze der Massenkommunikationsforschung: Wirkungs- vs. Nutzenansatz. In: *Rundfunk und Fernsehen Jg. 21,* 183 – 197.

Renckstorf, Karsten 1977. *Neue Perspektiven in der Massenkommunikationsforschung. Beiträge zur Begründung eines alternativen Forschungsansatzes.* Berlin: Spiess.

Renckstorf, Karsten 1998. *Kommunikationswissenschaft heute. Forschungsproblem, theoretische Perspektiven und Forschungsfragen.* Bonn: ZV.

Rhein, Eduard 1954. *Das Wunder der Wellen.* Berlin: Deutscher Verlag.

Rheingold, Howard 1992. *Virtuelle Welten.* Reinbek b. Hamburg: Rowohlt.

Rheingold, Howard 1994. *Virtuelle Gemeinschaft.* Soziale Beziehungen im Zeitalter des Computers. (Orig. 1993) Bonn/Paris u.a.

Rickert, Ludwig 1993. *Medien heute. Grundlagen – Forschung – Pädagogik.* Ein annotiertes Literaturverzeichnis herausgegeben vom Institut Jugend Film Fernsehen. München: KoPäd Verlag.

Ridgeway, Sally. 1989. „Artist groups: Patrons and gatekeepers." In: *Art and society. Readings in the sociology of the arts.* Hg. v. A. W. Foster & J. R. Blau. Albany: State University of New York Press.

Riedel, Heide 1999. *Lieber Rundfunk...75 Jahre Hörergeschichte(n).* Berlin: Vistas.

Riess, Curt 1956. *Das gab's nur einmal. Das Buch der schönsten Filme unseres Lebens.* o.O.: Bertelsmann.

Robertson, James & Suzanne Robertson 1996. *Vollständige Systemanalyse.* München, Wien: Hanser.

Rogge, Klaus-Eckard 1981. *Physiologische Psychologie. Ein Lehrbuch.* München etc.: Urban & Schwarzenberg.

Rollin, R. B. 1976. „Trash gratia artis: Popular culture as literature." In: *Intellect* 105, 191 – 194.

Roloff, Volker 1999. „Intermedialität als neues Forschungsparadigma der Allgemeinen Literaturwissenschaft". In: Carsten Zelle (Hg.), *Allgemeine Literaturwissenschaft. Konturen und Profile im Pluralismus.* Opladen/Wiesbaden: Westdeutscher Verlag, 115-127.

Röper, Horst 1994. „Das Mediensystem der Bundesrepublik Deutschland" In: Merten, K.; Schmidt, S.J. & S.Weischenberg (Hg.), *Die Wirklichkeit der Medien. Eine Einführung.* Opladen: Westdeutscher Verlag, 506 – 543.

Röper, Horst 1999. „Formationen deutscher Medienmultis" In: *MediaPerspektiven,* 7, 345 – 378.

Rosengren, K. E., Wenner, L. A. & Palmgreen, P. (Hg.) 1985. *Media Gratifications Research: Current Perspectives.* Beverly Hills.

Rosengren, Karl E. 1983. *The climate of literature. Sweden's literary frame of reference 1953-1976.* Lund: Studentlitteratur.

Rosengren, Karl E. 1987. „Literary criticism: Future invented." In: *Poetics. Journal of Empirical Research on Literature, the Media and the Arts* 16, 295 – 326.

Rosenthal, Georg 1989. „Zur Ethik der Medienproduktion" In: Wunden, Wolfgang (Hg.), *Medien zwischen Markt und Moral.* Beiträge zur Medienethik l. Stuttgart: J. F. Steinkopf, 139 - 155

Roßnagel, Alexander 1998. "Neues Recht für Multimediadienste". In: *NVwZ,* H. 1, 1 – 8.

Rother, Rainer 1991. *Bilder schreiben Geschichte: Der Historiker im Kino.* Berlin: Wagenbach.

Rötzer, Florian 1998. Digitale Weltentwürfe. Streifzüge durch die Netzkultur. München, Wien: Hanser.

Rousseau, Jean Jaques 1958. *Emil oder über die Erziehung.* I.–IV. Buch. Paderborn: Schöningh (frz. Org. 1762).

Rubin, A. M. 1979. Television use by children and adolescents. In: *Human Communication Research Jg.* 5 (2), 109 – 120.

Rubin, A. M. 1994. Media Uses and Effects: A Uses-and-Gratifications Perspective. In: J. Bryant & D. Zillmann (Hg.). *Media Effects. Advances in Theory and Research.* Hillsdale, 417 – 436.

Rühl, Manfred & Saxer, Ulrich 1981. „25 Jahre deutscher Presserat. Ein Anlaß für Überlegungen zu einer kommunikationswissenschaftlich fundierten Ethik des Journalismus und der Massenkommunikation" In: *Publizistik,* 26. Jg. (1981), H. 4, 471 – 507.

Rühl, Manfred 1980. *Journalismus und Gesellschaft. Bestandsaufnahme und Theorieentwurf.* Mainz: Hase & Köhler

Rühl, Manfred 1985. „Integration durch Massenkommunikation? Kritische Anmerkungen zum klassischen Integrationsbegriff" In: Ulrich Saxer (Hrsg.): *Gleichheit oder Ungleichheit durch Massenmedien? Homogenisierung – Differenzierung der Gesellschaft durch Massenkommunikation*, München: Ölschläger, 19 - 32.

Rühl, Manfred 1993. „Marktpublizistik. Oder: Wie alle – reihum – Presse und Rundfunk bezahlen" In: *Publizistik* 38, 2, 125 - 152.

Rusch, Gebhard & Reinhold Viehoff 1990. „50 – ein SPIEL-Gespräch mit S.J. Schmidt über Wissenschaft, Kunst, Leben, Kunst, Wissenschaft" In: *SPIEL. Siegener Periodicum zur Internationalen Empirischen Literaturwissenschaft*, Jg. 9, H. 2, 437 – 452.

Rusch, Gebhard 1987. *Von einem konstruktivistischen Standpunkt. Erkenntnis, Wissenschaft, Geschichte*. Frankfurt/M.: Suhrkamp

Rusch, Gebhard 1991. „Zur Systemtheorie und Phänomenologie von Literatur. Eine holistische Perspektive" In: *SPIEL*, Jg. 10, H.2, 305 – 339.

Rusch, Gebhard 1993. „Literatur in der Gesellschaft" In: S.J.Schmidt (Hg.), *Literaturwissenschaft und Systemtheorie*. Opladen: Westdeutscher Verlag, 170 – 193.

Rusch, Gebhard 1993. „Phänomene, Systeme, Episteme. Zur aktuellen Diskussion systemtheoretischer Ansätze in der Literaturwissenschaft" In: Henk de Berg & Matthias Prangel (Hg.), *Kommunikation und Differenz*. Systemtheoretische Ansätze in der Literatur- und Kunstwissenschaft, Opladen: Westdeutscher Verlag, 228 – 244.

Rusch, Gebhard 1994. *Systemtheorien in der germanistischen Literaturgeschichtsschreibung*. Lumis-Schriften Bd. 38. Siegen: LUMIS.

Rusch, Gebhard 1998. *From Face-to-Face to Face-to-Face. Zehn Schritte von der mündlichen Kommunikation zum Cyberspace*. LUMIS-Schriften Bd. 53/1998, Siegen.

Rusch, Gebhard 1999. „The status of authors within literary systems: Challenging the canon. An explorative investigation of Alfred Doblin's status within the German literary system in 1997." In: *Poetics. Journal of Empirical Research on Literature, the Media and the Arts* 26, 367 – 384.

Rusch, Gebhard 1999a. „Eine Kommunikationstheorie für kognitive Systeme" In: Rusch, G. & S.J.Schmidt (Hg.), *Konstruktivismus in der Kommunikations- und Medienwissenschaft*. Frankfurt/M: Suhrkamp, 150 – 184.

Rusch, Gebhard 1999b. „Konstruktivistische Theorien des Verstehens" In: Rusch, G. (Hg.), *Wissen und Wirklichkeit. Beiträge zum Konstruktivismus*. Heidelberg, 127 – 160.

Rustemeyer, Ruth 1992. *Praktisch-methodische Schritte der Inhaltsanalyse*. Münster: Aschendorff.

Rütter, Theodor 1973. *Formen der Testaufgabe*. München: Beck.

Ryan, John & Richard A. Peterson. 1982. „The product image: The fate of creativity in country music writing." In: *Annual reviews of communication research* 10, 11 - 32

Sander, Uwe & Vollbrecht, Ralf 1989. „Mediennutzung und Lebensgeschichte. Die biographische Methode in der Medienforschung". In: Dieter Baacke & Hans-Dieter Kübler (Hg.), *Qualitative Medienforschung. Konzepte und Erprobungen*. Tübingen: Niemeyer, 161 – 176.

Sanders, Barry 1995. *Der Verlust der Sprachkultur*. (Orig. New York 1994) Frankfurt/M.: S.Fischer.

Saxer, Ulrich 1985. „Journalistische Ethik - eine Chimäre? 7 kommunikationssoziologische Thesen zum Widerspruch ihres Anspruches und ihrer Geltungsrealität" In: Maier, Hans (Hg.), *Ethik der Kommunikation*. Freiburg: Universitätsverlag Freiburg Schweiz (Arbeiten aus dem Institut für Journalistik und Kommunikationswissenschaften an der Universität Freiburg Schweiz), 43 – 52.

Saxer, Ulrich 1985. „Vorwort" In: ders. (Hrsg.): *Gleichheit oder Ungleichheit durch Massenmedien? Homogenisierung – Differenzierung der Gesellschaft durch Massenkommunikation*, München: Ölschläger, IX-XXI.

Saxer, Ulrich 1994. „Journalisten in der Medienkonkurrenz". In: *Publizistik*, Jg. 39, H. 1, 4 - 12.

Saxer, Ulrich 1997. „Konstituenten einer Medienwissenschaft". In: Schanze, Helmut, Ludes, Peter (Hg.). *Qualitative Perspektiven des Medienwandels*. Opladen, 15 - 26.

Saxer, Ulrich 1998. „System, Systemwandel und politische Kommunikation" In: Otfried Jarren/Ulrich Sarcinelli/Ulrich Saxer (Hrsg.): *Politische Kommunikation in der demokratischen Gesellschaft. Ein Handbuch mit Lexikonteil*, Opladen/Wiesbaden: Westdeutscher Verlag, 21-64.

Schäfer, Bernd 1983. „Semantische Differential Technik". In: Hubert Feger & Jürgen Bredenkamp (Hg.), *Datenerhebung* (Enzyklopädie der Psychologie, Methodologie und Methoden, Forschungsmethoden der Psychologie, Bd. 2). Göttingen: Hogrefe, 154 – 221.

Schandry, Rainer 1988. *Lehrbuch Psychophysiologie. Körperliche Indikatoren psychischen Geschehens.* München u. Weinheim: Psychologie Verlags Union, 2. überarb. Aufl.

Schatz, Heribert 1982. „Interessen- und Machtstrukturen im Interaktionsfeld von Massenmedien und Politik" In: Heribert Schatz/Klaus Lange (Hrsg.): *Massenkommunikation und Politik. Aktuelle Probleme und Entwicklungen im Massenkommunikationssystem der Bundesrepublik Deutschland*, Frankfurt/Main: Haag und Herchen, 6 - 20.

Scheele, Brigitte & Groeben, Norbert 1988. *Dialog-Konsens-Methoden zur Rekonstruktion Subjektiver Theorien.* Tübingen: Francke.

Scheele, Brigitte & Schreier, Margrit 1994. „Dialog-Konsens-Methoden in der Empirischen Literaturwissenschaft". In: Achim Barsch; Gebhard Rusch & Reinhold Viehoff (Hg.), *Empirische Literaturwissenschaft in der Diskussion.* Frankfurt/M.: Suhrkamp, 278 – 296.

Scheele, Brigitte (Hg.) 1992. *Struktur-Lege-Verfahren als Dialog-Konsens-Methodik.* Münster: Aschendorff.

Schell, Fred; Stolzenburg, Elke & Theunert, Helga (Hg.) 1999: Medienkompetenz. Grundlagen und pädagogisches Handeln. München: KoPäd Verlag.

Schenk, M. 1987. *Medienwirkungsforschung.* Tübingen.

Schenk, Michael 1994. „Soziologische Forschungen zu Kommunikations– und Medienstrukturen als Ausgangspunkt für medienpädagogische Theorie und Praxis" In: Hiegemann, Susanne & Swoboda, Wolfgang H. (Hg.), 101 – 109.

Schiffrin, Deborah 1994. *Approaches to Discourse.* Oxford UK, Cambridge USA: Blackwell.

Schildt, Axel & Sywottek, Arnold (Hg.) 1993. *Modernisierung im Wiederaufbau. Die westdeutsche Gesellschaft der 50er Jahre.* Bonn: Dietz.

Schildt, Axel 1995. *Moderne Zeiten. Freizeit, Massenmedien und 'Zeitgeist' in der Bundesrepublik der 50er Jahre.* Hamburg: Christians.

Schill, Wolfgang; Tulodziecki, Gerhard & Wagner, Wolf-Rüdiger (Hg.) 1992: Medienpädagogisches Handeln in der Schule. Opladen: Leske + Budrich.

Schiller, Dan 2000. „Die Spinne hockt im Web". In: *Le Monde Diplomatique*, deutsche Ausgabe (Beilage der „Tageszeitung" vom 11. Februar 2000), 8f.

Schindler, Nina (Hg.) 1999. *Flimmerkiste. Ein nostalgischer Rückblick.* Hildesheim: Gerstenberg.

Schirrmacher, Frank (Hg.). 1999. *Die Walser-Bubis-Debatte. Eine Dokumentation.* Frankfurt am Main: Suhrkamp.

Schlobinsky, Peter 1995. *Empirische Sprachwissenschaft.* Opladen: Westdeutscher Verlag.

Schmidbauer, Michael 1987. *Die Geschichte des Kinderfernsehens in der Bundesrepublik Deutschland.* München u.a.

Schmidt, Siegfried J. & Brigitte Spieß 1997. *Die Kommerzialisierung der Kommunikation.* Fernsehwerbung und sozialer Wandel 1956 – 1989. Frankfurt/Main: Suhrkamp.

Schmidt, Siegfried J. & Guido Zurstiege 2000. „Über die (Un)Steuerbarkeit kognitiver Systeme. Kognitive und sozio-kulturelle Aspekte der Werbewirkungsforschung." In: P.M.Hejl & H.K.Stahl (Hg.), *Management und Wirklichkeit.* Heidelberg: C.Auer, 297 - 331.Schmidt-Atzert, Lothar 1996. *Lehrbuch der Emotionspsychologie.* Stuttgart etc.: Kohlhammer.

Schmidt, Siegfried J. & Norbert Groeben 1989. „How to do thoughts with words: on understanding literature". In: Dietrich Meutsch & Reinhold Viehoff (Eds.), *Comprehension of Literary Discourse. Results and Problems of Interdisciplinary Approaches.* Berlin: de Gruyter, 16 – 46.

Schmidt, Siegfried J. & Zobel, Reinhard unter Mitarb. von Franz Popp & Reinhold Viehoff 1983. *Empirische Untersuchungen zu Persönlichkeitsvariablen von Literaturproduzenten.* Braunschweig: Vieweg.

Schmidt, Siegfried J. (Hg.) 1987. *Der Diskurs des radikalen Konstruktivismus.* Frankfurt/Main: Suhrkamp.

Schmidt, Siegfried J. (Hg.) 1993. *Literaturwissenschaft und Systemtheorie.* Positionen, Kontroversen, Perspektiven. Opladen: Westdeutscher Verlag.

Schmidt, Siegfried J. 1980. *Grundriss der empirischen Literaturwissenschaft.* Der gesellschaftliche Handlungsbereich Literatur. Braunschweig – Wiesbaden: Vieweg (= Konzeption empirische Literaturwissenschaft; Bd. 1,1).

Schmidt, Siegfried J. 1982. *Grundriss der empirischen Literaturwissenschaft.* Zur Rekonstruktion literaturwissenschaftlicher Fragestellungen in einer empirischen Theorie der Literatur. Braunschweig - Wiesbaden: Vieweg (= Konzeption empirische Literaturwissenschaft, Bd. 1,2)

Schmidt, Siegfried J. 1983. „Text, Subjekt, Gesellschaft. Aspekte einer konstruktivistischen Semantik". In: Manfred Faust (Hg.), *Allgemeine Sprachwissenschaft und Sprachtypologie* – Festschrift für Peter Hartmann. Tübingen: Niemeyer, 55 - 73.

Schmidt, Siegfried J. 1984. *Vom Text zum Literatursystem.* Siegen: LUMIS.

Schmidt, Siegfried J. 1985(2). „Einladung, Maturana zu lesen" In: Humberto R. Maturana. *Erkennen: Die Organisation und Verkörperung von Wirklichkeit.* Ausgewählte Arbeiten zur biologischen Epistemologie. Braunschweig, Wiesbaden: Vieweg (= Wissenschaftstheorie, Wissenschaft und Philosophie, Bd. 19), 1 – 27.

Schmidt, Siegfried J. 1989. *Die Selbstorganisation des Literatursystems im 18. Jahrhundert.* Frankfurt/Main: Suhrkamp.

Schmidt, Siegfried J. 1991 (2.Aufl.). *Grundriß der Empirischen Literaturwissenschaft. Teilband I: Der gesellschaftliche Handlungsbereich Literatur.* Frankfurt a.M.: Suhrkamp.

Schmidt, Siegfried J. 1992. „Medien, Kultur: Medienkultur. Ein konstruktivistisches Gesprächsangebot". In: Ders. (Hg.). Kognition und Gesellschaft. Der Diskurs des Radikalen Konstruktivismus 2. Frankfurt/M., 425 - 450.

Schmidt, Siegfried J. 1993. *Literaturwissenschaft und Systemtheorie.* Opladen: Westdeutscher Verlag.

Schmidt, Siegfried J. 1994. „Konstruktivismus in der Medienforschung". In: Klaus Merten u.a. (Hg.), *Die Wirklichkeit der Medien.* Opladen: Westdeutscher Verlag.

Schmidt, Siegfried J. 1994. *Kognitive Autonomie und soziale Orientierung. Konstruktivistische Bemerkungen zum Zusammenhang von Kognition, Kommunikation, Medien und Kultur.* Frankfurt/M.: Suhrkamp.

Schmidt, Siegfried J. 1994a. „Handlungsrollen im Fernsehen." In: W. Faulstich (Hg.), *Vom ‚Autor' zum Nutzer: Handlungsrollen im Fernsehen.* München: Fink, 13 - 26.

Schmidt, Siegfried J. 1994b. „Die Wirklichkeit des Beobachters". In: Merten, Klaus, Schmidt, Siegfried J., Weischenberg, Siegfried (Hg.): *Die Wirklichkeit der Medien.* Eine Einführung in die Kommunikationswissenschaft.. Opladen, 3 - 19.

Schmidt, Siegfried J. 1996. „ Medienkulturwissenschaft. Interkulturelle Perspektiven" In: Wierlacher, A. & G. Stotzel (Hg.), *Blickwinkel.* München: indicum, 803 – 810.

Schmidt, Siegfried J. 1996. *Die Welten der Medien.* Grundlagen und Perspektiven der Medienbeobachtung. Braunschweig – Wiesbaden: Vieweg (= Wissenschaftstheorie, Wissenschaft und Philosophie, Bd. 46).

Schmidt, Siegfried J. 1997. „Anwendungsorientierte Literaturwissenschaft – Perspektiven eines Projekts." In: G. Jäger & J. Schönert (Hg.), *Wissenschaft und Berufspraxis.* Paderborn: Schöningh, 135-144.

Schmidt, Siegfried J. 1998. „Medien: Die Kopplung von Kommunikation und Kognition" In: Sybille Krämer (Hg.), *Medien – Computer – Realität.* Wirklichkeitsvorstellungen und Neue Medien. Frankfurt/Main: Suhrkamp, 55 – 72.

Schmidt, Siegfried J. 1998. *Die Zähmung des Blicks. Konstruktivismus Empirie Wissenschaft.* Frankfurt/M.: Suhrkamp.

Schmidt, Siegfried J. 1999: "Literaturwissenschaft als Medienkulturwissenschaft. Anmerkungen zur Integration von Literatur- und Medienwissenschaft(en)", in B. Lecke (Hg.), 65 - 83.

Schmidt, Siegfried J., 1987. „Skizze einer konstruktivistischen Gattungstheorie". In: *SPIEL*, Jg. 6, H. 2, 163 – 205.

Schneider, Hans Julius 1999. *Phantasie und Kalkül.* Über die Polarität von Handlung und Struktur in der Sprache. Frankfurt/Main: Suhrkamp.

Schnotz, Wolfgang 1994. „Rekonstruktion von individuellen Wissensstrukturen". In Günter L. Huber & Heinz Mandl (Hg.), *Verbale Daten: Eine Einführung in die Grundlagen und Methoden der Erhebung und Auswertung.* Weinheim: Beltz, Psychologie Verlags Union, 2. bearb. Aufl., 220 – 240.

Scholl, Armin & Siegfried Weischenberg 1998. *Journalismus in der Gesellschaft.* Opladen: Westdeutscher Verlag.

Scholl, Armin/Siegfried Weischenberg 1998. *Journalismus in der Gesellschaft. Theorie, Methodologie und Empirie,* Opladen/Wiesbaden: Westdeutscher Verlag.

Schönbach, K. & Früh, W. 1984. Der dynamisch-transaktionale Ansatz II: Konsequenzen. In: *Rundfunk und Fernsehen Jg. 32,* 314 – 329.

Schöner, Werner 1984. *Als die Bilder ins Wohnzimmer liefen... Die ersten zehn Jahre Fernsehen in Berlin.* Berlin: Haude & Spener.

Schönert, Jörg 1993. „Germanistik - eine Disziplin im Umbruch? Zur disziplinären Entwicklung der Germanistik in den neunziger Jahren (am Beispiel der germanistischen Literaturwissenschaft)". In: *Mitteilungen des Deutschen Germanistenverbandes,* 40, H. 3, 15 - 24.

Schönert, Jörg 1998. „'Medienkulturkompetenz' als Ausbildungsleistung der Germanistik?" In: *Der Deutschunterricht* 6/1998, 62 – 69.

Schönert, Jörg 1999. „Germanistik als Medienwissenschaft oder als radikale Philologie?" In: Gerd Eversberg & Harro Segeberg (Hg.), *Theodor Storm und die Medien.* Zur Mediengeschichte eines politischen Realisten. Berlin: Erich Schmidt, 15 – 24.

Schönert, Jörg 1999: "'Kultur' und 'Medien' als Erweiterungen zum Gegenstandsbereich der Germanistik in den 90er Jahren", in: B. Lecke (Hg.), 43 - 64.

Schorb, Bernd 1987. „Medienpädagogik in der Jugendarbeit – Zusammenhänge und Überlegungen." In: Issing, Ludwig J. (Hg.), 179 – 191.

Schorb, Bernd 1995. *Medienalltag und Handeln. Medienpädagogik in Geschichte, Forschung und Praxis.* Opladen: Leske & Budrich.

Schorb, Bernd 1997: "Vermittlung von Medienkompetenz als Aufgabe der Medienpädagogik", in: Enquete-Kommission, Deutscher Bundestag (Hg.), 63 - 75.

Schorb, Bernd 1998. „Stichwort 'Medienpädagogik'". In: *ZfE, Zeitschrift für Erziehungswissenschaft.* Jg. 1, H. 1, 7 – 22.

Schorb, Bernd 1999. *Vermittlung von Medienkompetenz als Aufgabe der Medienpädagogik.* In: http://www.uni-leipzig.de/~schorb/mekomp.htm

Schram, Dick H. 1991. *Norm und Normbrechung.* Die Rezeption literarischer Texte als Gegenstand empirischer Forschung. Braunschweig – Wiesbaden: Vieweg (= Konzeption empirische Literaturwissenschaft; Bd. 13).

Schreier, Margrit 1997. *Das Erkennen sprachlicher Täuschung. Über Absichtlichkeitsindikatoren beim unintegren Argumentieren.* Münster: Aschendorff.

Schreier, Margrit 1998. „Computergestützte Analyse qualitativer Daten und ihre Anwendung in der Empirischen Literaturwissenschaft". In: *SPIEL 15,* 2, 202 - 211.

Schulmeister, Rolf 1997 (2.Aufl.). Grundlagen hypermedialer Lernsysteme. München, Wien: R. Oldenbourg Verlag.

Schulte, Herbert 1992. *Medienanalyse und Medienkritik. Eine Einführung für Lehrende und Lernende.* Münster/Hamburg: Lit.

Schulz, Winfried 1997. *Politische Kommunikation. Theoretische Ansätze und Ergebnisse empirischer Forschung zur Rolle der Massenmedien in der Politik*, Opladen/Wiesbaden: Westdeutscher Verlag.

Schütte, Georg 1997. Infotainment – Unterhaltungslust statt Informationsmühe? In: I. Schneider, C.W. Thomsen (Hg.). *Hybridkultur. Medien, Netze, Künste*. Köln, 158 - 176.

Schütte, Wilfried 1996. „Boulevardisierung von Information. Streitgespräche und Streitkultur im Fernsehen". In: Biere & Hoberg, 101 - 133.

Schwarz, Mathias 1999. „Überblick über die seit 1987 vom Bundesverfassungsgericht erlassenen kommunikationspolitisch bedeutsamen Entscheidungen" In: *Publizistik* 44, 1, 1 - 34.

Schwarzer, Ralf 1983. „Befragung". In: Hubert Feger & Jürgen Bredenkamp (Hg.), *Datenerhebung* (Enzyklopädie der Psychologie, Methodologie und Methoden, Forschungsmethoden der Psychologie, Bd. 2). Göttingen etc.: Hogrefe, 302 – 320.

Schwarzer, Ralf 1998. „Telelernen mit Multimedia in der Informationsgesellschaft". In: Schwarzer, Ralf (Hg.). MultiMedia und TeleLearning. Lernen im Cyberspace. Frankfurt / New York: Campus, 9 – 16.

Schwarzkopf, Dietrich (Hg.) 1999. *Rundfunkpolitik in Deutschland*. München: DTV (2 Bde.).

Schweda, Claudia/Rainer Opherden 1995. *Journalismus und Public Relations. Grenzbeziehungen im System lokaler politischer Kommunikation*, Wiesbaden: Deutscher Universitäts-Verlag.

Searle, John 1994. „Chomsky's revolution in linguistics" In: *Noam Chomsky. Critical Assessments*, edt. by Carlos P. Otero, Vol. II.Philosophy: Tome 1, London – New York, Routledge, S. 68 – 94, hier S. 69 (zuerst 1972 in: The New York Review of Books).

Segeberg, Harro (Hg.) 1996ff. *Mediengeschichte des Films*. München: Fink (3 Bde.)

Shannon, Claude E. & Warren Weaver 1949. *The Mathematical Theory of Communication*. Urbana, Ill.: University of Illinois Press.

Shoemaker, Pamela J. & McCombs, Maxwell 1989. „Survey Research". In: Guido H. Stempel III & Bruce H. Westley (Eds.), *Research methods in mass communication*. Englewood Cliffs, NJ: Prentice Hall, 150 – 172.

Siegert, Bernhard 1993. *Relais - Geschicke der Literatur als Epoche der Post 1751- 1913*. Berlin: Brinkmann & Bose.

Sierek, Karl 1993. *Aus der Bildhaft. Filmanalyse als Kinoästhetik*. Wien: Sonderzahl.

Silbermann, Alphons 1975. *Empirische Kunstsoziologie*. Eine Einführung mit kommentierter Bibliographie. Stuttgart: Enke.

Sill, Oliver 1999. *Literatur in der funktional differenzierten Gesellschaft*. Systemtheoretische Perspektiven auf ein komplexes Phänomen. Münster.

Simpson, Charles 1981. *Soho: The artist in the city*. Chicago: University of Chicago Press.

Sinhart–Pallin, Dieter 1997. „Medienpädagogik". In: Bernhard, Armin & Rothermel Lutz (Hg.). Handbuch Kritische Pädagogik. Weinheim: Deutscher Studienverlag, 383 – 396.

Six, Ulrike 1992: "Medienerziehung – eine unbewältigte Aufgabe", in: Bertelsmann Stiftung (Hg.) 1992, 190-207.

Sixtl, Friedrich 1976. „Skalierungsverfahren. Grundzüge und ausgewählte Methoden sozialwissenschaftlichen Messens". In: Kurt Holm (Hg.), *Die Befragung 4*. München: Francke, 9 95.

Sklovskij, Viktor 1984. „Kunst als Kunstgriff" (1917). In: *Verfremdung in der Literatur*. Hg. V. Hermann Helmers. Darmstadt: WB.

Sneed, Joseph D. 1971. *The logical structure of mathematical physics*. Dordrecht: Reidel.

Sneed, Joseph D. 1976. „Philosophical problems in the empirical science of science: A formal approach". In: *Erkenntnis*, Jg. 10, 115 – 146.

Soehring, Jörg [2]1995. *Presserecht. Recherche, Berichterstattung, Absprüche o, Recht der Presse und des Rundfunks*. Stuttgart.

Speier, H. 1977. „The communication of hidden meaning." In: *Social research* 44, 471 – 501.

Spielmann, Yvonne 1998. *Intermedialität. Das System Peter Greenaway*. München: Fink.

Spreen, Dierk 1998. *Tausch, Technik, Krieg. Die Geburt der Gesellschaft im technisch-medialen Apriori*. Berlin, Hamburg: Argument.

Spreen, Dirk 1998. *Tausch, Technik, Krieg. Die Geburt der Gesellschaft im technisch-medialen Apriori*, Berlin – Hamburg: Argument Verlag.

Staab, Joachim Friedrich 1990. *Nachrichtenwert-Theorie. Formale Struktur und empirischer Gehalt*. Freiburg (Breisgau), München: Karl Alber (Alber-Broschur Kommunikation Bd. 17).

Standage, Tom 1999. Das viktorianische Internet. Die erstaunliche Geschichte des Telegraphen und der Online-Pioniere des 19. Jahrhunderts. (Engl. Orig. 1998) St. Gallen, Zürich.

Steen, Gerard J. 1994. „Lautes Denken zwischen Validität und Reliabilität". In: Achim Barsch; Gebhard Rusch & Reinhold Viehoff (Hg.), *Empirische Literaturwissenschaft in der Diskussion*. Frankfurt/M.: Suhrkamp, 297 – 305.

Steffen, Joachim; Thiele, Jens & Poch, Bernd (Hg.) 1993. *Spurensuche. Film und Kino in der Region*. Oldenburg: Carl v. Ossietzky-Universität Oldenburg.

Stegmüller, Wolfgang 1973. *Probleme und Resultate der Wissenschaftstheorie und Analytischen Philosophie*. Bd. II: Theorie und Erfahrung, 2. Halbband: Theorienstrukturen und Theoriendynamik. Berlin, Heidelberg, New York: Springer.

Steinberg, Leo. 1983. *The sexuality of Christ in Renaissance art an in modern oblivion*. New York: Pantheon.

Sterling, Bruce 1999. *The Dead Media Manifesto. A modest Proposal and Public Appeal*. http.//www.islandnet.com/~ianc/dm/dm.html (15.5.1999).

Stöckler, Markus 1992. *Politik und Massenmedien in der Informationsgesellschaft. Ist ein Supersystem noch zu verhindern? Ein systemtheoretisch basierter Untersuchungsansatz*, Münster/Hamburg: Lit.

Stolte, Dieter 1992: „Was bewirkt Medienforschung?" In: Fröhlich, Werner D.; Zitzlsperger, Rolf; Franzmann, Bodo (Hg.), *Die verstellte Welt. Beiträge zur Medienökologie*. Weinheim / Basel: Beltz, 131 – 140.

Strobel, Ricarda & Faulstich, Werner 1998. *Die deutschen Fernsehstars*. Göttingen: Vandenhoeck & Ruprecht (4 Bde.).

Suckfüll, Monika 1998. *Film erleben. Narrative Strukturen und physiologische Prozesse*. Berlin: edition sigma.

Sutherland, J.A. 1976. *Victorian novelists and publishers*. Chicago: The University of Chicago Press.

Tashner, John H. (Hg.) 1984. *Computer Literacy for Teachers. Issues, Questions and Concerns*. Phoenix/Ariz.: Onyx Press.

Tebbel, J. 1978. *A history of book publishing in the United States. Vol 3: The golden age between the two wars, 1920-1940*. New York: Bowker.

Teichert, Will 1972. „'Fernsehen` als soziales Handeln. Zur Situation der Rezipientenforschung" In: *Rundfunk und Fernsehen* 4, 1972, 421 – 439.

Teichert, Will 1973. „'Fernsehen` als soziales Handeln II. Entwürfe und Modelle zu dialogischen Kommunikation zwischen Publikum und Massenmedien" In: *Rundfunk und Fernsehen* 4, 1973, 356 – 382.

Tergan, Sigmar O. 1986. *Modelle der Wissensrepräsentation als Grundlage qualitativer Wissensdiagnostik*. Opladen: Westdeutscher Verlag.

Thomae, Hans & Petermann, Franz 1983. „Biographische Methode und Einzelfallanalyse". In: Hubert Feger & Jürgen Bredenkamp (Hg.), *Datenerhebung* (Enzyklopädie der Psychologie, Methodologie und Methoden, Forschungsmethoden der Psychologie, Bd. 2). Göttingen etc.: Hogrefe, 362 – 393.

Thompson, Kristin 1981. *Eisenstein's Ivan the Terrible. A Neoformalist Film Analysis*. Princeton: Princeton University Press.

Throsby, D. 1992. „Artists as workers." In: *Cultural economics*. Hg. v. R. Towse & A. Kakee. Heidelberg: Springer Verlag, 201 – 208.

Throsby, D. 1994. „The production and consumption of the arts: a view of cultural economics." In: *Journal of Economic Literature* 32, 1 – 29.

Throsby, D. 1996. „Disaggregated earning functions for artists." In: *Economics of the arts: selected essays*, edited by V. A. Ginsburgh and P. M. Menger. Amsterdam: North Holland, 331 – 346.

Tichenor, Philipp J./George A. Donohue/Clarice N. Olien 1970. „Mass Media Flow and Differential Growth in Knowledge" In: *Public Opinion Quarterly* 34, 2, 159 - 170.

Toeplitz, Jerzy 1979ff. *Geschichte des Films*. Berlin: Henschel (bisher 5 Bde.).

Towse, Ruth 1992. *The economic and social characteristics of artists in Wales*. Cardiff: Welsh Arts Council.

Towse, Ruth 1996. *The economics of artists' labour markets*. ACE Research report 3. The Arts Council of England, London.

Trabasso, Tom & Suh, Soyoung 1996. „Verstehen und Verarbeiten von Erzählungen im Spiegel des Lauten Denkens". In: *SPIEL 15*, 2, 212 - 234.

Tracey, Michael 1982. *Das unerreichbare Wunschbild - Ein Versuch über Hugh Greene und die Neugründung des Rundfunks in Nordwestdeutschland nach 1945*. Köln u.a.: Kohlhammer/Grote.

Tracey, Michael 1987. „European Viewers: What Will They Really Watch?" In: *The Columbia Journal of World Business* 3, 77 - 85.

Trägerverein des Deutschen Presserates e. V. (Hg.) 1996. *Schwarz Weiss Buch. Spruchpraxis Deutscher Presserat 1990-1995*. Bd. 2. Bonn.

Trägerverein des Deutschen Presserats e. V. (Hg.) 1998. *Deutscher Presserat. Jahrbuch 1997*. Bonn.

Tränkle, Ulrich 1983. „Fragebogenkonstruktion". In: Hubert Feger & Jürgen Bredenkamp (Hg.), *Datenerhebung* (Enzyklopädie der Psychologie, Methodologie und Methoden, Forschungsmethoden der Psychologie, Bd. 2). Göttingen etc.: Hogrefe, 222 – 301.

Trevor-Roper, Hugh 1976. *Princes and artists: Patronage and ideology at four Habsburg Courts 1517-1633*. New York: Harper & Row.

Tuchman, Gaye 1978. *Making news*. New York: Free Press.

Tuchman, Gaye 1989. *Edging women out.: Victorian novelists, publishers, and social change*. New Haven: Yale University Press.

Tulodziecki, Gerhard 1981. *Einführung in die Medienforschung*. Köln: Verlagsgesellschaft Schulfernsehen.

Tulodziecki, Gerhard 1992: "Medienerziehung als fächerübergreifendeund integrative Aufgabe", In: Bertelsmann Stiftung (Hg.) 1992, 311 - 322.

Tulodziecki, Gerhard 1994: "Medienerziehung: Konzeptionelle Überlegungen für ein Mindestprogramm", In: *Medien+Schulpraxis* 1994, 1+2, 31 - 34.

Tulodziecki, Gerhard 1995: "Medienpädagogik", In: Hans Dieter Erlinger u.a. (Hg.): *Handbuch des Kinderfernsehens*. Konstanz: Ölschläger, in Universitätsverlag Konstanz, 501 - 511.

Turkle, Sherry 1984. *Die Wunschmaschine. Vom Entstehen der Computerkultur*. Reinbek b. Hamburg: Rowohlt.

Turkle, Sherry 1995. Leben im Netz. Identität in Zeiten des Internet. (Orig. New York 1995) Reinbek: Rowohlt.

Ulrich, Hans & Gilbert J.B.Probst 1990. *Anleitung zum ganzheitlichen Denken und Handeln*. Ein Brevier für Führungskräfte. Bern, Stuttgart: Haupt.

van Dijk, Teun A. 1985. *Handbook of Discourse Analysis*, Volumes I-IV. London etc.: Academic Press.

Vester, Frederic & Arne v. Hesler 1980. *Sensitivitätsmodell*. Bericht der UNESCO. Man and Biosphere. Project 11, Regionale Planungsgemeinschaft Untermain. Frankfurt/M.

Vester, Frederic 1980. *Neuland des Denkens*. Stuttgart: dtv.

Vesting, Thomas 1998. „Medienwirtschaftsrecht". In: Bunte, Hermann-Josef & Stober, Rolf (Hg.). *Lexikon des Rechts der Wirtschaft*. Sonderdruck. Neuwied/ Krieftel/ Berlin, 1 - 31.

Viala, Alain 1985. *Naissance de l'ecrivain. Sociologie de la litterature a l'age classique*. Paris: Les Editions de Minuit.

Viehoff, Reinhold & Rien T. Segers (Hg.) 1999. *Kultur – Identität – Europa.* Über die Schwierigkeiten einer Konstruktion. Frankfurt/Main: Suhrkamp.

Viehoff, Reinhold 1981. „Empirisches Forschen in der Literaturwissenschaft" In: Kreuzer, Helmut & Reinhold Viehoff (Hg.), *Literaturwissenschaft und empirische Me*thoden. Eine Einführung in aktuelle Projekte. Göttingen: Vandenhoeck und Ruprecht, 10 - 26.

Viehoff, Reinhold 1991. Alternative Traditionen. Dokumente zur Entwicklung einer empirischen Literaturwissenschaft. Braunschweig, Wiesbaden: Vieweg (=Konzeption empirische Literaturwissenschaft; Bd. 10).

Viehoff, Reinhold 1991. *Die Verwandlung der Verwandlung. Überlegungen zur literaturwissenschaftlichen „Arbeit am Text'. Am Beispiel der Verwandlung von Franz Kafka.* Habilitationsvortrag, Siegen.

Viehoff, Reinhold 1997. „"Mord und Totschlag" als Voraussetzung der Medienwissenschaft". In: Georg Jäger & Jörg Schönert (Hg.), *Wissenschaft und Berufspraxis.* Angewandtes Wissen und praxisorientierte Studiengänge in den Sprach-, Literatur-, Kultur- und Medienwissenschaften. Paderborn-München-Wien-Zürich: Schöningh, 269 - 280.

Virilio, Paul 1989. *Krieg und Kino. Logistik der Wahrnehmung.* (Orig. Paris 1984) Frankfurt/M.: Fischer.

Virilio, Paul 1993. *Krieg und Fernsehen.* (Orig. Paris 1991) München, Wien: Hanser.

Virilio, Paul 1994. *Die Eroberung des Körpers.* Vom Übermenschen zum überreizten Menschen. (Orig. L'art du moteur. Paris 1993) München, Wien: Hanser.

Viswanath, K./John R. Finnegan, Jr. 1996. „The Knowledge Gap Hypothesis: Twenty Five Years Later" In: Brant R. Burleson (ed.): *Communication Yearbook. Annual Review of Communication Research,* Volume 19, Newbury Park: Sage Publications, 187 - 227.

Vitouch, P. 1993. *Fernsehen und Angstbewältigung. Zur Typologie des Zuschauerverhaltens.* Opladen: Westdeutscher Verlag.

Vitouch, P. 1995. Die „Emotionale Kluft" – Schlüsselvariable für die Programmselektion. In: B. Franzmann, W. D. Fröhlich, H. Hoffmann, B. Spörri & R. Zitzlsperger (Hg.). *Auf den Schultern von Gutenberg. Medienökologische Perspektiven der Fernsehgesellschaft.* Berlin, 138 – 149.

Vitouch, Peter 1997. „Psychophysiological methods in media research". In: Peter Winterhoff-Spurk & Tom H. van der Voort (Eds.), *New horizons in media psychology.* Opladen: Westdeutscher Verlag, 116 – 123.

Volkmer, Ingrid 1995. „Von der Medienpädagogik zur Media Literacy – Kommunikative Kompetenz in einer internationalen Medienwelt". In: Lauffer, Jürgen & Volkmer, Ingrid (Hg.), 179 – 185.

Volkmer, Ingrid 1998. „'Hic et nunc' von Nachrichtengenerationen. Überlegungen zu der Kategorie des 'Da–seins' aus der Sicht globaler Phänomenologie". In: Hug, Theo (Hg.), 167 –179.

Voorst, Sandra van der 1997. *Weten wat er in de wereld te koop is: Vier Nederlandse uitgeverijen en hun vertaalde fondsen 1945-1970.* The Hague: SDU Uitgevers.

Vorderer, P., Wulff, H. J. & Friedrichsen, M. (Hg.) 1996. *Suspense: Conceptualizations, theoretical analyses, and empirical explorations.* Mahwah.

Vorderer, Peter & Groeben, Norbert 1987. *Textanalyse als Kognitionskritik? Möglichkeiten und Grenzen ideologiekritischer Inhaltsanalyse.* Tübingen: Narr.

Vorderer, Peter & Knobloch, Silvia 1996. Parasoziale Beziehungen zu Serienfiguren: Ergänzung oder Ersatz? In: *Medienpsychologie Jg. 3,* 201 – 216.

Vorderer, Peter (Hg.) 1996a. *Fernsehen als „Beziehungskiste". Parasoziale Beziehungen und Interaktionen mit TV-Personen.* Opladen: Westdeutscher Verlag.

Vorderer, Peter (in Druck). „Interactive Entertainment and Beyond". In: D. Zillmann & P. Vorderer (Hg.). *Media Entertainment: The Psychology of its appeal.* Mahwah.

Vorderer, Peter 1992. *Fernsehen als Handlung: Fernsehfilmrezeption aus motivationspsychologischer Perspektive.* Berlin: Sigma.

Vorderer, Peter 1993. „Audience involvement and program loyalty". In: *Poetics Jg. 22,* 89 – 98.

Vorderer, Peter 1996b. „Rezeptionsmotivation: Warum nutzen Rezipienten mediale Unterhaltungsangebote?" In: *Publizistik Jg. 41,* 310 – 326.

Voßkamp, Wilhelm 1999. „Literaturwissenschaft und Kulturwissenschaften". In: Berg, Henk de & Matthias Prangel (Hg.), *Interpretation 2000: Positionen und Kontroversen.* Festschrift zum 65. Geburtstag von Horst Steinmetz. Heidelberg: Winter, 183 – 199.

Walser, Martin 1998. *Friedenspreis des Deutschen Buchhandels 1998. Erfahrungen beim Verfassen einer Sonntagsrede. Mit der Laudatio von Frank Schirrmacher.* Frankfurt a.M.: Suhrkamp.

Warstat, Dieter Helmuth 1982. *Frühes Kino der Kleinstadt.* Berlin: Spiess.

Wassall, G.H. & N.O. Alper. 1992. "Towards a unified theory of the determinants of the earnings of artists." In: *Cultural economics.* Hg. v. R. Towse & A. Khakee. Berlin: Springer, 187 – 200.

Watt, Ian 1957. *The rise of the novel.* London: The Hogarth Press.

Watt, James H. & van den Berg, Sjief A. 1995. *Research methods for communication science.* Boston etc.: Allyn & Bacon.

Watzlawick, Paul (Hg.) 1981. *Die erfundene Wirklichkeit.* Wie wissen wir, was wir zu wissen glauben? Beiträge zum Konstruktivismus. München: Piper.

Watzlawick, Paul; Jack Beavin & Donald D.Jackson 1969. *Menschliche Kommunikation. Formen, Störungen, Paradoxien.* Bern, Stuttgart, Wien: Huber.

Weber, Max 1992. *Politik als Beruf.* Nachwort von Ralf Dahrendorf. Stuttgart: Philipp Reclam jun.

Weber, Stefan 1996. *Die Dualisierung des Erkennens. Zu Konstruktivismus, Neurophilosophie und Medientheorie.* Wien: Passagen Verlag.

Weber, Stefan 1999. „Die Welt als Medienpoiesis. Basistheorien für den ‚Medial Turn'". In: *Medien Journal. Zeitschrift für Kommunikationskultur,* Jg. 23, H. 1, 3 – 8.

Weber, Stefan 1999. „Die Welt als Medienpoiesis. Basistheorien für den »Medial Turn«". Medien Journal 23. Jg. Nr. 1/1999, 3 - 8.

Weber, Wolfgang Maria 1999. *50 Jahre Deutsches Fernsehen.* München: Battenberg.

Wehmeier, Klaus 1979. *Die Geschichte des ZDF. Teil 1. Entstehung und Entwicklung 1961-1966.* Mainz: Hase & Köhler.

Weidle, Renate & Wagner, Angelika C. 1994. „Die Methode des Lauten Denkens". In: Günter L. Huber & Heinz Mandl (Hg.), *Verbale Daten: Eine Einführung in die Grundlagen und Methoden der Erhebung und Auswertung.* Weinheim: Beltz, Psychologie Verlags Union, 2. bearb. Aufl., 81 – 103.

Weigend, Norbert 1982. „Theoretische Anforderungen und Möglichkeiten in der Planung programmgeschichtlicher Forschung". In: *Studienkreis Rundfunk und Geschichte. Mitteilungen* 8. Jg. (1982) Nr. 3, 132 – 143.

Weingart, Peter, Wofang Prinz, Maria Kastner, Sabine Maasen & Wolfgang Walter 1991. *Die sog. Geisteswissenschaften.* Die Entwicklung der Geisteswissenschaften in der BRD 1954 – 1987. Frankfurt/Main: Suhrkamp.

Weischenberg, Siegfried 1992. *Journalistik. Theorie und Praxis aktueller Medienkommunikation. Band 1: Mediensysteme, Medienethik, Medieninstitutionen.* Opladen: Westdeutscher Verlag (2. Auflage 1998).

Weischenberg, Siegfried 1994. „Journalismus als soziales System" In: Merten, Klaus; Schmidt, Siegfried J.; Weischenberg, Siegfried (Hg.), *Die Wirklichkeit der Medien.* Eine Einführung in die Kommunikationswissenschaft. Opladen: Westdeutscher Verlag 1994

Weischenberg, Siegfried 1994. „Journalismus als soziales System" In: Merten, K.; Schmidt, S.J. & S.Weischenberg (Hg.), *Die Wirklichkeit der Medien.* Eine Einführung. Opladen, 427 – 454.

Weischenberg, Siegfried 1995. „Konstruktivismus und Journalismusforschung. Probleme und Potentiale einer neuen Erkenntnistheorie." In: *Medien Journal,* H.4/1995, 47 - 56.

Weischenberg, Siegfried 1995. *Journalistik. Theorie und Praxis aktueller Medienkommunikation. Band 2: Medientechnik, Medienfunktionen, Medienakteure.* Opladen: Westdeutscher Verlag.

Weischenberg, Siegfried/Klaus-Dieter Altmeppen/Martin Löffelholz (1994): *Die Zukunft des Journalismus. Technologische, ökonomische und redaktionelle Trends.* Opladen: Westdeutscher Verlag.

Weischenberg, Siegfried; Löffelholz, Martin & Armin Scholl 1998. *Journalismus in Deutschland.* Opladen: Westdeutscher Verlag.

Weischenberg, Siegfried; Scholl, Armin 1995. „Konstruktivismus und Ethik im Journalismus" In: Rusch, Gebhard; Schmidt, Siegfried J. (Hg.), *Konstruktivismus und Ethik.* Delfin 1995 Frankfurt a.M.: Suhrkamp (Suhrkamp Taschenbuch Wissenschaft. 1217), 214 - 240.

Weiß, Hans-Jürgen 1992. „Kultur und Bildung. Programmkategorien an der Peripherie des deutschen Fernsehmarktes" In: *Media Perspektiven* 11, 733 - 749.

Weizsäcker, Ernst v. 1974. *Offene Systeme I.* Beiträge zur Zeitstruktur von Information, Entropie und Evolution. Stuttgart: Klett.

Welsch, Wolfgang 1990. „Die Geburt der postmodernen Philosophie aus dem Geist der modernen Kunst". In: *Philosophisches Jahrbuch,* Jg. 97, 1. Halbband, 15 - 37.

Wensiersky, Hans–Jürgen v. 1995. „Medien– und Kulturpädagogik: Medienerziehung, Kulturarbeit, jugendkulturelle Bildung". In: Krüger, Heinz–Hermann & Rauschenbach, Thomas (Hg.). Einführung in die Arbeitsfelder der Erziehungswissenschaft. Opladen: Leske & Budrich, 159 – 176.

Wenzel, Horst 1995. „Medialität von Literatur als Problem der Literaturwissenschaft". In: Jäger, Ludwig (Hg.), *Germanistik. Disziplinäre Identität und kulturelle Leistung.* Weinheim: Beltz, 121 – 134.

Wermke, Jutta 1997: Integrierte Medienerziehung im Fachunterricht. Schwerpunkt: Deutsch. München: KoPäd Verlag.

Wermke, Jutta 1997a: "Medienstudiengänge. Auf dem Weg zur Interdisziplinarität" In: *medien praktisch,* 1997, H. 4, 59 - 62.

Westley, Bruce H. 1989. „The controlled experiment". In: Guido H. Stempel III & Bruce H. Westley (Eds.), *Research methods in mass communication.* Englewood Cliffs, NJ: Prentice Hall, 200 – 220.

Weyl, Brigitte 1988. „Chancen freiwilliger Selbstkontrolle" In: Erbring, Lutz; Ruß-Mohl, Stephan; Seewald, Berthold u.a. (Hg.), *Medien ohne Moral. Variationen über Journalismus und Ethik.* Berlin: Argon, 150 – 161.

White, D.M. 1950. „The gatekeeper: A case-study in the selection of news." In: *Journalism Quarterly* 27, 383 – 390.

White, Harrison C. & Cynthia A. White 1993. *Canvases and careers. Institutional change in the French painting world.* New York: John Wiley.

Whiteside, Thomas 1981. *The blockbuster complex. Conglomerates, show business and book publishing.* Middletown, Connecticut: Wesleyan University Press.

Wiegerling, Klaus 1998. *Medienethik.* Stuttgart, Weimar: Metzler (Sammlung Metzler 314).

Wieler, Petra 1997. *Vorlesen in der Familie. Fallstudien zur literarisch-kulturellen Sozialisation von Vierjährigen.* Weinheim u. München: Juventa.

Wild, Claudia 1990. *Ethik im Journalismus.* Wien: VWGÖ (Dissertationen der Universität Wien ; 203).

Wilensky, H.L. 1964. „The professionalization of everyone?" In: *American Journal of Sociology* 70, 137 – 158.

Wilke, Jürgen (Hg.) 1999. *Mediengeschichte der Bundesrepublik Deutschland.* Köln u.a.: Böhlau.

Wilke, Jürgen 1989. „Journalistische Berufsethik in der Journalistenausbildung" In: Wunden, Wolfgang (Hg.): *Medien zwischen Markt und Moral. Beiträge zur Medienethik I.* Stuttgart: J. F. Steinkopf, 181 – 194.

Willems, Herbert & Martin Jurga (Hg.) 1998. *Inszenierungsgesellschaft.* Ein einführendes Handbuch. Opladen: Westdeutscher Verlag.

Williams, Raymond 1961. *The long revolution.* Harmondsworth: Penguin Books.

Winkler, Hartmut 1997. *Docuverse. Zur Medientheorie der Computer.* München: Boer.

Winkler, Hartmut 2000. *Die prekäre Rolle der Technik.* www.rz.uni-frankfurt.de/~winkler/henne.html

Winterhoff-Spurk, P. 1989. *Fernsehen und Weltwissen. Der Einfluß von Medien auf Zeit-, Raum- und Personenschemata.* Opladen: Westdeutscher Verlag.

Wittmann, Reinhard 1991. *Geschichte des deutschen Buchhandels*. München: C. H. Beck.

Wokittel, Horst 1994. „Medienbegriff und Medienbewertungen in der pädagogischen Theorie-geschichte". In: Hiegemann, Susanne & Swoboda, Wolfgang H. (Hg.) 25 – 36.

ZAW (Hg.) 1997. *Jahrbuch Deutscher Werberat*. Bonn: edition ZAW.

Zielinski (jr.), Johannes 1993. *Über die Informationsgesellschaft und ihre Pädagogik*. Frankfurt a.M.: LangAbramson, Albert 1987. *The History of Television* 1880 to 1941. Jefferson: McFarland & Company.

Zielinski, Siegfried 1989. *Audiovisionen. Kino und Fernsehen als Zwischenspiele in der Geschichte*. Reinbek b. Hamburg: Rowohlt.

Zielinski, Siegfried 1993. „Zur Technikgeschichte des BRD-Fernsehens". In: Knut Hickethier (Hg.), *Institution, Technik und Programm*. München: Fink, 135 - 170 (Geschichte des Fernsehens in der Bundesrepublik Deutschland Bd.1).

Zillmann, Dolf & Jennings Bryant 1994. Entertainment as Media Effect. In: Jennings Bryant & Dolf Zillmann (Eds*.): Media Effects. Advances in Theory and Research*. Hillsdale/Hove: Erlbaum, 437 – 461.

Zillmann, Dolf 1988a. Mood management: Using entertainment to full advantage. In: L. Donohew, H. E. Sypher & E. T. Higgins (Hg.). *Communication, social cognition, and affect*. Hillsdale, 147-171.

Zillmann, Dolf 1988b. Mood management through communication choices. In: *American Behavioral Scientist Jg. 31*, 327 – 340.

Zillmann, Dolf 1996. The psychology of suspense in dramatic exposition. In: P. Vorderer, H. J. Wulff & M. Friedrichsen (Hg.). *Suspense: Conceptualizations, theoretical analyses, and empirical explorations*. Mahwah, 199 – 231.

Zolberg, Vera 1990. *Constructing a sociology of the arts*. Cambridge: Cambridge University Press.

Zuckerman, M. 1979. *Sensation seeking: Beyond the optimal level of arousal*. Hillsdale.

Abkürzungsverzeichnis

Abs.	Absatz
ARD	Arbeitsgemeinschaft der öffentlich-rechtlichen Rundfunkanstalten der Bundesrepublik Deutschland
AfP	Archiv für Presserecht
Art.	Artikel
BVerfG	Bundesverfassungsgericht
BVerfGE	Entscheidung des Bundesverfassungsgerichts
bzw.	beziehungsweise
cf.	confer (lat. vergleiche)
DWG	Deutsche Welle Gesetz
EGMR	Europäischer Gerichtshof für Menschenrechte
EMRK	Europäische Menschenrechtskonvention
EGV	Vertrag der Europäischen Gemeinschaft
etc.	et cetera
EuGH	Europäischer Gerichtshof
EU-Vertrag	Vertrag über die Europäische Union
f.	folgende
FRL	Fernsehrichtlinie
FSK	Freiwillige Selbstkontrolle der Filmwirtschaft
GG	Grundgesetz
GRUR	Gewerblicher Rechtsschutz und Urheberrecht
H.	Heft
Hg.	Herausgeber
IG Medien	Interessen Gemeinschaft Medien
IuKDG	Informations- und Kommunikationsdienstegesetz
i.V.m.	in Verbindung mit
Jura	Juristische Ausbildung
KDLM	Konferenz der Direktoren der Landesmedienanstalten
KEF	Kommission zur Ermittlung des Finanzbedarfs der Rundfunkanstalten
KEK	Kommission zur Ermittlung der Konzentrationskontrolle im Medienbereich
KUG	Kunst- und Urhebergesetz
lit.	litera
LRG NW	Rundfunkgesetz für das Land Nordrhein-Westfalen
MDStV	Mediendienste-Staatsvertrag

n.F.	neue Fassung
NJW	Neue Juristische Wochenschrift
Nr.	Nummer
NVwZ	Neue Zeitschrift für Verwaltungsrecht
PresseG NW	Pressegesetz für das Land Nordrhein-Westfalen
RfStV	Rundfunkstaatsvertrag
RuF	Rundfunk und Fernsehen
S.	Satz
sog.	sogenannte, sogenannten
StGB	Strafgesetzbuch
StPO	Strafprozeßordnung
TDG	Teledienstegesetz
TDDSG	Teledienstedatenschutzgesetz
u.a.	unter anderem
UrhG	Urheberrechtsgesetz
UWG	Gesetz gegen den unlauteren Wettbewerb
vgl.	vergleiche
WDR-G	Gesetz über den "Westdeutschen Rundfunk Köln"
z.B.	zum Beispiel
ZDF	Zweites Deutsches Fernsehen
ZDF-StV	ZDF-Staatsvertrag

Angaben zu den Autoren

Andringa, Els, Prof. Dr., Professorin an der Fakulteit der Letteren der Rijksuniversiteit Utrecht, Niederlande. Arbeitsgebiete: Medienanalyse, Leseforschung, Literaturdidaktik, Empirische Literaturwissenschaft. *Els.B.Andringa@let.ruu.nl*

Barsch, Achim, Priv.-Doz. Dr., Mitarbeiter am Institut für Empirische Literatur- und Medienforschung der Universität Siegen. Arbeitsgebiete: Literatur- und Medienwissenschaft, Medienpädagogik, Wissenschaftsforschung, Wissenschaftsgeschichte. *barsch@lumis.uni-siegen.de*

Hickethier, Knut, Prof. Dr.; Professur am Institut für Germanistik der Universität Hamburg. Hauptarbeitsgebiete: Medienwissenschaft, Film- und Fernsehanalyse, Programmgeschichte und Theorie des Fernsehens, Filmgeschichte und Filmtheorie, Fernsehspiel, Fernsehserie, Kindersendungen, Nachrichtensendungen, Sportsendungen und andere Genres, Theorie und Geschichte der Medienwissenschaft, Film- und Fernsehkritik. *hickethier@rrz.uni-hamburg.de*

Holznagel, Bernd, Prof. Dr.; Professor für Staats- und Verwaltungsrecht an der Westfälischen Wilhelms-Universität Münster. Direktor des Instituts für Informations-, Telekommunikations- und Medienrecht (ITM) – Abteilung für Öffentliches Recht. Forschungsschwerpunkte: Staats- und Verwaltungsrecht, insbesondere Rundfunk- und Telekommunikationsrecht. *b.holznagel@uni-muenster.de*; *holznagel@uni-hamburg.de*

Hug, Theo, Prof. Dr., Professor am Institut für Erziehungswissenschaften der Universität Innsbruck. Arbeitsgebiete: Wissenschaftsphilosophie und –forschung, Methodologie der qualitativen Sozialforschung, sozialwissenschaftliche Alltagstheorie, Hochschuldidaktik, interkulturelle Pädagogik, Gruppenpädagogik sowie Medienpädagogik im Lichte der neuen Informations– und Kommunikationstechnologien. *Theo.Hug@uibk.ac.at*

Janssen, Susanne, Prof. Dr., Professorin an der Erasmus Universiteit Rotterdam, Niederlande. Arbeitsgebiete: Kunstsoziologie und Kulturwissenschaften, Buchmarktforschung, Empirische Literaturwissenschaft. *s.janssen@fhk.eur.nl*

Kibele, Babette. Wissenschaftliche Mitarbeiterin am Institut für Informations-, Telekommunikations- und Medienrecht (ITM) – Abteilung für Öffentliches Recht. *kibele@uni-muenster.de*

Klauser, Raimund, Dipl. Soz., Mitarbeiter am Institut für Medienforschung der Universität Siegen. Arbeitsgebiete: Mediengeschichte, Geschichte der Zensur, Empirische Medienforschung. *raimund.klauser@mefo.uni-siegen.de*

Kreimeier, Klaus, Prof. Dr.; Professor für Medienwissenschaft am Fachbereich für Sprach-, Literatur- und Medienwissenschaft der Universität Siegen. Leiter des Studiengangs Medienplanung, -Entwicklung und –Beratung. Arbeitsgebiete: Mediengeschichte, speziell Geschichte und Theorie des Films, Medientheorie. *kreimeier@medien-peb.uni-siegen.de*

Leschke, Rainer, Priv.–Doz. Dr., Mitarbeiter im Fachbereich für Sprach-, Literatur- und Medienwissenschaften der Universität Siegen. Koordinator des Studiengangs Medienplanung, -Entwicklung und –Beratung. Arbeitsschwerpunkt: Medienwissenschaft, Medienethik, Medienanalyse. *leschke@medien-peb.uni-siegen.de*

Meckel, Miriam, Prof. Dr., Professorin für Publizistik- und Kommunikationswissenschaft - Schwerpunkt Journalistik - an der Uni Münster. Arbeitsgebiete: Redaktionsorganisation und –management, Medienökonomie, Internationale Kommunikation, Fernsehpraxis, Journalismus und Informationsgesellschaft. *meckel@uni-muenster.de*

Rusch, Gebhard, Priv-Doz. Dr., Akademischer Rat am Institut für Medienforschung der Universität Siegen. Arbeitsgebiete: Kommunikations- und Medienwissenschaft, Empirische Medienforschung, Unternehmenskommunikation. *rusch@mefo.uni-siegen.de*

Schmidt, Siegfried J., Prof. Dr., Professor am Institut für Kommunikationswissenschaft der Universität Münster. Arbeitsgebiete: Kommunikations- und Medienwissenschaft, Philosophie, Kunst. *sjs3811@uni-muenster.de*

Scholl, Armin, Dr., Mitarbeiter am Institut für Kommunikationsforschung der Universtität Münster. Arbeitsgebiete: Journalismusforschung, Theorien und Methoden der Kommunikationsforschung, alternative Medien/Gegenöffentlichkeit. *scholl@uni-muenster.de*

Schramm, Holger, Dipl.Medienwissenschaftler, Mitarbeiter am Institut für Journalistik und Kommunikationsforschung der Hochschule für Musik und Theater Hannover. Arbeitsgebiete: Rezeptions- und Wirkungsforschung, Unterhaltung durch Medien, Musikforschung. *holger.schramm@ijk.hmt-hannover.de*

Schreier, Margrit, Priv.–Doz. Dr.; wissenschaftliche Assistentin am Lehrstuhl für Allgemeine Psychologie und Kulturspychologie der Universität Köln. Arbeitsgebiete: Medien-, Kommunikations-, Moralpsychologie, quantitative und qualitative Methoden, Empirische Literaturwissenschaft. *M.schreier@uni-koeln.de*

Schütte, Georg, Dr., Geschäftsführender Direktor der Fulbright-Kommission, Berlin. *fulcom@fulbright.de*

Spangenberg, Peter M., Prof. Dr., Professor für Medienwissenschaft am Institut für Film- und Fernsehwissenschaft der Ruhr-Universität Bochum. Arbeitsgebiete: Geschichte des Fernsehens, Medientheorie, Hybridkultur, kulturelle Kommunikation. *peter.spangenberg@ruhr-uni-bochum.de*

Spielmann, Yvonne, Priv.-Doz. Dr.; Fellow der Society for the Humanities an der Cornell University; Fachgebiet: Medienwissenschaft. Arbeitsgebiete: Experiment und Avantgarde, Film und Video. *ys89@cornell.edu*

Viehoff, Reinhold, Prof. Dr., Professor am Institut für Medien- und Kommunikationswissenschaft der Universität Halle-Wittenberg. Arbeitsgebiete: Medien- und

Kommunikationswissenschaft, Literaturwissenschaft, Mediengeschichte. *viehoff@ medienkomm.uni-halle.de*

Vorderer, Peter, Prof. Dr.; Professor am Institut für Journalistik und Kommunikationsforschung der Hochschule für Musik und Theater Hannover; Arbeitsschwerpunkte: Medien- und Kommunikationsforschung, empirische Rezeptionsforschung, Medienpsychologie und –soziologie, Neue Medien, Empirische Leserforschung. *peter.vorderer@ijk.hmt-hannover.de*